中国社会科学年鉴

郭沫若研究年鉴 2016

YEARBOOK OF GUO MORUO STUDIES

赵笑洁 主编

中国社会科学出版社

图书在版编目（CIP）数据

郭沫若研究年鉴. 2016/赵笑洁主编. —北京：中国社会科学出版社，2018. 2
ISBN 978－7－5203－2512－7

Ⅰ. ①郭…　Ⅱ. ①赵…　Ⅲ. ①郭沫若(1892－1978)—人物研究—2016—年鉴
Ⅳ. ①K825. 6－54

中国版本图书馆 CIP 数据核字(2018)第 103395 号

出 版 人　赵剑英
责任编辑　李敦球
责任校对　林福国
责任印制　张雪娇

出　　版　中国社会科学出版社
社　　址　北京鼓楼西大街甲 158 号
邮　　编　100720
网　　址　http://www. csspw. cn
发 行 部　010－84083685
门 市 部　010－84029450
经　　销　新华书店及其他书店

印刷装订　三河市东方印刷有限公司
版　　次　2018 年 2 月第 1 版
印　　次　2018 年 2 月第 1 次印刷

开　　本　787×1092　1/16
印　　张　35. 25
插　　页　2
字　　数　749 千字
定　　价　228. 00 元

凡购买中国社会科学出版社图书，如有质量问题请与本社营销中心联系调换
电话：010－84083683

《郭沫若研究年鉴 2016》编委会

《郭沫若研究年鉴 2016》编辑部

目　录

第一篇　特　稿

坚持年鉴编纂正确方向　推动郭沫若研究蓬勃发展
——访中国社会科学院副院长张江教授 ……………………………… (3)

上编　学术研究

第二篇　研究综述

2016年郭沫若文学研究述评 ………………………………… 彭冠龙(13)
2016年郭沫若史学研究综述 ………………………………… 何　刚(20)

第三篇　史料辑佚

郭沫若集外佚诗三首 ……………………………………… 冯锡刚辑注(29)
郭沫若佚诗两首 ………………………………………… 向纯武辑考(33)
俄文版《郭沫若选集·自序》…………………………… 郭沫若　刘亚丁译(35)
俄文版《中国诗歌选·序》……………………………… 郭沫若　刘亚丁译(38)

第四篇　特别推介

五卅运动与中国现代文学关系新论 ……………………………… 张全之(43)
复兴什么,为什么复兴?
——郭沫若的民族复兴思想一瞥 ……………………………… 李　怡(56)

第五篇　论文选编

郭沫若与陈独秀
——以《实庵字说》为中心的考察 ……………………………… 何　刚(69)
郭沫若与吴芳吉交往史迹补述 ………………………………… 王　峰(80)

吴宓日记中的郭沫若形象 …………………………………… 肖太云 兰友珍(87)
一部声称“写来真切平实”的回忆录
——孙陵著《我熟识的三十年代作家·郭沫若》3件史实考 ………… 廖久明(100)
婚姻与革命的叙事调整
——郭沫若《黑猫》版本研究 ……………………………………… 韩 诚(113)
诗“只是‘写’出来的”
——郭沫若“五四”时期诗论之意义 ……………………………… 程国君(122)
《凤凰涅槃》在民国选本和共和国选本中的沉浮 ………… 方长安 仲 雷(133)
《女神》是“五四时代精神”的“诗化”吗?
——从接受史角度重审《女神》的文学史形象 ……………………… 彭冠龙(147)
鲁迅、郭沫若“笔墨相讥”史实再探……………………………………… 刘卫国(159)
论鲁迅与郭沫若的童话观及实践 ……………………………………… 乔世华(173)
郭沫若与古诗今译的革命系谱 ………………………………………… 王 璞(181)
“这样的社会生出了这样的一个人”
——读郭沫若的传记写作 …………………………………………… 蔡 震(201)
郭沫若“五四”时期尊孔崇儒的特质 …………………………………… 杨华丽(206)
论郭沫若“五四”时期的暴力思想与表现 ……………………………… 黎保荣(218)
郭沫若与“孤军派”
——兼论其对国家主义的批判 ……………………………………… 周 文(229)
总体战与动员文艺
——抗战初期郭沫若的文化政治实践 ……………………………… 刘 奎(243)
中国现代文学研究与名人博物馆关系初论
——以郭沫若研究为例 ……………………………………………… 张 勇(258)
郭沫若给中国马克思主义史学带来了什么?
——以民国时期对郭沫若史学的评价为中心 ……………………… 张 越(267)
马克思主义史家与中国古典文学研究新范式的建立 …………………… 郭士礼(277)
关于郭沫若评价儒家的几个问题 ……………………………………… 杨胜宽(288)
历史想象的分歧:郭沫若与墨学论争 …………………………………… 刘 奎(301)
《甲申三百年祭》与郭沫若的隐微心曲 ………………………………… 李 斌(315)
郭沫若甲骨文字考释遗珠一则 ………………………………………… 方晓垠(326)

第六篇 学术争鸣

郭沫若《谒见蒋委员长记》版本流变问题补正 ………………………… 凌孟华(335)
《在轰炸中来去》一文的误传 …………………………………………… 蔡 震(346)

第七篇　观点摘编

文艺转向与“革命文学”的生成——郭沫若赴广州大学考 …………………… 周　文(353)
危机与救赎:一个新文化人的“南渡” ……………………………………………… 刘　奎(353)
郭沫若思想中尼采资源新探 ………………………………………………………… 李　斌(353)
张狂与造化的身体:自我模塑与中国现代性:郭沫若诗歌
　《天狗》再解读 ……………………………………………………… 米家路　赵　凡(353)
别样的“新解”:谈郭沫若、闻一多先生对几首国风诗的不同理解 ……… 曾绍义(354)
论郭沫若《女神》的审美特色 ……………………………………………………… 吴　辰(354)
试析创造社同人自传文本中复杂的对日情结:以郭沫若、郁达夫和
　张资平为中心 ……………………………………………………………………… 刘海霞(354)
郭沫若的公孙尼子及其“乐”论研究 ……………………………………………… 杨胜宽(355)
庄子本颜氏之儒:郭沫若“自注”的思想史真相…………………………………… 杨海文(355)
从反骄傲到反腐败——《甲申三百年祭》的印行史 …………………………… 齐　雪(355)
郭沫若《释支干》与泛巴比伦主义 ………………………………………………… 王献华(355)
再论卜辞“土方”与夏人的相关问题 ……………………………………………… 王　宁(355)

中编　资讯·动态

第八篇　历史钩沉

郭沫若 ………………………………………… 内山完造著　赵艺真译　潘世圣校译(361)
回忆郭沫若先生 ………………………………… 杉原庄介著　赵艺真译　潘世圣校译(363)
与郭沫若副总理的谈话 …………………… 中村翫右卫门著　赵艺真译　潘世圣校译(367)
回到中国的郭沫若 ……… 佐藤富子(郭沫若夫人)著　赵艺真译　潘世圣校译(378)
回忆郭沫若先生 ………………………………… 松枝茂夫著　陈婷婷译　潘世圣校译(386)
与郭沫若的谈话 ………………………………… 大内隆雄著　赵艺真译　潘世圣校译(389)

第九篇　年度访谈

郭沫若:跨越时空的青春——李怡教授访谈 ……………………… 彭冠龙　李　怡(393)

第十篇　学人回忆

甘于清贫,甘于寂寞,甘于枯坐冷板凳
　——我的学术之路 ……………………………………………………………… 黄侯兴(401)
学会工作三十年(三) ……………………………………………………………… 蔡　震(409)

第十一篇 学术会议

"戏里戏外:郭沫若与老舍戏剧艺术创作及交往展"暨学术
研讨会综述 …………………………………………… 张 勇 赵笑洁(419)
2016 第五届国际郭沫若学会日本东京学术会议纪略 ………………… 周 文(423)
郭沫若与中国马克思主义史学学术研讨会综述 …………………… 贾怡萍(425)
中国郭沫若研究会第二届青年论坛开幕 ……………………… 曾 江 何 刚(431)

第十二篇 展览展示

传承与创新——名人·名拓与郭沫若碑拓精选展 ……………………………… (439)
"郭沫若展"在哈萨克斯坦成功举办 ………………………………… 赵欣悦(441)
文化名人主题巡展之文化名人与文化景观
——名人·名居·名树文化名人与民族精神 …………………………… (443)

第十三篇 海外研究中心

郭沫若中国研究中心在埃及成立 ……………………………………… 王 静(449)
郭沫若与埃及大事记 ……………………………………………………… (454)
郭沫若咏埃及诗歌十三首 ………………………………………………… (456)

下编 资料集锦

第十四篇 硕博论文

硕士论文:《天上的街市》文学解读和教学价值意义 ………………… 宋丽佳(467)
硕士论文:郭沫若话剧创作的民族化实践 ……………………………… 赵 菲(467)
硕士论文:郭沫若历史剧现代性与民族性的双重变奏 ………………… 余永春(468)
硕士论文:抗战语境下的郭沫若与《屈原》…………………………… 张晓鹏(469)
硕士论文:论郭沫若历史剧的戏剧性 ………………………………… 丁 薇(470)
硕士论文:在政治与艺术之间:《孔雀胆》接受史研究 ……………… 李 明(471)
硕士论文:《十批判书》研究 ………………………………………… 刘 娟(472)
硕士论文:郭沫若对抗日民族文化统一战线的贡献研究 ……………… 马玲悦(472)
硕士论文:从模因论看诗歌意象翻译——以郭沫若英诗汉译为例 ……… 杨智源(473)
硕士论文:郭沫若早期对谷崎润一郎文学的接受研究 ………………… 房 琪(474)

第十五篇 新书推介

郭沫若与孔孟之道 …… 黄侯兴(479)
前期创作社同人自传文本研究
——以郭沫若、郁达夫、张资平为中心 …… 刘海霞(480)
前期创作社同人自传文本研究
——以郭沫若、郁达夫、张资平为中心 序 …… 朱文华(482)
前期创造社同人自传研究的开拓之作
——读刘海霞《前期创造社同人自传文本研究
——以郭沫若、郁达夫、张资平为中心》…… 陈 潮(484)
地域传承与心灵碰撞
——郭沫若苏轼比较论 …… 申东城(487)
巨星生成的奥秘探寻
——地域传承与心灵碰撞:郭沫若苏轼比较论·序 …… 张志烈(489)

第十六篇 课题评奖

郭沫若翻译作品版本演变研究及语料数据库建设 …… 张 勇(501)
2016 年度四川省教育厅人文社会科学(郭沫若研究)立项课题 …… (504)
全国哲学社会科学课题阶段成果展示:回忆郭沫若作品
收集整理谈 …… 廖久明 何 刚整理(507)
魏建教授入选国家“万人计划” …… (516)

第十七篇 郭沫若纪念馆馆藏资料

老舍致郭沫若、于立群信函 9 封 …… (521)
致郭沫若(1942 年 5 月 27 日) …… (522)
致郭沫若(1952 年 6 月 14 日) …… (523)
致郭沫若(1950 年代某月 4 日) …… (523)
致郭沫若(1960 年 4 月 8 日) …… (524)
致郭沫若(1962 年 5 月 9 日) …… (525)
致郭沫若(1964 年 10 月 12 日) …… (527)
致郭沫若(1964 年 10 月 23 日) …… (529)
致郭沫若(1965 年 7 月 13 日) …… (532)
致于立群(1965 年 7 月 22 日) …… (532)

附录 成果索引

2016 年郭沫若研究资料索引 …………………………………… 秦 红 卿玉弢(537)
(一)论著(含其他论著中的郭沫若研究章节) ………………………………… (537)
(二)学位论文 ……………………………………………………………………… (540)
(三)期刊论文、资料 ………………………………………………………………… (541)
(四)报纸论文、资料 ………………………………………………………………… (550)

后记 ………………………………………………………………………………………… (553)

第一篇

特　稿

坚持年鉴编纂正确方向　推动郭沫若研究蓬勃发展

——访中国社会科学院副院长张江教授

编者按：中国社会科学院副院长张江教授自《郭沫若研究年鉴·2015》起担任编委会主任，值此卷出版发行暨郭沫若诞辰125周年之际，《郭沫若研究年鉴》编辑部对张江教授进行了访谈。张江教授就《郭沫若研究年鉴》出版的时代意义，郭沫若研究中所面临的问题，以及今后《郭沫若研究年鉴》的编纂方向等谈了自己的看法，对今后郭沫若研究和《郭沫若研究年鉴》编纂具有重要的指导意义。

《郭沫若研究年鉴》编辑部：关于如何构建中国特色哲学社会科学体系，习近平总书记强调："要按照立足中国、借鉴国外，挖掘历史、把握当代，关怀人类、面向未来的思路，着力构建中国特色哲学社会科学，在指导思想、学科体系、学术体系、话语体系等方面充分体现中国特色、中国风格、中国气派。"能否请张江教授首先谈谈《郭沫若研究年鉴》创办的时代意义。

张江：习近平总书记在哲学社会科学工作座谈会上明确指出："一个没有发达的自然科学的国家不可能走在世界前列，一个没有繁荣的哲学社会科学的国家也不可能走在世界前列。"当代中国正经历着我国历史上最为广泛而深刻的社会变革，也正在进行着人类历史上最为宏大而独特的实践创新。这种前无古人的伟大实践，必将给哲学社会科学的理论创造、学术繁荣提供强大动力和广阔空间。这是一个需要理论而且一定能够产生理论的时代，这是一个需要思想而且一定能够产生思想的时代。

《郭沫若研究年鉴》的创办，恰逢党领导广大哲学社会科学工作者加快构建富有时代精神和中国特色的哲学社会科学体系的伟大契机。《郭沫若研究年鉴》是中国社会科学年鉴系列中唯一一部以人物为主体的年鉴，对当代中国哲学社会科学研究是一个很好的拓展和补充。多年来，我国学界在郭沫若研究方面取得了值得肯定的成绩，但也应承认在郭沫若研究领域中也同样存在着"有数量缺质量、有专家缺大师"的突出问题，郭沫若本有的历史价值尚未得到充分发掘，在现代化、当代化上下功夫不够，郭沫若研究还没有建立起应有的学科体系、学术体系和话语体系。这样一些问题在很大程度上是学风问题造成的，诸如急功近利、东拼西凑、闭门造车和坐而论道等不良现象还普遍存在。如何改变这种现状呢？我认为现阶段的主要工作应该是对郭沫若过往和当下的研究成果进行“盘点”，总结研究得失，汇集优秀成果，特别是要对郭沫若研究的文献资料进行“摸底清查”，而这恰恰就是《郭沫若研究年鉴》学术功能最集中的体现。所谓“鉴”就是要明得失，察事理，辨方向，《郭沫若研究年鉴》承担了对年度郭沫若研究的成果辨析、问题解析、方向明晰的使命和责任，也必将对构建郭沫若研究的话语体系、学科体系、学术体系和郭沫若研究的蓬勃发展起到有力推动作用，以学术的方式和思想的力量为繁荣发展富有时代精神和中国特色的哲学社会科学做出自己的贡献。

《郭沫若研究年鉴》编辑部：您提出的当代文论的重建路径，特别是“强制阐释论”和“公共阐释论”在中外文论界产生很大影响。其实在郭沫若研究领域也存在着“强制阐释”的现象，您对此有何看法。

张江：受西方文论有关思潮影响，就像在中国文论界一样，在郭沫若研究特别是对郭沫若有关文学作品的研究中，也不可避免地出现了“强制阐释”的征候。所谓“强制阐释”，主要是将其他学科的理论移植到文学批评领域之内，使文学批评脱离了正常轨道。此外，文学批评者为了达到某些目的，主观预设批评立场，使文本的阐释背离了文本的原意。

在郭沫若文学研究中也普遍存在这种现象，比如对《女神》的阐释，往往贴上诸如“浪漫主义”“劳工神圣”“惠特曼”“泰戈尔”等标签。但是，这却恰恰背离了《女神》文本的本体。首先，《女神》是一部“剧曲诗歌集”，在56首作品中既有现代新诗，也有西方诗剧；既有短小抒情，也有大段描述，这与严格意义上的诗集还是有区别的。其次，《女神》产生于郭沫若留学日本期间，正是中国文化近现代转型突变的关键时期，而郭沫若恰恰远离了这个独特的文化场域，故《女神》的语言构成是独特的。以上这些都是《女神》文本的本体，但是现在有些《女神》的研究却远离这个本体，把从其他领域移植的理论简单套用到《女神》的阐释之中，看似华丽的论述背后却是对文本本体的偏离。

在郭沫若研究中，应该特别注意由“强制阐释”到“本体阐释”的转变，以文本为出发点和落脚点，探究文本中间有什么、是什么，对文本的原生话语作出初始规定。此外，郭沫若作为与中国现代社会变革密切相关的文化名人，对他的文本阐释也应向外延伸，探寻与文本相关的次生话语和衍生话语，寻求佐证，回归文本，以修正补充对原生话语的初始规定。

《郭沫若研究年鉴》编辑部：鲁迅的文化自觉联结着宽广而深厚的文化视域，既有对民族文化的忧虑与反思，也有对民族前途的考问与考量；既有对本土文化的诊脉和甄别，又有对世界文化的探究和展望。那么，郭沫若的文化资源对于现当代中国文化的发展有何意义呢？

张江：周恩来同志在1941年就曾指出：“鲁迅是新文化运动的导师，郭沫若便是新文化运动的主将。鲁迅如果是将没有路的路开辟出来的先锋，郭沫若便是带着大家一道前进的向导。”由此确立了鲁迅和郭沫若作为中国现当代文化发展两面旗帜的地位。如果说鲁迅代表着理性的文化思考的话，那么郭沫若就是感性的浪漫精神的代表，以他们为代表的两种文化力量共同汇聚成了现当代中国文化转型的洪流。

相较于鲁迅的坚忍和冷静，郭沫若则带给了中国现当代文化更多的创新思维和感性精神。在“五四”新文化运动期间，各类知识分子竞相登上历史舞台，演绎了一场狂飙突进的文化变革，郭沫若以其“凤凰涅槃”的变革精神和“天狗狂飙”的感性热情迅速成为了“五四”文化场域中重要的一极。但当“五四”文学革命热情消退，变革的人群开始陆续退场，鲁迅也不免发出“寂寞新文苑，平安旧战场。两肩余一卒，荷戈独徘徊”感喟之际，郭沫若借助这种创造性革新、跳跃性思维延续着“五四”文化革命的历史使命。他是唯一一位亲自参加自北伐战争到有关“真理标准讨论”的“五四”文人，更是中国现当代社会历次重要政治运动的经历者和参与者，见证了中国现当代文化发展的全程。从他的身上，我们能够管窥到中国现当代文化发展进程中的得与失、取与舍、扬与弃。

郭沫若的文化资源对于现代中国文化发展的重要作用并不是某一具体方面，而是一个全方位、立体式的文化参照系。

《郭沫若研究年鉴》编辑部：在当今文艺批评领域，您多次强调要巩固和加强马克思主义对文艺的指导地位，就必须推动中国特色社会主义文艺理论的建设和发展，掌握中国文艺理论的话语权。那么具体到郭沫若研究方面，您认为我们应该如何认识他的文艺批评思想，发展他的哪些文艺批评理论呢?

张江：中国特色社会主义文艺理论的建设和发展，必须坚持以马克思主义为指导，只有在马克思主义指导下，才能构建起属于我们自己的文艺理论话语体系，掌握文艺理论的话语权。改革开放后，中国理论界大量引入西方文论，出现了“套用西方理论剪裁中国人审美”的现象。如果长此以往，将会背离中国文艺发展的正确路径。如何构建文艺研究的中国话语体系，是一个迫切需要解决的重大问题。在这方面我们可以从郭沫若的文艺批评中得到一些有益启示。

郭沫若除了创作出大量的文学作品外，也有很多文学批评作品传世。在他的《文艺论集》《文艺论集续集》等批评文集中，都提出了许多重要的文学批评理论。此外，郭沫若在创办《创造》季刊和《创造周报》时也非常注重文学批评理论和批评话语的构建。特别是他所译介的《社会组织与社会革命》并没有照搬照抄河上肇的理论，而是通过自己的理解并结合中国社会发展的实际进行了创造性的发展。郭沫若这种对待文学批评和文学理论的方式，是值得我们今天的批评者认真学习和借鉴的。在今后的郭沫若研究中，我们应该加大对郭沫若文学批评理论的研究力度，总结其文学理论方法的得失，发掘其批评话语的当下价值，努力构建以马克思主义为指导的中国文学理论话语体系。

《郭沫若研究年鉴》编辑部：您多此撰文指出，我们要正确对待和认识古今中外的文化资源，不能“肆意亵渎经典”，也不能“刻意挖掘传统文化中落后的、阴暗的东西”。郭沫若在现当代中国是一个独特的文化存在，特别是借助于网络传媒，关于郭沫若也出现了很多负面的认知，您认为我们应该怎样对待这种现象？

张江：这是当今文化领域中一个比较突出的问题。产生这种现象的最主要原因，是目前国内还没有建立起一套行之有效的“公共阐释”理论体系。

无论在什么样的社会之中，阐释都应该是理性行为，对任何事物的阐释都应该以理性作为出发点，而阐释的接受、流传也必须以理性为约束，因此才能形成有效的公共阐释体系。另外，我们还应该明晰私人性的个体阐释与公共阐释的统一性。个体阐释的理解与接受应该被公共理性所约束，在此范畴内，个体阐释才具有存在的意义，也具有留存的价值。

在郭沫若认知领域中，存在争鸣和争议是很自然的，也是必不可少的。但是，如果仅仅以放大某些负面的认知，刻意造成不良的传播效果，便是没有存在意义和留存价值的个人阐释了。

《郭沫若研究年鉴》编辑部：2016 年首个郭沫若中国研究中心在埃及苏伊士运河大学成立。请就中心建立的意义以及今后工作发展的方向谈谈您的意见。

张江：中国文学和中国文化并不是一个封闭的系统，而是一个开放的体系。随着中国国际地位的日益提升和国际交往的日趋广泛，中国文化必然要全方位地走出去，走向世界的各个角落。但是，中国文化应该以怎样的方式走出去，应该传递给世界怎样的文化信息，这是我们必须认真思考和面对的问题。“越是民族的就越是世界的。”中国文化只有带着自我的独特价值和内涵才能被世界所接纳。也就是说，要坚定“中国精神”的内核，以自己独特的方式传递出中国的声音。在此背景下，郭沫若中国研究中心在埃及的建立具有积极意义，这也是响应党中央提出的“一带一路”倡议实现文化先行的重要实践之一。

郭沫若中国研究中心的设立是具有示范和引领作用的，将对中国文化、中国学术如何走向海外、走向世界提供重要借鉴和参考。郭沫若不仅仅是中国的，也是世界的，他是享誉世界的二十世纪中国文化名人，他的成就不仅仅体现在某一个具体方面，也更多展现在他对于世界文化的认知与参与程度上。他通过对《少年维特之烦恼》等国外经典文学作品的翻译和介绍，把革新的精神文化引入到现代中国，给中国现代民众带来了全新的理念；他也通过对《社会组织与社会革命》的译介，把马克思主义思想观念带给了东方古老的民族。以《女神》为代表的郭沫若多部作品，也被翻译成各种不同语言在国外广泛传播，“中国精神”也随之广泛传播。从这个角度来讲，郭沫若中国研究中心的建立无疑具有重要意义和价值。

在今后郭沫若中国研究中心的建设中，一定要注意传播与吸收并举、研究与教育共存的方针。要通过举办“郭沫若中国学术高端论坛”、郭沫若及哲学社会科学领域精品展览等形式多样的学术文化活动宣传郭沫若，传播中国文化。《郭沫若研究年鉴》也应该及时予以报道、记载和评析，以此形成良性互动的发展态势。

《郭沫若研究年鉴》编辑部：请您对《郭沫若研究年鉴》今后的编纂提出意见建议和改进措施。

张江：《郭沫若研究年鉴》迄今为止已经出版了6卷，从无到有，从简到精，一步一个脚印地发展下来，是非常难能可贵的。我相信，只要坚持始终以马克思主义为指导，坚持正确的学术导向和编纂方针，不断拓展自己的文化视野，《郭沫若研究年鉴》就一定会彰显出更加鲜明的特色。在今后的编纂工作中，要注重对有关郭沫若以及同时代文化名人文献资料的抢救性保护，通过访谈、口述、约稿等方式让历史的参与者们留下珍贵的历史影像。要以精心细致的年鉴编纂工作不断丰富郭沫若纪念馆的史料收藏，推动郭沫若研究的蓬勃发展。

祝《郭沫若研究年鉴》越办越好！

（文稿由《郭沫若研究年鉴》编辑部张勇、王静整理）

上　编

学术研究

第二篇

研究综述

2016年郭沫若文学研究述评

彭冠龙

郭沫若研究是与郭沫若文学创作活动相伴而生的，起初主要围绕其诗歌创作进行，随着郭沫若涉猎范围的不断拓展，对他的研究逐渐延伸至其他文体的创作情况以及历史学、文字学等其他学科领域。2016年的郭沫若研究在以往的基础上更加深入，涌现出了一批高质量的学术成果，总体而言，这一年内主要有以下几个方面开拓较深：一是郭沫若思想研究；二是郭沫若与同时代人的交往情况；三是作品研究。

一

郭沫若的思想研究取得了丰富的成果，这主要从两种思路展开，一是静态地研究某一时段郭沫若的思想状况，讨论其特殊性，分辨其细微之处，从而澄清一直以来语焉不详的问题；二是动态地研究郭沫若某一思想的形成过程，这主要是围绕郭沫若的人生经历展开，探讨某段经历对其思想产生的影响，以及这种思想如何影响了郭沫若的人生走向。这两种思路的研究都从一定程度上深入到郭沫若在某段历史时期的思想内核。

李怡的《复兴什么，为什么复兴？——郭沫若的民族复兴思想一瞥》[①] 是第一个思路的代表性成果，该论文旨在揭示“郭沫若的‘民族复兴’思想不能望文生义的解读为对中国文化传统的无原则肯定和推崇，其中包含着他独特的对历史和现实的深刻思考。具体来说，‘复兴’的根本目的不是一般意义的‘复古’或者弘扬传统文化，而是指向一个‘文化创造’的宏阔目标。郭沫若需要‘复兴’的是他心目中的自由、自然、非功利的文化理想，是洋溢着这种理想的时代。用郭沫若自己的话来说，那就是三代之前‘根本传统’与‘根本精神’，从这样一种对历史的追溯出发，他对中国文化在后来的沦落有着深刻的批判和反省”。具体来说，文章首先指出“郭沫若不仅执着地探索了中国古代的文化传统，而且这种探索更直达了古代文化的最前

① 李怡：《复兴什么，为什么复兴？——郭沫若的民族复兴思想一瞥》，《中国现代文学研究丛刊》2016年第4期。

端，大大地超出了一般新文化知识分子的视线，这才是他与某些新文化人士的主要区别”，然后通过梳理和对比进一步发现“他的‘复兴’理想一直都是开放的，他对古代文化的谈论与他对外来文化的谈论并无对立，‘三代以前’文化理想的提出并不是为了抵御外来的文化，恰恰相反，其思想资源从一开始就向世界敞开，复兴民族文化的固有传统，就理当引进外来的文化资源”，可以说，“郭沫若发现‘三代之前’的过程也是他发现外来文化魅力的过程”，基于以上两个层面的论述，作者总结出了“郭沫若的‘复兴’之梦最终融入五四时代精神的主流，形成了一种‘异构同质’的文化现象”，这一现象对我们重新理解郭沫若在五四时期的精神追求具有启发意义。

杨华丽的《郭沫若“五四”时期尊孔崇儒的特质》[①] 一文同样围绕郭沫若对待传统文化的态度展开，认为“郭沫若所认定的中国文化之传统精神的核心正在于‘自由独创’，……对‘自由独创’的认可，对寻求真相的坚持，正体现了郭沫若此期观照中国传统文化，以及孔子、老子、庄子与墨子等诸子的方式。这种追求，显然与‘五四’时期那些盲目尊孔崇儒者大不相同，而与新思潮的评判态度，重估一切价值的精神相通。而且，对孔子之外的其他诸子的研究本身，也在客观上将孔子与其他诸子置于同等地位，从而恢复中国传统文化的丰富性、多样性，免掉了独尊孔氏的思想专制之弊。这种治学理路，与从晚清到新文化运动中的先进知识分子反抗凝固传统的方式如出一辙”，进而通过分析郭沫若的相关文章，发现“郭沫若在这些研究成果中对孔子、对儒家文化的看法，都是他对如何建设未来新文化的一种思考”，从而得出结论：“郭沫若‘五四’时期的孔子观、儒家文化观，与新文化阵营其他知识分子的孔子观、儒家文化观是互补的，可为‘同归’；他们不同的接近路径，正体现了二者只是‘殊途’而已：处于历史拐点上的郭沫若和其他新文化派一样，其实都是在以‘重估一切价值’的精神重评孔子与儒家，从而参与了中国文化现代转型的历史建构过程。”

李斌的《郭沫若思想中的尼采资源新探》[②] 一文以前人对郭沫若与尼采思想关系的研究为基础，重新讨论了其中的四个重要问题，认为“尼采对郭沫若的影响，是超人学说：创造性，人的多方面才能及不断超越自我”，“尼采对郭沫若的影响，除表现于文学创作外，更多地表现在人格精神上，尤其是超人学说，是郭沫若思想性格的重要底色”。黎保荣的《论郭沫若“五四”时期的暴力思想与表现》[③] 一文注意到“五四”时期郭沫若的暴力思想，认为“崇尚强力，主张暴力革命，由‘弃医从文’走向‘弃文尚武’，由原来的‘人道论’的战斗反抗演变为‘阶级论’的集团革命，究其原因，则有显性的日本尚武精神和隐性的侠—士传统的双重作用”。这两篇论文

---

① 杨华丽：《郭沫若“五四”时期尊孔崇儒的特质》，《中国现代文学研究丛刊》2016 年第 4 期。
② 李斌：《郭沫若思想中的尼采资源新探》，《中国现代文学研究丛刊》2016 年第 4 期。
③ 黎保荣：《论郭沫若“五四”时期的暴力思想与表现》，《贵州师范大学学报》2016 年第 3 期。

所提供的思路和观点也都是研究郭沫若思想发展的重要成果，为将来的探索提供了可资借鉴的角度和经验。

第二种思路的代表性成果有刘奎的《总体战与动员文艺——抗战初期郭沫若的文化政治实践》[①] 和《危机与救赎：一个新文化人的“南渡”》两篇论文。《总体战与动员文艺——抗战初期郭沫若的文化政治实践》一文以“在抗战语境中，文学的问题已不再是是否为宣传的性质问题，而是如何宣传的技术问题，和为谁宣传的伦理问题”为起点，讨论了“在抗战总动员的背景下，郭沫若如何思考民众动员问题，文学在其间扮演着何种角色，他的观点又有何建设性或独创性”，文章通过细致考察郭沫若在抗战初期的政治与文艺实践活动，尤其是在担任国民政府政治部第三厅厅长期间的文艺活动，认为“对于缺席20世纪30年代左翼文化斗争的郭沫若来说，大革命时期的经历是更为切实的革命经验。这种历史意识使他在参与抗日战争中的政党政治时，具备某种综合性视野的特质。他既主动参与国民政府的抗战政策，其动员文艺理论与实践，显示了左翼知识分子在国民政府‘抗战建国’意识形态框架之内，对于文艺如何动员民众这一问题探索的深度及其独特性。现代战争对民众精神与意志的倚重与强调，以及国民政府所发动的国民精神总动员，都为郭沫若的诗人气质提供了用武之地，而且‘由情以达意’的动员模式，及其领导的第三厅的文艺动员实践，是总体战视野下独特的动员文艺经验，既为国民政府抗战动员做出了历史贡献，也丰富了国民政府的战时动员文艺。同时，他的动员文艺理论也为解放区动员文艺的发展提供了一定的借鉴，展现了20世纪40年代文学与政党政治间的复杂关联”。

《危机与救赎：一个新文化人的“南渡”》[②] 一文以郭沫若为典型，研究了抗战时期“新文化人如何选择、阐释与接受南渡经验，以及南渡对于他们又有何特殊意义？如果将其置于新文化运动以来的历史脉络中，这个问题将变得更为复杂。因此，本文从郭沫若的旧体诗词出发，结合他此时的文学与文化活动，探讨其如何处理南渡这一现实与历史问题。尤其是在危急时刻，郭沫若如何借助传统诗学与历史经验以因应现实问题，以及面对这些问题时他的特殊性所在”，围绕这些问题，文章将“南渡”这一历史现象作为一个非常重要的角度重新解读了郭沫若的几部历史剧以及其他一些作品。

周文的《文艺转向与“革命文学”生成——郭沫若赴广东大学考》[③] 一文研究了郭沫若赴广东大学事件的整个过程，围绕“广东大学抑或广东革命政府选择郭沫若担任文科学长的原因究竟是什么？是什么促使郭沫若下定决心远赴广州，以及田汉为何未随郭沫若等一起南下？”等问题展开论述，并以此为切入点深入分析了随着文

---

① 刘奎：《总体战与动员文艺——抗战初期郭沫若的文化政治实践》，《文艺研究》2016年第1期。

② 刘奎：《危机与救赎：一个新文化人的“南渡”》，《中国现代文学研究丛刊》2016年第1期。

③ 周文：《文艺转向与“革命文学”生成——郭沫若赴广东大学考》，《四川大学学报》2016年第4期。

艺转向的发生，“革命文学”的生成过程是怎样的。李斌的《论郭沫若学医受挫与接受马克思主义之关系》[①] 一文从一个新的角度探索了郭沫若接受马克思主义的契机，即在“球形天才”的自我期许之下，“学医受挫导致的他对科学理论的渴求，是马克思主义理论进入他精神世界的重要原因”，从一个微观却又现实的方面讨论了郭沫若思想转向的起点。

二

郭沫若与同代人的交往研究不仅有以往经常涉及的郭沫若与鲁迅的关系，而且开拓了较广的范围，触及到很多前人较少关注却很重要的内容和非常新鲜的视角。作为几乎经历了现当代文学史所有发展阶段的重要知识分子，郭沫若的“标本性”不仅仅表现在创作方面，他的社会交往和人际关系以及从中产生的各种情绪更能充分展现一个历史阶段文坛的动向与分化。在这一方面，郭沫若与鲁迅的交往已经获得了较多的关注，不仅因为二者都享有很高的文坛地位，而且因为二者的交往情况涉及到大量重要的文学史事件，对于研究现代文学的发展状况有较大的意义。

刘卫国的《鲁迅、郭沫若“笔墨相讥”史实再探》[②] 一文重新讨论了二者的关系，目的在于“探究其中原委，分辨其中是非，并由此对新文坛的批评生态问题作一个侧面考察”，文章通过对一系列文章的仔细研读，深入到历史的细节之中，将鲁迅与郭沫若的笔墨相讥过程完整翔实的展现出来，进而从两个方面阐述了“鲁迅与郭沫若为何不能和平相处，非要一而再再而三地‘笔墨相讥’”的原因，“一是个人关系方面的原因，一是当时新文坛批评生态方面的原因”，围绕第一个方面，作者的主要观点是“鲁迅一开始就不喜欢郭沫若，认为郭沫若‘骄傲’、‘神气十足’、‘一副创造脸’，对郭沫若有先入之偏见。而郭沫若对鲁迅也缺乏足够的尊敬。这大概是两人‘笔墨相讥’的心理动因”。围绕第二个方面，作者将眼光深入到更为复杂广阔的新文学运动产生背景，指出“新文学批评从一开始就伴随着话语暴力，起初是新文学阵营与旧文学阵营激战，而在新文学确立自身合法性之后，因为文学观念不同，新文学阵营又开始内战”，“这种批评生态一旦形成，批评家个人即使想抗拒也往往胳膊拧不过大腿，最后只能随波逐流”，在这一背景下，鲁迅与郭沫若的笔墨相讥也就成为带有某种必然性的现象。

郭沫若与同时期其他人的交往也得到了较为深入的研究。周文在《郭沫若与“孤军派”——兼论其对国家主义的批判》[③] 一文中，对郭沫若与孤军派的关系进行

① 李斌：《论郭沫若学医受挫与接受马克思主义之关系》，《鲁迅研究月刊》2016 年第 6 期。
② 刘卫国：《鲁迅、郭沫若“笔墨相讥”史实再探》，《鲁迅研究月刊》2016 年第 11 期。
③ 周文：《郭沫若与“孤军派”——兼论其对国家主义的批判》，《新文学史料》2016 年第 2 期。

了非常详细的讨论，“郭沫若与孤军派及国家主义派的渊源与裂变，不仅是考察郭沫若转向问题的一个重要节点，也是20世纪20年代中国知识分子聚散分合的一个缩影”，作者认为虽然已有研究者对这一关键问题进行了深入探究，但是还有很多重要问题有待进一步明确，“如，‘孤军派’究竟是一个怎样的组织？郭沫若批判的‘国家主义’究竟何指？为何他又说‘孤军派’的‘国家主义’，‘说得更切实一点，是国家社会主义’？等等”，围绕这些问题，作者力图能够超越人事纠葛，抛弃个别文本偏见，回到当时的历史语境和思想脉络中去，阐明了郭沫若与孤军派分裂的两方面原因，首先是思想上的分歧，“郭沫若认为中国是‘撑天的长汉子’，饱受帝国主义的侵略，无法仿效日本、土耳其实行个人资本主义，而应效法俄国，施行国家资本主义和‘无产者的专擅的政权’，主张暴力革命。这在其他《孤军》同人眼中，是‘左的’。用何公敢的话说，《孤军》同人多出身于所谓‘缙绅之家’或地主家庭，大多数企图超越阶级，以公正客观自命。具体来说，他们服膺于马克思的经济学说，但主张个人资本主义，坚决反对‘专政’和‘暴力革命’，郭沫若在其中自然渐成异类”，其次是感情因素，郭沫若与孤军派成员不愉快的交往使他产生了“屈辱感”，这一内心感受渗透到郭沫若回忆的方方面面，从而产生了关系的分裂。

另外，《吴宓日记中的郭沫若形象》① 一文研究了“在1949年后的特殊时空境遇中，吴宓与郭沫若的‘距离’愈远，两人的‘交集’反而越多”的特殊现象，从日记记载的角度不仅丰富了“多方”郭沫若的形象谱系，而且能让后人知晓郭沫若和吴宓难为人知的关联，更重要的是，借此能窥见民国一代知识分子在中华人民共和国成立后的不同境遇，为不同类型的民国知识分子在建国初期的生命情状转变研究和心路历程研究提供了一种资源、一个孔径或一种借鉴。《郭沫若与陈独秀——以〈实庵字说〉为中心的考察》② 研究了陈独秀和郭沫若两位甚少发生交集的人在学术领域展开的一次学术争鸣，立足于历史材料，力求打破“针对这场论争的单向度‘革命史化’解读”，厘清和还原论争的本来面貌，持中公允的评价这一事件和论争双方。《郭沫若与吴芳吉交往史迹补述》③ 是作者在编撰《吴芳吉年谱》过程中陆续发现的一些郭沫若和吴芳吉交往的史料，这些内容有效的廓清了郭、吴二人交往中一直很模糊的细节问题。目前来看，关于郭沫若与同代人交往的研究取得了较为深入的进展，在史料发掘、史实澄清、人物评论等方面都更加趋于丰富和公允，并开拓了较广的研究范围，涉及到很多以往研究中不被注意的问题，实现了突破。

① 肖太云、兰友珍：《吴宓日记中的郭沫若形象》，《文艺争鸣》2016年第7期。
② 何刚：《郭沫若与陈独秀——以〈实庵字说〉为中心的考察》，《新文学史料》2016年第3期。
③ 王峰：《郭沫若与吴芳吉交往史迹补述》，《新文学史料》2016年第4期。

三

在作品研究方面，王璞的《郭沫若与古诗今译的革命谱系》① 一文以古诗今译为角度探索了郭沫若革命文学思想的发展脉络，作者认为“古典文学今译至少呼应了新文化运动的两大命题：其一，作为一种现代性的文学体制的白话文及其合法性的建构；其二，新文化对于中国漫长而强大的古代遗产的重新估价”，是研究中国现代文学的重要切入点，郭沫若在 1923 年出版了《卷耳集》，收录了对《诗经》作品的“离经叛道”的今译，1953 年又完成了《屈原赋今译》，另外，这种今译实践还渗透在他的史学著作之中，比如，对《诗经》中农事诗的全译等，“郭沫若的古诗今译构成了从‘五四’到 1970 年代的一个潜在谱系。它绝非仅仅涉及汉语内部的媒介转换，而关系到阐释主体性的建构和解构，编码着文化革命的逻辑”。通过对一系列作品和相关历史信息的解读，作者认为“本文虽是一个以郭沫若的轨迹为中心的个案研究，但其相关性或超出这一个别的存在；换言之，从郭沫若的个案的问题线索中，我们可以获得一种方法性的视角，由此观测文学意识形态、翻译和历史想象在革命的文化逻辑中的彼此交织、互动和错位。尤其是‘以今译古’的机制，把翻译的主体性和再阐释的政治性在具体的语言、文本和修辞构造中浮雕般地显示了出来。……在中国革命的争议性语境中，历史阐释行为本身就意味着某种不间断的修辞翻译、知识翻译和意识形态翻译。如何在审美上、学理上和伦理上评价郭沫若的古典译解或许不应是我们的重点。如何重新发现和理解这种内在于中国革命遗产中的文化政治态势，又如何辩证地将之视为我们自身文化可能性的一个问题源头，或许才是挑战所在”。

除了翻译作品研究之外，版本研究也取得一定的进展。韩诚的《婚姻与革命的叙事调整——郭沫若〈黑猫〉版本研究》② 考察了《黑猫》的六个版本，对早期的三次修改和文集本的修改进行了细致整理，认为“在《黑猫》版本变迁中，前三次是小规模修改，反映出郭沫若在不同时期的用语习惯，文集本的修改则重在调整对婚姻和革命的叙事。无论是删除导致婚前犹豫不决的‘机会主义’，修改对待母亲的复杂态度，还是删除驳斥黄遵宪的文章，疏离自己与保卫团的关系，都是对早期版本的规范化的处理。郭沫若修改《黑猫》的动机，并非一般意义上的作家悔其少作，而是有着复杂的政治因素和个人因素。在处理婚姻和革命这两个重要的话题时，郭沫若刻意删掉很多细节，有意识地将自己和事件拉开距离，将描述的视角从参与者转向旁观者。通过编纂《沫若文集》，郭沫若对婚姻与革命叙事进行改写，在语言和内容上打造了一个规范的版本，更符合政治语境和郭沫若的身份，但也损失了作品的真实

① 王璞：《郭沫若与古诗今译的革命谱系》，《文学评论》2016 年第 3 期。

② 韩诚：《婚姻与革命的叙事调整——郭沫若〈黑猫〉版本研究》，《文艺争鸣》2016 年第 11 期。

性，不如早期版本更原汁原味”。

另外，方长安、仲雷的《〈凤凰涅槃〉在民国选本和共和国选本中的沉浮》① 考察了近百年来不同时期的文学选本收录郭沫若《凤凰涅槃》的情况，从选本角度还原了这一作品由民国选本的“缺席者”到共和国选本的“宠儿”之经典化过程，分析了这一过程的生成机制，揭示了政治语境和诗歌逻辑等作用于《凤凰涅槃》之“选本史”、作用于其“经典性”建构的特点。彭冠龙的《〈女神〉是“五四时代精神”的“诗化”吗？——从接受史角度重审〈女神〉的文学史形象》② 重新梳理了《女神》“诗化五四时代精神”这一经典文学史形象的形成过程，认为“它的提出根源于40年代以来中共的政治需要，后来在新民主主义话语的干预下进入了文学史书写。这一形象的合理性在于《女神》的狂放诗风契合了中国人心中的五四情结，然而，它遮蔽了郭沫若在创作《女神》时的精神世界，也曲解了这部诗集与五四时代思潮的关系”。乔世华的《论鲁迅与郭沫若的童话观及实践》③ 在对比中研究了郭沫若的儿童文学创作思想和具体作品，深入到一个很有价值却往往被忽视的领域。

四

总体而言，2016年的郭沫若研究在以上三个方面均取得重要成果，并探索了许多新的研究领域，不仅在深度上不断开掘，而且在广度上有所发展，不断涌现出一批学术新秀，这一方面得益于郭沫若研究青年论坛的定期举办和推介，另一方面也根源于这一研究对象的巨大言说空间，如果以现有发展势头继续推进，那么，郭沫若及其思想和创作将不断得到更加深入的探索和更加全面、科学的评价。

（作者系山东师范大学文学院讲师、中国语言文学博士后流动站在站博士后）

---

① 方长安、仲雷：《〈凤凰涅槃〉在民国选本和共和国选本中的沉浮》，《福建论坛》2016年第7期。

② 彭冠龙：《〈女神〉是“五四时代精神”的“诗化”吗？——从接受史角度重审〈女神〉的文学史形象》，《现代中文学刊》2016年第2期。

③ 乔世华：《论鲁迅与郭沫若的童话观及实践》，《渤海大学学报》2016年第2期。

2016年郭沫若史学研究综述

何　刚

在郭沫若史学研究的历程上，2016年是值得记住的一年。随着一年一度的中国郭沫若研究会青年论坛和其他的郭沫若学术研讨会的影响和号召，一批青年学者加入到郭沫若研究中，他们涉足郭沫若史学研究，从不同的视角提出了一些新锐的学术观点，成为2016年郭沫若史学研究的一个学术增长点。更为重要的是，这一年，专门以郭沫若史学为主题的“郭沫若与中国马克思主义史学”学术研讨会成功召开。这是继1986年10月在武汉召开的“郭沫若史学研究”学术讨论会，时隔30年后再次在武汉召开郭沫若史学研讨会，颇具学术价值和纪念意义。现将2016年郭沫若史学研究简要综述如下。

一　由文入史，文史学界相融

继去年出现的打破文史界限、文史学界相融之后，这一研究尝试在今年的郭沫若史学研究依然存在，特别是随着两届中国郭沫若研究会青年论坛的成功召开，一些青年的现代文学研究学者对郭沫若史学进行了别具一格的研究，提出了不少研究新思路和新见解。

在儒家思想受到批判的20世纪中国，墨学大有中兴之势，抗战中后期尤其如此，冯友兰等人进一步发挥了墨子的“天命观”思想，左翼墨学则强调其平等观。作为大后方文坛祭酒的郭沫若，却对墨子进行了激烈的批判，其“崇儒贬墨”的观点，不仅与冯友兰、钱穆等人的观点有所不同，也与左翼墨学大异其趣。郭沫若的观点也引起了青年左翼学者、文人的不满，如乔冠华、陈家康、胡绳等“才子集团”和胡风、舒芜等七月派文人，他们以彼时延安的整风运动为契机，试图通过批判郭沫若的墨学研究，达到反思马克思主义教条化的目的，但这一行为遭到了共产党南方局的适时制止。厦门大学刘奎《历史想象的分歧——郭沫若与墨学论争》一文，在稽考上述材料的基础上，试图还原抗战时期墨学研究的复杂面貌，并进一步探究郭沫若学术观点的历史成因，以及墨学论争的政治文化原因，认为郭沫若的学术与政党之间的空间，不仅表现在对延安学术党化的茫然上，也表现在对国民党意识形态的批判上。郭沫若论文中所充斥的政治词汇，如他除了从反科学、反民主等角度批判墨子，还以美攻、独裁等责难墨子，这也是对国民政府政治政策的隐射和批判，抗战时期不仅左翼学人好谈政治，在国难危机中以学术干预国事，也是一种较为普遍的现象，甚至可以说，学术的独立性和尊严在国难中得到了重建和凸显。[①]

中国社会科学院郭沫若纪念馆李斌的《〈甲申三百年祭〉与郭沫若的隐微心曲》一文则提出，无论是国民党方面，还是中共领袖，政界对《甲申三百年祭》的解读，都跟郭沫若的真实意图有距离。且此文并非严谨的史学著述，在史学史中的地位不宜高估。今天重读此文，相比于政治解读和估定其学术史地位，更有意味的是探讨此文的撰述动机，究明作者的隐微心曲。李斌认为，《甲申三百年祭》的写作动机，主要是作为知识分子的郭沫若对于复杂政治局势中个人命运的隐忧，并对朝野政党均有所讽示。但此文一出，国共两党均高度重视并有所曲解，史学界亦从史学研究的惯性读解，导致作者之真实动机一直隐而不彰。[②]

绵阳师范学院杨华丽的《郭沫若"五四"时期尊孔崇儒的特质》一文提出，无论是从其他新文化先驱的主观意图、客观情势还是从其实际反叛的过程来看，新文化阵营都并无"打倒孔家店"之"实"，都并非在对中国传统文化发展历程中的所有儒学形态、历史中的孔子本身进行彻底否定。他们所做的，其实只是在"打孔家店"，在重新估定被歪变了的孔子、儒家，反对被统治者利用以实行思想一统的孔圣人与儒教。而郭沫若的"尊孔"，尊的是孔子这个人，而非历代儒家粉饰之后的神，更不是被当作敲门砖的孔圣人；郭沫若的"崇儒"，崇的是春秋战国时期的儒家，而非历代注疏建构起来的其他儒家。所以，其独特的"尊孔崇儒"所体现出的重估一切价值的精神，与新文化阵营其他知识分子在"反孔非儒"中体现出来的精神正相吻合而非相互抵牾，故而二者是"殊途"而"同归"的关系。[③]

二　学术批评、学术交际的研究

学术因相激而进，郭沫若史学因其独树一帜的研究方法、不同于时的学术观点，经常引起激烈的学术论争。从学术史的角度对郭沫若史学以及围绕它而成的学术讨论、学术交际进行梳理总结、再评析，是2016年郭沫若史学研究的一个重要方面。

北京师范大学历史学院张越在《郭沫若给中国马克思主义史学带来了什么？——以民国时期对郭沫若史学的评价为中心》一文中，以民国时期郭沫若史学受到的各种评价为主要材料，从《中国古代社会研究》的成书及影响、郭沫若在甲

---

① 刘奎：《历史想象的分歧——郭沫若与墨学论争》，《郭沫若学刊》2016年第2期。

② 李斌：《〈甲申三百年祭〉与郭沫若的隐微心曲》，《首都师范大学学报》（社会科学版）2016年第1期。

③ 杨华丽：《郭沫若"五四"时期尊孔崇儒的特质》，《中国现代文学研究丛刊》2016年第4期。

骨文金文研究上的卓越建树以及郭沫若在先秦诸子方面的研究所取得的成就等三个方面，重现郭沫若史学建树在当时学术界所引起的各种反响，借以说明郭沫若史学给中国马克思主义史学所带来的贡献及其他，希望有助于更为客观地评价郭沫若史学和马克思主义史学。[1] 乐山师范学院杨胜宽的《关于郭沫若评价儒家的几个问题》一文，对郭沫若的儒学观进行了细致分析，认为迄今的学术界对于郭沫若评价儒家思想及其历史地位的态度，仍然沿用长期以来的惯常思维，把他认识和评价孔子的态度混同于认识和评价儒家的态度。杨胜宽提出，其实在郭沫若一生的学术生涯中，一直注重阐述孔子与儒家的联系和区别，他对孔子始终秉持崇拜与袒护的立场；而对儒家，不仅严格区分秦汉以前的种种不同，而且通过对其发生、发展、分化、合流的考察研究，展示出儒家内部思想分流立派、交互影响，外部吸纳百家、融会归总的复杂变化态势。[2] 四川大学历史文化学院王献华在《郭沫若〈释支干〉与泛巴比伦主义》一文中提出，郭沫若的《释支干》一文堪称中国现代学者研究中国早期天文传统的一篇奇文。但将中国十二支与巴比伦十二宫对应，研究者颇有不同判断。《释支干》一文的出现，可能与当时影响巨大的“泛巴比伦主义”学术潮流有一定的关系。近年来学术界对“泛巴比伦主义”颇有新的兴趣，或者借此机会对《释支干》的认识可以有所增进，更有助于将此文放回到其本有的国际学术史语境之中。[3] 首都师范大学甲骨文研究中心方晓垠的《郭沫若甲骨文字考释遗珠一则》认为，初编于1944年的《商周古文字类纂》一书，郭沫若生前一直未发表，直到家人在整理遗物时才发现，由文物出版社于1991年影印出版，为集甲骨文、金文、玺印文字、石鼓文等为一体的字编性著作，所以，该书影响力有限，一些释字观点隐于其中，精妙之处难以一时被学界所接受。方晓垠以该条卜辞为例：癸巳卜殼贞：旬亡（忧）。王（占）曰：“乃兹亦（有）求（咎）”。若称，甲午王往逐兕小臣甾马硪粤王子央亦颠。认为卜辞中两个“车”字（A 、B ）的含义存在着多种不同认识，导致断句的不同，进而影响对卜辞意义的理解。在《商周古文字类纂》中，郭沫若对此前释为“车”的观点进行了修订，认为A是车轴折断的意思。这一见解解决了过去的认识没法解释的一些问题，极富启发性。[4] 中共中央党校博士生齐雪则对《甲申三百年祭》发表至今六十余年间的五次大规模印行的原因及产生的历史效应进行了评述。[5]

---

① 张越：《郭沫若给中国马克思主义史学带来了什么？——以民国时期对郭沫若史学的评价为中心》，《郭沫若学刊》2016年第1期。

② 杨胜宽：《关于郭沫若评价儒家的几个问题》，《广东技术师范学院学报》（社会科学版）2016年第7期。

③ 王献华：《郭沫若〈释支干〉与泛巴比伦主义》，《郭沫若学刊》2016年第1期。

④ 方晓垠：《郭沫若甲骨文字考释遗珠一则》，《郭沫若学刊》2016年第1期。

⑤ 齐雪：《从反骄傲到反腐败——〈甲申三百年祭〉的印行史》，《郭沫若学刊》2016年第1期。

山西大学历史文化学院杨永康的《抗战时期卫聚贤与郭沫若的学术交往》一文，对卫聚贤与郭沫若的学术交往进行发掘和清理，认为这两位政治立场不同的学者在抗战时期有过一段学术交往，成就了民国学术史上的一段佳话。相同的考古兴趣、共同的学生金祖同，让卫聚贤与郭沫若相识相交，不同的政治立场也最终让二人分道扬镳。他们的友谊离不开国共两党合作抗日的历史背景，抗战胜利之后，随着国共和谈的破裂，他们的友谊也就此终结。郭、卫二人的这段学术交往也折射出那个特定时代的政治气候对中国知识分子命运的影响。① 北京市社科联陆奇的《试论郭沫若、吴晗与民族解放、国家建设及学术研究的情缘》一文，挖掘和梳理了郭沫若、吴晗两位马克思主义史学家的相关史料，从多个方面论证了郭沫若与吴晗在中国共产党领导下，共同为中国的民族解放事业、新中国建设、史学和考古学等学术研究领域做出的重要贡献，并记录了两位在长期工作和交往中结成的深厚情谊。②

本年度还有两篇以郭沫若史学为研究内容的硕士论文，分别是李琛琛的《现代史家对史德的认识与实践——以傅斯年与郭沫若为例》（陕西师范大学）和刘娟的《〈十批判书〉研究》（河北大学）。前者以傅斯年与郭沫若为例展现在特定的历史背景下现代史家对史德的认识与实践之间的关系，认为郭沫若更注重利用史家的主体地位达到史学巧观的目的，而马克思主义理论则是他发挥主观能动性的主要工具。这种对主观意识的利用让郭沫若的理论更具有可行性。但在实际研究过程中，郭沫若很容易就陷入过度主观，主观推理的滥用、个人好恶的掺杂以及科学理论的不科学运用都影响了他对历史的研究；后者叙述了《十批判书》的成书背景，比较了《十批判书》的版本，以了解郭沫若对诸子认识的变化，进一步探究此书的思想特征和学术风格，以及在现代史学史上的意义和价值等内容。

三 “郭沫若与中国马克思主义史学”学术研讨会成功召开

2016 年 10 月 15—16 日，由华中师范大学历史文化学院和中国郭沫若研究会共同主办的“郭沫若与中国马克思主义史学”学术研讨会在湖北武汉召开。这是时隔 30 年后再次在武汉召开郭沫若史学的专门学术研讨会，颇具学术价值和纪念意义。③ 此次研讨会与会者近 60 人，提交论文 38 篇，主要议题有郭沫若史学、郭沫若与中国马克思主义史学、郭沫若文学与文字学、中国马克思主义史学、其他学者对中国马克思主义史学的研究、史学批判与考据等。研讨会取得了丰硕的成果，进一步深入了郭

① 杨永康：《抗战时期卫聚贤与郭沫若的学术交往》，《史志月刊》2016 年第 2 期。

② 陆奇：《试论郭沫若、吴晗与民族解放、国家建设及学术研究的情缘》，《黑龙江史志》2016 年第 4 期。

③ 1986 年 10 月 23—27 日，中国郭沫若研究学会、中国社会科学院历史研究所、华中师范大学历史系、上海社会科学院历史研究所、《历史研究》编辑部等单位在武汉联合召开了专门的“郭沫若史学”学术讨论会。

沫若与中国马克思主义史学研究。就郭沫若史学研究而言，此次研讨会主要成果如下。①

苏州大学周书灿《改革开放初期学术界对郭沫若古史分期理论的论辩》一文论述了改革开放初期非“战国封建论者”对郭沫若“战国封建论”的质疑、商榷与批判以及“战国封建论”者的回击、对郭沫若古史分期理论的补充和订正，认为“无奴学派”或多或少影响到改革开放以后中国古代社会形态与古史分期理论讨论的学术走向。同时指出学术界对郭沫若“战国封建论”的辩难，暴露出理论上的公式主义和史料运用上的实用主义等突出问题，意气争胜倾向明显，在一定程度上影响学术界批判的公平公正。北京师范大学瞿林东《学习郭沫若观察历史的观点和方法——读〈历史与人生〉的一点启示》一文指出郭沫若《历史与人生》这篇文章对史学工作者的深刻启示，即把社会同自然联系起来、把中国同世界联系起来、把历史同现实联系起来观察历史的观点和方法，值得思考、学习和借鉴。北京师范大学张越《“例示研究古代的一条大道”——再论郭沫若〈中国古代社会研究〉》一文认为郭沫若此书以罗振玉、王国维二家之业绩为出发点研究中国古史，其创新点在于为研究中国社会而研究甲骨金文，将卜辞金文用到社会史研究，引发了长时间批评与讨论，其学术价值逐渐得到承认。华中师范大学历史文化学院尤学工《郭沫若与新中国初期的历史教育》一文从郭沫若对新中国历史教育目标、史学研究机构、历史教育原则、历史观念塑造等方面分析其对新中国初期历史教育的巨大贡献。兰州大学历史文化学院朱慈恩《郭沫若与“史学革命”的拨乱反正》一文论述“史学革命”初起时，郭沫若并未盲目鼓吹推动，而是有所保留。后来他对“史学革命”中的错误做法进行全面纠正，带动了大批史学家进行拨乱反正的工作，发挥了重大作用和影响。扬州大学社会发展学院朱春龙《试论新中国初期史坛中的郭沫若》一文从引导政治话语转变中的郭沫若、创设学术机制中的郭沫若、激活史学研究氛围中的郭沫若三个方面展示了郭沫若在新中国初期史坛中的重要作用。湖北大学历史文化学院何晓明《郭沫若与中国马克思主义史学的成败得失》一文指出郭沫若是中国马克思主义史学的创立者，最具影响力的学人，史学工作者的楷模，其研究成果可继承、超越、质疑、批判，但不可被漠视、遗忘、歪曲、践踏。四川省社会科学院谭继和《从否定传统到把马克思请进文庙——简论郭沫若〈马克思进文庙〉》一文认为，郭沫若《马克思进文庙》这篇文章不仅是郭沫若个人的思想，也是五四运动以后知识分子回归传统潮流中一种清醒的认识，而且现在也应继续进行将马克思主义同中国国情结合起来的工作。山东理工大学齐文化研究院卜祥伟《郭沫若史学思想再认识》一文指出，郭沫若史学成就显著，其思想来源不仅有马克思主义文化和中国传统文化，还有西方文

① 该部分参考了贾怡萍的《郭沫若与中国马克思主义史学学术研讨会综述》的相关内容（《高校社科动态》2017 年第 1 期）。

化，带有多元色彩，值得我们不断学习。中南民族大学民族学与社会学学院唐梦琦《二十世纪二十年代郭沫若思想的转变》一文认为从“女神时期”到“马克思主义史学时期”，郭沫若经历了积累、爆发、缓冲以及到最终接受，开创运用马克思主义史学解决中国革命具体问题这一新历史研究方向之风。

中国社会科学院郭沫若纪念馆蔡震《郭沫若在历史研究语境中的文学写作》一文指出，郭沫若在创作生涯的高峰期就开始并大量创作了自传作品，在其全部文学作品中占有相当大的量，用文学书写的方式叙写了中国现代史的一隅。中国社会科学院郭沫若纪念馆李斌《郭沫若对屈原资源的现代转换》一文将郭沫若有关屈原的言说综合起来，考察郭沫若通过屈原言说对五四新文学的贡献和态度转变以及有关传统文化资源的现代转换、新型民族关系的建构、人民大众在建构新型民族国家中的位置等问题。淮北师范大学历史与社会学院李勇《郭沫若咏中国古代史诗及其史学价值》一文将郭沫若咏中国古史所涉内容进行分类，指出其歌咏次数较多的历史人物及聚焦点，认为郭沫若咏中国古史的诗歌，用典堂皇，别有见地，是其历史认识、史学观念的诗话表达，是认识郭沫若文学和史学的有力佐证。太原师范学院历史系李凤英《甲骨文“”字考论——两版〈甲骨文字研究〉的研究系列之一》一文指出郭沫若在第一版《甲骨文字研究》中把“”字释为“羊”，第二版中释为“”字，后于省吾释为“羌”，于说结论被大多数学者所接受，但提出可以不局限于“羌”和“狗”二选一，认为古文字中原本分别有字表示这两个字，因形体相近易混，后来分别孳乳分化成形声结构的“羌”与“狗”。中南民族大学民族学与社会学学院冯雷《郭沫若何以跻身“甲骨四堂”》一文认为郭沫若甲骨文研究起步虽晚，但他以前人研究为基础，把握治学规律与方法，才识卓绝，成就斐然，顺利跻身甲骨四堂。

总之，2016 年的郭沫若史学研究呈现出这样几个特点：一是在中国郭沫若研究会青年论坛、“郭沫若与马克思主义史学”等学术研讨会的推动下，一些年轻学者涉足郭沫若史学研究。他们精力充沛、思维活跃，相信会成为郭沫若研究宝贵的生力军；二是年长的前辈学者如谭继和、瞿林东等先生，和一批盛年学者如张越、周书灿、李勇等先生，依然坚持对郭沫若史学的关注，他们高屋建瓴，充分肯定郭沫若在中国现代史学史和马克思主义史学史上的重要地位和突出贡献，引领了郭沫若史学研究的正确方向和路径；三是客观的讲，2016 年的郭沫若史学研究的成果并不多，公开发表的学术论文仅十余篇，这也大致符合近年来郭沫若史学研究的基本态势。

（作者系四川郭沫若研究中心副教授）

第三篇

史料辑佚

郭沫若集外佚诗三首

冯锡刚辑注

· 嘉兴访张向华口占一绝

十年海外赋流离，烟雨楼头访旧知。
莽莽神州正鼎沸，万民翘首望铁师。
嘉兴访张向华，口占一绝，即题《北伐》卷首赠之。
郭沫若（印）

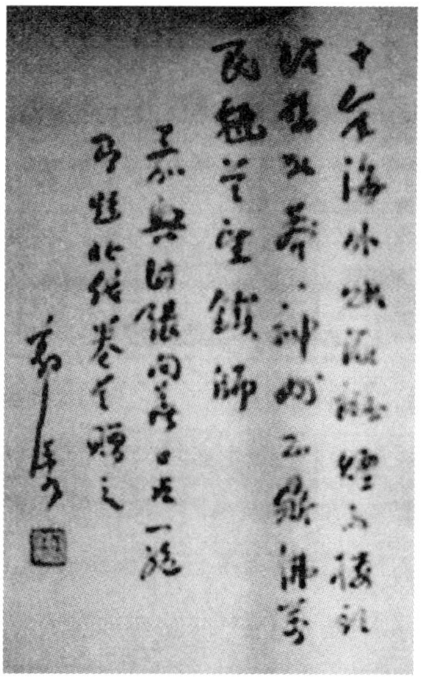

据手迹，标题与标点均为辑注者所加。

郭沫若 1937 年 8 月 25 日作《到浦东去来》，其中有这样一段文字："向华是张发奎的号，他是我们北伐时代的老朋友。他现在是在浦东指挥着沪浙区的前线的军事。我从日本回国不久的时候，他曾由嘉兴来看过我一次，并约我去游南湖，凭眺过那儿的烟雨楼：因为他的苏浙边区绥靖公署是设在南湖边上的。十二号的清晨，是虹桥事件发生后的第三天，我也曾如约去访问过他一次。我和他两人坐着摩托小艇在南湖里游了半天，在烟雨楼头也喝了一会茶。”毫无疑问，这首口占的七绝便是8月12日往访张发奎时所作。

关于这位“我们北伐时代的老朋友”，郭沫若在1948年6月写作的《涂家埠》一文中这样陈述：“张发奎和我，本来是有些相当的友谊的。北伐期中，我们共同过甘苦，尤其是在河南作战的时候，我以总政治部副主任的资格曾经上前线去慰劳，在新郑我们做过一番深切的谈话。我认为我们那时进河南作战是错误了，应该趁着南京的勾结还未成功之前，先讨蒋而后讨张。他那时很尊重我的意见，说我们是志同道合。故在回武汉之后，他升为第四方面军的前敌总指挥，也就邀请我做他的‘党代表’。”因着这层渊源，郭沫若在7月下旬由日本秘密返回祖国，张发奎即远道往访。在《到浦东去来》的第三节里，郭沫若对这位抗日将领有生动的描述。10月间，郭沫若再度“到浦东去来”，虽未著文，而随行者诗人王亚平写有战地通讯，其中有记述郭沫若在张部驻地的一段演说，对于读者感受“茫茫神州正鼎沸，万民翘首望铁师”可为参证：“我们的总司令是铁将军，在铁将军领导下的军队是铁军，我相信在铁将军领导之下的民众一定是铁民。铁军和铁民团结起来成一种铁的力量，我们的敌人日本帝国主义是一定要被打倒的!”

“即题《北伐》卷首赠之”，此跋语太过简短，《到浦东去来》又无只字提及口占一事，故不好判断此“赠之”除了指这首口占的七绝，是否还指《北伐》（即《北伐途次》，写作于1936年，正是作者“十年海外赋流离”的后期）这部自传？不无巧合的是，在这年8月初完稿的《由日本回来了》一文中，有这样一个细节：郭沫若应同船的一位广东女士的求索，“在《北伐》的第一面上替她题了两句旧诗句：‘海内存知己，天涯若比邻。’”

· 题武昌东湖九女墩

东湖珞珈山，抗日初期我曾住。当时何疏忽，未知九女之墩在何处。九女者谁乎？均是太平革命女志士。姓名虽失传，碧血流天地。中国历史四千年，无名女英雄，为数何可算！请以九女为代表，丰碑谐日月，辉耀在人间。

旧地重游会有时，当来墩下献花圈。

一九五三年五月题寄自北京中国科学院

郭沫若

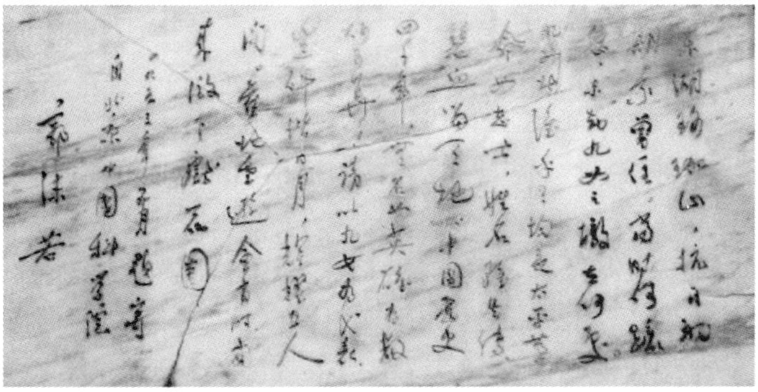

据手迹，标题为辑注者所加。

1952 年 12 月，武昌东湖风景区管理处于九女墩立纪念碑，董必武应约撰《九女墩碑记》并赋七绝四首，郭沫若题写了这首杂言诗。

· 题《贵阳姚华茫父颖拓》

叔老重茫父，用意良可射。氈拓贵其真，颖拓贵其假。假则何足贵？君不见绘画：摄影术虽兴，画笔千金价。况乃刻石辞，李斯所手写。真实逾苍籀，典则逼风雅。秦皇振长策，六合共一驾。斯实左右之，功不在且下。尔来二千年，不脱其规划。俗传好轻薄，至今犹未罢。对此自低头，鸞鵶何足骂。

叔通先生命题

一九五七年元月郭沫若

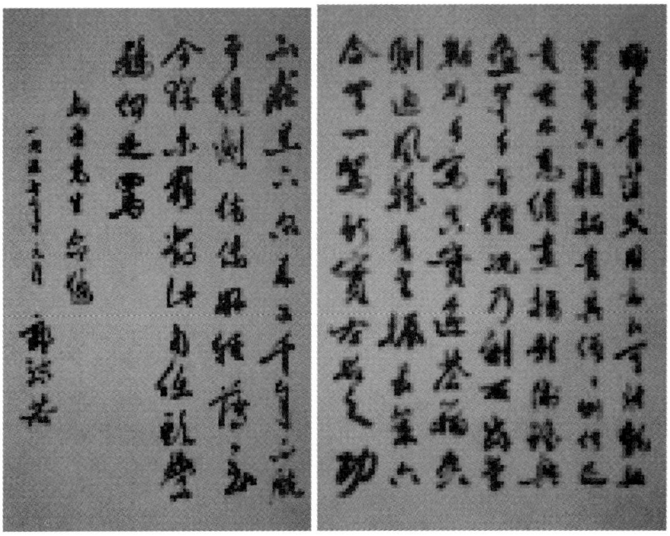

据手迹，标题与标点均为辑注者所加。

姚华（1876—1930），民国教育家、古文字学家、戏曲理论家、书画家。

陈叔通推崇姚华首创的颖拓，于1954年岁末向林志钧、邵裴子等学者出示其所拓秦泰山残刻廿九字并求题。林志钧题词有“泰山秦刻石四面广狭不等，凡二十二行，行十二字；起字西面而北，而东，而南，末行‘制曰可’三字，复转在西南稜上。前十二行是始皇辞，后十行是二世辞，共二百二十二字，可读者百四十又六。石损毁后，尚余二十九字”等语，称姚华为临拓“圣手”。邵裴子题词概述笔（颖）拓与响（毡）拓之异同，称其“神味独得，遂能毕真”，“迹近于摹，而非摹意；近于临而非临，乃能神貌不遗”。1957年初，陈叔通以《贵阳姚华茫父颖拓》付商务印书馆出版之前，先后以姚华颖拓秦泰山残刻廿九字与所编此册出示郭沫若，并求题。这首十一韵廿二句的五言古风，可与几乎同时书写的跋语互为参见。跋语全文如下（标点为辑注者所加）：

> 规摹草木虫鱼者，人谓之画；规摹金石刻划者，能可不谓之画乎？茫父颖拓实古今来别开生面之奇画也。传拓本之神，写拓本之照，有如水中皓月，镜底名花，玄妙空灵，令人油然而生清新之感。叔老特加珍护，匪唯念旧，别具慧眼，知音难得。呜呼！茫父不朽矣。
>
> 叔通先生以茫父颖拓秦泰山残刻廿九字见示后，复赐观此册，书此数语志感。
>
> 一九五七年元月郭沫若

值得注意的是，这首题诗除了一如林邵诸公称道姚华首创颖脱的艺术成就，更以将近三分之二的篇幅彰显秦泰山刻石辞自身的价值，并进而借题发挥，高度评价秦始皇和李斯的历史功绩。1943年，郭沫若在写作《十批判书·吕不韦与秦王政的批判》时，对嬴政与李斯的谴责是相当峻烈的。自从1945年10月读到毛泽东的《沁园春·雪》之后，郭沫若对秦始皇及李斯的评价发生陡转，这首题诗可为佐证。

（原载《郭沫若学刊》2016年第3期）

郭沫若佚诗两首

向纯武辑考

一　情诗

“七七”抗战爆发后，郭沫若自日本潜回祖国。在上海，他结识了影星黎明健，两人随即发生恋爱。黎明健者，即后来的于立群也。1938 年初，他们到武汉后即正式宣告同居。武汉沦陷后，他们长期居住在重庆，两人感情极好，并育有四个儿女。

1945 年春，郭沫若应苏联国立科学院之邀，赴苏游历。飞机是在重庆九龙坡机场起飞的，黎明健和一部分朋友都到机场送别。飞机即将起飞时，黎氏含情脉脉地只说了一句话：“您到那边去，要少喝些酒。”这依依不舍、情真意切的一幕，报载郭氏在其日记里作了详尽的记述，并假托他太太的口吻，写了一首民歌式情诗，诗情画意跃然纸上。诗曰：

> 送郎送到九龙坡，即将飞往莫斯科，我欲拥抱奈人多。适彼乐土爰得所，纵不归来亦较可，可怜留下一个我。握手告别说什么，只道少饮莫蹉跎，牙关咬紧舌头锁。铁门掩闭一刹那，风起扬沙机如梭。纵欲攀援可奈何？天有云兮云有波，山有树兮树有柯，我如木鸡回归窝。忽然儿女语咿哦，要我飞去找爹爹，顿教眼泪自滂沱。

二　警报

重庆是国民政府的战时首都，一直是日机重点轰炸的目标。1939 年 5 月 3 日，日机四批 36 架以密集队形狂炸重庆；4 日，敌机 27 架再度轰炸重庆。据统计，日机仅这两日对重庆的轰炸，就炸死平民 3991 人，炸伤 2323 人，炸毁房屋 4871 间，史称“重庆大轰炸”。此后，日机对重庆的持续狂轰滥炸达三年之久，特别是 1941 年夏每次空袭的间隔时间不到 6 个小时。因此，跑警报便成了重庆市民日常生活的组成部分。

1941年11月初的一天，日机又来空袭重庆，警报再次被拉响，人们纷纷躲起了警报。面对此次警报，郭沫若以轻松、诙谐、幽默的笔调，写下了一首洋溢着战时乐观主义精神的独特诗篇，真切、生动、形象地记载了这次警报。请看他的诗《警报》：

天气是十分的好，
麻雀儿在窗外叫。
呜唔　呜唔　呜唔
突然间拉出了警报，
敌机十五架整队飞来了。
呜唔　呜唔　呜唔
大家都跑向防空洞濠，
钻进了地球母亲的怀抱。
哄咙　哄咙　哄咙
你听敌机在投弹了。
不，是我们在打高射炮。
呜呜　呜呜　呜呜
电灯是警报解除的先兆，
光明点燃了大家脸上的笑。
呜呜　呜呜　呜呜
麻雀儿还是在窗外叫，
天气真真是十分的好。

此诗原刊1941年11月4日重庆《新蜀报·七天文艺》，未收入各种单行本及《郭沫若全集》

2016年1月6日

（原载《郭沫若学刊》2016年第1期）

俄文版《郭沫若选集·自序》

郭沫若　刘亚丁译

一

中华民族对诗和歌的感受是极为敏感的。

从文学孕育的时代开始，我们的祖先就认为，诗就是抒情诗，文就是庄重的叙述文体。由于诗和文的分野出现得很早，因此中国诗歌与其他民族的诗歌不同，它缺乏鸿篇巨制的爱国主义的叙述性经典。

就拿产生于纪元前 5 世纪的《诗经》来说，这是生息于黄河流域的各民族的抒情性的诗与歌。

《楚辞》比《诗经》晚两个世纪，这是以屈原（前 340—前 278）为首的生活在长江沿岸诗人们写的抒情诗和歌谣。

具有非凡诗人天赋的庄子（前 4—前 3 世纪）的哲学作品，并不是以诗的形式写成的，但是其中一部分是富有韵律的散文。

同样是诗人的司马迁（前 145—前 86）有杰作《史记》，它本身就是散文的经典之作。

在中国，诗和文就像火车的铁轨一样相并前行。

在中国文学中，戏剧是诗和文的结合，它的抒情部分即是诗，叙事部分即是文。

戏剧文学的发展要迟缓得多：到了 8 世纪才出现了戏剧，到了元代（1267—1367）才出现了王实甫的卓越作品《西厢记》。

在我童年时，上述这些作品，即《诗经》、《楚辞》、《庄子》、《史记》和《西厢记》就让我如痴如醉，它们培养了我对文学的酷爱。

二

在我二十岁左右的时候，我开始接触欧洲文学。我读了莎士比亚、歌德、雨果、托尔斯泰、易卜生的作品的译作或原文。可是在当时，我国并不是所有的青年人都重视文艺。很多人认为，要把中国从贫穷的半封建、半殖民的状态中拯救出来，只有走

“富国强军” 的道路。很多人把学习科学技术看成是达到这个目标的必由之路，因而认为文学艺术没有实用价值。

我当时受这些观点影响选择了学医。那时人们常说，中国是“病夫之邦”。我就想，医学可以使我国人民健康，还可以令我们国家富裕强盛。可是学医对我来说不是一个好的选择，因为我 17 岁的时候患了肠伤寒，双耳几乎失聪，行医这个职业，对我来说真是难乎其难。

三

我和我的祖国一道经历了痛苦的岁月。那时我找不到谋生之路，甚至有过自杀的念头挥之不去的时日。“十月革命一声炮响，给我们送来了马克思列宁主义”，毛泽东这句生动形象的话，表达了历史真理。这真理为我的祖国指明了求解放的道路，唤醒中国的爱国青年走上了奋起斗争、追求幸福的道路。

毫无疑问，历史性的五四运动标志着受十月革命巨炮影响的中国人民觉醒了。当时我在日本的大学学医，但是我与我国人民心心相应，感受到不同寻常的激情高涨。恰好在这个时候我的文学生涯迈出了第一步。在那些年月里我们当然还不能深入领会马克思列宁主义理论，但是这并不妨碍我们受到其深刻影响。难道因为我们未能研究太阳，太阳就不照耀大地，把温暖洒向我们吗?

爱国激情的勃发促进了认识的提高：文学艺术能够服务于解放祖国的伟大事业，能够解放人民，使之获得幸福。

岁月在不知不觉中流逝了。我已经年届六十。我这一生究竟做了什么，这不该由我来下断语。就让朋友们来严厉评判我的工作吧。

假如我热切的努力全是徒劳无益的，那么这该归咎于我，也会鞭策我。我会弥补损失，我能够也应该继续自己的工作。

假如我的努力并非徒劳无益的，那么该归功于师傅——十月革命，它以明亮的光芒照亮了我前行的道路。同时我要对伟大的导师和伟大的苏联人民表示感谢之情。

我的作品以俄语面世，这是我莫大的荣幸。

我认为自己有愉快的责任要对翻译家们略申谢忱，由于他们的劳动者本书才得以出现在苏联读者面前。

1953 年 1 月 11 日于莫斯科

（原文载《郭沫若选集》，莫斯科国家文学艺术出版社，1953 年，第 17—19 页。

ГоМо-жо. Избранное. М.：Государственное издательство художественной литературы，1953.）

（刘亚丁译）

俄文版《中国诗歌选·序》

郭沫若　刘亚丁译

中国诗歌，严格地说，汉族诗歌，具有丰富的民族特色。

三千年前记录的诗歌是抒情诗，这构成了中国诗歌的主流。其他民族，包括少数民族，几乎都有鸿篇巨制的庄重作品，或者说有史诗；这却是汉族诗歌所缺乏的。

中国古代的神话和传说未曾以诗歌的形式保存下来，尽管在屈原的长诗《天问》中包含了神话和传说的因素，但是它们却没有成为这部作品的主干，没有得到诗人的提炼加工。在这部长诗中常常提及神话和传说，但只是为了表达诗人对其真实性的怀疑。《天问》终究是抒情性作品，而不是史诗性作品。

事实就是这样，但是为什么会产生这样的事实，就难以解释了。或许，在远古时代，中国本来有史诗，它们随着时间流逝而湮灭了；或许本来就不曾有过史诗。这两种说法都是很难证实的。第一种说法的支持者归罪于以孔子为首的儒生。孔子不喜欢神话，所以他“删诗”，也就是说不让古代的史诗性作品进入《诗经》。但是，周秦时代那些与儒家相对立的学者为什么不保存史诗性作品呢？从周秦时代的学者们引用的某些“亡佚之诗”（即被孔子从《诗经》中剔除的作品）来看，其语言和风格也与《诗经》没有明显的区别。因此古代的史诗性作品被儒生们删去了的假设是难以得到证实的。

既然如此，或许不曾有过古代史诗？这也难以证实。从逻辑上推断，一个具有悠久历史的民族，在书面的典籍出现之前，应该有口头传播的史诗性的叙事作品；既然如此，这样的史诗性的作品没有流传到现在，就不能不令人感到惊讶。

在古代，汉族就形成了诗歌和散文的严格区分。在诗中占统治地位的是抒情诗，在散文中占统治地位的是历史性叙述。《诗经》和《尚书》就体现了这种严格的区分。历史叙述巨匠左丘明，没有采用诗歌的表达形式，而是创造了叙述春秋时代各国历史的纪实文体。司马迁也同样如此，他没有采用诗歌做媒介，他掌握了极高的叙述技巧，对从黄帝到汉武帝的历史作了记载。左丘明和司马迁是中国古代的散文大师。他们应该都掌握了诗歌技巧（司马迁有带韵的赋传世，虽然其著作权尚存异议），但他们在自己的叙述性作品中都回避采用诗歌手法。

在周秦时代学者的著作中，有不少带韵律的哲学经典和带韵律的对话文体。《庄子》中就有很多带韵律的对话。在汉代及以后，这种体裁继续发展，进而变为赋，赋是一种篇幅大小不一的散文体诗歌。以欧洲的文学观念来看，赋这一类作品也不妨当成诗。但是在中国，这种以叙述或对话为形式的带韵律的作品被称为“韵文”。这种带韵律的散文与具有特殊诗律的诗是有区别的。

在东汉以后，突然产生了叙述性的诗歌作品，如《孔雀东南飞》（《焦仲卿妻诗》）。但是在诗歌史上这类作品从来都没有成为主流。在唐代出现了“变文”，这是一种在敦煌的洞窟中发现的大量的作品。在金代以后出现了“弹词”这样的作品，这是有音乐伴奏的歌唱性的作品，这大概可以算做是叙事性诗篇。元代的“杂曲”，明清的“传奇”可以称为戏剧性诗篇。不管怎么说，在中国人们通常认为，这些作品与诗歌是有区别的。

正因为如此，尽管经过了几千年的发展，中国诗歌基本上是抒情诗歌。这就是中国诗歌的特点。

以抒情性为特点的中国诗歌又是富有现实主义精神的，它的语言是自然的，凝练的。在中国鸿篇巨制的诗作是很少的，像屈原的长诗《离骚》，通常认为是长篇诗作，它也只有三百七十几行。尽管长诗《离骚》中包含了不少现实之外的因素，但它的基调是现实主义的。

中国传统诗歌作品的特点是抒情性，富有现实主义精神，语言自然，形式凝练。

正因为具有这些特点，中国诗歌具有特殊的魅力；在历朝历代的诗歌作品中，有不少令人惊叹的精品，它们仿佛是从美玉宝石中提炼出来的。尽管这样，不能否认，中国诗歌缺乏悲剧性崇高。

许多中国当代诗人致力于创作大型的叙事作品；期望这种新的尝试可以弥补不足，取得成就。

1956 年 6 月 27 日于北京

（俄文原文载《中国诗歌选》，莫斯科：国家文学艺术出版社，1957 年，第一卷，第 3—6 页。

Антология китайской поэзии. Под общей редакции Го мо-жо и Н. Т. Федоренко. М.：Государственное издательство художественной литературы, 1957. Т. 1.）

（刘亚丁译）

（原载《郭沫若学刊》2016 年第 2 期）

第四篇

特别推介

五卅运动与中国现代文学关系新论

张全之

一 “五卅运动”与中国现代文学关系研究的回顾与反思

“五卅运动”作为一场影响深远的反帝爱国运动，对中国现代文学的发展产生了重要影响。早在1930年代，这一问题就引起广泛关注。1933年著名文学史家王哲甫在《中国新文学运动史》中，将“五卅运动”看作中国文学分界的标志：“直到一九二五年上海的‘五卅惨案’发生，好像天大的巨浪一般震荡了中国‘醉生梦死’的民众，同时中国的文坛因受了这一次外来的剧烈的刺激，也发生了重大的变化。……所以以前胡适等所提倡的‘文学革命’现在一变而为‘革命文学’了。”[①] 1934年阿英断言：“五卅运动的发生，中国的新文学运动，开始走向革命文学之路。”[②] 郑振铎也同样指出：“五卅运动在上海的爆发，把整个中国历史史涂上了另一种颜色，文学运动也便转变了另一个方面”[③]；同样出版于1930年代的《新文学概要》第五章的标题就是“五卅运动在文学上的影响”，作者认为：“‘五四’是一个划时代的转变，‘五卅’也是一个划时代的转变。”“五卅运动在文学上的影响很大。因了五卅的刺激，唤醒了一部分文人的迷梦，使他们出了象牙之塔，走到十字街头。……总之，在五卅以后，一般作家，显然走了两条不同的路：一是走到十字街头去斗争，一是躲到象牙塔里去做梦。”[④] 这说明“五卅”之后，作家队伍开始分化，其中一部分走向了革命文学的征途，使文学史的发展出现了新的动向。

上述看法都在强调“五卅运动”对文学史发展的巨大影响——它改变了“五四”文学发展的方向，所以它和“五四运动”一样，在文学史上具有里程碑意义。这一说法在1949年之后的文学史叙述中被继承了下来。王瑶在《中国新文学史稿》中历数了1925年文坛上的斗争之后接着说：“这时在上海爆发了‘五卅’以后的反帝运

---

① 王哲甫：《中国新文学运动史》，上海：杰成印书局1933年版，第70—71页。

② 张若英（阿英）编：《中国新文学运动史资料》，上海：光明书局1934年版，“序记”第2页。

③ 郑振铎编选：《中国新文学大系·文学论争集》，上海：良友图书印刷公司1935年版，“导言”第16页。

④ 吴文祺：《新文学概要》，中国文化服务社1936年版，第59—60页。

动，接着是1925—1927年的大革命高潮，很多人参加革命实践去了，而在文学上也就有了反映这种要求的‘革命文学’的口号。”① 其他的文学史类著作也基本采用了这一看法，但都是结论性的，深入的分析和系统的论述并不多见。直到“文革”结束以后，一些学者再次关注这一问题。其中最值得一提的是上海社科院的许豪炯先生，他的专著《五卅时期文学史论》以及他公开发表的多篇论文，对“五卅运动”的文学史意义进行了深入研究。他不仅把“五卅时期”作为一个文学史概念进行分析，还强调指出“五卅运动”“标志着思想启蒙的五四时代的终结和叱咤风云的大革命高潮的到来。”② 这一说法其实跟郑振铎等人的说法相去不远。

问题的关键在于，这种由来已久的说法，是否符合历史的实际？“五卅运动”对文学史的影响是不是仅仅停留在这一“划时代”层面上？笔者认为，这种说法过于夸大了这一事件对文学史的影响，同时也遮蔽了这一事件对文学史影响的复杂性。或者说，“划时代”像一个标签一样，将复杂的历史状况给简单化了。

从“文学革命”到“革命文学”是1920年代中国文学的一次重大转折，这一转折是否从“五卅运动”开始的，这不是一个不证自明的问题。最早明确提出从“文学革命”到“革命文学”这一富有概括性说法的是成仿吾。1928年2月，他在《创造月刊》上发表的那篇文章：《从文学革命到革命文学》，成为对1920年代文学进行简练概括的定论。他在这篇文章中对“文学革命”以来的文坛进行了激烈的批评，对他期待的革命文学进行了热切的呼唤：“我们远落在时代的后面。”“我们如果还挑起革命的‘印贴利更追亚’的责任来，我们还得再把自己否定一遍（否定的否定），我们要努力获得阶级意识，我们要使我们的媒质接近农工大众的用语，我们要以农工大众为我们的对象。”最后他斩钉截铁地断言：“换一句话说，我们今后的文学运动应该为一步的前进，前进一步，从文学革命到革命文学！”③ 在成仿吾看来，中国文学发展到1928年，还“远落在时代后面”，发挥着“小资产阶级的恶劣根性”，所谓的革命文学，还没有到来。成仿吾作为中国革命文学初期的一员大将，他对革命文学的理解应该具有代表性。如果说在1928年的时候，革命文学的时代还没有到来，那么把“五卅运动”作为促使革命文学诞生的标志，就不免显得牵强。

从具体作家来说，人们一般认为郭沫若是一个标志性人物。他从“五四”时期的个性主义作家，转变为激进的革命作家，“五卅运动”发挥了重要作用。他的转变，长期以来被看作文学史转型的标志。但从历史史实来看，这一判断是值得商榷的。

从思想转变来说，郭沫若从一个小资产阶级的个人主义者转变为一个马克思主义

① 王瑶：《中国新文学史稿》上册，新文艺出版社1954年版，第40页。

② 许豪炯：《五卅时期文学史论》，上海社会科学院出版社1997年版，第21页。

③ 《创造月刊》第1卷第9期，1928年2月。

者，开始于1924年。这年4月他着手翻译日本河上肇的《社会组织与社会革命》，思想受到很大震撼。他说："我译完此书所得的教益殊觉不鲜呢！我从前只是茫然地对于个人资本主义怀着的憎恨，对于社会革命怀着的信心，如今更得着理性的背光，而不是一味的感情作用了，这书的译出在我一生中形成了一个转换的时期。把我从半眠状态里唤醒了的是它，把我从歧路的彷徨里引出了的是它，把我从死的暗影里救出了的是它。"[①] 8月，他发表《盲肠炎与资本主义》，认为"资本家是社会的盲肠。他们对于社会是并没有什么贡献的。他们的主义是在榨取劳动者的体力以获取剩余价值（赢利）"。并认为"社会的健康状态，在我们所能思议及的，怕只有在社会主义制度之下才能实现"。[②] 这些都说明，郭沫若作为中国革命文学的前驱和重要代表人物，其思想的转变在"五卅运动"之前就已经开始了，所以把他的转变完全归因于"五卅运动"是不恰当的。从其文学观念和创作历程来看，"五卅运动"的确给郭沫若带来了很大的影响，但似乎不足以改变他对文学的基本看法。1925年7月，也就是"五卅运动"高峰期，郭沫若撰写《文学的本质》一文，认为"文学的本质是有节奏的情绪的世界"，并认为"诗是文学的本质，小说和戏剧是诗的分化"[③]。这一看法，与他早期对文学的看法并无差别。到11月，作《〈文艺论集〉序》，他的看法明显发生了改变。他将这本《文艺论集》看作自己的"坟墓"，一个告别过去走向新生的转折点。那么这是否意味着，本年发生的"五卅运动"成为他转折的外在因素呢？笔者认为，1924年思想开始进入转变期，"五卅运动"的刺激加速了这种转变。他说："我从前是尊重个性、景仰自由的人，但在最近一两年之内与水平线下的悲惨社会略略有些接触，觉得在大多数人完全不自主地失掉了自由，失掉了个性的时代，有少数的人要来主张个性，主张自由，总不免有几分僭妄。"[④] 这里说的"最近一两年"，就包含了1924年和1925年，说明导致其思想转变的，并非"五卅运动"这唯一因素。思想转变了，并非意味着就一定会去提倡革命文学，这还需要其他时代因素的激发和引领。综览郭沫若在"五卅运动"时期的言论，十分接近共产党人的主张，这与他在1924年接受马克思主义的影响有关。1925年8—9月间，随着罢工工人的陆续复工，"五卅运动"基本结束。而同年7月，国民政府在广州成立，10月国民革命军东征，击败陈炯明残部，计划北伐，一时革命空气从广州弥漫全国。与"五卅运动"抗议帝国主义不同，这场旨在消灭军阀、统一全国的革命，吸引了大批青年知识分子和广大民众的支持，一时间广州成为革命之城，革命的空气从广州辐射全国，成为社会的新热点。这种革命的氛围自然也影响了郭沫若。1926年3月，他撰写《文艺家的觉悟》一文，探讨革命与文学的关系，而对这个问题更为深入的思考则是到广东以后的事了。

---

① 郭沫若：《孤鸿》，载《创造月刊》第1卷第2期，1926年4月。
② 郭沫若：《盲肠炎与资本主义》，载《洪水》第1册，1924年8月。
③ 郭沫若：《文学的本质》，载《学艺》第7卷第1号，1925年8月。
④ 郭沫若：《〈文艺论集〉序》，载《洪水》第1卷第7号，1926年1月。

1926年3月23日，郭沫若到达广州，先在广州大学担任文科学长，后到北伐军中做了一名宣传战士。这期间，他明显受到广州革命形势的感染，开始深入思考文学与革命问题了。1926年5月，撰写《革命与文学》一文，认为“文学和革命是一致的，并不是两立的”，“何以故?”“以文学是革命的前驱，而革命的时期中永会有一个文学的黄金时代出现故”。他还号召青年们“应该到兵间去，民间去，工厂间去，革命的漩涡中去”①。也是基于这样一种信念，他走向了北伐战争的战场。所以郭沫若思想的转变期应该是在1924年至1925年，导致其思想转变的至少有两个外因：译河上肇的书、目睹和参与“五卅运动”；而对革命文学的思考主要与广州的革命风暴有关。

事实上，就整个文坛的状况来看，革命文学在“五卅运动”之前就已经颇具声势。最早提出革命文学口号的是文学研究会。在俄国革命文学（尤其是路卜旬的《灰色马》）的影响下，部分向往俄国革命的文学研究会作家，自觉地提倡革命文学，其中以郑振铎为代表。1921年他发表《文学与革命》一文②，批评了当时文坛上“革命之歌消沉，革命之帜不张”的萎靡状况，这应该是对革命文学最早的呼吁。郑的观点得到了《中国青年》杂志的热烈回应，一批年轻的共产党人将创造革命文学看作时代的使命。这些进步的年轻人思想更为活跃，他们对革命文学的论述内容也更为丰富。1922年沈泽民发表《〈新俄艺术的趋势〉译者附注》，③ 提出无产阶级艺术的概念，认为新俄艺术，就是无产阶级艺术的前驱；1923年邓中夏在《贡献于新诗人之前》中提出了“做革命诗歌”④ 的倡议；1924年11月，沈泽民在《觉悟》上发表《文学与革命的文学》⑤，继续为革命文学呐喊；同年5月，恽代英在《中国青年》上发表《文学与革命》一文，认为“……先有革命的感情，才会有革命文学的”，“倘若你希望做一个革命文学家，你第一件事是要投身于革命事业，培养你的革命的感情”⑥。这和后来鲁迅对革命文学的认识如出一辙，但它比鲁迅的观点早发表了近十年。1925年1月，蒋光慈发表《无产阶级革命与文化》⑦，呼吁创作革命文学。在这一过程中，出现了两个提倡革命文学的社团：一个是悟悟社⑧；一个是春雷文学

---

① 郭沫若：《革命与文学》，载《创造月刊》第1卷第3期，1926年5月。

② 西谛：《文学与革命》，载《时事新报》副刊《文学旬刊》第9号，1921年7月。

③ 沈泽民：《〈新俄艺术的趋势〉译者附注》，载《小说月报》第13卷第8号，1922年8月。

④ 邓中夏：《贡献于新诗人之前》，载《中国青年》第1卷第10期，1923年10月。

⑤ 《民国日报·觉悟》第11卷第6期，1924年11月。

⑥ 载《中国青年》第2卷第31期，1923年。

⑦ 载《新青年》（季刊），1924年第3期。

⑧ 悟悟社成立于1924年5月，是杭州之江大学学生为主的文艺团体，成员散遍全国。发起人有许金元、蒋锵等，出版《悟悟月刊》。其成立的缘由是：“我们因欲挽救近年国内文学界中一味溺于‘卿卿我我’男闺怨式的‘靡靡之音’的潮流；因欲鼓舞国人的革命情感；使鉴于中国近况，而促进革命文学为国内文学界一时的主流”，见《青年团体报告——悟悟社》，载《中国青年》第3卷第59期，1924年；另外，《悟悟社的宣言书》载《民国日报·觉悟》第6卷第2期，1924年6月。

社。成立于1924年5月的悟悟社“是中国现代文学史上最早出现的革命文学社团”,[①] 但创作上并无大的收获;春雷文学社成立于同年11月,其目的跟悟悟社很相似:“尽一点一方量(原文如此,“一方量”应为“力量”之误——引者注),挽一挽中国文学界‘靡靡之音’的潮流”[②],主要成员有蒋光慈、沈泽民、王秋心等。他们在《民国日报》副刊《觉悟》上出版了两期文学专号,发表了蒋光慈的论文《现代中国的文学界》和诗歌《哀中国》、王秋心的诗《和平女神颂》、王环心的五幕短剧《爱情与面包》等各类作品,初步显示了革命文学早期的实绩。悟悟社和春雷文学社的出现,充分说明了当时年轻人对革命文学的期待,所以说革命文学在“五卅运动”之前,就已经成为很多文人的自觉追求并已开始付诸行动——它已经像一棵破土的幼苗,展露出无限生机。

1925年5月,“五卅运动”爆发,人们的反帝情绪空前高涨,革命的要求更为迫切,这为革命文学的成长提供了巨大的助力。所以说,“五卅运动”激发了革命文学的热情,使处于初绽时期的革命文学得到了巨大的推动力。但如果认为是它引发了革命文学的诞生,显然是过甚其辞。因为,即使没有“五卅运动”,已经破土而出的革命文学之幼苗,也会长成大树的。

在从“文学革命”到“革命文学”的转换过程中,1926年的北伐战争所起的作用,比“五卅运动”要大得多,但这一点长期以来被忽视了。“五卅运动”是抗议帝国主义的群众运动,不是严格意义上的革命行动;与之相比,北伐战争才真正称得上是一场影响深远的革命,所以它对革命文学的助推作用远远超过了“五卅运动”。与其说是“五卅运动”改变了中国文学的方向,倒不如说北伐战争加速了中国文学的转型。从史实来看,也的确如此。北伐战争爆发以后,广州和武汉相继成为继京沪之后的两大文学中心——革命文学中心,一大批作家文人先后会聚于这两个城市,从事革命文学的宣传工作,使革命文学的影响迅速扩大。

结合革命文学发展的整个过程来看,1928年是革命文学发展的高峰期,而在1925和1926年间,革命文学并没有呈现出过于高涨的局面。从文学革命到革命文学转变的一个重要标志,是对“五四”文学的否定和对革命文学的高扬,这一极端倾向最早出现在成仿吾的《完成我们的文学革命》[③] 一文中。作者将北京文艺界称为以“趣味”为中心的堕落之地,点名批评了鲁迅、周作人、刘半农、陈西莹等“五四”文学的宿将。自此开始,“五四”文学被押上审判台,接受革命文学家们的全面讨伐和清算。成仿吾这篇文章是革命文学向“五四”文学打响的第一炮,由此引发了鲁迅与革命文学家们之间的激烈论争,将革命文学推向了前台。很显然,这一事件跟

---

① 王烨:《文学研究会与初期革命文学的倡导》,载《厦门大学学报》(哲学社会科学版)2006年第3期。

② 《春雷文学社小学(原文如此——引者注)启事》,载《民国日报·觉悟》第11卷第15期,1924年11月。

③ 载《洪水》第3卷第25期,1927年1月。

"五卅运动"并无直接联系。

综上所述，将"五卅运动"看作从"文学革命"到"革命文学"转变的标志性事件，并不符合历史事实。那么这是否意味着"五卅运动"对现代文学没有什么影响呢？自然并非如此。笔者认为，"五卅运动"对中国现代文学的发展产生了重要影响，但这种影响长期以来被误解了，被所谓的"划时代"这一宏大叙事给遮蔽了。

二 重释"五卅运动"对中国现代文学的影响

"五卅运动"对中国现代文学史发展的重要影响，体现在以下几个方面。

（一）工人斗争题材的作品不断增加，并形成了现代工运文学的小传统。

1925年的五卅运动，充分证明了中国工人阶级强大的斗争力量，极大地鼓舞了社会各阶层的反帝爱国精神，也使作家们在工人身上看到了中国未来的希望。在五卅运动之前，新文学作品的题材主要集中于农民和知识分子两大领域，涉及工人的很少。这其中的原因不难理解：首先，以启蒙为宗旨的新文学，将启蒙对象设定为愚昧、麻木的中国农民，而承担启蒙任务的是知识分子，所以"知识分子/民众（农民）"构成了中国现代启蒙文学的两大群体，这在鲁迅的小说中体现得十分明显。其次，中国现代作家大多出身于农村或小城镇，对农村生活十分熟悉，相反，对工人生活则很陌生。对此，周扬曾经指出，"中国是一个落后的农业国，绝大多数的作家都和土地与农民保持着密切的联系"，与之相比，"由于中国工人数量的稀少，年龄的幼稚，作家和工厂接触的不多，虽然前进的作家对这个新的社会力量极其憧憬，在思想上力图接进（近），但是要把这些新的人物描上艺术的画布，对于他们的面目，还不够十分地熟悉。这就造成了描写工人作品的缺少，形成了中国新文学，特别是反帝国主义文学的一个重要的弱点"。① 这种状况从"五卅运动"开始有了明显改变。"五卅"之前，城市贫民进入作家视野的，主要是学徒工（如《三天劳工的自述》）和人力车夫，现代意义上的工人极少，写工人反抗斗争的就更少，"五卅"之后工运作品数量猛增。蒋光慈的《少年漂泊者》（1926年）是第一部正面描写工人运动的作品，具有标志性意义。该小说生动展示了一个来自底层的富有反抗意识的年轻人，逐渐认清社会本质，走向有组织斗争的过程。小说对京汉铁路工人大罢工的描写，对林祥谦烈士英勇气概的渲染，都成功地将中国工人阶级的斗争行动引入现代小说的题材领域。1927年，蒋光慈以一部《短裤党》，再现了上海工人第三次武装起义宏阔、壮烈的画面。与《少年漂泊者》相比，这部作品对工人斗争行动的描写更为详细，

① 周扬：《从民族解放运动中来看新文学的发展》，载《文艺战线（延安）》第1卷第2号，1939年3月。

更具有代表性。同类作品还有很多，如郭沫若的《一只手——献给新时代的小朋友们》[①]，写出了童工小普罗的悲惨遭遇、工头的冷漠残暴和工人们的愤怒与反抗，是郭沫若小说创作转型的重要标志；蒋光慈《最后的微笑》[②] 描写了工人王阿贵在进步人士影响下，孤身反抗的壮烈情怀和无法摆脱的悲剧命运；与此十分相似的是刘一梦的《工人的儿子》[③]，阿宝的父亲因为参加罢工被工头打死，母亲又被工头霸占，阿宝羞愤之际杀死工头后逃亡；刘一梦的另一篇作品《车厂内》，[④] 写工人领袖张茂发组织电车工人罢工，但有的工人不响应，将电车开上路，他愤怒之余向行驶的电车开枪；随后他遇到两个外国人殴打罢工工人，即掏出随身携带的手枪将两个外国人射杀。刘氏的这两篇作品与蒋光慈的《最后的微笑》颇为相似，都带有个人英雄主义和冒险主义的倾向，反映了早期工运小说不成熟的状态，但确是中国工运文学早期的重要收获。与之相比，戴平万《小丰》[⑤] 在纪实性和艺术性方面显得更为突出。小说写 1925 年 6 月 3 日工人和学生游行，遭遇帝国主义枪杀的过程，通过一个小学生小丰的视角来描写，显得更有感染力。同一时期，还有大量的工人小说——或写工人苦难（如龚冰庐《炭坑里的炸弹》《碳矿夫》），或写工人对被追捕人士的同情（如华汉《趸船上的一夜》），或写工人宁愿忍受贫穷饥饿也坚持罢工的阶级觉悟（陈鹤侣《罢工以后》）。这些作品，使 1920 年代后期的革命文学不只是一个口号，而是有了实实在在的收获。进入 1930 年代以后，工运小说在数量和质量上都有大的提升，从而形成了现代工运小说的一脉传统。

（二）“五卅运动”是文学与政党政治结合的一个开端。

中国现代工人运动与中国共产党的领导密不可分，邓中夏认为：“中国‘现代式的’职工运动，无疑的是从中国共产党手里开始。有了共产党，然后才有‘现代式’的工会，从此中国的工会才渐次的相当有组织性、阶级性以至国际性。”[⑥] 中国共产党成立以后，就注重发动工人罢工，仅 1922 年到 1923 年，共产党就领导了工人罢工 100 余次，参加总人数达到 30 万以上，其中的香港海员罢工、安源路矿工人罢工和“二七”大罢工影响巨大，震惊海内外。但是，这些罢工并没有引起作家们的关注，也没有对中国文学产生实质性的影响。与之相比，“五卅运动”就大不相同，它就发生在文人聚集的上海，随后波及到全国各大中小城市，使作家们亲眼目睹了这一历史壮举，容不得他们再作壁上观。所以“五卅运动”发生以后，作家们或以实际行动参与游行示威，或撰写文章表明自己的态度，于是舆论界形成了针锋相对的两种立

① 连载于《创造月刊》1927 年第 1 卷第 9 期、第 10 期，1928 年第 1 卷第 11 期。
② 现代书局 1928 年初版。
③ 载《莽原》1927 年第 2 卷第 21、22 期合刊。
④ 载《太阳月刊》1928 年第 2 期。
⑤ 载《太阳月刊》1928 年第 5 期。
⑥ 邓中夏：《中国职工运动简史》，中国人民大学出版社 1952 年版，第 15 页。

场：一方是以梁启超、胡适、陈西莹等人为代表的“中和派”。梁启超反对进一步激化矛盾，反对将运动扩大化，尤其反对学生游行示威。他主张成立“调查委员会”，查明事实真相，“使对方不能狡赖”，以达到修改中外现行条约、争取更大权益的目的。[①] 梁启超的平和主张激起强烈反响，一大批激进主义者对梁启超进行批驳、挖苦，甚至人身攻击。当梁启超陷入舆论漩涡，百口莫辩的时候，胡适谨慎地为梁启超辩护。他认为，真正的自由，就是让各人都有发表自己意见的权利，有不同意见可以商榷，不要动辄就上升到爱国的高度。对“五卅运动”的意见，他与梁启超的主张不无相同之处：“（一）要调查事实；（二）要有负责任的态度；（三）要认清楚步骤。”[②] 和胡适站在同一立场的陈西莹对高喊宣战的中国人更为不屑，他写道：“打！打！宣战！宣战！这样的中国人，呸！”[③] 毫无疑问，梁启超、胡适等人的调和主张在群情激愤、血脉贲张的年代，是不合时宜的，因而受到舆论界的围剿。另一方则主张与帝国主义进行坚决斗争，实行无限期罢工、罢课、罢市。中国共产党人是这一主张的倡导者和宣传者，因为共产党人将这次大规模的工人运动，看作实现共产主义革命的良好契机，所以希望借工人运动之火，点燃全国人民的革命情绪，一揽子解决中国革命问题，因而他们提出：“因英日帝国主义之大屠杀而引起的全上海和全中国的反抗运动之目标，决不止于惩凶、赔偿、道歉等‘了事’的虚文，解决之道不在法律而在政治，所以应认定废除一切不平等条约，推翻帝国主义在中国的一切特权为其重要目的。”[④] 陈独秀提出的最低要求是：“（一）惩办凶手赔偿损失；（二）撤换驻上海英美日本领事；（三）取消各国领事裁判权；（四）收回全国租界。”[⑤] 这些明显不可能实现的要求，就暗含着将总罢工、总罢课和总罢市进行到底的期待和决心。在当时的情况下，越是激进的、彻底的主张，越具有正义性和煽动性，所以中共当时的立场，站在了道义和正义的制高点上，获得了广泛的支持。当时的大部分作家，如已加入中共的沈雁冰、沈泽民、蒋光慈等人自不待言，就是一直处于政治边缘的作家，也被这一激进、彻底、决绝的斗争精神所吸引，坚定地站在了中共一边，不断地发动学生走向街头，向广大民众进行宣传，并对罢工工人提供支持和援助。应该说，“五卅运动”无论对共产党还是对中国文学来说，都是一次历史的机遇。通过这场工人运动，共产党赢得了更多进步文人的拥戴和支持，也是通过这场运动，中国文学开始为政党政治所吸引。胡也频在 1930 年发表的长篇小说《光明在我们前面》，很形象地诠释了中国知识分子是如何在现实的教训面前选择共产主义道路的。而在“五卅

---

① 梁启超的观点可参见他的两篇文章：《赶紧组织会审凶手的机关啊》（载《晨报》，1925 年 6 月 13 日）和《谈判与宣战》（载《晨报》，1925 年 6 月 24 日）。

② 胡适：《对于沪汉事件的感想》，载《晨报副刊》，1925 年 6 月 26 日。

③ 西莹：《闲话》，载《现代评论》第 2 卷第 38 期，1925 年 8 月。

④ 《中国共产党为反抗帝国主义野蛮残暴的大屠杀告全国民众》，载《向导》周报第 117 期，1925 年 6 月。

⑤ 独秀：《上海大屠杀与中国民族自由运动》，载《向导》周报第 117 期，1925 年 6 月。

运动”高峰期由中国共产党人创办的报纸《热血日报》，由政治家兼作家的瞿秋白主编，及时报道事变的真相，并代表民众提出自己的正当要求；与之相呼应的是郑振铎、叶绍钧等人创办的《公理日报》。这两份报纸成为这场运动中勇于为民众代言的正义旗帜。

自然，文学与政党政治的结合，使“五四”以来的新文学进入中国社会政治的核心地带，从而中国文学不再只是文人“自己的”的事情，而是成为政治革命的一部分，注定要接受政坛上疾风暴雨的洗礼，也要经受血雨腥风的考验。更为重要的是，文人开始掌握中国特有的政治话语方式，使中国文学带上了“政治腔”。正像有人已经注意到的那样，“五卅运动”以后，郭沫若开始熟练地使用“五卅时期学会的一套政治发言的方式，种种言论完全配合着政府的口径”[①]。此后中国文学出现的种种征候，都可以从“五卅运动”时期找到端倪。

（三）“五卅运动”引发了一个反帝文学的高潮，并对随后的文学产生了较大影响。

虽然说“五四运动”被定义为“反帝反封建”，但就文化和文学而言，“五四”时期的文学基本上是以批判传统文化（反封建）、启蒙大众为主导倾向，真正以反帝为主旨的作品数量极少。相反，在整个“五四”时期，西方（帝国主义）文化和文学是中国文人效仿的对象，这背后隐藏着对西方（帝国主义）文化和文学的艳羡、追慕和颂扬。这种心态，也会淡化文人的反帝情绪。

“五卅运动”爆发以后，日本和英国殖民主义者对中国工人的血腥屠杀，激起了全民族的冲天之怒。时代呼唤反帝文学的崛起，作家们也积极投入到反帝文学的创作中，由此形成了一个反帝文学的高潮。“五卅运动”刚刚发生后，一位评论家痛心疾首地写道：“在当前的中国，一般民众现在共通的苦闷，是暴力的压迫，是资本家与帝国主义者的侵略，试问现在有表示这种社会情状的文学作品吗？现代民众的愿望，是在脱离国内军阀与外国帝国资本主义者两重的压迫，是在谋自由的民主政治之建设，试问现在有指示这种归趋的文学作品吗？”[②] 这充分表达了“五卅运动”引发的民众对反帝文学的要求。事实上，“五卅运动”期间，尽管出现的反帝作品不能使时人满意，但无论从数量还是从质量上来说，都形成了一个反帝文学的小高潮，所以在1920年代文学史上，1925年可以称为中国文学的“反帝年”，并引发此后一直得以延续的“反帝”文学潮流，这主要表现在两个方面：一是在整个“五卅运动”期间，一大批知名作家投身其中，创作了大量反帝作品。当“五卅运动”如火如荼的时候，沈雁冰发表散文《五月三十日的下午》和《“暴风雨”——五月三十一日》，叶圣陶

---

① 程凯：《革命的张力——“大革命”前后新文学知识分子的历史处境与思想探求》，北京大学出版社2014年版，第135页。

② 仲云：《可悲的中国文学界》，《文学周报》第178期，1925年6月。

发表散文《五月三十一日急雨中》和诗歌《五月三十日》，郑振铎发表散文《街血洗去后》《六月一日》等。这些作品都从作者亲历的事实出发，揭露了帝国主义残杀中国工人的暴行，鞭挞了“高等华人”的麻木与冷血，体现出了浓烈的爱国反帝情绪。茅盾在《五月三十日的下午》中记述了自己的“新信仰”——对待屠杀中国人的帝国主义者要“以眼还眼，以牙还牙”![1] 在《暴风雨——五月三十一日》中，他充满自信地写道：“冷酷的武力不能浇灭群众的沸腾的热血！昨日的炮火已把市民的血烧到沸滚!”[2] “五卅运动”爆发的时候，郭沫若也在上海。5 月 30 日，他在先施公司的楼上目睹了帝国主义的暴行，感到震惊且愤怒，便挥舞手中的笔，起草了《为“五卅”惨案怒吼》的宣言，并在美专作了题为《国际阶级斗争之序幕》的演讲，深刻地指出：“帝国主义实在是今日之大敌，我们要自救，则非打倒它不可。”[3] 除写这些战斗性的檄文外，郭沫若还创作了两幕历史剧《聂嫈》，借聂政姐弟反抗暴政的故事，鼓舞人们与帝国主义做坚决斗争的勇气。该剧于同年 7 月 1 日起，被上海美专的学生搬上上海新舞台，连演两场，收到良好的宣传效果。田汉、朱自清、闻一多等进步作家，在“五卅运动”及其之后，都通过自己的创作，表现出明确的反帝倾向。“五卅运动”爆发时，田汉在长沙，当他得知上海惨案后，于 6 月 3 日发表长诗《黄浦怒涛曲》，不久离湘赴沪，在劳动大学任教。这时他试图以“五卅运动”为题材创作话剧，但由于对这场运动的了解不够深入，迟迟没有动笔，直到 1931 年完成话剧《顾正红之死》，算是对这场运动的一个纪念。当时在浙江的朱自清，奋笔写下《血歌——为五卅惨剧作》《给死者》和散文《白种人——上帝的骄子》，尤其是最后一篇，成为 1920 年代反帝散文中的杰作。闻一多是 1925 年 5 月中旬从美国回国的，很快爆发了“五卅运动”，他以笔为枪，发表《发现》《七子之歌》等作品，“这些诗，如号角，如战鼓，号召和激励人们投入反帝救国的神圣斗争”[4]。到今天为止，《七子之歌》依然是脍炙人口的爱国主义经典篇章。二是当时报刊上发表大量群众自发创作的反映这一事件的作品，这些作品与出自名家之手的作品相呼应，共同构筑了“五卅”反帝文学的统一战线，显示了文学在重大历史事件面前的自觉意识和担当意识。这类作品从 1925 年 5 月开始，以后每年的纪念日，都会再次涌现，在群众中产生了广泛影响，极大地推动了“五卅”精神在民众间的普及和传播，也不断地播下对帝国主义仇恨和反抗的种子。

（四）“五卅运动”引发了作家对知识分子命运和国家前途问题的思考，并催生了三部优秀长篇小说。在这些小说中，“五卅运动”成为关键情节之一。这些长篇小

---

① 沈雁冰：《五月三十日的下午》，载《文学周报》第 177 期，1925 年 6 月。

② 沈雁冰：《暴风雨——五月三十一日》，载《文学周报》第 180 期，1925 年 7 月。

③ 郭沫若先生在美专演讲，萧韵记：《国际阶级斗争之序幕》，连载于《民国日报·觉悟》第 8 卷第 23 期和第 24 期，1925 年 8 月出版，所引文字见第 23 期。

④ 尚且：《五卅运动中的闻一多诗歌》，载《湖北师范学院学报》（哲学社会科学版）2000 年第 2 期。

说的出现，不仅填补了新文学运动初期长篇小说匮乏的局面，而且也使长篇小说在艺术上走向成熟。

“五卅运动”发生期间，诗歌和散文这类灵活、轻便的文体，发挥了重要的战斗作用，成为文人抒发反帝爱国感情的有效武器。而长篇小说作为一种相对“笨重”的文体，很难在短兵相接阶段发挥轻骑兵的作用。“五卅运动”结束以后，亲历这场运动的作家，经过一段时间的沉淀和思考，陆续推出多部颇为厚重的长篇小说，其中最重要的有三部：叶绍钧的《倪焕之》（1928 年）、茅盾的《虹》（1929 年）、胡也频的《光明在我们的前面》（1930 年）。此外，还有一部重要的中篇小说，即巴金的《死去的太阳》（1930 年）。就长篇小说来看，《光明在我们的前面》以“五卅运动”为主要内容，所以是这场运动的直接产物；另外两部虽然时间跨度更大，涉及的历史事件更多，但“五卅运动”仍然是其中的重头戏，所以也可以看作这场运动的产物。这三部长篇小说再现了上海和北京“五卅运动”时的壮阔场景，使刚刚过去的重大历史事件“活”在了文学中，化为人们的永恒记忆。

从内容来看，这些作品有一个共同点：都从时代发展的角度，借“五卅运动”来反思知识分子的思想与命运。自然，由于知识分子在此之前的思想状况存有差异，所以“五卅”事件带来的影响也有明显不同。对倪焕之来说，“五卅运动”中工人们的积极表现，使他看到了教育救国的局限，而王乐山的引导，使他看到了中国革命的路向。所以在“五卅运动”的整个过程中，倪焕之激动着、兴奋着、行动着、思考着，终于意识到：“为教育而教育，只是毫无意义的玄语；目前的教育应该从革命出发。教育者如果不知革命，一切努力全是徒劳；而革命者不顾教育，也将空洞地少所凭借。十年以来，自己是以教育者自诩的；要求得到一点实在的成绩，从今起做个革命的教育者吧。”[①] 这是一个教育救国论者在现实面前的深刻自省，也是“五卅运动”给“五四”以来启蒙论者的启示，在那个时代具有代表性。而对《光明在我们的前面》中的白华而言，“五卅运动”的意义更为巨大。她与男友刘希坚都是无政府主义的信徒，刘希坚在实践中很快就发现了这一信仰的虚妄性，便毅然奔向了更为科学的马克思主义，但白华则始终坚守着无政府主义，这导致了两人之间关系的紧张。“五卅”惨案发生之后，她希望她的“同志”们行动起来，参与到时代的洪流中去，但那些无政府主义者们除了喊两句空洞的口号外，毫无作为。她对其感到深深失望，怀着失落的心情来到刘希坚的住处，听到了让她振奋的消息和铿锵有力的声音：“只有全国民众一致地向帝国主义作反抗的示威，才能解除他们的压迫，才能解放我们自己……”[②] 这正是白华渴望的结果。白华从刘希坚这里看到了希望，刘和他的同事们的努力方向，正是她所渴望的目标。经过认真的反省和艰苦的思想斗争，白华的信仰

① 叶圣陶：《倪焕之》，人民文学出版社 1962 年版，第 182 页。
② 《胡也频选集》下卷，福建人民出版社 1981 年版，第 845 页。

开始动摇，最终追随她的男友走向马克思主义，成为一名为民族解放而斗争的坚强战士。

同是年轻的女性，《虹》中的梅行素有着和白华不一样的命运。她是凭借“五四”时期接受的个性解放和爱情自由观念而离家出走的。到了上海以后，在共产党人梁刚夫的影响下，思想开始发生变化。“五卅运动”爆发以后，又给了她新的刺激，思想变得激进起来，他对徐绮君说：“……时代的壮剧就要在这东方的巴黎开演，我们都应该上场，负起历史的使命来。你总可以相信罢，今天南京路的枪声，将引起全中国各处的火焰，把帝国主义，还有军阀，套在我们颈上的铁链烧断!”① 正是基于这样一种全新的观念，她投入到“五卅运动”的游行示威之中，在敌人的高压水枪和枪弹之间奔走。可以说，没有“五卅运动”，她只能是一个追求个人自由的小资产阶级女性，而五卅运动将她送上了政治革命的轨道，使她获得了新的价值观和人生观，并找到了自己的使命。

倪焕之、白华、梅行素，这些小资产阶级知识分子，秉承着“五四”时期的启蒙教育和个性自由的观念走向社会，尽管各人经历的人生道路不同，但到“五卅运动”爆发以后，他们都受到了思想上的冲击，这充分反映了叶圣陶、茅盾、胡也频等作家对“五卅运动”的认识：它改变了中国知识分子的救国思路，使他们走出了“五四”时期的思想畛域，进入到革命斗争的行列。

三部作品通过富有时代气息的典型形象，再现了“五卅运动”对中国社会、政治和思想的影响，具有鲜明的史诗品格。的确，在中国现代思想史上，“五卅运动”具有重要意义，是导致现代知识分子思想转折的重要事件之一。但这里我们要分清一个问题：其对知识分子思想的影响，与对文学的影响是两个不同的概念。毕竟文学的转型与知识分子思想的转型并不完全同步。常规而言，文学的转型往往比思想的转型要滞后一些。另外，这三部作品的创作时间也值得注意：《虹》写于 1929 年 4 月至 7 月，《倪焕之》写于 1927 年 12 月至 1928 年 11 月；《光明在我们的前面》初版于 1930 年。很显然，这三部作品创作于革命文学高涨时期，“讲述故事的时间”对“故事讲述的时间”会产生重要的影响，所以我们不能以此来简单推断现实中的“五卅”对文学的影响。

自新文学诞生以来，长篇小说始终是一个弱项，数量少且成就低。此前张资平的《冲积期化石》、王统照的《一叶》均非成熟的佳作，而且影响也小。“五卅”运动以其强大的冲击力唤起了作家以长篇小说记录这一重大历史事件的冲动，并在这一历史事件中塑造知识分子形象，取得了巨大成功。可以说，五卅运动成为激发作家创造力的一个触媒，为中国现代长篇小说的繁荣和成熟发挥了重要作用。

总的来说，五卅事件对现代文学史的演变产生了重要影响，这种影响不是一句简

① 《茅盾全集》第 2 卷，人民文学出版社 1984 年版，第 253 页。

单的“从文学革命到革命文学”就能概括的，而是蕴含着丰富、复杂的内涵，不能采用偷懒的方式，以一句口号式的语言去掩盖历史的复杂性。

（原载《复旦学报》2016 年第 2 期，《新华文摘》2016 年第 14 期全文转载）

复兴什么，为什么复兴？

——郭沫若的民族复兴思想一瞥

李　怡

郭沫若与五四激进反传统的思潮的重要差别一再被人们提起。他对孔子、对儒家文化的推重如此引人注目，以至于每当“传统文化”需要弘扬、“国学”需要振兴的时候，我们都会情不自禁地想起当时郭沫若独特的姿态，并希望援引为用，视郭沫若为现代“民族复兴”思想的重要代表。

但是，如果不能严格勘察郭沫若自己的思维和逻辑，我们却很可能望文生义地将他对传统文化的某些推重视作对中国文化传统的无原则肯定和推崇，将他对民族复兴的愿望混同于“复古”，甚至以郭沫若为反对五四新文化的潜在资源。如果真是这样，那真是对郭沫若，也是对五四的莫大误解。

一

郭沫若对传统文化重估，提出“复兴”思想是在1922、1923年间。《中国文化之传统精神》与《一个宣言》中留下了最早的论述。

1922年12月，应日本大阪《朝日新闻》之邀，郭沫若为该刊《新年特号》（1923年1月1日、2日）撰写了《芽生の嫩叶》，论述中国文化之传统精神。该文用日文发表，1923年5月，成仿吾先生摘译其主要内容，以《中国文化之传统精神》为题，刊载于《创造周报》第2号（1923年5月20日）。2008年，蔡震先生约请章弘根据日本飚风会的整理本，将成仿吾弃译的部分译出，刊登在《郭沫若学刊》2008年第3期，至此，郭沫若关于中国传统文化的最早的系统阐述得以完整呈现。就是在这篇文章中，郭沫若将文艺复兴（Renaissance）与民族精神重建联系在一起。他称先秦时代是“中国思想史上的一个Renaissance，一个反抗宗教的，迷信的，他律的三代思想，解放个性，唤醒沉潜着的民族精神而复归于三代以前的自由思想，更使发展起来的再生运动”①。当然今天也需要进行这样的第二次“复兴”，用郭沫若的

① 郭沫若：《中国文化之传统精神》，《郭沫若全集·历史编》第3卷，人民出版社1984年版，第257页。

话来说就是“努力四海同胞与世界国家之实现的我们这种二而一的中国固有的传统精神，是要为我们将来的第二的时代之两片子叶的嫩苗而伸长起来的”①。“大树倒塌，变成化石。我们虽然不能使其复活。但是，我们却可以传诵他那独特的精神。在春天来临的时刻使其发芽，形成崭新的第二代。这是我们唯一的希望，这是我们的当务之急。”②

1923年，在为“中华全国艺术家协会”起草的《宣言》中，郭沫若提出了当前文艺的任务：“我们要把固有的创造精神恢复，我们要研究古代的精华，吸收古人的遗产，以期继往而开来。”③ 这当然更是文艺复兴（Renaissance）了。

即便不考虑中国近现代历史中那些不断浮现的“托古改制”思想，仅就用“复兴”来概括新的文化追求这一方向来说，其设想也并不始于郭沫若。梁启超早在1904年的《论中国学术思想变迁之大势》中便把清代二百余年称谓为“古学复兴时代”，后来又谓：“‘清代思潮’果何物耶？简单言之：则对于宋明理学之一大反动，而以‘复古’为其职志者也。其动机及其内容，皆与欧洲之‘文艺复兴’绝相类。”④ 1914年，记者黄远庸于1914年在《庸言》杂志发表《本报之新生命》一文，其中言及当时之中国“乃文艺复兴时期”⑤。对于当时新式学堂或身居欧美的学子，自然更有机会在课堂上聆听Renaissance的历史了，例如清华留美预备学校时期的吴宓日记中，就多次出现这样的记载：“历史一课，文艺复兴之大变，极似我国近数十年欧化输入情形。”⑥ “历史一课由Starr女士演讲RenaissanceArt”⑦，他甚至有过在此主题下办报创刊的计划：“拟他日所办之报，其英文名当定为Renaissance。国粹复光之义，而西史上时代之名词也。”⑧ 不过，梁启超眼中的“复兴”到底缺少足够的实绩，黄远庸的判断也为时稍早，吴宓的计划并未付诸实施。在中国现代文化史上真正博得“文艺复兴之父”美誉的还是新文化运动的领袖胡适。

众所周知，胡适是将五四新文化运动比附于欧洲文艺复兴的第一人，从“五四”直到1960年代，在长达40余年的时间中，他一再论述着“作为文艺复兴意义”的五四，指称“这实在是个彻头彻尾的文艺复兴运动”⑨，以致在他影响下由一批“五四之子”创办的期刊《新潮》也取有“The Renaissance”的英文名字，尽管这一杂

① 郭沫若：《中国文化之传统精神》，《郭沫若全集·历史编》第3卷，人民出版社1984年版，第262页。
② 蔡震：《关于郭沫若的〈芽生の嫩叶〉》，《郭沫若学刊》2008年第3期。
③ 郭沫若：《一个宣言》，《郭沫若全集·文学编》第15卷，人民文学出版社1990年版，第222页。
④ 梁启超：《清代学术概论》，东方出版社1996年版，第4页。
⑤ 载1914年《庸言》第2卷第1、2合刊号。
⑥ 吴宓：《吴宓日记》第一册，读书·新知·生活三联书店1998年版，第381页。
⑦ 吴宓：《吴宓日记》第一册，读书·新知·生活三联书店1998年版，第388页。
⑧ 吴宓：《吴宓日记》第一册，读书·新知·生活三联书店1998年版，第504页。
⑨ 陈金淦：《胡适研究资料》，十月文艺出版社1989年版，第261页。

志从《发刊旨趣书》开始就只是在强调如何"脱弃旧型","渐入世界潮流"[①]——我们实在无法读出太多的"复兴"之义。

不过,就如同他的弟子在"The Renaissance"的英文名目下着意引入世界"新潮"一样,胡适对"复兴"也有他自己的定义。1917年,留美归国途中的胡适,读到Edith Sichel著《文艺复兴》(Renaissance)一书,将其改译为"再生时代","复兴"突出的是对既往文化的启用,而"再生"则强调了今日生命的成长,相近的词汇已经有了不同的指向。再后来,胡适描述中国历史文化的"复兴阶段",也是视宋人大胆疑古、小心求证的新精神为第一时期,把明代王学之兴,尤其是市民文化中戏曲、小说的新精神当为第二时期,清学的勃兴为第三时期,而新文化运动则是第四时期。这里所谓的"复兴"都还是以求变革新为特征、以新文化运动的需要为标准的,也就是说,真正的古代文化传统并不是胡适考古追寻的对象。当他宣称新文化运动"实在是个彻头彻尾的文艺复兴运动"之时,接下来表述的却"是一项对一千多年来所逐渐发展的白话故事、小说、戏剧、歌曲等等活文学之提倡和复兴的有意识的认可"[②]。"我们愿意采用老百姓活的文字,这是我们所谓的革命;也可以说不是革命,其实还是文艺复兴。""那些'话本'、'弹词'、'戏曲',是由老百姓唱的'情歌'、'情诗'、'儿歌'这些东西变来的。这就是我们的基础。在文学方面,我们也可以说是文艺复兴。"[③] 在这里,我们可以清楚地读出,胡适所谓的"复兴"其实就是现代知识分子对文化新创造的一种表述,一种重新评判历史、重新估定价值的新的文化追求。正如他1919年《新思潮的意义》一文所指出的那样:"据我个人观察,新思潮的根本意义只是一种新态度。这种新态度可叫做'评判的态度'",而"评判的态度"最终"总表示对于1日有学术思想的一种不满,和对于西方的精神文明的一种新觉悟"。[④] 以"中国文艺复兴"来定义胡适的美国学者J. 格里德也一针见血地指出:胡适追寻的"再生""不是通过任何实际意义上的古老文明的再生来实现的,而是通过创造一种新文明来实现的"[⑤]。

与上述种种"复兴"之说比较,郭沫若的设想最接近西方Renaissance的本义——不是"革命"的权宜性说法,而是真正的对古老文化的挖掘和启用。"文艺复兴"之意大利语——Rinascimento,由ri(重新)和nascere(出生)构成,法语与英语的Renaissance也都有差不多的含义与构词,发生在14—17世纪初的这一场思想文化运动就是对古代文化(古希腊罗马文化)的再发现,就是以古典的文化资源来对

① 《新潮发刊旨趣书》,《新潮》1919年1卷1号。

② 胡适:《胡适口述自传》,《胡适全集》第18卷,安徽教育出版社2003年版,第336页。

③ 姜义华编:《胡适学术文集·新文学运动》,中华书局1993年版,第289—290页。

④ 胡适:《新思潮的意义》,《胡适全集》第1卷,安徽教育出版社2009年版,第692、695页。

⑤ J. 格里德:《胡适与中国的文艺复兴——中国革命中的自由主义(1917—1937)》,江苏人民出版社1996年版,第336—337页。

抗中世纪的教会专制，文艺复兴时期所高扬的人文主义文化不是新的发明而是古典文化固有的特征。严格比较起来，胡适的“复兴”之说虽然也追溯到了古代文化的某些传统（如白话文传统），但归根到底还是在外来思潮启发之下对历史的“激活”，对于胡适而言，这样的“复兴”更需要文学性的想象，或者说首先是横向的文化输入，然后才借助横向的启发重新“构想”了历史的部分资源。郭沫若则不同，他是凭借着对古老文化本身的探究发现传统的价值，并与外来的文化相对接。胡适的“复兴”之论多见于他对新文学运动的感悟，而郭沫若的“复兴”构想则产生自他对中国历史文化的讨论。

二

郭沫若不仅执着地探索了中国古代的文化传统，而且这种探索更直达了古代文化的最前端，大大地超出了一般新文化知识分子的视线，这才是他与某些新文化人士的主要区别。

到今天为止，我们的现代文学研究已经大体上完成了对所谓五四“反传统”的澄清。我们知道，即便是言辞最激烈的新文化人士，也都各自怀着对传统文化的眷念，更不用说最后都为传统文化的整理研究做出了相当的贡献；对儒家文化、封建礼教的批评、抨击并不意味着他们对中国传统文化的全盘否定；就是儒家文化本身也往往被区分为先秦儒家与后世的儒家，原始儒家与宋明理学被分开处理，中国文学与中国文化史上那些思想活跃的时期如百家争鸣的春秋战国、文学自觉的魏晋时代、思想启蒙的明末等都常常为新文化知识分子所激赏。胡适的“复兴”观念在中国历史中虽然还是主要关联着他理解中的白话文传统，但他也对孔子、老子的时代予以肯定，就这一态度而言，其实与郭沫若并无不同。

那么，郭沫若思想的独特处何在呢？就在于他并不满足于一般新文化知识分子对先秦文化的选择性肯定，他的思维追溯得更为遥远，一直穿透了文字记载的层面，抵达了那混沌茫然的文明的源头，在那里重新构想中国文化的来龙去脉。所谓“三代以前”的文化原点就这样隆重出场了。

> 关于三代以前的思想，我们现在固然得不到完全可靠的参考书，然而我们信认春秋、战国时代的学者，而他们又确是一些合理主义的思想家，他们所说的不能认为全无根据。他们同以三代以前为思想史上的一个黄金时代……①

中华文明的起源从来都是一个史学难题，“三皇五帝”的传说始终都无法获得科

① 郭沫若：《中国文化之传统精神》，《郭沫若全集·历史编》第3卷，人民出版社1984年版，第255页。

学的确证，运用现代学术知识的“古史辨派”更是摧毁了我们固有的古史解说系统，让遥远的文明发生变得扑朔迷离，作为国家重大工程项目的三代（夏商周）断代问题迄今依然在艰难推进之中，所谓“三代以前”自然就更是迷蒙缥缈了。但是郭沫若却不以为意，他满怀信心地论证这“三代以前”：“（所以）我们纵疑伏羲、神农等之存在，而我们有这样一个时代，这时代的思想为一些断片散见于诸子百家，我们怎么也不能否定。我们研究希腊哲学等之存在，然而这些学者的完全的著述早已经莫由寻觅了。关于他们，我们所能知道的，亦不过一些后人的传说与断片的学说而已。象不能因为没有完全的著述，便把这些希腊的学者抹杀了一般，我们这么也不能由中国思想史上把三代以前的这一时代的存在轻轻看过了。”① 郭沫若在这里提出的论据虽然还不具备十足的“史料”基础，但是却无疑具有思维方式上的启示意义，对于学术思想的发展来说，重要的不是最后的结论，而是它提出问题的角度和展开的方式，这就是文学家郭沫若的创造性思维赋予他学术活动的独特价值。

对于“三代”或“三代以前”，先秦时代的思想家也常常论及，将之视作自己思想的结构性或批判性元素。如有学者所说：“先秦诸子几乎都谈及‘三代’，而见解则各不相同。儒、墨二家皆称道或标榜‘三代’，而所入深度有异。墨家但以‘三代’得失之史为借鉴之标本，而儒家则思于借鉴之外更从‘三代’之史中发掘出某种更深层次的认识来。道、法二家皆鄙夷‘三代’，而指归亦不同。道家贬抑‘三代’，以其有悖于上古自然之朴真；法家憎恶‘三代’，则以其有碍于当时法制之剧变。”② 于是乎，后代学者对中国文化源头的想象和论述都几乎没有超过诸子的这些论述，或者是“仁”，或者是“礼”，或者是“兼爱”，这就是后代理解“三代”或“三代以前”的认知框架。郭沫若不避史实渺茫，重新建构起“三代之前”的思想资源，至少在两个方面打开了一个全新的阐释空间：其一是赋予这一文化源头崭新的含义，其二是通过对“三代”与“三代之前”的严格区隔更清晰地表述着自己的文化理想。

在郭沫若心中，“三代之前”的文化形态是怎样的呢？

“三代以前的思想，就我们所知，确与希腊哲学之起源相似。在我们的原始的时代，我们的祖先，就把宇宙的实体这个问题深深考察过了。”“那时候，一切的山川草木都被认为神的化身，人亦被认为与神同体。”③ 这是对悠远历史的刻绘。在“老子的时代”，又一次“复兴”了这样的传统。郭沫若认为：“我们在老子的时代发见中国思想史上的一个 Renaissance，一个反抗宗教的，迷信的，他律的三代思想，解放个性，唤醒沉潜着的民族精神而复归于三代以前的自由思想，更使发展起来的再生

---

① 郭沫若：《中国文化之传统精神》，《郭沫若全集·历史编》第 3 卷，人民出版社 1984 年版，第 255 页。

② 刘家和：《从“三代”反思看历史意识的觉醒》，《史学史研究》2007 年第 1 期。

③ 郭沫若：《中国文化之传统精神》，《郭沫若全集·历史编》第 3 卷，人民出版社 1984 年版，第 255—256 页。

运动。”[1] 归结起来，这所谓的“三代之前”的文化就是自由的、自然的，也可以说是个性化的、创造性的、充满神性的。这样概括，当然就大大地超越了任何一种具体的古代思想学说，而成为后代学说的灵感与思想的源头。孔子复兴了这一文化，所以他“使泛神的宇宙观复活了”，“他把自己的个性发展到了极度——在深度如广度。”[2] 老子复兴了这一文化，所以“革命思想家老子便如太阳一般升出”[3]。

为了清晰地说明他理想中的中国文化的源头，郭沫若特地将“三代”与“三代之前”区隔开来，划分出中国历史文化的几个自我否定的阶段，通过对源泉——失落——复兴——再失落的历史过程的描述，凸显出历史的兴衰，昭示深刻的教训。“为了理解我们所看到的中国精神”，郭沫若特地为我们绘制了一幅形象的“中国古代思想史的进程”图：

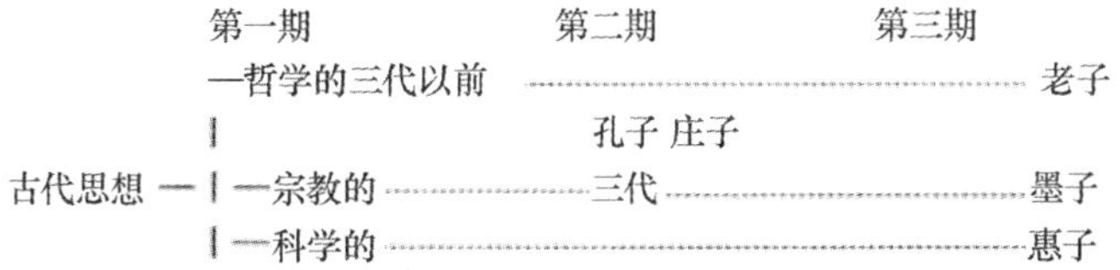

[4]

按照这一进程图的描绘，“三代之前”构成了中国文化的“根本传统”，它原本是浪漫的、诗性的、象征的，自由的、创造性的，神人同体的，但是此后的“三代”却是“黑暗三代”，“那时候，国家是神权之表现，行政者是神之代表者。一切的伦理思想也是他律的，新定了无数的礼法之形式，个人的自由完全被束缚了。”[5] 到春秋战国时代的孔子、老庄等又恢复了这一精神，但秦汉以后却又一次失落，以致到今天。郭沫若还以文学的语言描述了这样一段发源——失落——复兴——再失落的历史：

原始的大树勇敢地将自己的生命朝着天空无限地生长，自由地沐浴着清澈温暖丰沛的阳光，从大地中汲取着无尽的养分。正当大树尽情地享受着这一切的时候，突然被雷火击中，树叶被焚毁，树干被裁断，就连树根都被连根拔起！一时间，被誉为大自然的宠儿、宇宙精华的大树，即使被连根拔起，在他伟岸的身躯里依然存活着充沛的生命力，努力恢复着自己已经失去的伟大存在。尽管弱小的幼芽多次从树上吐露，然而大树已经脱离大地，能够汲取生命养分的功能已经停

① 郭沫若：《中国文化之传统精神》，《郭沫若全集·历史编》第3卷，人民出版社1984年版，第257页。
② 郭沫若：《中国文化之传统精神》，《郭沫若全集·历史编》第3卷，人民出版社1984年版，第289页。
③ 郭沫若：《中国文化之传统精神》，《郭沫若全集·历史编》第3卷，人民出版社1984年版，第256页。
④ 蔡震：《关于郭沫若的〈芽生の嫩叶〉》，《郭沫若学刊》2008年第3期。
⑤ 郭沫若：《中国文化之传统精神》，《郭沫若全集·历史编》第3卷，人民出版社1984年版，第256页。

滞。幼芽萌生随即枯萎，枯萎后再次发芽，周而往复。越来越弱小的幼芽逐渐干枯，终于连吐露萌芽的气力也没有了，只剩下残骸横卧在旷野中，一点一点变成化石。这就是我们中华思想史的缩写。从公元前几世纪开始，我们的祖先一直拥有着辉煌灿烂的历史，惟有一次遭遇秦火，就像所有的大树轰然倒塌一样，思潮的源流全部中断了。汉的诂，晋的清谈，宋的道学，清的考据，这些努力都不过是纯粹地在寄生树木上的发芽，失去了独创精神，只顾一味地咀嚼粘在历史上的腐败木质。唐朝时代佛教思想的发达，如果从世界文化史的角度来看，不过就是印度思想的一个旁支，这是不言自明的事实。①

由此，郭沫若重新追溯中国历史，发掘中国文化"根本传统"的意图也就昭然若揭了："大树倒塌，变成化石。我们虽然不能使其复活，但是，我们却可以传诵他那独特的精神，在春天来临的时刻使其发芽，形成崭新的第二代。这是我们唯一的希望，这是我们的当务之急。"② 或者说，"我国固有的精神又被后人误解"，如今，急迫需"要把固有的创造精神恢复"，以"继往而开来"③。

这也就是郭沫若呼唤"复兴"的真实逻辑：他试图复活的并不是笼统的中国古代文化，而是要努力激活那失落已久的"根本传统"，通过一种"隔代"的想象召唤出文化的创造力——于是，"复兴"当然就不是守成与复古，也不是简单地回到过去，相反，它却是通达未来的重要方式。

三

郭沫若以"三代以前"作为中国文化的理想范型，并以此为基点重新梳理中国文化传统的脉流，这就建立起了一套崭新的阐释框架，这样的框架从自由、创造的始基开始，以自由的剥落、创造的委顿为漫长的历史中段，最后试图引发出对当下自由精神与创新活力的深情召唤。其叙述不仅独特迷人，富有深刻的现实关怀，而且同样包含着对历史文化的沉痛的检讨与批判——有力度的文艺复兴，对古代文化的挖掘、复活必定同时伴随着对中世纪专制的痛切批判，欧洲的文艺复兴如此，郭沫若的民族复兴思想也同样如此。就深刻的现实关怀与沉痛的历史批判而言，郭沫若虽然更接近欧洲"文化复兴"的原意，但在历史发展的大方向上与五四新文化主流相互支撑、彼此认同，共同推进着现代文化的创造与更新，与文化保守主义具有根本的差异。

以"三代以前"的自由、个性为参照，郭沫若的民族复兴主张就不只是对古代

---

① 蔡震：《关于郭沫若的〈芽生の嫩叶〉》，《郭沫若学刊》2008 年第 3 期。

② 同上。

③ 郭沫若：《一个宣言》，《郭沫若全集 · 文学编》第 15 卷，人民文学出版社 1990 年版，第 222 页。

中国传统的简单认同，相反，其中洋溢着“重估历史”的巨大勇气，经常为我们提及的中国古代文化不再可能以它们的“常态”获得被崇拜的地位，相反，它们都置于被剔抉、反思和批判的地位。

“三代”是郭沫若反思、批判的第一段历史，被描述为“千有余年的黑暗”。郭沫若对“三代”的批判对古老历史的混沌景象作了清晰的分辨：哪些才是真正的自然自由的生存方式，哪些已经演变为对个人自由的束缚。这样的分辨，不仅在现代知识分子中卓尔不群，也根本上打破了先秦诸子的论述框架，呈现出郭沫若自己的一个全新的历史认知图式。先秦诸子中对“三代”与“三代以前”的褒贬经常是不加分别的，一并作为古老传统的象征，褒之如儒墨，贬之如法道都大抵如此。这也从根本上影响了后代学者的阐释，郭沫若能够完全跳脱出这一认知框架，所以才有了对历史文化传统的全新估价。

秦以后的专制历史更是郭沫若批判的对象。“三代”作为“黑暗时代”，其特征就是政权、伦理、精神信念（神权）合一，而这都是秦以后专制统治的形式。面对开启了千年帝制的秦始皇，郭沫若的批判十分猛烈：“春秋末叶以来蓬蓬勃勃的自由思索的那种精神，事实上因此而遭受了一次致命的打击。”针对漫长的专制主义文化，郭沫若不仅予以批判，而且特别抨击了这种文化氛围所造成的对孔子和儒家思想的扭曲。他指出，后儒“以帝王之利便为本位以解释儒书，以官家解释为楷模而禁人自由思索”[①]“三代以前”既然是郭沫若民族复兴、文化复兴的理想范型，那么凡是能够获得他赞誉的历史人物都是在不同程度上承载了这一文化理想的代表。郭沫若礼赞孔子，礼赞春秋战国，礼赞老子与屈原，因为正是这些历史人物部分地发扬了“三代以前”的自由理想。在郭沫若看来，“三代以前”的“根本传统”虽然失落了，却有幸在民间的“被统治者”那里有所存留，而孔子和屈原就是这一传统的继承人，他们分别承袭了在北方和南方民间流传着的殷代文化精神。

显然，反抗君主专制、倡导思想自由，这样的新文化理想是郭沫若和其他五四知识分子的共识。在发展民族新文化，推进现代文化建设方面，郭沫若的“复兴”理想与所谓“五四激进反传统”的人们并无根本的不同。

正因为郭沫若的“民族复兴”理想在本质上属于新文化建设的一部分，所以与五四新文化运动的姿态一样，他的“复兴”理想一直都是开放的，他对古代文化的谈论与他对外来文化的谈论并无对立，“三代以前”文化理想的提出并不是为了抵御外来的文化，恰恰相反，其思想资源从一开始就向世界敞开。复兴民族文化的固有传统，就理当引进外来的文化资源。因为，“固有的文化久受蒙蔽，民族的精神已经沉潜了几千年，要救我们几千年来贪懒好闲的沉疴，以及目前利欲熏蒸的混沌，我们要

---

① 郭沫若：《吕不韦与秦王政的批判》，《郭沫若全集·历史编》第2卷，人民出版社1984年版，第245页。

唤醒我们固有的文化精神，而吸吮欧西的纯粹科学的甘乳”①。

我们可以这样描述：郭沫若发现“三代之前”的过程也是他发现外来文化魅力的过程。他说：“我们还是崇拜孔子——可是决不可盲目地赏玩骨董的那种心理状态同论。我们所见的孔子，是兼有康德与歌德那样的伟大的天才，圆满的人格，永远有生命的巨人，他把自己的个性发展到了极度——在深度和在广度。”“我们可以于孔子得到一个泛神论者。”②“三代以前”文化就这样与世界文化相互连通了。“泛神论”不仅见诸孔子，也会心于庄子、孔子与王阳明，而孔子又与尼采、歌德、俄罗斯革命思想颇多相似，“动的文化精神”③贯穿了从中国的孔子老子庄子与王阳明，也贯穿了西方的歌德与柏格森，他还论述说：“我国的儒家思想是以个性为中心，而发展自我之全圆于国于世界，所谓‘修身、齐家、治国、平天下’，这不待言是动的，是进取的。”④“仁道，很显然的是顺应着奴隶解放的潮流的，这也就是人的发现。每一个人要把自己当成人，也要把别人当成人，事实是先要把别人当成人，然后自己才能成为人。”⑤

甚至，在郭沫若眼中，上古的星学也包含着从古希腊“递演出的科学精神”，因为中国文化的“根本传统”中本来就包含着这样的科学精神：“我国文化是从自然观察发轫，农业的发达恐比世界中任何国的历史为先。在上古时候与农业有密切关系的星学，在周以前已有特产的独立系统了。”⑥

中国传统文化常常视作自我封闭的文化，对此，郭沫若也有自己独到的见解。在他的努力发掘下，中国固有的文化也呈现出了“世界主义”的面目：“在东西各国，传统精神与世界主义，是冰炭之不相容；而在我们中国，我们的传统精神便是世界主义。”“我们现在是应该把我们的传统精神恢复的时候，尤其是我们从事文艺的人，应该极力唤醒固有的精神，以与国外的世界主义这相呼应。”⑦仅仅从学术的角度而言，要论证中国原始的文化比其他文化更具有“世界主义”可能还需要更多的证据，但是更重要的却是郭沫若蕴藏在这一结论之下独特的所谓“复兴”愿望：“世界主义”打破了狭隘的民族限制，“中国”与“西方”，“传统”与“现代”无所障碍地融为一体，通通成为现代文化建设的巨大助力。正如郭沫若在发掘“中国文化之传统精神”之结尾所述：

---

① 郭沫若：《王阳明礼赞》，《郭沫若全集·历史编》第3卷，人民出版社1984年版，第293页。

② 郭沫若：《论中德文化书》，《郭沫若全集·文学编》第15卷，人民文学出版社1990年版，第155、157页。

③ 郭沫若：《中国文化之传统精神》，《郭沫若全集·历史编》第3卷，人民出版社1984年版，第259页。

④ 郭沫若：《论中德文化书》，《郭沫若全集·文学编》第15卷，人民文学出版社1990年版，第149—150页。

⑤ 郭沫若：《孔墨的批判》，《郭沫若全集·历史编》第2卷，人民出版社1984年版，第91页。

⑥ 郭沫若：《论中德文化书》，《郭沫若全集·文学编》第15卷，人民文学出版社1990年版，第153页。

⑦ 郭沫若：《国家的与超国家的》，《郭沫若全集·文学编》第15卷，人民文学出版社1990年版，第184页。

对历史的探讨到上述的地方为止。请允许我再重复一遍，我们不论在老子，或在孔子，或在他们以前的原始的思想，都能听到两种心音：

——把一切的存在看作动的实在之表现！

——把一切的事业由自我的完成出发！

我们的这种传统精神——在万有皆神的想念之下，完成自己之净化与自己之充实以至于无限，伟大而慈爱如神，努力四海同胞与世界国家之实现的我们这种二而一的中国固有的传统精神，是要为我们将来的第二的时代之两片子叶的嫩苗而伸长起来。①

动的精神、自我的实现，这就是五四新文化的真髓，郭沫若的“复兴”之梦最终融入五四时代精神的主流，形成了一种“异构同质”的文化现象。在这个背景下，任何将郭沫若的传统文化观拉近保守主义的企图，或者与今天功利主义的、商业主义的“国学”混为一谈的努力都是荒谬绝伦的。

（原载《中国现代文学研究丛刊》2016 年第 4 期，《人大复印资料·中国现代、当代文学研究》2016 年第 7 期全文转载）

① 蔡震：《关于郭沫若的〈芽生の嫩叶〉》，《郭沫若学刊》2008 年第 3 期。

第五篇

论文选编

郭沫若与陈独秀

——以《实庵字说》为中心的考察

何　刚

除了文学家、政治家、思想家之外，郭沫若与陈独秀同时还有一个共同的身份侧面——学养深厚的学术大师。郭沫若在历史学、考古学、古文字学等领域的成就早已为世人公认，而陈独秀的语言文字学大家的形象亦被人们逐渐认知。而且，他们的学术成就都是在各自人生陷入低谷、自由受到限制、“革命”事业遭遇挫折之际取得的。

从事革命事业时，陈独秀与郭沫若甚少发生交际，倒是在学术领域，二人在共同感兴趣的文字学研究上展开过一次学术争鸣。1937 年，陈独秀在《东方杂志》上连载《实庵字说》一文，对汉字逐个解析。随即，郭沫若撰写《读〈实庵字说〉》，对其中几个字的“说解”及牵涉到的中国古代社会性质分析进行反驳，同时赞扬陈氏困境中治学的可贵精神，讨论语气亦算平和切当，更没有将其视为托派头目而进行专门批判攻击之意图。然而，随着社会情势及个人命运变迁，包括郭沫若本人在内的后来者在述及这段学术讨论时，受制于现实语境的影响而偏离其原来面目，长期存在着单向度“革命史化”的处理和解读。当前，学术界理应厘清和还原此次论争的本来面目，并给予其持中公允的评价。

一　陈独秀：“竟《新青年》之未竟之功”

1932 年，陈独秀在上海被捕，后以“叛国罪”“危害民国罪”被提起公诉，判入狱八年。入狱后，陈独秀潜心文字学研究，取得丰硕成果。1932 年 10 月至 1937 年 8 月，陈独秀相继撰成十多篇文字学论著。不仅如此，此次入狱的陈独秀践行了他曾提出的“监狱——研究室”的格言，制定有一份详细的著述计划，拟在几年内撰写《古代的中国》《现代中国》《道家概论》《孔子与儒家》《耶稣与基督教》和《我的回忆录》等书稿。[①] 当然，这些撰著计划大都未能最终完成，精力仍集中在古

① 原放：《回忆亚东图书馆》，学林出版社 1983 年版，第 169—170 页。

文字学研究之上，主要成果如下：

《荀子韵表及考释》，1937年1月16日在《东方杂志》第34卷2号发表。

《实庵字说》，1937年3月至7月在《东方杂志》第34卷分5期连载。

《老子考略》，1937年6月1日在《东方杂志》第34卷11号发表。

《古音阴阳入互用例表》，没有公开发表过，出狱后，1940年冬曾重订此稿，1941年秋写自序一篇，在江津白沙油印若干册，馈赠友人。

《中国古代语音有复声母说》，出狱后，1937年11月在《东方杂志》第34卷第20、21号合刊发表。

《连语类编》，未出版。

《屈宋韵表及考释》，未完，未发表。

《晋吕静韵集目》，未发表。

《广韵东冬钟江中之古韵考》，出狱后，1939年2月在《东方杂志》第36卷4、6号发表。

《中国古史表》，出狱后，1941年11月在《东方杂志》第37卷第22号发表。

《识字初阶》，“狱中完成其体系”，后更名为《小学识字教本·自叙》，后自上世纪70年代始，在海峡两岸相继油印、公开出版。

《干支为字母说》，未发表。

《甲戌随笔》，后收录至《陈独秀先生遗稿》。

《以右旁之声分部计划》，原无题名，此名系何之瑜先生后加。后收录至《陈独秀先生遗稿》。

狱中的陈独秀制定宏伟的文史撰写计划，并在古文字学上取得丰硕成果，并非单纯为学术而学术的隐世之作。开阔的学术视野和犀利的学术目光中寄托了深切的现实关怀。他将“解字”“识字”等工作直接同当年揭橥“民主”“科学”大旗的《新青年》相提并论。在他心目中，晚年的学术研究与突进狂飙的五四新文化运动一样，同样具有启迪民智、革新进步、经世济民的价值和目标。我们可以在他后来致友人的信中清晰地看到陈氏的希冀：

> 静农兄：
>
> 中国文化在文史，而文史中所含乌烟瘴气之思想，也最足毒害青年，弟久欲于此二者各写一有系统之著作，以竟《新青年》之未竟之功。文字方面始成一半，史的方面更未有一字，故拟油印此表以遗同好，免完全散失也。史较文字更难，新材料未发见以前，旧材料势不能尽废，惟有加以合理的整理，以期减少乌烟瘴气耳。[1]

---

① 靳树鹏选注：《陈独秀晚年书信三十八封》，《书屋》2000年第11期。

可以看出，身陷囹圄的陈独秀倾心文字学研究，旨在“竟《新青年》之未竟之功”。陈氏深感中国语言文字乃思想启蒙之大障碍，亟须改良和普及，这与五四时期激荡起的思想启蒙、文学革命的磅礴气势相比，似乎偏窄缩微了许多，但是，陈独秀于其中贯穿的匡时济世之志却是一致的，那就是“使受学者知其然且知其所以然，此不独使受学者感兴趣助记忆，且于科学思想之训练植其始基焉”。具体而言，就是系统探求汉字规律，解决汉字难认、难记、难写问题。在《小学识字教本·自叙》中，他对私塾和新式学校里的识字诵书之法进行激烈批评：“昔之塾师课童，授徒而不释义，盲诵如习符咒，学童苦之。今之学校诵书释义矣，而识字仍如习符咒，且盲记漫无统纪之符咒至二三千字，其戕贼学童之脑力为何如耶！即中学初级生记字之繁难累及学习国文多耗日力，其他科目，咸受其损，此中小学习国文识国字之法亟待改良，不可一日缓矣。”① 这不仅交代了《小学文字读本》的撰著缘由，也是陈独秀晚年学术研究的总体关怀。所以，纵使在狱中坚持文字学研究，陈独秀的目的仍是关照现实，以资世育人，绝非人身自由遭到限制之时排解羁绊忧苦的自我娱情。② 同时，如果将其写作《实庵字说》等音韵文字学著作，仅仅说成是为了证明中国古代无奴隶社会阶段，以给社会史论战中的托派张目的话（详后），则显然又低估甚或忽视了陈独秀一生饱含革命情怀、旷达不羁、孤高自许的气质与抱负。

在研究方法上，陈独秀曾说：“从文字的形成和发展，可以看到社会和国家的形成和发展……中国过去的小学家，都拘泥于许慎、段玉裁的《说文解字》和注，不能形成一个文字科学，我现在用历史唯物论的观点，想探索一条文字的道路……我不是老学究，只知背前人的书，我要言前人之未言，也不标新立异，要做科学的探讨。”③ 具体而言，首先，陈独秀从字形入手，发掘造字之原由，分析字词之本义和引申义。他认为“古之制字者，仰观象于天，俯观法于地，视为鸟兽之文与地之宜，近取诸身，远取诸物，此皆视而可见，察而可识者也，本非艰深难喻；今之教者依此口讲而手绘之，习者如睹画图，虽下愚可晓，如拨云雾而见青天也。”④ 其次，他结合甲骨金文形体寻找线索，对汉字字形、本义和旧有解说进行重新审视。最后，不把文字本身当成研究目的，而是与探求古代社会历史文化状况结合在一起，即通古识字。

《实庵字说》甫一刊出，引起了众多学界中人高度关注。他们对《实庵字说》各有誉谤和书往讨论也进一步说明了陈独秀的文字学研究学养深邃、治学笃实。1937

---

① 陈独秀遗著，刘志成整理校订：《小学识字教本·自叙》，巴蜀书社1995年版，第1页。

② 当时社会一般民众多持此种认识，认为陈独秀写作《实庵字说》是“为了私人的嗜痂之癖”，“系陈氏灰心政治，而仍致力于一般文化工作的表现”，“陈氏不应发表此等无味甚至无聊文章，使减弱其对社会的政治感召力”。（秦镜：《陈独秀的最后十年》，《抗战与文化》1942年第6卷第8期）

③ 濮清泉：《我所知道的陈独秀》，载《文史资料选辑》第71辑，文史资料出版社1980年版，第51—52、53—54页。

④ 陈独秀遗著，刘志成整理校订：《小学识字教本》，巴蜀书社1995年版，第1—2页。

年6月7日，蔡元培在当天的日记中称赞《实庵字说》“触类旁通，逼近太炎，太炎不信金文甲骨文，而独秀则不然，更有理致”。[①]《实庵字说》每在《东方杂志》上发表，钱玄同便“争先寻求，津津乐道”。[②] 还有人这样评价说：“《实庵字说》于金石甲骨文字多所发明……其书最大成就，即在将有关联谊之字，分别释例，而所举间附以英语学名，于九经文字，鼎彝刻词及音韵诸书，均有捃拾……此较孙诒让所著《名原》，仅录古文者有别。”[③] 也有一些学人对《实庵字说》进行了指疵和商榷。马叙伦在《中小学教师应当注意中国文字的研究》一文中，对陈独秀的许多“字说”并不认同，并强调音韵学和中国文字独特构造法的重要性。[④] 1938 年 5 月 23 日，杨树达致信陈独秀，就陈氏对“六书说”的批评提出商榷：“大著《实庵字说》业已拜读，其中狱字说与鄙见适同，谓监临二字从目不从臣，碻足纠正许君，最为精确不磨之论。惟文中排诋六书之说，鄙意似觉不然。”[⑤]

二 郭沫若：“平心静气地和作者讨论”

《实庵字说》分五回在《东方杂志》上连载，共解说字及字根 180 个。其中在第三回释“臣、民、氓、宰、奴、婢、隶、仆、童、妾”时，陈氏认为，这些字之初义皆为俘奴，他们的身份只是服贱役的家内奴隶，而并非当时主要生产部门的劳动承担者，因此，中国并没有如古希腊罗马一样，经历过奴隶社会阶段：

> 按臣、民、宰，初义为俘奴，奴、婢、隶、仆、童、妾，初亦为俘奴，后犯罪者之家属亦从坐没入之；所执者率为粪弃、舂橐、待食，及《周礼》所云牛助牵傍、养马、养鸟、博盗、守宫，《士丧礼》所云湼厕诸贱役，与古希腊罗马委以全部生产事业者异趣，谓古之中国氏族社会后继之以奴隶社会若古希腊罗马然者，则大误矣，希腊罗马由奴隶制而入封建，中国、印度、日本，则皆由亚细亚生产制而入封建者也。[⑥]

与前述众多学人从文字学视角对《实庵字说》的解字、释例，对《说文》及“六书说”之态度等进行褒贬不一的整体评论不同，《实庵字说》长文中的此小段“字说”以及古代社会性质分析引起了郭沫若的特别关注。郭沫若说：“这个说解的关系颇为

① 王世儒：《蔡元培先生年谱》（下），北京大学出版社 1998 年版，第 984 页。
② 魏建功：《魏建功文集》第三卷，江苏教育出版社 2001 年版，第 399 页。
③ 梅：《实庵字说》，《新民晚报》（晚刊）1942 年 6 月 9 日。
④ 马叙伦：《中小学教师应当注意中国文字的研究》，《国文月刊》第 51 期，1947 年 1 月。
⑤ 杨树达：《积微居小学述林》，中华书局 1983 年版，第 503 页。
⑥ 陈独秀：《实庵字说》（三），《东方杂志》1937 年 4 月第 34 卷第 7 号。

重要，而且是针对着我说话的，所以我不能不费点时间来和作者讨论一下。”这就有了《读〈实庵字说〉》一文的写作和发表一事。1937 年 6 月，郭沫若自日本给国内的《新民报》寄去《读〈实庵字说〉》一文。7 月 1 日起，文章在《新民报》副刊连载 13 天。

郭沫若为何认为陈独秀此段“说解”就是针对自己而说，而要专门写作批驳文章呢?

首先，在社会史论战中，郭沫若 1930 年出版的《中国古代社会研究》及其古史观成了各方攻击的“靶子”。但是，这些批评者在理论上对唯物史观的把握较为混乱、肤浅，在材料上尚达不到郭沫若对古籍文献、甲骨金文的认识运用水平。更严重的是，论战缺乏学术批评应有的严谨和理性，意气之词，甚至是攻击谩骂之语时有所见。这当然会引起郭沫若的反弹和特别关注，所以，他在《读〈实庵字说〉》中有针对性的说道：“我的见解……提出了之后，在国内国外都引起了很大的反响。赞成我的人满不少，似乎反对我的人要更多……这种反对者的见解，与其说他们来反对，倒宁可以说因为遭了反对而起来应战。但可惜那些战士，竟连我著的书都还没有读破，或者读破了而没有十分懂，只提着一根丈八蛇矛死死地向着水车乱剧而已。”[①]

其次，郭沫若对自称为“恩格斯的《家庭、私有制和国家的起源》的续篇”的《中国古代社会研究》的“开创之功”始终充满自信。他不断进行“补充”与“改正”，在若干“解题”“后记”和“自叙”中对写作过程进行详细介绍，视自己为中国奴隶社会论的代表和首倡者。他说：“我有我的坚确的根据，无如那坚确根据，有些人根本没有看到，或者看到了而没有看懂，或者看懂了而不肯相信。甚且‘匿证佯争’。那种争法在学问的进展上，是丝毫也没有益处的，默（此字为误排）近年来（此字误排为春字）似乎已渐渐沉默了下去，而我的见解也渐渐要成为定论了。”[②] 所以，他将陈独秀的“字说”看成是专门针对自己而作，就很自然了。而且，这一时期，郭沫若针对社会史论战中的反对意见的辩驳文章尚不止《读〈实庵字说〉》一种，还有《屈原时代》《社会发展阶段之再认识》[③] 等。

在《读〈实庵字说〉》中，郭沫若主要重复了《中国古代社会研究》和《甲骨文字研究》的“释臣宰”篇的相关论证内容，认为“奴、婢、隶、童、妾”固然是从事家内的贱奴，而“臣、民、氓、宰”则是从事生产的奴隶，数量比前者占绝对的多数，社会地位比前者更为低贱。同时，“人鬲”等从事农耕生产的生产奴隶均可屠杀，亦可与土田、都邑、器物等作为奴隶主赐予之物，或作牲畜来买卖，因此，中国在原始社会以后存在过与古希腊罗马一样的奴隶社会。

---

① 郭沫若:《读〈实庵字说〉》(三),《新民报》1937 年 7 月 3 日。

② 郭沫若:《读〈实庵字说〉》(四),《新民报》1937 年 7 月 4 日。

③ 《文学》1936 年 2 月第 6 卷第 2 期,《文物》1936 年 7 月第 1 卷第 2 期。

虽然郭沫若对陈独秀关于“臣”“民”“奴”等字的说解，以及古代社会性质的看法进行了反驳，但是他采取的仍是学术讨论的方式及平和口吻——“我是想平心静气地和作者讨论一个重要史实的”。[①] 更重要的是，在研究取径上，他们都是“用历史唯物论的观点，想探索一条文字学的道路”，又借助甲骨金文，从文字形成和发展看古代社会、国家及文化的形式和发展。所以，郭沫若对《实庵字说》的研究方法给予肯定：“作者的目的，和一般的文字学者不同，是想凭借文字上的启示，以探求古代的况实，这层是相当成了功的。因为作者的学殖本有根底，方法的运用颇为纯熟，而于近人的著述似乎见到的也很不少。根据古音古训，出入甲文金文，一隅三反，逐类旁通，新旧兼融，头头是道，在作者的自由受着束缚的目前而能有这样勤苦的成绩，是可以令人佩服的。”在郭沫若看来，尽管《实庵字说》在资料征引等方面有一些瑕疵，但也是“白璧微瑕”而已。稍后，1941 年，杨树达曾致书郭沫若，询问陈独秀近况，郭沫若在回信中称：“陈居江津，生活甚困，亦未暇与通书也。以君治小学，时有独见。如谓卧、监、临诸字从目不从臣，至为审谛。惜心不甚细，多武断处耳。”[②] 显然，对于此时的陈独秀，曾在日本“自由受着束缚”的郭沫若感同身受，感佩其在困境中坚持学术研究的精神，总体上对其研究成果持肯定态度。

郭沫若发表《读〈实庵字说〉》，陈独秀应该是看到或者知晓的，因为他在狱中曾对他人提过此事，“说《实庵字说》与郭沫若有过争论”，表示“对郭沫若有些地方很钦佩”，如人类宗教起源于生殖崇拜、“也”字为女阴之象形等见解，“说这是郭的卓见，但有的地方，陈又说郭浅薄”。[③] 在《甲戌随笔》一文中，陈独秀也认同郭沫若考释“祖妣”为“牡牝”，“祖妣为牡牝之初字”的结论。他说：“甲骨文祖字有作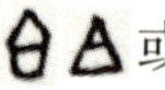或者，金文亦有作者……未必非初民生殖崇拜之遗风。由此可知，匕字本训女阴，后引申以为牝牡及祖妣字……若执后世礼文，以绳简朴之先民，则于古事古物不得其解者多矣。”[④]

叙述至此，可以看出，写作《实庵字说》是狱中陈独秀从事古文字学研究的成果之一种，体现了其殷切的学术志愿和现实关怀，可敬可叹。文中几个字的“说解”及牵涉到中国古代社会性质的分析引起了郭沫若注意，并撰《读〈实庵字说〉》进行反驳。尽管郭沫若可能带有些许的意气和“自鸣”成分，但总体上给予陈氏及其学术成就以肯定，采取的亦是客观平和的学术商榷之气，更没有将其视为托派头目而进行专门批判攻击之意图。然而，随着社会情势及个人命运的变迁，包括郭沫若本人在内的后来者在述及这段学术讨论时，因受制于现实语境的影响而偏离其原来面目，渐

① 郭沫若：《读〈实庵字说〉》（一），《新民报》1937 年 7 月 1 日。

② 杨树达：《积微翁回忆录积微居诗文钞》，上海古籍出版社 1986 年版，第 186 页。

③ 濮清泉：《我所知道的陈独秀》，《文史资料选辑》第 71 辑，文史资料出版社 1980 年版，第 51—52、53—54 页。

④ 陈独秀：《甲戌随笔》，载《陈独秀先生遗稿》，北京图书馆出版社 2006 年版，第 64 页。

行渐远。

三 政治规约下的学术叙事

对于《读〈实庵字说〉》，郭沫若是十分看重的，认为这是自己学术研究中的重要文章。① 发表后，相继被多次收入到各种集子当中。在收录过程中，郭沫若在不同时期对其进行了不同的处理。

上世纪40年代，《读〈实庵字说〉》相继被收入《羽书集》（香港孟夏书店，1941年）、《蒲剑集》（文学书店，1942年）、《今昔蒲剑集》（海燕书店，1947年）等，题目仍旧，内容亦未有改动。新中国成立后，1959年《沫若文集》第11卷收录时，题名改为《驳〈实庵字说〉》（此后一直如此）。文字亦有重要变动，原有对《实庵字说》学术讨论的平和商榷之气已经消散，采取驳斥、不容置辩的严厉口吻——题目中“读”改为“驳”或就可说明问题，也完全改变了此前对陈独秀逆境中坚持学术研究并取得相当研究成果的肯定，认为陈独秀虽“出入甲文金文，似乎十分渊博，然而实在是外行”。②

而到了1973年，直接遵照郭沫若的“建议”，改版的《奴隶制时代》专门收录了《驳〈实庵字说〉》。③ 郭沫若不仅进行“校阅，在文字上作了若干订正”，而且增加了专门的“追记”，对陈独秀其人其文基本放弃了学术批评的态度，在文中增添了许多现实的政治话语和政治标签。郭沫若在《奴隶制时代》“代序”中首先就说：“四十年前托派所叫嚷的中国社会空白了奴隶制，在原始公社的废墟之上建立起封建社会的谬论，早已被吹送到九霄云外去了。”④ 这为全书定下了基本论调。在《驳〈实庵字说〉》中，郭沫若又说：

> 便是说东方的奴隶是家内奴隶，并不从事于生产事业，根本和希腊、罗马的不同，因而不能认为中国的古代有过奴隶制。或者缓和一点说，东方的古代，奴隶生产未及形成为一个制度，便递掸了。这种见解，渊源于苏联的托派，他们对

---

① 郭沫若在1941年香港孟夏书店初版《羽书集》的序言中说：“本集最后的两篇，《读〈实庵字说〉》与《驳〈说儒〉》……于我的古代研究的所得上极关重要，所以我又把它收集在这里。”在1942年《蒲剑集》序言中又说：“在里面，特别是《屈原思想》，《驳说儒》，《读实庵字说》的三篇，我是有充分的自信的，希望读者对于这三篇多翻阅一下。我相信可能对于读者有所贡献。我的关于中国古代社会的研究，要算是结晶在这儿了。”（郭沫若：《蒲剑集·序》，重庆：文学书店1942年版，第1页）

② 郭沫若：《沫若文集》（第11卷），人民文学出版社1959年版，第421页。

③ 据当时编辑萧远强先生回忆，萧先生本想将《今昔集》中的《论古代社会》一文辑入《奴隶制时代》，郭沫若专门致信说：“这是讲演的纪录，不大好。建议改用《驳〈实庵字说〉》（《沫若文集》第11卷第421—432页）。此文是驳陈独秀的。”（萧远强：《编辑出版〈郭沫若全集·历史编〉的前前后后》，《中国出版》1991年第1、2期合刊）

④ 郭沫若：《奴隶制时代》，人民出版社1973年版，第1页。

于古代中国的史料所知有限，全凭主观臆断，以为中国的封建社会是在原始公社的废墟上建立起来的。《实庵字说》的撰述也就是想从古代文字中找出些证据，以求坐实这个臆断而已。①

并增加了专门的“追记”：

这篇文章是二十五年前的旧作了。托派是否定中国古代曾经经历过奴隶社会的，他们信奉苏联托派的说法，妄说中国的封建社会是在原始公社的废墟上建立起来的。为了保存一个证据，我把这篇旧作收在这儿，但把冗赘的文字删掉了一些。区区用意，“立此存案”而已。②

郭沫若在不同时期为何会对《读〈实庵字说〉》做出这样的调整？改与不改之间，隐含着怎样的个人心迹和现实处境？

整个抗战时期，尽管世人都知陈独秀的政治主张、与中国共产党之关系等，但是，从最初写作到40年代收录至各种集子，郭沫若在《读〈实庵字说〉》中并未太多提及学术之外的政治因素。这主要缘于这一时期中共及左翼文化阵营仍在一定程度上承认陈独秀在五四新文化运动时期和中共初期的地位和作用，称其是“五四运动的总司令”和“五四运动时期的总司令”。例如，毛泽东在《如何学习中共党史》中说：“陈独秀是五四运动的总司令。现在还不是我们宣传陈独秀历史的时候，将来我们修中国历史，要讲一讲他的功劳。”③ 在党的“七大”预备会上所作的报告中，毛泽东又说：陈独秀“是有过功劳的。他是五四运动时期的总司令，整个运动实际上是他领导的，他与周围的一群人，如李大钊同志等，是起了大作用的……五四运动替中国共产党准备了干部。那个时候有《新青年》杂志，是陈独秀主编的。被这个杂志和五四运动警醒起来的人，后头有一部分进了共产党，这些人受陈独秀和他周围一群人的影响很大，可以说是由他们集合起来，这才成立了党。我说陈独秀在某几点上，好像俄国的普列汉诺夫，做了启蒙运动的工作，创造了党……关于陈独秀，将来修党史的时候，还是要讲到他。”④

中共及毛泽东的这些基调在郭沫若那里是有相当认知基础的，早在30年代初，郭沫若对陈独秀在新文化运动中的突出贡献就给予过很高且公允的评价。尽管郭沫若主要是从现代文学革命进程的角度评论陈独秀，与毛泽东的中共早期党史角度不同，但是，他们肯定陈独秀贡献的方向是一致的。在《文学革命之回顾》一文中，郭沫

① 郭沫若：《奴隶制时代》，人民出版社1973年版，第1页。

② 同上。

③ 中共中央文献研究室编：《毛泽东文集》第2卷，人民出版社1993年版，第403页。

④ 中共中央文献研究室编：《毛泽东文集》第3卷，人民出版社1996年版，第294页。

若曾这样写道：

> 文学革命的泉水过了一段长久的伏流时期，在五四运动（一九一八年）的前后才突然爆发了出来，成了一个划时期的运动。主持这个运动的机关，谁也知道是《新青年》，主持《新青年》的人谁也知道是陈独秀……对于封建社会的旧文化的抨击，梁任公章行严辈所不曾做到乃至不敢做到的，到了新青年时代才毅然决然的下了青年全体的总动员令，对于战阵全线开始了总攻击，突击，冲锋，呐喊，鏖战，随处的尖端都放出火花，随处的火花都发展成燎原的大火。①

在40年代，郭沫若还专门重提“五四”课题，认为科学和民主的问题在中国依然还是一个“悬案”，而“否认‘五四’运动的成绩，甚至于想从历史上抹去‘五四’这个纪念。这不用说完全是一种逆流”，“今天底任务中我们依然要继续‘五四’精神，加紧解决我们的悬案：接收科学并发展民主”。② 尽管郭沫若此处主要着眼于“以人民为本位”“政治民主化”“学术中国化”等时代话语，但是，他对陈独秀等先行者开启的“五四”及“五四”精神的肯定无疑是连贯一致的。而且从很大程度上讲，郭沫若三四十年代致力于马克思主义中国化的古代社会研究、坚持“以人民为本位”对先秦诸子和传统文化遗产的系统“批判”，都是继承发扬五四新文化运动精神的结果。

新中国成立后，自20世纪50年代后半期开始，思想文化领域阶级斗争扩大化情况逐渐严重。具体到陈独秀问题上，原来的“五四运动的总司令”评语已经没有了。相反，“反革命的托洛茨基分子”“叛徒”“汉奸”等字眼，占据了有关陈独秀的各种文字中。例如，1951年版的《毛泽东选集》关于陈独秀的注释完全重复了30年代王明、康生对陈独秀的诬陷：“在九·一八事变后，他们接受托洛茨基匪贼的‘不阻碍日本帝国占领中国’的指令，与日本特务机关合作，领取日寇的津贴。”③ 1955年1月，毛泽东在《关于高岗、饶漱石反党联盟问题的报告》中特别加上了一段话：“我们党内曾经出现过陈独秀、张国焘等著名的大叛徒，他们都是阶级敌人在我们党内的代理人。我们曾经进行严肃的斗争驱逐了这些叛徒。”④ 1957年11月18日，毛

① 麦克昂：《文学革命之回顾》，《文艺讲座》第一册，神州国光社1930年版，第78页。

② 郭沫若：《“五四”课题的重提》，《天下文萃》1946年5月第1卷第5期。

③ 抗战全面爆发后，王明、康生此前在巴黎《救国时报》上制造的“托派即汉奸”的舆论开始在国内起作用。回国后，他们继续诬指“陈独秀是每月拿三百元津贴的日本间谍”。1938年1月28日，他们在《解放周刊》第29、30期上发表《铲除日寇侦探民族公敌的托洛茨基匪徒》长文，污蔑陈独秀是日本汉奸。3月，《新华日报》、《群众》等都刊文指责陈独秀是“托匪汉奸”。此论使陈独秀声誉受到更为严重的玷污和扭曲。直到1984年，有关文件中才事实上否认了陈独秀“汉奸”论，承认王明、康生当年的诬陷“非事实”。（《中共中央宣传部关于严肃注意防止发生不妥当地宣传陈独秀问题的通知》，《党史通讯》1984年第5期）

④ 中央文献出版社编：《建国以来毛泽东文稿》（第五册），中央文献出版社1991年版，第43—44页。

泽东在谈到如何纠正一些党内同志的错误时，又涉及了对陈独秀的评价，他说：对待犯思想错误的人，跟对敌对分子和破坏分子不同，要采取“团结的态度”和“辩证的方法”，而“对待另一种人就不同了。像托洛茨基那种人，像中国的陈独秀、张国焘、高岗那种人，对他们无法采取帮助态度，因为他们无可救药。还有像希特勒、蒋介石、沙皇，也是无可救药，只能打倒，因为他们对于我们说来，是绝对地互相排斥的。”①

“文革”开始后，陈独秀的问题与现实政治斗争紧密牵连在一起。一是在批判打倒刘少奇的过程中，刘少奇被称为是“追随陈独秀”的党内机会主义错误路线的又一贯彻执行者。例如，在学习《毛主席的五篇哲学著作》时，人们说：“在革命紧急时刻，陈独秀及其追随者叛徒、内奸、工贼刘少奇竟然命令武汉工人纠察队将武装交给国民党……”② 在《刘少奇反革命修正主义言论汇编》中，编者指出：“革命的根本问题是政权问题。在敢不敢夺取政权以及如何夺取政权的问题上，党内长期存在着两条路线的斗争。一条是以毛主席为代表的无产阶级革命路线，一条是以陈独秀、王明等为代表的右倾或‘左’倾机会主义路线。刘少奇从来就没有站在毛主席的正确路线一边，而是顽固地贯彻执行着一条不折不扣的机会主义路线。在第一次国内革命战争时期，他追随陈独秀……”③ 二是在“批林批孔”和“评法批儒”运动中，由于陈独秀当年在狱中还写有《孔子与中国》等文，而被当做“尊孔派”进行批判。《孔子与中国》一文里有“对孔子重新评定价值”等“尊孔”言论，以及法家“本是儒家的支流”，儒家“创始者是孔子，实行者是韩非、李斯”等抹煞儒法对立的论调，因此，该文连同《实庵字说》《实庵自传》等一起被编进了当时各种“历史资料”“批判材料”，供全国批判之用。

具体到《实庵字说》一文，人们直接将其与“叛徒”“汉奸”“反革命”等同起来，归为否认中国历史上存在奴隶社会的“刘少奇一类的反动谬论”，④ 打上了各种政治标签和术语。人们说：“叛徒陈独秀认为中国没有奴隶社会，这就否认了铁铮铮的历史，否定了不以人们意志为转移的人类历史发展的客观规律性，这样就从根本上否认了马克思列宁主义的普遍真理，并以此来否认无产阶级领导下的民主主义革命彻底胜利的必然性”；“叛徒陈独秀鼓吹中国没有过奴隶社会，这也是他卖身投靠日本帝国主义的见面礼……叛徒陈独秀及一些假马克思主义者竭力鼓吹中国古代没有存在过奴隶社会，正是为日本帝国主义侵略中国效劳。”⑤

① 中央文献出版社编：《建国以来毛泽东文稿》（第六册），中央文献出版社 1991 年版，第 640—641 页。

② 《毛主席的五篇哲学著作中的历史事件和历史人物简介》，人民出版社 1972 年版，第 107 页。

③ 中国科学院革命历史研究所、近代革命史研究所编：《刘少奇反革命修正主义言论汇编》，1967 年，第 24 页。

④ 北京师范大学历史系等：《关于中国古代史反动谬论摘编》，1973 年 6 月，第 3 页。

⑤ 葛明元：《否认中国有奴隶社会就是否认马克思主义普遍真理》，《文汇报》1971 年 7 月 17 日。

显然，此时的陈独秀被划到了要彻底“打倒”的“敌对分子”一营。在这样紧迫的政治气候下，郭沫若对《读〈实庵字说〉》的修改就很自然了。而后来叙述者往往忽视了此文的增删修改情况，没有体察到期间郭沫若学术心迹和外在政治语境的变化，存在着明显的简单化和“学术史叙事的革命史化”倾向。例如，称社会史论战是“马克思主义与反马克思主义，革命与反革命营垒之间的思想政治斗争”,①“揭露了反动知识分子的本来面目，扩大了马克思列宁主义的影响”。② 论战后，“有些托派投靠了蒋介石和日本帝国主义成为他们的特务、走狗，反革命的派别活动转变为公开的阶级斗争”。③ 其中，陈独秀的《实庵字说》是“以研究古文字为名”的“反动史学”，而郭沫若的批判使“中国社会空白了奴隶制的谬论终于偃旗息鼓了”④，“揭穿了陈独秀谬论的理论渊源和实质……这既是对托陈取消派的深刻揭露，也是对一切否定中国存在奴隶社会历史阶段的谬论的有力回击”。⑤

当然，随着中国学术研究的日益多元，学术视野打破了“革命”笼罩的局限，原有许多认识开始得到了摒弃或纠正，学术研究以力图还原研究对象丰富立体的历史面相为依归。具体到郭陈二人围绕《实庵字说》的这场学术论争而言，特别是随着学术界近年来“恢复陈独秀的历史本来面目和应有的历史地位”⑥ 等工作的持续推进，长期以来针对这场论争的单向度“革命史化”解读自然需要打破，论争的本来面貌需要厘清和还原，并给予持中公允的评价。本文上述所论正是基于此而做的粗浅尝试。

（原载《新文学史料》2016 年第 3 期）

① 侯外庐：《我对中国社会史的研究》，《历史研究》1984 年第 3 期。

② 中国社会科学院历史研究所：《永远激励我们前进的榜样》，《人民日报》1978 年 6 月 27 日。

③ 陈光前：《中国马克思主义史学发展史上的一场争论》，《东北师大学报》（哲学社会科学版）1983 年第 4 期。

④ 卜庆华：《郭沫若评传》，湖南人民出版社 1980 年版，第 105 页。

⑤ 王进：《郭沫若与现代中国哲学论争》，贵州人民出版社 2006 年版，第 127 页。

⑥ 唐宝林：《陈独秀全传》，社会科学文献出版社 2013 年版，“代序”第 16 页。

郭沫若与吴芳吉交往史迹补述

王　峰

《新文学史料》2014 年第 3 期刊出了蔡震先生的《郭沫若与吴芳吉：一首佚诗，几则史料》一文，对郭沫若与“白屋诗人”吴芳吉（1896—1932）的诗歌交往详加考辨，呈现了郭沫若早年文学活动鲜为人知的一段史实，对于进一步探掘郭沫若人际交往方面的史迹具有重要的史料价值。近年来，关于吴芳吉的研究渐次展开，笔者在编撰《吴芳吉年谱》的过程中又陆续发现了一些郭沫若与吴芳吉交往的史料，聊作补述，以廓清郭、吴二人交往中仍显模糊的某些细节问题。

一　郭沫若与吴芳吉如何订交

郭、吴二人交往的史料，多数保存在吴芳吉的日记、书信之中，二人何时相识、如何订交，现在仍是一桩迷案。由于缺乏明确的文献记载和清晰的历史线索，我们只能根据吴芳吉生平史料中的某些蛛丝马迹试作梳理和推断。

其一，郭沫若与吴芳吉先后在嘉定府官立中学堂求学或任教。1907 年，嘉定府官立中学堂正式成立，这是乐山近代以来第一所新式学堂，而郭沫若正是这所学堂的第一届学生，后因参与罢课被学校除名，于 1910 年转往成都求学。1914 年年初，同样因为参与罢课而被清华学堂斥退的吴芳吉来到嘉定中学担任英文教员。资历尚浅的吴芳吉能来此任教，乃是由于该校校长兼恩师萧湘的推荐和邀请。不过，吴芳吉在嘉定中学任教的时间并不长，于 1914 年年底即辞职归家。郭沫若、吴芳吉在嘉定中学的时间虽然一前一后，但相隔不远，这就为二人以后的交往提供了某种机缘和铺垫。

其二，郭沫若与吴芳吉的朋友圈有所交集。离开故乡的郭沫若转入四川官立高等分设中学堂（1912 年与成都府中学堂合并），分在丙班，与其同班的有曾琦、蒙文通、李劼人等后来的政治、文化名人。其中，曾琦是介绍郭沫若、吴芳吉相识的关键人物，蒙文通、李劼人则是吴芳吉在成都大学任教时的同事。曾琦（1892—1951）原名昭琮，字慕韩，四川隆昌人，是少年中国学会、中国青年党的发起人之一。在成都府中时，郭沫若与曾琦虽是同班同学，但关系并不亲密，直到同在日本留学接触渐多，两人才真正熟络起来，他们曾在房州一起泡海水浴即是明证。在《少年时代》

和《学生时代》中，郭沫若多次提及曾琦，在给宗白华的信中，郭沫若以得遇知己的语气说："《寻死》一首，除曾慕韩兄外，没有第三个人看过。慕韩兄他知道我。"[①] 曾琦是郭沫若交往时间最长的中学时代的同学，留日期间是他们交往的蜜月期，两人的关系较为密切。留日期间，曾琦与吴芳吉也展开了通信。查吴芳吉 1918 年 11 月 19 日日记，吴芳吉此日致信曾琦，内云："中国灭亡之祸，今已过去。中国若亡，当于十年前亡之。今中国少年醒矣，中国可亡，中国少年未可亡也。"[②] 并嘱曾琦联络全国有志少年，以作为他日共赴国难的储备。在同一封信中，吴芳吉还向曾琦介绍了在武汉经商的友人吕谷凡。在后续的交往中，曾琦向吴芳吉寄赠过自著的《国体与少年》一书。1927 年 3 月，在京友人刘泗英为吴芳吉返乡设宴饯行，曾琦也在同席之列。由此可知，吴芳吉与曾琦的交往一直延续了多年。曾琦与吴芳吉通信、交往，缘于同在日本留学的刘泗英的居间介绍。刘泗英（1896—1995），别号怀园，四川南川人，早年从事新闻、实业，抗战胜利后出任中国青年党中央党务委员及秘书长。作为中国青年党的创党元老，刘泗英与曾琦可谓志同道合，他们都信奉"国家主义"学说，共同组织过"华瀛通讯社"和"救国团"等团体，从事实际的政治活动。[③] 刘泗英与吴芳吉的关系也非同寻常，他们同为"天人学会"会员，而且刘泗英还是吴芳吉清华好友童季龄的姑表兄弟。根据上述材料，我们可以初步梳理出郭沫若、吴芳吉交往的基本线索：吴芳吉——刘泗英——曾琦——郭沫若。据吴芳吉日记所载，我们可以推测，至迟到 1920 年 6 月，曾琦已向吴芳吉介绍了郭沫若。

郭沫若和吴芳吉的相识具备了众多的机缘，二人年龄相仿，兼为同乡，人生经历不无相似之处（参与罢课被开除），加之都爱诗、写诗，只要有相熟的友人从中介绍，二人相识、相交可谓水到渠成。

二 郭沫若与吴芳吉交往的其他细节

蔡震先生的文章以郭沫若致陈建雷的两封信函为切入点，对郭沫若、吴芳吉二人的诗学理念做了细致而全面的对比和剖析。结合蔡震先生提供的思路，本文对郭、吴、陈三人交往的背景作一简要说明。陈建雷是宁波《新佛教》的杂志编辑，向吴芳吉主持的《新群》杂志诗歌版投过稿，二人从此开始书信往来。陈建雷曾留学日本，对佛学颇有研究，写过《佛教美术概论》《佛教之女性观》《俱舍论纲要》《大小乘佛教的人生观》等佛学研究论文。陈建雷本人更为看重的另一重身份则是诗人或新文艺的参与者，五四时期先后在《新青年》《小说月报》《新的小说》《新佛教》

---

① 陈俐：《郭沫若与少年中国学会同乡同学关系考》，《新文学史料》2007 年第 4 期，第 176—182 页。

② 吴芳吉著，贺远明等选编：《吴芳吉集》，巴蜀书社 1994 年版，第 1273 页。

③ 陈正茂：《曾琦与民国政治》，见"中央研究院"近代史研究所编《近代中国历史人物论文集》，1993 年版，第 68 页。

《少年社会》等刊物上发表了不少白话新诗和译诗。吴芳吉深为赞扬陈建雷的代表诗作《爱情》，并在信中抄示给郭沫若。郭沫若在致陈建雷的信中以知音的口吻称赞了陈氏的《爱情》《人生》二诗，并认为陈氏所译的JohnFalswarthy的《生?》一诗与自己所译的《浮士德》某诗的主旨“颇能同调”。如蔡震先生所言，郭沫若和吴芳吉、陈建雷已经形成了一个以诗歌创作、诗论交流为中心的诗友圈，并与郭沫若、田汉、宗白华以讨论文学、艺术、哲学、爱情为主题的朋友圈并行不悖。①

这个独特的诗友圈之所以能够形成，最重要的因素在于三人关于新诗的理念大体趋于一致，亦即都对当时已成主流之势的胡适体“新诗”不满。郭沫若在致陈建雷的第二封信中明确地表示反对“陈腔陈调的假新诗”“对于新诗，近来很起了一种反抗的意趣”。② 吴芳吉、陈建雷也有类似的看法。吴、陈二人同为“新人社”的成员和《新人》月刊的重要供稿人，而“新人社”和《新人》月刊的宗旨就是批评和质疑当时的“新文化运动”，以建立真正的、符合其理想的新文化、新社会。陈建雷自述加入“新人社”的动机：“我赞美《新人》的地方，是肯骂新派”，并表示“立志想专做攻击假新人的文章”。③ 吴芳吉也认为“新文化运动”存在偏差，新诗创作沦于“新旧”“文白”的无谓争辩：“我对文学最不主张新旧，及文言白话之分。要讲文学，首当认识文学之本体。我想能够将文学本体认识得清楚，自知文学只有一起文学。所谓新旧，不过客观之批评。所谓文言白话，不过工具上之同异，而毫无关于文学之自身也。”④ 吴芳吉主动将陈建雷介绍给郭沫若，正是同声相求、桴鼓相应的表现，也反映了远在日本的郭沫若与当时的主流诗坛存在某种疏离的关系。

吴芳吉除了向郭沫若推荐陈建雷外，还向郭沫若介绍了自己的两位密友邓均吾、吴宓。1913年左右，邓均吾在重庆读书时，结识了吴芳吉，并对诗歌产生了强烈的兴趣。邓均吾（1898—1969）又名邓成均，笔名默声、微中等，四川古蔺人，其文学成就主要在诗歌创作上。邓均吾擅长写作小诗，风格清新流丽，与稍后的冰心、宗白华的风格异曲同工，各领风骚。邓成均深受吴芳吉的影响，在诗歌创作、职业选择方面都曾接受吴芳吉的指导与帮助，是吴芳吉在川内关系最为亲密的朋友之一。1921年2月，在湖南长沙明德中学任教的吴芳吉推荐邓成均前往上海勤业女校教授英语，并介绍郭沫若与之相识。邓均吾后来参与“创造社”的活动，成为《创造季刊》的四大编辑之一，都与吴芳吉的推荐密不可分。关于这一段史实，郭沫若在《创造十年》中回忆道：“在编辑所里面有一位四川人邓均吾，这要算是我在马霍路上遇着的一粒砂金。他很年青，在当时怕只有二十三四岁的光景。他的态度极其冷静，就像是一个冷静的结晶体一样。他没有喜怒哀乐表现出来，但一眼看来便知道他不是呆子，

① 蔡震：《郭沫若与吴芳吉：一首佚诗，几则史料》，《新文学史料》2014年第3期。

② 黄淳浩编：《郭沫若书信集》（上），中国社会科学出版社1992年版，第176页。

③ 陈建雷：《致王无为》，《新人》，1992年6月，第1卷第3期。

④ 吴芳吉著，傅宏星编校：《吴芳吉全集》，华东师范大学出版社2014年版，第750—751页。

也决不是胸有城府的人。他本是吴芳吉的推荐出来任上海某女学的英文教员的，在他未到上海之前，暂时由那八蛋先生替他代理着。但等他到了上海，那代庖的先生才霸占了别人的位置不肯退还。他乐得也就像我一样，滞在编辑所里当了几个月的食客。”邓均吾去上海之前，先护送吴芳吉的家眷跋涉千里从四川江津至湖南长沙，吴芳吉对此铭感不已，不仅陪他游览湘中胜景，还为他谋荐工作，报恩之意非常明显。吴芳吉将初出四川的邓均吾介绍给郭沫若，隐然有期望郭沫若照料之意，可以看出吴芳吉对郭沫若的推重与信赖，也从侧面印证了郭、吴二人的诗友之交具有较为深厚的感情基础，并非泛泛的、客气的文字之交。

1921 年 8 月，从哈佛大学毕业的吴宓自美国返抵上海，在沪期间，与邓成均、郭沫若一见。作为文化保守主义的代表人物，吴宓能与从事新文学的郭沫若会面十分难得，若无吴芳吉从中牵线，这次会面是不可能的。吴芳吉视吴宓为兄长、视邓成均为小友，他将生命中两个重要的友人介绍给郭沫若，足以证明郭沫若在吴芳吉心目中的分量。

吴芳吉和郭沫若的诗友交谊原本是十分默契的，他们的诗学观以及对旧体诗的态度基本接近，可谓“心有灵犀一点通”，但二人的关系最终却走向了疏远和终结。1921 年 12 月，吴芳吉致信另一位密友邓绍勤，表示对邓绍勤所著的诗稿大为失望，指其“不由正道、叫嚣褴楼、偏激堕落”“思想感情为人所潜移，亦且效法其口吻矣”，认为诗风遽变如此乃是“受同乡某君诗集之影响甚深”。“同乡某君诗集”显然指的是郭沫若于 1921 年 8 月出版的诗集《女神》。在这封信里，吴芳吉已将郭沫若视为趋时、投机的新文学“风头人物”，并认为郭沫若的诗歌经不起文学史的检验：“所谓潮流，所谓时代，皆属欺骗目光若豆而脚跟不稳之人。以言文学，凡文学之价值是非，必经久而后可定。而当代之评论，或以迁于感情，或则别有作用。其所评论，殊不足计。譬之打铁，愈打则渣滓愈消，而精钢之有无，始可发见无遗。一家文学之成立与否，亦必经后人累世累年，用打铁之法窥透之。苟无精钢，则一打便散，尽为渣滓；苟有精钢，则光彩焕发，因锻炼而益纯固。是以文学之价值是非，当代最不可靠，惟后世断之至公。其为时或数百年，乃可论定。”为此，他劝告邓绍勤“此后宜按摄心神，以专心读古人书，勿再随波逐流、盲从附和”，“立自悔悟，抛去一切平民文学、贵族文学、白话文学、文言文学种种浅见滥言，而一返于昔日和平中正之思想，与优美高尚之格调，方为有当。”① 可见，吴芳吉对郭沫若的态度前后判若两人，至此，二人的诗友交谊也告终结。吴芳吉对郭沫若态度的转变，还表现在他对“创造社”的看法上，他对其子阅读“创造社”的书籍大为不悦，力戒其勿读：“创造社中，多人父皆相识或知之。彼等因受社会刺激甚深，多属病态，浪漫疯狂，好为过激之论。吾儿乃纯洁健全之身，不沾今世一点污垢，岂可代人害病以自害乎？此不

① 吴芳吉著，贺远明等选编：《吴芳吉集》，巴蜀书社 1994 年版，第 668—670 页。

独创造社诸人为然，他家所出书报，十之八九皆属疯人梦话，万不可听，听之则受害不浅。”[1] 可以说，吴芳吉对郭沫若与“创造社”成员的作品到了唯恐避之不及的地步，郭沫若的形象在吴芳吉的文学评价体系中跌到了最低点。

君子绝交不出恶声。吴芳吉以儒者自命，并未公开批评过郭沫若，“道不同不足与谋”，二人交往逐渐冷淡下来直至分道扬镳。郭沫若、吴芳吉这一对诗友的情谊从鸿雁往来、酬唱互勉到戛然而止、无疾而终，其间的缘由何在？本文试从吴芳吉对新文化运动的态度、以及吴芳吉与吴宓的关系等两方面进行解释。起初，吴芳吉对新文化运动是积极参加的，“认为要打破此恶劣之社会，不能不向它表示同情，因为除此以外，没有办法的。”[2] 为此，他充满热情地参与新诗创作，以《婉容词》一诗名噪一时，独创了融白话、文言为一体的“白屋诗体”。作为吴芳吉的精神导师和长期的资助人，吴宓认为吴芳吉创作《婉容词》等接近白话的新诗是“趋附‘新文学’”“狂骚之情、郁激之感，颇与卢梭等相类”，二人一度横生龃龉，音书渐稀。1920 年 8 月，吴芳吉前往长沙明德学校任教，远离了作为新文化运动中心的上海，重回以吴宓为中心的文化保守主义者的阵营，对新诗更深入的探索和试验也随之停滞。此后，吴芳吉接受了吴宓的新人文主义思想，一直秉持儒家诗学的立场，反对背离传统、极度抒发感情的浪漫主义，“渐知温柔敦厚之所以立教”，并反思在上海所习染的“刻薄暴戾之气”。[3] 与此同时，郭沫若则在新文学创作上完成了巨大的飞跃，出版了新诗发展史上具有里程碑意义的诗集《女神》，而这些诗作所表现出的狂暴的激情、张扬的个性、冲决一切的感情宣泄正是吴宓、吴芳吉所不能接受的类似卢梭的“狂骚”之情。郭、吴的交往由默契走向疏远，从某种程度上反映了新旧文学的对垒和矛盾，也是彼此诗学理念和文学观念不断歧异和分化的自然结果。

三 吴芳吉的身后事

论成名时间，吴芳吉早于郭沫若。当 1919 年吴芳吉以白屋诗体名满诗坛时，郭沫若尚处在文学的酝酿阶段。郭沫若在文坛崛起之后，吴芳吉虽主动与其疏远，但郭沫若对早逝的吴芳吉却始终萦怀于心。

抗战时期，吴芳吉的诗篇重新受到重视和评价，写于“九一八事变”之后的《巴人歌》等诗作被视为抗日救亡的先声。1942 年 4 月，为纪念吴芳吉逝世十周年，由吴芳吉的亲炙弟子周光午发起，北碚北温泉图书馆举办“碧柳遗著及手稿展览会”。郭沫若应邀参观之后，当场挥笔题诗，写下《题吴碧柳手稿》一诗：“廿年前

① 吴芳吉著，贺远明等选编：《吴芳吉集》，巴蜀书社 1994 年版，第 987 页。
② 同上书，第 1324 页。
③ 同上书，第 668 页。

眼泪，今日尚新鲜。明月楼何在，婉容词有笺。怆然抚手泽，凄绝动心弦。赖有侯芭在，玄文次第传。”诗后注：“民纪卅一年四月廿三日在北泉遇光午兄出示碧柳先生此节日记，阅后不禁怃然，即成此律。”① 诗中最后两句“赖有侯芭在，玄文次第传”是应景之语，借侯芭、扬雄的典故称赞了周光午整理出版乃师著作的热诚与高义，也表达了希望吴芳吉作品继续留存于世的愿望。诗中所言“明月楼”是指吴芳吉 1919 年发表于上海《新群》杂志第一卷第二号上的《明月楼述》一诗，“婉容词有笺”则是指周光午所编著的《吴芳吉婉容词笺证》一书，1940 年由独立出版社（重庆）出版。郭沫若题诗中所流露出的感伤与怀旧的情绪（“怆然”“凄绝”），既有对故人早逝的“人琴俱亡”的悲感，也寄寓了二十年来所经历的沧桑之感。“廿年前眼泪，今日尚新鲜”道出了郭沫若阅读吴芳吉《婉容词》的心情，也有借他人酒杯浇自己块垒之意。众所周知，郭沫若的感情与婚姻生活颇为曲折复杂，其中多有不足为外人道者。郭沫若对吴芳吉的《婉容词》念兹在兹，铭记心底，固然因为这首诗具有艺术感染力，更在于它的内容表现了弃妇的悲哀与绝望。《婉容词》描写了“某生”到欧美留洋，结识新欢，抛弃苦等其归来的发妻婉容，绝望之下，婉容凄然投江自尽。《婉容词》反思了婚姻自由风气之下旧式女性的悲剧命运，因触到时代的痛处，又加上悲怨凄切、荡气回肠的韵律之美，一时洛阳纸贵，人人争读。郭沫若初读此诗时即为之泪下沾襟，二十年后，当经历了重重感情纠葛之后再读此诗，那些他所辜负或与之仳离的女性似乎幻化为婉容的形象，与吴芳吉的文本交叠在一起，诉说着不尽的幽怨与无望的等待。因此，郭沫若所言“廿年前眼泪，今日尚新鲜”远不止为婉容伤感，而是暗藏了自己的忏情和伤痕。明了了郭沫若隐藏心中的情结，我们不难考证出周光午向郭沫若所出示的吴芳吉日记的内容。1920 年 6 月 14 日，身在上海的吴芳吉，接到郭沫若发自日本福冈的论诗一函，当日日记中记载了郭沫若的盛赞之语：“《笼山曲》、《明月楼》诸诗为有力之作，而《吴淞访古》一律最雄浑可爱。《婉容词》一首，使之另受一番感伤，寻出一种 sentimental 之眼泪。”② 亡友已逝，日记犹存，手抚友人遗泽，忆及生前交情，感慨别来沧桑，郭沫若自然“阅后不禁怃然”。

1949 年后，吴芳吉被目为学衡派诗人，其作品也因半新半旧、不符合时代主旋律而少有人问津。掌握吴芳吉遗作最多的吴宓一直为吴芳吉的作品难再问世而忧心忡忡，有意请已成为重庆文化战线领导人的邓均吾出面解决吴芳吉诗作的出版问题。1959 年 2 月 12 日，吴宓拜访邓均吾时谈及吴芳吉，吴宓当日日记有载：“多谈碧柳之为人与其诗，宓自言对碧柳有不良之影响，即使碧柳以感宓私人恩谊之故，倾倒于宓之封建、顽固、保守思想，而未能自由发展，类郭沫若之道路，成为毛主席时代、

---

① 龚明德：《郭沫若〈题吴碧柳手稿〉墨迹》，《郭沫若学刊》2012 年第 4 期。

② 吴芳吉著，贺远明等选编：《吴芳吉集》，巴蜀书社 1994 年版，第 1355 页。

社会主义中国之一主要文人、诗人，此宓殊愧负碧柳者也，云云。”① 吴宓担忧自身的政治问题会影响吴芳吉诗歌的刊布与流传，在一周后的2月19日又写道：“宓颇有意直接函上郭公或由邓均吾代达，承认宓对碧柳思想、著作不幸之影响，由今之观点，碧柳因宓遂未循郭公之途径，是以谓之不幸。而恳求郭公或邓君代作文，批判地表彰碧柳，使得列于民族诗人及人民作者之林，俾其诗文集今后能得印行，毋使宓累及碧柳，而伤害碧柳后世之名，如世人之传谓罗振玉先生害及王静安先生也。”② 在吴宓的笔下，位高名显的郭沫若再次与吴芳吉的身后事联系在一起，弥漫其中的是吴宓对吴芳吉时运不济的感叹和对郭沫若恰逢其时的歆羡。然而，吴宓此时还不知道郭沫若式的文学坐标也即将在更大的时代风暴中失去意义，无论是郭沫若追求“个性解放”的呐喊之音还是吴芳吉向往的“温柔敦厚”的传统诗风都将在翻天覆地的历史剧变和波谲云诡的时代风云面前黯然失色。

（原载《新文学史料》2016年第4期）

① 吴宓著，吴学昭整理：《吴宓日记》（第4册1959—1960），生活·读书·新知三联书店1998年版，第36页。

② 同上。

吴宓日记中的郭沫若形象

肖太云　兰友珍

吴宓与郭沫若，是两种类型的人物。常人眼中，两人看似风马牛不相及。郭沫若是新文学、新文化的支持者，是时代的弄潮儿，是狂飙突进的一个人，是知识分子，也是政治活动家。吴宓是传统型文人，在文化和文学上持保守的态度，不喜政治，不愿意参加任何政治活动。终其一生，两人并无实际往来。可有意味的是，无直接交往并不代表两人无“交集”。无论是民国时期还是人民共和国时期，郭沫若的文学影响力及其在文艺、政治领域的辐射力，有时是吴宓回避不了的。特别是在1949年后的特殊时空境遇中，吴宓与郭沫若的“距离”愈远，两人的“交集”反而越多。吴宓日记中都留下了相关记载。那么，吴宓的日记记载了与郭沫若的哪些“交集”？呈现了一个怎样的郭沫若形象？吴宓对郭沫若的印象到底如何呢？

一　民国时期的“郭沫若”

民国前期，两人分属不同的文学阵营。吴宓曾将郭沫若的创造社视为对手，但彼此之间并无直接对辩及论争①。进入抗战时期后，吴宓专注于大学校园，而郭沫若则用力于救亡图存、争取民权等各种政治、社会事务。两人的“活法”不同，交叉点很少。《吴宓日记》（1910—1948）仅发现3条与郭沫若相关的记载：

> 1940年1月15日：孙君为一壮勇而精细之少年，曾从郭沫若等助办政治宣传部事，身历晋鄂桂各战场，又曾至陕北，述其中情形甚详。又论及郁达夫与王映霞二人伉俪间本质之矛盾。②
>
> 1944年5月11日：行见流寇将起，而郭沫若著论乃盛赞李自成之“农民运

---

① 吴宓曾说过，与《学衡》杂志敌对者有三派，为：（一）上海“文学研究会”之茅盾一派。（二）上海《民国日报》副刊《学灯》之编辑邵力子一派。至于（三）上海“创造社”郭沫若一派，“则在1923年始兴起，故与《学衡》杂志并无直接对辩及论争。”见吴宓著，吴学昭整理：《吴宓自编年谱》（1894—1925），生活·读书·新知三联书店1995年版，第235页。

② 吴宓著，吴学昭整理：《吴宓日记》第1—10册（生活·读书·新知三联书店1998、1999年版）载作者1910—1948年日记，凡予引用（包括注释中的引用），随文随注标明年月日，以备查核。为免繁琐，不另注。

动”。……呜呼，吾侪真不知死所。今日所得温饱安居，便是多享福分矣！

1948年9月12日：3—5乘汽车至中山大道（大智路口路北，对北平路）继诚烟号楼上新宅访曾昭正、章子仲夫妇。……述川大情形。似麐由本性兀傲，不甚热心邀宓至川大任教。而钺且甚赞许白话及新文学，且佩郭沫若云！

第1条日记是吴宓与人闲聊时偶然提及郭沫若，无足轻重。第2条日记是吴宓对郭沫若在“流寇将起”的时势中竟然撰文“盛赞李自成”的不解与不满。体现的是两人观察社会问题时，立场与观点的巨大差异。第3条仍是与人谈话时的顺带涉及郭沫若，且是第三人眼中的郭沫若印象。但间接透露的是吴宓对白话及新文学的不赞许、对郭沫若的不以为然。3条记载确实偏少，但基本可以看出吴宓对郭沫若的不理解或生疏，留下的是一个有隔阂的郭沫若印象。

二　共和国时期的“郭沫若”

1949年后，吴宓仍是大学教授，只不过避居西南，变为“教育工作者”，且是一个有待改造的旧知识分子①。而郭沫若成为党和国家的重要领导人，在文学、艺术、教育、文化、思想领域举足轻重，是意识形态领域的标杆和旗手。在人民共和国语境下，吴宓必然遭遇郭沫若。

据笔者的统计，从1954年到1973年，吴宓日记留下了总共38条有关郭沫若的记录（后文会逐一提到）。不仅时间跨度大，而且牵涉范围广泛，信息量丰富：从郭沫若的文学作品到学术论著，从有关郭沫若的生活琐事到政治、文化生活中的大事，从旁人对郭沫若的提及，到吴宓本人与郭沫若的直接“碰撞”。吴宓对郭沫若的关注、“阅读”和记录，为我们呈现了一个人民共和国时期的“多方”郭沫若形象。

（一）诗人郭沫若

1949年后，吴宓对鲁迅的小说和杂文有较多的被动阅读，对茅盾的小说有较多的主动阅读②。郭沫若也是新文学大家，但吴宓对郭沫若的诗歌、小说、戏剧的阅读少之又少。遍查《吴宓日记续编》，只找到1条关于诗歌的阅读记录。

1964年4月17日，吴宓至西南师范学院（以下简称西师）中文系资料室求书“不得”，“乃至文科图书馆，以宓读书笔记付慰读，而宓读郭沫若《东风集》（一九

① 1949—1977年，吴宓在位于重庆的西南师范学院任教28年，期间受到无穷尽的思想改造。

② 参阅拙作《〈吴宓日记续编〉中的“鲁迅”》，《鲁迅研究月刊》2015年第7期；《〈吴宓日记续编〉中的“茅盾”》，《文艺争鸣》2014年第10期。

五九冬，至一九六四岁初之诗）完。”[①] 吴宓是在“求书”而“不得”的情况下，乃读郭沫若的《东风集》。虽然读“完”，却无任何评价。这究竟为何呢？

郭沫若没有鲁迅那样的在文学上的绝对影响力和统治力，在1949年后也没有被摆上像鲁迅那么高的地位，不存在“被阅读”的状况，一也。郭沫若在民国时期与吴宓无直接“恩怨”，对吴宓来说，郭沫若的作品不存在像鲁迅作品那样，必须先去了解以之为自身辩护的出发点。因此，吴宓无主动阅读的动力，二也。郭沫若的作品，无论是诗歌、小说还是戏剧、散文，都缺少像茅盾作品那样对吴宓的艺术吸引力，三也。

郭沫若首先是诗人，以诗成名，诗歌数量在其创作总数中所占比重最大。吴宓也是诗人，出版有《吴宓诗集》，及《余生随笔》《空轩诗话》等与诗歌有关的论著。诗人本应有心有灵犀的一面，或惺惺相惜之感。可惜两人分属新诗和旧诗两个不同阵营。吴宓对新诗素抱有成见。虽然自1930年代以来，他对新诗的看法已在调整，对白话诗也不是一味反对。进入1949年后，也是一再强调“我反对的是不像诗的白话诗”[②]（包含化解别人误解、免遭批判的动机在内）。但他即使接近新诗，更愿意接近的是徐志摩式的讲究格律和音乐美的新诗，而不是郭沫若式的天马行空、自由驰骋、不受格律和音韵限制的新诗。

吴宓对郭沫若的白话诗兴趣了了，有意选择“不见”或“轻视”，实际上透露出的是他对郭沫若式白话新诗的反对，即使在1949年后较严苛的文学环境中，仍“不改初衷”。

与不愿阅读郭沫若的诗歌相对照，吴宓倒是乐意读郭沫若的诗歌译著。1955年12月8日，在西师校内的新华书店“翻阅”郭沫若译《浮士德》一、二部。感慨：“盖于百忙中辛苦译成（1943）者，可佩。”《浮士德》是吴宓的“最爱”之一。1949年之后曾反复阅读，日记中俱有记载。吴宓对郭译《浮士德》的感佩，一是对郭沫若在抗战洪流的百忙之中（时任文工委主任）传播国外优秀文化的钦佩，二是因对《浮士德》作品本身的热爱使然。浮士德博士的命运悲剧更是引起吴宓的强烈共鸣。作为一个民国“遗民”，吴宓在人民共和国时期极端不适应，心情极度悒郁。《浮士德》成为他重要的“精神食粮”，带给他阅读的快乐和心灵的慰藉。

再如1959年11月16日，重庆古旧书店来西师售书。吴宓不是系领导，属于“靠边站”的“过时”之人，但出于热心与喜爱，主动“代学院图书馆购《沫若译

① 吴宓著，吴学昭整理：《吴宓日记续编》第1—10册（生活·读书·新知三联书店2006年版）载作者1949—1974年日记，凡予引用（包括注释中的引用），随文随注标明年月日，以备查核。为免繁琐，不另注。

② 大概是1956年，吴宓曾向自己的联大学生暨同事刘兆吉坦承心迹：“我反对的是不像诗的白话诗，同样没有诗味的旧体律诗我也不喜欢。用白话写诗，也算不了新发明。”见刘兆吉《与吴宓先生在一起——自学生到同事二十年回忆录》，王泉根主编：《多维视野中的吴宓》，重庆出版社2001年版，第89页。吴宓1957年11月5日的日记也记载，他的学生江家骏曾写了《悼邹兰芳同学》新诗一篇呈给吴宓，吴宓的反应是“粘存”。笔者曾于2014年12月19日采访了当事人江家骏先生，他也回忆：他呈示此诗后，吴宓是认可、高兴的。

诗集》一册”。此番举动，一方面显示出吴宓对郭沫若译诗艺术的认可。另一方面也显示了吴宓对大学之“道”中的西方文化元素的重视，透露出在全面“倒向苏联”“学习苏联”的文化氛围中，他对1949年后中国文化建构的一点“心思”。

郭沫若钟爱诗人海涅，专门翻译了《海涅评传》一书。吴宓也推崇海涅，认同他企羡的“人生导师”——英国维多利亚时期著名诗人、批评家和教育家马修·安诺德的观点，认为海涅是歌德最光辉的继承人，是反对市侩哲学、倡导文明、鼓吹解放人类的战士。因此，郭沫若译《海涅评传》也成为他的读物。如1958年9月13日，“归读”郭沫若译《海涅评传》。9月14日，又一口气“读完”《海涅评传》。

（二）学者郭沫若

吴宓对郭沫若的诗人身份不感兴趣，对作为诗歌翻译者的郭沫若却颇感兴趣和亲近。同样，他对郭沫若的学者身份也较为看重，对郭沫若的研究性论著的阅读相应也更为“上心”。按时间顺序，从1954年到1973年，吴宓接触或阅读的郭沫若的研究性论文或论著为:《青铜时代》（1955年6月6日），《甲申三百年祭》（1958年9月13日），《历史人物》（1959年2月19日），《读袁枚〈随园诗话〉笔记》（1965年5月8日），考证《兰亭序》文（1965年7月25日），《李白与杜甫》（1973年3月30日、4月22日）。6篇的数量，在1949年后吴宓为数不多的读郭沫若著述中，占了重头戏，体现出他“郭沫若阅读”的偏向和复杂心态。

1. 惺惺相惜

郭沫若是一个史学研究者。他在先秦的历史研究方面颇有心得，对先秦的历史分期研究尽管引起争议，但不失为一家之见。吴宓对郭沫若的史学研究成果较为赏识。1956年8月5日，吴宓应史系主任郭豫才之邀，在室外空地，“设座茗谈”杂事。两人谈起中国古代史的分期，提及郭沫若提出的“以春秋以前为奴隶社会，以战国以后为封建社会”的看法。吴宓无专门评说，但称其为“中国古代史之新分期”，也是一种肯定和称许。1958年7月4日，中国古代史研究会上，史系同事对系主任郭豫才既从郭沫若的历史分期说，又勉从范文澜的历史分期说，“故成模糊不清”的立场，提出批判。吴宓对此事的记载，也侧证出郭沫若在历史研究领域的影响力。

对郭沫若的史学或文化类研究成果，吴宓大都持肯定甚至欣赏态度。吴宓终生宝爱中国传统文化，自许为孔孟之徒，对先秦诸子百家有较多了解与心得。1955年6月6日，在西师历史系图书馆“读郭沫若《青铜时代》”，见其论定墨子“以天为本，是宗教”，孔孟“以一切人为本”，荀子“则在儒法之间”，老庄“以个人为本，重自由与主观”。吴宓深以为是，激赏“此郭君所见，皆远在胡适之上”。对郭沫若的西汉研究成果，“谓西汉之政治学术思想是综合各家（Eclecticism）而归于实用者”，吴宓引以为方家之言，认为“亦是”。

郭沫若的文化或文学考证有得有失，其中不乏让吴宓佩服的地方。1962年6月8

日，吴宓为细究“俯首甘为孺子牛”中“孺子牛”的来历，“细读”洪亮吉《北江诗话》“二遍”，未找到此诗句。吴宓认为“恐是宓误记”，并悔恨“1954 年不即时抄录入册也!”为此念念不忘。时隔近 1 个月后，于 7 月 11 日，偷暇此日“无学习”之时机，终于在中文系资料室“查得”此“孺子牛”确出《北江诗话》，欣喜不已。却特意附记：“闻近月有人论及，已为郭沫若指出。”查 1962 年 1 月 16 日的《人民日报》，确然有郭沫若《孺子牛的质变》一文，提到洪亮吉《北江诗话》卷一引钱季重作的柱帖：“酒酣或化庄生蝶，饭饱甘为孺子牛”，指出“但这一典故，一落到鲁迅的手里，却完全变了质。在这里，真正是腐朽出神奇了”。吴宓的附记，“泄露”出的是他对郭沫若学术功力的惺惺相惜。

2. 隐晦批评

郭沫若的研究功夫精深，在甲骨文研究领域鼎成一“堂”。但由于个性和环境使然，特别是受 1949 年后大环境的影响，他的一些观点颇为趋时、趋势和趋新。对郭沫若的这样一些文化、文学类研究见解，吴宓如不赞同，限于时势，一般取“微言大义”式看法，且形式多样。

（1）点出错误。1959 年 2 月 19 日，吴宓在新华书店看书，读到郭沫若《历史人物》一书论“王国维与鲁迅”一节。特意点记：“其误处，昔 1947 周光午曾作文辩证，未见修改”。隐晦表明他的批评态度。

（2）借题发挥。1964 年 3 月 18 日，在“鲜花盛开，青天白云，远山如黛，春景甚美”的环境与心境下，吴宓日记突兀提到“今日报载郭沫若解毛主席《咏梅》诗”。只记载，无评论，让人疑惑。郭沫若此文应是发表于 1964 年 3 月 15 日《人民日报》上的《“待到山花烂漫时”——读毛主席新发表的诗词〈卜算子·咏梅〉》一文。此论文肆意批判陆游，颂赞毛泽东①。吴宓热爱古典文学，特别是古典诗词。郭沫若对陆游的低评甚至是恶评，肯定会引发吴宓的不满。答案却是在一年多后才揭晓。1965 年 7 月 30 日，持续 2 年多的西师“社教”运动甫一结束②，个人生存环境缓适些许，吴宓终于“记”起此事。他借完成系院布置的注解陆游 16 篇诗歌的“科学研究”任务之际，“撰《卜算子·咏梅》注释，驳郭沫若”，并在次日写成此文。

---

① 郭沫若是毛泽东诗词的“积极的解说者”和“权威的阐释人”（王彬彬语）。但郭沫若的解说有不少的曲解，不仅在当时的学界有非议，而且在毛泽东本人看来，也不是很满意。毛泽东的《卜算子·咏梅》1961 年 12 月发表，郭沫若于 1962 年 1 月 30 日立即作词和之：“晨见梅花愁，今见梅花笑。本有东风孕满怀，春伴梅花到。风雨任疯狂，冰雪随骄傲。万紫千红结队来，遍地吹军号。”后又于 1964 年 3 月 15 日专门发文解读。郭沫若在此论文中引用了陆游的 11 首咏梅诗词，推论出陆游的情感是“消极的”，“他的一万首诗词，整个地说来，表现了一个封建文人的孤芳自赏，《咏梅》词便是一个最好的典型。他看不到人民的力量，所以感到孤独。”赞美毛泽东的词是“优美的积极进取的情调”，不同于陆游的目空一切，“这就是两种精神和两个时代的判然不同，是革命的乐观主义和没有革命精神的悲观主义的判然不同。”并呼吁：“请读主席的新词吧，那和陆游的原词，在意境上是如何的相反。”

② 据吴宓日记，1965 年 7 月 13 日，“6 时散会，于是西南师院之社会主义教育运动结束。”

可惜此文已佚失。

（3）不作评论。1965年5月8日，吴宓在文史教师参考室阅读郭沫若著《读袁枚〈随园诗话〉笔记》①，只注明“一九六一年十二月作”，未作评论。郭沫若此书于1961年12月12日在广东从化温泉脱稿，《人民日报》从1962年2月28日起陆续刊登，读者争先阅读，当年6月出版精装本，很快销售一空，成为当年的一个学术话题。郭沫若全书以阶级、原罪等时代话语批判袁枚和《随园诗话》。吴宓作为传统文学的爱好者和传统文化的守护者，他的反感可想而知。只是因时代大环境的逼仄和拘囿，他不便作评论或不想作评论。但“未作评论”却是一种特殊的意见表达形式②。

（4）春秋笔法。1965年7月25日，重庆诗友许伯建谈起“郭沫若撰文，考证《兰亭序》，非王羲之所书，乃是智永之手笔”，而“寓港人士，争购读郭文之载登《文汇报》中者”，吴宓惟“静聆”而已。“争购”二字当属“春秋笔法”。

（5）关键词概论。吴宓心慕杜甫，诗歌艺术也勉力学杜甫。曾在《吴宓诗集》中自识：“吾于中国之诗人，所追慕者三家。一曰杜工部，二曰李义山，三曰吴梅村。以天性所近，学之自然而易成也。”③ 因这个缘故，吴宓对郭沫若的专著《李白与杜甫》在新语境下如何评价杜甫非常关注。他的阅读过程分两次完成。第一次是在1973年3月30日，直接在图书馆的楼下办公室“坐读”此书（标注为1972年8月出版）。“今日细读完附录之年表，先熟知历史及生活事实”，并有批按：“李白得年六十二岁，杜甫得年五十九岁。李白之生，早于杜甫十年。”算是预热。第二次是时隔近一个月后的4月22日（此次标注为1971年11月出版），当日为星期日。吴宓将此书已从图书馆借回。“上午阴黯，宓在楼廊背坐捧卷而读。下午明朗，乃入室，坐案前读。”晚上，接着读完（共279页）。吴宓一日“专读”此书，可见用功之勤，心情之迫。限于时势，吴宓对郭沫若的最终结论：“李白实为优上，而杜甫实劣下”，未予置评。但从他有针对性的242字的摘要④中，特意拈出郭沫若研究话语中的“平民诗人”“迷信”“觉醒”“地主阶级”“人民革命”“造反”“廉价的同情”“阶级意识”“地主生活”“吹捧”等为关键词进行概论，其“不以为然”甚至“不值一哂”的批评取态也就一目了然。

---

① 笔者注：此系吴宓误记，正确的书名应是《读随园诗话札记》。

② 1949年后，限于较严峻的政治形势，吴宓对与郭沫若、茅盾等一些当红作家相关的人事，都有意只记事实，不做评说。此手法在日记中随处可见。

③ 吴宓著，吴学昭整理：《吴宓诗集》，商务印书馆2004年版，扉页，吴宓自识。

④ 1973年4月22日：“今日宓专读1971郭沫若著《李白与杜甫》（十一月出版，1—279页）一书，其大旨：尊李白为平民诗人，虽曾迷信道教（烧丹，炼汞，求仙，轻举）而终觉醒。杜甫则代表地主阶级与统治阶级，故宣扬儒家哲学，而不赞同主张人民革命、造反，其‘三吏’‘三别’诸诗，亦只是‘对人民廉价的同情’，而主张‘伐叛’‘捕盗’‘剿匪’等事。杜甫（1）‘阶级意识’而外，又有（2）门阀观念，（3）功名欲望，（4）地主生活，（5）宗教信仰——信佛教之禅宗，且（6）嗜酒终身。又曾（7）吹捧严武，（8）推重岑参，（9）倾倒苏涣，以上之例证，具见于杜甫之诗中……故由今日论之，李白实为优上，而杜甫实劣下也，云云。”

（三）文化官员郭沫若

吴宓是反新文学运动之人，却对新文学作家的生平比较关注。对鲁迅、茅盾的阅读是如此，对郭沫若的阅读也是如此。吴宓日记中有多处对郭沫若自传的阅读记载。1955年2月20日，至新华书店“立读郭沫若自传”，并特意注明：“小名文豹，1892年生，长宓二岁”。1958年11月19日，在文史图书馆“又读《人民文学》连载郭沫若撰《洪波曲》抗战回忆录（自传）”，并有简短说明：“才出1937至1938任政治部第三厅厅长一段”；11月20日，“续读郭沫若撰《洪波曲》”；11月22日，读“郭沫若自传”；12月23日，“又读《人民文学》所载郭沫若1938年自传《洪波曲》完”。《洪波曲》是郭沫若应香港《华商报》主编夏衍的要求，写的抗战回忆录。完成于国共形势已近明朗的1948年，带有较浓厚的政党意识形态色彩。但吴宓好像有强烈的阅读兴趣，连续读完。这也彰显了吴宓《郭沫若阅读》的一个重要特征，即比较关注郭沫若的生平经历及与之相关的言行举止。

1949年后，郭沫若是文化艺术界的一个核心人物和官方人物，其一言一行全国瞩目[①]。而吴宓的“阅读”侧重点有意思。首先，只要涉及郭沫若，事无巨细，不管是旁叙还是自阅自闻，吴宓有闻必录。1958年4月9日，在校会议厅“聆”北京会

---

① 如宋云彬，民国时期曾追随郭沫若，在其领导的政治部第三厅工作。他在1949年前后的日记中有3处涉及郭沫若的记载，颇显当时文化人眼中的郭沫若形象。一是在1950年3月27日，宋云彬因见当月“十九日《光明日报》副刊《学术》（两周刊）第二期载郭□□一文，述安阳发掘发现殷代先王墓，以奴隶殉葬，有‘人周以后，此风稍戢’之语。郭沫若读之大怒，撰一文驳之，结论则谓郭□□不懂马列主义。《光明日报》不将郭沫若文转与《学术》编者，而二十日该报在第一版特辟专栏刊载之。”宋云彬打抱不平，即日特致函《学术》编者叶丁易，谓：“论理，《光明日报》编者应将郭沫若文转与阁下，编入《学术》，今竟特辟专栏刊载之，大抵见了‘郭沫若’三个字，不敢怠慢，觉得非‘特载’一下不可也。郭沫若先生火气亦太大，郭□□仅仅说了‘入周以后，此风稍戢’，就被戴上一顶‘不懂马列主义’的大帽子。学术讨论，须平心静气，此种学术专制作风实在要不得也。”二是1954年12月29日，宋云彬赴中南海怀仁堂，出席中苏友协全代会，注意到：“许德珩朗诵其发言稿，声调全仿郭沫若，而画虎不成，怪声怪气，听者皆忍俊不禁。”三是1956年6月18日，宋云彬参加全国人大第三次会议的大会讨论会，有如下记载：“郭沫若谈到百家争鸣，说要争得好，鸣得好，将‘争鸣’一词离而为二，仍未脱二十年前轻浮故态。”7月13日：“晚饭后，照例在外面散步；回来恰巧接到《人民日报》编辑部打来的电话，说我写的那篇关于百家争鸣的文章明天见报，打算删掉几句批评郭沫若的话，征求我同意。我说，你们怎么改就怎么改，我没有意见。”7月14日：“《人民日报》发表了我写的那篇文章，题目叫《持之有故，言之成理》。前面一段经他们略加删改后就不大合逻辑了。我之所以不大高兴给党报写文章，就是为此。并不是我对共产党有所不满，实在那些编辑先生满脑子党八股，一时改不转来，往往使人家啼笑皆非也。”见宋云彬《红尘冷眼：一个文化名人笔下的中国三十年》，山西人民出版社2002年版，第186、364、405、412页。另如常任侠，民国时期也曾追随郭沫若在第三厅工作。在1949年的日记中对郭沫若的言行有如下记载：1952年1月20日，常任侠赴海淀游西郊公园，适遇郭沫若携幼子幼女来游，两人品茗且谈，至暮始返，又同至郭宅。“与郭谈甚畅，论孔墨，郭仍主孔子代表封建，在当时为进步；墨则代表个人私有财产，极端自私自利。谓时人如顾颉刚、翦伯赞等，皆仅见其皮毛，未究本质。”见常任侠著，沈宁整理《常任侠日记》，大象出版社2006年版，第235—236页。

议精神传达，有郭沫若所做报告的简单记录条①。1960 年 5 月 22 日，政协会议间歇，闻人“自言”亲郭沫若，“盛赞其精力过人，今老而弥壮”，吴宓有记录②。1962 年 2 月 14 日，闻同事叙与郭沫若等人的关系，言称“郭公”，吴宓有记载。③ 1958 年 11 月 26 日，对郭沫若喜嗜地瓜的生活细节，吴宓也有注意和记载④。可侧见当时郭沫若的地位之尊、影响力之大。

其次，吴宓对郭沫若在各种运动中的言行特别关注。1954 年 12 月 12 日，在全国《红楼梦》批判中，“引昨报载郭沫若之言”⑤ 作为“权威话语”，来谈“对此会及本运动之认识”⑥。1958 年 6 月 28 日、7 月 1 日，在“批判资产阶级学术思想”运动中，两次都有史系同事引“郭沫若论陈寅恪”⑦ 为例，来证明“须知后来必居上”，以破除学者“迷恋古代，恐惧未来”之思想，吴宓予以记载。1959 年 2 月 19 日，“又读”郭沫若《记郁达夫之死》一篇，联系自身性情与经历，有比较、有议论：“则郁达夫君与宓之性行，其人其诗，实皆相类似，宓夙有此意，今证其然。顾郭公虽赏郁君之《毁家诗纪》，而谓其不应刊布，此与昔年诸知友之不赞成宓之刊布《忏情诗》同”，并给出自己的定性：“由是知郭公乃属瞋类人，即犹务外，重权利与事实，而郁君与宓是痴类人，即其诗与生活皆纯粹之真感情。惟然，故郭公能治学兼从政，而郁君则走死，悲夫。”1959 年 10 月 16 日，在中文系阅读、学习“郭沫若

① 1958 年 4 月 9 日：“下午 2—5 会议厅聆谢立惠副院长自北京归来传达科学文化委员会之主要报告［（一）郭沫若《科学访苏代表团之主要任务》……］。

② 1960 年 5 月 22 日：“早餐前，群集楼下院中，某君（忘其为谁）介宓识段可情，短谈。段君自言，光绪己亥生，为创造社社员，亲郭沫若（盛赞其精力过人，今老而弥壮）、郑伯奇、邓均吾而斥王独清、张资平为‘托派’，并不满于滕固之‘变节’。又自言留学德国，治文学云云。”

③ 1962 年 2 月 14 日：“8—11 卫怀杰来，欲从宓治中西学，拜宓为师，行一跪三叩礼（宓还礼）。乃久坐细述其一生之经历：今年五十四岁……受知于（Since1932）教授黄岩柯璜先生（举人，京师大学译学馆毕业）……其后识同乡马寅初等，卒由与章士钊倾谈，而得识董必武、郭沫若、张澜等人，更深知坚信毛主席之为今世英雄，共产党之必将统一中国，此 1942 年事。渝初解放，上峰之章、董、郭三公即有函致柯先生，至受人民政府之礼敬，尊为‘民主人士’（以后事实宓具知），而卫君遂得为重庆美术学院马列主义讲师；1952 调入西南图书馆，与棨同事；1956 冬，并入西师，任美术史，以迄今兹。”

④ 1958 年 11 月 26 日：“静在黄家垭口购地瓜二斤（一角），盖与郭沫若同嗜此物。”

⑤ 实际应为 1954 年 12 月 9 日《人民日报》发表的郭沫若《三点建议——一九五四年十二月八日在中国文学艺术界联合会主席团、中国作家协会主席团扩大联席会议上的发言》一文。此文从当前《红楼梦》研究问题的讨论的性质谈起，认为这是“思想改造的自我教育的继续开展”，并提出三点建议：第一，应坚决地展开对于资产阶级唯心论的思想斗争；第二，应该广泛地展开学术上的自由讨论，提倡建设性的批评；第三，应该加紧扶植新生力量。

⑥ 1954 年 12 月 12 日：“赴中文系所召集之讨论《红楼梦》研究中的错误问题座谈会（来函特约宓）。系主任何剑熏主席。宓以第四人发言，分三段（一）我对此会及本运动之认识。引昨报载郭沫若之言。（二）我自己之思想检讨。（三）我旧日对《红楼梦》之评论。”

⑦ 1958 年 6 月 10 日，郭沫若在《光明日报》发表《关于厚今薄古问题——答北京大学历史系师生的一封信》，信中说：“在史学研究方面，我们在不太长的时间内，就在资料占有上也要超过陈寅恪。这话我就当着陈寅恪的面也可以说。‘当仁不让于师’。陈寅恪办得到的，我们掌握了马克思列宁主义的人为什么还办不到？我才不相信。一切权威，我们都必须努力超过他！这正是发展的规律。”

《就目前创作中的几个问题，答〈人民文学〉编者问》”[1]，点述“另有记”，当日晚上感言：“今已无娱乐可言，一切是政治教育与宣传，使宓等更不堪承受耳。”1961年8月9日，女儿吴学昭规劝吴宓大胆“争鸣”“齐放”，提及郭沫若为曹操翻案，称颂其为“完人”，被陈毅面规“郭老之太主观、太自以为是”[2]。1962年5月23日，吴宓称郭沫若为“党国所尊宠之作家”，连同被奉“为神圣、为圭臬”的鲁迅、瞿秋白，及“思想改造、文字改革”等人与事，一起发表意见：“他人莫敢置辞，或稍示违异，此亦私也。”1966年5月7日，“文化大革命”学习中，同事“引郭沫若自责之言”以为论说依据。[3] 1972年11月16日，被同事“劝责”《红楼梦》批判应以鲁迅、郭沫若等为模范。[4] 郭沫若是一个政治性文人，其1949年后的言行举止为很多人所“非”，吴宓的看法不一定全面、权威，[5] 但具有某种代表性，显示了人民共和国时期“郭沫若形象”的一个侧面。

在郭沫若所有言行中，吴宓对郭沫若有关“文字改革”的言论最为在意。1957年10月17日，西师好友、美术系教师钱泰奇遣人送来《文汇报》，内有郭沫若论“文字改革势在必行”的访问谈。当时正值“反右运动”如火如荼的时候，钱泰奇了解吴宓，[6] 猜到吴宓会有过激反应，已“嘱宓小心，勿再谈此而致祸”。然而吴宓实在忍不住，“大愤怒”，跟自己的内侄邹开桂言，“我今真恨□□□已极，惟祀苏联速败灭。盖彼之所为，直求亡我中国灭我文化，而其所取之人，所命之工作，无非为其党斗争，以剪灭异己之人，号为民主，实专制之极；外示和柔，实残酷之极。呜呼，吾惟祈速死而已”。1964年6月1日，同事告“《科学通报》1964第五期载登郭沫若论文字改革应效日本人之办法，似即汉字拼音，进而存音去字”，吴宓又一次违背“少言”甚或“不言”的人生戒条，直陈“恶感”：“宓深恶其说，不忍读此文也。”

---

① 吴宓记载为“载1958一月《人民文学》，一一〇册”，实际发表于《人民文学》1959年第1期。整篇访谈为集中诠释毛泽东的“革命的现实主义和革命的浪漫主义相结合”的口号。

② 1961年8月9日：“今正提倡‘争鸣’‘齐放’，如李清照，往者指其‘寻寻觅觅……’为阴郁消极，今已共知此种批评之误。又如魏武帝曹操之翻案，经郭沫若称颂之为完人，似乎无一方面不好者，已经陈毅副总理面规郭老之太主观、太自以为是云云。故知政治究与文艺学术不同，宓倘抒己见，引起争辩，即受批判，结果对文艺学术，又对宓自己，亦只有好处，有得而无失者也。总之，宓应心情开朗，态度积极，多写作，多发刊文章，但不拟发刊而为藏留于后世之著作，亦可撰写。”

③ 1966年5月7日：“上午9至12时中文系联合组文化大革命学习……谭优学引郭沫若自责之言。”

④ 1972年11月16日：“归中文系后，郭对宓大谈思想改造之必要，力劝责宓对（1）中国古典文学（2）《红楼梦》均应以新思想、新观点进行批判，应以鲁迅、郭沫若、范文澜、赵朴初为模范、榜样云云。”

⑤ 刘达灿（出版过《国学大师吴宓漫谈录》，新疆人民出版社2003年版）在《吴宓轶闻轶事》（《重庆教育学院学报》1999年第2期）一文中爆料：1974年的一个冬夜，他曾陪同原西师教授杜钢百先生“夜访”吴宓，杜、吴两先生在谈论鲁迅时，杜先生插话：“某君骂周先生，又捧周先生，前倨而后恭，这又算什么面目？”吴宓立即正色说道：“世人多谓某君为双重人格，宓却不敢苟同。此君一登庙堂，即失去了研究学术的思想独立和自由，自然无人格魅力可言了。某君不能和周先生相提并论。”因是孤证，备此以资参照。

⑥ 吴宓经常同钱泰奇在操场散步，“步谈”各自的理想、志业。如1955年12月8日，“晚饭后，与钱泰奇在操场游步，久谈，甚洽。以文人艺术家仁侠多情之性行，彼此互能了解而倾佩也。”1956年9月13日，“晚饭后，同奇操场步谈。奇方读宓《诗集》”。

吴宓一生宝爱中国传统文化，可谓是一个文化至上主义者。1949 年前，持“文化立国”“文化救国”论，面对日本的汹汹侵华之势，认为只要文化不亡，中国就不会亡①。1949 年后，文化更成为他心中永远的痛，“文化保存”之心愈烈，责任感愈强。此一时期，公开弘扬传统文化已无现实可能，对中国传统汉字的守护就成了他宣示文化理想的“救命草”之一（更成为一个文化象征体）②。因此，无论是公众还是私人场合，他都毫不避讳地申告反对汉字简化，对汉字拉丁化更是深恶痛绝。而此一时期的郭沫若历任中华全国文学艺术会主席、中国文联主席、政务院副总理等要职，在思想界、文化界影响力巨大。难怪吴宓对郭沫若拥护“文字改革”，主张“存音去字”的言论，反应如斯强烈！一颗文化老者的蔼然、戚然之心，令人感佩。

三 吴宓—郭沫若—吴芳吉

吴宓和郭沫若的关系还可以放在吴宓—郭沫若—吴芳吉的三向坐标系中进行考察。1959 年 2 月 12 日、2 月 19 日，吴宓两次将好友吴芳吉与郭沫若并论，为了吴芳吉的著作能传世，萌生“上书”郭沫若，请求帮助的想法。吴宓此两日的日记本文值得细读。

2 月 12 日，吴宓与西师教职员工“奉命”入城参观“重庆市农业跃进丰收展览会”。参观完后，吴宓独赴牛角沱车站，本想立即坐车返回北碚，因“须晚八时始开车”，遂决定“改往”重庆市作家协会访邓均吾。虽是“突访”，然主人招待殷勤，既“茗坐”并备晚饭，有“特备叉烧及豆腐乳”，又饮“竹叶青名酒”，吴宓感觉“甚佳”“尤美”。席间，两人谈论的主要话题是吴芳吉，并兼及郭沫若：

> 多谈碧柳之为人与其诗，宓自言对碧柳有不良之影响，即使碧柳以感宓私人恩谊之故，倾倒于宓之封建、顽固、保守思想，而未能自由发，类郭沫若之道路，成为毛主席时代、社会主义中国之一主要文人、诗人，此宓殊愧负碧柳者也，云云。邓君殊沉默寡言，虽赞碧柳之诗，并谓安定公非庸俗商人，但对宓之所言不置可否，岂疑宓言之不由衷也欤?

① 1914 年 4 月 6 日，吴宓对好友汤用彤的意见：“国亡之后不必死，而有二事可为：其小者，则以武力图恢复；其大者，则肆力学问，用我国五千年之精神文明，创出一种极有势力之新宗教或新学说，使中国之形式虽亡，而中国之精神、之灵魂永久长存宇宙，则中国不幸后之大幸也”，印象深刻，深有取焉。他一生以踵步吴伟业、顾炎武为荣。“九一八”事变后，发表《中华民族在抗敌苦战中应持之信仰及态度》（1932 年 2 月 8 日）、《道德救国论》（1932 年 2 月 15 日）等文章宣扬其道德、文化救国的主张。“卢沟桥事变”后，1937 年 7 月 15 日与友人洪谦散步时言：“中国之科学技术物质经济固不如人，而中国人之道德精神尤为卑下，此乃致命之伤。非于人之精神及行为，全得改良，绝不能望国家民族之不亡。遑言复兴?”

② 1949 年后，吴宓的“救命草”还有交游旧人、阅读旧书、创作旧诗，及坚持文言写作，如他的日记语言，但敢于公开宣示并坚持的莫过于他对繁体字的孜孜维护。

吴宓“自言”对碧柳有“不良之影响”，使碧柳“以感宓私人恩谊之故，倾倒于宓之封建、顽固、保守思想”[①]。这前半句话，吴宓有自谦、自贬，不惜以平日颇为忌讳的“封建、顽固、保守”三词形诸自身，但“倾倒于”三字也透着某种自得。更值得揣摩的是后面半句话。吴宓自我检讨：因他的缘故，未能使吴芳吉“自由发展”“类郭沫若之道路”“成为毛主席时代、社会主义中国之一主要文人、诗人”[②]，并深深自责：“殊愧负碧柳者也”。邓均吾与吴芳吉、郭沫若均有较深或较多交情。[③] 此次话题理应得到邓的积极回应，但事实是“邓君殊沉默寡言”“虽赞碧柳之诗，并谓安定公非庸俗商人”[④]“但对宓之所言不置可否”。一盆热水浇到了冷铁上，吴宓自释为“岂疑宓言之不由衷也欤?”此次访问留下了几个疑问：吴宓为什么要特意“突访”邓均吾？为什么要发起有关吴芳吉“为人与其诗”的话题，且要以郭沫若作比？而邓均吾为什么响应不积极？吴宓为什么会有“岂疑宓言之不由衷也欤”的疑问？吴宓此日的日记找不到答案。

吴宓没有让我们等太久。2 月 19 日的日记给我们揭开了谜底：“宓颇有意直接函上郭公或由邓均吾代达，承认宓对碧柳思想、著作不幸之影响（由今之观点，碧柳因宓遂未循郭公之途径，是以谓之不幸），而恳求郭公（或邓君代）作文，批判地表彰碧柳，使得列于民族诗人及人民作者之林，俾其诗文集今后能印行，毋使宓累及碧柳，而伤害碧柳后世之名，如世人之传谓罗振玉先生害及王静安先生也。”

原来他做所有这一切事的最终目的是为了使吴芳吉的著作能出版。由于受吴宓的影响，吴芳吉质疑“五四”新文化运动，创作旧体诗，靠拢“学衡派”。不仅给《学衡》投稿，而且在长沙创办外围杂志《湘君》以助《学衡》声威。因此，1949 年后，吴芳吉尽管已经去世，仍被归为“旧”文学作家一类，生前著作迟迟得不到出

---

① 笔者查阅《吴宓诗集》“序跋”，内有吴芳吉《读雨僧诗稿答书》篇。篇中吴芳吉自承：“吾，不知诗者也。吾知诗，家门雨僧兄所教也。雨僧者，吾良友而贤师也。”“吾诗有今日者，全赖雨僧之力也。”见吴宓《吴宓诗集》，商务印书馆 2004 年版，第 7 页。可见吴宓所言非虚。

② 1960 年 5 月 31 日，在不涉及郭沫若的情况下，吴宓与友人施幼贻“茗谈”：“宓与碧柳之关系，首在宓能确认碧柳为伟大之诗人，深惜其 1932 早死，而未能为解放后毛泽东时代之维吉尔（Virgil）云云。”暴露的还是对吴芳吉因早死“而未能为解放后毛泽东时代之维吉尔（Virgil）”的遗憾。可见此意并不完全是虚与委蛇，有一部分出自吴宓的真心。但吴宓是矛盾的。有时又庆幸吴芳吉的早死。如 1959 年 8 月 14 日，吴宓曾“披肝沥胆以告”西师同事郑思虞：“宓自分虽生如死，1958 曾明言‘我情甘就死’，而惟望碧柳不至受宓之累，而白屋诗可以为世人所诵读，得长留于天地之间，宓所愿尽力者此一事而已。又曰，假使碧柳生睹解放后中国之盛强，碧柳情必欢欣鼓舞，歌咏共产党之伟业，而其国史诗之计划中，第二部必以毛主席代孙中山为主角，如 Vigil 之诚心赞颂 Augustus 者，然碧柳必不能尽放弃其对孔子之崇敬，对中国文字与文化之宝爱，以彼生性之高亢兀傲，至诚大勇，必有所不屈，而又不屑为伈伈俔俔卑谄虚伪之言行，但图自保，其结果，碧柳将必成为右派分子，声誉骤落，终郁郁而死。由此言之，碧柳之早逝，实碧柳之大幸也欤?”1960 年 6 月 14 日：“若碧柳在，恐亦早成右派，安望其得为新中国之维吉尔（Virgil）也耶?”

③ 邓均吾 1916 年在重庆广益中学读书时，因酷爱诗词，结识吴芳吉，两人交往甚密。1921 年在上海泰东书局编辑所工作时，结识郭沫若，参加创造社，与郭沫若时有往来。

④ 安定公，指吴芳吉父亲吴安定，为商人，在川东一带地方经商。

版。吴宓尽一己之力，以卖、借、送、教的方式①，勉力在友生中传播吴芳吉的遗著及思想，但影响毕竟有限。吴宓念兹在兹。1959年2月19日，午饭前，吴宓在校内新华书店偶尔看到郭沫若《历史人物》一书，论到“王国维与鲁迅”的关系，触动了吴宓的灵思，他似乎找到了一条能让吴芳吉遗著出版的途径。他的想法和策略是：“有意直接函上郭公或由邓均吾代达”“恳求郭公（或邓君代）作文”，使吴芳吉能“列于民族诗人及人民作者之林”，从而“俾其诗文集今后能印行”。吴宓“恳求”的两个对象很有针对性。郭沫若是吴芳吉的同乡，也是故交，民国时二人就有较密切的书信交往和诗艺切磋，成为分属不同阵营的挚友②。而邓均吾与郭沫若、吴芳吉也有不菲的交谊。可见，吴宓“直接函上郭公”或“由邓均吾代达”是有充分考量的。吴宓2月12日的“突访”邓均吾，及主动提起吴宓与郭沫若的话题，就可得到合理解释：他的“突访”既有偶然性又有必然性，既是无计划又有目的性；虽然他的话题没得到邓均吾的积极回应，但也算是为后面的行事打下了一个铺垫。可能是因为吴宓未明言此次“突访”和谈话的目的，也可能是邓均吾担心禁忌或受累（1959年2月为“反右”刚过去不久），故有吴宓“唱单边戏”的谈话局面及“岂疑宓言之不由衷也欤”的谈话感觉。当然，即使此事成行，吴宓的恳请书真的“上闻”郭沫若，依郭沫若此一时期的特殊地位和性行，吴宓的良好私愿也不一定就能实现。

2月19日146字的日记本文还值得进一步细读。为了达到目的，感动对方，吴宓再一次“自责”：“承认宓对碧柳思想、著作不幸之影响”“由今之观点，碧柳因宓遂未循郭公之途径，是以谓之不幸”③。甚至不惜“自毁名誉”：“毋使宓累及碧柳，而伤害碧柳后世之名，如世人之传谓罗振玉先生害及王静安先生也”。吴宓“伤害”吴芳吉与罗振玉“害及”王国维肯定不是一个性质，吴宓自然再清楚不过，但他不惜“自贬”“歪曲比拟”，看出他对挚友吴芳吉的处处维护之意。吴宓日记中，时时透露出他对1949年后的那一套“人民话语”谱系是颇不感冒的，但为了使吴芳吉的著作能传世，他愿意“迎合”特定时代的政治意识形态话语，祈求“批判地表彰碧柳”，只要挚友能列于“民族诗人”及“人民作者”之林，著作能得到印行即可。其

---

① 卖：如1957年4月18日，“寄与周可风《白屋遗书》一部（应收3.2元）”；借：如1952年1月31日，“笛借碧柳日记一巨册”；送：如1957年9月7日，“晚中二学生黄泗元来，曾借抄《婉容词》等，乃以《白屋遗书》一、二、三册赠与之，命与同学传观”；教：如1954年3月14日，学生梁明炎“愿从宓问学”，“宓今授以《白屋书牍》使先读之”。

② 文石、周仲初：《郭沫若与吴芳吉的诗话友谊》，《四川政协报》2000年12月12日，第3版。另据蔡震《郭沫若与吴芳吉：一首佚诗，几则史料》考证，1920年6月中旬，郭沫若致信吴芳吉，称《笼山曲》《明月楼》为“有力之作”，《吴淞访古》一律最雄浑可爱，《婉容词》则让人能寻出感伤之泪；1920年8月初旬，郭沫若作诗《送吴碧柳赴长沙》以示赠别。见《新文学史料》2014年第3期。再据郑师渠引述，郭沫若“尝谓吴君为数千年旧礼教的压阵将军”。见郑师渠《在欧化与国粹之间——学衡派文化思想研究》，北京师范大学出版社2001年版，第78页。

③ 1949年后，从吴宓对郭沫若的春秋笔法，及对吴芳吉不厌其烦的戮力奖赞中，可窥出他认为吴芳吉未走郭沫若道路其实是“大幸”，但在公开书信中他愿意说成是“不幸”，体现了吴宓个性中“狐狸性”的一面。

心、其情，可昭日月、泣人神！

最后，说一点并非“题外”的话。原西南农学院、吴宓的“编外”学生张致强在《鲁迅研究月刊》上发文称：1960年代，他曾主动出面，替处于困境中的吴宓去信“求助”郭沫若，可惜石沉大海、“杳如黄鹤”①。张致强先生确是吴宓招收的“业余”学生，日记中也有记录，但找不到与此事相关的任何记载。是不是吴宓将想向郭沫若“求助”的念头，向张致强先生提及过，张先生便“变”之为“己功”，一时无从判断。但张先生文中的一些观点，如称“吴宓饿死家乡”，遭到吴宓妹妹吴须曼女士（照顾吴宓晚年生活，料理吴宓后事）的“驳斥”，并保留“提起法律诉讼之权利”；《鲁迅研究月刊》编辑也发表“吸取教训”“以正视听”的“编者按”，却是不争之事实。②

结 语

吴宓与郭沫若，民国时期文化地位大致相当，新中国成立后政治地位相差悬殊。他由“低”往“高”处“看”郭沫若，持常人视角与普通心态，“看”到的可能是更为“真实”的郭沫若。1968年1月14日，中文系学生曾邀请吴宓随意谈述对文学研究会茅盾、冰心等及创造社郭沫若、郁达夫等之批评，可惜见不到吴宓日记对此事的具体记载。但吴宓与郭沫若确属有点“隔”，两人的关系只能是“同在但有限属于”的关系，应是一个可以相信的结论。

综观而言，吴宓日记中的郭沫若记载，不仅丰富了“多方”郭沫若的形象谱系，而且能让后人知晓郭沫若和吴宓难为人知的关联。更重要的是，借此能窥见民国一代知识分子——郭沫若和吴宓——在新中国成立后的不同境遇和性行，为不同类型的民国知识分子在建国初期的生命情状转变研究和心路历程研究提供一种资源，一个孔径或一种借镜。

（原载《文艺争鸣》2016年第7期）

---

① 张致强：《吴宓暮年点滴事——吴宓教授逝世二十周年祭》，《鲁迅研究月刊》1997年第3期。

② 吴须曼：《先兄吴宓之死的真相——驳〈吴宓暮年点滴事〉》，《鲁迅研究月刊》1997年第8期。

一部声称"写来真切平实"的回忆录

——孙陵著《我熟识的三十年代作家·郭沫若》3件史实考

廖久明

《我熟识的三十年代作家》是郭沫若三厅初期机要秘书、[①] 1948年11月去台的"东北作家群"重要作家孙陵晚年写作的回忆录，共9章，依次为：《萧红》《骆宾基》《萧军》《臧克家》《田汉》《巴金》《郭沫若》《姚雪垠》《江青·周扬·夏衍·阳翰笙》。在题记中，孙陵如此写道："整个文字，不是捧场，也没有漫骂，更没有借机会装扮自己，写来真切平实，具有极高的参考价值。"[②] 笔者在阅读关于郭沫若的文字后发现，该说法与事实不符。据查，该书得到了大陆学者的高度重视：一些学者评价它"具有相当的史料价值"[③]，"成为研究中国30年代文坛现状的宝贵资料"[④]；在大陆出版的学术书籍中，收入该书的文学辞典已有两部，[⑤] 引用过该书的学术著作已有12部。[⑥] 为了让人们正确认识该书的"史料价值"，笔者拟就与郭沫若有关的一些事实进行考证。

---

① 孙陵是如此叙述三厅初期他与郭沫若的关系的："他把他底图章都给了我，钥匙也交给我，接见不相识的客人是我，保管机密文件是我，拆阅他底信件是我，另外全厅的人事工作也是我。"（孙陵的《我熟识的三十年代作家》，成文出版社有限公司1980年版，第103页。）

② 孙陵：《我熟识的三十年代作家·本书题记》，成文出版社有限公司1980年版。

③ 古远清：《孙陵的后半生》，《鲁迅研究月刊》2007年第12期。

④ 邱丹：《孙陵——不在的"存在"》，《鸭绿江》2014年第12期。

⑤ 徐迺翔主编：《台湾新文学辞典》，四川人民出版社1989年版；秦牧、饶芃子、潘亚暾主编：《台港澳暨海外华文文学大辞典》，花城出版社1998年版。

⑥ 依出版时间顺序为：龚济民、方仁念：《郭沫若传》，北京十月文艺出版社1988年版；杨义：《中国现代小说史》第3卷，人民文学出版社1991年版；赖正和：《郭沫若的婚恋与交游》，成都出版社1992年版；秦川：《郭沫若评传》，重庆出版社1993年版；陈青生：《抗战时期的上海文学》，上海人民出版社1995年版；刘国红：《郭沫若》，远方出版社2005年版；吴永平：《隔膜与猜忌——胡风与姚雪垠的世纪纷争》，河南大学出版社2006年版；钦鸿：《文坛话旧》，上海远东出版社2008年版；章海宁：《萧红画传》，黑龙江大学出版社2011年版；段从学：《"文协"与抗战时期文艺运动》，北京大学出版社2012年版；叶君：《萧红印象·故家》，黑龙江大学出版社2013年版；张武军：《从阶级话语到民族话语——抗战与左翼文学话语转型》，中华书局2013年版。

一 与《我的丈夫郭沫若》有关的问题

关于该问题，孙陵如此写道：

二十七年春，他就任军委会政治部第三厅厅长，在日本出版的《改造》杂志上，出现了一篇用他太太底名字发表的一篇文章，题目是《挣扎在生死线上》，内容是描写自从郭沫若深更半夜，不告而逃之后，一家六口均已陷入绝境，警察天天传讯，生活朝不保夕，孩子想念爸爸，她在日本成为罪人，失去一切自由，中间追述她自从和郭沫若结婚以后，二十年来种种甘苦生活，那是一篇使人荡气回肠，读之心碎的文章。

郭沫若当时读过这篇文章之后说：

“这篇文章所写的各种事情全对，外人绝对难于分别真伪的，但是有一点与事实不符，她说我那时（北伐时期）很得蒋委员长信任，其实并不确。如果当真是她亲笔写的，这件事她决不会不知道。一定是警察厅套去她底详细口供，由别人捉刀，冒她名字写的。他们在用曹操利用徐母欺骗徐庶的办法，企图动摇我底感情。……”

当时我对他说：

“你否认好了！”

他很为难地说道：

“我自己怎好出名辩驳她？”

当时我根据他底意思，写了一篇纠正性的文章，发表在《救亡日报》上，他读过之后又说：

“这种事情怎么可以写出来，万一给蒋委员长见到是会影响关系的！”

其实国民政府通缉他的命令，在他亡命日本期间，十年之间从未取消。七七事变以后，本想取消，又怕日本人怀疑，影响他底行动，因此直到他到了上海，才把通缉令取消了。为了证明《挣扎在生死线上》的错误，由第三者偶尔提一提，我想决不会影响关系的，因为这个时期委员长对他早已宽恕了，不然如何会请他回国，还给他官做？但是从另一方面也正可以看出，他这时是多么重视委员长底关系。①

遗憾的是，孙陵不但将署名佐藤富子的文章的题目和发表刊物回忆错了，并且回忆自己写作文章的情况有误，自己的文章也只回忆了很少一部分。

① 孙陵：《我熟识的三十年代作家·郭沫若》，（台湾）成文出版社有限公司1980年版，第93—95页。

署名佐藤富子的文章发表在《新女苑》第2卷第4号上，1938年4月1日出版，版权页上标明“每月发行一次”，即月刊，题为《支那[redacted]郭沫若》，直译成中文为《回到了中国的郭沫若》。当时人们翻译的题目有3个：《我的丈夫郭沫若》《归国的郭沫若》《怀外子郭沫若先生》。在这3个题目中，人们普遍认可的题目是第一个：不但《新语周刊》第1、2期（1938年4月22日、29日）发表、《文摘·战时旬刊》第20号（1938年5月8日）转载时使用了该题目，（汉口）战时文化出版社、（上海）日新社、（广州）民力书局在出版书籍时均题为《我的丈夫郭沫若》。[①] 其他两个题目的使用情况为：《归国的郭沫若》出自《郭沫若夫人的悲哀》，[②] 该文摘译了《支那[redacted]郭沫若》的末尾部分；《怀外子郭沫若先生》发表在《众生》第1号（1938年5月1日），香港《明报月刊》1976年4月号曾转载，先后收入《抗战中的郭沫若》[③]（目录题为《怀外子郭沫若》）《港台·国外——谈中国现代作家》[④]两本书中。

孙陵的《〈我的丈夫郭沫若〉不是佐藤富子的亲笔》发表在1938年5月17日出版的《救亡日报》上，《新语周刊》第1卷第7期进行了转载。查阅该文的内容可以知道，孙陵的回忆文字存在以下问题：1. 写作情况有误，2. 回忆内容极不完整。

关于第一个问题，孙陵在该文中如此写道：

> 第二天看到了郭先生，我问他说：
> “看到这期的文摘吗？”
> “嗯，假的，是旁人假写的。”他微笑着说。
> 当时我们就根据着这期文摘的译文将事实不符的地方作了一个校正。[⑤]

根据引文中的“我们”可以知道，孙陵的《〈我的丈夫郭沫若〉不是佐藤富子的亲笔》是他与郭沫若商量着写的，并不是他根据郭沫若的意思，自己“写了一篇纠正性的文章”。如此一来可以断定，孙陵在回忆文字中写到的郭沫若看见该文后的反应与事实不符：既然是商量着写的，郭沫若就没有必要担心该文发表后会影响到自己

---

① 孙陵的另一篇文章出现了该书名：“随后，出现了郭沫若的日本太太，写了一篇《挣扎在死亡线上》，郭沫若认为不真实，由我执笔写了一篇反驳的文章，也发表在《救亡日报》。天下事无奇不有，日本人把这篇文章也附录在《我的丈夫郭沫若》小册上（题目绝对改了的），当成宝贝。我到现在尚未见到，连自己写了些什么，现在都忘了。”参见孙陵的《我熟识的三十年代作家》，成文出版社有限公司1980年版，第163页。

② 《郭沫若夫人的悲哀》，《国际文摘》半月刊，1938年4月16日第1卷第6期，紧接该文发表了郭沫若的《遥寄安娜》。

③ 郭佐藤富子：《怀外子郭沫若先生》，丁三：《抗战中的郭沫若》，战时出版社1938年版，第108—121页。

④ 郭佐藤富子文，周山崎美子、林浩合译：《怀外子郭沫若先生》，程新编：《港台·国外——谈中国现代作家》，四川文艺出版社1986年版。

⑤ 孙陵：《〈我的丈夫郭沫若〉不是佐藤富子的亲笔》，《新语周刊》1938年第1卷第7期。

和蒋介石的关系。

关于第二个问题《〈我的丈夫郭沫若〉不是佐藤富子的亲笔》几乎逐段[①]指出了《文摘·战时旬刊》第20号转载的《我的丈夫郭沫若》中不符合事实的地方（全文共35段，第1、2自然段被认为“可以代表郭夫人真正的心境”），事情涉及郭沫若留学到流亡日本的诸多事情，并不只有在广东时期与蒋介石的关系。[②]

至于与蒋介石有关的部分，孙陵在该文中如此写道：

> 那时的蒋介石将军并不是“师长的地位”，和郭先生也谈不上感情，更未和郭夫人见过面，像二十段所说全部都是假的。同段中说“这时广东共产党的势力，已非常巨大”，其实从“三，二〇”以后，广东共产党的势力已经低落了。[③]

该段文字仅是客观陈述事实，蒋介石即使看见了，也不可能影响到他此时与郭沫若的关系。

二 关于郭沫若前往长沙的原因

关于该问题，孙陵如此写道：

> 上海沦陷以后，郭沫若将《救亡日报》迁往广州并继续出版，我则去到武汉。过了旧历年，郭沫若也带着于立群从广州来了，住在日租界太和街，新四军办事处楼上。
>
> 这时政府已决定在军委会恢复政治部，郭沫若自己以为北伐时曾任政治部中

---

① 从第13段起《〈我的丈夫郭沫若〉不是佐藤富子的亲笔》中所说的段落与实际段落相比从排序上说少了两段，即《〈我的丈夫郭沫若〉不是佐藤富子的亲笔》所说的第12段对应于《我的丈夫郭沫若》中的第15段，依次类推。

② 据文末说明《文摘·战时旬刊》第20号上的《我的丈夫郭沫若》“摘自新语·文会周报”。经核对《新语周刊》第1卷第1期发表的文字被全部转载，有3000字左右，由3部分构成《在九州帝大医科毕业回国以前》《在贫苦的挣扎中的创造社时代》《在广东和共产党携手前后》，转载时删去了章节目录，用空行代替。紧接这些文字之后，有400余字被转载，主要写了郭沫若参加北伐、化名从香港亡命日本、七七事变爆发后离开日本3件事情，该部分文字可能来自《文会周报》。孙陵在《〈我的丈夫郭沫若〉不是佐藤富子的亲笔》中如此写道“二十九段（引者按：应为三十一段）‘化装’一段也是没有的事。这下边到‘八一三’，海外十年的生活，竟一字也没有谈到。我们想或者假托郭夫人的这位执笔者定是对于郭先生的文章有了相当的研究，而揣摩出来的。因郭先生离国前和‘八一三’返国时的各种生活情形，都有文章发表，至于海外十年的生活，从来不曾谈起过，所以假托者便无从揣摩了。假托者虽然揣摩得相当成功，但究竟露出了这许多破绽。”看看发表在《新语周刊》第1卷第2期的《我的丈夫郭沫若》（有3000余字，同样由3部分构成《武汉时代佐藤为母亲的精神》《危险万分中在汉口夫妻的团聚》《佐藤祈祷和平的日子早些降临》）便会知道，郭沫若和孙陵的猜想并不属实，“假托者”并不是没有写郭沫若海外10年的生活，而是《文摘·战时旬刊》第20号没有转载。

③ 孙陵：《〈我的丈夫郭沫若〉不是佐藤富子的亲笔》，《新语周刊》1938年第1卷第7期。

将秘书长，这次政治部既然恢复了建制，部长纵然当不上，也许副部长可以当上。当他知道要他当厅长的时候，便立即去了长沙。①

关于该问题，首先来看看郭沫若在《洪波曲》中的回忆。1938年元旦，时在广州的郭沫若接到了陈诚的电报："有要事奉商，望即命驾。"② 郭沫若到武汉后，从黄琪翔处知道国民党军队准备恢复政治部，由陈诚任部长，周恩来、黄琪翔任副部长，希望郭沫若能够"委屈"自己出任主管宣传的第三厅厅长。陈诚本希望政治部设3位副部长，蒋介石因为其他部只有两位副部长而不同意。于是，陈诚想了一个变通办法：同时聘任郭沫若做指导委员，表明郭沫若的地位在厅长之上。郭沫若对地位并不在乎，他担心的事情是"能不能切实地干民众动员的工作"。③ 晚上在与周恩来、邓颖超、王明、博古、林伯渠、董必武等谈话时，郭沫若表示了不愿干的意思。理由为：1. 自己耳朵聋，不适宜于做这样的工作；2. 在国民党支配下做宣传工作，只能是替反动派卖膏药，帮助欺骗；3. 让自己处在自由地位说话，比加入了不能自主的政府机构，应该更有效力一点。并且认为，自己一做了官，青年们是不会谅解自己的。在王明、周恩来等人的劝说下，郭沫若答应"一道去挤"。④ 不过，后来发生的事实表明，郭沫若的担心不是多余的："单从政治部的人选上来说吧，其后逐渐明了了的，是第一厅厅长贺衷寒，第二厅厅长康泽，第三厅副厅长刘健群，都是复兴社的几员健将。和这样的一群人物，我能够去共同工作吗？特别是第三厅副厅长的刘健群，这到底是一位监军，还是事实上的厅长，而让我做一名傀儡呢？"⑤ 郭沫若可以不计较地位，也愿意争取工作，却不愿做傀儡。后来，在陈诚召集的一次会议上，郭沫若看见一份文件的前文里面特别强调着"一个主义、一个政府、一个领袖"⑥ 后，"弄得来更加如坐针毡，浑身都在发烧，差不多快要光火了"。⑦ 在轮到自己发言时，郭沫若说："自己还没有充当第三厅厅长的资格"，⑧ 他以"朋友的资格"⑨ 告诉参会的部长陈诚、副部长黄琪翔、秘书长张厉生等：宣传工作很复杂，"须得有不少的专

---

① 孙陵的《我熟识的三十年代作家》，成文出版社有限公司1980年版，第100—101页。孙陵的另一篇文章有类似说法："军委会决定成立政治部，请陈诚当部长，郭沫若当第三厅厅长。郭沫若一听便'火'了，便去了湖南。以资历而言，他有资格做副部长。"参见孙陵的《江青·周扬·夏衍·阳翰笙》，选自《我熟识的三十年代作家》，成文出版社有限公司1980年版，第166页。

② 摘自《郭沫若全集·文学编·洪波曲》，人民文学出版社1982年版。

③ 同上。

④ 同上。

⑤ 同上。

⑥ 同上。

⑦ 同上。

⑧ 同上。

⑨ 同上。

家来参加，决不是做厅长副厅长的一二个人便能够了事的”，[①] “假设我们要拿着‘一个主义’的尺度来衡量人才，那我就敬谢不敏，实在连一打也找不到”。[②] 散会后，郭沫若告诉同去的阳翰笙，自己当天晚上便要往长沙去，请阳翰笙把开会的情形告诉周恩来，希望也把自己的意见向周恩来说说：“要我担任第三厅，我的要求是，至少应该争取到这样三个起码的条件：（一）工作计划事先拟定，不能受牵制；（二）人事必须有相对的自由；（三）经费确定。”[③] 根据郭沫若自己的说法可以知道，并不是自己希望当副部长，而是陈诚、黄琪翔等人认为应该如此。他离开武汉前往长沙，并不是因为没有叫自己当副部长，而是因为以下两个原因：1. 安排特务头子刘建群担任第三厅副厅长，自己不愿意做傀儡；2. 一份文件特别强调“一个主义、一个政府、一个领袖”，[④] 用这一尺度去衡量人才“实在连一打也找不到”。[⑤]

现在再来看看与郭沫若一起去参加此次会议、后来担任第三厅主任秘书的阳翰笙的回忆：

> 在确定郭沫若作第三厅厅长后，斗争的焦点便集中在第三厅副厅长的人选上。我党通过郭沫若提出由潘汉年作副厅长，国民党坚决不同意，郭老力争说：“我得有一个得力的助手。潘汉年北伐时期是我的秘书，后来又参加我们的创造社，是追随我的人，我很有理由派他来当我的副厅长。”陈诚则千方百计地加以反对，企图让郭老接受刘建群。郭老坚决反对。他说：“我本来就不想干第三厅。”在北伐时，郭沫若是政治部副主任，陈诚那时还只是下面的一个团长，而贺衷寒、刘建群这些家伙那时候还不知道是个什么东西。郭老想：“今天你陈诚当了政治部长，爬到我头上来了。为了抗日，这些我都不说了。今天你还要派刘建群来控制我、监视我，我还干什么？”这话他也对黄琪翔直接说过。郭老还说：“在朝也是抗战，在野也是抗战，何必要来当你一个三厅厅长！”[⑥]

从该段文字可以看出，郭沫若确实对厅长这一位置有所不满，不过，不满的原因不是自己没有当上副部长，而是因为安排刘健群担任副厅长来控制、监视他。

阳翰笙是否在帮郭沫若说话呢？不妨看看周恩来 1938 年 2 月 24 日写给郭沫若的书信：

---

① 摘自《郭沫若全集·文学编·洪波曲》，人民文学出版社 1982 年版。
② 同上。
③ 同上。
④ 同上。
⑤ 同上。
⑥ 阳翰笙：《风雨五十年》，人民文学出版社 1986 年版，第 168 页。文中的刘建群当为刘健群。

前日去会辞修，适你的来信正到，他看完后给我看，并说“限制思想言论行动”问题已解释过，并要我将上次所谈的写一个文件交辞修转呈蒋先生批准，便可便利我们工作。关于副厅长，他说可即要范扬先生担任，厅长仍唯一希望于你。假使你要在长沙耽搁，可先要范扬来组织。他并要我及黄琪翔兄写信给你，劝你早来，他也即复你信。陈还说，为地位计，请你以指导委员兼厅长。①

该信内容主要有以下三方面：1. 陈诚对“‘限制思想言论行动问题’已经解释过”，并要周恩来就上次所谈内容写一个文件转交蒋介石批准，以便将来开展工作；2. 第三厅副厅长由范扬担任，仍然希望郭沫若就任厅长一职；3. 考虑到郭沫若的地位问题，陈诚请郭沫若以指导委员的身份兼任厅长。将该信内容与郭沫若的回忆文字比较一下便会发现，就这三方面内容而言，郭沫若的回忆属实，这就意味着孙陵的说法与事实不符。

看了于立群 1938 年 2 月 26 日送到长沙来的周恩来的信件后，郭沫若于 28 日动身回武汉。在陈诚爽快地答应郭沫若的工作条件后，郭沫若答应担任第三厅厅长。在谈到聘请指导委员问题时，周恩来问陈诚：“你以前不是说，要聘沫若为指导委员吗?”② 郭沫若抢先说道：“我现在已经作了你们的部下，不能再来指导你们了。”③ 听了郭沫若的话，陈诚也抢着说：“那我们就不请你指导了。”④ 根据这一事实也可知道，郭沫若 2 月初前往长沙，确实不是因为没有当上政治部副部长，而是因为当时的条件使他无法正常开展工作。

为了更加有力地证明孙陵的说法不符合事实，不妨再看看陈诚 1938 年 1 月 27 日给蒋介石一封信中的相关文字：

周恩来郭沫若等，绝非甘于虚挂名义，坐领干薪者可比。既约之来，即不能不付予相当之权。周之为人，实不敢必，但郭沫若则确为富于情感血性之人。果能示之以诚，待之以礼，必能在钧座领导之下，为抗日救国而努力。⑤

根据所引文字可以知道，在时任政治部部长的陈诚看来，郭沫若并不是一个贪图功名富贵的人，而是一个“富于情感血性之人”⑥，在“示之以诚，待之以礼”⑦ 的

---

① 周恩来：《周恩来书信选集·速将宣传纲领拟好——致郭沫若（一九三八年二月二十四日）》，中央文献出版社 1988 年版，第 142 页。

② 摘自 1982 年人民文学出版社出版的《郭沫若全集·文学编·洪波曲》。

③ 同上。

④ 同上。

⑤ 陈诚：《函呈为筹组政治部事敬陈人事运用之所见（二十七年一月二十七日）》，载于《陈诚先生书信集——与蒋中正先生来往函电（上）》，（台湾）国史馆，2007 年，第 298 页。

⑥ 古远清：《孙陵的后半生》，《鲁迅研究月刊》2007 年第 12 期。

⑦ 同上。

情况下，一定能够“为抗日救国而努力”①。该书信写于政治部组建过程之中，一定是陈诚与郭沫若多次接触后得出的结论，其可信度绝对远远超过去台后“甘当‘反共文艺狙击手’”② 的孙陵近四十年后的回忆。

三 关于郭沫若在上海溧阳路1269号的住房问题

关于该问题，孙陵如此写道：

> 三十四年春天，他去苏联游历一次，中央发给了他三千美金的旅费，这一笔钱他胜利之后在上海狄思威路顶了一幢花园洋房，后来他又把房子顶掉去了香港，竟充做叛国的资本。③

看见该说法后，北碚地方史研究专家李萱华采访了抗战时期担任嘉陵江三峡实验区区长的卢子英（当时北碚为区署所在地），并将其采访情况写进了《卢子英与郭沫若》，郭沫若研究专家龚济民采访了郭沫若当时的秘书翁植耘，并将其情况写进了《关于郭沫若生平事迹的几点质疑》。现在我们来看看两人的采访结果。

> 1945年5月28日，郭沫若接到苏联大使馆的一封信，苏联科学院邀请他参加第二百二十周年纪念大会，会议在莫斯科与列宁格勒两地连续举行，会期从6月16日到28日。蒋介石不愿意郭沫若去苏联。一不签发护照，二不拨给经费，会期临近，时间紧迫，于立群找郭老的秘书翁植耘，通过他在中央银行的亲戚借钱，估计如能借到，数量也不会很大。因此，郭老又向卢子英求援。
>
> 卢子英手下有个文化基金委员会，成立于1938年，开始是募捐集资，用以开发三峡地区文化建设事业，后用集资的钱做生意，开厂矿，集累了一大笔资金，卢子英掌握在手，曾援助过高士其、刘披云、汪伦等地下党员和进步人士。他得知郭沫若要去苏联考察，急需川资，便动用文化基金会的资金，通过北碚银行经理伍玉璋换了一万美元的支票，用信封装好，派北碚管理局服务生唐德祯专程送往重庆天官府六号。当时郭老不在家，于立群收信后，取出美元支票，在信封正面盖上郭沫若私章，当作收据，交唐德祯带回交差。
>
> 郭沫若在得到卢子英送去的钱之前，翁植耘已在他亲戚处借到三千美元，这时只好交翁植耘全部退还了。他这次去苏联，往还历时两个多月，用去美元近五

---

① 古远清：《孙陵的后半生》，《鲁迅研究月刊》2007年第12期。
② 同上。
③ 邱丹：《孙陵——不在的“存在”》，鸭绿江2014年第12期。

千元，回国后将剩余的五千多美元，如数还给了卢子英。①

一九四五年六月，郭老应邀赴苏参加苏联科学院二百二十周年纪念活动前夕，翁植耘怕郭老在国外没钱花，便建议他向有关部门申请一笔款子带去，郭老说不必了，翁植耘出于对郭老的关心，还是向中央银行提了三千元美金交给他。由于翁植耘与当时国民党中的一些头面人物沾亲带故，所以此事办得比较顺利。可是对于这笔钱，郭老在苏联期间根本分文没花，回国后悉数归还，仍由翁植耘亲手交给了中央银行。因而孙陵所谓“这一笔钱他胜利之后在上海狄思威路顶了一幢花园洋房，后来他又把房子顶掉去了香港”，显然纯属编造的谎言。②

比较一下这两篇文章可以知道，两者对相同内容的说法有以下差异：1. 前者说于立群找翁植耘“通过他在中央银行的亲戚借钱”，后者说翁植耘主动“向中央银行提了三千元美金交给”郭沫若；2. 前者说郭沫若到苏联前便将3000美金退还给了翁植耘，后者说郭沫若从苏联回国后才退还给翁植耘。尽管有这些差异，笔者仍然认为主要事实是清楚的：翁植耘“向中央银行提了三千元美金交给”郭沫若，由于卢子英动用手下的文化基金会的资金给了郭沫若一万美元，所以郭沫若将3000美元如数退还给了翁植耘。其理由为：1. 两位作者在写这两篇文章时，采访的对象都是直接当事人，并非道听途说；2. 根据两篇文章的内容可以知道，两位作者在采访两位当事人时，事前、事后都未沟通，龚济民、翁植耘也未见过发表在《北碚志资料》上的《卢子英与郭沫若》；3. 李萱华在采访卢子英时，卢的夫人邓文媛拿出了当时装支票的信封（因保存一张治疗风湿的药单子而留了下来），当时送钱到郭沫若寓所的唐德祯看见该信封时立即认了出来，由此可知卢子英的回忆基本属实；4. 龚济民同时引用了《文汇报》1946年5月12日的一则新闻报道《郭沫若夫人的烦恼》，说明郭沫若1946年到上海后先借住在徐家汇附近一位友人家里，后来要搬去居住的房子“还是朋友的”，由此可知孙陵的说法完全不属实。

---

① 李萱华：《卢子英与郭沫若》，《北碚志资料》1983年第5期。卢子英夫人邓文媛后来在接受采访时有类似说法：“有一年，郭沫若要去苏联开科学大会，老蒋不支持，他就找卢子英帮助，‘卢子英私人哪有钱嘛，他就想办法通过银行找了一笔钱，喊唐德贞送去，说此事要绝对保密，有可能杀头。支票装在一个土信封里面，结果郭不在，他夫人于立群收到，将土信封送回，盖了郭的私章，算是收条。这个信封我觉得有用，开药方装在里面更稳当，信封就留下来了。郭的钱没用完，剩了几千块钱回来，又找到卢子英销了账。’”参见马拉的《郭沫若梁漱溟都曾是我们家的客》，载2013年12月12日的《重庆晨报》。

② 龚济民：《关于郭沫若生平事迹的几点质疑》，载《西北师大学报》1985年第4期。文中的以下说法有误：“于立群所说的后来他们搬到施高塔路去，亦即孙陵所指的狄思威路的那幢房子，因其位于施高塔路口。”“于立群所说的后来他们搬到施高塔路去”的房子应该指后来作为上海群益出版社办公用房的山阴路恒丰里77号的三层楼房。结合《郭沫若夫人的烦恼》（5月12日《文汇报》）的相关报道、魏绍昌5月21日拜访郭沫若的地点是位于溧阳路的“一座日本式小洋房”（《郭老在上海二三事》）可以知道，郭沫若一家1946年5月8日到上海后的居住情况为：先借住在徐家汇附近的朋友家里，12日左右搬到后来作为上海群益出版社办公用房的山阴路恒丰里77号的三层楼房，21日前搬到溧阳路1269号的二层花园洋房。

关于抗战胜利后郭沫若在上海的住房问题，曾任群益出版社中、后期业务负责人的吉少甫有如此回忆：

当时国民党的党政军各部在上海争相抢夺地盘和资财，“文和武争，官和民争，有力者公然霸占，无力者暗中盗窃”。洋房、汽车、金条成为他们的首抢目标。可见国民党的接收实为“劫收”，所以找房很困难。谢恩洁认为，虹口地区在战争时期实际上是日本人的租界，现在大批日侨正在撤离回国，所以这里房价看低，应该早日顶下合适房。这样，我们俩赶去看了在山阴路恒丰里77号的一套三层楼房，认为这类房要比一般石库门房设备好些，朝南的第三层有阳台，煤、水、电齐全。但左右邻居仅一墙相隔，很容易攀走，安全不能保证。里弄内道路较宽，但进出口离交通道路较远。山阴路口有一家书店，是有名的日本书业友人内山完造开的内山书店。有轨电车的终点站就在他的店门前。内山和鲁迅是朋友，也是郭老的朋友。山阴路附近大陆新村9号就是鲁迅故居。当时茅盾也住在大陆新村的第三条巷里。我看过房后，从环境安全角度考虑，认为以郭老的政治身份和在文化界的影响，在此居住不很适合。热心的谢恩洁又继续在附近的溧阳路找到一个单独建筑，是幢有小花园的二层二开间有阳台的公寓式房子，比较适合郭老一家住。原来的住户是日本商人，即将撤离回国。经过中间人的活动，谢花了较大的“顶费”租下。山阴路的房子，就归群益作为办公之用了。①

由此可知，抗战胜利后郭沫若在上海溧阳路1269号二层二开间的花园洋房是谢恩洁②“花了较大的‘顶费’租下”的。现在需要搞清楚的是，这“较大的‘顶费’”来自何处？对此，国民党中央机关刊物《中央周刊》发表的两篇文章有如此说法：

一到上海，便有人出了十几根大条替他顶房子，每月送几千万法币给他作零花，还由某某对外文化事业协会，以补助文化的名义，在美金存款中，对他拨了一点头寸。③

---

① 吉少甫的《郭沫若与中后期群益》，出自吉少甫主编的《郭沫若与群益出版社》，百家出版社2005年版，第157—158页。引文中的山阴路原名施高塔路，溧阳路原名狄思威路，1943年汪精卫政府接收租界时更名为今名，除引文外，本文一律使用今名。

② 谢恩洁（1915～1971）：今贵州省赤水县官渡镇（原属习水县）人。1920年在上海闸北曾参加中国共产主义青年团领导的儿童团工作。抗日战争时期在重庆任四川丝业公司业务科主任。1933年起开始练习写作，曾先后在四川各报刊发表过诗歌散文多篇。1944、1948年在群益出版社参加扩社、募股及出版发行工作。1948年协助郭沫若全家避居香港，并尽力帮助解决他们在香港的经济困难。参见《人物·谢恩洁》，摘自贵州省赤水县志编纂委员会编的《赤水县志》，贵州人民出版社1990年版，第843页。

③ 刘三：《郭沫若离开了上海》，《中央周刊》1948年第10卷第5期。

他由山城重庆飞到了繁华的上海，周恩来用十六根金条给他顶了一座花园洋房，每月并由“周公馆”送上丰厚的生活费和交际费，卢布津贴自然还是有的，并且依其“劳绩”而有增无已。①

现在，我们来看看周恩来1946年5月19日给郭沫若的一封信函：

沫兄如面：

别仅旬余，而京沪相隔，竟若天涯，想念殊甚。定一回，知兄等犹无居室，而赁价之贵，恐为觅居中之最大难题。兹托沫沙兄转告乃超、祝华两兄负责料理，请群姊与之接洽，想月内当能有定所也。专白，即询双好。

一切请面询沫沙。

弟豪拜②

根据该函可以知道，周恩来确实对郭沫若的住所很关心，但他只是委托廖沫沙（时为《华商报》副主编、主笔）转告冯乃超（时任中共代表团顾问、上海工委委员、群益出版社总编辑）、祝华（时为中共代表团办事处工作人员）两人“负责料理”，并未说要给郭沫若一笔钱以便租房。

结合群益出版社中后期业务负责人吉少甫2007年10月捐赠给北京郭沫若纪念馆的《群益出版社股份有限公司股东清单》可以推断，这笔“较大的‘顶费’”应该来自群益出版社股份有限公司本身：1945年8月至1946年4月，群益出版社股份有限公司的股金折合成黄金有144.33两；在这些股金中，除去郭沫若（27.35两）、沈起予（6.25两）、刘盛亚（3.30两）的版税和吉少甫、屈楚、刘川（1.31两）的干股外，还剩黄金106.12两③；在这106.12两黄金中，应该有多部分属于1945年8月以来将群益出版社改组为股份公司后筹集来的现金。有了这么多现金，是能够为郭沫若支付这笔“较大的‘顶费’”的。

由于抗战胜利后郭沫若在上海的住房是“花了较大的‘顶费’租下”的，而谢恩洁只是群益出版社的一个董事，他不可能有权利决定支付这笔“顶费”，他这样做应该征得了周恩来信函提到的冯乃超的同意。此时的冯乃超不仅仅是中共代表团顾问、上海工委委员，还是上海群益出版社的总编辑，他同意花一笔“较大的‘顶费’”租下这幢房子，不仅代表着中国共产党对郭沫若的关心，实际上也是他作为总

① 田虎：《如此这般的郭沫若》，《中央周刊》1948年第10卷第15期。

② 金炳华：《上海文化界：奋战在“第二条战线”上史料集·周恩来致郭沫若告已嘱人协助解决觅居函（一九四六年五月十九日）》，上海人民出版社1999年版，第150页。

③ 郭平英：《群益出版社股份有限公司股东分析》，《郭沫若学刊》2009年第2期。

编辑[①]的分内之事：郭沫若是群益出版社股份有限公司的董事长，冯乃超有责任解决他的住所问题；在花一笔“较大的‘顶费’”为郭沫若租下一幢房子后，上海山阴路恒丰里 77 号的一幢三层楼石库门房子便成了上海群益出版社的公房，作为总编辑的冯乃超则住在三楼[②]。周恩来给郭沫若写信的时间是 1946 年 5 月 19 日，魏绍昌 5 月 21 日去拜访时，郭沫若已经住在溧阳路这座“日本式小洋房”了[③]，由此可以断定，郭沫若在收到周恩来来信之前，冯乃超已经为郭沫若顶下了溧阳路 1269 号的花园洋房并让其安顿了下来。由此可知，吉少甫对冯乃超的以下评价是符合事实的：“群益的第二任总编冯乃超与郭老是相知甚久的好友。在抗日战争和解放战争中，他受命于周恩来，以共产党员的公开身份，从事党的统一战线工作。在文化运动中支持郭沫若，在政治斗争中保护郭沫若，默默作了许多不为人知的组织工作，从不张扬。”[④]

需要说明的是，我们一方面要看见公司为郭沫若在上海的花园洋房花了一笔“较大的‘顶费’”，另一方面也要看见公司欠郭沫若大笔版税：“记得有一次我们粗粗匡算过：如果要还清欠郭老的全部版税，出版社就必须把当时所有资金及能变卖的资产全部卖掉——那就是群益关门。”[⑤] 群益出版社改组前欠郭沫若 27. 35 两黄金的版税，改组后用筹措来的资金为其解决住房问题应该是理所当然的事情。

据《群益出版社股份有限公司股东清单》，在第一期 119. 53 两黄金的股金中，郭沫若亲属的股金还有 24. 75 两（郭沫若侄儿郭培谦 15. 56 两、郭培谦妻妹魏德芳 4. 72 两、魏德芳丈夫刘盛亚 3. 30 两、郭沫若夫人于立群 1. 17 两），与郭沫若的版税 27. 35 两加起来，共计 52. 1 两，差不多占第一期股金的一半。据郭培谦女儿郭远慈回忆，郭培谦不但将在重庆西来寺街 20 号开设的酱油作坊改作群益出版社社址，为了筹措资金，还向自己的父亲 3 次要钱，最后一次甚至谎称自己病重，其父亲接信后立即卖掉刚收割的稻谷将钱寄去[⑥]。郭沫若及其亲属为群益出版社付出了如此之多，我们有什么理由指责公司为其解决住房问题？至于花一笔“较大的‘顶费’”租下一幢二层二开间的花园洋房，那是共产党派往群益出版社主持业务工作的吉少甫考虑到郭沫若的“政治身份和在文化界的影响”租下并得到冯乃超认可的。

关于郭沫若 1946 年到上海后的住房问题，当时还有这样的说法：

---

① 关于冯乃超在群益出版社的地位问题，吉少甫有如此回忆：“安定下来之后，身为群益出版社股份有限公司董事长的郭老面告我，离渝前经研究，他和董事会任命冯乃超为上海群益出版社的总编辑，参与今后群益重大事项的决策。有关选题、编书、出书等出版方面的重要事项，就向他请示汇报。”参见吉少甫的《郭沫若与中后期群益》，选自吉少甫主编的《郭沫若与群益出版社》，百家出版社 2005 年版，第 161 页。

② 吉少甫：《郭沫若与群益出版社 · 关于群益出版社》，百家出版社 2005 年版。

③ 魏绍昌：《郭老在上海二三事》，载吉少甫《郭沫若与群益出版社》，百家出版社 2005 年版，第 234 页。

④ 吉少甫：《郭沫若与中后期群益》，载吉少甫《郭沫若与群益出版社》，百家出版社 2005 年版，第 163 页。

⑤ 刘川：《小出版社的大影响》，载吉少甫《郭沫若与群益出版社》，百家出版社 2005 年版，第 96 页。

⑥ 郭远慈：《忆父亲与群益出版社的往事》，载吉少甫《郭沫若与群益出版社》，百家出版社 2005 年版，第 73—76 页。

据说郭沫若自胜利后初次赴沪时，仅住于施高塔路恒丰里一书店楼上，局促不堪容膝，后来当局始配以小洋房一所，郭居于该房一年有余，其离沪，当局不监视其行动，任彼逍遥法外，固属怪事，然配给之房，而让其出顶，则更是怪之又怪的事了！现郭虽已在逃，然顶郭房之住户，亦为私顶，未知当局究办与否？①

该段文字引自《大地周报》第89期发表的《郭沫若盗顶官房》。关于《大地周报》及其主编，人们有如此介绍：

龚德柏除了办《救国日报》外，还以三妻张孝徽为名，主办《大地周报》。龚在报刊上，常用“菊部老人”，“老记者”，“小记者”，“不是记者”等笔名，写社论和戏评，左右舆论，有很大影响。龚德柏物色了两个主要执笔者，一是曾屠龙，曾在云南写时评，攻击龙云，遭到打击，逃来南京，被“龚大炮”赏识聘用，有时代龚写社论。“曾屠龙”并非原来姓名，是他曾用刀笔屠杀“云南龙”的意思；一是“怡红阁主”，是《大地周报》社评、时评、戏评的主笔，他们常常利用刀笔，自由进入南京各影剧院，除了看戏不给钱外，还得到优厚招待。②

姑且不论由这样的人主办的刊物发表的其他文章是否可信，单就《郭沫若盗顶官房》而言，可以断定它是不可信的。其理由为：郭沫若担任主任的政治部文化工作委员会1945年3月30日便“奉张治中部长令裁撤”③，在这种情况下，国民党怎可能于1946年5月在住房极其紧张的上海分配给郭沫若“小洋房一所”？

孙陵的《熟识的三十年代作家·郭沫若》共五部分，拉拉杂杂写了很多事情。笔者曾试图对其中涉及到的所有事实进行考证，遗憾的是缺乏有说服力的史料，只好作罢。不过，根据本文考证的3件事情可以知道，其中存在不少史实错误。这一事实告诉我们《我熟识的三十年代作家》中的不少回忆存在史实错误，我们在引用时应该多加小心，否则可能以讹传讹。

（原载《西北民族大学学报》2016年第1期）

---

① 原子：《郭沫若盗顶官房》，《大地周报》1947年第89期。

② 张永安：《龚德柏与〈救国日报〉》，中国人民政协会议湘西土家族苗族自治州委员会文史资料研究委员会：《湘西文史资料（第2辑）》，湖南省保靖县印刷厂印制1984年版，第184页。

③ 阳翰笙：《阳翰笙日记选》，四川文艺出版社1985年版，第364页。

婚姻与革命的叙事调整

——郭沫若《黑猫》版本研究

韩　诚

《黑猫》初刊于1929年《现代小说》杂志，是郭沫若较短的一部自传，讲述了其少年时期最重要的两件事——个人的婚姻与社会的革命。“黑猫”的名称，取自成都俗语“隔着口袋买猫儿，交订要白的，拿回家来才是黑的”，象征包办婚姻的不合理性，在郭沫若看来是“原始时代的孑遗”，是把“民族的菁华”和“人性的菁华”消耗殆尽的根源。在讲述婚姻的同时，郭沫若用生动的笔触描述了辛亥革命后四川地区的风土人情，并将个人的经历与社会的变迁联系起来。与《女神》《棠棣之花》等作品一样，郭沫若对《黑猫》也进行了多次修改，尤其在1958年编纂《沫若文集》的过程中，将婚前犹豫不决、评价辛亥革命、参加保卫团等内容删改，文章整体框架和主要内容虽未改变，却在细节中调整了婚姻和革命的叙事角度。

一　《黑猫》主要版本

迄今为止，《黑猫》主要有6个版本，其版本及修改次序如下：

初刊本→重庆作家书屋本→海燕本→文集本→全集本

初版本

初刊本：1929年10月15日，以《黑猫》为题刊登在上海现代书局《现代小说》杂志第3卷第1期，内容4节；1929年11月15日，以《黑猫（续）》为题刊登在第3卷第2期，内容3节。两篇共7节，约2万字。

初版本：1931年12月，上海现代书局出版《黑猫》单行本。该版本以初刊本为底本，修改共计31处。①

重庆作家书屋本：1943年4月，重庆作家书屋出版《反正前后》，将《黑猫》

① 修改计算标准为：一是以逗号分隔半句话为基本单位，半句之内无论修改多少文字或符号，均认为是一处修改；二是连续语句增删，无论内容长短均算作一处修改；三是格式调整，顺序调整、新增或合并段落算作一处修改。在具体操作中，统计次数难以绝对精准，修改次数仅供研究者参考。

作为该书的后半部分。该版本以初刊本为底本，修改共计59处。

海燕本：1947年4月，上海海燕书店将《黑猫》编入《少年时代》（沫若自传·第一卷）。该版本以重庆作家书屋本为底本，修改共计103处。

文集本：1958年5月，人民文学出版社将《黑猫》编入《沫若文集》第6卷。该版本以海燕本为底本，修改共计832处。

全集本：1992年9月，人民文学出版社将《黑猫》编入《郭沫若全集》第10卷。该版本以文集本为底本，增加较多的注释内容。①

二 早期的三次修改

在《黑猫》主要的6个版本中，初版本、重庆作家书屋本、海燕本的修改较少，主要是文字上的修订，不涉及内容的变化。

第一次修改是初版本对初刊本的修订。1931年12月，上海现代书局出版《黑猫》，对初刊本中部分错误进行订正，将“积忧成霉”改为“积忧成病”，“铁路学生因为没钱经营已经停办”中“学生”改为“学堂”，同时也调整了习惯用语，将“撰春联”改为“编春联”，“何以要”改为“所以要”，“好评”改为“好评语”。但这次修改很不细致，部分错字没有更正，还新增两处错误，将“麻布口袋”改为“床布口袋”，将“便大都迷失”改为“便大家迷失”。

第二次修改是重庆作家书屋本对初刊本的修订。抗战期间的1943年4月，重庆作家书屋为纪念“郭沫若先生创作生活二十五周年”，出版三卷本“沫若自传”，包括《童年时代》《反正前后》《创造十年》，其中《反正前后》的后半部分内容即为《黑猫》。这次修改主要是词语的调整，如“一般心事”改为“一段心事”，“定夺下去”改为“定夺下来”，“迟早”改为“早迟”，“亲眷”改为“亲戚”。其中有一处特殊的修改，在讨论西藏分裂势力时，“西藏在英人的怂恿之下”中的“英人”改为“X人”，这有可能是排版疏漏，但更像是适应抗战的政治需求，避免对盟友英国的直接批评。随着抗战结束，海燕本改回为“英人”，文集本进一步改为“西藏在英人的觊觎之下”。简短的一句描述，却先后3次修改，对待“英人”的态度在不同时代截然不同，反映了政治对文学的影响。

第三次修改是海燕本对重庆作家书屋本的修订。1947年4月，上海海燕出版社出版《少年时代》（沫若自传·第一卷），内容包括《序》《我的童年》《反正前后》《黑猫》《初出夔门》。此后，《少年时代》在海燕书店、新文艺出版社再版十余次。②

① 在6个主要版本外，还有以海燕本为底本的1954年上海新文艺出版社版本，以文集本为底本的1979年3月人民文学出版社版本。

② 1951年，海燕书店与群益出版社、新群出版社、大孚出版公司等合并组成新文艺出版社，以海燕书店本为底本重印《少年时代》。

这次修改内容也比较少，主要是词语的规范和调整，如“趁心”改为“称心”，“恃仗”改为“仗恃”，“马将牌”改为“麻将牌”，“原由”改为“理由”，并删除了部分夸张的描述。

从版本变迁的角度看，前三次修改虽不复杂，但存在两个特殊现象：一是初版本修改与其他版本缺少传承关系，二是重庆作家书屋本没有被研究者关注。

在现代文学作品研究中，初版本通常是研究者最重视的版本，因为这一版本最能反映作者初始的创作状态。《郭沫若全集》第10卷中将《黑猫》初版本与全集本差异的地方，以注释的形式附在文后。编辑如此处理，符合一般作品的编辑规律，但《黑猫》的版本却略显特殊，因为该书修改顺序为“初刊本→重庆作家书屋本→海燕本→文集本→全集本”。对比初刊本、初版本和重庆作家书屋本，发现这三个版本没有传承关系，初版本的31处修改中，仅有7处与重庆作家书屋本重合，甚至像“积忧成霉”这样已经被改正的错误，在后者中仍然存在，说明年代靠后的重庆作家书屋本没有以初版本为底本，而是以更早的初刊本为底本。在现代文学作品中，初版本成为孤立版本的现象并不常见，出现这种情况有两种可能：一是重庆作家书屋本修订时受抗战影响，郭沫若缺少《黑猫》的初版本；二是郭沫若本人对初版本的修改不满意，主动放弃了这一版本。由于《黑猫》初版本的印刷版次较多，[①] 图书比报刊也更容易保存，因此前者的可能性不大。而在时间较晚的海燕本、文集本中，作者也没有增加初版本的修改内容，因此作者对初版本不满意的可能性较大。

在《郭沫若著译书目》《郭沫若研究资料》《郭沫若文学作品版本谱系考略》等研究资料中，均未提将重庆作家书屋本看作一个单独的版本，多将《黑猫》视为《反正前后》的附录文字，并不认为是存在异文的版本。[②] 通过与前后版本比对发现，尽管这次的修改不多，却起到承接初刊本和海燕本的作用。重庆作家书屋在抗战期间出版《童年时代》《反正前后》《创造十年》，是整合郭沫若自传的尝试，为此后海燕本自传编纂提供了基础。此外，由于抗战时期物质条件极差，这一版使用了质地较差的土纸印刷，使书籍显得非常粗糙，质量上不如其他版本，但同时也保留了特殊的时代印记。

三 文集本的修改

1957年3月至1963年6月，人民文学出版社对郭沫若作品进行结集汇总，以17

---

① 上海现代书局在1931年12月出版《黑猫》后，先后在1932年4月、1932年10月、1933年3月、1934年4月进行了4次再版。

② 萧斌如、邵华编：《郭沫若著译书目（增订本）》，上海文艺出版社1980年版，第126页；王训昭、卢正言、邵华等编著：《郭沫若研究资料（下）》，知识产权出版社2010年版，第1077页；金宏宇、彭林祥：《郭沫若文学作品版本谱系考略》，《郭沫若学刊》2009年第1期，第66页。

卷本《沫若文集》的形式分批次出版。对于文集的修改标准，出版说明表示："根据初版本或其他版本校勘，并增加一些必要的简注。有些作品曾由作者亲自校阅、修订。"①《黑猫》被收入第六卷，该卷出版说明强调"根据《少年时代》的初版本，同时又经过了作者的修订"。② 与早期三次修改相比，文集本对海燕本的修改较为全面，在替换习惯用语、调整文章格式、修改标点符号之外，对作品内容也进行了大量删改。

20 世纪 50 年代后期，为配合当时的汉语规范化运动，大量作家对自己的作品进行修订，郭沫若的作品也不例外。在文集本的 833 处修改中，约七成为错字订正、词语替换、口语和书面语转换等修改，较为典型的例子有：

拒绝→推却　力量→威力　假使→如果　午餐→午饭　住居→住家
农人→农民　天子→皇帝　那儿的→四川人　长养→抚养
煽动→成立　指导者→领导者　异民族→非汉民族　蛮野→蒙昧
满清政府→清政府　差狗→差班　小地主→地主　我们→我

多数词语替换是使用新的规范用语代替原有词汇，如"天子"改为"皇帝"，"住居"改为"住家"，"长养"改为"抚养"，"蛮野"改为"蒙昧"。同时还删除了"我们""他们"等重复的代词，将"我们"改为"我"，使语言描述更为精练准确。在规范用语的同时，文集本也注重词语性质，对保路同志会的描述由带有贬义的"煽动"改为中性的"成立"，将带有歧视少数民族意味的"异民族"改为"非汉民族"、"满清政府"改为"清政府"，将带有讽刺意味的"差狗"改为中性的"差班"。

内容修改方面，最明显的是对婚姻和革命的叙事调整。早期版本中，郭沫若对待婚姻的态度和心理变化极其复杂，既渴望婚姻自由，又被迫听从父母决定，同时又对婚事抱有"机会主义"式的期望。文集本对婚姻的修改，主要是简化叙事过程，较为典型的删改有：

那真是一场痛苦，一场耻辱，一场悔恨。我自己似乎犯不出要在这已经愈合的伤痕上再来插进一刀。(第一节，删除)

我不过适逢其会成为了一位重要的演员，我现在以演员的资格来追述出那场悲剧的经过罢。(第一节，删除)

在初本来以为是母子间的笑谈，但谁知老人对于儿女的忧心才是那样的真切

① 《出版说明》，《沫若文集》1 卷，人民文学出版社 1957 年版，前言页。
② 《第六卷说明》，《沫若文集》6 卷，人民文学出版社 1958 年版，前言页。

呢！（第一节，删除）

在积忧成病的母亲当然是可以不用再征求我的同意而定夺下来了。（第一节，改为“在母亲当然是可以不用再征求我的同意了。”）

在年青人的心境一般的梦想大都是这样。因为他自己的性格都还是一个未成品，所以他不能幻想出要怎样怎样的女子才是理想中的爱人，要怎样怎样的婚姻才是理想的配合，那种抽象的悬拟他办不到，但他能置身在一些具体的传奇事体中，而把那传奇中的英雄来自行比拟。在年青人的心目中也尽可以说是没有理想的，他所期望的配偶，或者也尽可以把一个汎然无内容的美字来包括。要怎样怎样的美，他或许说不出来，但他总知道有这样一种对象，爱与不爱，他是所谓如水到口冷暖自知的。（第一节，改为“现在呢？婚事已经定了。怎么办？拒绝罢”）

他的心机在绝望与不绝望之间游移，同时也是在称心与不称心之间推动。（第一节，删除）

也怕是一般的中国人的机会主义；中国的思想，中国人的国民性，简单一句话，便是机会主义的结晶。但那机会主义的培成，我想这媒妁的结婚便应该要负一半以上的责任。（第三节，删除）

两千年来中国人便困顿在这两重的软禁之下，不是把所有的民族的菁华，或者是人性的菁华都消磨殆尽了吗？（第三节，删除）

心里依然是在想，想的也依然是那种机会主义的问题。答案就在明天了，自己好像在担心着要受试验，但那试验又好像只是一道国文题的一样。幺妹是那么诚实的人，她绝不会欺骗我，绝不会欺骗我的父母；隐约之间，自己的心里又在这样想，希望她能够像那死去了的五嫂的形象。……（第三节，改为“突然想起了五嫂生前说过的一句话。那是两年半前的暑假，在一个月夜，就在这厢房的南窗外对我说的。‘你凡事都想出人一头地，凡事都不肯输给别人，是不是呢？’无端地有点凄凉，我是感觉到好像失掉了鼓舞的力量。眼睛不知不觉地涔进了眼里。）

我的希望已经冷掉了三分之一了，这不正是一场欺骗吗？但这还可以忍耐，因为脚虽包了随后是可以放的，人还年轻，大约也可以放成半大小。（第四节，删除）

这真是机会主义的一个惨败！（第四节，删除）

我只是看见那新娘的毫不客气的一双露面的和猩猩一样的鼻孔！（第四节，改为“只看见一对露天的‘猩猩’的鼻孔！”）

母亲三番两次苦口劝我，她到后来甚至把她平常于一夫一妻的严格的见解都抛弃了，她说：“你男子汉大丈夫，只要一得志，你所喜欢的不是有你可以选择的自由吗？”啊，母亲哟，你实在是爱我，但我们的时代终竟是两个时代。从前

> 的什么“二妾三妻”在我们新时代的青年是视以为耻辱的。我们就不敢说希望要有爱情，但至少要希望有可以容受爱情的素质。尽管是怎样的聪明贤惠，谁个会和一位猩猩女士结下不解的因缘呢？（第四节，删除）

用“黑猫”为题象征着婚姻的失败，文章一开头将其称之为痛苦、耻辱和悔恨，并将写作的过程看作是“以演员的资格来追述出那场悲剧的经过”。文集本将这两段文字删除，只留下简短的陈述语句，淡化原有的不满情绪，使文章看起来更为理性。郭沫若在结婚前后的心理变化极为复杂，为对比结婚后的失望，在结婚前详细描述他的爱情观念：年轻人对爱情无比憧憬，希望爱情是英雄救美一样的传奇，并将自己比拟为传奇中的英雄，尽管年轻人的性情未定，也不知道什么是理想的爱人，但底线却是要“爱与不爱，他是所谓如水到口冷暖自知的”。文集本将这段描述删除，虽不影响内容连贯性，却少了对后文失望情绪的铺垫。

在见到新娘之前，郭沫若抱有不小的期望，曾想象新娘恰如“深谷中的一朵幽兰”或是“旷原里的一枝百合”，其心理是“在绝望与不绝望之间游移”，“在称心与不称心之间推动”，并将这种“游移”和“推动”的心理称之为“机会主义”。在婚礼的前一天，郭沫若感觉“自己好像在担心着要受试验”，希望新娘“能够像那死去了的五嫂的形象”。即使在看到新娘小脚后，仍表示“这还可以忍耐”，因为“脚虽包了随后是可以放的”。一系列的铺垫为后面的失望埋下伏笔，在看见新娘“毫不客气的一双露面的和猩猩一样的鼻孔”后，郭沫若大呼“这真是机会主义的一个惨败”。

让郭沫若产生“机会主义”的重要原因是家庭因素，特别是郭母的态度。母亲催促结婚出自老人的忧心，并为此“积忧成病”，甚至在结婚后为开导儿子，将原有的一夫一妻的观念都抛弃了，字里行间充满了母爱之情。对于母亲安排的包办婚姻，郭沫若表示“能够原谅她”“并不埋怨她”，但也充满无奈之感，认为自己和母亲“终竟是两个时代”。通过删除婚前的犹豫不决，使郭沫若对待婚姻的态度从“机会主义”变为始终如一的批判，而删除对郭母的描述则减轻了家人在这桩婚事上的责任，将对家人的不满和无奈转向对婚姻制度的批判。通过简化婚姻叙事的处理，文集本减少了早期版本中的情绪宣泄，描述变得更为平淡和理性，但也损失了真实的心理活动描述，成为一个规范但缺少细节的版本。

正如《黑猫》开篇所说，1912 年对郭沫若有“两重的纪念”，在“我自己结过一次婚”的同时，“我们的中国说是革了一次命”，因此用较多的篇幅描述辛亥革命对四川地区产生的影响。文集本不仅简化了婚姻叙事，也调整了革命叙事的角度，较为典型的删改有：

> 但这些情形在当时都以为只会是一时的现象，特别是我们少年人，我们的兴

趣决不是因为这样一点地方上的不安宁，过渡时代的不满意，便会把那醒狮怒吼的一场大梦轻容易幻灭了的。我自己在小时做文章，很得意的是爱学些子书的笔法，插用譬语。我记得在嘉定府中学堂时，先生出过一道国文题好像是“选举不必如官吏”，这是黄公度在视察了日本初年的议会制度时的一句感想，而他这句感想在当时中国要变法自强的时候却是很大的一种阻碍。黄公度所看见的日本当年的选举是初由封建时代向资本制度的学步。所以完全呈出一种凌乱的现象；当时是所谓壮士横行时代，动辄便用刀杀人，以武犯禁。在封建头脑的黄公度看来，他的批评自然是有因的，所谓“选举不如官吏”实即立宪制度的初期不如旧有的封建社会之有秩序与安宁。但我当时拼命地驳斥了他。我的文章里面有一个自以为巧妙的譬语是，“譬之有人居处于茅庐陋室之中，屋虽颓败然犹勉强可以躲避风雨，一朝思毁此茅庐陋室而别建高楼大厦，则必毁此旧有之颓屋而重新辇积土石，奠定地基，鸠工庀材以事建筑，于斯时也，乃有不安之时期出现，其工程愈大，则不安之时期愈久，使彼茅庐陋室之主人乃喟然而叹曰：呜呼建筑之不必如茅庐陋室也，是亦慎矣。黄公度之言有类于是。”——当时文字的大意大抵是这样，我总之做的是翻案文章，对于黄公度是深加斥责的，很赢得了先生的一段好评语。这种在文章上可以发生的着想，在实际社会的批判上不消说也可以发生。所以革命过后尽管各处有兵变，尽管各处的土匪日渐猖獗，但我定要说这是过渡时代的现象，是毁坏了茅庐陋室，别建一高楼大厦时所必有的过渡时代的现象，我们不能够因此而悲观，更不能够因此而诅咒革命。事实上我也不唯不悲观，不唯不咒诅，而且在那时候，我和我们乡里人还做过一些愉快的事体。（第二节，删除）

檄文大概都是我的手笔，时而要闹些四六体的玩意儿，倒亨不亨的，我现在想起来都觉得好笑。（第二节，改为“檄文是我做的手笔，是四六体，倒亨不亨，我现在也想不起来了。”）

我的结婚也同是革命的结果。（第三节，删除）

我坚决主张不理，我们倒不如率性带着那八九十只快枪上省去戍军（第六节，改为“有人坚决主张，倒不如率性带那八九十只快枪上省去戍军”）

我们事实上是违犯了法律的人。（第六节，删除）

这个插话很给了我一番教训，它使我知道了法律是要求做什么事情的！（第六节，删除）

谈及辛亥革命的影响，郭沫若回忆起中学时的一篇文章。当时，老师以“选举不必如官吏”为题让同学们论述社会问题。这句话引自黄遵宪的《日本国志》，原文为“然余读明治十二年府、县议事录，吾未知其果胜于官吏否也”，是黄遵宪在考察日本地方议会制度后的感想，认为议会制容易沦为“霸者之道”，出现“豪农富商罔利以为民害”的问题。[①] 对此，郭沫若理解为黄遵宪是在批评立宪制度，便以盖新房要拆毁旧屋为例进行反驳，认为新制度在发展过程中难免产生不稳定因素，并由日本联想到中国的现状，将辛亥革命后的“兵变”和“土匪日渐猖獗”看作是过渡时期的特殊现象，强调大家不应悲观，更不能因为个别现象而否定革命的意义。

这篇驳斥文章获得了老师的好评，也是郭沫若的少年得意之作，因此不惜篇幅记录在《黑猫》中。在回忆这篇文章时，郭沫若对最初的观点进行了反思和调侃，认为当时的文章“自以为巧妙”，强调驳斥文章的结论只是“我定要说”，否定了对辛亥革命的早期看法。在此后《黑猫》的修改过程中，社会政治环境几经变化，到文集本修改时，辛亥革命已被定性为资产阶级民主革命，如何评价这场革命成为一个复杂的问题。无论是最初对黄遵宪的强烈驳斥，或是初刊本中的反思，以及此后版本的修补，都不符合新的政治语境，于是郭沫若直接将这一大段彻底删除，不再讨论辛亥革命及其影响。

在评论辛亥革命的同时，郭沫若与乡邻“做过一些愉快的事体”，包括组织成立保卫团、捉拿杨朗生、进城打官司等事。早期版本中，这些事情多被描述为传统的乡间恩怨，保卫团带头的幺叔“是江湖上的人”，敌对的杨朗生是“豪强霸道之流”，参与活动的乡民是为了保护自己的利益，没有阶级斗争的因素。对此，文集本将“农人”改为“农民”，杨朗生的身份从“小地主”变为“地主”，强调“乡里的农民平时受尽了杨家的剥削”，渲染捉到杨朗生后“农民们欢天喜地”。通过词语替换和细节调整，一场传统的乡间恩怨变成了农民与地主的斗争，为保卫团的活动增加了政治上的合法性。

郭沫若对自己的描写也有少量修改，如为保卫团撰写的檄文本是“现在想起来都觉得好笑”，文集本改为“现在也想不起来了”。打死杨朗生引发官司后，郭沫若曾坚决主张带着枪支和队伍“上省去成军”，文集本却将“我坚决主张”改为“有人坚决主张”。官司结束后，郭沫若感叹“这个插话很给了我一番教训，它使我知道了法律是要求做什么事情的”，这段内容也被删除。通过这些细节的修改，郭沫若疏离了自己与保卫团的关系，对具体事件的描述从积极的参与者变为相对客观的陈述者。

无论是删除驳斥黄遵宪文章，增加保卫团的革命色彩，还是疏离自身与保卫团的关系，文集本的修改意图都很明显，即调整革命的叙事角度，由主观视角变为客观视角，由直观感受变为客观陈述。与简化婚姻叙事相比，调整革命叙事更多受到政治的影响。郭沫若创作《黑猫》时正在流亡日本，政治上虽不得意，写作上却没有任何顾虑，内容最接近其真实想法。到文集本修改时，中国社会发生了巨大的变化，新的政治环境要求重新评价辛亥革命，郭沫若的身份也从普通文人变为国家领导人，因此早期版本的革命叙事显得不合时宜，只能通过编纂《沫若文集》进行了系统的修改。

---

① 黄遵宪：《日本国志·卷十四·职官志二》，《黄遵宪全集（下集）》，中华书局 2005 年版，第 1135 页。

在《黑猫》版本变迁中，前三次是小规模修改，反映出郭沫若在不同时期的用语习惯，文集本的修改则重在调整对婚姻和革命的叙事。无论是删除导致婚前犹豫不决的“机会主义”，修改对待母亲的复杂态度，还是删除驳斥黄遵宪的文章，疏离自己与保卫团的关系，都是对早期版本的规范化的处理。郭沫若修改《黑猫》的动机，并非一般意义上的作家悔其少作，而是有着复杂的政治因素和个人因素。在处理婚姻和革命这两个重要的话题时，郭沫若刻意删掉很多细节，有意识地将自己和事件拉开距离，将描述的视角从参与者转向旁观者。通过编纂《沫若文集》，郭沫若对婚姻与革命叙事进行改写，在语言和内容上打造了一个规范的版本，更符合政治语境和郭沫若的身份，但也损失了作品的真实性，不如早期版本更原汁原味。

（原载《文艺争鸣》2016 年第 11 期）

诗“只是‘写’出来的”

——郭沫若“五四”时期诗论之意义

程国君

一 诗“只是‘写’出来的”

熟悉新诗史的人大概很熟悉郭沫若的即兴而“写”论：“我想诗这样东西似乎不是可以‘做’的出来的。我想你的诗一定也不会是‘做’了出来的。Shelley 有句话说得好，他说：Amancannotsay：I willcomposepoetry. Goethe 也说过，他每逢诗兴来了的时候，便跑到书桌旁边，将就斜横着的纸，连摆正它的时候也没有，急忙从头至尾地矗立着便写下去。我看歌德的这些经验正是雪莱那句话的实证了。诗不是‘做’出来的，只是‘写’出来的。我想诗人的心境譬如一湾清澄的海水，没有风的时候，便静止着如像一张明镜，宇宙万汇的印象都涵映着在里面；一有风的时候，便要翻波涌浪起来，宇宙万汇的印象都活动着在里面。这风便是直觉，灵感（inspiration），这起了底波浪便是高涨着的情调。这活动着的印象便是徂徕着的想象。这些东西，我想来便是诗底本体，只要把它写了出来的时候，他就体相兼备。”①

郭沫若这种即兴而“写”论，是五四时期最引人注目和最有影响力的理论之一，也是最具现代内涵的诗论之一。因为它不仅以颠覆性的姿态否定了束缚诗歌创作的陈旧的“做”论，而且还传播了五四新诗革新时期的诗美学思想。即兴而“写”论的倡导意义重大：它以轻反映、重主观、重创造、重表现的个性表现论思想，深刻地影响了五四时期以“创造社”为代表的个性主义、浪漫主义文学的发展，对于创造社标举的“为艺术而艺术”、“全”与“美”的唯美主张也有所纠偏与发展。究其实，郭沫若即兴而“写”论阐发的内涵，乃是表现主义的诗学理念，它把诗创作的表现性特性和自发性特性与直觉论、灵感论统一了起来，凸显了重主观、重个性的表现主义思想，从而最充分地显示了郭沫若及其“创造社”诗学理想的最基本要义，引领了五四个性主义的诗学风尚。这是一个很值得讨论的诗学命题。

首先，从理论内涵上讲，即兴而“写”论实际上包含至少四个方面的内涵：一

---

① 宗白华、郭沫若、田汉：《三叶集》，安徽教育出版社 2006 年版，第 12 页。

是主观个性表现论的诗学思想。在上述表述中，郭沫若以诗的产生过程的诸多现象和经验的描述，充分地表达了情感个性表现论的诗学思想：写诗是自我的展现，是个性的表现、解放与张扬，写诗是发泄与摆脱束缚，是表现“诗人的心境”，是表现诗人对于“宇宙万汇的印象”。这种重主观，重表现，强调情感的自我表现的思想，是“创造社”及其郭沫若诗美的灵魂思想，也是中国诗学史上明确的表现主义理论观。二是直觉、灵感论等新诗学观念。这里的几个关键词“直觉”“灵感”“印象”“波浪”等，把直觉和灵感论等现代性诗学思想融合了进来，包含了直觉论和灵感论的现代诗美新内涵。因为直觉和灵感，是被现代心理学和美学特别推崇的文学审美思想，所以，当它们被崇尚“新”和创作冲动的新诗人所接受的时候，五四新诗重灵感的创作理想便被建构了起来。三是自发、自然生成论诗学理念。即兴而“写”论强调写作时的自发性、瞬时性、突然性，直觉、灵感，也具有自发性，即兴而“写”就是写来自直觉、灵感爆发的东西，就是自然生发，自然而然产生的情绪。这种诗学思想给情感表现论注入了自动、自发性内涵，从而激发了自然、自由创造的诗坛新风尚，给重反映、轻创造的呆板的初期诗坛注入了自发、鲜活的生命活力。四是强调诗人天才、天分的作用，把想象视为创造。这充分地展现了“创造社”创造的基本要义，也印证了文学诗学作为精神创造性劳动主体虚构的本体特质。由于重视诗歌创作中诗人主体的想象的重要性，诗歌创作表现的内容里便有了源于情感的、直觉的、灵妙的主观内涵，因而这就突破了客观再现论的“实”与重视描摹的局限，增加了诗歌创作虚拟、想象化的因素，诗歌内涵深广了，也灵动了起来。因为想象又使个人主观的个性化成分多了，因而诗歌的个性就鲜明了，诗便具有了丰富多彩而玄奇华丽的面相。① 事实上，这直接导致了郭沫若诗歌艺术审美个性的形成。郭沫若诗歌的那份灵性，那份华美，那份自由、飘逸，都与其在创作中重视和凸显“想象”有关。

这段即兴而“写”论的后半段，还包含了诗歌审美形态存在客观依据的逻辑论断：“大波大浪的洪流便成为‘雄浑’的诗”，“小波小浪的涟漪便成了‘冲淡’的诗”。因为依据这个理论郭沫若创作出来的诗，既有“‘雄浑’的诗”，又有“‘冲淡’的诗”，审美个性就十分多样，而前者，甚至确定了现代新诗的基本审美走向——“从古典和谐走向近代崇高”②，造就了新诗个性主义引发的崇高的新美学风格的诞生。

其次，郭沫若倡导的这种即兴而“写”论，也强化、传播了主情论思想。在

① 郭沫若诗歌在这一点上与徐志摩诗歌相当一致，飘逸、自然、清新、活泼。这当然与他们共同持有的五四个性、自由、解放的思想有关，但与即兴而“写”论等相关的诗美理念也不无关系。按照叶朗的概括，飘逸有三个美学特征：一是雄浑阔大，惊心动魄；二是意气风发；三是清新自然。郭沫若诗具备这些特点。

② 新诗史上，郭沫若的诗歌创作，是实现了由“古典和谐向近代崇高”的美学目标的。这一美学“大风格”在“天马行空”的自在气势下与奔放、飘逸巧妙结合，构成郭沫若诗歌基本的美学品格。参见《新诗美学范畴与诗美艺术》，中国社会科学出版社 2013 年版。

“这起了底波浪便是高涨着的情调”这个论断里，其中心词“情调”，实际上就是情绪、情感。该观点强调诗歌的本体就是情感的表现，认定情为诗之本，强调情、情感对于诗的重要性。这是主情论美学思想的核心内涵。众所周知，情感本体论的诗歌美学思想在古今中外很早就存在。郭沫若的独创性在于，他还通过哲学家与诗人的比较，突出强调了纯真为美和情感唯美的诗学本体思想，赋予主情论新的内涵，使“主情论”的诗歌思想具有了美的实质内涵。郭沫若说：“诗人是感情的宠儿，哲学家是理智的干家子。诗人是‘美的化身’，哲学家是‘真’的具体”。“我想我们的诗只要是我们心中的诗意诗境的纯真的表现，命泉中流出来的 stain，心琴上弹出来的 melody，生底颤动，灵地叫喊，那便是真诗，好诗。”郭沫若由此逻辑理念出发，说他的儿子的诗比他的诗更美：“他见着天上的新月，他便指着说道：‘oh，moon！oh，moon！’见着窗外的晴海，他便要指着说道：‘啊，海！啊，海！爹爹，海！’我得了他两个暗示，我以前做了一首《新月与晴海》：（一）‘儿见新月，/要指天空。/知我儿魂已飞去，/游戏广寒宫。’（二）‘儿见晴海，/儿学海号。/知我儿心已飘荡，/血随海浪潮。’我看我这两节诗，硬还不及我儿子的真切写咧！”① 这是其即兴而“写”论的深化，包含“情感至上”的思想，也包含情真为美的诗学思想。五四前后，留学日本的郭沫若根本上认同了这些观念，所以他才言之凿凿，如此言说。在其诗歌创作中，他也始终坚持这种情真为美的诗美理想。像《女神》集的诗歌的美，就首先建立在“真”与“纯真”的基础上，书写与传达的就是抒情主人公发现新世界、再造自我的纯真而奔放的真感情。这与唯美主义的“为艺术而艺术”已经完全不同。因为它强调艺术的情感本体，赋予艺术以情感内涵，并以情真为美来确认。这样，即兴而“写”论就理所当然地克服了部分创造社成员的唯美主义的“形式”与“艺术”的偏颇，使其“为艺术而艺术”有了实质内涵，因而也就实质性地深化了主情论的诗学思想。

其三，从其倡导即兴而“写”论的实践效果和诗学史事实看，这种即兴而“写”论还成了郭沫若五四时期再造中国现代诗歌艺术理想和创作实践的一个重要艺术契机。因为如果说胡适“诗论”倡导了“须言之有物”的写实主义诗学主张，引领了“新青年作家群”的诗创作，那么，郭沫若即兴而“写”论显然就把重创造的表现主义的“创造社”的诗学理念带给了新诗坛，从而引领了五四重主观的个性主义文学风尚。郭沫若及其创造社成员的诗，与《尝试集》和“新青年作家群”重反映再现的诗风拉开了距离，一种重个性、重主观、重创造的充满着青春气息、具有勃勃生气的五四浪漫主义崭新诗风就流行开来。与同时期以及以后其他流派的诗比较，与新月优美的生命诗、与传统的精致的古典诗和现代派的主知的朦胧美的晦涩诗的新诗比较，郭沫若引领下的这种单纯、热烈、崇高、悲情和感伤的浪漫抒情诗能够形成，都

① 宗白华、郭沫若、田汉：《三叶集》，安徽教育出版社 2006 年版，第 11 页。

与郭沫若这种即兴而“写”论有密切关联。

二 “诗的创造贵在自然流露”

从创作论角度而言，郭沫若的这种即兴而“写”论，还包含“写什么”和“怎么写”的深刻创作论内涵。因为其“写”情和情绪，强调感情论和重主观的表现主义的诗学理念，就是申述了“写什么”的内涵的；而其“情感的自然流露”的诗美策略则是包含“怎么写”的要义的。这与他的以反对“做”强调“写”的即兴而“写”论创作论理路一样，给初期新诗——自由体诗新诗创作的影响实际上相当深远。

> 我也是最厌恶形式的人，素来也不十分讲究他。我所著的一些东西，只不过是我一时的冲动，随便地乱舞乱跳的罢了……只是我对于诗的直觉，总觉得以自然流露为上乘，若是出于“矫揉造作”，只不过是些园艺盆栽，只好供诸富贵人玩赏了。天然界的现象，大而如寥无人迹的森林，细而如路旁道畔的花草，动而如巨海洪涛，寂而如山泉清露，怒而如雷电交加，喜而如星月皎洁，莫一件不是自然流露出来的，莫一件不是供诸平民而自取的。亚里斯多德说，“诗是模仿自然的东西”，我看他这句话，不仅是实写所谓忠于描写的意思，他是说诗的创造贵在自然流露。诗的生成，如像自然物的生存一样，不当参以丝毫的矫揉造作。我想新体诗的生命便在这里。古人用他们的言辞表达他们的情怀，已经成为古诗，今人用我们的言辞表达我们的生趣，便是新诗，再降些年代，便会有新新诗出现了。[①]

郭沫若的这段著名论断，不仅是前述的即兴而“写”论的深化，还论述了在诗的自然生成基础上形成的自由体诗在其创作中“自然流露”这种审美表现方式的重要性，阐述了刚刚诞生的汉语自由体诗要用“自然流露”的审美表现方式书写的崭新创作理念，也明确阐述了他的新的诗体意识。这对于自由体新诗创作更有启发意义。

“诗的创造贵在自然流露”。古今诗歌创作的美学经验是郭沫若倡导这个原则的首先依据。“崇高的对象在它的体积方面是巨大的，而美的对象则比较小；美必须是

---

① 宗白华、郭沫若、田汉：《三叶集》，安徽教育出版社 2006 年版，第 94 页。郭沫若的诗体意识实际上很强，很明确。他前述的“我每逢着这样的诗，无论是新体的或旧体的，今人的或古人的，我国的或外国的，我总恨不得连书带纸吞了下去，总恨不得连骨的把它融了下去”的提法，与这里连续使用的“新体诗”、“新诗”和“新新诗”即是明证。陆耀东先生就特别关注过郭沫若的诗体意识。参见其《中国新诗史》第 1 卷（长江文艺出版社 2005 年版）相关郭沫若部分。

光滑光亮的，而博大的东西是凹凸不平和奔放不羁的；美必须避开直线条，然而又必须缓慢地偏离，而伟大的在许多情况下喜欢采用直线条，而当他偏离直线时也往往做强烈的偏离……美必须是轻巧而娇柔的，而伟大的东西则必须是坚实的甚至是笨重的。”① 李贽认为，“盖声色之来，发乎性情，由乎自然”（《读律肤说》，《焚书》卷三）。袁宏道说：“大概情至之语，自能感人，是谓真诗，可传也。而或者犹以太露病之。曾不知情随景变，字逐情生，但恐不达，何露之有”（《叙小修诗》）。敏泽认为，“不假文饰，因任自然本性之真，也就是最大的美”②。郭沫若深受西方美学和中国古典诗学，尤其是性灵诗学的影响，其创作在总体上呈现出崇高壮美的审美格调，依据大概就在这里：他认为，那些激情、浓情、怒情等奔放的感情，往往靠直白、单纯感人，一旦节制并含蓄化，就没有多大力量了，也很难感人；热情奔放的时代的大情感或大情绪，唯有放胆畅言，放喉高歌，直接抒发，才更有力量；直白抒情，最有审美表现的力度。因为中外诗歌艺术史上，那些表现喷薄激情，那些表现浓情、大情之作，尤其是那些政治抒情诗——“雄浑的大诗”——“屈子的《离骚》，蔡文姬的《胡笳十八拍》，李杜的歌行，但丁的《神曲》，弥尔顿的《乐园》，歌德的《浮士德》”，大多采用直接抒情的“自然流露”方式，所以，“直线条”的、“由乎自然”的、“自然流露”的抒情方式，成了郭沫若自由体诗创作的一个优先原则。遵循这一原则，郭沫若认为要充分地表现五四那样一个充满着青春气息和狂飙突进精神的时代，就要用直接的“自然流露”法，于是，他就把“自然流露”植入含蓄蕴藉审美表现方式之上，认为它也是一种“美的表现”方式了，因此，他才有了“以自然流露为上乘”、“诗的创造贵在自然流露”和“凡为艺术品，于最不经意时得来的，最为神品”的审美判断。

这种“自然流露”的表现方法，郭沫若还把它称为“触景生情，即兴占吐”法。用这种审美表现方法写出来的诗，它不是“做”出来的，不是古典诗的平仄押韵和对仗讲究，不是5字句、7字句、长短句或倒装、省略及其多样的字句推敲，而是情感的直接表露。这是郭沫若能够创作出郭沫若式的“好诗”的最常用的创造方法。它被郭沫若经常采用，甚至已经具有了模式化的用词及其惯用的诗句模式：“啊，年轻的女郎，/你该知道了我的前身？”（《炉中煤》）“你是个有限大的空球？/你是个无限大的整块？”（《凤凰涅槃》）“我是一条天狗呀，/我把日来吞了/我把月来吞了。”（《天狗》）“大都会的脉搏呀！/生的鼓动呀！/打着在，吹着在，叫着在。”（《笔立山头展望》）“蚕儿呀，你的诗？/可还是出于有心，无意？/矫揉造作？自然流泻？”（《春蚕》）“啊啊，好幅壮丽的北冰洋的景象哟！”（《立在地球边上放号》）

仔细分析，这种模式有两层内含。其一是用“呀”“哟”“哦”“啊”“啊啊”等

① 转引自钱勤来《美学新论》，天津人民出版社1993年版，第173页。

② 敏泽：《中国美学思想史》，湖南教育出版社2004年版，第233页。

与诗的抒情本质相一致的感叹词来直接抒发感情；其二是用“是”“我是……”“你怎么……”“我把……”“我要……”“为什么……”等直接判断与审问的句式来表现思想与感情。郭沫若受人欣赏的经典自由体诗节，全是采用这种感叹的情感性用词和句型模式的“自然流露”的审美表现方式写出来的：“黑沉沉的海湾，停泊着的轮船，行进着的轮船，数不尽的轮船，/一枝枝的烟筒都开着了朵黑色的牡丹呀！/哦哦，二十世纪的名花！/近代文明的严母呀！”面对现代工业文明的繁荣景象，由衷地赞美，因而就用这种模式直接抒情了；“啊，我年青的女郎！/你该知道了我的前身？/你该不嫌我黑奴鲁莽？/要我这黑奴的胸中，/才有火一样的心肠。”面对心爱的人，也许用这种赤裸裸的直接表白最能打动芳心；“Hygeia 哟！/你为什么弃了我？/我若再得你蔷薇花色的脸儿来亲我，/我便死——也灵魂安妥。/Hygeia 哟！/你为什么弃了我？”面对健康女神，呼唤其给予健康，这样的直接追问大概最有力量；“地球，我的母亲！/我的灵魂便是你的灵魂，/我要强健我的灵魂来，/用来报答你的深恩。//地球，我的母亲！/从今后我要报答你的深恩，/我知道你爱我还要劳我，/我要学着你劳动，永久不停！”对于地球母亲，大自然的感恩，如此直说，方见真诚。用这种“自然流露”的审美表现方式写出来的诗，自然、畅达、直接、清新，所以，尽管这种审美表现方法具有蛮野的、初民的、间接的、原始的直白味，但由于它充分地表现了抒情主人公不可遏止的蓬勃激情和整个五四时代转换的宏大情绪，因而成为了郭沫若最为钟情的独特的抒情方式，甚至已经形成一种定势、模型，成了郭沫若诗歌艺术特性的重要审美内涵了。

事实上，郭沫若倡导的这种“自然流露”的审美表现模式，源头有两个，一是古民歌，一是接受西方传统。这种模式被初期新诗人大量采用，也被郭沫若大量采用，甚至直接催生了一批新诗经典的产生：“月光恋爱着海洋，/海洋恋爱着月光，/啊，这般蜜也似的银夜，/叫我如何不想她？”“啊，冷静的街衢，/黄昏，细雨。”“哪儿了，我有不会向地下验一把土。/忽听得一千重门外有自己的名字。/好累啊，我的盆舟没有人戏弄吗？”这些诗句，是用“呀”“哟”“哦”“啊”“啊啊”等与诗的抒情本质相一致的感叹词来直接抒发感情的；“那河畔的金柳，/是夕阳中的新娘；/波光里的艳影，/在我的心头荡漾。”“我不知道风/是在哪一个方向吹——/我是在梦中，/在梦的轻波里依徊”，则是用上述“是”字句书写出来的绝妙好诗；“我疑心你，女人，我疑心你正像/我疑心一弯灿烂的天虹——/我不知道你的脸红是为了我/还是为了另外一个热梦。”“为什么我的眼里常含泪水？/因为我对着土地爱得深沉……”这些诗句是用“我是……”“你怎么……”“我把……”“我要……”“为什么……”等直接判断与审问的句式来表现思想与感情的（需要指出的是，这里的“是”主要在判断词意义上使用，而不是在后来的隐喻词或在呈现句功能意义上使用）。所以，从创作方法论的角度讲，郭沫若“诗的创造贵在自然流露”这一诗学命题，看似简单、偏狭，实则本源而切实可行，为自由体诗创作找到了审美表现上的新路径，是郭沫若及其现代新诗人开创一代诗风的绝佳诗学策略。在新诗史上，这种审美表现方法的艺术价值，也就在于它成就了《女神》集，导致了第一部新诗正典——白话诗经典的诞生。进一步说，这种审美表现方式之所以可贵，就在于它直接催生了以“自由”、自然为目标的现代白话自由体诗的诞生。像“新青年诗人群体”的诗，湖畔诗人的诗，包括新月及其后来的部分倡导自由体诗的现代派诗人的诗，无不由其催生。

进一步说，郭沫若的这种源于即兴而“写”论的“自然流露”说，对于初期新诗创作影响极大：它解除了初期新诗创作的种种束缚，是充分解放了新诗创作的生产力的。换句话说，“诗的创造贵在自然流露”的诗美实践策略，拓展了新诗审美表现的空间，丰富了新诗审美表现的理论，推动了自由体新诗审美创造的现代进程。而且，在破除束缚、追求自由解放和通俗易懂的平民化的意义上，“自然流露”的写法更符合时代的审美旨趣，因为相对于我们的含蓄蕴藉和“文贵曲”的诗教传统，郭沫若的这种理论与诗学实践一反温柔敦厚的传统贵族诗风，创造性地把古典诗学及其民歌的直接、有效的传达情感的自然顺畅的审美表现方式推行到了刚刚诞生的新诗创作中，有效地促进了新诗艺术创作实践，影响波及五四后的一代诗歌创作。

三 “情感的自然流露便是诗”

“情感的自然流露便是诗”，这一现代性诗学命题也许最能概括郭沫若在五四新文学发生期的开创性意义、审美创造和诗体探索的文学史价值了。它是郭沫若即兴而“写”论这一个性表现主义诗学命题在现代的最终实现与落实。首先，该命题的主词“情感”，凸显了“主情论”这个文学美学的基本思想和重主观重创造的表现论思想，强化了文学诗学的美学意识和独立意识，为现代诗学突破传统功利诗学开了道，成为了五四浪漫文学的重要理论支撑点。其次，郭沫若把这个命题的中心词“自然流露”作为一种表现方式置于含蓄间接审美表现方式的美学价值之上，以“自然流露为上乘”“为好诗”的美学思想与实践，在新诗发生的初期，把诗歌从含蓄蕴藉温柔敦厚的贵族诗风转向了直接、质朴、自然和直白倾诉的平民化诗路上来，深刻地影响了初期新诗创作的一批诗人。最后，他的以“自然流露”为最佳审美表现方式的自由诗创作实践，尤其是作为新诗正典的《女神》集的创作，为惠特曼式的自由诗中国化树立了榜样，为艾青等把自由体诗推向成熟奠定了基础。

众所周知，这里所说的“自然流露”，首先是一种审美表现方式，而自由体诗则是五四后诞生的相对于古典律诗的一种新诗体。它们两者属于不同的诗学范畴。然而，郭沫若却将两者有机联系起来了。郭沫若的逻辑前提在于：在文学表现论的主导下，“自然流露”作为一种审美表现方式，与现代新诗的主型——白话自由体诗诗体，在“自然”“自由”这一点上具有一种内在的天然的联系，有摆脱束缚，崇尚自在、“自然”的审美价值倾向，可以相互实现，相互贯通，画上等号。“我想新体诗的生命便在这里。古人用他们的言辞表达他们的情怀，已经成为古诗，今人用我们的言辞表达我们的生趣，便是新诗，再降些年代，便会有新新诗出现了。”郭沫若认为，“新体诗的生命”就是“用我们的言辞表达我们的生趣”，而最佳的表达方式就是“自然流露”。在郭沫若看来，新诞生并刚刚实践的现代自由诗，应该用今人的言辞及其表达方式——现代语言与“自然流露”的审美表现方式书写。

从新诗史创作的艺术进程而言，郭沫若“情感的自然流露便是诗”这一命题的诗学价值极大，因为它除了强调“情感”为诗学本体的内涵外，还在“自然流露”和“诗”（自由体诗）之间设计和想象出了“雄浑的大诗”的内在审美实现机制，把“自然流露”作为“新诗”——自由体诗创作的最佳实现方式来看待，因而对于自由体诗的诗体建构就更具有重要的启发性意义。郭沫若《女神》这部新诗正典的诗，基本上是这种逻辑理路的产物。尤其是像《凤凰涅磐》《天狗》《地球，我的母亲》《炉中煤》《笔立山头展望》《黄埔江口》《立在地球边上放号》等郭沫若最好的诗，更是如此，而且这些诗还展现出了现代汉语自由体诗所包含的“自由”的基本美学品格：它们没有了格律的束缚，“话怎么说，就怎么写”；它们表现直接，具有了力度美；语言流畅自然，有了自然美的节奏；诗行层次不齐，并有了散文美的品质。这包含了艾青等创作的成熟现代白话自由体诗的基本内涵[①]，像《炉中煤》《笔立山头展望》，就是具有诗的散文美特质的无可挑剔的自由体诗的绝佳范式：

啊，我年青的女郎！
我自从重见天光，
我常常思念我的故乡，
我为我心爱的人儿，
燃到了这般模样！

黑沉沉的海湾，停泊着的轮船，行进着的轮船，数不尽的轮船，
一枝枝的烟筒都开着了朵黑色的牡丹呀！
哦哦，二十世纪的名花！
近代文明的严母呀！

这两首“现代诗歌史上最杰出的爱国诗”（陆耀东语）和“现代诗歌史上最为杰

① 自由体诗的发展有“胡适体”、“郭沫若体”和“艾青体”3个阶段，到郭沫若阶段，自由体诗的“段无定行，句无定字，既无标点，也不押韵”的3个范式以及“体式自由多变、诗行内部没有固定格式和注重自然音节和内在韵律”的审美特质已经基本确立。参见《新诗美学范畴与诗美艺术》，中国社会科学出版社2013年版，第211页。

出的城市诗”（孙玉石语），其由戴望舒、艾青等提出的自由体诗的规范“体式自由多变、诗行内部没有固定格式和注重自然音节和内在韵律”是被充分地体现了出来的。所以，在这个意义上来讲，“自然流露”这种审美表现方式，是成就了白话自由体诗的：当郭沫若遵循这个理路大量创作白话自由体诗时，他就为自由体诗的审美创造积累了丰富的经验，也为初期自由体诗审美品格的主要要素与条件确立了基础，创建了一种现代新诗的示范模样。

事实上，在初期新诗探索发展阶段，郭沫若对于现代自由体诗的诗体建构的理论思考与实践示范，最主要的方面大概就在用这种“自然流露”审美表达方式书写自由体诗的实践上了，因为《尝试集》强调诗体解放，只是从白话语词、诗韵创造和“诗句类型”革新入手，没有从新诗创作审美表现及审美表达方式这个艺术创造的根本角度与层面入手。由于忽视了审美表现方式的重要性，所以其诗也就难像自由体新诗；相反，郭沫若从审美创造的表现方式出发创造自由体诗，根本路径及其策略选择正确，因而就自然创造出了真正意义上的美的自由体新诗。换句话说，郭沫若“自然流露”的审美表现方式的理论与实践，为古典格律诗、西方自由体诗向现代自由体诗汉语转化铺平了道路，也找到了自由体诗艺术审美实现的最佳审美表现机制。郭沫若能够将惠特曼式的自由体诗中国化，与他采用这种审美表现方式上的探索和实践显然有很大关系：郭沫若以“自然流露”的审美表现方式创作新诗，成就了刚刚诞生的新诗体——白话自由体诗。所以，从创作实践论的角度来说，郭沫若成功创造白话自由体诗的内在秘密也许就在这里（当然，关于郭沫若的即兴而“写”的自由诗论与三十年代戴望舒、艾青等自由诗人的关系，要辩证地看待，我们既要看到他们继承发挥郭沫若的一面，也要看到戴望舒、艾青纠正郭沫若的偏颇和流弊的一面，因为至少戴望舒和艾青都强调的自由诗的艺术经营，不像郭沫若那么率性而为）。

许霆认为，“五四时期是中国现代诗体的诞生期，新诗革命的核心观念是‘诗体解放论’，以胡适为代表的白话诗体和以郭沫若为代表的自由诗体诞生，为现代诗体流变奠定了光辉的起点，同时，初创的幼稚的白话诗体和自由诗体也为现代诗体的演进提供了可能和空间。”① 这一论断也充分地揭示了郭沫若及其诗歌创作的诗学价值与地位：郭沫若是自由体诗发展史上的一个里程碑式的诗人。因为从诗体发展的角度而言，百年现代诗体主要有自由体、（新）格律体、十四行诗和民歌体几种，而“郭沫若为代表自由诗体诞生，为现代诗体流变奠定了光辉的起点”。而且，新诗史的创作进程，也相当充分地证明了郭沫若自由体诗创作的开拓意义。像殷夫、戴望舒、卞之琳、何其芳、艾青、穆旦、余光中、郭小川、舒婷和食指们的诗歌，那些足以显示新诗成就的诗，都是用自由体诗写成的，而他们无疑是沿着胡适、郭沫若开辟奠定的路——一条广阔而光明的诗艺之路，不停息地探索着一路走来的。

---

① 许霆：《旋转飞升的陀螺——百年中国现代诗体流变论》，人民文学出版社2006年版，第2页。

一个时代有一个时代的诗的存在的样式。现代人的思想要有现代人的表达方式与现代诗体。五四时代以来的中国现代诗，最主要的诗体就是这种自由体诗。这种自由体诗创作，其表达方式之一就是“自然流露”。所以，郭沫若《女神》集的诗歌创作，显然就以其审美机制的寻找、实践和探索，成就了白话自由体诗，为一个时代——二十世纪造就了一种基本的诗体，或者说为这种诗体奠定了基本的基础。这也是不容否认的诗学事实。应该承认，作为新文学的开创者，作为新诗首部经典的创作者，新诗典律的探索者，郭沫若为新文学和新诗创作提供的这些丰富的理论和经验，毕竟有力地促进了新文学和新诗创作的发展，给中国文学再生赋予了活力，其文学史意义和提供我们的创作启示却不可低估。也许我们可以套用一句流行语来证明郭沫若“写”论及其创作实践的价值：没有郭沫若和创造社的“写”论——个性主义表现论理论主张，哪来五四浪漫个性主义文学？没有《女神》集及其“自然流露”的实践探索，怎谈像样的白话自由体诗？

实际上，郭沫若的诗美理想和诗歌艺术实践互为因果。作为文学史和现代诗坛上的一个具有创派立碑意义的最为杰出的诗人，郭沫若的诗论及其诗创作的文学史意义，理应该从其基本的诗论和创作入手分析，但目前的文学史对于郭沫若的这种独特贡献，往往语焉不详，[①] 所以，重新审视郭沫若的这种诗论及其自由体诗建构实践，才能充分了解郭沫若的文学史意义和价值：从他个体来讲，郭沫若以自己独特的方式张扬表现论诗学思想，接受、传播“主情论”美学思想，深刻地影响了创造社的个性表现主义及其浪漫主义诗歌运动，从而引领了一代诗风；从创作论而言，如像即兴而“写”论、“诗的创造贵在自然流露”、“情感的自然流露便是诗”等这些诗学命题，在新诗发生初期，它们就具有极大的颠覆性意义，它们否定了旧诗学，为一个新的诗歌时代来临奠定了基础。郭沫若也是在这个独特性上走出了新路：他的诗就是“写”出来的，率真而自然；他的诗的创造，就是“贵在自然流露”的产物；他就以“自然流露”法成就了现代主流的一代诗体——白话自由体新诗，成了艾青之前白话自由体诗创作上无人能媲美的诗人。因此，郭沫若的即兴而“写”论及其创作实践，给我们的深刻启迪是，诗歌创作不仅要有理论指导，而且要有其属于一个诗人自身的独特的创作方法和创新策略开辟新路。

当然，郭沫若的这些理论及其创造机制的设想，有其非常明显的主观论的嫌疑，即兴而“写”论及其表达的“自然流露”主张和诗的自由化本身的局限，在新诗创作发展过程中的作用被无限夸大也是极其有损于诗的发展的，尤其是它的自然和合乎文法的原则的内在悖论，导致了诗的非艺术化倾向，但是，在新诗发生初期和上述诗

① 近年来，学术界对于郭沫若的研究大多集中在文化及其知识分子人格、命运等的综合探讨上。李晓虹《郭沫若研究展望》，黄侯兴《拓展创造社研究的现实意义》等文，以及《郭沫若与二十世纪中国文化》（中国郭沫若研究会编）等专著，大多如此。

学策略的意义上讲，郭沫若诗论及其相关主张的诗学革命性意义却不能忽视。事实上，它也很快被“艺术派”们的创作理论及其实践校正，新诗沿着崭新的途程前进了。

（原载《中国现代文学研究丛刊》2016 年第 3 期）

《凤凰涅槃》在民国选本和共和国选本中的沉浮

方长安　仲　雷

《凤凰涅槃》最初发表在1920年1月30日至31日的《时事新报》副刊《学灯》上，后收入诗集《女神》。现在的史家和新诗读者在谈及《女神》或者郭沫若的新诗时，自然会把目光落在《凤凰涅槃》上，将其视为百年新诗的“经典”之作，甚至将其视为“五四”时代的精神象征。那么，《凤凰涅槃》的“经典”地位在何时开始确立的，是否在问世之后就受到读者的追捧而一路走红；《凤凰涅槃》又为何能在众多的郭诗中脱颖而出，最终成为郭沫若最重要的代表作。为了探寻出《凤凰涅槃》走向“经典”的奥秘，我们通过大量的选本统计和史料搜集发现了一个出人意料的现象:《凤凰涅槃》在民国时期处于被冷落的“缺席”状态，并没有出现在任何诗歌选本中，直到1950年代以后才被选家看中，开始走进广大读者的阅读视野，随后逐步受到热捧。在新诗接受史上，《凤凰涅槃》这种命运突变的现象可谓十分独特。在《凤凰涅槃》的经典化过程中，诗歌以外的非文学因素起了重要作用，这也招来了对《凤凰涅槃》“经典”身份的质疑。本文将从选本的维度对《凤凰涅槃》的传播进行历时性考察，通过统计不同历史时期的诗歌选本对《凤凰涅槃》以及郭沫若其他诗作的收录情况，以数据分析呈现《凤凰涅槃》走向“经典”的历史脉络，探寻其背后隐含的成因，也为重新审视新诗中的“经典”作品提供有益的启发与思考。

本文采用实证和理论分析相结合的研究方法，以1920年新诗社编辑部出版的《新诗集（第一编)》为始，对近百年来出版的191个文学选本收录郭沫若《凤凰涅槃》及其他新诗的情况进行数据统计与学理分析。

表一　　1920—1970年代选本收录郭沫若诗作的情况

选本	编者	出版机构和时间	有无《凤凰涅槃》	收录郭其他诗情况
《新诗集（第一编)》	新诗社编辑部	上海新诗社出版部1920年	无	有
《分类白话诗选》	许德邻	上海崇文书局1920年	无	有

续表

选本	编者	出版机构和时间	有无《凤凰涅槃》	收录郭其他诗情况
《新诗年选一九一九年》	北社编	上海亚东图书馆 1922 年	无	有
《初级中学国语文读本》（第二册）	俍工，仲九	民智书局 1922 年	无	有
《时代新声》	卢冀野	泰东图书局 1928 年	无	有
《恋歌》	丁丁、曹雪松	上海泰东图书局 1928 年	无	有
《文艺园地》	柳亚子	上海开华书局 1932 年	无	无
《现代诗杰作选》	沈仲文	上海青年书店 1932 年	无	有
《抒情诗》（汇编）	朱剑芒、陈霭麓	上海世界书局 1933 年	无	有
《写景诗》（汇编）	朱剑芒、陈霭麓	上海世界书局 1933 年	无	有
《现代中国诗歌选》	薛时进	上海亚细亚书局 1933 年	无	有
《诗词精选》	苏渊雷	世界书局 1934 年	无	有
《现代诗选》	赵景深	上海北新书局 1934 年	无	有
《中华现代文学选》（第二册·诗歌）	王梅痕	中华书局 1935 年	无	有
《注释现代诗歌选》	王梅痕	上海中华书局 1935 年	无	有
《中国新文学大系·诗集》	朱自清	上海良友图书印刷公司 1935 年	无	有
《诗》	钱公侠、施瑛	上海启明书局 1936 年	无	有
《现代新诗选》	笑我	上海仿古书店 1936 年	无	有
《现代创作新诗选》	林琅编辑，淑娟选评	上海中央书店 1936 年	无	有
《抗战颂》	唐琼	上海五洲书报社 1937 年	无	有
《战时诗歌选》	冯玉祥等著	战时出版社 1937 年	无	有
《抗战诗选》	金重子	汉口战时文化出版社 1938 年	无	有
《战事诗歌》	钱城	上海文萃书局 1938 年	无	有
《新诗》	沈毅勋	新潮社 1938 年	无	有
《诗歌选》	王者	沈阳文艺书局 1939 年	无	无

续表

选本	编者	出版机构和时间	有无《凤凰涅槃》	收录郭其他诗情况
《新诗选辑》	闲云	海萍书店出版部 1941 年	无	有
《现代中国诗选》	孙望、常任侠	重庆南方印书馆 1943 年	无	无
《战前中国新诗选》	孙望	成都绿洲出版社 1944 年	无	无
《现代诗钞》	闻一多	开明书店 1948 年	无	有
《中国新诗选（1919—1949）》	臧克家	中国青年出版社 1956 年	有	有
《中国现代文学作品选》	北京大学中文系	北京大学出版社 1975 年	有	有
《中国现代文学作品选》	中山大学中文系编	中山大学中文系 1977 年	有	有
《中国现代文学作品选》（上）	陕西师大中文系现代文学教研室编	陕西师大中文系 1977 年	有	有
《中国现代文学作品选》（1）	武汉师范学院中文系现代文学教研组编	武汉师范学院中文系现代文学教研组 1977 年	有	有
《中国现代文学作品选》（1）	徐州师院中文系现代文学教研组编	徐州师院中文系现代文学教研组 1977 年	有	有
《中国现代文学作品选》（上）	上海师范大学中文系中国现代文学教研组编	上海师范大学中文系中国现代文学教研组 1977 年	有	有
《中国现代文学作品选》（上）	北京广播学院图书馆资料组，新闻系文学教研组编	北京广播学院图书馆资料组，新闻系文学教研组 1978 年	有	有
《中国现代作家作品选》（第一册）	华中师范学院现代文学教研室，武钢教育处教学研究室合编	华中师范学院现代文学教研室，武钢教育处教学研究室 1978 年	有	有

续表

选本	编者	出版机构和时间	有无《凤凰涅槃》	收录郭其他诗情况
《中国现代文学作品选》	十四所院校编	十四所院校 1978 年	有	有
《中国现代文学作品选读》（上）	《中国现代文学作品选读》选编组	上海教育出版社 1978 年	有	有
《中国现代文学作品选讲》	广西民族学院中文系现文学教研组编	广西民族学院中文系现文学教研组 1978 年	有	无
《中国现代文学作品选》（上）	太原市教育学院编	太原市教育学院 1978 年	有	有
《中国现代文学作品选》（上）	中国现代文学教研室编	吉林省函授学院中文系 1979 年	有	有
《新诗选》第一册	北京大学等中文系现代文学教研室	上海教育出版社 1979 年	有	有
《中国现代文学作品选》（上）	沈阳教育学院编	沈阳教育学院 1979 年	有	有
《现代诗文选讲》（《西湖丛书》第五辑）	亢宗，剑平	《西湖》文艺编辑部 1979 年	有	有
《中国现代文学作品选》（上）	西藏民族学院语文系现代文学组编	西藏民族学院 1979 年	有	有
《中国现代作家作品选》（上）	上海教育学院编	福建教育出版社 1979 年	有	有
《中国现代文学作品选》（上）	华南师范学院等编	华南师范学院 1979 年	有	有
《中国现代文学作品选讲》	河北师范函授部编	河北师院函授部 1979 年	有	无

表一显示，在 1920—1970 年代选本中，郭沫若的地位十分显著。在表一所列出的 50 种选本里，郭沫若仅缺席 4 个，即《文艺园地》（柳亚子编）、《现代中国诗选》

（孙望、常任侠编）、《战前中国新诗选》（孙望）和《诗歌选》（王者），说明郭沫若确立了在中国诗坛上的重要地位。从《凤凰涅槃》的接受情况而言，在以 1949 年为节点的前后两个时期里，《凤凰涅槃》在选本中则呈现出截然不同的传播命运。在 1920—1940 年代，选录郭沫若新诗的 25 个选本，无一例外的把《凤凰涅槃》排除在外，使这首长诗成为选家一致的“弃儿”。《凤凰涅槃》在选本中“缺席”，也就失去了成为新诗“经典”的可能性，同时也面临着被时代和历史淘汰的危机。那么，为什么众多选家无视《凤凰涅槃》的存在，使其在新诗发展的三十年里竟出现一段漫长的空白期，是哪些原因造成了这一现象？它的缺席本身意味着什么？

第一，选本遴选标准不统一，直接造成了《凤凰涅槃》的“落选”。各个时期的诗歌选本，在编选时出于不同的目的，其编选方式和标准存在着很大的差别。有的选本分类遴选，《新诗集（第一编）》《分类白话诗选》急着向世人展示早期新诗所取得的成绩，按照内容把诗歌分为“写景”“写实”“写情”“写意”进行分类编排，其目的在于“把白话诗的声浪竭力的提高来，竭力的推广来”。[①]《凤凰涅槃》从表现内容上看，难以归入上述四类之中，无法入选；有的选本偏向于审美抒情的选编标准，如《恋歌》（丁丁、曹雪松编）、《抒情诗》（朱剑芒、陈霭麓编）等，《凤凰涅槃》既非恋歌，又不是倾吐大时代背景下个人的感伤，与编者着眼于个体情感抒发的标准存在着一定的距离，也难以入选；有的选本本身就诞生在特定的时代语境下，所选的作品自然要反映当时的时代主题，《抗战颂》（唐琼编）、《战时诗歌选》（冯玉祥等著）、《抗战诗选》（金重子编）、《战事诗歌》（钱城编）所选的郭诗都是写于抗战时期的“急就章”，反映抗战生活和高扬全民族抗战热情的作品，而彰显“五四”精神的《凤凰涅槃》自然不会入选。

第二，受中国古典抒情写意传统影响，选本在取舍上还要考虑诗歌体裁和篇幅长短等诸多问题。与西方诗歌相比，中国古典诗歌偏重抒情写意，并以短小精悍为重要审美标准，没能产生古希腊那种长篇叙事史诗，主要是源于这种传统的诗学观念。一些编者囿于传统认知和惯性思维，在选择篇目时便把篇幅较长、长于叙事的作品排斥在外。卢冀野在《时代新声》的序言中明确表示：“论其内容，予所收者，无一不具充满的实质，抒情诗最多……论其外形，予所录者，无一不具审美之辞藻，调和之音节，大都蜕化而成。”[②] 在内容和形式上，选本收录的诗作要符合优美的辞藻、和谐的音调等固有的抒情传统，而《凤凰涅槃》尽管有着浪漫的抒情，但在编者看来，其诗中过多的叙事成分和对话形式，加上融进较多的神话传说，应该归为诗剧的行列里。孙俍工在《最近的中国诗歌》中便把《凤凰涅槃》作为“剧诗”加以介绍，并

① 许德邻：《分类白话诗选·自序》，崇文书局 1920 年版，第 4 页。
② 卢冀野：《时代新声》，泰东图书局 1928 年版，第 3 页。

认为“是一种兼叙事诗与抒情诗两面的主客观诗。”① 基于这种观念的认识，选家更钟情于郭诗中那些辞藻精美，意象奇警，具有唯美情调的作品，如《夜步十里松原》《新月与白云》等，而在内容和形式上均显得较为独特又难以简单归类的《凤凰涅槃》免不了处于尴尬的境地。

第三，编选者的个人性格和视角眼光影响其取舍，致使《凤凰涅槃》落选。鲁迅说过：“选本所显示的，往往并非作者的特色，倒是选者的眼光。”② 选本的编辑整理过程本身就是极具个人化色彩的文学活动，无论出于何种目的，选家的个人眼光、审美取向甚至性格特点都对选本的编选产生一定的影响。1935 年的《中国新文学大系·诗集》（朱自清编）是一部着意钩沉新诗历史的诗选，出于此目的考虑，朱自清希望全方位、多层面地选择诗歌，向读者全面介绍新诗人，给予读者选择和阅读阐释的自由空间。尽管如此，朱自清还是无法真正做到全面再现新诗客观发展，他坦言“大系”所收录的“只是就所能见到的凭主观去取。这其间自然免不了偏见，但总盼望取的是那些影响较广或者情境较新的。”③《凤凰涅槃》无论在影响上还是诗的情境上都应该符合朱自清的选编标准，但却偏偏没被收录，这其中的原因或许与朱自清的审美取向和个人性格有关。虽然朱自清在《导言》中对郭诗溢美有加，但在选择篇目和数量上还是有所偏好。郭诗入选“大系”25 首，数量上低于闻一多（29 首）和徐志摩（26 首），排在第三位。此外，“大系”遗漏的郭诗不仅有《凤凰涅槃》，还有同具狂放风格的《天狗》《立在地球上放号》，这说明编选者的审美取向更趋同于“新月派”对艺术的节制，而非郭诗天马行空般的自由与豪放，这种审美判断也更符合朱自清本人温柔敦厚、儒雅高狷的学者品性。至于后来的《现代诗钞》对《凤凰涅槃》的轻视，更是编者闻一多带有强烈的个人化色彩使然。闻一多曾批评郭诗有过于欧化的缺点，正是针对过于散漫的形式和缺少诗韵的自由体诗，提出了“理性节制情感的”新格律主张。受限于人情影响，对于私交较好的诗人自然有所偏重，《现代诗钞》收入新月派诗人的新诗所占比例较大，却只选了郭沫若 6 首诗作，在数量上远低于其他知名的诗人，这与郭沫若在诗坛的地位极不匹配。郭沫若在闻一多眼中的“降格”直接反映在其篇目的选择上，《凤凰涅槃》也自然因形式散漫、缺乏节制等缺陷而被挡在选本之外。

第四，重要诗歌选本对《凤凰涅槃》的盲视，进一步强化了这首诗在民国时期受冷遇的程度。民国时期的所有选本中，朱自清编选的《中国新文学大系·诗集》对新诗的传播和接受所产生的作用力尤为明显，除了《凤凰涅槃》以外，郭沫若几乎所有的名篇都被编选在其中，使得之后的选本在遴选篇目时也自然受到“大系”

① 孙俍工：《最近的中国诗歌》，文学研究会编：《星海》（上），商务印书馆 1924 年版，第 165 页。

② 鲁迅：《“题未定”草（六至九）》，《鲁迅全集》第六卷，人民文学出版社 2005 年版，第 436 页。

③ 朱自清：《编选凡例》，《中国新文学大系·诗集》，上海良友图书印刷公司 1935 年版，第 9 页。

的影响。其中，《诗》（钱公侠、施瑛编）和《现代新诗选》（笑我编）这两个选本所选郭诗的数量都在10首以上，其编排的篇目大体与“大系”相仿，几乎涵盖了郭沫若的所有名篇，但唯独遗漏掉了《凤凰涅槃》。朱自清没有收录《凤凰涅槃》，直接造成了1930—1940年代别的诗歌选本中《凤凰涅槃》的缺席。

从表面上看，《凤凰涅槃》在民国时期选本中的“空白”是选家个人因素造成的，其实，这背后隐藏着新诗发展过程中谋求合法性地位的现代性焦虑。新诗从诞生之日起，便一直伴随着寻求合法性地位的问题。早期白话诗着眼于与旧诗的分野，凭借着现代媒体的广泛影响迅速扩大新诗的声势，因此，包括选本在内的新诗集的结集出版，成为新诗合法性向外部扩张的重要举措。编选者在遴选作品时，不仅要考虑诗人的影响，还要从新诗发展的内部规律和诗学理论探索的角度去对新诗作品进行取舍，这就把对新诗外部空间合法性的争取，延伸到诗歌艺术美学的层面上来，从诗歌语言、形式、文类秩序等方面着眼，以寻求新诗的合法性地位。朱自清、闻一多等人对《凤凰涅槃》的忽视，也正是基于诗歌艺术形式和审美蕴藉的角度而有意为之，在新诗内部进行自我辩驳与思考，期望通过甄别与遴选，为新诗留下“经典性”作品，而这种经典化的行为过程，也推动着中国新诗合法性地位的确立。

那么，选本的忽视是否意味着《凤凰涅槃》本身就是一首乏善可陈的平庸之作，它将随着时间的流逝彻底地消失在读者的视野里呢？《凤凰涅槃》被遗忘的命运又何时发生转换的呢？1956年臧克家编选的《中国新诗选（1919—1949）》第一次将《凤凰涅槃》列入选本篇目，这是该诗除了入选郭沫若个人诗集之外首次进入公众的阅读空间，为其迈向新诗“经典”的行列提供了良好的契机。这部诗选选取1919年至1949年26位诗人92首作品，收入郭诗9首，《凤凰涅槃》排在郭诗的第三位，可以说比较重视这首长诗。臧克家为何能够独具慧眼，把这首诗又重新拉回到读者的阅读视野里，使该诗的命运在1950年代之后发生“剧变”呢？

《凤凰涅槃》地位的迅速上升始于1950年代，这与当时的时代语境和文艺环境变化有关。诞生在“五四”时期的《凤凰涅槃》，发表后便引起广泛讨论，有赞赏之词，也有质疑之声，但都立足于诗歌艺术规律的角度表达见解与主张，批评之声多集中于郭诗外在形式的弊端，认为“他的结构太单纯了，有时仍旧不脱浅露之病”。[①]但进入1950年代以后，时代语境和文学环境发生根本性的改变，文学由多元走向规范，政治立场、“社会主义现实主义”、“两结合”创作方法成为评判作品优劣的主要标准。因此，“在大多数情况下，文学批评并不是一种个性化的或者‘科学化的作品解读，也不是一种鉴赏活动，而是体现政治意图的，对文学活动和主张进行‘裁决’的手段。”[②] 在这种思维模式的影响下，对《凤凰涅槃》的解读突出了爱国的思想倾

① 钱公侠、施瑛：《诗》，上海启明书局1936年版，第5页。
② 洪子诚：《中国当代文学史》，北京大学出版社1999年版，第25页。

向和革命性的精神主旨。郭沫若曾强调“我的那篇《凤凰涅槃》便是象征着中国的再生。”① 之后的学者、选家都沿着这条思路进行指向性地阐释，王瑶较早的把这首诗与“新生的中国和新生的民族”② 联系起来，这种具有定性式的解读一直影响着后来的文学史写作。1956 年，臧克家编选的《中国新诗选（1919—1949）》虽有钩沉中国新诗三十年发展历史的意图，但终究还是一次体现政治化意图的非个人行为，发挥建立文学新规范的导向作用。“这本选集，主要是给青年读的，是为了帮助青年人认识‘五四以来诗歌发展的基本情况，学习它的革命传统，因而，主要应着眼于有进步影响的诗人，着眼于思想性较强的诗。”③ 臧克家在序言中高度肯定了郭沫若的诗作，认为《女神》充满了“对于祖国未来的新生的渴望”，也是“第一次把新诗的题材伸展到历史神话的范围里去，用了历史神话故事，而又不使它脱离现实的意义”。④ 这些评价具体到诗歌文本时，全部能够与《凤凰涅槃》相对应。这首描写古代神话中凤凰再生故事的诗作在臧克家看来，可以解读为一个暗示中国现实的故事，凤凰的再生就是中国的新生，符合对新中国的历史预言与想象。诗中的凤凰被赋予崇高、神圣的意义，是被作为祖国、民族的象征，作为革命者的形象化身而被讴歌。在这里，《凤凰涅槃》的思想价值被放大，而其艺术形式方面存在的问题则被搁置，狂放自由的抒情形式也被视为“革命浪漫主义”的典范，其目的是要建立起符合规范的文学“经典”。因此，从国家意识层面上看，《凤凰涅槃》更符合革命性话语对“经典”的有效阐释，其走向“经典”的过程也被纳入到国家意识形态的建构之中。

臧克家的选本在 1950—1960 年代所具有的权威性与合法性，使其在特定的历史时期内具有广泛的影响力，也为《凤凰涅槃》在国家意识和读者接受两个层面进一步传播奠定了坚实的基础。在笔者所搜寻的选本中，1975 年北京大学中文系编选的《中国现代文学作品选（下）》是继臧克家《中国新诗选（1919—1949）》之后最早收录《凤凰涅槃》的选本。这部诞生在极“左”思潮笼罩下的选本，收录郭沫若诗歌 10 首，《凤凰涅槃》被安排在全书的第一篇。更有意味的是，编者在编选说明中明确表示长篇小说、长诗和多幕剧不选，而《凤凰涅槃》的入选则有悖这个原则，更加说明了这首长诗在选家心中的独特分量。这部选本明显遗留着“文革”的印记，所收录的诗歌除了郭沫若、冰心、闻一多、蒋光慈、殷夫、臧克家、田间等现代诗人的作品之外，还集中选录了 15 首“大跃进”时期的新民歌，以及表现革命气节和歌唱祖国和工人劳动的作品。选家看中《凤凰涅槃》的原因，自然是着意突出其革命性的思想倾向和对新世界的礼赞。在文艺作品几乎被全盘否定的特殊时期，《凤凰涅

① 郭沫若：《创作十年》，《学生时代》，人民文学出版社 1979 年版，第 64 页。

② 王瑶：《中国新文学史稿》上册，上海文艺出版社 1982 年版，第 77 页。

③ 大伊：《有关〈中国新诗选〉的几件事》，《读书月报》1956 年第 10 期。

④ 臧克家：《“五四”以来新诗发展的一个轮廓》，《中国新诗选（1919—1949）》，中国青年出版社 1956 年版，第 7、8 页。

槃》能够保留其“合法”地位而继续传播，进一步增加了该诗在读者心中的分量，也影响了1970年代末作品选的编选。从1977年到1979年间，表一列出的各高等院校编选的作品选全部收录了《凤凰涅槃》，其中不乏有单独选录的情况。1979年，旨在便利中国现代文学史课程教学，提供齐备的文学史料，北京大学、北京师范大学、北京师范学院三校中文系中国现代文学教研室联合编选了三卷本《新诗选》，其中第一册选取了以《凤凰涅槃》为代表的郭沫若的30余首诗作，再次体现对郭沫若诗作的重视。此选本影响力和传播力较大，初版就印刷十万册，其中确立的许多新诗名篇都成为后来诗歌编选者的重要参考来源。此次《凤凰涅槃》的入选进一步巩固了其在选本中的重要地位，从此以后，这首抒情长诗从被忽略的“弃儿”渐变成受热捧的“宠儿”，成为众多诗选和文学作品选的必选篇目，在中国新诗史上的突出地位日益稳固，同时也加快了迈向“经典”的步伐。以下是1950年代以来162种选本对郭诗收录情况的统计数据。

表二　　1950年代以降162种选本郭诗入选情况

诗作	普通选本入选频次	高校教材入选频次	总频次
《凤凰涅槃》	37	93	130
《炉中煤》	26	50	76
《天狗》	23	44	67
《天上的市街》	27	31	58
《地球，我的母亲》	20	37	57
《立在地球上放号》	13	13	26
《太阳礼赞》	8	18	26
《我想起了陈涉吴广》	1	14	15
《匪徒颂》	1	12	13
《瓶》（选自《瓶》的总计）	6	7	13
《如火如荼的恐怖》	1	10	11
《黄浦江口》	3	7	10
《夜步十里松原》	8	1	9
《晨安》	6	3	9
《巨炮之教训》	0	9	9
《笔立山头展望》	5	0	5

表三　　1950 年代以降不同年代郭诗入选情况

	诗歌选本				
	50—70 年代	80 年代	90 年代	2000 年以来	总频次
《凤凰涅槃》	21	46	16	47	130
《炉中煤》	15	30	13	18	76
《天狗》	11	18	10	28	67
《天上的市街》	13	19	9	17	58
《地球，我的母亲》	15	26	4	12	57
《立在地球上放号》	3	7	8	8	26
《太阳礼赞》	8	6	4	8	26
《我想起了陈涉吴广》	9	6	0	0	15
《匪徒颂》	5	6	0	2	13
《瓶》（选自《瓶》的总计）	1	6	4	2	13
《如火如荼的恐怖》	6	3	2	0	11
《黄浦江口》	5	4	1	0	10
《夜步十里松原》	1	0	3	5	9
《晨安》	1	0	1	7	9
《巨炮之教训》	9	0	0	0	9
《笔立山头展望》	0	0	1	4	5

注：入选 5 次以下诗歌暂不列出。

从表二、表三可以清楚地看到，《凤凰涅槃》成为 1950 年代以后郭诗入选频次最高的作品，占总频次的 80%，远远高于其他作品的入选次数，名副其实地成为郭沫若最重要的代表诗作。在这组数据的背后，还有几个特点需要进一步说明：第一，通过与表一的比照，民国和共和国的选本在篇目上存在着较大的变化，除了《凤凰涅槃》的“异军突起”之外，民国时期入选次数最多的《夜步十里松原》在 1950 年代之后便受“冷落”，仅有 9 次入选，而《炉中煤》《天上的市街》《天狗》《地球，我的母亲》等均超过 50 次，成为读者眼中郭诗的代表作。第二，这 162 个选本大致可以分成四种类型：一是高等院校编写的文学作品选，如《新诗选》第 1 册（北京大学等中文系现代文学教研室编，上海教育出版社 1979 年）、《中国现代文学作品选》（复旦大学中文系现代文学教研室编，复旦大学出版社 1986 年），《中国现代文学作品选讲》（林志浩，高等教育出版社 1987 年）等；二是普通的鉴赏性读本，如《中国新诗选（1919—1949）》（臧克家，中国青年出版社 1956 年）、《现代诗歌名篇选读》（吴开晋，河北人民出版社 1982 年）、《中国新诗名作导读》（龙泉明，长江文艺出版社 2003 年）、《中国新诗：1916—2000》（张新颖，复旦大学出版社 2001 年）等；三是为百年新诗“遴选经典”的多卷体长篇选集，如《中国新诗总系·第一卷 1917—1927》（姜涛，人民文学出版社 2010 年）、《中国新诗百年大典第 1 卷》（李怡，长江文艺出版社 2013 年）；四是专为中小学生提供课外阅读的通识性读本，如《现代新诗一百首》（少年文学诵读本，钱光培编注，北京出版社 1983 年）、《中学生阅读与欣赏：中国现当代诗歌卷》（李霆鸣选编，四川人民出版社 2000 年）、《影响中学生一生的 60 首诗歌》（陈荣赋主编，中国戏剧出版社 2005 年）等。选本类型的多样化说明了《凤凰涅槃》具有传播范围广、受众群体多的特征。第三，在选有《凤凰涅槃》的 130 个选本里，有 27 个选本把《凤凰涅槃》列为郭沫若的唯一代表作，超过选本总数的 20%，如《诗歌精萃》（刘雨婷主编，东北师范大学出版社 1996 年）、《百年百首经典诗歌（1901—2000）》（杨晓民主编，长江文艺出版社 2003 年）、《中国现当代文学名著》（刘复生、张宏主编，蓝天出版社 2004 年）等，这种独篇“代表”身份加上“精粹”“经典”“名著”的标签更加显示出《凤凰涅槃》在郭沫若诗歌中的独特位置，也进一步强化了其在中国新诗中的“经典”地位。

从数据上可以发现，1950 年代以后的《凤凰涅槃》开启了广泛传播的新阶段，但其发展的趋势却并非直线上升，而是出现过波澜起伏。1980 年代和 21 世纪以来的 15 年间处在高峰期，而 1990 年代则陷入了低谷，这说明《凤凰涅槃》缺乏能够超越时代的限制而具有更加长久和共时性的价值，而是随着时代语境的变化而变化，其经典化之路更多的受制于诸多外部因素的制约，这也让读者对其“经典”地位产生了怀疑。

《凤凰涅槃》之所以在 1980 年代呈现“繁荣”之势，背后的原因离不开“学院派”对该诗的重新认识和批评阐释，直接加快了其走向“经典”的步伐。由表二显示，《凤凰涅槃》入选高校教材的次数远高于普通选本，超过总数的 70%，这说明在《凤凰涅槃》走向“经典”的过程中，“学院派”的助推力是最大的。在 1950—1970 年代收录《凤凰涅槃》的 21 个选本里，高校教材选本（主要指文学作品选）就占了 19 个，1980 年代的占了 36 个，而且大部分选本在编排郭诗篇目时把该诗列为第一篇，有的选本还附有专门解析品评的文章，如《“五四”精神的号角——读〈凤凰涅槃〉》（《中国现代文学作品选讲》，钱谷融主编，华东师范大学出版社 1986 年版）、《是火在歌唱——〈凤凰涅槃〉浅析》（孙玉石撰，《中国现代文学作品选讲·下》，林志浩主编，高等教育出版社 1987 年版）等。高校选本是根据中国现代文学教学实际情况而编写的，直接反映了该学科在高校中文系中的教学内容。自从 1951 年，《中国新文学史教学大纲》颁布以来，全国各高等院校按照大纲的内容进行教学研究，而郭沫若在大纲中占有突出的位置，因此，郭沫若及其新诗创作成为现代文学教学中的重点。在为数众多的郭诗里，《凤凰涅槃》能够被集中地凸显出来，尤其在1970—1980年代形成了较为一致性的评价话语，除了延续了1950年代对“凤凰”隐喻中国再生的象征性解读之外，更着眼于《凤凰涅槃》中所体现出的五四精神和时代特征。在一些选家看来，“《凤凰涅槃》中所表现的那种摧毁一切、创造一切的火山爆发式的激情和狂飙突进的气魄，正是五四时代彻底反帝、反封建革命精神的体现”。[①] 而此时的中国，在“文革”结束、国家政治生活恢复正常的前提下，配合“思想解放”、“现代化”和“改革开放”的宏伟事业，“新启蒙主义”迅速成为主导性的思想潮流和文学意识。这种启蒙意识根源于对“文革”封建主义肆虐时期的否定，也形成了对现代未来的渴望。因此，十七年文学中“革命浪漫主义”被新时期的“启蒙浪漫主义”所取代。《凤凰涅槃》所体现出的五四文学中对人的解放和个性的张扬，成为改革开放初期的人们心中最为迫切的渴求，也顺应了时代的发展和现代化建设的必然要求，而诗中抒情的成分和自由的形式也符合整个1980年代的浪漫精神。可以说，从《凤凰涅槃》中解读出的乐观主义、理想主义以及求新变革意识与整个时代语境形成了呼应，众多论者对其所进行的经典性阐释也支撑起时代变革的呼声。《凤凰涅槃》因此迎来其经典化之路上的第一次高峰。

但是，《凤凰涅槃》在1980年代的热度并没有持续到1990年代，而是出现了陡然降温的现象。由表三显示，1990年代入选郭诗的数量明显出现了放缓的趋势，低于其他时期的入选频次。虽然《凤凰涅槃》仍然是入选频次最多的作品，但与其他诗作的差距在缩小，这种变化证明了《凤凰涅槃》的“经典之路”走得并不顺利。何以会出现这种波动呢？这与1990年代文学环境的变化有着密切的关系。随着全面进入现代化的物质实践阶段，1990年代中国的文化和价值理念步入了复杂的转型期。在文学界，“多元化”“个人化”取代了以往的启蒙指向，曾在1980年代充当思想先锋的知识分子，开始喊出“告别革命”“放逐诸神”的口号，试图打破原有的价值标准，进行重新的考量和评判。随着启蒙意识的旁落，浪漫主义日趋式微，现代主义成为1990年代人们关注的焦点。对“经典”的质疑、文学大师排座次等事件的发生，使文艺评判的标尺呈现多元性和个性化的特征。1994年围绕着《二十世纪中国文学大师文库》的排名，在中国文化界掀起了一场关于文学大师“座次”问题的轩然大波，茅盾、郭沫若等大师地位受到质疑和挑战。在《二十世纪中国文学大师文库·诗歌卷》中，郭沫若位列12位诗人中的第八位，排在穆旦、北岛、冯至、徐志摩、戴望舒、艾青、闻一多之后，颠覆了郭沫若原有的大师形象。郭沫若之所以被“降级”，是编选者用某种特定的尺度去衡量其价值的结果，即“诗歌文本的审美价值及

---

① 兰少成等：《中国现代文学作品选讲》，广西人民出版社1981年版，第34页。

其对诗史的影响。”[①] 当剔除了时代话语对诗歌的潜在影响和精神感召的时候，人们对郭沫若诗歌的评价也自然发生了变化，这不仅体现在对其整体诗歌认同感的滑落上，也表现在对郭诗内部“经典”作品选取标准的多样性上。在1990年代的选本中，有7个选本排除掉《凤凰涅槃》而选取其他作品作为郭诗的代表，如《中国现代文学作品精选》（严家炎、孙玉石主编，北京大学出版社1993年）、《中国新诗经典》（江水选编，上海文艺出版社1998年）、《中国现代文学名作三百篇》（张大明主编，四川人民出版社1998年）等。《天上的市街》《天狗》《炉中煤》《太阳礼赞》等作品也同时进入到选家“经典”的视域里，有的选本还把《天上的市街》（《新诗选》，罗洛编，中华书局有限公司1991年）、《夜步十里松原》（《中国现代诗一百首》，庞秉钧编，中国对外翻译出版公司1993年）等诗歌作为独篇代表郭诗入选。可见，《凤凰涅槃》在走向“经典”的过程中，并非一路走红，而是夹杂着许多质疑之声。《凤凰涅槃》“经典”地位所受的挑战，有源自文学之外的原因，即知识分子对以往的“价值立场”产生的怀疑和困惑，表现出深刻的危机意识；同时也是源于文学自身发展的逻辑内因，其众声喧哗的背后表现出中国新诗以独立的美学品格加入世界诗坛的焦虑性渴望，这也成为1990年代文化界关注的焦点。

但是，在21世纪以后的15年里，《凤凰涅槃》的命运再一次发生逆转，没有在质疑的声浪中走向衰落，而是随着新世纪的脚步迎来了新的“爆发”。表三显示，在新世纪以后的十余年间，《凤凰涅槃》入选频次明显高于1990年代，与1980年代持平，重新回归到选本的中心位置，进一步巩固了在中国新诗中的“经典”席位。那么，又是什么原因带来这种变化呢？《凤凰涅槃》的超凡想象、夸张语言以及绝对自由的形式，充溢着浓郁的浪漫主义色彩，为读者提供了新的审美眼光，带来审美观念的转变。随着社会前进脚步的加快和科学文化、社会生产力稳步发展，社会经济结构必然发生根本改变。步入现代社会以来，传播媒体的产生和人类生活节奏的加快，使人类活动的空间和时间都相对收缩，这便导致了现代社会结构的巨大变化，也使人们形成了新的思维方式和艺术心理。在此基础上，必然要形成新的审美意识。因此，对传统的反叛、个性张扬、注重自我的表现成为现代人的生存诉求。“《女神》在20世纪绝大多数时期受读者欢迎，它的传播、接受经典化过程，是民族现代审美意识建构的重要环节，张扬了现代浪漫主义美学，培养了浪漫主义审美趣味，为五四以降的读者提供了新的审美眼光，凝练出一种全新的现代浪漫主义艺术精神。”[②]《凤凰涅槃》中呈现的是一种火山爆发式的激情，体现了与传统彻底决裂、对未来充满信心的乐观主义高昂精神，这正是现代人面对外部世界的风云变化所表现出自信的精神映照，与

---

① 张同道、戴定南：《纯洁诗歌》，《二十世纪中国文学大师文库·诗歌卷》，海南出版社1994年版，第3页。

② 方长安：《新诗传播与构建》，中国社会科学出版社2012年版，第164页。

中国传统的群体意识不同，传达着一种具有强烈个体意识的现代情绪。随着新世纪的到来，挤压在新诗身上的政治思维逐渐隐退，开放包容的时代语境为《凤凰涅槃》的“更生”提供了广阔的土壤。革命和启蒙的浪潮早已退去，现代主义的热度也随之锐减。开放自信的时代环境，让读者重新审视《凤凰涅槃》的外在形式，那种“绝端的自由”形式和酣畅淋漓的情感喷涌不再遭人诟病，而是以冲破陈规戒律、开合自如之气焕发出“美的中国”的诗意写照。当人们不再把目光局限于诗中所隐含的国家预言和政治隐喻的时候，这才发现其诗中所具有独特的艺术魅力：把神话传说的外壳嫁接在作者浪漫的艺术想象之中，纯洁、美丽、高尚的凤凰形象代表了中国传统审美观念，在吸收了阿拉伯古老神话传说的同时，共同构成了一个统一的美好的象征，这便是闻一多所追求的“中西艺术结婚后产生的宁馨儿”,① 为新诗的风格开拓了一条悲壮豪放的美学之路。凤凰的形象经过诗人的创造凸显出带着民族和时代的悲剧美特征，再次走进现代人的审美视野，也符合新诗现代性的发展之路。

纵观中国新诗近百年的接受史，作为个例的《凤凰涅槃》在历史的长流中几经起伏，在新诗中“经典”地位的确立也较为复杂。新诗的经典化是一种动态渐变的过程，在传播过程中始终与文学批评、作品遴选和读者的接受有着密切的联系，既有来自于外部环境的非文学因素的影响，也制约于新诗自身的发展逻辑。《凤凰涅槃》在民国时期虽曾声噪一时，但很快被读者所冷落，以致在选本中销声匿迹，成为时代的“弃儿”。随着1950年代以后国家形态的改变，《凤凰涅槃》又迅速“升温”，成为时代的“宠儿”，逐渐成为新诗中的“经典”，并在质疑声中不断地被阐释与强化，最终稳固住它在新诗史中的地位。应该承认，在《凤凰涅槃》的经典化过程中，外部语境和非文学因素的参与作用不容忽视，革命话语、政治隐喻和启蒙理想共同构成了阐释《凤凰涅槃》的精神资源，致使各个时期的选家不是把关注的目光聚焦在新诗的本身，而是放在排除掉审美传统之外的意义挖掘上。要知道，“一部文学经典，是一个民族过去的审美传统和对未来的审美理想在一位伟大作家某部作品中的体现。”② 过多附着在《凤凰涅槃》身上的非文学因素，让其“经典”的意义难免受到质疑。如果抛开历史语境和政治话语对新诗传播接受的制约，重新考量郭沫若的新诗创作，《凤凰涅槃》能否进入经典作品的行列，在未来的传播空间里是否依然保持如此之高的接受度，这些都是值得怀疑的问题。因此，《凤凰涅槃》的经典化是选家、读者和时代语境等因素共同参与的建构过程，也为读者重新审视所谓“经典新诗”提供了新的思考。

（原载《福建论坛》2016年第7期，《人大复印资料·中国现当代文学》2016年第10期全文转载）

① 闻一多：《〈女神〉之地方色彩》，《创造周报》1923年第5期。
② 张柠：《诗比历史更永久》，广州出版社2000年版，第6页。

《女神》是“五四时代精神”的“诗化”吗？

——从接受史角度重审《女神》的文学史形象

彭冠龙

《女神》作为最早的白话新诗集之一，具有很高的文学史价值，同时，因其诗风狂放、意象瑰丽，曾一度激动着五四时代青年们的心，故而艺术价值也历来为人所称道，这样一部诞生于五四时期的艺术品，在当下的文学史叙述中占有重要地位，逐渐形成了一个可以概括为“诗化了五四时代精神”的经典性文学史形象，诸如“它的突出贡献是以对五四时代精神的诗化开了一代诗风”“反映了轰轰烈烈的‘五四’运动的时代精神”“传达出‘五四’时代精神的最强音”“《女神》是五四时代精神的号角”等语句是各类文学史书中对这部诗集最常见的描述。对于《女神》的这样一个文学史形象，研究者普遍持默认态度，并时常将之作为研究《女神》的预设前提，然而，也有学者意识到：“作为一种历史抽象，‘时代精神’更多是一种假定性存在，很难说存在一种凌驾个体差异之上的普遍的、统一的精神取向，其本身也是处于被诠释、删选的过程中。”①

一种经典性的文学史形象既然能够形成并为大家普遍接受，必然有其道理，单纯追究它的对与错似乎意义不大。这一文学史形象从何而来？是如何形成的？经历了怎样的演变过程？在当下的文学研究中应对它有怎样的认识？这些问题的解决显得更加重要。以往的《女神》研究普遍注重文本本身的细读、对比和分析，这就很难注意到历来对这部诗集评价的变迁，从而无法看清其文学史形象形成过程的来龙去脉。因此，回到历史现场，直接面对关于《女神》的各类评价及相关历史事件，可以清晰地回答以上这些问题，同时也将使我们更加准确地理解《女神》“诗化了五四时代精神”的含义以及这部诗集的接受史。

一　重审“起点”：《〈女神〉之时代精神》再分析

《女神》“诗化五四时代精神”这一文学史形象一直以来被认为源于闻一多的著

① 姜涛：《“新诗集”与中国新诗的发生》，北京大学出版社2005年版，第248页。

名评论文章《〈女神〉之时代精神》，因此，首先重读这篇文章是必要的。的确，这是第一篇将《女神》与“时代精神”联系起来的文章，它开篇就讲：“若讲新诗，郭沫若君底诗才配称新呢，不独艺术上他的作品与旧诗词相去最远，最要紧的是他的精神完全是时代的精神——二十世纪底时代的精神。有人讲文艺作品是时代底产儿。女神真不愧为时代底一个肖子。”①

然而，仔细读过这段话之后会发现几个问题。首先，前半句中几个关键词的意思需要厘清。通过句子成分分析可知，代词“他”是指郭沫若，因此，“他的精神”是指郭沫若的精神，也就是说，闻一多认为郭沫若的精神“完全是时代的精神”；再看“时代”，作者直接做了解释说明，是“二十世纪”，而非五四。至此可知，前半句中既没说《女神》，也没说“五四时代”。其次，《女神》与“时代”是什么关系。后半句说得很明白，是“时代底产儿”、“时代底一个肖子”，二者之间是类似母子的隶属关系，而在“《女神》诗化了五四时代精神”这句话中，二者首先是相互独立的，其次又具有服务关系——《女神》为“五四时代精神”服务。由字面上看，无论从词语含义方面还是从《女神》与“时代精神”二者关系的认定方面，都找不到作者想表达“《女神》诗化五四时代精神”这个意思的任何痕迹。当然，仅从字面来分析，说服力是有限的，对闻一多这篇文章的重读，还应该进入到更深层次。

整体来看，《〈女神〉之时代精神》是立足于诗歌艺术由“旧”到“新”发展的角度来看待《女神》的，是充分肯定这部诗集中的作品真正摆脱了“旧”、完全成为了“新”诗，而并非单纯的肯定它所具有的时代精神。全文第一句话就说：“若讲新诗，郭沫若君底诗才配称新呢，……”其潜台词是：从诗歌的“新”“旧”角度来看当下的创作情况，只有郭沫若的作品是真正做到了“新”，其他人的作品都不配称“新”。这是从一个很高的高度俯瞰整个诗坛后，将《女神》树立为一个榜样、标杆，而论述《女神》的时代精神只是为了说明它新在哪里、为什么将它作为榜样和标杆。

从这个角度来说，我们完全可以把《〈女神〉之时代精神》与《〈女神〉之地方色彩》视为连载于《创造周报》上的一篇文章的两个部分，因为它们都是立足于诗歌艺术由“旧”到“新”发展这一点来谈《女神》的，而且也只有将它们视为一篇文章的两个部分，才能清晰完整地看到闻一多的总体观点，因为他的观点在《〈女神〉之地方色彩》中解释得更加清楚：“我们的旧诗大体上看来太没有时代精神的变化了。从唐朝起我们的诗发展到成年时期了，以后便似乎不大肯长了，直到这回革命以前，诗底形式同精神还差不多是当初那个老模样。……新思潮底波动便是我们需求时代精神底觉悟。于是一变而矫枉过正，到了如今，一味地时髦是鹜，似乎又把‘此地’两字忘到踪影不见了。……（《女神》便是如此，因为）女神中所用的典

① 闻一多：《女神之时代精神》，《创造周报》第4期。

故，西方的比中国的多多了，……诗中央用可以不用的西洋文字了……"① 无论是新诗应该具有的全新品质，还是目前新诗创作中普遍存在的问题，都可以在《女神》中看到，《女神》既是当时诗坛上的榜样，又具有需要引以为戒的缺点，这才是闻一多想通过这两篇文章表达的完整观点。

这种"先表扬后批评"的写法正是20年代初文坛对《女神》进行评论时所普遍采用的模式，翻阅当时刊物上的文章，如王世颖的《读了〈女神〉以后》、子潜的《郭沫若——〈女神〉与〈星空〉》、《清华文艺》记者的《评〈女神〉》等无不如此。这种评论模式体现了当时文坛对《女神》的态度——勉强寻出了一部像样的新诗集。这种态度在字面上多有流露，比如"《女神》，《草儿》，《冬夜》所收各诗，在前二三年间都已散刊过，……诗坛并没有什么新产物，新诗勃兴以来三四年了，我们仅有这点子收获，我们是不能说可以满意"，② "稍有成就的只徐志摩，梁实秋，闻一多，郭沫若四人，而就中郭诗尤受人赞誉，共尊为艺术底艺术，未免言过其实，这一半确因佳作稀少之故，一半也因群众井底窥天所致"，③ 甚至有人毫不客气地指出："但是《女神》好处虽然多，坏处却不知道多少，而且他的坏处，与诗坛的坏影响狠（很）大；近来，新诗之所以乱七八糟，固然《草儿》、《蕙的风》等等遗害狠多，《女神》却也是其中顶厉害的一个。"④ 由此可见，五四时代的文坛并没有把这部诗集拔高到一种神圣的地位，而仅仅是当作一件艺术品来欣赏，并不认为它有多么的无与伦比，也不认为它是怎样的旷世杰作，欣赏者完全根据自己的阅读感受进行品评、指出优劣，在这样的情况下，几乎不可能有人给予或者想要给予《女神》"诗化五四时代精神"这样高的评价，因此，这一经典性文学史形象并非源于闻一多的《〈女神〉之时代精神》。

然而，需要注意的是，以闻一多这篇文章为代表的五四时代文坛对《女神》的评价已经将这部诗集与"时代"联系了起来，无论是为了指出它的某一处优点还是为了分析其中的某一首诗，"时代"似乎成了一个不得不涉及的关键词。在这一方面，《〈女神〉之时代精神》所起的作用最大，因为它最早也最为旗帜鲜明地把《女神》与"时代"放在一起进行论述。

二　"诗化五四时代精神"的成因及形成过程

20年代后期至30年代，文坛上似乎普遍不再对《女神》进行专门评论了，原因可能在于新诗作品和诗集不断增多，可供阅读和评论的对象已经非常丰富。但是，这

① 闻一多：《女神之地方色彩》，《创造周报》第5期。
② 谢康：《读了女神以后》，《创造季刊》第1卷第2期。
③ 子潜：《郭沫若——〈女神〉与〈星空〉》，《清华周刊·文艺增刊》，第6—8期。
④ 《评〈女神〉》，《清华文艺》第1卷第1期。

一时期出现了许多“郭沫若印象记”，里面都或多或少的侧面提及了作者在五四时期读《女神》的感受。

随着郭沫若在国民革命运动中的政治地位不断提高，其文坛地位也与日俱增，许多在北伐战争过程中见过郭沫若的人纷纷写文章来记述自己心中的这位文坛领袖。这些文章大多以“郭沫若印象记”为题，内容普遍按照同一个模式展开，即先肯定郭沫若的文学创作成就和主动投身革命的行为，再记录自己在北伐中听了他怎样的一段训话，由他的行为和这段训话受到鼓舞，于是结合他的创作情况热情歌颂他的崇高品质，此外，也有文章直接歌颂他的创作成就和崇高品质，但这种歌颂也是基于对他主动投身革命的赞叹。在肯定郭沫若的文学创作成就时，这些作者都会特别推崇他在五四时代的诗作，尤其是《女神》，认为“在某一个时代，他是有诗人之称的，他曾出过《女神》等诗集”,[①] 他“小说写得好，诗写得更好”,[②] 有人专门提及自己最喜欢的作品：“这部书我最爱读的是《湘累》和《棠棣之花》。……而且可以幽婉地唱出来。”[③] 甚至有人直接以《炉中煤》作为文章的开篇，并称赞：“这是十八年前我们底天才诗人郭沫若所写的诗。”[④]

在这些文章中，已经看不到任何对《女神》进行批评的痕迹了，只有对它的赞美之词，但对这部诗集的高度评价本身并不是为了评价这部诗集而作出的，结合每篇文章的全文来看，赞美《女神》实际是为了赞美郭沫若。当时的郭沫若已被大多数人奉为“革命文学家”，甚至是“革命文学的导师”,[⑤] 对《女神》的评价成为塑造郭沫若光辉形象必不可少的元素，而郭沫若这一文坛形象的成功塑造，也为这部诗集能够获得“诗化五四时代精神”这一极高评价埋下了种子。

郭沫若所获得的崇高文坛地位使他成为了共产党极力争取的进步文人，同时也使他有资格成为共产党汇聚更多进步文人的一面旗帜。为了使他按照中共中央的文化政策继续在文化战线上坚持对敌斗争，也为了“发动一切民主进步力量来冲破敌人的政治上和文化上的法西斯统治”,[⑥] 1941 年，在周恩来领导下，中共南方局策动和组织了一次具有明确政治目标的文化活动——庆祝郭沫若五十寿辰暨创作生活二十五周年。

在这一活动中，周恩来发表了具有重要影响的社论《我要说的话》，高度评价了郭沫若的“革命热情”、“研究精神”和“战斗生活”，并进而将其塑造成继鲁迅之后新文化运动中的又一面旗帜。在这篇文章中有一句话对《女神》文学史形象的塑

---

① 蝶媒：《郭沫若印象记》，《白话》第 1 卷第 9 期。
② 曾今可：《郭沫若印象记》，《新时代》第 3 卷第 1 期。
③ 美蒂：《郭沫若印象记（下）》，《读书月刊》第 3 卷第 4 期。
④ 郭莽西：《诗人郭沫若》，《战时中学生》第 1 卷第 2 期。
⑤ 周树华：《热情的郭沫若》，《沪大文学》第 1 卷第 2 期。
⑥ 阳翰笙：《回忆郭老创作二十五周年纪念和五十寿辰的庆祝活动》，《新文学史料》1980 年第 2 期。

造有重要影响："一出手他就已经在'五四'前后。他的创作生活，是同着新文化运动一道起来的，他的事业发端，是从'五四'运动中孕育出来的。"① 这里虽然没有直接评价《女神》，但是联系史实可以想到，郭沫若正是在五四时期通过这部诗集中一些作品陆续散刊以及最后结集出版而进入文坛，进而开启自己各项事业的。作为党报社论，这篇文章完全可以被视作从政治的角度对一位文化界名人做出的政治评定，目的在于论证他在文化事业中表现出来的精神符合共产党的政治要求，这就决定了它不可能像文学评论一样对郭沫若的创作情况做一番全面而又细致的评价，但这种评定是在全面考虑了关于郭沫若的所有事实的基础上做出的，自然涵盖了他的全部创作，并以高度概括的语言表达出来，因此，以上引述的这句话隐含了对《女神》的评价。在这段评价中，《女神》第一次与五四时代建立了联系。

另外，作为重要党报上一篇以党的重要领导人署名的社论，《我要说的话》实际也在向社会传达中国共产党对郭沫若做出的带有"政策性"色彩的评价。既然具有"政策性"，就需要有人对它进行阐释，将其高度概括的各个方面按照政策精神分别予以具体论述，综观事件始末会发现，"整个'寿郭'活动，不过是以不同的方式来阐释和传达周恩来的意见，使之转化为合法的公共文化资源"。② 作为这些阐释之一，周扬的《郭沫若和他的〈女神〉》第一次提出了"《女神》诗化五四时代精神"的观点："他的《女神》称得起第一部伟大新诗集。它是号角，是战鼓，它警醒我们，给我们勇气，引导我们去斗争。……他的诗比谁都出色地表现了'五四'精神……"③ 整篇文章围绕这一观点对《女神》进行分析，然而，看似一篇文学评论文章，却充满了政治术语和战斗气息，"封建重压""无产阶级""革命诗人""创造一个新的中国"……这些词语的大量使用说明周扬写这篇文章的目的绝不是单纯地高度评价一部诗集和一位诗人，而是为了肯定郭沫若的革命斗争精神，正如文章最后所指出的："郭沫若是脚站得很牢的，没有什么东西可以推倒他。他曾离开过诗，文艺，却没有离开过斗争。他与其做诗人，宁做战士。"④ 由此可见，周扬提出的"《女神》诗化五四时代精神"并非一个文学观点，其出发点在政治方面，是为了阐释周恩来在社论中对郭沫若作出的政治评定，与《女神》这部诗集的文学艺术成就毫无关系，虽然字面上在评论《女神》这个号角、这面战鼓，但统观全文可以感受到，对《女神》的评论指向的是对郭沫若这位号手、鼓手的赞美。

当然，无论出发点如何，这一观点的确被提出了，并且是作为对周恩来《我要

① 周恩来：《我要说的话》，《新华日报》1941年11月16日。
② 段从学：《"文协"与抗战时期文艺运动》，北京大学出版社2012年版，第235页。
③ 周扬：《郭沫若和他的〈女神〉》，《解放日报》1941年11月16日。
④ 同上。

说的话》这一“政策性”文章的阐释被提出的。由于周恩来这篇文章影响深远,[①] 又由于周扬在延安文艺理论界的地位不断提高,“《女神》诗化五四时代精神”就成了一种权威观点。

成为权威观点不等于成为了经典文学史形象。首先,根据前文所述,这一观点的提出毕竟与文学批评无关,按理说不应该进入文学史书写中;其次,“权威观点”不具有唯一性和稳定性,而“经典性文学史形象”必须具备这两个要素。然而,如果将建国后出现的主流文学史书都找来阅读会发现,从最早的王瑶、丁易、刘绶松、唐弢等人的著作开始,到后来各院校联合编写的教材,一直到当下有较大影响的文学史书,[②] 对《女神》的记述大同小异,而且都与周扬的《郭沫若和他的〈女神〉》一文内容保持一致,无不以“《女神》诗化五四时代精神”为论点,区别仅在于将个别语言换种说法、全文语句和段落调换一下顺序、偶尔有些引申发挥。那么,“《女神》诗化五四时代精神”是如何从权威观点发展为经典性文学史形象的?换句话说,这一观点是如何进入现代文学史书写并为研究者普遍承认、坚信不移、沿用至今的?

回答这一问题,必须从共和国成立初期国家对现代文学史编写和教学的要求说起。在高度一体化的文学体制下,文学艺术作为党的重要事业,理应按照党的要求在既定轨道上前进,满足政治的需要,由于现代文学史的书写涉及到对刚刚经历过的革命历史的认识问题,以及对许多文化界名人阶级立场的判定问题,就更需要以党的要求和观点为准。1950年颁布的《高等学校文法两院各系课程草案》要求中国新文学史运用新观点、新方法讲述自五四时期到现代的中国新文学发展史,[③] 在这一规定下,老舍、蔡仪、王瑶和李何林草拟了《〈中国新文学史〉教学大纲》,明确了学习新文学史的目的是“了解新文学运动与新民主主义革命的关系”,指出了新文学的特性“不是‘白话文学’、‘国语文学’、‘人的文学’、‘平民的文学’等等”而是“新民主主义的文学”,[④] 这就要求用新民主主义话语来编写和教授现代文学史,曾经提出的“白话文学”“人的文学”等观点完全被抛弃,对现代文学作品艺术水平的评

---

① 从1941年开始,一直到1949年,周恩来这篇文章的内容被各类刊物以不同题目多次转载,比如1946年第5期《北方杂志》以《鲁迅与郭沫若》为题进行全文转载,1946年第5—6期和1948年第6期的《人物杂志》都以《论鲁迅与郭沫若》为题进行全文转载,1949年的《新政协人物特写》以《周恩来看郭沫若》为题进行部分转载,等等。

② 本文选取了如下文学史著进行考察:王瑶《中国新文学史稿》、张毕来《新文学史纲》、丁易《中国现代文学史略》、刘绶松《中国新文学史初稿》、唐弢《中国现代文学史》、九院校编写组《中国现代文学史》、十四院校编写组《中国现代文学史》、田仲济和孙昌熙《中国现代文学史》、林志浩《中国现代文学史》、冯光廉和刘增人《中国新文学发展史》、钱理群等《中国现代文学三十年(修订本)》、朱栋霖等《中国现代文学史1917—2000》和朱德发《中国现代文学史实用教程》。王瑶、张毕来和刘绶松的文学史著作在文革以后又有修订版,也在考察之列。

③ 杨勇、李丹:《马克思主义与中国新文学史的建构——以〈《中国新文学史》教学大纲〉为例》,《西南农业大学学报》2009年第6期。

④ 王瑶、李何林、老舍、蔡仪:《“中国新文学史”教学大纲(初稿)》,《中国新文学史研究》,新建设杂志出版社1951年版,第3页。

价似乎也已经不重要了，文学史书写工作的重中之重是如何确保话语形式是“新民主主义”的。最稳妥的方式便是从党的重要领导人的各类文章中寻找现成论述，摘抄并引申发挥，对《女神》的书写即如此。回溯以往对这部诗集的各种评价和各位评价者，无论从文章观点和语言方式方面考虑还是从作者在党内地位方面考虑，只有周扬的《郭沫若和他的〈女神〉》可以作为文学史编写者的参考对象，由此，这篇文章提出的“《女神》诗化五四时代精神”的观点必然成了当时所有文学史家共同遵奉的金科玉律。就这样，一个原本与文学批评毫无关系的观点变成了不容置疑的文学史观点，被从新中国成立初期一直到70年代末出现的所有文学史书采用。

根据以上梳理可知，五四时期的文坛将《女神》与“时代”联系在一起并非看到了这部诗集与当时社会历史情境有何联系，只是为了突出新诗之“新”的品质，将《女神》树立为一个榜样，作为榜样，这部诗集及其作者开始被越来越多的人知晓，逐渐有了名气。若加以仔细考量，闻一多等人所说的“时代”背后实际有着复杂的意蕴，既包括我们现在仍然常说的“动的精神”、“反抗的精神”和“力”等文本表面体现出来的浅层要素，又包括“颓废”“哀伤”等深度心理活动，需要注意的是，在当时对后一种要素的论述比前者更多，普遍认为《女神》中的作品是“有泪的新诗”。[①] 这些意蕴的发现以认真的文学批评为基础，并在文坛达成共识。

“《女神》诗化五四时代精神”的提出看似将五四以来对这部诗集的评价进行了简练准确的概括，但实际并非如此，这一观点弱化了闻一多等人所说的“时代”的包容性，并远离了文学批评的轨道。它的提出根源于“政治”。郭沫若积极投身革命，政治地位不断提高，由此使其文坛地位迅速提升，奋发有为的“革命家”形象与广为人知的“文学家”身份融合在一起，就塑造了一位大批文学青年和文化界人士心目中的“革命文学家”，这一文坛形象使得郭沫若有资格成为政治斗争中汇聚大量文化人的旗帜，这面旗帜最终在国共两党的斗争中由共产党成功树立起来。由于共产党以政策形式将这面旗帜的根扎在了五四时期，对《女神》这样一部五四时期的重要诗集进行高度评价就成了树立旗帜的一块重要基石。对一部作品的最高评价莫过于将其与一个时代并置，使其成为一个时代的代名词，而从五四时期开始，“时代”就已经成为评价《女神》时不得不涉及的一个关键词，于是，“《女神》诗化五四时代精神”这样一个既符合党的政策、又符合政治斗争的需要、还符合历来对这部诗集的评价传统的观点就自然而然诞生了。然而，看似自然而然的生成过程，却隐含着质的变化。闻一多等人所说的“时代”包含的深度心理活动被遮蔽，只保留了“动”“反抗”“力”等浅层要素，并将其纳入共产党对五四时代的历史想象中，使之充分意识形态化。也就是说，这一观点的生成过程完全是在政治干预下的意义生产过程，生产出来的是一部作品的政治价值和一位著名作家的政治立场，随之而来的是政治鼓

---

① 资平：《致读〈女神〉者》，《文学旬刊》第34期。

动性和战争动员力，而并非文学批评发展中的自我突破和创新。

另外，高度评价《女神》是为了把郭沫若树立为争取进步文人的一面旗帜，以使共产党在当时纷繁复杂的局势中赢得人心，从这个角度来说，“《女神》诗化五四时代精神”这一观点只是国共政治斗争中产生的副产品。周扬并没有对《女神》进行文本分析，也无意评价它的艺术成就，这个副产品几乎没有认真的文学批评作为基础，在国共两党政治斗争结束后，它应该失去了存在的可能性和必要性，然而，“新民主主义话语”又给它注入了新的活力，现代文学史书写在政权力量干预下对新民主主义话语方式的采纳使它得以进入文学史书，但是，这套新的话语方式赋予它浓重的意识形态色彩，使它在成为了文学史观点之后仍旧携带着一直以来就有的政治意味。

三　合理与局限：对《女神》文学史形象的双重考量

20 世纪 80 年代以后，虽然现代文学研究领域开始对 1949 年以来文学史书写所采用的新民主主义话语方式提出了质疑和反思，甚至要求重写文学史，但是，对《女神》的书写一直变化不大。产生这一现象的原因是多方面的，从研究者的角度来说，80 年代以来的许多现代文学主要研究者要么在 80 年代以前已经成名，要么在那段时期正在求学，他们的知识背景是 80 年代以前的，由此，其熟悉的话语方式很难在短时间内完全改变；从社会历史环境的角度来说，“文革”期间几乎没有文学史编写活动，“在面对‘文革’十年文学史编写历史的断层，新时期的文学史编写者在摸索新的理论的同时不可避免的会借鉴‘十七年’时期的文学史观”。①

但这并不意味着《女神》“诗化五四时代精神”这一文学史形象不需要重新检讨，毕竟它是来自一种政治需要的论断，是在没有充分进行艺术鉴赏和文学研究的前提下被提出的，是在政治话语束缚文学史书写的大背景下被传承下来的，时至今日，国共两党的斗争早已在大陆结束，新民主主义话语也退出了文学史书写，在一个新的文学研究环境中，我们有必要认清这一文学史形象在当下存在的合理性和局限性，重新思考《女神》与五四的关系问题，从而给《女神》一个准确的文学史定位。需要指出的是，这些问题的探讨必须在一个新的前提下进行，即恢复《女神》的真实身份——一部诗集，学界似乎已经做到了这一点，然而，大量的研究成果普遍存在一个现象，即“忍不住”要将《女神》拔高到时代的高度、与一些宏大的东西挂钩，甚至有学者研究其“超越时代”的内涵，这一研究思维似乎是以最基本的阅读和审美感受为出发点，但更像是以“《女神》诗化五四时代精神”为隐含的心理预设，《女

---

① 逯艳：《〈女神〉的文学史书写》，载《〈女神〉与20世纪中国文学国际学术研讨会暨青年论坛论文集》，2011 年。

神》需要我们充分回归到它自身，充分回归到它的每一首诗。

不可否认，《女神》中一些诗篇正好契合了中国人心中的五四情结——“二十世纪中国人的主导情结”。[①] 80年代以来在中国发生的一系列思潮和事件都可以与五四进行沟通，我们不断赋予五四新的意义，在中国人脑海中，那正气浩荡、激情奔腾的岁月似乎从来不曾远去，这个时候，我们再来读《女神》，“凤凰”的浴火重生、“天狗”的肆意奔放、笔立山前“涌着在，涌着在，涌着在”的风景，地球边上“不断的毁坏，不断的创造，不断的努力”的呐喊，对新生太阳的礼赞，对革命匪徒的歌颂，对自我的崇拜……这一切内容都与存在于我们心中的五四情景如此贴切，对于这样的阅读感受，只有用一句“《女神》诗化了五四时代精神”才能准确概况。具体来说，《女神》中部分诗篇与五四情结的契合点在于个性张扬的青春激情。中国人心中的五四时代，可谓已经“脸谱化”为“以青春之我，创建青春之家庭，青春之国家，青春之民族，青春之人类，青春之地球，青春之宇宙”，[②]“青春”之胎动、“自我”之觉醒，已经成为我们理解中的那个时代的主旋律，暮气沉沉的“老大帝国”已经结束，新的“民国”已经开始，在多元文化的启蒙下，青年知识分子的社会责任感变得强烈，他们激情洋溢、活力四射，以自己的思考和行为自觉肩负起涤除旧物、重造乾坤的使命，一个古老的国度突然焕发了青春活力，这恰好是《女神》中凤凰涅槃、“死了的宇宙更生了”的图景，“晨安！我年轻的祖国呀！/晨安！我新生的同胞呀！”这样的诗句仿佛就是那个时代青年们共同的歌声，“我赞美我自己！”“我崇拜偶像破坏者，崇拜我！”这样的诗句仿佛就是那个时代个性张扬的旋律，整部诗集中那些“天狗”般肆意奔腾的诗句，与激荡着中国人的五四时代个性张扬的青春激情，有着精神上的连通，这种连通表现在：为我们想象那个时代提供了一个抽象而迷人的文学图景。在这层意义上，《女神》“诗化五四时代精神”这一论断具有合理性。

然而，这种合理性也向我们昭示了局限性。上述与《女神》部分诗篇阅读感受相连通的五四，是作为一种情结的五四，是当代中国人精神世界中的五四，而在文学史书写中，应该面对的是这部诗集与文学史上的五四的关系，这就出现了《女神》应有的“文学史”形象与现有形象所指向的领域之间的错位。当我们沉浸在这种五四想象之中的时候，《女神》“诗化五四时代精神”这一论断是无懈可击的，但是，回到客观的文学研究领域，会发现这一论断为我们研究这部诗集造成了遮蔽。首先，在《女神》与五四之间遮蔽了一个人，这个人就是郭沫若。作为诗集的作者，每一首诗所包蕴的情感、精神都应该是他生命体验的艺术表现，在现有研究成果中，当把《女神》上升到时代的高度后，就不再考虑郭沫若的感受了，好像这位作者可有可无，离开作者谈《女神》的时代精神，可以发掘出作品中潜在的意蕴，但更多的是

① 樊星：《“五四情结”与当代思想——“当代思想史”片断》，《文艺评论》1997年第1期。

② 李大钊：《青春》，《新青年》第2卷第1期。

带来了大量误读，对作品的阅读感受是主观的，但对作品的研究则应该是客观的。其次，遮蔽了诗集中的大量作品。在此，仅对前文提到过的文学史著作进行一个简单统计：文学史著作共16部，《女神》中篇目共57篇，这57篇诗作被这16本文学史著作引用分析大于等于16次的篇目共10篇——《女神之再生》《湘累》《棠棣之花》《凤凰涅槃》《天狗》《炉中煤》《晨安》《立在地球边上放号》《地球，我的母亲!》《匪徒颂》，占总篇目的18%左右，其中《凤凰涅槃》达到了37次；从未被引用分析的篇目共13篇——《无烟煤》《登临》《演奏会上》《沙上的脚印》《新阳关三叠》《夜》《别离》《司健康的女神》《火葬场》《鹭鸶》《春蚕》《岸上三首》《海舟中望日出》，占总篇目的23%左右；其余34篇诗作被引用分析的次数在1到10之间，其中，小于等于5次的有25篇，占总篇目的44%左右。其他各类关于《女神》的研究成果所引用的诗作也基本都集中在《女神之再生》《湘累》等10篇高频作品。这一统计只能大概反映出一个现象，但可以准确告诉我们一个事实：《女神》中与"诗化五四时代精神"这一论断无关的作品长期处于我们的研究视野之外，这类作品的数量占整部诗集的80%左右。

从文学史研究的角度来说，探讨《女神》与五四的关系，首先应该着眼于五四时期郭沫若的内心世界，这是一个身居异国求学中的青年知识分子的心灵，从各类史料来看，他目睹了异国的强盛，和相比之下祖国的落后；感受了生活于他乡的艰辛和孤独；渴求西方先进文明下的科学文化知识；有了对爱情的向往与追求，并由此肩负起家庭的重担。在这一过程中，他也有过成功、有过欢笑、有过自负。这些人生体验决定了他的内心是一个非常丰富而复杂的世界，其中有青春激情，有个性张扬，更有求知心切、游子思乡、沉醉美景、惬意徜徉，还有对自由、平等、和平的向往，关于凄凉、泪水、死亡的哀伤，乃至灵与肉的纠缠、心与形的对抗。需要指出的是，与中国古代传统文人相区别，郭沫若的这些感受要么是在世界展望中获得的，要么是在西方文化浸染下获得的，要么是在当时资本主义先进文明冲击下获得的，带有现代文明笼罩下出现的新质。郭沫若认为"我想我们的诗只要是我们心中的诗意诗境的纯真的表现，命泉中流出来的Strain，心琴上弹出来的Melody，生底颤动，灵底喊叫，那便是真诗，好诗，便是我们人类底欢乐底源泉，陶醉底美酿，慰安底天国。"① 《女神》中的全部作品，正是郭沫若"心中的诗意诗境"的艺术表现，由于其丰富性和复杂性，无法一一举例，但通过对每一首诗的阅读感受，我们能对其内心世界的每一个细节有深切的体会。从郭沫若而联想到同时代的所有青年知识分子，比如鲁迅、郁达夫、茅盾、张资平、庐隐，等等，他们虽然气质、性格迥异，所走的道路不同，但无不表现出与郭沫若相同或相近的复杂心境，这可以在《沉沦》《海滨故人》等作品中反映出来，也可以在"弃医从文"等人生抉择中反映出来，这是属于那一代人共

① 田寿昌、宗白华、郭沫若：《三叶集》，亚东图书馆1920年版，第6页。

通的精神状态，如果一定要说《女神》“诗化了五四时代的什么”的话，可以说，《女神》“诗化了五四一代青年知识分子的内心世界”，从这一层面来看，用“个性张扬、青春激情的时代精神”来衡量《女神》就显得简单片面、单薄无力了。

其次，还应该着眼于《女神》与五四时代文学思潮的关系。在这一关系中存在着“时代”与“地域”不完全匹配的特殊现象，以中国为地域范畴谈五四时代才是具备有效性的，涉及在海外留学的中国现代作家的创作活动与五四时代关系的问题，则需要其心态与该地域的五四时代文学思潮有某种精神关联。然而，身居日本的郭沫若与中国五四文坛的关系存在一个由“隔膜”到“参与”的转变过程，这就导致《女神》与五四时代文学思潮的关系变得复杂，剖析这一复杂性需要回到郭沫若第一次见到中国新诗时的历史场景中进行，也就是《创造十年》中的一个细节：“我看了不觉暗暗地惊异：‘这就是中国的新诗吗？那么我从前做过的一些诗也未尝不可发表了。”① 从中可以传达出三层信息，首先，在1919年9月看到《时事新报·学灯》上的白话诗之前，郭沫若已经有了诗歌创作活动，但他对中国当时的文坛状况是不了解的，并不清楚中国新诗是什么样子，根据一些回忆资料可知，他创作白话新诗最初的、最直接的创作动机是爱情：“因为在民国五年的夏秋之交有和她（安娜）的恋爱发生，我的作诗的欲望才认真地发生了出来。”② 这说明他最初的新诗创作实践活动是游离于五四新诗创作潮流之外的；其次，这一细节还折射出郭沫若诗歌创作活动与中国五四文学思潮的“相遇”，他表示“惊异”是因为发现自己的作品与中国新兴文体不谋而合，原本是一种纯粹的个体创作活动，却突然遇到了适合其生长的创作潮流，从这个时候开始，郭沫若的诗歌创作与五四文学思潮发生了关联；这一“相遇”促使郭沫若产生了“从前做过的一些诗也未尝不可发表”的想法，进而参与到了五四时代新诗创作的队伍中，这也是该细节反映出的第三层信息，此后，“我便把我1918年在冈山时做的几首诗，《死的诱惑》《新月与白云》《离别》，和几首新做的诗投寄了去。这次的投寄算投成了功，寄去不久便在《学灯》上登了出来。”“那时候，但凡我做的诗，寄去没有不登，竟至《学灯》的半面有整个登载我的诗的时候。说来也很奇怪，我自己就好像一座作诗的工厂，诗一有销路，诗的生产便愈加旺盛起来。”③ 在《女神》出版之前，郭沫若创作了大量诗歌作品；但是只有一部分进入了诗集《女神》，这是其“编纂”④ 的结果，与未进入该诗集的作品相比，《女神》中的作品明显表现出较为统一的风貌和较高的艺术水平，这说明该诗集是郭沫若有意“顺潮流而动”推出的作品选集。从郭沫若诗歌创作活动与五四时代文学思潮由“隔膜”到“参与”的关系变化中可以发现，《女神》并不是在一股思潮的感召下诞生的

① 郭沫若：《创造十年》，现代书局1932年版，第73页。
② 郭沫若：《我的作诗的经过》，《质文》第2卷第2期。
③ 郭沫若：《创造十年》，现代书局1932年版，第78页。
④ 同上书，第124页。

诗集，而是个人创作活动与合适的文学思潮“相遇”后催生的选集，从这一角度来看，将“诗化五四时代精神”作为《女神》的文学史定论就显然站不住脚了。

总之，“《女神》诗化五四时代精神”是一个从政治需要中走出的观点，随着新民主主义话语进入了文学史书写，这一观点成为了《女神》的经典文学史形象，之所以一直沿用至今、基本不被质疑，是因为这一观点的确有其合理性。然而，在当下的文学史研究中，必须认清其合理性的边界，即只能在五四想象中适用，否则就会对研究这部诗集造成很大的遮蔽。

（原载《现代中文学刊》2016年第2期）

鲁迅、郭沫若“笔墨相讥”史实再探

刘卫国

鲁迅与郭沫若两人关系并不融洽，多次“笔墨相讥”，这几乎是中国现代文学研究界众所周知的史实。如何看待这种矛盾？以前研究界主要是维护鲁迅的形象，认为郭沫若攻击鲁迅言论过火，而鲁迅对待郭沫若则是仁者风度、长者胸怀。[①] 笔者以前也是认同这种观点的，这其中还受到社会上流行观点即鲁迅人格伟大论和郭沫若人品不好论的影响，认为鲁迅与郭沫若如果产生矛盾，郭沫若肯定理亏。但近来重读鲁迅与郭沫若“笔墨相讥”的有关材料，对以前的看法产生了怀疑。现将两人“笔墨相讥”的史实重新梳理，探究其中原委，分辨其中是非，并由此对新文坛的批评生态问题做一个侧面考察。

一

鲁迅与郭沫若笔墨相讥，始于1928年的革命文学论战。此前，两人素未谋面，私底下虽然对对方各有看法，但尚未写成批评文章。1928年初，创造社、太阳社联手发动革命文学运动。为了“立新”，创造社、太阳社先“破旧”。在“破旧”时，创造社、太阳社点了鲁迅的名，嘲笑和批判了鲁迅的创作。鲁迅给予还击，发表了《醉眼中的朦胧》《我的态度气量和年纪》等文。郭沫若则化名杜荃，作《文艺战线上的封建余孽——批评鲁迅的〈我的态度气量和年纪〉》[②] 一文，猛烈攻击鲁迅。鲁迅与郭沫若“笔墨相讥”，郭沫若确实要承担挑衅的责任。这是历史的事实，无论谁要为郭沫若辩护，都不应避讳。

郭沫若此文给鲁迅乱扣了三顶帽子，即“封建余孽”“二重反革命”“法西斯蒂”。这三顶帽子，在当时的语境中都有点杀气腾腾。在围攻鲁迅的文章中，郭沫若的用词最为凶狠。因此，鲁迅与郭沫若结下了仇恨。

郭沫若此文的结论是错误的，论证逻辑也是混乱的，但全文并非一无是处。文章开头说：“鲁迅的文章我很少拜读，提倡趣味文学的《语丝》更和我没缘。最近友人

---

① 张家康：《郭沫若为什么与鲁迅失之交臂》，《人民政协报》2011年7月28日B3版。

② 《创造月刊》2卷1期，1928年8月10日。

寄了一册四卷十九期的《语丝》给我，我读了鲁迅的一篇随感录，就是《我的态度气量（器量?）和年纪》。在未读这篇随感录以前，我的鲁迅观是：大约他是一位过渡时代的游移分子。他对于旧的资产阶级的意识已经怀疑，而他对于新的无产阶级的意识又没有确实的把握。所以他的态度是中间的，不革命的——更说进一层他或者不至于反革命。”郭沫若的这些判断应该说是符合鲁迅的思想实际的。紧接着，郭沫若又下了这样的判断：“我读了他那篇随感录以后我得了三个判断：第一，鲁迅的时代在资本主义以前，更简切的说，他还是一个封建余孽。第二，他连资产阶级的意识形态都还不曾确实的把握。所以，第三，不消说他是根本不了解辩证法的唯物论。”这三个判断，除了第一个判断中的半句话，大致也是准确的。不准确的半句话，就是“他还是一个封建余孽”。之后郭沫若对这三个判断进行逻辑和事实的“引证”，这种证明方式是值得肯定的。但由于郭沫若在“引证”中出现了逻辑混乱和跳跃，导致了最后结论的大变形。文章的三点结论，其一，“他是资本主义以前的一个封建余孽”，和前边的第一个判断相比，抛弃了正确的观点，强化了错误的观点。其二，“资本主义对于社会主义是反革命，封建余孽对于社会主义是二重的反革命”、“鲁迅是二重的反革命人物”。这个判断与原来的第二个判断相比，完全政治化了。其三，“他是一位不得志的 Fascist（法西斯蒂）”，与原来的第三个判断相比，这一判断完全走上了岔路。换言之，郭沫若此文的错误，主要在于论证出错、走岔，其最初观点大致还是正确的。

郭沫若此文用的是化名，但其独特的文风是隐藏不住的。鲁迅在 1934 年 5 月 15 日致杨霁云信件中曾说：“这些人身攻击的文字中，有卢冀野之作，有郭沫若的化名之作。”① 鲁迅是知道杜荃的真名的。

鲁迅不是一个有仇不报的人。1929 年 5 月 22 日晚，鲁迅在燕京大学国文学会演讲《现今的新文学的概观》，犀利地嘲笑了创造社的革命文学观念与创作：“至于创造社所提倡的，更彻底的革命文学——无产阶级文学，自然更不过是一个题目。这边也禁，那边也禁的王独清的从上海租界里遥望广州暴动的诗，‘Pong Pong Pong’，铅字逐渐大了起来，只在说明他曾为电影的字幕和上海的酱园招牌所感动，有模仿勃洛克的《十二个》之志而无其力和才。”接着又把矛头指向郭沫若：“郭沫若的《一只手》是很有人推为佳作的，但内容说一个革命者革命之后失了一只手，所余的一只还能和爱人握手的事，却未免‘失’得太巧。五体，四肢之中，倘要失去其一，实在还不如一只手；一条腿就不便，头自然更不行了。只准备失去一只手，是能减少战斗的勇往之气的；我想，革命者所不惜牺牲的，一定不只这一点。《一只手》也还是穷秀才落难，后来终于中状元谐花烛的老调。”②

① 《鲁迅全集》第十二卷，人民文学出版社 1981 年版，第 410 页。

② 鲁迅：《现今的新文学的概观》，收入《鲁迅全集》第四卷，人民文学出版社 1981 年版，第 135—136 页。

创造社提倡革命文学，鲁迅就用创造社的革命文学作品来讽刺创造社，认为创造社的革命文学创作徒有虚表。鲁迅对王独清诗歌的批评是否有理，这里不论，但鲁迅对郭沫若小说《一只手》的批评，是不成立的。因为鲁迅完全弄错了这篇小说的内容。这篇小说并非如鲁迅所说写的是一个革命者革命之后失了一只手所余的一只还能和爱人握手的事。小说的主人公小普罗是个外国童工，并不是一个革命者。这个童工在做工时，右手被切断，工友们停下活儿来救他，受到工头阻止，结果引起工人暴动。但工人暴动遭到警察镇压，小普罗和未死的工人都做了俘虏而入狱。而工人领袖逃脱后，发起了全岛工人大罢工。小普罗的双亲率先响应，点燃自己的房屋作为信号，使全岛燃起熊熊大火。趁着资产阶级政府救火之际，工人领袖率领工人夺取了兵工厂，掌握了武器，夺取了政权。小普罗从监狱中得到解放，他有仇报仇，用断手打死工头，但他回到家里，发现双亲被火烧的尸首，身心疲惫，倒地死去。后来，工人政府为小普罗举行了国葬，树立了纪念塔，纪念塔顶上，一只红色的铁拳向天空伸出。“一只手”的得名即出于此。

如果说，郭沫若批判鲁迅的文章在于论证出错、走岔，从而导致最终结论变形，那么，鲁迅此文对郭沫若的批判则出现“硬伤”，因为他对《一只手》的真正内容根本就不了解，鲁迅的批判建立在错误的基础之上。

《一只手》连载于《创造月刊》1 卷 9、10、11 期，这三期《创造月刊》还分别刊发了成仿吾的论文《从文学革命到革命文学》《全部的批判之必要》及郭沫若的论文《桌子的跳舞》。这三篇论文都是革命文学论战中的重要论文，当时鲁迅正卷进革命文学论战，不可能不关注《创造月刊》，应该是浏览过这三期《创造月刊》，不然也不会知道《一只手》这篇小说，但鲁迅对小说内容的复述完全错误，实在令人费解。还有，《一只手》发表之后，评论界并没有什么反响，并不像鲁迅所说的“很有人推为佳作”，鲁迅伪造事实，意在表示自己见解高超，力排众议。

鲁迅批评《一只手》，用意之一是讽刺郭沫若没有“战斗的勇往之气”，但这显然低估了郭沫若。因为郭沫若曾从军北伐，并在国共决裂时发表战斗檄文《请看今日之蒋介石》，在当时文人中，谁有郭沫若这样的“战斗的勇往之气”？至少鲁迅就没有。鲁迅批评《一只手》，用意之二是讽刺郭沫若的思想意识仍然是“穷秀才落难，后来终于中状元谐花烛的老调”，这是在回敬郭沫若将自己说成是“封建余孽”，认为郭沫若头脑中也有封建意识，也是“封建余孽”，但因鲁迅完全弄错了《一只手》的内容，其指责根本就不能成立。

二

鲁迅在演讲《现今的新文学的概观》时，郭沫若已东赴日本避难，未注意到鲁迅的这篇演讲，鲁迅的回击一拳也就打在了空处。1930 年初，鲁迅又发表《我和语丝的始终》[1]，其中说："经我担任编辑之后，《语丝》的时运就很不济了，受了一回政府的警告，遭了浙江当局的禁止，还招了创造社式'革命文学'家的拼命的围攻。"鲁迅在这里顺便提了一笔："至于创造社派的攻击，那是属于历史底的了，他们在把守'艺术之宫'，还未'革命'的时候，就已经将'语丝派'中的几个人看作眼中钉的，叙事夹在这里太冗长了，且待下一回再说罢。"鲁迅之所以提及这一笔，很显然是因为鲁迅还在为自己遭到"创造社式革命文学家的拼命的围攻"而耿耿于怀，强调创造社一直将自己视为"眼中钉"，双方有着很长的历史恩怨。

郭沫若看到鲁迅此文后，很快写了一篇《眼中钉》[2] 回应。郭沫若特意强调："我现在要来写这篇文章不是要来批评，却是要来辩证一个事实。"

关于前期创造社对语丝派的攻击，郭沫若这样解释："其实所谓创造社的人并没有几个，拿前期的来说，顶着创造社的担子在实际上精神上都发生过一些作用的，仅仅郁达夫、成仿吾和我三个人而已。就在这三个人里面，据我所知道的，达夫对于'语丝派'的人便从没生过恶感。仿吾批评过鲁迅的《呐喊》、批评过周作人的小诗。我呢，对于周作人之介绍小诗略略表示过不满的意思（见《创造》季刊二期批评《意门湖》的文字里面），对于他提倡印象批评也说过不赞成的话头（见《创造周报》一篇谈批评的文字里，连题名我都不记得了）。关于鲁迅呢，我只间接的引用过他的一句话，便是'中国还没有一个作家'（见《文艺论集》中的《天才与教育》），而且我还承认他的并不是'傲语'。前期创造社的几个人和语丝派的几个人所发生过的关系就只有这一点（其实当时《语丝》还没有出现）。结果还只是成仿吾和我谈驳过周作人或鲁迅而已。所谓'历史'就只有这样一点历史。"

郭沫若这些话是符合历史事实的。前期创造社与语丝社的历史恩怨，其实并不像鲁迅所说的那么深。前期创造社批判的矛头主要是对准文学研究会，而不是语丝社。鲁迅之所以将前期创造社与语丝社的恩怨看得那么深，只能说是鲁迅在心理上更记仇。郭沫若将前期创造社和鲁迅的结怨解释为"文人相轻"。他说："成郭对于周鲁自然表示过不满，然周鲁对成郭又何尝是开诚布公？（例如周作人先生便刻薄过成仿吾是苍蝇。）始终是一些旧式的'文人相轻'的封建遗习在那儿作怪。"这一解释是言之成理的。的确，成仿吾、郭沫若对鲁迅有过不满，但鲁迅对成仿吾、郭沫若又何尝没有不满？鲁迅只看到别人对自己不满，未看到自己对别人也有偏见。

在前期创造社成员中，成仿吾确实攻击过鲁迅，与鲁迅结下仇怨。郭沫若这样解释："仿吾的《〈呐喊〉批评》，我不能说什么话，因为《呐喊》我并未曾读完，仿吾的文章也没在我的手里。不过我相信仿吾站在现在的立场来，恐怕他的批评又不同。那些以往的批评我们是用不着再去批评，就在当时，他的见解也不见得和我们几

---

① 《萌芽月刊》1卷2期，1930年2月1日。

② 《拓荒者》1卷4、5期合刊，1930年5月10日。

个就是一致。”郭沫若自承：“我所读的鲁迅先生的第一篇小说是《发的故事》（应为《头发的故事》，原文如此），是民国九年在《学灯》的双十节增刊上看见的。这可以说也是我第一次看见的中国的近代小说。我当时很佩服他，觉得他的观察深刻，笔调很简练，大有自然主义派的风味。但同时也觉得他的感触太枯燥，色彩太暗淡，总有点和自己的趣味相反驳——这话是我一点加减乘除也没有的表白，这假如值得说上‘批评’，我对于鲁迅先生的批评，截到他的《呐喊》为止，就是这样。”郭沫若又提起《呐喊》，他说：“《呐喊》我是没有读完的。在初出版时（民国十二年），我曾请泰东书局买过一本（当时我寄居在泰东的编辑处）。有一天礼拜日我带着孩子们到吉司菲尔公园时，是带着《呐喊》同去的。我睡在草地上从前面翻读起，读了三分之一的光景，我得的印象依然还是前几年读《发的故事》时是一样。但终因和自己的趣味有点反驳的原故，所以读了三分之一之后终竟没有读完。达夫虽曾对我说过，《故乡》很不坏，《阿 Q 正传》也很有一读的价值，但我终是怠慢了，失掉了读的机会。以后的著作便差不多连书名都不清楚了。”郭沫若强调：“这便是我以前对于鲁迅先生的模糊的认识，我相信和仿吾的见解，一定有多少不同。”郭沫若的这些话也是可信的。他与鲁迅的文学观念不同，但他并没有公开撰文讥评过鲁迅的《呐喊》。成仿吾攻击《呐喊》，是他的个人行为，并未受郭沫若指派。

至于后期创造社在革命文学论争中围攻鲁迅，郭沫若解释道：“他们的批判不仅限于鲁迅先生一人，他们批判鲁迅先生，也决不是对于‘鲁迅’这一个人的攻击，他们的批判对象是文化的整体，所批判的鲁迅先生是以前的‘鲁迅’所代表，乃至所认为代表着的文化的一个部门，或一部分的社会意识。”这话说的也是实情。郑伯奇曾这样评论后期创造社和语丝社的论争：“这不是我们和鲁迅的冲突，也不是创造社和语丝派的冲突，这是思想和思想的冲突，文坛上倾向和倾向的冲突。我们所批评的不是鲁迅个人，也不是语丝派几个人，乃是鲁迅与语丝派诸君所代表的一种倾向。这种倾向也许支配着许多青年，然而这种倾向在现阶段是有害的。”[①] 郭沫若的观点和郑伯奇的观点是一致的。

郭沫若还解释了后期创造社与鲁迅翻脸的事情。郭沫若说：“当在 1927 年的年末，那时鲁迅先生在上海，我也从广东回到了上海。伯奇光慈诸人打算恢复《创造周报》，请鲁迅先生合作。这个提议我是首先赞成的，记得在报上还登载过启事，以鲁迅先生为首名。我当时并曾对伯奇不止说过一次，有机会时很想和鲁迅先生面谈；但不久我病了。所以这件事情竟没有实现。至于《创造周报》的没有恢复是因为大家的意思以为不足以为代表一个新的阶段的标帜，所以废除了前议，才有《文化批判》的出世。”

鲁迅在广州时期，曾打算和创造社合作。他对许广平说：“其实我也还有一点野

① 何大白（郑伯奇）:《文坛的五月》,《创造月刊》2 卷 1 期，1928 年 8 月。

心，也想到广州后，对于绅士们仍然加以打击……第二是与创造社联合起来，造一条战线，更向旧社会进攻，我再勉力写些文字。”① 1927 年 4 月 1 日，《洪水》半月刊 3 卷 30 期发表《中国文学家对于英国智识阶级及一般民众宣言》，署名者有成仿吾、鲁迅、王独清、何畏等人。1927 年 10 月，鲁迅到上海后，他在致李霁野的信中说：“创造社和我们，现在感情似乎很好。他们在南方颇受压迫了，可叹。看现在文艺方面用力的，似只有创造，未名，沉钟三社，别的没有，这三社若沉默，中国全国真成了沙漠了。”② 1927 年 12 月 9 日，郭沫若曾派蒋光慈、郑伯奇等人前往鲁迅上海住处，邀请鲁迅联合起来，共同向旧社会进攻。鲁迅欣然同意。郭沫若于 12 月 3 日在上海《时事新报》上刊出《创造周报复活了》的消息，同时公布了特约撰述员的名单：鲁迅领衔，麦克昂（郭沫若）居二，其余还有蒋光慈、冯乃超、张资平等人。本来说好了要联合的，可创造社后来却变卦了，翻脸了。鲁迅觉得被郭沫若和创造社所骗，自然心中有气，心中有气自然要发泄。不过，后期创造社提倡革命文学，实乃政治行为。在政治行为中，翻手为云覆手为雨的事情是经常发生的。鲁迅以文学家的眼睛看世界，因而强调诚信，而郭沫若更具有政治家的特性，讲究的是权变。两人自然说不到一块去，此次变卦事件，也难说谁对谁错。

郭沫若最后说：“总归成一句话，便是创造社的几个人并不曾‘将语丝派的几个人看成眼中钉’。”郭沫若还说：“好在创造社这个小团体老早已是已经失掉了它的存在的。语丝派这个小团体现在已由鲁迅先生的自我批判把它扬弃了。我们现在都同达到了一个阶段，同立在了一个立场。……以往的流水账我们把它打消了吧。”郭沫若表达了和鲁迅停战的愿望，应该说，郭沫若的语气是诚恳的，毕竟是自己惹出祸端，自然希望尽快平息。

三

郭沫若的《眼中钉》一文发表在左联刊物《拓荒者》1 卷 4、5 期合刊上，鲁迅作为左联盟主，不可能没看过这篇文章。郭沫若虽然澄清了创造社与语丝社的恩怨原委，但鲁迅心中对创造社和郭沫若的不满并未消散。

1931 年 8 月，鲁迅在上海社会科学研究会作了《上海文艺之一瞥》的演讲，其中多次提及创造社并给予尖锐批判。鲁迅在文章开头回溯上海滩上才子变流氓的历史过程，认为创造社是新才子派，其主张变来变去，还可以称之为流氓，是新时代的“才子 + 流氓”。

鲁迅认为，“创造社是尊贵天才的，为艺术而艺术的，专重自我的，崇创作，恶

① 收入《鲁迅全集》第十一卷，人民文学出版社 1981 年版，第 191 页。
② 同上书，第 583 页。

翻译，尤其憎恶重译的，与同时上海的文学研究会相对立。那出马的第一个广告上，说有人'垄断'着文坛，就是指着文学研究会。文学研究会却也正相反，是主张为人生的艺术的，是一面创作，一面也看重翻译的，是注意于绍介被压迫民族文学的，这些都是小国度，没有人懂得他们的文字，因此也几乎全都是重译的。……既然是天才的艺术，那么看那为人生的艺术的文学研究会自然就是多管闲事，不免有些'俗'气，而且还以为无能，所以倘被发见一处误译，有时竟至于特做一篇长长的专论。"在文学研究会与创造社之争中，鲁迅的立场并不客观，显然是偏向文学研究会一边的。

鲁迅注意到，创造社在与文学研究会的论争中取得了胜利，他这样评论："创造社的这一战，从表面看来，是胜利的。许多作品，既和当时的自命才子们的心情相合，加以出版者的帮助，势力雄厚起来了。势力一雄厚，就看见大商店如商务印书馆，也有创造社员的译著的出版，——这是说，郭沫若和张资平两位先生的稿件。这以来，据我所记得，是创造社也不再审查商务印书馆出版物的误译之处，来作专论了。这些地方，我想，是也有些才子+流氓式的。"创造社白手起家，不像文学研究会有商务印书馆这个大靠山，其成绩之得来，比文学研究会更不容易。对于创造社的成功，心态正常者一般都会予以祝贺，鲁迅却在这里嘲笑创造社的成功，他显然不能体会创造社奋斗的艰辛。

鲁迅接着说："然而，'新上海'是究竟敌不过'老上海'的，创造社员在凯歌声中，终于觉到了自己就在做自己们的出版社的商品，种种努力，在老板看来，就等于眼镜铺大玻璃窗里纸人的睐眼，不过是'以广招徕'。待到希图独立出版的时候，老板就给吃了一场官司，虽然也终于独立，说是一切书籍，大加改订，另行印刷，从新开张了，然而旧老板却还是永远用了旧版子，只是印、卖，而且年年是什么纪念的大廉价。"鲁迅显然为创造社吃官司感到幸灾乐祸。

鲁迅又说："商品固然是做不下去的，独立也活不下去。创造社的人们的去路，自然是在较有希望的'革命策源地'的广东。在广东，于是也有'革命文学'这名词的出现，然而并无什么作品，在上海，则并且还没有这名词。"鲁迅还预测："激烈得快的，也平和得快，甚至于也颓废得快。倘在文人，他总有一番辩护自己的变化的理由，引经据典。譬如说，要人帮忙时候要用克鲁巴金的互助论，要和人争闹的时候就用达尔文的生存竞争说。无论古今，凡是没有一定的理论，或主张的变化并无线索可寻，而随时拿了各种各派的理论来作武器的人，都可以称之为流氓。"其实，创造社和郭沫若并非没有一定的理论，其思想变化并非无线索可寻①，只是鲁迅不愿意去寻而已。前面说过，郭沫若具有政治家的特征，讲究权变，因此其主张变来变去，

① 参见刘卫国、陈淑梅《论郭沫若个人主义思想的知识谱系和历史意义——兼论郭沫若思想转折的原因》，《郭沫若学刊》2007 年第 4 期。

非要把这种特征定义为“流氓”，则普天下的政治家都是“流氓”了。再说，鲁迅自己的思想后来也有变化，如果一个人的思想变来变去，就是流氓，那么鲁迅自己也不能免去这一恶谥。

鲁迅的这篇演讲影响较大，很快被翻译成日文在日本发表，郭沫若是在日本看到鲁迅此文的。郭沫若在《眼中钉》一文中已经表达了“以往的流水账我们把它打消了吧”的希望。没想到鲁迅又提起“以往的流水账”，郭沫若愤而撰写《创造十年》[①]，反击鲁迅，澄清事实。

关于创造社的文学观念，郭沫若辩解说：“创造社尊重天才，专重自我，崇创作，这倒不是什么罪过。无论在怎样的社会里，天才是不能否认的，不同的只是天才的解释罢了。”郭沫若的这辩驳是有理的。创造社与鲁迅文学观念不同，确实不是什么罪过。郭沫若又澄清鲁迅有关创造社“恨翻译”、“尤憎恨重译”的说法：“我自己似乎也是创造社里面的一个人，我自己便‘翻译’过不少的东西，并也‘重译’过不少的东西啦！不过不负责任的翻译和重译，似乎是在可恨可憎恨之例，创造社也干过些指摘的事情，鲁迅先生大约就是根据的这些罢？这好像是在说‘你恨酸败了的面包的人，便是恨面包’。吾无以名之，名之曰‘阿Q式的逻辑’。”因为郭沫若自己就翻译和重译过作品，所以鲁迅有关创造社“恨翻译”、“尤憎恨重译”的指责自然站不住脚，至于创造社指摘文学研究会等人的翻译错误，也无可厚非，因为像“雅典主义”、“手势戏”之类的翻译，确实有误。

关于书店老板告发创造社的事情，郭沫若说：“这儿所说的‘书店老板’自然就是泰东书局的赵南公。幸好赵南公还没有死，创造社的几个人也都还活着的，创造社设出版部时，原来赵南公是提起过诉讼的吗？老实说，我对于我们鲁迅先生这位大‘大人君子’的脑筋不免有点怀疑。鲁迅先生或者不会是有意的捏诬，因为受书店老板告发，倒不是什么大不名誉的事；我想怕是脑筋中的记忆有点混线，在这儿把新青年社和创造社扯在一道了。新青年社由群益书局独立时，书局的老板提起过诉讼，这是人众皆知的事体。”创造社虽曾受到泰东书局赵南公的经济剥削，但赵南公并没有与创造社打过官司，鲁迅不了解情况，张冠李戴了。

至于鲁迅说创造社商品做不下去而跑到广东去革命，郭沫若更不服气：“这全段的意思是很明白的，便是创造社的几个‘流氓痞棍’想赚钱没赚成，又才跑去革命。所谓‘革命文学’也就是那几个‘流痞’所想出的骗钱的幌子。”郭沫若说：“我们这位‘左翼之雄’的鲁迅先生的唯物论的解释真要算是超马克思主义的，但可惜那几个‘流痞’所闹出的事实和先生的推论全不相符。创造社出版部的独立是在1926年的四月一日，流痞的一员成仿吾是在1925年的六月到的广东，当的是广州大学的理科教授。还有几位流痞便是郭沫若郁达夫，和一位新入流后又折了伙的王独清，是

① 郭沫若：《创造十年》，上海：现代书局1932年版。

以1926年三月十八日从上海出发往广东的。这‘三一八’是一个纪念日，在这儿自然是用不着我来做‘宣传大纲’的，几个流痞刚好在这个纪念日上动身，所以这个日期也就留在我的脑里。”这些史实，鲁迅确实不了解，鲁迅仅凭自己的主观揣测便妄下结论，而且是以恶意来揣摩别人，自然让郭沫若不服。

郭沫若对鲁迅的这篇文章非常生气，他语带讽刺地说：“先生全靠他那空灵的推想和记忆，便把一群人的罪状在‘一瞥’之中宣布了出来，这是何等折狱如神的名手呀!”① 郭沫若的生气不是没有道理的。鲁迅此文在论及创造社时，捕风捉影、主观臆断，多不实之词，而且心态不正，对创造社的成功冷嘲热讽，对创造社的麻烦幸灾乐祸，语气也尖酸刻薄，我们从鲁迅此文中，实在看不出什么“长者风度”与“仁者胸怀”。看来，鲁迅也是生气了，终于将对郭沫若和创造社的恨意一股脑儿地倾泻出来了。

四

鲁迅与郭沫若为何不能和平相处，非要一而再再而三地“笔墨相讥”呢？笔者认为，这里有两方面的原因，一是个人关系方面的原因，一是当时新文坛批评生态方面的原因。

鲁迅对郭沫若的观感并不好。鲁迅第一次表达对郭沫若的看法，是在1921年8月29日。这一天，鲁迅在致周作人信中说：“我近来大看不起郭沫若田汉之流。”② 缘何“大看不起”，鲁迅并未明言。但据高长虹1926年透露：“鲁迅则常说郭沫若骄傲。”③ 高长虹当时与鲁迅走得很近，他的记述应该是真实的。鲁迅后来也自承：“我一向很回避创造社里的人物。这也不只为历来特别的攻击我，甚而至于施行人身攻击的缘故，大半倒在他们的一副‘创造脸’。虽然他们之中，后来有的化为隐士，有的化为富翁，有的化为实践的革命者，有的也化为奸细，而在‘创造’这一面大纛之下的时候，却总是神气十足，好像连出汗打嚏，也全是‘创造’似的。”④ 根据高长虹的转述和鲁迅的自述，可以推断，鲁迅之所以看不起郭沫若，是因为郭沫若太“骄傲”，“神气十足”。

鲁迅看不惯别人“骄傲”，见不得别人“神气十足”。在批四条汉子时，鲁迅就曾讽刺他们“态度轩昂”⑤，所谓“态度轩昂”，也有“骄傲”、“神气十足”的意味

---

① 郭沫若：《创造十年》，现代书局1932年版，第15页。

② 《鲁迅全集》第11卷，人民文学出版社1981年版，第395页。

③ 高长虹：《走到出版界——1925年，北京出版界形势指掌图》，《狂飙》周刊（上海）第5期，1926年11月17日。

④ 鲁迅：《伪自由书·前记》，《鲁迅全集》第五卷，人民文学出版社1981年版，第3页。

⑤ 鲁迅：《答徐懋庸并关于抗日统一战线问题》，收入《鲁迅全集》第六卷，人民文学出版社1981年版，第534页。

在内。多年之后，夏衍反驳说："那时我们都是三十上下的人，年纪最大的田汉三十六岁，身体也没病，所以'轩昂'了一点可能是真的。这是干部向领导人汇报工作，是战友间的会见，既不是觐见，也不是拜谒，那么不自觉地'轩昂'了一点，也不致于犯了什么不敬罪吧。"① 夏衍这段话中所说的"不敬罪"，揭开了鲁迅深层心理的一角。鲁迅可能多少有点导师情结，希望年轻人在自己面前毕恭毕敬，言听计从，而看不惯年轻人"骄傲"、"神气十足"，"态度轩昂"。

相对于鲁迅，郭沫若属于文坛后辈。文坛后辈崭露头角的方式，一是当前辈的学生，二是造前辈的反。如果说文学研究会走的是第一条路的话，那么，创造社选择的就是第二条路。创造社尚未成立，就发表了一个"造反"宣言。宣言中说："自文化运动发生后，我国新文艺为一二偶像所垄断，以致艺术之新兴气运，澌灭将尽。创造社同人奋然兴起打破社会因袭，主张艺术独立，愿与天下之无名作家，共兴起而造成中国未来之国民文学。"② 宣言中所说的一二偶像，主要是指文学研究会，并不包括鲁迅在内。但创造社成员对包括鲁迅在内的"新青年一代"也确实缺乏尊重。创造社要造反的对象，不仅包括文学研究会，也包括"新青年一代"。郭沫若后来在《文学革命之回顾》一文中说，"文学革命是《新青年》替我们发了难，是陈胡诸人替我们发了难，陈胡而外如钱玄同，刘半农，鲁迅，周作人都是当时的急先锋，然而奇妙的是除鲁迅一人而外都不是作家"③，这句话隐含的意思，可以理解为："时无英雄，遂使竖子成名！"郭沫若还说："创造社这个团体一般是称为异军特起的。因为这个团体的初期的主要分子如郭、郁、成、张对于《新青年》时代的文学革命运动都不曾直接参加，和那时代的一批启蒙家如陈、胡、刘、钱、周，都没有师生或朋友的关系。"④ 文学研究会成员大都与《新青年》前辈有师生或朋友关系，而创造社没有，自然不可能对《新青年》前辈表示尊敬。

创造社那份"造反"宣言其实是郁达夫写的，但郁达夫后来对鲁迅以师礼待之，鲁迅也就将郁达夫排除在自己所讨厌的"创造脸"之外。鲁迅最厌恶的，大概首推成仿吾，成仿吾曾发表《〈呐喊〉的评论》，对《呐喊》作过酷评。用鲁迅的话说，是"几斧砍杀了《呐喊》"。⑤

郭沫若在对待鲁迅上与成仿吾有所不同。郭沫若 1923 年 10 月下旬读鲁迅的小说集《呐喊》，"我这几日非常高兴，因为我得读了我们国内最近出版的两本书：一本是鲁迅氏的《呐喊》，一本是周作人氏的《自己的园地》。这两本书在我们很寥寂的

① 夏衍：《一些早该忘却而未能忘却的往事》，《文学评论》1980 年第 1 期。
② 《纯文学季刊创造出版预告》，1921 年 9 月 29 日上海《时事新报》。
③ 麦克昂（郭沫若）：《文学革命之回顾》，收入《文艺讲座》第一册，神州国光社 1930 年版，第 81 页。
④ 同上书，第 85 页。
⑤ 鲁迅：《故事新编 · 序言》，收入《鲁迅全集》第二卷，人民文学出版社 1981 年版，第 341 页。

文艺界，我觉得是值得欣赏的产物。尤唯是前的一种。”[①] 这段话对《呐喊》显然有推崇之意。但郭沫若紧接着说：“关于前一种的赞词，近来在报章上，在朋友的会话中，我们所得的见闻已不少，仿吾不久亦将作文批评，我在此处暂不多说了。”这段话似乎表明，郭沫若对《呐喊》的看法与成仿吾一致。事实上，郭沫若说此话时，成仿吾尚未作文批评《呐喊》，郭沫若并不知道成仿吾对《呐喊》的贬抑性意见。在某种意义上，郭沫若是被成仿吾连累了。

当然，郭沫若虽然对鲁迅的《呐喊》在口头上表示过尊敬，但因为与鲁迅的文学观念不一样，郭沫若并没有读完《呐喊》，他后来也很少读鲁迅的作品。而当郭沫若接受马克思主义之后，觉得鲁迅的思想已经落后，对鲁迅就更瞧不起了。郭沫若在《文艺战线上的封建余孽》一文中曾提及自己最初的鲁迅观，即“大约他是一位过渡时代的游移分子。他对于旧的资产阶级的意识已经怀疑，而他对于新的无产阶级的意识又没有确实的把握。所以他的态度是中间的，不革命的——更说进一层他或者不至于反革命”，这段话虽然符合鲁迅的思想实际，但字里行间对鲁迅的那种蔑视之意，也是掩盖不住的。

总之，鲁迅一开始就不喜欢郭沫若，认为郭沫若“骄傲”“神气十足”“一副创造脸”，对郭沫若有先入之偏见。而郭沫若对鲁迅也缺乏足够的尊敬。这大概是两人“笔墨相讥”的心理动因。

两人“笔墨相讥”的另一原因，则与当时的批评生态有关。

在古代中国的文学批评史上，借文学批评打笔战、泄私愤的事情，并不多见，骂人者自己也不觉光彩。要说打笔战成为“新常态”，而且骂得理直气壮，还是在进入“现代”之后。

这是因为，新思想取代旧思想，新文学取代旧文学，是通过战斗、通过话语暴力实现的。众所周知，倡导文学革命的两篇文章，一是胡适的《文学改良刍议》，一是陈独秀的《文学革命论》。胡适的《文学改良刍议》，用词比较平和，态度比较委婉，而陈独秀在《文学革命论》中，则使用了“甘冒全国学究之敌”、“高张‘文学革命军’大旗”，“明目张胆以与十八妖魔宣战”、“愿拖四十二生的大炮，为之前驱”等火药味极浓的词句。对于陈独秀的这种战斗姿态，胡适称赞说：“这种武断的态度，真是一个老革命党的口气。我们一年多的文学讨论的结果，得着了这样一个坚强的革命家做宣传者，做推行者，不久就成为一个有力的大运动了。”[②]

新文学运动是通过话语暴力推行开来的。汪懋祖曾这样谈论他对《新青年》杂志的读后感：“开卷一读，乃如村妪泼骂，似不容人以讨论者，其何以折服人心？此虽异乎文学之文；而贵报固以提倡新文学自任者，似不宜以‘妖孽’‘恶魔’等名词

① 郭沫若：《批评——欣赏——检察》，《创造周报》第25号，1923年10月28日。
② 胡适：《逼上梁山——文学革命的开始》，《东方杂志》31卷1期，1934年1月。

输入青年之脑筋，以长其暴戾之习也。”① 梅光迪也曾批评过《新青年》批评家的话语暴力：“其论学也，未尝平心静气，使反对者毕其词，又不问反对者所持之理由，即肆行谩骂，令人难堪。凡与彼等反对者，则加以‘旧’‘死’‘贵族’‘不合世界潮流’等头衔，欲不待解析辩驳，而使反对者立于失败地位。近年以来，此等名词，已成为普通陷人之利器，如帝王时代之‘大不敬’‘谋为不轨’，可任用以入人于罪也。往者‘新青年’杂志，以骂人特著于时。其骂人也，或取生吞活剥之法，如非洲南洋群岛土人之待其囚虏，或出龌龊不堪入耳之言，如村妪之角口。此风一昌，言论家务取暴厉粗俗，而温厚慈祥之气尽矣。”②

新文学批评从一开始就伴随着话语暴力，起初是新文学阵营与旧文学阵营激战，而在新文学确立自身合法性之后，因为文学观念不同，新文学阵营又开始内战。郁达夫曾这样描述：“中国自从新文化运动开始以后，各人都汲汲于自己的地位和利益，只知党同伐异，不知开诚布公，到了目下终至演出甲派与乙派争辩，A 团与 B 团谩骂的一种怪现象来。长此以往，我怕几种登载文艺的新闻杂志，都要变成了骂人的机关。”③ 在不断的笔战中，话语暴力不断滋长，不断蔓延，并逐渐形成了一种批评生态。新文学批评家就是在这种“肆行谩骂”的生态中成长起来的，他们大都赞同这种战斗的风气，以骂人为乐事。比如郑振铎曾这样赞叹《新青年》批评家：“那些‘五四’人物的活动，确可使我们心折的。在那样的黑暗的环境里，由寂寞的呼号，到猛烈的迫害的到来，几乎无时不刻不在兴奋与苦斗之中生活着。他们的言论和主张，是一步步的随了反对者们的突起而更为进步，更为坚定；他们扎硬寨，打死仗，一点也不肯表示退让。他们是不妥协的。”④ 林语堂也说：“骂人本无妨，只要骂的妙。何况以功能言之，有艺术的骂比无生气的批评效力大得多。即以文学革命而言，虽然是胡适之平心静气理论之功，也未始非陈独秀‘四十二生的大炮’及钱玄同谩骂‘选学妖孽与桐城谬种’以与十八妖魔宣战之力。”⑤

这种批评生态一旦形成，批评家个人即使想抗拒，也往往胳膊拧不过大腿，最后只能随波逐流。比如郭沫若在《论国内的评坛及我对于创作上的态度》一文中说：“据我个人的意见，批评如果是对于十恶不善的敌人，自当别论。如其不然，则应当生于一种渊深的同情。父母爱儿，见他有错误时，不惜打他骂他。但他们的打骂是以爱为根据的，是有一掬的眼泪为其调和剂的，所以受他们责楚的儿女也少有实心怨恨他父母的人。我想批评家的态度也当如是。批评家总当抱着博大的爱情以对待被批评

① 汪懋祖：《致〈新青年〉》，《新青年》5 卷 1 号，1918 年 7 月。

② 梅光迪：《评今人提倡学术之方法》，《学衡》第 2 期，1922 年 2 月。

③ 郁达夫：《〈女神〉之生日》，1922 年 8 月 2 日上海《时事新报》副刊《学灯》。

④ 郑振铎：《〈中国新文学大系文学论争集〉导言》，收入《中国新文学大系导论集》，良友复兴图书印刷公司 1940 年版，第 55 页。

⑤ 林语堂：《插论语丝的文体——稳健，骂人，及费厄泼赖》，《语丝》第 57 期，1925 年 12 月 14 日。

者，或其他的对象，不当存一个“惟我独醒’的成见来拒绝人于千里之外，至于隐姓匿名，含沙射影之举，更表示得自己卑怯了，这更可以不必”[1]。但是，郭沫若并不能将这一态度贯彻到底，他紧接着又说：“不过批评家要走到这一步境地，恐怕也是难能的事情。落到我们年青人，尤为是难之又难的了。我们年青人血气方刚，好勇斗狠，每每爱强不知以为知，损他人以益己。我自己内省我自己，便不免时有这种毒龙的爪牙，在我内心中拏噬，想起古人‘知之非艰，行之惟艰’的一句话上来，真不免要汗流浃背了。”[2] 鲁迅对辱骂与恐吓的批评风气感到不满，特意著文《辱骂与恐吓决不是战斗》[3]，鲁迅在文中说：“中国历来的文坛上，常见的是诬陷，造谣，恐吓，辱骂，翻一翻大部的历史，就往往可以遇见这样的文章，直到现在，还在应用，而且更加厉害。但我想，这一份遗产，还是都让叭儿狗文艺家去承受罢，我们的作者倘不竭力的抛弃了它，是会和他们成为‘一丘之貉’的。”但鲁迅也没有“竭力的抛弃”话语暴力，他后来又为批评家的漫骂行为辩护：“漫骂固然冤屈了许多好人，但含含胡胡的扑灭‘漫骂’，却包庇了一切坏种。”[4] 郭沫若以年青人喜好勇斗狠来为自己开脱，鲁迅则强调漫骂的正面功能，两人都不能将反对话语暴力的立场坚持到底，因此，两人在文学批评中难免使用话语暴力。郭沫若骂鲁迅是“封建余孽”、“二重反革命”和“不得志的法西斯蒂”，鲁迅则回骂郭沫若是“才子加流氓”。

在话语暴力的影响下，批评家往往会忽视基本的批评规范。因为批评规范往往制约着批评家，让批评家不能骂得痛快淋漓。在“现代文学三十年”期间，几乎没有批评家谈论过批评规范，也没有批评家归纳出批评规范。1949 年之后，也少有批评家谈论批评规范。据笔者接触的资料，直到 2000 年，才有严家炎系统归纳出明确的批评规范。严家炎在《批评规范小议》[5] 一文中提出，批评应该有一些起码的规范，第一，总得了解自己批评的对象，读过自己想要批评的书。如果没有读过，似以老老实实免开尊口为好。第二，批评的力量取决于态度的实事求是和说理的严密透辟，并不取决于摆出唬人的声势或抛出几顶可怕的帽子。第三，批评必须尊重原意，忠于原文，不能断章取义，移花接木，另扎一个稻草人为靶子。第四，批评宜以对方实实在在的文字做根据，不搞诛心之论。第五，批评就是批评，不要进行人身攻击或造谣中伤。

以此对照，郭鲁“笔墨相讥”中，这五条规范双方都有违反。比如郭沫若对鲁迅乱扣帽子，进行人身攻击。而鲁迅犯规的程度更为严重。他未读过或忘记郭沫若小说《一只手》的内容，却在错误的基础上立论，不了解创造社的实际情况，就大发

---

① 郭沫若：《论国内的评坛及我对于创作上的态度》，1922 年 8 月 4 日上海《时事新报》副刊《学灯》。

② 同上。

③ 鲁迅：《辱骂和恐吓决不是战斗》，《文学月报》1 卷 5、6 期合刊，1932 年 12 月 15 日。

④ 鲁迅：《漫骂》，1934 年 1 月 22 日《申报·自由谈》。

⑤ 严家炎：《批评规范小议》，2000 年 1 月 29 日《文汇读书周报》。

诛心之论，也给郭沫若乱扣帽子，并造谣中伤。

五

总括起来说，鲁迅与郭沫若笔墨相讥，有三个回合。第一个回合是郭沫若挑起事端，攻击鲁迅，鲁迅反击。而后两个回合，则是鲁迅挑起事端，而郭沫若反击。在这三个回合中，郭沫若曾经不守批评规范，但鲁迅亦然，其犯规程度，甚至更深。

当然，在评论鲁郭“笔墨相讥”史实时，我们不应停留在追究个人责任的层次上，更应考察和评判当时的批评生态。在“新文学三十年”期间，批评生态中充斥着话语暴力，又未能建立起明确的批评规范，而鲁郭“笔墨相讥”，不过是其中一个较为典型的例子。

归咎于当时的批评生态，并不是推卸个人责任，实在是因为批评生态“势大于人”，更值得关注。如果批评生态不得到清理和改善，追究了这个人的责任，还会有其他人“重复昨天的故事”，但要清理和改善这种批评生态，还得从批评家个人做起。说到这里，有必要为鲁郭“笔墨相讥”故事补充一个结尾。

1936 年，文坛又发生了两个口号论争，郭沫若和鲁迅立场对立。但这一次鲁迅没有攻击郭沫若，他说：“我很同意郭沫若先生的‘国防文学是广义的爱国主义的文学’和‘国防文艺是作家关系间的标帜，不是作品原则上的标帜’的意见。”① 鲁迅还说：“在左联结成的前后，有些所谓革命作家，其实是破落户的漂零子弟。他也有不平，有反抗，有战斗，而往往不过是将败落家庭的妇姑勃豀，叔嫂斗法的手段，移到文坛上。嘁嘁嚓嚓，招是生非，搬弄口舌，决不在大处着眼，这衣钵流传不绝。例如我和茅盾，郭沫若两位，或相识，或未尝一面，或未冲突，或曾用笔墨相讥，但大战斗却都为着同一的目标，决不日夜记着个人的恩怨。然而小报却偏喜欢记些鲁比茅如何，郭对鲁又怎样，好像我们只在争座位，斗法宝。”② 鲁迅这段话中透露出，自己和郭沫若虽曾“笔墨相讥”，但“决不日夜记着个人的恩怨”，可以说，鲁迅用此文为两人“笔墨相讥”事件画上了一个圆满的句号。鲁迅的这种态度，是值得后人学习的。如果批评家能以这种态度为榜样，从自身做起，原本恶劣的学术生态不难得到清理和改善。

（原载《鲁迅研究月刊》2016 年第 11 期）

① 鲁迅：《答徐懋庸并关于抗日统一战线问题》，《鲁迅全集》第六卷，人民文学出版社 1981 年版，第 531 页。

② 同上书，第 537 页。

论鲁迅与郭沫若的童话观及实践

乔世华

严格说来，鲁迅与郭沫若这两位新文学巨擘都不是儿童文学作家，但他们均对儿童文学尤其是童话倾注了极大的热情，不但有审慎而深邃的理论思考，也有可宝贵的创作及翻译等实践活动，为我们留下了值得认真对待的文化遗产。

一

鲁迅、郭沫若俱高度重视儿童教育问题："父母对于子女，应该健全的产生，尽力的教育，完全的解放"①，"凡是养育儿女的人""从自家的儿童着手，为国家作育人才"②。他们都对成人社会不尊重儿童意志、肆意虐杀儿童精神自由的行为进行挞伐："我们成人对于小儿，时无今古，地无东西，却同一地加以虐待、束缚、鞭笞、叱咤，不许有意志的自由，视之如奴隶囚徒"③，"儿童与成人，在生理上与心理上的状态，相差深远"④。

因此，他们都站在儿童本位的立场致力于推广和普及现代儿童观。以鲁迅来说，他认为"一切设施都应该以孩子为本位"⑤，呼吁"对于一切幼者的爱"⑥，还对孩子上天入地的想象力表示"敬服"⑦。郭沫若甚而流露出强烈的儿童崇拜心理："小儿的行径正是天才生活的缩型，正是全我生活的规范!"⑧ 并吁求"把儿童心理丧失得非

---

① 鲁迅：《我们现在怎样做父亲》，《鲁迅全集》第一卷，人民文学出版社 1981 年版，第 136 页。

② 郭沫若：《天才与教育》，《郭沫若全集·文学编》第十五卷，人民文学出版社 1990 年版，第 181 页。

③ 郭沫若：《〈少年维特之烦恼〉·序引》，《郭沫若全集·文学编》第十五卷，人民文学出版社 1990 年版，第 315 页。

④ 郭沫若：《儿童文学之管见》，《郭沫若全集·文学编》第十五卷，人民文学出版社 1990 年版，第 280 页。

⑤ 鲁迅：《我们现在怎样做父亲》，《鲁迅全集》第一卷，人民文学出版社 1981 年版，第 135 页。

⑥ 鲁迅：《与幼者》，《鲁迅全集》第一卷，人民文学出版社 1981 年版，第 363 页。

⑦ 鲁迅：《看图识字》，《鲁迅全集》第六卷，人民文学出版社 1981 年版，第 36 页。

⑧ 郭沫若：《〈少年维特之烦恼〉·序引》，《郭沫若全集·文学编》第十五卷，人民文学出版社 1990 年版，第 314、315 页。

常彻底”的成人要意识到自己爱好儿童的心“差不多都是自我本位，而不是儿童本位”①。

鲁迅和郭沫若对儿童问题有如许重视与期待，在于他们看到未来人类社会的改造意味着对人进行根本改造，这必然导向“从儿童的感情教育、美的教育着手”②，才可能培养出具有“纯洁高尚的道德，广博自由能容纳新潮流的精神”③ 的新人来。毕竟“童年的情形，便是将来的命运”④。他们深刻地认识到了儿童文学在儿童教育上所担负着的强大教化功能。一如郭沫若所说：“文学于人性之熏陶，本有宏伟的效力，而儿童文学尤能于不识不知之间，导引儿童向上，启发其良知良能”⑤，“举凡一切文化运动家都应当别具只眼以相看待。今天的儿童便为明天的国民。”⑥ 正是基于儿童本位观，郭沫若如是明确定义了“儿童文学”：“无论采用何种形式（童话、童谣、剧曲），是用儿童本位的文字，由儿童的感官以直想于其精神堂奥，准依儿童心理的创造性的想象与感情之艺术。”⑦ 他还积极思考儿童文学本质及建设问题，认为收集民间童话童谣、由熟悉儿童心理的新人专门创造、慎重选择翻译外国儿童文学，是建设儿童文学的良方。

相形之下，鲁迅对儿童文学的理论思考就不像郭沫若的理论探讨那样较为集中、系统，其相关论说都是散见于其不同时期的杂文中，虽然不成体系，但对儿童文学以及儿童读物的关切和思考是持续的，对儿童文学发展中的问题的发掘是敏锐的。如当他看到儿童读物“依然是司马温公敲水缸，依然是岳武穆王脊梁上刺字；甚而至于‘仙人下棋’，‘山中方七日，世上已千年’；还有《龙文鞭影》里的故事的白话译”时，不免为儿童读物“拚命的在向后转”表达了深切忧虑。鲁迅认为，儿童文学既要“有益”，也要“有味”⑧。如果不顾及儿童的阅读感受而一味地向儿童施以“教训”“指导”“鼓励”“劝谕”，所讲的又都是陈词滥调（如武训乞讨兴学），这样的儿童读物在小读者那里就得不到好的接受效果。⑨ 鲁迅认为儿童文学首先在内容上要具有现代品格，能真正为现代儿童所乐于接受；儿童文学在对儿童起着重要的熏染作用的同时，也一定程度地展示了或一地区儿童乃至民众的精神风貌，关乎到了“民风”问题：“观民风是不但可以由诗文，也可以由图画，而且可以由不为人们所重的

---

① 郭沫若：《本质的文学》，《郭沫若全集·文学编》第十九卷，人民文学出版社 1992 年版，第 353 页。

② 郭沫若：《儿童文学之管见》，《郭沫若全集·文学编》第十五卷，人民文学出版社 1990 年版，第 275 页。

③ 鲁迅：《我们现在怎样做父亲》，《鲁迅全集》第一卷，人民文学出版社 1981 年版，第 36 页。

④ 鲁迅：《上海的儿童》，《鲁迅全集》第四卷，人民文学出版社 1981 年版，第 566 页。

⑤ 郭沫若：《儿童文学之管见》，《郭沫若全集·文学编》第十五卷，人民文学出版社 1990 年版，第 275 页。

⑥ 同上书，第 276 页。

⑦ 同上书，第 279 页。

⑧ 鲁迅：《〈表〉译者的话》，《鲁迅全集》第十卷，人民文学出版社 1981 年版，第 396 页。

⑨ 鲁迅：《难答的问题》，《鲁迅全集》第六卷，人民文学出版社 1981 年版，第 569 页。

儿童画的。”[①] 提供给儿童看的读物会直接影响儿童的精神成长、更进而关系到中国社会未来的发展进步。

二

童话在今天只是诸种儿童文学样式之一种，但“童话”这一词在现代中国出现之时，一方面与“儿童文学”相混同，所谓“童话亦谓儿童之文学”[②] 也——郭沫若在《儿童文学之管见》中谈得最多的是如何在童话、童谣的收集和创造上有所建树。1935 年，鲁迅将所翻译的苏联儿童文学作家班台莱耶夫的小说《表》视作“中篇童话”[③]。另一方面，他们眼中的“童话”还兼具民俗学意义。鲁迅 1913 年 2 月最初发表于《教育部编纂处月刊》上的《拟播布美术意见书》中希望成立国民文术研究会“以理各地歌谣，俚谚，传说，童话等”，“详其意谊，辨其特性，又发挥而光大之，并以辅翼教育”[④]。鲁迅虽没有明确阐说“童话”的具体所指，但结合“童话”在《意见书》的语境以及稍后鲁迅邀请周作人为《教育部编纂处月刊》所撰写的《童话研究》和《童话略论》两篇文章的核心观点来看，鲁迅此时所言称的“童话”应该是在民间流传的神话、故事、寓言等，所谓“童话本质与神话世说实为一体”[⑤]。郭沫若 1923 年在《自然与艺术》一文中有如是的艺术期许：“二十世纪是文艺再生的时代；是文艺再解放的时代；是文艺从自然解放的时代；是艺术家赋与自然以生命，使自然再生的时代；是森林中的牧羊神再生的时代；是神话的世界再生的时代；是童话的世界再生的时代。”[⑥] 郭沫若这里所说的“童话”同样是与原始社会神话等原人的文学为一体的。

从鲁迅的童话翻译和评介活动来看，他将童话分成给儿童看的和给成人看的两类。在评价面向儿童的童话作品时，他更看重其是否表达了童趣，倾向于把“美”“纯朴”“诗趣”“梦幻”“童心”等作为品评标准，在评价其所翻译的俄罗斯作家爱罗先珂童话时多有类似称赏[⑦]，肯定其作品“富于诗趣”[⑧]，“是诗人的童话集，含有美的感情与纯朴的心”[⑨]，“《鱼的悲哀》和《雕的心》是用了艺术家的悲哀写出来

---

① 鲁迅：《上海的儿童》，《鲁迅全集》第四卷，人民文学出版社 1981 年版，第 566 页。
② 周作人：《童话研究》，《周作人论儿童文学》，海豚出版社 2011 年版，第 7 页。
③ 鲁迅：《〈表〉译者的话》，《鲁迅全集》第十卷，人民文学出版社 1981 年版，第 394 页。
④ 鲁迅：《拟播布美术意见书》，《鲁迅全集》第八卷，人民文学出版社 1981 年版，第 49 页。
⑤ 周作人：《童话略论》，《儿童文学小论》，儿童书局 1932 年版，第 7 页。
⑥ 郭沫若：《自然与艺术》，《郭沫若全集·文学编》第十五卷，人民文学出版社 1990 年版，第 215 页。
⑦ 鲁迅：《〈狭的笼〉译者附记》，《鲁迅全集》第十卷，人民文学出版社 1981 年版，第 199 页。
⑧ 鲁迅：《〈春夜的梦〉译者附记》，《鲁迅全集》第十卷，人民文学出版社 1981 年版，第 203 页。
⑨ 鲁迅：《〈池边〉译者附记》，《鲁迅全集》第十卷，人民文学出版社 1981 年版，第 201 页。

的"[①]，"我愿意作者不要出离了这童心的美的梦"[②]，等等。鲁迅1936年推介为法捷耶夫"誉为少年读物的名篇"的苏联作家盖达尔的小说《远方》时，就对该作"好奇，向上"的"儿童的心情"做出了特别说明，并肯定"这一篇恐怕是在《表》以后我们对于少年读者的第二种好的贡献了"[③]。

所以，鲁迅在翻译写给孩子看的童话时所要追求的目标是"想不用什么难字，给十岁上下的孩子们也可以看"。我们也就不难理解鲁迅因为无法用儿童语言准确传达原作神韵而生的遗憾了："孩子的话，我知道得太少，不够达出原文的意思来，因此仍然译得不三不四"[④]，会为自己无法将原作"天真烂漫的口吻"毕肖地传达出来、"损失了原来的好和美"[⑤] 而感到抱歉。鲁迅意识到了儿童文学写作在语言表达上的难度：主观方面，儿童文学作者需要通晓儿童的语言乃至儿童心理；客观方面，作家在对儿童的天真心理、语言交流的模拟书写上往往受制于艰深的汉语言。

同时，鲁迅并不将童话视作孩子的专利读物，因为阅读童话对召唤和恢复成人的童心是有助益的："凡一个人，即使到了中年以至暮年，倘一和孩子接近，便会踏进久经忘却了的孩子世界的边疆去"。当然，鲁迅也看到了成人与孩子同在童话世界里徜徉时接受上的巨大差异性："但孩子在他的世界里，是好像鱼之在水，游泳自如，忘其所以的，成人却有如人的凫水一样，虽然也觉到水的柔滑和清凉，不过总不免吃力，畏难，非上陆不可了。"[⑥] 也正是因为此，鲁迅主张成人接近童话，譬如谈到裴多菲《勇敢的约翰》这部"虽说事迹简朴，却充满着儿童的天真"[⑦] 的童话叙事诗时，就明言要"将这献给中国的读者，连老人和成人，单是借此消遣的和研究文学的都在内，并不专限于儿童"[⑧]。这就有着要以童话洗濯成人布满尘垢的世俗之心以及借此普及童话常识、促进人们了解童心世界的意思。针对当时社会上一些文武官员非议童话令鸟言兽语、讲成王作帝而"失了人类体统""违背共和的精神"，鲁迅认为这是杞人之忧："孩子的心，和文武官员的不同，他会进化，决不至于永远停留在一点上，到得胡子老长了，还在想骑了巨人到仙人岛去做皇帝。因为他后来就要懂得一点科学了，知道世上并没有所谓巨人和仙人岛。倘还想，那是生来的低能儿，即使终生不读一篇童话，也还是毫无出息的。"[⑨]

换言之，鲁迅肯定了童话在儿童成长过程中的重要性，并对缺少童心、缺乏童话

---

① 鲁迅：《〈鱼的悲哀〉译者附记》，《鲁迅全集》第十卷，人民文学出版社1981年版，第205页。
② 鲁迅：《爱罗先珂童话集·序》，《鲁迅全集》第十卷，人民文学出版社1981年版，第197页。
③ 鲁迅：《远方》按语，《鲁迅全集》第八卷，人民文学出版社1981年版，第395页。
④ 鲁迅：《〈表〉译者的话》，《鲁迅全集》第十卷，人民文学出版社1981年版，第396页。
⑤ 鲁迅：《〈鱼的悲哀〉译者附记》，《鲁迅全集》第十卷，人民文学出版社1981年版，第205页。
⑥ 鲁迅：《看图识字》，《鲁迅全集》第六卷，人民文学出版社1981年版，第35页。
⑦ 鲁迅：《〈勇敢的约翰〉校后记》，《鲁迅全集》第八卷，人民文学出版社1981年版，第315页。
⑧ 同上书，第316页。
⑨ 同上书，第315页。

基本常识却肆意指斥童话的政客颇多讽刺。至于专门写给成人看的童话，鲁迅是有严格区分的。他极其称赏“象征写实底童话诗”《小约翰》，但明言这是“无韵的诗，成人的童话”，缘由就在于“作者的博识和敏感，或者竟已超过了一般成人的童话了。”① 在谈到高尔基的《俄罗斯的童话》时，他就明确表示这虽有童话之名，但“其实是从各方面描写俄罗斯国民性的种种相”的作品，“并非写给孩子们看的”②。

郭沫若在1921年发表的《儿童文学之管见》中提到当时人们对儿童文学所发生的误会：“见儿童文学遂詆为荒诞不经之谈，反之见荒诞不经之谈，即误认为儿童文学”，并举了两个身边例子，“六年前在日本高等学校的时候，有位国文教授以《聊斋志异》为我国童话集。其次我有个专门研究英文学的朋友，我借过一本梅特林克的《青鸟》英译本劝他看，他不久便退还了我。我问他读后的印象，他说：谁肯读你那样荒诞的书！还带着个很鄙弃的样子。”③ 郭沫若视梅特林克的《青鸟》为童话，还以《青鸟》与浩普特曼的《沉钟》为例说明“儿童文学采取剧曲形式的，恐怕是近代欧洲的创举”，将自己此前发表于《时事新报·学灯》上的描写海蚌精在月光中歌舞的《黎明》视作采用这种形式的“儿童歌剧”，是其从事儿童文学写作“最初的一个小小的尝试”④。综合上述事实来看，郭沫若更着眼于童话的奇异性、幻想性，将“剧曲”（诗剧形式）作为童话的重要书写方式；强调童话的艺术价值即“真”“醇”和“美”：“文学的好坏，不能说它古不古，只能说它醇不醇，真不真”⑤，“儿童文学的难处就在这儿，要你能够表达儿童的心理，创造儿童的世界，这本质上就是很纯很美的文学”⑥。

鲁迅、郭沫若都对儿童文学创作表现出敬畏态度，鲁迅曾表示“给儿童看的图书就必须十分慎重，做起来也十分烦难”⑦，郭沫若更屡屡感叹“儿童文学更不容易”，“总要具有儿童的心和文学的本领的人然后才能胜任”⑧。“儿童文学自然是以儿童为对象，而使儿童能够看得懂，至少是听得懂的东西。要使儿童听得懂，自然要写得很浅显。这就是一件不容易的事。不过这还不算顶不容易的。顶不容易的是在以浅显的言语表达深醇的情绪，而使儿童感觉兴趣，受到教育。”⑨ 他们都没有选择在儿童文学写作上大显身手，应该与他们在童话翻译和创作的实践活动中感受到了儿童

---

① 鲁迅：《〈小约翰〉引言》，《鲁迅全集》第十卷，人民文学出版社1981年版，第255页。

② 鲁迅：《俄罗斯的童话》，《鲁迅全集》第十卷，人民文学出版社1981年版，第399页。

③ 郭沫若：《儿童文学之管见》，《郭沫若全集·文学编》第十五卷，人民文学出版社1990年版，第279页。

④ 同上书，第282页。

⑤ 郭沫若：《论文学的研究与介绍》，《郭沫若全集·文学编》第十五卷，人民文学出版社1990年版，第263页。

⑥ 郭沫若：《本质的文学》，《郭沫若全集·文学编》第十九卷，人民文学出版社1992年版，第353页。

⑦ 鲁迅：《看图识字》，《鲁迅全集》第六卷，人民文学出版社1981年版，第36页。

⑧ 郭沫若：《本质的文学》，《郭沫若全集·文学编》第十九卷，人民文学出版社1992年版，第354页。

⑨ 同上书，第353页。

文学写作的难度及意识到自身写作局限有一定关系。

三

郭沫若1928年在《创造月刊》上发表童话《一只手》，故事发生地被设定为尼尔更达（德文“没有的地方”的音译），故事中的童工小普罗（法文“无产阶级”简称的音译）在一次意外事故中失去右手，工厂管理人鲍尔爵爷却表现得残暴无情，这激发起了工人们的义愤，他们发动暴动，小普罗拿着断了的右手做武器坚持斗争，号召工人听从克培（德文“共产党”的缩写音译）的领导，工人最终夺取了尼尔更达的政权，建立了一个崭新的世界，还为在斗争中死去的小普罗举行国葬并建立纪念塔。《一只手》的情节简单，明显是在图解政治，概念远远大于形象，充斥着对不平等社会的斗争激情，表达着对剥削阶级的坚定斗志，“杀尽资本家”“广人暴动万岁”“铁拳万岁”一类无产阶级暴力美学的口号标语充溢于字里行间，作家更加入大段无节制的宣扬赞美无产阶级革命的政论：“我们为甚么要夺取政权？并不是无产阶级受了几千年的压迫，要起来报仇，要起来把那专横的资产阶级压制下去，让我们自己来专横，我们是要为全人类的平等的发展而谋世界的进化的”，“无产阶级的暴动便是他们的泻药，无产阶级革命便是他们的灌肠手术呀！世间上的笨人，你们何苦要仇视你的医生而自己讨死呢?”《一只手》完全不顾及儿童的欣赏心理和趣味，自然并非为儿童而作的，倒是应和着郭沫若的文学观念：“文学是反抗精神的象征，是生命穷促时叫出来的一种革命。”①《一只手》副标题为“献给新时代的小朋友们”，恐怕一面是郭沫若避免作品给自己带来政治麻烦而施用的障眼法，一面也是其对未来美好社会和无产阶级新人出现的由衷期待。在这一意义上来说，赞美劳苦大众、宣扬阶级斗争的《一只手》称得上是中国无产阶级童话创作的发轫之作，它最大限度地体现了当时无产阶级童话的美学思想。

鲁迅在童话方面的实践，除了前面提到的他所从事的童话翻译活动之外，也有过尝试之作，即总计两千多字的相联系的《一个童话》和《又是一个童话》，是其1936年为上海出版的英文期刊《中国呼声》而做的杂文《写于深夜里》的第三节和第四节。这是鲁迅在看到德国作家布莱德尔所做的纪念海涅的文章《一个童话》之后而写的，进而言之，鲁迅的所谓“童话”是套用了海涅、布莱德尔等人作品的标题，与给儿童看的“童话”没有任何关系。鲁迅的“童话”写作是受着现实真实事件的强烈触发的：木刻研究会的艺术青年曹白因为一张苏联文艺批评家的木刻肖像而

① 郭沫若：《〈西厢记〉艺术上的批判与其作者的性格》，《郭沫若全集·文学编》第十五卷，人民文学出版社1990年版，第321页。

被捕入狱。在鲁迅看来，“得了这样的罪，是大黑暗，也是大笑话”①，因为无从给曹白记述牢狱之灾的文章《坐牢略记》找到适当的发表之处，遂将曹白的经历以童话方式嵌入自己的杂文中。因此，这两个“童话”是鲁迅对黑暗的现实政治情形略微变形、夸张后而写给成人看的诠释现实之作，当然他也启用了童话那种“从前有一个……”的开篇方式：“有一个时候，有一个这样的国度”。而在接下来的讲述中，他的讥刺对象是批评文体中习惯采用的“权力者”而非童话中常用常见的“国王”或“皇帝”字眼，在词语的择取上显然更指向了当下，且并非指向某一个个体，而是指向某一个统治集团。鲁迅更倾向于使用高度凝练而富有意味的比喻来活画出统治者的虚疲内心：“权力者征服了人民，但觉得他们倒都是强敌了，拼音字好像机关枪，木刻好像坦克车”，权力者“一有紧要的事情，就伤风，同时还传染给大臣们，一齐生病”。

鲁迅笔下的这个国家，“规定的车站上不能下车。地面上也不能走了，总得在空中飞来飞去”，而且这个国家的典章制度荒诞离奇，对真情有各种奇怪的解释，诸如“解放”就是“枪毙”，“道德”被注为“不准女人露出臂膊”，至于“放大水入田地里，用飞机载炸弹向‘匪贼’头上掷之也”，则是这个国家对“革命”的准确释义。鲁迅以词语新解的方式对当时黑暗现实政治的批判入木三分。这个国家的法律虽然完全、精密，但实际上只有“或从宽办理”“或从严办理”“或有时全不适用之”这三条。写到这里，“童话”对国家暴力机器色厉内荏真相的深刻揭示、对社会现实透彻淋漓的讽刺以及作者叙述中流露出的爱憎态度都已经无比鲜明了，说到底这篇童话更是一篇辛辣无比的现实寓言。至于接下来所讲说的青年学生被捕入狱的故事就基本上是跳回到写实的轨道上了——学生人凡因为信件中说到母亲的困苦而死而被军警捉拿，进而因为一张苏联文艺家的木刻肖像而被怀疑是共产党人而关入了拘留所。《写于深夜里》的第五节也是末节《一封真实的信》，则以人凡的书信形式继续交代了其出拘留所后被判刑入狱的情形，从而坐实了“童话”所写的核心故事，因此，相联系的两个“童话”已然是这篇杂文中的有机组成部分，也再形象不过地凸显了现实政治的“深夜”性。在《又是一个童话》的结尾，鲁迅已经掩抑不住内心的激愤和无奈：“我抱歉得很，写到这里，似乎有些不像童话了。但如果不称它为童话，我将称它什么呢？特别的只在我说得出这事的年代，是一九三二年。”②“童话”的命名与运用，实在是鲁迅在言论自由遭到封杀之后所采取的抨击反动统治的变通策略，它让人们看到了现实的荒谬性，最天方夜谭的事情却真实地在现实中上演。

如果说郭沫若的童话实践是通过幻想方式改写现实、从而表达对未来美好社会的一种展望的话，则鲁迅的童话实践是通过对现实的变形方式最大限度地保留事实真

---

① 鲁迅：《致曹》，《鲁迅全集》第十三卷，人民文学出版社 1981 年版，第 343 页。

② 鲁迅：《写于深夜里》，《鲁迅全集》第六卷，人民文学出版社 1981 年版，第 507 页。

相、表达自己对现实政治的无情奚落与嘲讽。无疑，鲁迅、郭沫若都看到了童话在批判现实和表达梦想上的作为与功能，在这一层面上，童话成为他们或抒发愤懑之情或宣泄革命激情的有效工具。

（原载《渤海大学学报》2016 年第 2 期）

郭沫若与古诗今译的革命系谱

王　璞

一　“今译”之为问题

1923年，作为新诗人和创造社主将的郭沫若出版了《卷耳集》，其中收录对《诗经》中四十首作品的今译。这一“小小的跃试”其实并不“小”，它强调“离经叛道”，以“直观”的再创造①，来重写国风中的爱情诗和抒情传统，甚至引起了一场“卷耳讨论”。古典文学今译至少呼应了新文化运动的两大命题：其一，作为一种现代性的文学体制的白话文及其合法性的建构；其二，新文化对于中国漫长而强大的古代遗产的重新估价。换言之，用白话文翻译古书，作为“使难解的古书普及”② 的方法，是“五四”的文学意识和历史意识的逻辑延伸。如果说《卷耳集》成为了一次在大胆程度上较难被超越的早期今译尝试，那么，《古书今译的问题》（1924）则是关于今译问题的一座理论性界碑。“今译”这一概念当然并非郭沫若首创，“五四”时期也绝不止他一人在使用。比如，周作人早在1918年就发表了《古诗今译 Apologia》为古今之间的转译辩护，而且那还正好是周作人发表的第一篇白话文。不过，周作人所谈的“今译”是指他自己对古希腊诗歌的白话翻译③。又如，顾颉刚于1925年发表了《尚书盘庚中篇今译》，在他那里，“今译”的使命是打破“古书的神秘”④，由此表现出来的启蒙史学旨趣并不直接牵涉文学性的问题。而郭沫若的文章，配合着他的《诗经》翻译，不仅强调了把古典文学遗产从“古物崇拜”中解放出来的“古书今译的必要”，更进一步提出了“古诗的能译与否”⑤ 这一关于文学可译性的设问。在界定“今译一法”时，郭沫若还用了“新化 Modernise 的精神”⑥ 这样一个跨语际的表达。在本文中，我突出“今译”概念，恰是因为“新化 Modernise”一

① 郭沫若：《序》，《卷耳集》，泰东书局1923年版，第2页。

② 郭沫若：《古书今译的问题》，《创造周报》，1924年版，第37期。

③ 周作人：《古诗今译 Apologia》，《周作人散文全集》卷2，广西师范大学出版社2009年版，第12—13页。

④ 顾颉刚：《尚书盘庚中篇今译》，《顾颉刚全集》卷9，中华书局2010年版，第7页。

⑤ 郭沫若：《古书今译的问题》，《创造周报》，1924年版，第37期。

⑥ 同上书，第37期。

语在中国古典诗歌的白话译中把新旧之辩、今古之争的问题性明确下来了：古典可以“新化”吗？诗又如何“现代”？“古”的文学何以译解为“今”之精神？事实上，从“五四”以来，对古典文本的“今译”在文化遗产的现代阐释中构成了一种特殊的实践，然而却很少得到批评性的关注。本文试图通过回溯、梳理和分析郭沫若的古诗白话译，把“今译”作为一个文学翻译、知识生产和文化政治的问题提出来。

到了1953年，早已成为革命文化“班头”的郭沫若，借着世界和平大会列屈原为世界文化名人的机会，又完成了《屈原赋今译》。这次译解力图结合文学性和学术性，总结了他长期以来对屈原的演绎，而且还为诗歌翻译的反思提供了契机。郭沫若对自己长期翻译实践的理论提炼，恰恰隐藏在关于古诗今译的表述中。从1923年到1953年，他的两次今译结集恰好对接了中国抒情传统的两大起源——《诗经》和《楚辞》。然而这还远非郭沫若今译实践的全部。他的古诗白话译还大量弥漫在他的历史著作之中。在他的马克思主义史学著述中，从上世纪20年代末的《〈诗〉〈书〉时代的社会变革与其思想上之反映》（1928）到40年代的《从周代农事诗论到周代社会》（1944），对《诗经》中农事诗的全译，成为了“西周奴隶社会”论的关键展开方式。甚至《屈原赋今译》也不是故事的终点：1971年末出版的《李白与杜甫》是当时少有的学术著作，也是当时已到耄耋之年的郭老的最后一部学术专著。在这一极具争议性的作品中，为了完成对杜甫的阶级分析，剥夺杜甫作为“人民诗人”的地位，他又系统今译了包括“三吏三别”在内的杜诗名篇。今译由此转化成了左翼历史编撰、“翻案”和论证中一个文学修辞策略。

可见，古诗今译在郭沫若的文化实践中构成了一个潜在谱系。不过，这也是一个被忽视的谱系。文学研究者也知道郭沫若对今译的倡导和践行，但会觉得那是他古典学问的一部分；历史学者会注意郭沫若对古代文本的阐释，但至多认为今译增加了文史论述的可读性和感染力。当今，翻译研究可谓方兴未艾，在中国现代文学和文化的论域，人们当然首先关注的是跨语际翻译实践，今译或许只是作为一个文化普及的话题而边缘性地存在着。至于从翻译理论上来说，今译会让人联想到雅克布森对“语内翻译”（intralingualtranslation）的定义。可是对今译背后的文学和阐释学内涵的无视，有时恰恰是由于我们将它简单化为“同一语言内部”的“重新措辞”①。本文则提出，今译作为一个遭到多方忽略的现象，其实构成了一个富有挑战性的视角。不应忘记，古典文学语言及其形式感，和作为现代意识的文学媒介的白话文，虽处在同一语言的发展内部，但在很多方面都具有差异，二者所代表的表意和审美空间不尽相同，所隐含的文学或文化意识形态往往互相构成张力。一首古诗翻译为白话所经历的变形有时并不逊于它的跨语际翻译。同时，横亘在一首古诗和它的白话译之间的，还

---

① Roman Jakobson, “OnLinguisticAspectsofTranslation”, inLawrenceVenutied., TheTranslationstudiesReader (ThirdEdition, London: Routledge, 2012), p. 127.

有绵长的文本阐释传统，本身也构成“语内”的意义生产、更新和译解。在郭沫若的今译中，语言的变形有时达到了某种极端，而且往往包含着对旧有解释的创造性发挥和颠覆性改写。更重要的是，他的古诗今译，从“五四”一直延续到1970年代，也正对应了乃至内在于中国的革命世纪。这一个案和其他对中国古典的重新发明一道，尖锐而富于戏剧性地表征了在激进主义背景下历史意识的争议性。中国革命是一场不间断的漫长的文化革命。革命在面对古代时，究竟代表了启蒙史观、反历史主义，还是富于创造力的虚无主义？“古为今用”到底隐藏着怎样的一种转码机制？质言之，今译绝不仅仅是一种知识性转写或传输；具体到郭沫若的个案，它更意图着文学革命、史学革命和文化革命的阐释行动，在古今之争的震中划出了一个介入性空间。通过梳理其中语言的、修辞的和知识的政治，本文试图将今译问题还原为阐释主体性的建构和解构。

二　《卷耳集》：抒情翻译和抒情史观

郭沫若早期对《诗经》的今译需要置于“五四”时期新诗白话语言和抒情主义的创制之中来加以理解。白话、有韵、“离经叛道”[①]：这可以说是《卷耳集》今译的特点。他自称“对于各诗的解释，是很大胆的”[②]。究竟如何大胆，让我们来读开篇第一首《卷耳》：

> 一片碧绿的平原，
> 原中有卷耳蔓草开着白色的花。
> 有位青年妇人左边肘上挂着一只浅浅的提篮，
> 她时时弓下背去摘取卷耳，
> 又时时昂起头来凝视着远方的山丘。[③]

这几行对应了“诗三百”第三首《周南·卷耳》首句：“采采卷耳，不盈顷筐。”[④]《诗经》中典型的四言诗句，被铺陈成了白话自由诗，其中第三行有十九字之长。更进一步说，原诗以“采采卷耳”起兴，而“兴”这种古典修辞，在郭沫若的现代改写中完全消失了。取而代之的，是一种描述性的诗歌语言及其对风景的发明。通过第三人称女性主人公的设定，郭沫若的译本还营造了一种不妨说是相当“欧化”的抒情（甚或耽美和感伤的）氛围。由此开始，郭沫若演绎出了非常细致、没有留白的

① 郭沫若：《序》，《卷耳集》，泰东书局1923年版，第2页。
② 同上书，第3页。
③ 郭沫若：《卷耳集》，泰东书局1923年版，第1页。
④ 程俊英、蒋见元：《诗经注析》，中华书局1999年版，第9页。

爱情表述，乃至这首今译在初版本中共有七页之长，自然已经超出了和原作的简单对应关系。一首古代国风转化为优美的新诗，其抒情语言完全不逊色于郭沫若同期诗歌创作的水平。

同时，郭沫若把原诗中后面几章的内容都归入了女性主人公的内心活动。她在卷耳的叶和花上，看到了“爱人的英姿”，也看到了“爱人”在困顿远行中的“愁惨的面容”，这“青年妇人”就长叹息而没心思采卷耳草了①。从第二节起，一连数节都以“她想，她的爱人……”开头，女主人公幻想着“爱人”的旅程和相思。也就是说，全诗变成了一个抒情人物的内心戏剧。最后他又添了原诗中所没有的一节作为结尾，回到内心世界和风景的互动之中：

> 妇人坐在草茵上尽管这么凝想，
> 旅途中的一山一谷
> 便是她心坎中的一波一澜。
> 卷耳草开着白色的花，
> 她浅浅的篮儿永没有采满的时候。②

正是这转向心理描写的视角，引发了一场不大不小的“卷耳讨论”，后来曹聚仁还搜集成了一册《卷耳讨论集》，小书就以原诗和郭沫若的今译开篇。《周南·卷耳》一诗的难点无他，就在第一章和后面三章的关系上，让我们回过头来读一读原作：

> 采采卷耳，不盈顷筐。嗟我怀人，置彼周行。
> 陟彼崔嵬，我马虺隤。我姑酌彼金罍，维以不永怀。
> 陟彼高冈，我马玄黄。我姑酌彼兕觥，维以不永伤。
> 陟彼砠矣，我马瘏矣，我仆痡矣，云何吁矣。③

当时俞平伯在《葺芷缭衡室读诗杂记》中也专谈《卷耳》，开篇便说：“此篇大意颇晦，故论议纷纠。”④ 不论取古代名家哪一说，首章通，则二章以下不通。首章和后三章是否是一人一事，抑或分写两人？其中又是否有直叙、托言之别？俞平伯提出两种替代方案。甲说是：“我们可以说此诗是思妇所作，首章自叙其情怀光景，二章以下则悬揣征人之苦役而曲曲描绘之；”乙说：“此诗作为民间恋歌读，首章写思妇，

---

① 郭沫若：《卷耳集》，泰东书局 1923 年版，第 2、3 页。
② 同上书，第 6、7 页。
③ 程俊英、蒋见元：《诗经注析》，中华书局 1999 年版，第 9—11 页。
④ 俞平伯：《葺芷缭衡室读诗杂记——周南卷耳》，《卷耳讨论集》，梁溪图书馆 1925 年版，第 7 页。

二至四章写征夫，均系直写。”[①]

这两种说法，在今天对《卷耳》的解释中也最常见。乙说类似于对唱，周振甫引钱钟书“花开两朵，各表一枝”的看法，按“均系直写”的方式来白话翻译[②]，英语世界中亚瑟·威利和庞德的译本也一样，而且庞德还设置出“He”、“She”两角色，加重了戏剧感[③]。而郭沫若的今译显然接近于甲说。后来在回应曹聚仁批评的文章中，他重申：“第一节是写思妇出游泻忧，其余三节是思妇心目所想像出的征夫的跋涉。”[④] 同时，郭沫若的今译实际上又突破了“直叙”和“托言”这样的传统诗学，从“思妇”中发展出了一个具有心理深度空间的抒情角色。可以说，心理化的内转描写，不仅是原诗中所无，也是中国传统诗学中不可设想的，这一动向确认了现代抒情诗对主观内面的主题学偏好和风格学发明。换言之，这样的今译是和一种抒情主义的修辞和意识形态建构纠缠着的。

郭沫若的《卷耳》所强化出的爱情体验，显然同整个新文化运动的精神氛围完全合拍。在“卷耳讨论”中，所有参与的青年知识人都反感“文王之化”“后妃之德”这样的正统解读，而达成了“思妇怀远”的爱情诗共识。括而言之，《卷耳集》所选四十首国风，都是“男女间相爱恋的情歌”。爱情成为了连接古代正典和白话文学现代性的桥梁。但更具争议性的是，他还把这种主体性原则引入到了译解的态度中：“所有一切古代的传统的解释，除略供参考之外，我是纯依我一人的直观，直接在各诗中去追求他的生命。”[⑤] 也正是针对这“直观”的“生命”的解诗法，曹聚仁表达了不无讥讽的批评：“不过我细核他译诗时所采用训诂，取毛郑及朱说甚多。”[⑥] 综合来看，郭沫若在具体训诂上绝没有——也不可能——舍弃“旧说”。他认为旧说“淹没”了《诗经》[⑦]，所真正反对的主要是“诗教”的意识形态及其造成的阐释不自由。相反，他强调建立阐释者和古典原著的直接关联。对于今译来说，阐释不是一个（如曹聚仁所暗示的）求正解的过程，而可以——甚至必须——成为文学再创造的过程。今译者的表达自由才是郭沫若所谓的“直观”。

这也就包含了郭沫若对诗歌翻译的激进观点。在《卷耳集·序》中，他强调，“我译述的方法，不是纯粹逐字逐句的直译。我译得非常自由，我也不相信译诗定要

---

① 俞平伯：《葺芷缭衡室读诗杂记——周南卷耳》，《卷耳讨论集》，梁溪图书馆1925年版，第11页。

② 周振甫译注：《诗经译注》，中华书局2002年版，第6页。

③ Arthur Waleytrans, Joseph R. Allened., The Book of Songs (NewYork: GrovePress, 1996), p. 7; EzraPoundt-rans, "Curl-Grass," inClassicalChineseLiterature: AnAnthologyofTranslations, VolumeI: FromAntiquitytotheTangDynasty, JohnMinfordandJosephS. M. Laued. (NewYorkandHongKong: ColumbiaUniversityPressandtheChineaeUniversityofHongKong, 2000), pp. 98 - 99.

④ 郭沫若：《我对于卷耳一诗的解释》，《卷耳讨论集》，梁溪图书馆1925年版，第21页。

⑤ 郭沫若：《序》，《卷耳集》，泰东书局1923年版，第3页。

⑥ 曹聚仁：《读卷耳》，《卷耳讨论集》，梁溪图书馆1925年版，第18页。

⑦ 郭沫若：《卷耳集·自跋》，《郭沫若全集·文学编》，人民文学出版社1984年版卷5，第208页。

限于直译”，并以泰戈尔把自己的诗作译成英文时所使用的再创作手法为例，说“这种译法，我觉得是译诗的正宗”[①]。等到他的《卷耳集》受到了批评，他又在《古书今译的问题》中援引“Fitzgerald 的‘鲁拜集’Rubaiyat”[②] 来自辩。如果我们用直译/意译、忠实/自由的翻译范式套到郭沫若对“直译”的拒斥上来，虽然看起来有说服力，但却可能失掉重点。在郭沫若反对直译的背后，是一种抒情主义的诗歌观，也就是他在翻译雪莱诗时提出的“诗的一元论”[③]。在他看来，不论创作还是翻译，都是诗的内在精神的一种表现；诗情是一元的，而表现可以是多次的。郭沫若将翻译作为自我表现的观点，近来已经引起了学人们的注意。在《古书今译的问题》中，他明确表述，诗的翻译不是一字一句的“电报码”式的翻译，而“应得是译者在原诗中所感的情绪的复现”[④]。换言之，原作和译者是平等的抒情主体，翻译存在于二者在诗的内在精神上的共振。字句上是否依赖旧说、形式上是否忠实原作，无形中成了次要问题。

更值得注意的是，今译把这自我表现的翻译观带入了现代与古典的关系之中。郭沫若重新想象着古典：“我们的民族，原来是极自由极优美的民族”，只不过这种抒情的生命力，因为“几千年来礼教的桎梏”，而变成了“木乃伊”。在这种情况下，今译的努力也就是“向化石中吹嘘些生命进去”，翻译变成了最原初的抒情生命的“苏活”[⑤]。在现代以来的文学话语中，《诗经》总是被指认为中国自己的“抒情传统”的源头。陈世骧的表述不失为一个很典型的例子：“中国文学的荣耀别有所在，在其抒情诗。长久以来备受称颂的《诗经》标志着它的源头。”[⑥] 已有论者指明，这样的指认背后实为“传统的发明”，与其说是回到古典，不如说是传统的现代转型[⑦]。不过，在近来兴起的“抒情现代性”的讨论中，郭沫若对抒情起源的“苏活”似乎还没有得到大家的重视。“五四”时期不少文化人力图重新解释传统并发现其中的现代性资源，表面上看，他的态度和这种努力颇有几分相似。而实质上，他的今译式古典观倒是更接近于德国现代思想中的“起源”（Ursprung）观。“起源”不是一个线性历史意义上的概念，而意味着一种超历史的不断展开、不断涌现的原发性机制，它的动能对传统的一般延续构成批判[⑧]。同样，他也想象着一种最新和最古的精神生命

---

① 郭沫若：《序》，《卷耳集》，泰东书局1923年版，第4页。

② 郭沫若：《古书今译的问题》，《创造周报》，第37期，1924年。

③ 郭沫若：《雪莱的诗·小序》，《创造季刊》，1923年第1卷第4期。

④ 郭沫若：《古书今译的问题》，《创造周报》，第37期，1924年。

⑤ 郭沫若：《序》，《卷耳集》，泰东书局1923年版，第5页。

⑥ 陈世骧：《论中国抒情传统》，《抒情之现代性：“抒情传统”论述与中国文学研究》，生活·读书·新知三联书店2014年版，第46页。

⑦ 黄锦树：《抒情传统与现代性——传统之发明，或创造性的转化》，同上书，第677—717页。

⑧ GeorgeSteiner, “Introduction,” inWalterBenjamin, TheOriginofGermanTragicDrama (London: Verso, 2003), p. 16.

的沟通。“古”是常新的，传统不是它的保存，反是它的“淹没”，而只有主体之“今”可以直接去把握、复活和完成“古”。翻译中的抒情主体性，作为新文学的一种发明，又变为了主观的历史阐释权。这也就不难理解郭沫若的如下说法：“腐烂值不得我们去迷恋，也值不得我们批评”；“我们当今的急务，是存在从古诗中直接去感受它的真美。”[①] 质言之，审美或抒情的“直接性”本身就蕴含一种激进的历史想象机能。

这一阐释模式后来在郭沫若的历史书写中也反复出现。我们当然可以点出它的意识形态神话性质，不过它所依托的主体性构建实为中国革命文化和文化革命中一大根源。当一系列对《卷耳集》的批评出现时，洪为法作为创造社同人写了捍卫郭沫若的书评，直言郭沫若最大的贡献不在于对任何一首诗的具体翻译，而只在于面对古典的“革命精神”：“卷耳集的精神，便是卷耳集的功绩。”[②] 洪为法还试图把郭沫若的抒情—阐释的主体性推到极致，他宣称，“沫若之解，也未必便是金科玉律”，因为每个人都可以有自己的“革命精神”，不仅旧说，而且“沫若的解释”，也只能“略供参考”[③]。

由《卷耳集》的“革命精神”，我们窥见了“五四”批判古典传统的又一个微妙层面。表面上看，郭沫若对《诗经》的看法，和当时一般性的启蒙知识风潮并无二致，甚至和胡适、顾颉刚等人的见解也有不小交集。但值得提及的是，在郭、洪的相关文章中充满了对“国故”学术运动的鄙夷。批评“国故”运动甚至构成了同期创造社的一个重要论调。在郭沫若和他的创造社同人看来，“国故”运动虽然把古典资源从旧有意识形态束缚中解放了出来，但实证性的知识追求只能将古代看作死的材料，欠缺于“新价值的创造”[④]。当曹聚仁以“考据”之名指摘郭沫若的今译时[⑤]，他们的真正分歧在于，对郭沫若来说，今译并不是一种知识性的求证，而是一种主体的诗歌体验。而这种体验构想着一种古今亲和力，在“五四”话语中颇显独特。今译在这一点上更接近于庞德在进行文化翻译时所推崇的口号：“所有的时代都是同时代。”[⑥] 在反抗实证历史主义这点上，郭沫若也会同意庞德：“在给予赞美的时候不必查阅年鉴。”[⑦] 今译的“革命精神”因此隐藏着一种吊诡的历史意识，即只有在去历史化的条件下，古典的起源才可以被重新体验和“苏活”。他的《卷耳集·序》一起头就开了一个“历史穿越”的玩笑：“不怕就是孔子再生，他定也要说出‘启予者沫

① 郭沫若：《卷耳集·自跋》，《郭沫若全集·文学编》卷5，人民文学出版社1984年版，第208页。

② 洪为法：《读卷耳集》，《创造日汇刊》，1923年。

③ 同上。

④ 郭沫若，《整理国故的评价》，《创造周报》，1924年，第36期。

⑤ 曹聚仁：《读卷耳》，《卷耳讨论集》，梁溪图书馆1925年版，第18、19页。

⑥ Pound，The Spirit of Romance（NewYork：NewDirections，2005），P. xiii，p. xiv.

⑦ Ibid.

若也’的一句话。”[①] 这自诩之语也具象征意义：代表诗教之源的孔夫子自会认同文学现代性。于是抒情想象渗入到历史意识之中，今译之“今”当仁不让地占据着“复现”、“启发”和完成古典的主体位置。

三 《诗经》今译在左翼史学中的占位

关于《诗经》的阐释史，闻一多曾有一段很有名的学者之慨：

> 汉人功利观念大深，把三百篇做了政治的课本；宋人稍好点，又拉着道学不放手——一股头巾气；清人较为客观，但训诂学不是诗；近人囊中满是科学方法，真厉害。无奈历史——唯物史观的与非唯物史观的，离诗还是很远……[②]

闻一多对经学解诗的反感、对《诗经》的诗歌本质的强调，都和郭沫若早期的观点大有呼应，但同时他还多了一分对“科学方法”的不满（虽然他对《诗经》作为歌谣集的定性，一样隐含着“近人”的某种“方法”，也即现代性的民间文学话语）。当提到用“唯物史观”解诗时，闻心中也一定想到了他在“五四”时代曾赞誉过的郭沫若。从上世纪20年代末起，作为新诗人的郭沫若成长为左翼史学的开创性人物，较早地应用了唯物史观来研究先秦典籍。郭沫若从《诗经》解读出的古史结论，引起过诸多争论，但其实在他的马克思主义史学中还存在着不少今译的文本痕迹，其中诗和史学的关系也许比闻所说的要更复杂。在闻一多看来，诗和历史彼此远隔，在郭沫若那里，二者却可以交汇。

《〈诗〉〈书〉时代的社会变革与其思想上之反映》（以下简称〈诗〉〈书〉》）作于1928年底，后收入《中国古代社会研究》作为其第二篇，代表了郭沫若应用马克思主义社会史观的早期尝试。在其中，他不再关心《国风》中的爱情诗，转向“大小雅”，重视的是包含社会生产信息的作品。文中对这类诗作有大量白话文复述，有时又滑入了今译模式。这些白话译把《诗经》悄然转化成了“史料”，在这个过程中，他的主观的、文学性的介入并没有被史学的所谓客观性所取代，而是渗透进了政治化的史学争论风格。

比如，《〈诗〉〈书〉》一文中对《七月》解释甚详，对诗中一年农业劳作的复述近乎于逐段白话译，中间又穿插着古代社会性质的考察。“女子伤悲，殆及公子同归”一句，郭沫若有如下发挥：

---

① 郭沫若：《序》，《卷耳集》，泰东书局1923年版，第2页。

② 闻一多：《匡斋尺牍》，《神话与诗》，古籍出版社1956年版，第356页。

女子好象还有别的一种公事，就是在春日艳阳的时候，公子们的春情发动了，那就不免要遭一番蹂躏了。这并不是甚么稀奇的事情，据近世学者的研究，许多民族的酋长对于一切的女子有“初夜权”（Jusprimaenoctis）……这些就是《七月流火》中所表示的农夫们一天到晚周年四季的生活，这是不是奴隶呢！①

郭沫若的译解突出了古代社会的阶级对立和压迫关系存在，强化了中国古代存在奴隶社会的观点。

与农业奴隶的悲惨命运相对，郭沫若又通过《小雅·楚茨》的白话译解，刻画出来了奴隶主阶级的奢靡生活。《楚茨》描写了古代祭祀，在他的笔下，祭祀尾声的祥和气氛有了新内容：

祷告的人祷告完了，神也吃醉了，便撞钟击鼓把神送回去；剩着是该那些“诸宰君妇”和“诸父兄弟”的男男女女快乐的时候。特别是那些女的尤其着急，她们等也等不及的一种神气，赶快把那祭祀的陈设撤了，便和那些“诸父兄弟”们“备言燕私”起来。

他们都走到后边的寝室里去了，音乐也到那后边去奏去了。他们也在那儿醉，也在那儿饱，还有一件事情不好明白地说出来，只好说“真是可爱，真是合时，甚么都好尽了头”，于是乎也就不能不“子子孙孙勿替引之”了。

这就是一些“公子在”们的生活，这虽然是一些比较原始的公子们，虽然只是一时的快乐（照《周礼》看来当在仲春），但这却是怎样的快乐呢？它象那农夫们的“无衣无褐，何以卒岁？”……②

郭沫若时而征引，时而翻译，对全诗最后一节的散文化“复写”暗示着贵族男女的性狂欢，将弗洛伊德式的视角和马克思主义的母题很有戏剧感地混合了起来：对子孙绵延的祈愿成了性欲满足的隐晦表达，而对性“快乐”的垄断则引申出阶级论。

至于《小雅·甫田》，郭沫若用以解释奴隶制中的集体生产，并把自己的白话解释和原文对照了起来：

“倬彼甫田，岁取十千；我取其陈，食我农人。”

你看农人是属他的，他不耕而获的一年取十千，把些剩余陈腐的米谷赏给农人吃，这不如象在养猪狗一样吗？但他骗人的程度已经很高明了。他把农人的黍稷牧畜取了，但他给他们的口惠是没有忘记的，他说：

① 郭沫若，《中国古代社会研究》，《郭沫若全集·历史编》卷1，人民出版社1982年版，第114页。
② 同上书，第115—116页。

> "我的田弄好了，真是你们农夫的功德啦!"　（"我田既臧，农夫之庆!"）……他时常还要亲自去监督，不准他们偷懒，他说他是犒劳他们。……他说：
>
> "啊，你们真是勤快啦!"（"曾孙不怒，农夫克敏!"）
>
> 在这样监视督率之下，于是乎农夫的膏血榨到一殊一滴都要成一米一黍了。所以
>
> "曾孙之稼，如茨如梁（收成就象茅檐一样高，屋顶一样高）；曾孙之庾，如坻如京（堆积起来就象一个海岛，就象一片山岭）。乃求千斯仓，乃求万斯箱。黍稷稻粱，农夫之庆。（又来厚着脸皮昧着良心恭维你一句。）"
>
> 你看这榨取者的手段不很高明吗？而他高明的手段还不仅这一点，他还很有点我们近代人的风味，会向农人喊"万岁"的口号呢！那诗最后的两句便是：
>
> "报以介福，万寿无疆!"
>
> 农人万岁哟！工人万岁哟！只要你克勤克敏的供我榨取，你的寿命愈长愈好，万岁哟！万岁哟！万万万万万岁哟！——哼哼![①]

白话译演变为了一种政治性揭露，尤其是"农人万岁哟……"一句，完全是夸张的再创造，其用意是将古诗中赞美农奴的"意识"强行翻译为统治阶级的"无意识"。郭沫若不仅是把《诗经》作为古史证据来使用，而且又转化为指向现实的讽刺乃至情绪宣泄——根据作者的补注，他当时不满于国民党"也有农民部，也组织工会"[②]。马克思主义史学家的政治投射在此获得一种类似早期"革命文学"的效果。

如果说在以上几例中今译只是作为文本碎片而面目不清地存在着，那么，到了1944年的《由周代农事诗论到周代社会》（以下简称《农事诗》），郭沫若则自觉地对一组《诗经》作品进行了系统而完整的今译。《农事诗》一文引起人们注意，主要是因为其中包含了他的史学观点的自我批判。早前，郭沫若曾否认过井田制的存在，此时他"检点"了前说之谬，承认井田存在于古史，但认为井田制是一种国家奴隶制之下的国有土地制度，而非儒家理想中的土地乌托邦，因此仍强调西周为奴隶社会。他所谈论的殷周土地问题，在古史研究中的重要性自不待言，这就难免造成对文章的另一重要方面的忽略，即它包括了他对《诗经》中所有农事诗的白话今译。正如他在文中不无夸耀地宣布的："我把周代的农事诗逐一地检查了一遍，而且翻译了一遍。"[③]

这所有的农事诗，在《〈诗〉〈书〉》一文的讨论中都已经出现过。不过，40年

---

① 郭沫若，《中国古代社会研究》，《郭沫若全集·历史编》卷1，人民出版社1982年版，第116—117页。

② 同上书，第117页。

③ 郭沫若：《青铜时代》，《郭沫若全集·历史编》卷1，第425页。

代的郭沫若，作为国统区的左翼知识人，已经压抑了左翼史学初创时的话语暴力倾向，而必须关心“马克思主义中国化”和“新民主主义文化”的进程之下如何用知识生产上的统一战线来寻求左翼的感召力等问题。《农事诗》中郭沫若首先自我批评，指出自己早年的作品中对“史料”接触不足，“感情先跑到前头去了”①。因此他在白话翻译中首先关心“史料”阐释的可靠性，有时径直用散文体翻译。当然，文学的旨趣也没有消失，今译偶尔还是以诗体出之，散文译也间或用韵。《〈诗〉〈书〉》中出现的粗暴的政治抒情则全面地收敛了。前面提到的“报以介福，万寿无疆”一句，以前译作奴隶主对奴隶的虚伪祝福，在《农事诗》中变成了村社在丰收后的集体祈福，阶级对立的指涉有所淡化：“我们报祭先祖，祈求多福多寿，没有尽头。”②

我们需要追问，为什么一篇讨论西周生产方式的论文，要以今译的方式来作为其展开路径呢？今译对史学是必要的吗？功能上看，今译显然关系到“普及”这一贯穿于“五四”启蒙史学和40年代的左翼“人民史学”的议题。在新史学中，使用白话来处理古代史料的确变得越来越普遍。例如，在20年代到30年代的一系列讲义或“讲话”中，顾颉刚都直接用白话译来取代对古代原文的征引③。又如，左翼历史学家范文澜40年代的作品《中国通史简编》在使用古代材料时也进行了白话处理。也就是说，史料直接以白话面目出现，无缝隙地潜人了历史叙述之中。此种方法，对顾颉刚和范文澜这样意识形态立场各异的历史学家，都一样发挥着便利“我国广大读者”的作用④。但是，如果说在顾、范的历史知识普及中白话译被当作无需反思的媒介转化，那么在郭沫若的《农事诗》中，今译的行为本身却得到强力彰显。农事诗的今译是独立存在于文本构造中，就像是史学论述的急流中的一座座文学灯塔。而且，白话翻译的过程被呈现在行文之中：对每一首诗作的具体论证，首先是对其白话译文的准备，而只有所有农事诗都被翻译了之后，对于井田制的论述才得以开始。这种今译本身的显影与顾、范那里翻译的痕迹被完全抹去就构成了有意味的对比。

1919年，法国汉学家葛兰言（Marcel Granet）发表了《中国古代节日与歌曲》（FêtesetchansonsanciennesdelaChine），利用《诗经》作为“本真文献”，试图理解“中国古典宗教的某些方面”⑤。书中包含了对这部儒家经典中的六十七首作品的逐行法文翻译，可以说标志了在现代性文化中重新发明《诗经》“本真”性的最初努力之一。郭沫若的今译实践的特殊性也可以放在这一阐释谱系中来理解。在亚瑟·威利的英译本出现十四年前，也早于庞德的英译文三十多年，他的《卷耳集》已在中文内

---

① 郭沫若：《青铜时代》，《郭沫若全集·历史编》卷1，第405页。

② 同上书，第414页。

③ 顾颉刚：《春秋史讲义》，《顾颉刚全集》卷4；《古史讲话》，《顾颉刚全集》卷13。

④ 范文澜：《中国通史简编》，新知书店1947年版，第2页。

⑤ Marcel Granet，Fêtesetchansonsanciennesdela Chine（Paris：L'UniversitParis，1929），p. l.

部提供了《诗经》的“新化”。他的翻译观与庞德的有些类似。正如一位庞德研究者所指出的，“庞德对理想翻译者的设定和他对理想诗人的设定并无二致”①。翻译既跨文化，也跨历史：“诗人直接在同原作者的心智的交感中直接获得激发……而原作者表达他自己时代的文化也就是对所有时代发声。”② 庞德关于不同时代之间的诗歌交感的想象让人联想到郭沫若早期的诗歌可译性理念。而当庞德试图在翻译中“成为一位儒者诗人”③ 时，他的《卷耳集》则希望解放和更新儒教诗典，以“今”之创造力为优先。这种文学性的今译模式并没有被历史学追求客观性的目标所超克，反而在郭沫若的社会革命史观中构成了一种我称之为“释读性翻译”的存在。这些《诗经》研究中的今译的碎片、段落以及微型文本同葛兰言的翻译取向也形成了参照。从《〈诗〉〈书〉》到《农事诗》，这里隐含着郭沫若的历史阐释学循环：先以左翼的社会史观的范畴来分析周代农事诗，而由此得出的白话译文，又反过来加强了作为左翼史学的“史料”的可用性。毋宁说，他的史学终究不是实证的，也不是普及讲义，而是阐释性的。这种阐释性对于整个左翼史学来说都是一个结穴点。古诗今译成了知识生产的修辞、论证演绎的方法乃至文学表述的“剩余价值”，标记出史学—政治阐释的主体性。

四　诗歌翻译观和屈原的人民性

时间切换到1953年。新生的人民共和国已经屹立东方，对外“抗美援朝”取得胜利，对内则开始加紧社会主义改造。郭沫若在新中国的文化和政治体制中居于显赫地位，而且在国际舞台上充当着外交活动家，多次以“党外知识分子”的身份领队参加苏联所资助的世界和平大会。世界和平大会在1953年将屈原列人世界文化名人来加以纪念，不难猜想，此事的促成，郭沫若一定发挥了作用。美国学者劳伦斯·施耐德（LawrenceSchneider）研究屈原形象在现代中国的变迁时，认为1953年的“屈原热”包含着共产党新政权的知识群体对古代“创造性天才”（乃至狂人）和“人民大众”之间关系的特别关注④。引申开来，全国性的纪念活动也涉及到在建国后的文化态势下如何处理古典资源这一重大问题。也就是这次纪念风潮中，他完成了《屈原赋今译》。

《屈原赋今译》收入郭沫若对所有他认为是屈原所作的《楚辞》篇目的完整翻

① L. S. Dembo, The Confucian Odes of Ezra Pound: A Critical Appraisal (Berkeley and Los Angeles: The University of California Press, 1963), pp. 1—2, 2.

② Ibid.

③ AchillesFang, “Introduction,” inEzraPoundtrans, Shih-ching: TheClassicAnthogy DefinedbyConfucius (Cambridge, Ma: HarvardUniversityPress, 1982), p. xiii.

④ LaurenceA. Schneider, AMadmanofCh'u: TheChineseMythofLoyaltyandDissent (Berkeley: UniversityofCalifomiaPress, 1980), p. 159, pp. 111 -124, 159.

译，共二十五篇。《离骚》一首的今译为1935年初稿、1942年修订、1953年再改，其余则为新译（40年代郭沫若有《礼魂》《橘颂》今译，但在字句上和1953年版本无连续关系）。一方面，他在全部的翻译中都使用了韵脚，注意诗行的整饬，追求诗美；另一方面，郭沫若又因强调严格的考证而显得颇费斟酌，他希望把自己长期对屈原的研究融会于其今译之中，更辅之以注释和“解题”，就连篇目的排序也体现着他的研读心得。可以说，《屈原赋今译》远比大胆译写的《卷耳集》要严谨，但和《农事诗》中的今译相比，又再次强化了今译的文学性。他为这种结合文学性和学理性的努力提供了一个形象的表述——“韵语注疏”①。兹举二例：

我的内部既有了这样的美质，
我的外部又加以美好的装扮。
我把蘼芜和白芷都折取了来，
和秋兰扭结着做成了个花环。（《离骚》）②
夏禹尽力治水，是天叫他来观看下方的情景，
怎么又找到涂山氏的女子，在台桑和她通淫？（《天问》）③

而在翻译《九歌》时，他有时采取一种接近于民歌口语的风格，似乎有意显示楚国原始宗教的民间特质：

日子好，天上出太阳，
高高兴兴，来敬东皇。④
（对应“吉日兮辰良，穆将愉兮上”⑤ 一句。）

而《湘君》和《湘夫人》两首都被翻译成了对唱形式，一方面是“老翁”描述性歌吟，一方面是两位神话女性的爱情自白。在郭沫若笔下，湘君和湘夫人的自白多以如下这样类似戏词的诗句作结：

良辰美景不再来，
彷徨，彷徨，姑且散淡心肠。⑥

---

① 郭沫若：《屈原赋今译》，《郭沫若全集·文学编》卷5，人民文学出版社1985年版，第329页。
② 同上书，第308页。
③ 同上书，第292页。
④ 同上书，第257页。
⑤ 朱熹集注：《楚辞集注》，上海古籍出版社1979年版，第29页。
⑥ 郭沫若：《屈原赋今译》，《郭沫若全集·文学编》卷5，人民文学出版社1985年版，第261页。

（对应《湘君中》“时不可兮再得，聊逍遥兮容与”一句，和《湘夫人》中“时不可兮骤得，聊逍遥兮容与”① 一句）

在《题解》中，他特别提道，“古时候祭祀神祇时正是男和女发展爱情的机会”②，这和他30年代关于古代淫风的研究一以贯之。他戏剧体的翻译淡化了屈原诗作中祭祀萨满主义的因素，而呼应着闻一多关于《九歌》是插入宗教仪式中的“古歌舞剧”的洞见③。

要兼顾诗与学术，郭沫若不禁感叹“把古诗译成现代语是相当困难的”④。很有意思的是，各篇的“解题”演变成了他对诗歌翻译问题的反思。最典型的莫过于《九章·解题》中的夫子自道：

> 我的翻译，自信是相当忠实的。经过仔细的斟酌，也得到了不少前人未到的发现。……我的译文，有些地方看来好像十分自由大胆。但如仔细读了注文，便可以知道，我并不是毫无根据。
>
> 自然，我也不敢断言：我的解释和翻译便绝对地没有主观成见夹杂在里面。把古人的文字翻成今文，把屈原的语言翻成我的语言，当然不能做到如像照像机那样的准确。
>
> 有人说：翻译是创作。这话含有部分的真理。……不仅求其“信”，不仅求其“达”，还要求其“雅”。这就是说，原作是诗，你的译文也应该是诗。为了达到这个目的，我们应该允许译者有部分的自由。有时候他不能逐字逐句地硬译。他可以统摄原意，另铸新辞。⑤

对译者自由的强调，对翻译作为“诗”的再创作性质的坚持，都是他一以贯之的文学性翻译观。而在这里，却又多了一份左翼学者的自信，认为自己“忠实”地把握了古典作品的“原意”。屈原作品中有不少难解的字句，朱熹注《天问》时也常常用“未详”一语来留作悬案⑥，但今译者无法在译文中留白。一方面他要提出“前人未到的发现”，另一方面也可以用“主观”创作来解决。历史的忠实和诗的自由可以兼得，无疑是对今译的理想化。他诉诸严复的翻译原则，又质疑了鲁迅的“硬译”说在诗歌翻译中的适用性，其翻译意识形态的重心还是落在对“我的语言”、诗的“创

① 朱熹集注：《楚辞集注》，上海古籍出版社1979年版，第37页。
② 郭沫若：《屈原赋今译》，《郭沫若全集·文学编》卷5，第273页。
③ 闻一多：《什么是九歌》和《“九歌”古歌舞剧悬解》，收入《神话与诗》。
④ 郭沫若：《屈原赋今译》，《郭沫若全集·文学编》卷5，第328页。
⑤ 同上书，第368、369页。
⑥ 朱熹集注：《楚辞集注》，上海古籍出版社1979年版，第39页。

作”和“新辞”的肯定上：“只要有相当的根据，只要在逻辑上、韵调上合乎情理，我倒赞成不妨稍微胆大一点。译诗是一种创作。”[①]

这种翻译逻辑假设了古典在思想内容和诗歌美感上的双重可译性，占据了学术、诗和政治的制高点，宣布了“统摄”历史和“另铸”语言的能动性，也透出了以“今”、“新”为优先的历史想象主体。而屈原恰恰是和历史想象中的革命政治分不开的。回顾40年代，郭沫若和闻一多分别提供了关于屈原的两种最有强度的政治诠释。他的《屈原研究》得出屈子是战国时代的“革命诗人”“南方儒者”的结论，从“人民本位主义”（可以说是一种独特的人道主义马克思主义）立场呼应了原始儒家具有“革命性”、代表“人民利益”这一在左翼内部独树一帜的命题[②]；而闻一多则直接封屈子为“人民诗人”，认为他原本为弄臣，其实是“属于广大人民群众之中”，后来也自我觉悟并成为了“人民革命”的先驱[③]。借用施耐德的形象化总结，在前者那里，屈原的形象是“被缚的普罗米修斯”，那可说是一个困于国统区的左翼知识分子的寓言；在后者那里，屈原是“解放了的普罗米修斯”，也不妨说是一个意识到自身政治局限性并从中解放出来的“五四”启蒙知识分子的镜像[④]。郭、闻二人的先秦论述显然都介入了40年代的政治论辩乃至革命进程。限于篇幅，在此笔者无法讨论当时郭沫若对“人民”的古史解释是如何和他的屈原论述相缠绕，他对作为革命主体的“人民”的历史想象又如何形成了“新民主主义”内部的异质性。建国后，作为国体/政体基石的“人民”也自然成为了主导性的、无所不在的文化和政治话语。不出意外，1953年的今译中，郭沫若刻意强调了屈原作品中的“民”字，“哀民生之多艰”译为“我哀怜着人民的生涯多么艰苦”，“览民尤以自镇”译为“看到人民的灾难又镇定了下来”[⑤]。这两处诗句及今译不仅出现在《屈原赋今译》的前言《屈原简述》中，而且也出现在更早的1950年论文《人民诗人屈原》中，用以证明“他的确有资格戴上一个‘人民诗人’的徽号”[⑥]。

简言之，郭沫若对“人民”话语的古今互译，使得屈原成为一个文化政治的源文本，并构成了他通向社会主义文学和知识生产的浮桥。不过，郭沫若40年代对屈原作为“南方儒者”的定义，在50年代的表述和今译中富有征候性地消失了。细察可知，他的“人民本位主义”也在人民中国进行着调适。在1950年，他明确地对闻一多关于屈原的底层人民身份的说法表示出谨慎态度，相反指出屈原自身的阶级局限

---

① 郭沫若：《屈原赋今译》，《郭沫若全集·文学编》卷5，第273页。

② 郭沫若：《屈原研究》，《历史人物》，上海古籍出版社1979年版，第7—106页。

③ 闻一多：《屈原问题》、《人民的诗人——屈原》等文，《神话与诗》，尤其第260—261页。

④ Laurence A. Schneider, A Madman of Ch'u: The Chinese Mythof Loyalty and Dissent (Berkeley: University of Califomia Press, 1980), p. 159, pp. 111 -124, 159.

⑤ 郭沫若：《屈原简述》，《郭沫若全集·文学编》卷5，第253页。

⑥ 郭沫若：《人民诗人屈原》，《郭沫若全集·文学编》卷17，第235页。

使得这位古代诗人无法“唤醒人民，组织人民”①。而到了1953年的另一篇文章《伟大的爱国诗人——屈原》，他又改变了口吻：“屈原尽管与楚王同宗，事实上只等于楚国的一个平民。”② 这样又接近了闻一多的论点。在《屈原赋今译》中，他的立场趋于一种平衡：“他虽然是楚国的贵族出身，但他对于人民有深厚的同情。”③

正如施耐德所总结的，1949年后的屈原研究透露出“知识界在自身和群众的关系上、在创造性个人和集体主义社会的关系上的含混不决的态度”④。这种“含混不决”也代表了“五四”进步知识传统和社会主义新兴文化之间的隐含矛盾。郭沫若的“人民”话语是对此矛盾的想象性解决：伟大的历史个人可以成为人民群众的诗歌喉舌、乃至人民革命的歌手。不过，在他的书写中，屈原的阶级问题仍然悬而难定。于是，诗歌语言又变得关键而富有政治价值了：“屈原的热爱人民更明显地表现在他的诗的形式上。”⑤ 他在《屈原赋今译》中如是说，是因为他和许多进步学者一直强调《楚辞》作为楚白话的价值。如前揭，他1953年的今译刻意模仿民歌、民谣的通俗流畅，与《卷耳集》乃至40年代部分《楚辞》今译中的现代新诗白话风格不同。“人民语言”的视角实际上充当着解开“人民性”难题的又一钥匙，而今译本身就是不断为这位楚国诗人寻找新时代的白话形态，文学和政治于此统一。

五　杜甫和作为阶级分析的今译

在社会主义中国，获得“人民诗人”尊号的古典诗人不只有屈原，还有诗圣杜甫。郭沫若的今译实际上也没有终结于《屈原赋今译》，而延伸到了他晚年最后一部、或许也是最受非议的学术专著——出版于1971年的《李白与杜甫》。不少论者把这部作品和他的晚节联系起来。毕竟，那时仍能出版学术专著，这在人文事业普遍陷入停顿的大背景下，本身就是一种政治待遇。而曾和毛主席有多次诗词唱和的郭沫若如此选题，又让人产生联想，他是迎合诗人毛泽东扬李抑杜的旨趣。但如果把这部专著打上标签就扔进历史垃圾桶，那就难免失于简单化，无法深入到这一特殊文化政治现象的内部。

《李白与杜甫》中的李白论整体上是有赞有弹，这本书最有爆炸性的内容，还是对杜甫的“阶级分析”。郭沫若把杜甫的诗人生活和诗歌意涵都定性为地主阶级的“阶级意识”，因此，这位古典诗歌的集大成者绝不是什么“人民诗人”。尤其关键的

① 郭沫若：《人民诗人屈原》，《郭沫若全集·文学编》卷17，第232页。

② 郭沫若：《伟大的爱国诗人——屈原》，《郭沫若全集·文学编》卷17，第165页。

③ 郭沫若：《屈原简述》，《郭沫若全集·文学编》卷5，第253页。

④ LaurenceA. Schneider, AMadmanofCh'u: TheChineseMythofLoyaltyandDissent (Berkeley: Universityof Califomia Press, 1980), p. 159, pp. 111 – 124, 159.

⑤ 郭沫若：《屈原简述》，《郭沫若全集·文学编》卷5，第253页。

是，他的论争对立面与其说是传统文化中对“诗圣”的忠君爱民情操的推崇，不如说是“十七年”时期社会主义文学知识分子对杜甫的“人民性”的赞誉——虽然“人民性”的话语也正是他曾经参与建构的。换言之，这里涉及到新中国的文学遗产问题内部的一场微观的“革命中的革命”：“以前的专家们是称杜甫为‘诗圣’，近时的专家们是称为‘人民诗人’。被称为‘诗圣’时，人民没有过问过；被称为‘人民诗人’时，人民恐怕就要追问个所以然了。”① 在“十七年”时期，把杜甫和“人民性”的革命进步话语联系起来，是古代文学研究中的普遍倾向，其中冯至50年代初的《杜甫传》，以文学传记的感人文字开此先河。冯至当时写道：“如今，人民获得了政权，……更没有任何事物遮蔽［杜甫诗篇的］光芒的放射了。”② 这和郭沫若建国后推崇屈原的“人民”视角正可相互参照。冯至的关注点因此在于：“［杜甫］怎样超越了他的阶级的局限体验到被统治、被剥削的人民的灾难……这中间他经过了不少艰苦的过程和矛盾。”③ 这一“超越阶级”的“人民性”主题暗藏着“五四”知识分子自我改造的寓言。50年代中后期，萧涤非的两卷本《杜甫研究》同样以“人民性”问题为主线，也是社会主义时期杜甫研究的一大成果。

冯、萧的论述和郭沫若的作品分享着同一个“人民性”话语。不过，郭沫若对这种赞美杜甫的社会主义倾向的异议，至少可以追溯到1962年纪念杜甫1250周年诞辰的活动中。在当时的纪念大会上，冯至曾有主旨发言，同期还有关于杜甫的短篇小说发表。熟悉当代文学史的人都知道，当时以杜甫为历史题材的文学创作其实包含着人道主义关怀的回潮，隐藏着关于三年“困难”时期人民苦难的低声控诉④。郭沫若当时作为文化界领袖也有发言，但赞誉杜甫时一定要拉进来李白，称二者为“双子星座”⑤。随后《读随园诗话札记》发表时，郭沫若有了更深的触动，因为他批评杜甫的只言片语在读者中遭到不小的抵制⑥。后来他曾说，他承认杜甫的成就，但不满于杜甫成为了社会主义文学知识中的一个神圣不可侵犯的“它布（taboo）”⑦，所以产生了重评的动机。在这一意义上，郭沫若的杜甫论同他的翻案史学是一脉相承的，而且最终发展成了文化革命的政治操演。在《李白与杜甫》中，他多次引用了冯、萧的著述。在得出对杜甫的阶级分析的结论后，他断言：“‘超越了自己的阶级’，真

---

① 郭沫若：《李白与杜甫》，人民文学出版社1972年版，第125页。

② 冯至：《杜甫传》，人民文学出版社198年版，第1页。

③ 同上。

④ 比较著名的例子是冯至的《白发生黑丝》和黄秋耘的《杜子美还家》这两篇短篇小说。

⑤ 郭沫若：《诗歌史中的双子星座》，《光明日报》1962年6月9日。

⑥ 郭沫若：《读随园诗话札记·后记》，《郭沫若全集·文学编》卷16，第396—399页。

⑦ 转引自谢宝成《从社会历史的发展演变审视“李杜并称”与“扬杜抑李”两种文化思潮——兼论郭沫若的李杜研究》，《郭沫若研究文献汇要》第9卷，上海书店出版社2012年版，第637页。

真是谈何容易!”[①] 这引号中的话就来自《杜甫传》[②]。其实他对冯至的《杜甫传》还偶有肯定，但在谈到萧涤非的论述时，有些批评则近乎粗暴的政治鉴定，比如他不满萧涤非对杜甫官僚心态的回护：“在这些地方斤斤计较，正是标准的封建意识的复活。”[③]

出版于1971年末的《李白与杜甫》初版本，带有鲜明时代特征，在署名页之前，印有两则大字毛泽东语录，一则是关于无处不在的“阶级烙印”，一则是关于对“古代文化”中“人民文化”精华的“吸收”。毛泽东思想中的“取其精华、去其糟粕”的民主进步历史观和文化观，实际上正是郭、冯、萧等一代社会主义知识分子所共同认可的。但“阶级性”和“人民性”之间正隐藏着中国革命内部的张力。郭沫若在杜甫的人民性论述中强势插入阶级分析，这一社会主义内部的“翻案”显示出“继续革命”的激进性对新民主主义革命的人民性话语的自我否定，也即在这一意义上，“郭老”才成为一种征候，同构于文化革命的震荡。

在这里，今译又和革命的逻辑相关。为了完成“人民诗人”称号的颠覆，郭沫若的笔墨又一次诉诸今译的手法：

> 新的专家们爱称赏杜甫的《三吏》和《三别》，以为是最富有“人民性”的作品，就让我们把这六篇作品来作进一步的研究吧。为了郑重起见，我把它们逐字逐句地试译成现代话，以增加我自己的确切的了解。[④]

郭沫若在书中翻译了《三吏》《三别》《茅屋为秋风所破歌》和《遭田父泥饮美严中丞》等名篇，将原文和译文对照排列。或许可以说，今译已经成为了郭沫若的文史研究翻案的“路径依赖”。只有在看似平凡实则包含了阐释性的今译中，这些已经为社会主义文化所认可的经典才可能显示出差异性的历史质地，成为颠覆性解读的“确切”文本依据。一方面，这些今译仍然延续了诗体翻译的形式感。在逐行翻译中郭沫若还是强调用韵，比如“何乡为乐土”中的“乐土”被译为“桃花源”[⑤]，其实不太恰当，但却是为了韵脚考虑。另一方面，今译也转化为揭露历史和阶级真相的文本实践。比如郭沫若翻译《三吏》《三别》，都向冯、萧的观点让步，也承认这些名篇“留下了当时战地附近人民的生活苦况，的确是很可宝贵的”[⑥]。但今译所采取的视角、声吻却让这些“苦况”的描述变成了不幸个人的自白，而诗人杜甫则成为了

---

① 郭沫若：《李白与杜甫》，人民文学出版社1972年版，第141页。
② 冯至：《杜甫传》，人民文学出版社1980年版，第7页。
③ 郭沫若：《李白与杜甫》，人民文学出版社1972年版，第225页。
④ 同上书，第125页。
⑤ 同上书，第128页。
⑥ 同上书，第125页。

一个“无言的旁观者”①。再加上他特别注意诗中各色人物的阶级成分，这样他就得出结论：“杜甫是站在‘吏’的立场上的。”② 在认定“过分夸大《三吏》《三别》的‘人民性’，是不切实际的”之后，郭沫若又对《茅》《遭》两首“同样采取逐句对译的形式，以免自己在了解上的疏忽”③。其中，杜甫对“南村群童”的“盗贼”称谓，历来被看作是诗人的无奈戏谑，但在郭译中就成了杜甫骂贫农子弟为“强盗”。为后人传唱的“大庇天下寒士俱欢颜”，由于郭沫若拒绝把“寒士”翻译为下层人民，而坚持认为是特定的“寒土”阶层，即“没有功名富贵的……读书人”④，所以人道主义的“民胞物与”普遍性精神完全被抽离：“诗里面是赤裸裸地表示着诗人的阶级立场和阶级情感的。”⑤ 这和他在屈原翻译中凡遇到“民”就翻译为“人民”形成了耐人寻味的对比。

为何对于郭沫若来说，诗歌今译是获得所谓“确切的了解”并避免“疏忽”的方法？这种“了解”在那个语境中说到底是一种政治性的阶级分析，那么，今译对于古典文学的阶级分析来说是否必要？毕竟，杜诗的语言不像《诗经》《楚辞》那样有难度，冯、萧讨论杜甫，就很少用到今译的方法。其实，郭沫若的阶级分析虽然夸张，但在具体的诗作解析上，他和冯、萧的差距并不那么远，正如冯、萧也会在自己的论述中顺带提及杜甫的保守性和局限性一样。“人民诗人”问题的翻案只是把焦点从“人民性”一侧换到“局限性”一面，这其中并没有“确切”的可能，而只有阐释行为本身的政治决断。“再革命”的阐释从今译实践中获得了一种阐释策略和修辞力量，一种“确切”的论证表象。我们可以总结，作为文学抒情、史学研究和阶级分析的手段，古诗今译始终表征着一种语言上和文化政治上的姿态，已经固着在郭沫若的古典阐释之中——而这种阐释的不断革命化也导致了自身能动性的消解。

六 简短的结语

综上所论，郭沫若的古诗今译，从“五四”持续到1970年代，从来不是简单的语言媒介转换，而代表了一个文学生产和政治介入的阐释主体空间。本文虽是一个以郭沫若的轨迹为中心的个案研究，但其相关性或超出这一个别的存在；换言之，从郭沫若的个案的问题线索中，我们可以获得一种方法性的视角，由此观测文学意识形态、翻译和历史想象在革命的文化逻辑中的彼此交织、互动和错位。尤其是“以今译古”的机制，把翻译的主体性和再阐释的政治性在具体的语言、文本和修辞构造

---

① 同上书，第133页。
② 郭沫若：《李白与杜甫》，人民文学出版社1972年版，第136页。
③ 同上书，第136页。
④ 同上书，第137页。
⑤ 同上书，第138页。

中浮雕般地显示了出来。我特别要强调，在中国革命的争议性语境中，历史阐释行为本身就意味着某种不间断的修辞翻译、知识翻译和意识形态翻译。如何在审美上、学理上和伦理上评价郭沫若的古典译解或许不应是我们的重点。如何重新发现和理解这种内在于中国革命遗产中的文化政治态势，又如何辩证地将之视为我们自身文化可能性的一个问题源头，或许才是挑战所在。

（原载《文学评论》2016 年第 3 期）

“这样的社会生出了这样的一个人”

——读郭沫若的传记写作

蔡　震

1928 年夏秋之际，遭国民党当局通缉流亡日本的郭沫若，在东京附近江户川畔的一方斗室中，开始了关于中国古代社会研究的学术写作。几乎与此同时，他也开始用笔墨追忆、记录自己过往的人生之旅——写下自己的历史。这是一种文学写作。这一年底，郭沫若完成了他的第一部传记作品《我的幼年》，接下去《反正前后》《黑猫》《创造十年》《自然底追怀》《北伐途次》等后续之作不断问世。自传写作成为郭沫若流亡日本十年间文学创作的主要内容。归国之后，他继续了这一文学写作活动。因为叙述的时序轨迹，内容更加靠近他亲历的现实生活场景：《由日本回来了》《前线归来》《抗战回忆录》……

郭沫若传记作品的每一次发表或出版，几乎都会引起极大关注。《黑猫》在《现代小说》月刊甫一发表，尚未容现代书局出版单行本，就被盗印编入几个郭沫若作品集出版。《申报》为连载《在轰炸中来去》提前连续两天专门刊出发文预告，且特别声明获得了独家发表权。《跨着东海》在《今文学丛刊》连载，不但列为首篇，而且将篇名印为封面，署名作“郭沫若等著”，以致至今有人据封面以为该辑丛刊是郭沫若的个人著作。《北伐途次》更甚，还在《宇宙风》连载之中的时候，即有了盗版的单行本（当然是文本不全的）印行。这些情况，让我们从侧面看到了郭沫若传记作品受图书市场及读者欢迎的程度。

我曾对 30 年代至 40 年代出版的十种郭沫若作品选集本做了一个考察，得到这样一些数字：5 种辑录有传记作品，其中两种选录的主要篇目是传记作品；另外 5 种因辑选作者早期作品而未能收传记作品，但均选录有“身边小说”（即描写作者自己生活经历的自传体小说）；小说（包括“身边小说”）、散文、自传这三类体裁的作品最为编选者青睐。这虽然是编选者们具有专业偏向的选择，但已经带有一些文学史阅读的意味了。

然而，当现代文学史这个学科建立起来之后，郭沫若尽管被尊为新文学的一个大家，但在对于他的文学史叙事中主要只涉及新诗与历史剧创作，他的传记写作甚至没有被提及。只是在郭沫若研究成为一个学科领域之后，才有了对于他传记写作的关注与研究。个中原因很多，譬如，可能是因为郭沫若诗歌、戏剧创作的文名盖过了其他。但无论如何，这种情形，与真实的文学史阅读状况相去甚远。其实，有很多人对于郭沫若的文学认知和了解，是从阅读他的传记作品开始的。应该说，阅读郭沫若，不能不了解他的传记写作，不能不读他的传记作品。

把个人回忆做成历史文本

现已出版的《郭沫若全集》文学编总计20卷，其中传记作品4卷。在现代作家中没有哪一位能像郭沫若那样，在其作品库中拥有数量如此之多的传记作品，而且也没有哪一位作家像郭沫若那样是在创作的高峰期就开始并大量创作了自传作品。人们一直以来似乎有一个含混的认识，即觉得在郭沫若的新诗与历史剧创作之间，存在一个文学创作的低谷甚至停顿期。其实，这是因为忽视了他的自传写作。20年代的新诗、30年代的自传、40年代的历史剧，将郭沫若在这三个时间段最具有代表性的文学创作连接起来，我们可以清晰地看到他文学写作活动发展变化的脉络及其成就之所在。

远离了国内社会生活的现实，应该是郭沫若把文学创作的题材和内容转向历史范畴的重要原因，因为缺少了那种曾经时刻伴随他的激情体验和诗意的冲动。但是郭沫若何以会在转向学术研究的同时，开始写作自传？如果把他的历史研究和传记创作这样两种不同的写作联系起来，我们会看到什么情况呢？郭沫若曾在一篇自传散文的文末写过这样一句话："我写这篇文章，不过是作为减轻我记忆的负担的一种工具而已。"一方面，他在学术写作中竭力去寻找湮没于甲骨残片中的远古时代的社会历史信息；另一方面，他却把记录下自己人生历史的文学写作当作一个卸下记忆负担的过程。这是一种颇耐人寻味的心境。

自1928年初开始的流亡生涯，是郭沫若正处在40岁前后的一段时期，就人生旅途来讲，应该还没有行走到一个需要去回首往事的阶段。不惑之年的前后，正是一个人发展事业的黄金时段，郭沫若和他所从事的学术研究也正在表明这一点。尽管他在中国古代史和古文字研究方面的著述似乎远不如他在五四新文坛的诗歌创作那样声名大噪，但这无疑是其人生行旅中的一段值得书写的精彩。与此同时，郭沫若却用了不少的时间精力，或者说他沉浸在书斋的"安贫乐道"中却有这样一份心情去追忆往事，发怀旧之幽情，其原因何在呢？

生计所迫，是郭沫若撰写这些文字的一个起因，这一点毋庸讳言。这是那个时代文学家的不幸，也是他们的无奈，对于流亡日本，还要维持一家生计的郭沫若来说更其如此。在一些保存下来的郭沫若与一些杂志、出版社编辑谈约稿、撰稿、发稿之事的往来书信中，记录了不少谈稿酬的事，也不乏讨价还价之举。譬如，1932年7月23日，郭沫若致叶灵凤的信中谈到《创造十年》的稿酬写道："我的条件是"，"后编于三个月后交稿，稿费同是一千五百元，以三个月内缴清”。还谈道：“我现在手里有一部长篇小说《同志爱》，……有十万字上下。你们肯出一千五百元现金购买，我可以卖给你们。”在8月29日另一封致叶灵凤的信上责问说：“《黑猫》只得稿费一百元，究竟作怎么算？”又写道：“《创造十年》后编，看你们购买力说话，你们如于三个月内将一千五百元交足，每月分交五百元，我便在十一月准定交稿，因为是已经成了一半多的。你们如仍照从前不爽快，那就不能说定。”这些直言不讳的讨价还价，倒并非表示郭沫若在金钱上锱铢必较，事实上他在许多时候为支持同仁、朋友，都是不计酬劳、不言酬谢地撰写文稿。这恰恰说明，钱对于那时的郭沫若是太要紧的养家糊口之物了。在保留下来的他写给“文求堂”老板田中庆太郎的信中，记载有数次以孩子将要开学，急需学费、杂费等为由，提出预支版税的要求。在写到这样的要求时，郭沫若的心情一定是非常苦涩的。

“我写这篇文章，不过是作为轻减我记忆的负担的一种工具而已。”这是郭沫若单就一篇回忆文章的写作动因而言。但是它也代表着郭沫若的自传性写作有一股情感推动力，这是其创作更为重要的心理动机，是一种为怀旧情绪左右、驱遣的文学冲动。

怀旧是一种心态，常常是随着人们生理年龄趋于老之将至而来的那种心态。此外，就是当生存的环境骤然发生了剧烈的变化，人们需要，或是试图从岁月流逝的屐痕中去寻求心理上的平衡感和精神上的慰藉，由是沉浸在怀旧的情态中。郭沫若表现出的怀旧情绪显然属于后者。

我们完全可以想象出，在经历了人生道路上一番轰轰烈烈而又大起大伏的波澜之后，不得不只身蛰居在异国他乡的社会环境和文化环境中，郭沫若应该是多么渴望在沉静下来之际有一个能够与人进行情感交流和思想表达的机会和空间啊！但这是遥不可及的。他只能在自我的心灵之旅上去寻找这样的机会和空间。在这一点上，郭沫若与司马迁的心境应该是最相近的。无怪乎他在《金文丛考》的书页上以太史公《报任安书》那样的口吻题写了“大夫去楚，香草美人。公子囚秦，说难孤愤。我遘其厄，媿无其文。爰将金玉，自励坚贞”。他还创作过一个历史小说《司马迁发愤》。司马迁遭缧绁之辱，郭沫若遇流亡之灾，他们都用历史的写作来获得精神上的满足。其实这也是一个从历史的写作中肯定自我、反思既往、获取自信心的精神磨砺的过程。

不可否认，怀旧情绪是包含了对于现实的某种不安，也带着些无可奈何的心情。但这并不意味着怀旧一定是在试图避开现实的烦恼、纷扰，以得到心灵的超然、宁静。我说郭沫若的自传性写作背后有一个怀旧的心理动机，也不是要说明他的这一写作过程只是为了找回失落的人生感觉。事实上，他的自传写作完全不是情绪性的宣泄，而是有着理性的清晰和意识到的历史责任感。他可以把关于人生的怀旧情绪包容在一个历史学家的学术心态之中去。郭沫若的自传作品，既是一个文学创作的过程，也是一个历史书写的过程。他说把这样的写作作为减轻记忆负担的工具，其实表明这是一个为了忘却而记忆的写作过程：把自己的生活经历从个人的回忆变成历史的记录，把记忆里的生活做成历史的文本。

郭沫若是一个自我表现型的浪漫诗人，但是他的抒情自我从来不是封闭在主观遐想的世界里，而是驰骋在对现实人生的激情体验之中。流亡期间的处境和生活虽然并没有消解他对人生的执着追求，但也没有让他能神采飞扬的风云际会。这是一个不自由的、压抑的，却又是平静的、水波不兴的生存环境。从另一方面看，这种远离国内现实又相对平静的生存环境，在使郭沫若不得不改变创作的题材和内容时，也给他提供了一个审视人生所需要的思考的空间。譬如在关于“创造十年”文学生涯的回顾中，郭沫若以一个亲历者的身份，在与当事者以及发生过各种纷扰的社会环境拉开了一个距离之后，反而获得了一个相对全景的视野和更为冷静与客观的回忆、反思。

“这样的社会生出了这样的一个人”

郭沫若在《我的幼年》《反正前后》《黑猫》等篇中，细致入微地描述了清末民初川西南和成都地区的社会民生，真实地反映了在社会动荡中所酝酿着的时代变革，特别是在学校和教育界所经历的变革，还从侧面记录了保路运动、辛亥革命这些重大历史事件的发生。《创造十年》《创造十年续编》则从文学革命开始，详尽地记录了作者与创造社作家在新文学第一个十年所经历的风风雨雨。他们构成了新文学史重要的组成部分。大革命时期，郭沫若投笔从戎，亲历了北伐战事包括南昌起义的整个过程。《北伐途次》《脱离蒋介石以后》《南昌之一夜》《神泉》等篇，为人们展示了一幅铁马金戈、轰轰烈烈的历史画卷。抗日战争是中华民族近代以来的集体记忆中最为悲壮，也最为振奋的一段历史。郭沫若在“卢沟桥事变”爆发后毁家纾难，只身归国，投入到全民抗战的滚滚洪波之中，他身居要职，负责抗战文化宣传工作。《抗战回忆录》（后更名为《洪波曲》）以纪实的方式记述了他在抗战期间经历的种种人、事……

阅读郭沫若的传记作品，我们可以对于他所置身其间的历史获得非常丰富、具体、感性的认知、了解。那里既展现着宏阔的社会场景，又描述了许许多多的历史细节，我们可以触摸到历史的脉动。或许正是这种历史表达的真实，郭沫若自传中的一些内容，令国民党当局恼火。

《我的幼年》1929 年 4 月由上海光华书局出版，不久就遭国民党当局查禁，要求删去两段文字。一段是作者叙述母亲的经历时说：“我母亲是与忧患俱来的人，从小时候起便受着灾难；听说我们川南现在是讨赤最力之乡，大约因为我一人的关系，恐怕又已经‘赤化’了九族吧？管他妈的！牙齿总有要牙齿偿还的时候！”一段是结尾的一句话：“革命今已成功，小民无处吃饭。”大概检查官认为这些文字是影射、讥讽现实的。显然，这样的文字让他们感到不安。于是书局不得不开了天窗（将两段文字从纸型上挖去），又将书名修改作《幼年时代》，才得重新印刷出版。《反正前后》的遭际更严厉：1929 年 8 月甫一出版即被查禁，两年后修改了内容，改换书名为《划时代的转变》，才由上海现代书局重新出版印行。

虽然经历了这样的出版变故，但郭沫若并没有停止自传的写作，毋宁说他拥有了更大的创作自信：

> 我不是想学 Augustine 和 Rousseau 要表述甚么忏悔，
> 我也不是想学 Goethe 和 Tolstoy 要描写甚么天才。
> 我写的只是这样的社会生出了这样的一个人，
> 或者也可以说有过这样的人生在这样的时代。

这是一种更具有历史使命感的自觉、自信。任何一位作家的自传都是一种历史的叙述，是关于一个人的历史。郭沫若自传的最大特点则是，他在落笔时就力图从个人的经历去反映一个时代的风云变幻和脉搏跳动，他写出了历史中的这个人。《反正前后》《创造十年》《北伐》《抗战回忆录》等，从这些篇题，我们就可以看到作者落笔时所展开的视野。这样一种回忆、思考自己过往人生的姿态，得益于郭沫若从事历史学研究所秉持的学术用心。历史学研究与传记创作相映成辉。

郭沫若的中国古代社会研究是以学术写作来叙述中国古代史，而他的传记写作则是用文学书写的方式叙写了中国现代史的一隅。郭沫若的传记作品应该称作文学传记，它们有些与他创作的“身边小说”甚至难以分辨彼此。其传记写作的文学色彩，除了文学性语言的运用，主要是以书写自我的方式表达出来的，这倒是与他作为一个诗人主观抒情的诗歌创作风格一脉相通。作者本人是叙事者，也是传主，他不单是在那里客观地描述历史，而是自始至终都进入到所写的历史情境之中。作者所表达的情感、思想，既是作者的，也是传主的。

如果说郭沫若传记作品的历史书写，写出了“这样的社会”，那么他的文学书写，则写出了“这样的一个人”。历史与文学很好地结合在一起，应该是郭沫若传记作品的独有魅力之所在。

郭沫若的自传既是一个人生存的历史，也是在历史中走过的一个人。从这个意义上说，它们在历史学、文化学方面的含义或者要丰富于其在文学创作上的内容。毛泽东在 1944 年从延安写给郭沫若的一封信中曾写道：“最近看了《反正前后》，和我那时在湖南经历的，几乎一模一样，不成熟的资产阶革命，那样的结局是不可避免的。”相信人们在读过郭沫若的传记作品之后，也会获得各自的历史感悟。

（原载《博览群书》2016 年第 4 期）

郭沫若“五四”时期尊孔崇儒的特质

杨华丽

在郭沫若研究史上，郭沫若与孔子、儒家文化的关系历来是一个重要却又歧见迭出的话题。阅读相关研究成果时，我们时常会与类似这样的表述相遇：

> 五四运动时期，在打倒帝国主义、打倒封建主义、”打倒孔家店”的革命高潮中，郭沫若却公然表示他崇拜孔子，这不能不认为是一种特异现象。①
>
> 在“五四”著名新文化人中，郭沫若偏于“保守”的孔子儒家文化观，是“五四”反传统主旋律中的一个不和谐音！②
>
> 郭沫若研究中一个令人尴尬的事实是，当五四运动的知识分子表现出一种与民族传统文化决绝态度的时候，远在日本留学的郭沫若却表现出另一种姿态：他以极大的热情颂赞着“中国文化之传统精神”，甚至将五四一代知识分子猛烈批判的孔子作为自己崇拜的偶像。③
>
> 从新文化运动开始至五四时期，在中国思想文化领域回响着的一个格外有力的声音是“打倒孔家店”。……郭沫若的论调与此大相径庭。④
>
> 谁都知道当时的尊孔者绝大多数是站在封建旧营垒的一边，而郭沫若的立场显然是在新文化阵营一侧，可他为什么在对待孔子的问题上与同一阵营的人们截然相反呢?⑤ ……

显然，“特异现象”“不和谐音”“另一种姿态”“大相径庭”“截然相反”以及其他类似话语，都指向了“五四”时期的郭沫若在孔子观、儒家文化观上的异质性。而学人们言及的“令人尴尬”以及不断问询、探究的行为本身，其实都表明了他们

---

① 谷辅林：《郭沫若的孔子研究》，《齐鲁学刊》1986 年第 6 期。

② 税海模：《郭沫若与中西文化撞击》，东方出版社 2008 年版，第 321 页。

③ 周海波：《论郭沫若与民族文化重建》，《郭沫若与东西方文化》，中国郭沫若研究会编，当代中国出版社 1998 年版，第 278 页。

④ 蔡震：《文化越境的行旅：郭沫若在日本二十年》，文化艺术出版社 2005 年版，第 89 页。

⑤ 魏建：《“五四”时期郭沫若对孔子的“曲解”》，李怡、蔡震编著：《郭沫若评说九十年》，文化艺术出版社 2010 年版，第 266 页。

内心的不安与困惑。因为一旦承认这种异质性，我们就势必要回应这样两个密切相关的问题：一、如何评价“五四”时期尊孔崇儒的郭沫若在以反孔非儒为主流的新文化阵营中的地位？二、如何有效阐释郭沫若“五四”时期的反传统写作与其尊孔崇儒思想之间的巨大反差？考察学界已有的研究成果后我们发现，回应前者的路径有很多，比如“极力将郭沫若与五四新文化运动的倡导者们放在一起，试图考察其一致的文化精神；或肯定鲁迅对传统文化的批判态度而鄙视郭沫若的传统文化观，或肯定郭沫若的传统文化观而否定鲁迅对传统文化批判的态度”[①]，比如“超越‘否定传统文化论’和‘弘扬传统文化论’的狭隘文化观念”，从民族文化重建角度来论述郭沫若与五四时期其他知识分子在目标上的趋同性[②]，比如既不承认郭沫若此期对孔子的认识还原了孔子的本来面目，不承认郭沫若的孔子观富有远见，也不认为郭沫若当时提出孔子观是有意在与谁唱反调，而是正视郭沫若的这种“复杂”，认为他此时“所谈论的‘孔子’是以他青年诗人的眼光所‘看’到的形象，是他理想中的孔子形象。只是我们自己把他笔下的‘孔子’与‘孔家店’里的孔子合二为一了”[③]，等等。对于后一个问题，论者们大都对郭沫若“五四”时期的反传统写作持赞赏态度，认为其体现了狂飙突进的“五四”特质，但对这种“五四”特质与崇拜孔子与儒家的非“五四”属性间的裂痕，学人们则常因无法给出更让人信服的阐释而四顾彷徨。因此，悬而未决的问题依然是：在反孔非儒问题上，“五四”时期的郭沫若与新文化阵营中其他知识分子真是“殊途”而“异归”吗？

一

要考察“五四”时期郭沫若的孔子观、儒家文化观，郭沫若致宗白华的书信、《我国思想史上之澎湃城》、《中国文化之传统精神》、《论中德文化书》、《读梁任公〈墨子新社会之组织法〉》、《惠施的性格及其思想》、《儒家精神之复活者》是绕不过去的几篇文献。而在这些文献中，我们的确能屡屡发现郭沫若对孔子与儒家的推崇。

宗白华在致郭沫若的信（1920 年 1 月 3 日）中，希冀他“养成完满高尚的‘诗人人格’”，并认为他具有成为“中国新文化”中的“真诗人”的“天才”[④]。对此，郭沫若显然诚惶诚恐。在复信（1 月 18 日）中，他认为田汉才当得起中国新文化中的真诗人；对于“天才”之说，他推得更远，因为在他看来，球形发展的天才只有

---

① 周海波：《论郭沫若与民族文化重建》，中国郭沫若研究会编：《郭沫若与东西方文化》，当代中国出版社 1998 年版，第 278 页。

② 同上书，第 279 页。

③ 魏建：《“五四”时期郭沫若对孔子的“曲解”》，李怡、蔡震编著：《郭沫若评说九十年》，文化艺术出版社 2010 年版，第 260 页。

④ 《宗白华致郭沫若》，《郭沫若全集·文学编》第十五卷，知识产权出版社 2004 年版，第 9 页。

孔子与歌德。因而，他慷慨地将“政治家”“哲学家”“教育家”“科学家”“艺术家”“文学家”等名号赠给了孔子：

孔子这位大天才要说他是政治家，他也有他的“大同”底主义；要说他是哲学家，他也有他 Pantheism 底思想；要说他是教育家，他也有他的“有教无类”，“因材施教”底 Kinetisch 的教育原则；要说他是科学家，他本是个博物学者，数理底通人；要说他是艺术家，他本是精通音乐的；要说他是文学家，他也有他简切精透的文学。便单就他文学上的功绩而言，孔子底存在，是断难推倒的：他删《诗》、《书》，笔削《春秋》，使我国古代底文化有个系统的存在；我看他这种事业，非是有绝伦的精力，审美的情操，艺术批评底妙腕，那是不能企冀得到的。①

不仅如此，在 1923 年发表的《中国文化之传统精神》一文中，郭沫若在预判有人会说他们“时代错误”的情况下，仍坚持表达了他及其同道对孔子的崇拜：

我在这里告白，我们崇拜孔子。说我们时代错误的人们，那也由他们罢，我们还是崇拜孔子——可是决不可与盲目地赏玩骨董的那种心理状态同论。我们所见的孔子，是兼有康德与歌德那样的伟大的天才，圆满的人格，永远有生命的巨人。他把自己的个性发展到了极度——在深度如在广度。他精通数学，富于博物的知识，游艺亦称多能。尤其他对于音乐的俊敏的感受性与理解力，决不是冷如石头而顽固的道学先生所可想象得到。他闻音乐至于三月不知肉味的那种忘我 ec-stasy 的状态；坐于杏林之中，使门人各自修业，他自己悠然鼓琴的那种宁静的美景；他自己的实生活更是一篇优美的诗。而且他的体魄决不是神经衰弱的近代诗人所可比拟。他的体魄与精神的圆满两两相应而发达。他有 Somson 的大力，他的力劲能拓国门之关。……②

在《儒家精神之复活者王阳明》中，郭沫若称赞王阳明，是因为其精神直追孔子：

他是伟大的精神生活者，他是自强不息的奋斗主义者，儒家的精神真能体现了的，孔子以后我恐怕只有他这一人。③

---

① 《郭沫若致宗白华》，《郭沫若全集·文学编》第十五卷，知识产权出版社 2004 年版，第 18—19 页。

② 郭沫若：《中国文化之传统精神》，《郭沫若全集·历史编》第三卷，知识产权出版社 2004 年版，第 206 页。

③ 郭沫若：《文艺论集》，光华书局 1929 年版，第 59—660 页。

并且认为：

> 孔氏认出天地万物之一体，而本此一体之观念，努力于自我之扩充，由近而远，由下而上，横则齐家治国平天下，纵则赞化育参天地配天，四通八达，圆之又圆，这是儒家伦理的极致……①

上述常被论者关注到的言论，屡屡被作为郭沫若尊孔的证据。论者们往往又由此出发，在《中国文化之传统精神》《论中德文化书》等中找出郭沫若崇儒的言论、主张恢复中国固有文化传统的言论，并认为郭沫若此期的思想观念与五四新文化阵营中的其他知识分子大不相同，从而感到了阐释其狂飙突进式的作品与其尊孔崇儒思想之间的两难。

二

需要指出的是，一旦我们用“尊孔崇儒”来指认郭沫若此期的文化取向，就必须对其独特所指保持足够的清醒。也就是说，我们需要辨析郭沫若到底尊的哪个孔子、崇的哪个儒家。因为细读那些文本时我们就能发现，郭沫若那一系列文章所针对的，不仅包括我们通常注意到的反孔非儒者，而且包括我们容易忽略的尊孔崇儒者。

比如，早在1920年致宗白华的信中，他就说，“我想孔子那样的人是最不容易了解的”，然后提及了“赞美”与“轻视”孔子这两种人可能的认知，并明白表示对这两种人的观点——“定要说孔子是个‘宗教家’，‘大教祖’，定要说孔子是个‘中国底罪魁’，‘盗丘’”② ——持反对意见。又比如，在《中国文化之传统精神》中他说：“现在的人大抵以孔子为忠孝之宣传者，一部分人敬他，一部分人咒他。更极端的每骂孔子为盗名欺世之徒，把中华民族的堕落全归咎于孔子。唱这种暴论的新人，在我们中国实在不少。诬枉古人的人们哟！你们的冥蒙终久是非启发不可的！”③ 可见，郭沫若时刻注意到“赞美”或“敬”孔子的人、“轻视”或“骂”孔子的人的存在，更关注到了这两种人观点的各自发展。在他看来，这两种人关注的都在孔子的忠孝观念，所理解的都是被后代的凸凹镜歪变了的“儒家的精神，孔子的精神”。所以，“崇信儒教，崇信孔子的人只是崇信的一个歪斜了的影像；反对儒教，反对孔子

① 郭沫若：《文艺论集》，光华书局1929年版，第65页。

② 郭沫若：《郭沫若致宗白华》，《郭沫若全集·文学编》第十五卷，知识产权出版社2004年版，第19页。

③ 郭沫若：《中国文化之传统精神》，《郭沫若全集·历史编》第三卷，知识产权出版社2004年版，第206页。

的人也只是反对这个歪斜了的影像。”① 对于那些尊孔崇儒者，郭沫若比喻为“在破纸堆里寻生活的 Bucherwurm”（蠹鱼），而将那些反孔非儒从而一味向外国寻求思想资源的人比喻为“以收人余唾为能事的臭痰盂!”② 这两类人，在《伟大的精神生活者王阳明》后的《附论一》和《附论二》中，正是那些东西文化论争中的学者，或者参与了新旧思潮之争的学者们。这正与成仿吾所写的一段文字相通：

> 不论是在一般的人或在专门的学者，不论是中国人或是外国人，没有像我们文化的精神与思想被他们误解得这样厉害的。外国人可不必说，即我们的新旧的学者，大抵都把他误解得已不成话。旧的先入之见太深，新的亦鲜能捉到真义，而一般假新学家方且强不知以为知，高谈东西文化及其哲学。③

“一般的人”“专门的学者”“我们的新旧的学者”，即是《中国文化之传统精神》一文中的“他们”，是与“我们崇拜孔子”中的“我们”截然有别的思想群体。

在这种种言辞间，郭沫若标划出了自我与当时习见的尊孔崇儒、反孔非儒者的距离。这无疑体现出了他的特立独行，也在在提醒我们不能停留于他诸多尊孔崇儒话语的表面，而应进一步辨析其尊孔崇儒的实质。

顺此思路，我们首先就会发现，郭沫若赞誉为球形发展的天才的孔子，是历史上的孔子，是人而非神。因为他同时还说了这一段话：

> 哥德是个“人”，孔子也不过是个“人”。孔子对于南子是要见的，“淫奔之诗”他是不删弃的，我恐怕他还是爱读的！我看他是主张自由恋爱（人情之所不能已者，圣人不禁）实行自由离婚（孔氏三世出其妻）的人！我看孔子同哥德他们真可是算是“人中的至人”了。他们的灵肉两方都发展到了完满的地位。④

显然，此处的言论，与他称孔子为“政治家”“哲学家”“教育家”“科学家”“艺术家”“文学家”而非“宗教家”“大教祖”，称孔子为“人中的至人”而不认可“大成至圣先师”的封号一样，都表明他尊崇的是历史上的孔子本人，活生生的灵与肉得到完满发展的“人”，而不是被后世当成”敲门砖”的神圣化、宗教化了的孔

---

① 郭沫若:《儒家精神之复活者王阳明》,《文艺论集》，光华书局 1929 年版，第 88 页。

② 郭沫若:《郭沫若致宗白华》，《郭沫若全集·文学编》第十五卷，知识产权出版社 2004 年版，第 21 页。

③ 引自“成仿吾所写译后附识”。见郭沫若《中国文化之传统精神》，《郭沫若全集·历史编》第三卷，第 209 页。

④ 郭沫若:《郭沫若致宗白华》，《郭沫若全集·文学编》第十五卷，知识产权出版社 2004 年版，第 21 页。

子，不是一般尊孔崇儒者盲目崇拜的孔子。

此外，郭沫若礼赞王阳明，是因他“拨开”一般意义上的反孔非儒、尊孔崇儒者误解儒教、孔子所形成的“云雾”，重新复活儒家“真”精神的功绩：

> 儒家精神埋没于后人章句，而拘迂小儒复凝滞于小节小目而遗其大体。自汉武以后，名虽尊儒，然以帝王之利便为背境以解释儒书，以官家解释为楷模而禁人自由思索，后人所研读的儒家经典不是经典自身，只是经典的疏注，后人眼目中的儒教，眼目中的孔子，也只是不识太阳的盲人意识中的铜盘了。儒家的精神，孔子的精神，透过后代注家的凸凹镜后是已经歪变了的。要把这反射率不一致的凸凹镜撤去，另用一面平明的镜面来照他，然后才能得见他的正体。但是这样的行为是被官家禁制了的，而且积习既久，狃于常见的人竟以歪变了的虚像为如实的真容，而不更去考察生此虚像的镜面的性质了。于是崇信儒教，崇信孔子的人只是崇信的一个歪斜了的影像；反对儒教，反对孔子的人也只是反对的这个歪斜了的影像。弥天都是暗云，对于暗云的赞美和诅咒的声音，于天空有何交涉呢？天空的真相要待能够拨开云雾的好手才能现显，王阳明便是这样的一位好手了。①

这段话其实明白无误地告诉了我们，王阳明并非惯常意义上墨守时见的儒家，而是以尊崇儒家本相的姿态，在儒家内部对其实现了成功反叛之人。郭沫若赞赏王阳明，那么他所尊崇的儒家，显然也就不是汉代以后诸多儒学家的阐释所建构出来的儒家，不是程朱理学，更不是“五四”时期的尊孔崇儒者所常常提及的大而化之的儒家（这些都是“暗云”），而是原来的“天空”本身，即春秋战国时代的儒家。

故而我们可以说，郭沫若在“五四”时期所尊的孔子，是历史上的孔子其人，而非被神圣化了的“大成至圣先师”，更不是孔教的教主：他所努力做的只是在重新评价被涂抹后的孔子，追求孔子的“真相”而已；郭沫若在“五四”时期所尊的儒家，也仅仅是春秋战国时期的具有反叛精神、追求个人自由发展的儒家，而非秦汉以后被利用的、专制的、以三纲五伦为其核心思想的儒家：他只是在重新评价被涂抹后的儒家，追求中国文化之传统精神的复活而已。这种历史性重评本身，就充满了反叛精神、平等眼光，充满了“把一切的存在看做动的实在之表现!”“把一切的事业由自我的完成出发!”的“传统精神”，与老子、孔子反叛三代而试图恢复三代以前的精神正相吻合。秉承这种理念，此前此后的郭沫若当然不满意于“五四”时期已被塑造成型的儒家和孔子本身，而对于专制的、压抑自由思想、个性与人格圆满发展的礼教、三纲五伦，他必然就会选取反叛的姿态。那么，在“五四”时期，他写出了

① 郭沫若：《文艺论集》，光华书局1929年版，第66—667页。

《凤凰涅槃》《天狗》等极具反叛性、自由性的诗歌，塑造了卓文君、王昭君、聂嫈、女神等卓绝的叛逆女性形象，就不再是一种意外，也不再难以理解。换句话说，郭沫若独特的“尊孔崇儒”与追求个性、反叛三纲之间的巨大裂痕，也就根本不存在了。

三

考察郭沫若形成这种尊孔崇儒观的思想根源与文化语境，我们会对其孔子观、儒家文化观的特质有更深刻的理解。

第一，在追溯郭沫若尊崇儒家文化的根源时，论者们常会论及他小时候读过《四书》《五经》，提及其经学老师乃是尊孔崇儒者廖平的两位弟子——帅平均和黄经华，而并未追问廖平是怎样的尊孔崇儒者，帅平均与黄经华又是如何引导郭沫若读《四书》《五经》的。

我们知道，廖平是今文经学大师，终生都以诠释孔子的微言大义为己任，对孔子本人尊崇备至，而认为五经、三传都是孔门的“托古改制”之作。受此影响，郭沫若也对孔子本人至为尊崇，而对后世儒家所崇奉的经典持保留态度。另一方面，廖平对儒家经典的探幽发微，使得其经学思想经历了六次变迁。对这种变化，他的认知非常明确：“为学需善变，……若三年不变，已属庸才，至十年不变，则更为弃才矣。”① 这种求新求变而非祖述传统、固步自封的思路本身，会影响到其弟子，也会影响到郭沫若那种寻根究底、不囿旧说的思维方式的养成。事实上，他的小学老师帅平均为他讲授《春秋》《左传》《国语》时，所依据的正是廖平的《公羊》《谷梁》《左传》“三传一家”说；黄经华则告诉他唐虞三代都是假的，《六艺》都是孔子的创作，就是所谓托古改制。受其影响的郭沫若开始读《皇清经解》和《古文尚书疏证》，为梅颐的《古文尚书》中作伪之处被找出而兴奋，认为那真是一件痛快的工作。不仅如此，他还用心去读《史记》，发现《伯夷列传》中司马迁写的一句评语被历代众多注家解释错了，为此，他感到好笑。② 这样的理论认知与求学实践，其实使得他不再一味迷信古人、权威以及偶像。这无疑是今文经学学派给他的精神馈赠。后来，郭沫若试图走向孔子、儒家本身，反对后世儒家对孔子与儒家的歪变，反对思想一统，反对压抑个性的孔教，其实是可以理解的必然。

第二，郭沫若对儒家文化乃至整个传统文化的理性认知，始于他 1915 年 9 月中旬接近王阳明之后。由此开始，郭沫若重新发现了庄子的“意义”而不再拘囿于文辞，再被导引到了老子、孔子、印度哲学等处，进而“发现了一个八面玲珑的形而

① 《经话甲编》，《廖平学术论著选集》（一），巴蜀书社 1985 年版，第 412 页。

② 郭沫若：《我的童年》，《郭沫若全集·文学编》第十一卷，知识产权出版社 2004 年版，第 76 页。

上的庄严世界”[1]。这种庄严世界体现于他此期的系列文章中，而又以《我国思想史上之澎湃城》一文为最重要的入口。

《我国思想史上之澎湃城》一文于1921年发表于《学艺》杂志，全面呈现了郭沫若发掘中国文化之传统精神的纲目。具体来说，他将秦火以前的中国古代思想分为“玄学的、宗教的、科学的”三种，从时段上又分为尧舜以前、夏殷西周、春秋战国这三期。而其写作纲目则为十小节：

上篇泛论之部——思想与政治之交错

1. 滥觞时代政治之起源
2. 玄学思想之宗教化
3. 私产制度之诞生与第一次黑暗时代
4. 第一次平民革命之成功与神权思想之动摇
5. 第一次再生时代 Renaissance

下篇各论之部——再生时代各家学术之评述

1. 再生时代之先驱者老聃
2. 孔丘晚年定论
3. 墨翟之宗教改革
4. 庄周之真人哲学
5. 惠施之唯物思想

事实上，该文只写出了“泛论之部”的前三点，后面的部分并未曾发表。然而很显然，关于三代以前为中国思想史上的黄金时代、三代为中国思想史上第一次黑暗时代、春秋战国为第一次再生时代的思想，在《中国文化之传统精神》（1923年5月14日成仿吾译）、《论中德文化书》（写于1923年5月20日）等文中多有体现；对墨翟的看法，部分体现在了《读梁任公〈墨子新社会之组织法〉》（写于1923年6月13日）一文中；对惠施的研究，部分体现于《惠施的性格及其思想》（写于1923年12月10日）一文中；对老子、孔子、庄子的研究成果，体现于这一时期几乎所有的文章中。换句话说，郭沫若以他1920—1924年间发表的系列文章，完成了他对中国秦火以前的传统文化之固有精神的分析与建构。

在《我国思想史上之澎湃城》中，郭沫若对秦汉尤其是汉以后两千余年间思想被禁锢的事实深恶痛绝。他说：

……嬴秦焚书等于维苏勿喷火。汉以后君国专制，对于古代思想凡有不合于专制政体者，概加湮灭。学者又无创造之才能，非曲解古籍以谄媚朝政；则撰述伪书以紊乱古学。政学朋比为奸，自由独创之天才遂永无发现之时期；而我自由

---

① 郭沫若：《郭沫若全集·历史编》第三卷，知识产权出版社2004年版，第229页。

独创之传统精神亦遂永遭埋没于后儒训诂伪托之下而泯其真相。由是“我国思想史上之澎湃城”，其埋没于熔岩灰质之下，亦已二千余年于兹矣。……使思想而失其自由，严为实际所束缚时，是为人类精神之化石时代。……我国现今之状态，非如多年化石后之死象一头，非如多年自杀后之木乃伊一块耶？①

可见，郭沫若所认定的中国文化之传统精神的核心正在于“自由独创”。他对中国秦火以前思想史的发生学观察，就“力屏去一切因袭之见，以我自由之精神直接与古人相印证”，认为这样“犹能得其真相之一部而无疑虑”。② 对“自由独创”的认可，对寻求“真相”的坚持，正体现了郭沫若此期观照中国传统文化，以及孔子、老子、庄子与墨子等诸子的方式。这种追求，显然与“五四”时期那些盲目尊孔崇儒者大不相同，而与新思潮的评判态度，重估一切价值的精神相通。而且，对孔子之外的其他诸子的研究本身，也在客观上将孔子与其他诸子置于同等地位，从而恢复中国传统文化的丰富性、多样性，免掉了独尊孔氏的思想专制之弊。这种治学理路，与从晚清到新文化运动中的先进知识分子反抗凝固传统的方式如出一辙，而与“五四”时期一般的尊孔崇儒者迥然有异。

第三，郭沫若虽早在1916年就想写作《我国思想史上之澎湃城》一文，但写作并正式发表的时间却迟至1921年5月，而且还是未完稿。从其后续各文来看，1923年是一个重要年份。之所以是这年而非其他，当然与日本大阪《朝日新闻》新年特号约他写文章有关。然而，他应邀写就的文章为何是论述中国文化精神的《两片嫩叶》，则显然就与他此前的“发掘计划”有关，与他幼时所受的今文经学的影响有关，更与当时的思想文化论争关联甚深。关于后者，我们可从成仿吾的言辞中窥其一斑：

……前几天沫若接到了宗白华由德国寄来的一信，中间有关于东西哲学的几句话，我们又不觉谈到了中国文化的真精神，而太息他被一般的人误解。沫若要覆宗君一封长书，我劝他多多写出在周报上发表，并约他把这篇东西译出。我觉得今后思想界的活动，当从吞吐西方学说进而应用于我们古来的思想，求为更确的观察与更新的解释。我们对于这种事业，将渐次尽我们的微力，我们希望博学的朋友们，也齐来作热心的探讨。③

成仿吾在这里的说明，无异于是对他与郭沫若的文化建设理想的正式宣告。正是

① 郭沫若：《我国思想史上之澎湃城》，《学艺》，1921年5月30日第3卷第1号。
② 同上。
③ 成仿吾所写译后附识。见郭沫若《中国文化之传统精神》，《郭沫若全集·历史编》第三卷，第209页。

基于“吞吐西方学说进而应用于我们古来的思想，求为更确的观察与更新的解释”的理想，以及对更多的热心探讨者次第出现的希望，成仿吾才将《两片嫩叶》节译出来并直接命名为《中国文化之传统精神》。不仅如此，成仿吾还劝郭沫若“多多”表达他的东西哲学观，随后又发表了他的《论中德文化书》。紧接着，郭沫若就分论墨子、惠施，将他对秦火以前中国文化之传统精神的研究成果尽数公开。如果考虑到这些文章中无时不在的潜在言说对象，考虑到郭沫若在《伟大的精神生活者王阳明》后面的附论中所谈的他对物质文明/精神文明、新/旧、文/白等的看法，我们有理由认为，郭沫若在这些研究成果中对孔子、对儒家文化的看法，都是他对如何建设未来新文化的一种思考。这些思考本身所蕴含的西学背景，其实也将他与当时的一般尊孔崇儒者区分开来，而更接近于其他新文化先驱。

四

在厘清郭沫若尊孔崇儒的真实所指，明了其产生的思想渊源和文化语境之后，我们必须重返“五四”时期的反孔非儒现场，分析陈独秀、吴虞、李大钊、鲁迅、胡适、周作人等新文化派彼时反孔非儒的实质，这样才能最终判断他们与郭沫若独特的尊孔崇儒是“殊途同归”还是“殊途异归”。

如果我们将《新青年》发刊的1915年至五卅运动发生的1925年界定为“五四”时期，那么，反孔非儒与尊孔崇儒之间的拉锯战正是这十年间思想文化界不可忽略的思想主潮。新文化派的反孔非儒言论，既体现于1916—1917年国会制宪时试图将孔教立为国教时的争议中，体现于陈（独秀）杜（亚泉）之争、林（纾）蔡（元培）之争、新文化派与“学衡”派之争中，也体现于对孔教的核心——三纲中的“父为子纲”“夫为妻纲”的系列讨论中。注意到这一点，新文化派反孔非儒言论的分层性、阶段性、复杂性也就呈现在了我们面前。

1916—1917年国会制宪时，正反双方争议的核心问题在于是否将孔教立为国教并写入宪法。这是民初继1913—1914年来的第二次国教运动。此时持批评意见的中坚舆论力量，是第2卷第1号至第3卷第6号的《新青年》（1916年9月—1917年8月）以及1917年1—2月的《甲寅》日刊，而此期批判最力的新文化派中人，是陈独秀、吴虞与李大钊。陈独秀认为一旦尊孔教为国教，就侵害了思想自由；宪法以国家之力强迫人们信孔教而非政教分离，剥夺了信教自由；独尊孔氏，会造成学术思想的专制；从根本上说，民国精神建立于人人平等的基础上，与别尊卑明贵贱的孔子之道根本相反，故而欲适应现世的生存，必须对不适应于当时社会的孔子之道根本排斥。李大钊从进化论观念出发，认为几千年前的孔子已不能对今日的社会问题作答，而且，由于孔子已因历代君主的利用而变身为保护君主政治之偶像，成为历代帝王专制的护符，故而，在经济基础已根本动摇的当时，宪法中断断不应有孔子的地位。吴虞的系列文章，从孝、家族制度与专制、复辟之关系角度立论，而且多引其擅长的法律经典，具有独特的价值。其反孔非儒的立足点，依然是孔教的专制主义不适合共和国体，其反孔非儒的思想武器，则来自中国传统文化经典和西方法律经典。这种论述理路和陈独秀的存在较大差异，从而成为陈独秀关于孔教与国教、孔教与宪法、孔教与复辟等方面的论辩的学理性补充。

洪宪帝制闹剧和张、康复辟，促成《新青年》日益将焦点聚于反孔非儒上，而文学革命于1917年的发生与发展，又与反孔非儒的深入相得益彰。反孔非儒与文学革命，日渐成了《新青年》的两个标志，当然，也成了反对派眼中新文化派的两大罪证。由此，东西文化问题、新旧思潮问题的讨论日渐激烈。陈杜之争、林蔡之争、“新文化派”与“学衡”派之争这几次著名的死战，都是这个论域中的重要议题。新文化派尤其是陈独秀、蔡元培、胡适、鲁迅等人此期的书信、论文、杂文、小说，都是与各式反对者们对话的重要载体。反孔非儒思想，在这一时期得到了更深入的分析与传播。

简单地说，陈杜之争关涉中西文化问题，林蔡之争关涉新旧思潮问题，新文化派与“学衡”派之争关涉何谓“新文化”问题，均是关系新文化—新文学运动存在合法性的非常重要的几次交锋。通过这几次交锋，“打孔家店”不仅在思想领域，而且在文学领域内引发了震动，新文化派的反孔非儒观点也时有体现。

在这期间及之后，在《新青年》影响下长成的一批男女新青年，用他们的行动、演讲以及小说、杂文等文学作品，对反孔非儒的核心——反对父权、夫权，进行了最为生动的诠释与演绎。比如从浙江一师的《非孝》事件、北京女高师的李超之死、冯沅君的小说创作中，可以考察到父与子之间、兄与妹之间、母与女之间伦理关系的内在紧张；从《终身大事》《伤逝》的创作与发表前后的种种复杂遭遇、赵五贞自杀事件的意义建构、爱情定则大讨论、新性道德讨论以及关于《沉沦》《蕙的风》的争论中，可以看出这一时期婚姻与爱情观念的变化，及新观念在“新青年”中生根的艰难。①

可以说，“五四”新文化先驱们的反孔非儒，是对戊戌至辛亥的先进知识分子对中国政治与文化建设的反思与批判的承继与超越，是立足于他们当时的政治、文化语境而试图寻求解决之道时做出的理性选择。

那么，当年的其他新文化派到底反的什么孔子、非的什么儒家？这个问题与考察郭沫若“尊孔崇儒”的独特所指一样重要。

细查其他新文化派的言论可见，他们并未尽数否定历史上真实的孔子与孔教。李大钊曾说：“孔子于其生存时代之社会，确足为其社会之中枢，确足为其时代之圣

---

① 《“打倒孔家店”研究》，人民出版社2014年版。

哲，其说亦确足以代表其社会其时代之道德”[①]，吴虞则“不佞常谓孔子自是当时伟人”[②]，而陈独秀“非谓孔教一无可取”[③]。他们“掊击孔子，非掊击孔子之本身，乃掊击孔子为历代君主所雕塑之权威也；非掊击孔子，乃掊击专制政治之灵魂也”[④]。而对于孔教，他们是将其作为思想文化之一种，试图加以研究：“吾人……取二十世纪之学说思想文化，对于数千年前之孔教，施之比较批评，以求真理之发现，学术之扩张……”[⑤]。另外，从前文的梳理可知，陈独秀、李大钊与吴虞在1916—1917年间的反孔非儒，是针对当时尊孔复辟的逆流而发。他们反对将孔教写入宪法的背后，是反对重建孔教的思想专制地位，反对以孔子为幌子来重建帝制。因而他们此期反对的，是当时尊孔派、孔教派高举的被化装、改造后成为招牌的孔子与孔教；他们此期坚持的，是平视孔子与孔教，意在为重评孔子、孔教的历史地位奠基。他们的非儒，是基于现代社会存在合法性的非儒。且“……重点放在破坏礼法，破坏旧伦理，破坏旧习俗，批判的层次始终停留在物质层面和制度层面，对儒家的理论层面，如仁、义、心、性等问题则几乎没有涉及……反对的是礼教，不是儒学……”[⑥]。这种“非儒”的客观效果，正是在抹去历代注疏家不断涂抹于儒家身上的各色油彩，在为研究儒家本身奠基。

综上可见，无论是从其他新文化先驱的主观意图、客观情势还是从其实际反叛的过程来看，他们都并无“打倒孔家店”之“实”，都并非在对中国传统文化发展历程中的所有儒学形态、历史中的孔子本身进行彻底否定。他们所做的，其实只是在“打孔家店”，在重新估定被歪变了的孔子、儒家，反对被统治者利用以实行思想一统的孔圣人与儒教。在这个意义上，郭沫若“五四”时期的孔子观、儒家文化观，与新文化阵营其他知识分子的孔子观、儒家文化观是互补的，可谓“同归”；他们不同的接近路径，正体现了二者只是“殊途”而已：处于历史拐点上的郭沫若和其他新文化派一样，其实都是在以“重估一切价值”的精神重评孔子与儒家，从而参与了中国文化现代转型的历史建构过程。

（原载《中国现代文学研究丛刊》2016年第4期）

---

① 李大钊：《自然的伦理观与孔子》，《李大钊文集》第一卷，中国李大钊研究会编注，人民出版社1999年版，第249页。

② 吴虞1916年12月3日致信陈独秀时所言，见《新青年》第2卷第5号。

③ 陈独秀答佩剑青年信，见《新青年》第3卷第1号通信栏。

④ 李大钊：《自然的伦理观与孔子》，《李大钊文集》第一卷，中国李大钊研究会编注，人民出版社1999年版，第249页。

⑤ 陈独秀答佩剑青年信，见《新青年》第3卷第1号通信栏。

⑥ 欧阳军喜：《五四新文化运动与儒学》，陕西人民出版社2001年版，第26页。

论郭沫若“五四”时期的暴力思想与表现

黎保荣

一 暴力思想的精神资源

学界大多注重郭沫若20世纪三四十年代的暴力启蒙革命激情，但或多或少忽略了郭沫若“五四”时期的暴力思想与表现。而探究其崇尚暴力的原因，则不能不追溯其日本的精神资源。

与1881年出生的鲁迅一样，1892年出生的郭沫若同样经历了晚清的日式教育与青年时的留日生涯。他幼年时就受“富国强兵”思潮影响，“那时候讲富国强兵，就等于现在说打倒帝国主义一样。我当时记起了我们沙湾蒙学堂门口的门联也是‘储材兴学、富国强兵’八个字。”①“二三十年前的青少年差不多每个人都可以说是国家主义者。那时的口号是‘富国强兵’。”② 然而郭沫若不仅受“富国强兵”这种日式风气影响，还受到日本教师以及留日学人的思想熏陶。就教师影响来说，在辛亥革命以前学校里的教习大多是日本人③，他的小学老师也是日本留学生，曾教郭沫若他们“体操”，“许多日本式的舞蹈的步法”，以及革命、爱国歌曲④。另外，郭沫若在少年时就与留日学人结下不解之缘：幼年时，他就耽读从日本传回的留日学生书刊，如《新小说》《浙江潮》《经国美谈》等，并像晚清的留日学生一样喜欢拿破仑、毕士麦（俾斯麦）的传记，崇拜到极点，遂自称东方毕士麦⑤。他崇拜梁启超，认为梁启超著的《意大利建国三杰》，译的《经国美谈》，以轻灵的笔调描写亡命志士、建国英雄，令人心醉，遂于崇拜拿破仑、毕士麦之余崇拜加富尔、加里波蒂和玛志尼；他甚至认为梁启超是革命家的代表，而且“二十年前的青少年——换句话说：就是当时的有产阶级的子弟——无论是赞成或反对，可以说没有一个没有受过他的思想和文字的洗礼的。”⑥ 郭沫若的这番自白表明：一、他在少年时受留日学人“尚武”思想

---

① 郭沫若：《郭沫若全集·文学编》第11卷，人民文学出版社1992年版，第50页。

② 郭沫若：《郭沫若全集·文学编》第12卷，人民文学出版社1992年版，第65页。

③ 郭沫若：《郭沫若全集·文学编》第11卷，人民文学出版社1992年版，第332页。

④ 同上书，第72页。

⑤ 同上书，第43页。

⑥ 同上书，第121页。

影响（归根究底就是受日本“尚武”文化影响），崇尚英雄、武力、革命；二、他对革命推崇备至，因而把梁启超尊为革命家的代表，也因此虽然对“章太炎的文章我实在看不懂，不过我们很崇拜他，因为他是革命家的原故”[①]，更有甚者，革命排满成为“当时青年脑中的最有力的中心思想。凡是主张这种思想的人，凡是这种思想的实行家，都是我们青年人崇拜的对象。我们崇拜十九岁在上海入西牢而庾死的邹容，我们崇拜徐锡麟、秋瑾，我们崇拜温生材，我们崇拜黄花岗的七十二烈士。一切生存着的当时有名的革命党人不用说，就是不甚轰烈的马君武，有一时传说要到成都来主办工业学校，那可是怎样地激起了我们的一种不可言状的憧憬！”“我们时常在幻想，不知道怎样才可以遇到一位革命党人。”[②] 这种对“革命”的憧憬与推崇可谓到了无以复加的地步，并直接影响了郭沫若日后创作的暴力倾向。

除了浸淫于晚清国内的日式教育与风气之外，郭沫若还于成年后留学日本，居留日本，直接领略日本的“尚武”文化。从时间上计算，郭沫若1914年1月至1923年4月留学日本，1924年4月初至11月中旬再返日本，居留达7个月，另外1928年2月24日至1937年7月下旬近十年的时间也在日本居住。换言之，郭沫若从22岁至45岁这二十四年时间里，就有二十年在日本，所以将他视为日本人也不为过，从此亦可见其必深受日本“尚武”文化的熏染。其一，他留学日本时，惊叹于日本将“尚武”教育融入日常生活中：日本国内无论神祠、佛寺、学校、官衙，大抵都陈列着日俄战争时的战利品（大炮），“一方面以夸耀他们的武力，同时并唤起国民的军国主义的观感”[③]。正是这样的“尚武”情绪，使郭沫若留日不久就“决心把这个倾向（文学倾向）克服”[④]；也使他加强了“民族意识”，认为“看见自己的同胞在异种的皮鞭之下呻吟着，除非是那些异族的走狗，谁也不能够再闭着眼睛做梦”[⑤]，并写下“问谁牧马侵长塞，我欲屠蛟上大堤。……男儿投笔寻常事，归作沙场一片泥”[⑥] 这样慷慨激昂的“尚武”诗句。其二，留学日本时，郑伯奇就曾将他引荐给厨川白村，他虽然以怕见名士为由谢绝[⑦]，但却没有拒绝厨川白村的文艺思想，并于1922年8月的《论国内的评坛及我对于创作上的态度》和1923年6月的《暗无天日之世界》中宣称自己信奉文艺或文学是“苦闷的象征”（这一文艺思想其实是“苦闷的象征”与“力的象征”的融合），所以郭沫若五四时期就以粗暴有力的诗歌振聋发聩，在一定程度上与文艺是“苦闷的象征”思想及其根源日本的“尚武”文化关系颇密。

---

① 郭沫若：《郭沫若全集·文学编》第11卷，人民文学出版社1992年版，第120页。
② 同上书，第203、204页。
③ 郭沫若：《郭沫若全集·文学编》第12卷，人民文学出版社1992年版，第45页。
④ 同上书，第65页。
⑤ 同上书，第89页。
⑥ 同上书，第41页。
⑦ 同上书，第110页。

正因日本的精神资源作用，郭沫若才会在《桌子的跳舞》一文中不无自豪地声称："中国文坛大半是日本留学生建筑成的。创造社的主要作家是日本留学生，语丝派的也是一样。此外有些从欧美回来的彗星和国内奋起的新人，他们的努力和他们的建树，总还没有前两派的势力浩大，而且多是受了前两派的影响。就因为这样，中国的新文艺是深受了日本的洗礼的。"① 实际上郭沫若这段话，并没有什么自我炫耀的夸张之意，而是旨在揭示新文学的历史源流。

二 暴力表现与力感崇尚

如果说鲁迅的纯文学作品小说中以否定统治阶级的暴力（如《药》《头发的故事》《孤独者》《阿Q正传》等）把"启蒙"推向绝境为主要倾向，并在杂文中直接倡导暴力抗争暴力革命的话，那么郭沫若的纯文学作品（诗歌、小说、戏剧）则将其兼容并包，以一种火山爆发式的"暴力"情绪贯穿其中。

郭沫若五四时期的作品气势磅礴，充斥着一种豪放、粗暴的"力感"。沈从文在《论郭沫若》中就指出郭沫若的"情绪是热的，是动的，是反抗的"，他不缺少"刚劲的美。不缺少力"② 诚为精辟之论。这种"力感"表现为如下方面。

（一）崇尚强力

早在1919年，郭沫若就在《立在地球边上放号》唱过"力的赞歌"：

无数的白云正在空中怒涌，
啊啊！好幅壮丽的北冰洋的情景哟！
无限的太平洋提起他全身的力量来要把地球推倒。
啊啊！我眼前来了的滚滚的洪涛哟！
啊啊！不断的毁坏，不断的创造，不断的努力哟！
啊啊！力哟！力哟！
力的绘画，力的舞蹈，力的音乐，力的诗歌，力的律吕哟！

诗歌从自然的力（体积的"无数'"无限"，动态的"怒涌""推倒""滚滚"，"力量"的"壮丽"）引向雄强奔放的力的崇拜。

与此诗相似的《我是个偶像崇拜者》，"我"不仅崇拜太阳、山岳、海洋、水、火、火山、伟大的江河等自然之力，还崇拜人工之力造就的苏伊士运河、巴拿马运

① 郭沫若：《郭沫若全集·文学编》第16卷，人民文学出版社1989年版，第53、54页。
② 沈从文：《沈从文全集》第16卷，北岳文艺出版社2002年版，第155页。

河、万里长城、金字塔，更“崇拜创造的精神，崇拜力，崇拜血”，“崇拜炸弹，崇拜悲哀，崇拜破坏’，“崇拜我”，即崇拜一种破坏与创造共生的生命强力（包括暴力），在排比的语句中传达出一种生命力的自信与精神力的强悍。这种“力”是一种彻底破坏，勇敢开辟的创造力：它要“把地球推倒’，“不断的毁坏，不断的创造’（《立在地球边上放号》）；它“崇拜创造的精神”“崇拜破坏”“崇拜偶像破坏者”（《我是个偶像崇拜者》）；它呐喊着要让“一切的偶像都在我面前毁破！破！破！破！”（《梅花树下的醉歌》）它高声宣布“破了的天体”“我们尽他破坏不用再补他了！待我们新造的太阳出来，要照彻天内的世界，天外的世界”（《女神之再生》）；它欢声雷动：“死了的光明更生了”，“死了的宇宙更生了”，“死了的凤凰更生了”，“一切的一，更生了”，“一的一切，更生了”（《凤凰涅槃》）。这种“力”也是一种爆发的、狂飙突进的动力、热力：“我飞奔，我狂叫，我燃烧。我如烈火一样地燃烧！我如大海一样地狂叫！我如电气一样的飞跑！我飞跑，我飞跑，我飞跑，……我在我神经上飞跑，我在我脊髓上飞跑，我在我脑筋上飞跑。我便是我呀！我的我要爆了！”（《天狗》）

又如诗歌《凤凰涅槃》中燃烧的是雄浑的强力、自由的动力和个性的热力，配合着排比、反复的修辞，简短有力的句式，阔大壮美的意象，整饬有致的韵脚，造成一种奔泻千里、一往无前、火山喷发式的气势，更由这气势表现了“力”的雄豪狂猛、勇健刚毅，这在结尾连续十五节的“我们……呀”（以及《天狗》一系列的“飞跑”）中便体现得淋漓尽致。

但是必须注意到，郭沫若崇尚强力，并不等于崇尚强权。“强力”是对生命力的张扬，对自我的确信，对自由、创造、激情的追求，而“强权”则是滥用权力、武力压迫民众、禁锢自由，滥杀无辜。像鲁迅一样，郭沫若否定统治者的暴力，抵制暴政，反抗强权。如1920年9月创作的诗剧《棠棣之花》抵制“战争不熄……今日合纵，明日连衡，今日征燕，明日伐楚，争城者杀人盈城，争地者杀人盈野”的惨况，并让女主角聂嫈的歌词带着“男性的音调”，让她“自恨身非男子”，满含暴力情绪和救世情怀“不愿久偷生，但愿轰烈死。愿将一己命，救彼苍生起！”“依欲均贫富，依欲茹强权，愿为施瘟使，除彼害群遍！”“我望你鲜红的血液，迸发自由之花，开遍中华！”几年后的《聂嫈》也沿袭了这一暴力模式，它抵制强权者的罪恶是“我们找出来的钱成为他们的钱，甚至我们的性命身体都成了他们的，他们要我们生我们才能生，要我们死我们便不能不死。我们又因为有了他们才发生了许多战事……打来打去，不管打胜了也好，打败了也好，享福的终是他们，受罪的是我们百姓。”“我们的血汗成了他们的钱财，我们的生命成了他们的玩具。”① 并且号召诛杀强权者：“要杀他们的只是他们不该做王做宰相。只要是王是宰相，无论是哪一国的，无论是哪一

① 郭沫若：《郭沫若全集·文学编》第6卷，人民文学出版社1986年版，第116、131页。

种人，他都要杀的。”“大家提着枪矛回头去杀各人的王和宰相，把他们杀干净了，天地间没有一个王，没有一个宰相的时候，然后才得太平呢。”① 而《孤竹君之二子》（1922 年）也对强权者抱着极端的警惕和痛恨之心，诗中的渔父认为，“我不相信如今有爵位的人真会爱我们如像我们爱我们的儿子。我想那些都是假的。他们不过是披着人皮的鳄鱼，他们不过想利用我们的生命去巩固他们的爵位罢了。即使他们能够把那些吃人的魔鬼除去，也不过另外换一批鳄鱼来，我们依然要被他们吃。”警惕与痛恨之后是反抗：“我们绝对不逃走，不去依赖鳄鱼。我们在部落里大家相辅相卫，等有吃人的魔鬼来，我们便和他决一死战。”②《女神之再生》也将争霸争王的统治者共工、颛顼们斥为“武夫蛮伯”“两条斗狗”，祈愿“万千金箭射天狼”，给统治者敲起的“葬钟在响”。一句话：以暴止暴，以血还血。

如果说鲁迅在革命风起云涌的晚清留学日本，接受日本的“尚武”文化，使他五四时期的小说创作自始至终都对“启蒙有效”的神话进行解构，那么郭沫若在军阀混战的民国初年留学日本，遭遇日本的“尚武”文化及以“尚武”文化为基础的个人主义思潮，使他崇尚强力，并以个人的强力反抗强权“歌颂流血”，鼓吹“诛锄恶人的思想”，很浓重的带着一种以个人主义为基础的“无政府主义的色彩”③，这也就是日本学者伊藤虎丸在其《鲁迅、创造社与日本文学》中将留日时的鲁迅称为“政治青年”，而将留学时的郭沫若称为“文学青年”的原因。所以同受日本“尚武”文化浸染，同样否定统治者的暴力却有如此差异。

（二）暴力革命

以上的“崇拜血”“崇拜炸弹”“崇拜破坏”“崇拜力”（《我是个偶像崇拜者》），愿以“鲜红的血液”获得“轰烈死”（《棠棣之花》），以及“杀干净”的欲望（《聂嫈》），说到底都是一种暴力情绪的宣泄。这种情绪发展下去便是推崇暴力的思想，换言之，是将暴力情绪集中、凝定、铸炼。如从《匪徒颂》（1919 年）到《巨炮之教训》（1920 年）便是这种主张暴力思想的体现与演化。

在《匪徒颂》中，无论是政治革命的“匪徒”克伦威尔、华盛顿、黎赛尔，还是社会革命的“匪徒”列宁，都被郭沫若三呼“万岁”，可谓尊崇到登峰造极的地步，其对暴力的推崇亦不言而喻。即便是宗教革命、学说革命、文艺革命、教育革命的“匪徒”们与直接暴力不相关，但郭沫若力力生风的诗句本身给人一种“力感”，再加上“匪徒颂”这样骇人听闻的题目，至少营造了一种“语言暴力”的氛围。

到了《巨炮之教训》，则无论“匪徒”也好，“巨炮之教训”也好，从“形象”

① 郭沫若：《郭沫若全集·文学编》第 6 卷，人民文学出版社 1986 年版，第 116 页。
② 郭沫若：《郭沫若全集·文学编》第 1 卷，人民文学出版社 1982 年版，第 223 页。
③ 郭沫若：《郭沫若全集·文学编》第 12 卷，人民文学出版社 1992 年版，第 147 页。

到“思想”都在昭示着“暴力”。十分有趣的是，巨炮是日俄战争时日本的战利品：“博多湾的海岸上，十里松原的林边，有两尊俄罗斯的巨炮，幽囚在这里已有十余年”，炮作为展览品，已失去了炮之为炮的作用。紧接着，作者让俄罗斯的两大伟人进行“巨炮之教训”的宣扬，托尔斯泰“主张克己，无抗的信条”，并斥责日本“这岛邦的国民，他们的眼见未免太小！他们只知道译读我的糟糠，不知道率循我的大道。他们就好像群猩猩，只好学着人的声音叫叫！他们就好像一群疯了的狗儿，垂着涎，张着嘴，到处逢人乱咬！”而这种好战尚武却正是日本文化的表现，是与托尔斯泰的“无抵抗、非暴力”思想相对的，这里以“正话反说”的方式彰显日本的“尚武”文化。诗歌结尾，一反托尔斯泰的思想，让列宁的暴力革命战斗呐喊“把我从梦中惊醒”，即从“非暴力”的梦中惊醒，而且这种呐喊如同“霹雳”，表明震撼力之大。换言之“巨炮之教训”归根结底还是崇尚暴力，这就难怪郭沫若把巨炮称为“幽囚着的朋友”，让这个“朋友”脱离“幽囚”状态，其实就是让大炮发挥大炮的作用——战斗、暴力。巨炮本用来唤起日本国民的军国主义观感，没想到也唤起了留日学生郭沫若的“尚武”情怀。正如日本学者伊藤虎丸所言，留日作家“从十几岁到二十几岁的最富于感受的时期，他们在日本，给了他们甚至深入到日常生活的感觉以深刻的影响”①，所以他们不受日本尚武文化感染几乎是不可能的。但很明显，与以上“反抗强权”的个人色彩不同，这两首诗所流露的“暴力革命”思想的集团、理性、理论色彩更浓，是个人“反抗强权”思想的升华与突破。

正如郭沫若自述《女神》的序诗上虽说自己是无产阶级者、共产主义者，但实际上连无产阶级和共产主义的概念都没认识明白，只是文字上的游戏②一样，郭沫若一开始的“暴力革命”思想并不是“阶级论”的，毋宁说是“人道论”或“社会论”的暴力革命。如《孤军行》（1922 年 8 月作，1928 年编入《前茅》时，改题《前进曲》）虽说与 1928 年改写版同样“暴力”，但却没有那么“进步”，其时的革命者只是“男儿”而非 1928 年版的“工农”，“愁城”也始终是“愁城”，而没有 1928 年版那样的“使新的世界诞生”，当时第二节是“点起赤城的炬火！鸣起正义的金钲！张起人道的大纛！撑起真理的戈铤！”一片思想启蒙人道主义的色彩，并不如 1928 年版的“点起我们的火炬！鸣起我们的金钲，举起我们的铁槌，撑起我们的红旗”那样张扬“我们”的阶级集团力量，高举“铁槌”“红旗”这种阶级色彩浓厚的阶级武器。这一种情况在 1928 年改写版的《匪徒颂》与《巨炮之教训》也一样存在。如《匪徒颂》的第二节不再是“罗素”“歌栋”在宣讲学说，而是“鼓动阶级斗争的谬论，饿不死的马克思呀！不能克绍箕裘，甘心附逆的恩格斯呀！亘古的大盗，实行共产主义的列宁”等人在高声呐喊。又如《巨炮之教训》也不再是当初的

① 伊藤虎丸：《鲁迅、创造社与日本文学》，北京大学出版社 1995 年版，第 190 页。

② 郭沫若：《郭沫若全集 · 文学编》第 12 卷，人民文学出版社 1992 年版，第 147 页。

为“自由”“人道’“正义”而战，一变而为“为阶级消灭而战”“为民族解放而战”“为社会改造而战!”虽然这些诗原稿的“阶级”色彩不浓厚，但“暴力”思想却毫不比改写稿逊色。就拿《孤军行》来说，且不说“炬火”“金钲”“戈铤”“镰刀”“戈矛”等武器、“孤军’“行军”等军势，单说诗中对“魔群”的态度就够粗暴“驱除尽那些魔群，把人们救出苦境”“向着那魔群猛进”，总之要把“魔群”一网打尽。1922 年 11 月写作的《黄河与扬子江对话》对“毒杀人民”“争食人肉分赃不平”的“毒菌”们十分愤慨，号召“对于恶魔的义战”，唤醒人们要如北美独立战争、法兰西革命、俄罗斯无产专政一样“直接行动”“把一切的陈根旧蒂和盘推翻”，并且大声疾呼“杀！杀！杀!”“醒！醒！醒!”

这些诗句“暴力”是够“暴力”了，但仍然是“人道论”或“社会论”的暴力革命，并非“阶级论”的暴力革命，诗人期待的不是“无产阶级革命”而是“中华民族大革命”，目的也不是“无产阶级专政”，而是“人权恢复”“人类解放”。

但是，深入一步思考，郭沫若当时讴歌的虽非明显的“阶级论”暴力革命，但也表现出一种模糊的阶级意识，正因为这种模糊的阶级意识，“诗人敏锐地感受到新的革命高潮逼近的时代气息”，而导致《前茅》“诗风的转变”[①]。“我有血总要流，有火总要喷”[②] 的郭沫若正是凭借着这种模糊的阶级意识，首先想到“怆痛是无用，多言也是无用”，而号召“到兵间去”“到民间去”(《朋友们怆聚在囚牢里》1923 年 5 月 27 日)，甚至告别“低回的情趣”“虚无的幻美”“否定的精神”，亦即告别或轻视文学的启蒙，而主张“拿着剑刀一柄”实行暴力（《力的追求者》1923 年 5 月 27 日)。而在《励失业的友人》（1923 年 5 月）中，郭沫若将矛头直指“资本主义制度”“资本家”所造就的“万恶的魔宫”，并要和朋友一起“从今后振作精神誓把这万恶的魔宫打坏!”当然这种“资本主义”批判是模糊的，只是一种愤慨的体现，诗人“愿意有一把刀”割断富人的“头脑”和“根苗”，让“富儿们的园里”不再充满“歌笑”(《歌笑在富儿们的园里》)；也希望在贫富悬殊、“劳苦人的血汗与生命”遭受践踏的“静安寺的马路中央，终会有炽烈的火山爆喷”（《上海的清晨》)。这种模糊的阶级意识更多是“劫富济贫”“仇富”心态的流露，而非一种成熟的革命思想与理论形态。

1924 年，五四文化高潮退落[③]，那一年，鲁迅开始创作《彷徨》《野草》。郭沫若也被时代的苦闷气息所笼罩，相信“文艺是苦闷的象征”，那一年他写出了小说《三诗人之死》，以物喻人。无论被吃、伤病还是失踪，“诗人”都面临“死”的命运，“诗人”已死，又何来“诗美”？也正是那一年，郭沫若创作了小说《漂流三部

① 钱理群等:《中国现代文学三十年（修订本)》，北京大学出版社 1998 年版，第 109—110 页。
② 郭沫若:《郭沫若全集·文学编》第 1 卷，人民文学出版社 1982 年版，第 22 页。
③ 曹聚仁:《鲁迅评传》，东方出版中心 1999 年版。王统照在《春花·自序》也持相似说法。

曲》，将“苦闷”抒写得淋漓尽致：主人公爱牟深感文学无用，“文学不值一钱”，“文艺是镀金的套狗圈”，医学也无用，能够杀得死寄生虫、微生物，但不能“把培养这些东西的社会制度”灭掉，于是他想自杀，“暴尸在上海市上，血流了出来，肠爆了出来，眼睛突露了出来，脑浆迸裂了出来，这倒痛快”，想与妻子“把三个儿子杀死，然后紧紧抱着跳进博多湾里去”自杀，“把弥天的悲痛同消”；也极端愿去从军，“可以痛痛快快地打死一些人，然后被一个流弹打死。”无论是自杀也罢，杀人也罢，郭沫若连“苦闷”也如此充满“暴力”，是“苦闷”与“力”的一体化。正是出于同一原因，1924 年 4 月初郭沫若开始翻译日本学者河上肇的《社会组织与社会革命》宣扬政治革命，并得到原作者河上肇的赞成与支持[①]，思想也发生极大转变：“我从前只是茫然地对于个人资本主义怀着憎恨，对于社会革命怀着信心，如今更得着理性的背光，而不是一味的感情作用了。”[②] 换言之，郭沫若的“暴力革命”思想理性化与理论化了，不再是早期的模糊与散漫。他坚决认为“现在不是当学究的时候’，“我把我昨日的思想也完全行了葬礼了”，并且主张“我们的一切行动的背境除以实现社会主义为目的外一切都是过去的，文学也是这样，今日的文学乃至明日的文学是社会主义倾向的文学，是无产者呼号的文学，是助成阶级斗争的气势的文学，除此而外一切都是过去的、昨日的”[③]。应该说，这比以上的《力的追求者》告别文学的启蒙（“低回的情趣”“虚无的幻美”“否定的精神”）以及《歌笑在富儿们的园里》对自然的赞美要“一笔勾销”在阶级观念上更为明晰、更为有力。但是社会的发展不依人的意志为转移，社会的苦闷与自我的苦闷依然继续，虽然翻译完《社会组织与社会革命》其思想有所转变，但不变的苦闷让他几个月后觉得“行路难”，“完全失望’“索性从崖头跳到破船上去随着他们自尽”（小说《行路难》1924 年 10 月 15 日），觉得中国人是“堕落了的中国人”，中国是“颓废了的中国”，汹涌着“无限的罪恶，无限的病毒，无限的奇丑，无限的耻辱”，甚至怀念“美好过的我们的古人”“那种消逝的美好”，深深痛恨“丑恶的榴弹，一个个打碎我们的神经，我们后人已经成了混坑中的粪酱”这样一种令人绝望的状况（小说《湖心亭》1925 年 2 月 1 日）。总之，感到“共通的一种烦闷，一种倦怠”，“我们内部的要求与外部的条件不能一致，我们失却了路标”[④]，暴力革命思想仅止于思想，得不到社会的肯定、实践与印证。

这种进退维谷的状况一直持续到 1926 年才发生较大改变。1926 年鲁迅出版了《彷徨》，结束了《野草》的写作，这意味着“苦闷”的变化，也意味着苦闷之后或苦闷之顶向“力”的转变。1926 年前后，无论是“为人生”的鲁迅、茅盾，还是

① 郭沫若：《郭沫若全集·文学编》第 12 卷，人民文学出版社 1992 年版，第 206 页。
② 同上书，第 205 页。
③ 王锦厚等编：《郭沫若佚文集》（上册），四川大学出版社 1988 年版，第 127 页。
④ 郭沫若：《郭沫若全集·文学编》第 16 卷，人民文学出版社 1989 年版，第 9 页。

“为艺术”的郭沫若、郁达夫，都自觉倾向于暴力革命、暴力启蒙，这已经成为一种不可阻挡的趋势。的确，1926 年前后，郭沫若的“暴力革命”思想并不像五四退潮的 1924 年一样苦闷，相反，更坚定明确，持续时间也更长，超越“苦闷”而向“力”挺进。因为那时“我们的要求已经和世界的要求是一致”，“我们努力着向前猛进”①，而不再是“失却了路标”。

郭沫若此时实行“两手抓”，一手抓“革命文学”，一手抓“革命”。在论及“革命文学”时，郭沫若表现出一种极强烈的“排他性”、绝对性，或曰语言暴力。他认为文学包括“革命的文学”和“反革命的文学”两个范畴，“真正的文学是只有革命文学的一种”“革命时代的希求革命的感情是最强烈最普遍的一种团体感情”，因此要反对个人主义、自由主义、浪漫精神、天才崇拜，并号召作家“你们要把文艺的主潮认定！你们应该到兵间去，民间去，工厂间去，革命的漩涡中去，你们要晓得我们所要求的文学是表同情于无产阶级的社会主义的写实主义的文学”。②。1926 年，自称成了“马克思主义的信徒”的郭沫若发表了《孤鸿》，坚决表示要把“从前深带个人主义色彩的想念全盘改变”，希望自己的诗“早些死灭”，并扩而大之，认为“昨日的文艺是不自觉的得占生活的优先权的贵族们的消闲品，如像太戈儿的诗，托尔斯泰的小说，不怕他们就在讲仁说爱，我觉得他们只好像在布施饿鬼”，而主张“今日的文艺”即“革命的文艺’，“是我们现在走在革命途上的文艺，是我们被压迫者的称号，是生命穷促的喊叫，是斗士的咒文，是革命豫期的欢喜”，如果不能促进社会革命的文艺则不是“今日的文艺”甚至不配“文艺的称号”③。这种把文学扫荡得只剩“革命文学”的态度，以及呼吁作家去“呼号”作“斗士”的姿态，在一定程度上已经将“语言暴力”与“直接暴力”联系到一起，而将二者融合得较好的是 1926 年 3 月的《文艺家的觉悟》，它大声的疾呼“文艺每每成为革命的先驱”，作家要主张个性与自由“那请你先把阻碍你的个性、阻碍你的自由的人打倒。……牺牲了自己的个性和自由去为大众人的个性和自由请命”，“这样的世界只能由我们的血，由我们的力，去努力战斗而成实有”④。

在抓“革命文学”的同时，郭沫若另一手抓的“革命”可谓“暴力”十足：“要解决人类的痛苦，那不是姑息的手段可以成功，……只好彻底的革命，把支配阶级的政权夺过手来，彻底的打倒一切压迫阶级”，要施行政治斗争“用武力来从事解决”⑤。“现在不是空谈的时候，现在是实行的时候了”，对反革命的人、反革命的言

① 《文学运动史料选》第一册，上海教育出版社 1979 年版，第 446 页。
② 同上。
③ 郭沫若：《郭沫若全集 · 文学编》第 16 卷，人民文学出版社 1989 年版，第 8—20 页。
④ 同上书。第 25—31 页。
⑤ 王锦厚等编：《郭沫若佚文集》（上册），四川大学出版社 1988 年版，第 165 页。

行“人人得而诛之”①，“我觉得中国的现状无论如何非打破不可，要打破现状就要采取积极的流血手段。要主张流血，那先决的条件便是武力问题”②。甚至认为“过激的暴徒才是极其仁慈的救世主”，主张“扫除来得剧烈，其趋势是要把烟囱乃至炉灶本身都爆破”的极具毁灭性的“革命的爆发”③。这种“暴力革命”思想在其1927年的小说《一只手》中体现无遗。小说虚构了一个叫尼尔更达的海岛上都市工人暴动的故事，其中不仅表达了无产阶级的暴动是有产阶级的“泻药”，无产阶级革命是有产阶级的“灌肠手术”这种暴力革命的理念，还宣泄了一种暴力崇拜与暴力迷恋的狂热情绪：让几千百年被压抑的“无产阶级的怒火”尽情迸发，让“有钱人的天国完全变成了地狱’，“跑得慢的被火烧死，或者被摧折了的屋顶压死，跑得快的有的从窗口上跳出来，不是跌破了脑浆，便是折断了手脚，无数的丑恶的死尸活尸，横陈在快要沸腾的水里，那些裸体兽的跳舞哟！”

三 小结

无论是崇尚强力，还是崇尚暴力革命，郭沫若的“暴力”思想都与日本“尚武”文化存在着千丝万缕的关联，因为留日作家“从十几岁到二十几岁的最富于感受的时期，他们在日本，给了他们甚至深入到日常生活的感觉以深刻影响”④，就郭沫若本人而言，从1914年到1927年就有近十一年时间留学（居留）日本，在一定程度上说，日本“尚武”文化对其熏陶可谓是深入骨髓的，至少是难以磨灭的。日本固有的以及吸收（因而日本化）的“尚武”文化，使得留学（留居）日本多年的郭沫若的作品充满“力感”，即使1924年至1925年略有“苦闷”，但仍“力感”不绝，所以综观郭沫若的作品，力力生风、力力不断是其显著特色，而以“力感”满盈的作品宣示暴力抗争、暴力革命则更是其主导风格。

综上所述，以郭沫若为首的五四新文学作家或多或少都具有东洋文化背景，其暴力叙事与日本“尚武”文化的关系可谓“剪不断，理还乱”。这种关系除了直接影响外，主要是广义的、整体的、潜移默化的影响。鉴于晚清留日学人的思想影响力、晚清的日式教育及风气、五四作家群体的留日经历，日本的“尚武”文化至少对晚清与“五四”一代作家产生较大影响。留日作家如郭沫若等接受其影响的自不必说，没留日的作家如鲁彦等也受到五四文学先驱者如鲁迅等留日作家的熏陶，这从彼此作品的精神与文本的相似性上就可以推断，更不用说直接的影响材料了。温儒敏在谈及现代文学传统对当代的影响时认为“这种联系千丝万缕，但真的要找到影响的‘桥

---

① 王锦厚等编：《郭沫若佚文集》（上册），四川大学出版社1988年版，第172页。

② 郭沫若：《郭沫若全集·文学编》第12卷，人民文学出版社1992年版，第147页。

③ 同上书，第191—205页。

④ 伊藤虎丸：《鲁迅、创造社与日本文学》，北京大学出版社1995年版，第190页。

梁'又比较困难，……一种传统是很难在文本的细节中去寻找的，大多数情形下，那只能是一种精神，一种'幽灵化'的神气"，只能在"精神"上和"文本的相似性"上搜寻其影响之所在[①]，注重的就是传统的潜移默化的影响。而日本的"尚武"文化从甲午战争前后一直到民国初年约有二十年时间，俨然成为小传统，它以高强度的声音警醒、引导国人，至少对青少年时代就留学日本的作家产生不可磨灭的影响，对接受晚清日式教育风气的未留日作家也有着或多或少的影响。在这种意义上可以判断，郭沫若等五四作家的"暴力叙事"与日本"尚武"文化存在着千丝万缕的联系，所以郭沫若才会在《桌子的跳舞》一文中宣称"中国的新文艺是深受了日本的洗礼的"。但是必须承认，五四的"暴力叙事"并非只有日本"尚武"文化这一精神资源，还有中国传统的"侠—士"文化因素（而这却是本质性的），只是二十年来日本"尚武"文化的高强度传播及其认同，使得中国传统的"侠—士"文化声音相对较弱，成为暗涌和潜流，这也是当时的中国国情及中日文化的某种相近性（因而较易接受）使然。换言之，日本"尚武"文化对五四"暴力叙事"的影响虽然不是本质性的，但在声浪上却是高强度的或导向性的；甚至可以说，在晚清和"五四"时期，日本的尚武精神对中国的"侠—士"传统进行了暂时的遮蔽。而要冲破或揭开这种遮蔽，有待于日后强烈的传统气势与时代氛围的合力，也就是说中国的"侠—士"传统从被"遮蔽"走向了"回归"，而这就是20世纪三四十年代的时代主题。

（原载《贵州师范大学学报》2016年第3期）

① 温儒敏：《现代文学传统及其当代阐释》，《中国现代文学研究丛刊》2008年第2期。

郭沫若与“孤军派”

——兼论其对国家主义的批判

周　文

郭沫若与“孤军派”及国家主义派的渊源与裂变，不仅是考察郭沫若政治“转向”问题的一个重要节点，也是20世纪20年代中国知识分子聚散分合的一个缩影。目前，已有研究对他们之间外在的人事关系进行考察，[1] 亦有研究梳理他们论争的具体分歧，[2] 但各有侧重，有些问题尚待进一步明确。如“孤军派”究竟是一个怎样的组织？郭沫若批判的“国家主义”究竟何指？为何他又说“孤军派”的“国家主义”，“说得更切实一点，是国家社会主义”。[3] 等等。如果能够超越人事纠葛，抛弃

---

① 潘世圣：《关于郭沫若与“孤军派”关系的概略考察》，《广西师范学院学报》1986年第1期；陈俐：《郭沫若政治转向过程中的人际关系探微》，《新文学史料》2011年第3期等文。

② 小谷一郎：《郭沫若与二十年代中国的“国家主义”、“孤军派”——论郭沫若“革命文学”论的提倡、广东之行、参加北伐的背景及其意义》，见《左翼文学的时代——日本“中国三十年代文学研究会”论文选》，北京大学出版社2011年版，第215—245页。

③ 郭沫若：《郭沫若全集·文学编》第12卷，人民文学出版社1992年版，第275页。

个别文本偏见，回到当时的历史语境和思想脉络中去，可以发现，彼时的论争对当下的许多思考亦有镜鉴价值。

一 何谓“孤军派”

郭沫若在《创造十年续编》中曾说：“我那时的意趣是集中在政治问题上的，因为在和‘孤军派’、‘醒狮派’的那些国家主义者论争。”① 郭沫若将“孤军派”与“醒狮派”一起视为国家主义派在文学研究界影响至深，似成定论。然而，查阅《哲学大辞典》《近代中国百年史辞典》《中国哲学大辞典》《中国历史辞典》等文献，却只有“醒狮派”被认定为“国家主义派”，其条目下多解释为“即‘国家主义派’”，② 或“参见‘中国青年党’”、③ “见‘国家主义派’”④ 和“见‘中国青年党’”⑤ 等，但在这些辞书中均检索不到“孤军派”或相关条目，“国家主义派”“中国青年党”等条目注解中亦无征引或举证。

对“孤军派”做出明确解释和界定的是《郭沫若全集》：“孤军派，指围绕《孤军》杂志的一批人，其中大多数信仰国家主义，代表人物有陈慎侯、何公敢等。该派后来多数为中国青年党成员。中国青年党，初名中国国家主义青年团，一九二三年由曾琦、李璜等在巴黎发起成立。”⑥ 此外，《简明郭沫若词典》对“孤军派”也注解为：“现代社会政治派别之一。出现并活跃于20世纪20年代，其成员多系留日分子。初期曾信奉改良主义，‘五卅’前后趋于反动，遵奉国家主义思想主张，反对工农革命运动。郭沫若与孤军派的政治见解大相径庭，但因旧友关系曾在《孤军》杂志上发表过《孤军行》即《前进曲》（1922）《哀时古调》（1922）《黄河与扬子江对话》（1922）《我们在赤光中相见》（1927）等诗作。1924年冬应邀参加由孤军社组织的江浙战祸调查，并应允编辑调查报告集。因孤军社邀请曾琦写序，不仅对报告集编辑工作采取无限拖延的态度，而且连自己执笔的报告《到宜兴去》也未完成。‘五卅’后郭沫若作《穷汉的穷谈》《共产与共管》《新国家的创造》《社会革命的时机》等文，与孤军派的林骙（化名‘灵光’）等人展开激烈论战，批判其主张中国应该仿效日本和土耳其，走发展资本主义道路的国家主义论调，明确阐释了马克思主义国家学说，并申明了自己关于中国社会性质、任务、道路和前途的思想认识。”⑦ 如果“孤军派”的说法确实源自郭沫若，那么郭沫若在何种情景下以及为何会做出这样的

① 郭沫若：《郭沫若全集·文学编》第13卷，人民文学出版社1992年版，第273页。
② 冯契主编：《哲学大辞典》（下），上海辞书出版社2007年版。
③ 李华兴主编：《近代中国百年史辞典》，浙江人民出版社1987年版，第700页。
④ 方克立主编：《中国哲学大辞典》，中国社会科学出版社1994年版，第737页。
⑤ 张作耀等主编：《中国历史辞典》（第3册），国际文化出版公司2000年版，第1525页。
⑥ 郭沫若：《郭沫若全集·文学编》第12卷，人民文学出版社1992年版，第108页。
⑦ 李标晶主编：《简明郭沫若词典》，甘肃教育出版社1999年版，第451—452页。

认定就值得深究。但从上述两条注解来看，其中不少地方值得商榷。比如，说“孤军派”多信奉“国家主义”和“加入中国青年党”均不准确，有失简单且与史实有出入。“孤军派”的说法影响较大，不少著述未经细察，即将其视为一个政治派别来加以论述实欠妥当。

那么，“孤军派”究竟有哪些人组成，其政治倾向究竟如何呢？有学者就认为“孤军派”是“以福建籍学人为核心，因留日学生、商务印书馆编辑的学缘、业缘关系而聚合”的思想派别。并将其“编辑及主要撰稿人”总结如下：①

姓名	籍贯	生卒年份	学业	职业
陈承泽	福建闽侯	1885—1922	中国公学，曾游学日本	商务印书馆编辑
何公敢	福建闽侯	1888—1977	东京帝国大学经济系	商务印书馆编辑
林植夫	福建闽侯	1891—1965	东京帝国大学农林部	商务印书馆编辑
萨孟武	福建福州	1897—1984	京都帝国大学政治系	编辑、翻译、著述
郭心崧	浙江苍南	1897—1979	京都帝国大学经济系	编辑、翻译、著述
范寿康	浙江上虞	1896—1983	东京帝国大学文学部	商务印书馆编辑
罗益增	湖南娄底	1891—1966	游学日本、法国、德国	编辑、著述
郭沫若	四川乐山	1892—1978	九州帝国大学医学部	编辑、翻译、著述
周佛海	湖南沅陵	1897—1948	京都帝国大学经济系	编辑、翻译、著述
陶希圣	湖北黄冈	1899—1988	北京大学法科	商务印书馆编辑

除上述诸人，据何公敢回忆，还有“阮肃清、朱公准（广东人）、杜国庠（守素，广东澄海人）、李春涛（广东人）、杜国兴（广东澄海人）、资耀华（浙江人）、史维焕（贵州人）、刘光华（味莘，湖南攸县人）、漆树芬（四川人）、王首春（湖南人）、赵修鼎（福州人）、潘力山（四川人）”等。② 由此可以看出，“孤军派”早期的主要编辑和撰稿人确实比较复杂，但其中并无中国青年党成员。何公敢是陈慎侯（承泽）中丹毒去世后，《孤军》杂志实际的主导人物。何公敢“曾留学于日本东京帝国大学经济系，历任厦门大学总务处主任、商务印书馆什纂部部长、福建省政府秘书长、福建盐运使、财政厅厅长等职，一九三三年‘闽变’时任闽海省省长，抗日战争以后，从事民主活动，新中国成立后曾任福建司法厅厅长、省人民代表、全国政

① 邓丽兰：《从“法统”崇信到“革命”认同——从“孤军派”观国民革命时期中国知识界的思想动态》，《福建论坛·人文社会科学版》2008 年第 11 期；所引表格部分错误内容经过本文作者修正。

② 何公敢：《忆〈孤军〉》，《福建文史资料》（第 13 辑），中国人民政治协商会议福建省委员会文史资料研究委员会编（内部资料），1986 年出版，第 135 页。

协委员、民盟福建省委员会副主委。终于1977年。”[1] 何公敢1963年4月著有《忆〈孤军〉》一文，对《孤军》杂志或“孤军社”的发生和演变做了详细的回顾。据他回忆，是在郭沫若的介绍和鼓励下，本已停顿的《孤军》才由泰东书局印行，可以说，《孤军》杂志是在郭沫若与何公敢等共同努力下创刊的，而且，据何公敢回忆，《孤军》杂志封面的“孤军”二字为郭沫若所写。饶有趣味的是，郭沫若与“孤军派”的论战并非在《孤军》杂志上展开，而是与改名后的《独立青年》对垒。《孤军》杂志直到所谓“终刊”之前，即倒数第二期仍发表有郭沫若的作品《到宜兴去》。郭沫若发表《穷汉的穷谈》揭开与林灵光的论战，正是在1925年11月，而该月最后一期《孤军》出版，此后《孤军》改名为《独立青年》。因此，《孤军》的终刊之于郭沫若是否有着“左联”解散之于鲁迅一般复杂的个人情绪，都值得深究。

值得一提的是，何公敢一直将郭沫若视为“《孤军》同人”，孤军社的早期成员之一。原因不仅是该刊创刊得到郭沫若的帮助、郭沫若为之题字并撰写了《孤军行》，更主要的原因是，在何公敢等人看来郭沫若的文学创作“反映了我们当时的心情和态度。当时《孤军》同人在思想上并未成熟，只是共同具有一股热情、傻劲和正义感罢了”[2]。更让何公敢感念的是，《孤军》杂志一度因为泰东书局的爽约而陷入困顿，是郭沫若在自己极度贫困的情况下捐出了四百元稿费帮助他们渡过了难关。不过，何公敢极力否认他们是国家主义派，他似乎并不认为有一个所谓“孤军派”存在，而只用“《孤军》同人”以自指。

二　郭沫若与《孤军》同人

那么，究竟是“孤军派”还是“《孤军》同人”呢？笔者以为，如果称为“孤军派”则应加引号，且不能将其简单视为“现代社会政治派别之一”。据《中华法学大辞典》关于“政治派别”的界定：“政治运动或政治组织中由利益相近，政治观念相近的人们所组成的政治群体。组织紧密程度有很大差异，但基本上能行动一致，有其政治上或精神上的领导人或领导核心。”[3] 如果用定义中的核心特征或标准来衡量“孤军派”，如“利益相近”“政治观念相近”“行动一致”“有政治上或精神上的领导人或领导核心”，无论哪一条，“孤军派”都不能算是严格意义上的政治派别。“孤军派”没有统一的政治行动纲领，其人员也极为庞杂，不仅有郭沫若、杜国庠等“马克思主义者”，还有周佛海、陶希圣等反共要人，而何公敢、林植夫等则又属于以陈铭枢为中心的“闽派”。在郭沫若、何公敢、林灵光等的回忆中，陈慎侯去世之

---

① 何公敢：《忆〈孤军〉》，《福建文史资料》（第13辑），中国人民政治协商会议福建省委员会文史资料研究委员会编（内部资料），1986年出版，第153页。

② 同上书，第134页。

③ 许崇德主编：《中华法学大辞典·宪法学卷》，中国检察出版社1995年版，第790页。

后，所谓“孤军”便没有“主脑”了。失去“主脑”的“孤军”内部左中右各派各色思想杂陈，而且往往意见越近反而斗的越凶，往往因争论而动起手脚来。如阮肃清和林灵光均是与何公敢相近的“闽派”，但二人“某夜”却因“议论不合争执起来，久争而不决，便摆起架势以拳相斗。两人你进我退，斗得难解难分，经劝解乃止。”①

此外，“孤军派”中除了周佛海、陶希圣二人后来堕落到反面外，其他诸人均是在各领域有建树的爱国人士。比如，除何公敢与中共保持亲近外，“孤军派”中真正与郭沫若翻脸并开火的“林灵光”（林植夫），后来担任新四军军长叶挺的秘书，因日语好而被任命为“敌工部部长”，且工作非常出色，经中共中央批准为“中共特别党员”。② 新中国成立后，不少历史文献均未直接将“孤军派”视为对立面，而做统一战线的处理，但由于郭沫若的巨大影响，“孤军派”的说法广为播散，并在一定程度上遮蔽了其丰富性和复杂性。

若细考郭沫若与“孤军派”外在的人事关系，可以发现，郭沫若除了与林灵光之间有直接的冲突外，与其他《孤军》同人并未有什么不快，而在某种程度上似乎长期保持着相当密切的往来。如陈慎侯之后，《孤军》的负责人何公敢，似乎一直与郭沫若保持着良好的私人关系。郭沫若上海“卖文为生”时期，为设法维持郭沫若及其家人的生活，何公敢曾试图为郭在商务印书馆争取优厚的补助条件从事翻译工作，郭沫若为此“当时感受着十二分的愉快”。何公敢作为商务印书馆庶务部主任本有相当的把握，但因郭沫若欲翻译的是《资本论》，结果在编审会议上没通过。多年之后，郭沫若还回忆此事，并说他“开始向商务印书馆卖稿就是在这个时候，我的《喀尔美萝姑娘》《行路难》《落叶》，便连续在《东方杂志》上出现了。在这些作品之外，也还陆续地卖了不少的译文。屠格涅夫的《新时代》、河上肇的《社会组织与社会革命》、霍普特曼的《异端》、约翰沁孤的《戏曲集》、高斯华绥的《争斗》，都是在这前后一二年间先先后后地化成了面包的。”③ 抗战爆发后，郭沫若担任国民政府军事委员会政治部第三厅厅长时，何公敢担任“总政治部设计委员兼任第三厅第四科科长”，因为“他有事务才干，三厅的几次预算，都是他领导编成的”，所以郭沫若在组织“战地文化服务处”时推荐“何公敢来主持这项工作”。但却又说“他是国民党所能放心的人”，“是国民党员，是孤军派的健将，有一个时期他和国家主义的青年党倒是很接近的。”不过，国民党似乎对何并不放心，仍然查抄了“战地文化服务处”。④

“孤军派”另一位核心人物范寿康（字允臧，浙江上虞人），接替了郭沫若本欲

① 何公敢：《忆〈孤军〉》，《福建文史资料》（第 13 辑），中国人民政治协商会议福建省委员会文史资料研究委员会编（内部资料），1986 年出版，第 138 页。

② 陈子谷：《怀念林植夫同志》，《革命人物》1985 年第 1 期。

③ 郭沫若：《郭沫若全集・文学编》第 12 卷，人民文学出版社 1992 年版，第 219—220 页。

④ 郭沫若：《郭沫若全集・文学编》第 14 卷，人民文学出版社 1992 年版，第 112—114 页。

邀请的郁达夫，担任三厅第七处处长，而正是范允臧，曾强拉着郭沫若去做演讲，郭沫若一身演讲功夫的练就，与范允臧有着莫大的关系，这在郭沫若的回忆录中作了十分详尽的描述。郭沫若在组建“三厅”时的人事安排中，除党派因素，其实最倚重的仍是“大高同学”，其下辖三个处，除胡愈之为中共党员外，田汉和范寿康都是郭留日时期的大高同学，[①] 范寿康之所以能接替郁达夫就近上任，重要原因是他与郁达夫同样的背景及与郭良好的私人关系。关于“三厅”副厅长这个颇让郭沫若烦恼的人事问题，范寿康向郭沫若推荐同为“帝大”出身的范扬，郭沫若和范“并不熟悉”，“却毫无保留地采纳了这项意见”。郭沫若等人撤至广西，时任广西大学校长的白鹏飞是“日本帝大的先后同学”，“邀约杜老、何公敢、立群和我，同游阳朔”，“杜老”就是《孤军》同人早期讨论时与郭沫若同一立场的杜国庠（守素，广东澄海人）。郭沫若说“杜守素是我们的老大哥，我们平常称之为杜老。他是日本京都帝国大学出身，有名的马克思主义经济学者河上肇博士的高足，要早我四期。”[②] 可见，《孤军》同人与郭沫若因学缘而建立的亲密关系并未因1925年的论争而彻底决裂，其核心成员在抗战爆发后的“三厅”时期仍与郭沫若有着紧密的联系，是郭沫若主持下的“三厅”党派之外能够发挥重要作用的潜在人力资源。

三　政治意趣

通过梳理不难发现，“孤军派”虽然不能算是严格意义上的现代政治派别，但《孤军》同人与政治的关系都比较近。郭沫若甚至将“孤军派”视为自己政治兴趣产生的源头：“我对于政治问题发生了一些关心的，是在这个时候。那时商务编译所里有一批人，便是后来的‘孤军派’，集合起来要出一种政治性的刊物。主脑是陈慎侯，此外大多是帝大出身的同学。他们的主张，起初是以‘约法’为中心，主张恢复‘约法’以维系中国的大局。他们说，这种主张是和当时主张‘好人政府’的胡适派，主张劳农革命的共产党成鼎足的。”[③] 郭沫若的描述并不夸张，“孤军派”与当时中国各派政治势力的纠结极为深广。据何公敢回忆，汪精卫和张继（字溥泉），胡汉民和廖仲恺曾先后邀请“《孤军》同人”加入国民党，但均被婉言谢绝了。[④] 又据林灵光回忆，他与何公敢都是同盟会会员，并曾在1912年夏天面见孙中山、宋教仁，林灵光甚至向宋教仁提出“拿政权同袁世凯交换经济和教育权”，宋教仁笑林灵光是

---

① 据郭沫若回忆，范寿康是他在日本高等学校的同班同学，见《创造十年续编》，《郭沫若全集·文学编》第12卷，人民文学出版社1992年版，第195页。

② 郭沫若：《郭沫若全集·文学编》第14卷，人民文学出版社1992年版，第121页。

③ 郭沫若：《郭沫若全集·文学编》第12卷，人民文学出版社1992年版，第144页。

④ 何公敢：《忆〈孤军〉》，《福建文史资料》（第13辑），中国人民政治协商会议福建省委员会文史资料研究委员会编（内部资料），1986年出版，第134—135页。

"小孩子懂什么"。[1] 由此可见，"孤军派"中的人物虽然自称"孤军"，"绝不倚靠国中任何势力，独立超然地创办一个政治性刊物"，[2] 但与当时中国各派政治势力的上层有着千丝万缕的联系。他们年纪轻轻即加入同盟会，与同盟会（国民党）高层保持密切往来；另一方面，出身多是世家大族，林灵光的伯父曾担任过云贵总督，其堂兄林葆怿曾任孙中山护法军的海军总司令，林家子弟在海军多有建树（林家因此被认为是"海军世家"），林灵光在 1927 年亦曾担任过海军陆战队的政治部主任。[3] 所以，"孤军派"虽然以知识分子为主，其多数主张亦是书生之见，内部更难以统一，外部也难以被某一政治势力简单整合，但其成员年富力强，积极热情的参与政治，不少是世家子弟，且均在国外受过专业的高等教育，是一股不容小觑的政治力量。

林灵光面见孙中山、宋教仁时提出的"拿政权同袁世凯交换经济和教育权"的意见，颇为耐人寻味。林当时刚满 30 岁，在孙、宋眼中确实尚属小孩，其捡芝麻丢西瓜的建议更是幼稚。但换个角度来说，林已经成人，已具有独立的认识和判断能力，而且他不是一时冲动的临场献策，而是在被拒绝后仍坚持己见。被拒绝后，林灵光不服气，拒绝孙、宋对他们的委任，但未获准。在南下轮船上林灵光对何公敢说"同盟会会完蛋，我们应从个人修养做起"[4]。这一细节很生动的揭示了"孤军派"成员的形象和思想——书生气、马克思政治经济学。他们中很多是河上肇的学生，"在理论上是以马克思的经济思想为基准"，将"社会主义乃至共产主义"视为理想。在他们的眼中，经济基础决定上层建筑，上层建筑塑造人的意识，而人的意识决定着其具体实践，因此"经济和教育权"自然最核心，远比"政权"重要。"政权"在他们眼里，不过是"军阀"的代名词而已，何公敢直白地说道："辛亥革命当时的志士，掌握了武力后，变做军阀的比比皆是，这是我们身受的现实教训。"[5] 郭沫若在《孤军》第一卷第三期上发表旧体诗《哀时古调九首》其中一首这样写道：

孙悟空，齐天圣，
十万八千里，只消一翻身。
才闻专使拜曹公，
已见三桂揖清廷。

---

① 林植夫：《林植夫自述》，《福建文史资料》（第 19 辑），中国人民政治协商会议福建省委员会文史资料研究委员会编（内部资料），1988 年出版，第 10 页。

② 何公敢：《忆〈孤军〉》，《福建文史资料》（第 13 辑），中国人民政治协商会议福建省委员会文史资料研究委员会编（内部资料），1986 年出版，第 131 页。

③ 刘琳、史玄之：《福州海军世家》，海风出版社 2003 年版，第 189—194 页。

④ 林植夫：《林植夫自述》，《福建文史资料》（第 19 辑），中国人民政治协商会议福建省委员会文史资料研究委员会编（内部资料），1988 年出版，第 10 页。

⑤ 何公敢：《忆〈孤军〉》，《福建文史资料》（第 13 辑），中国人民政治协商会议福建省委员会文史资料研究委员会编（内部资料），1986 年出版，第 139 页。

洪范，五行，相克还相生。[1]

在《创造十年》中，郭沫若这番解释道："这位'齐天大圣'是谁？想来用不着我来下注脚了。当时的国民党派了两位专使，一位姓张的去联络曹锟，一位姓汪的去联络满洲的张作霖。"[2] 可见，即便是对孙中山，同盟会的首领，革命的领袖，"孤军派"也视为军阀，这首诗与《孤军行》一样，反映孤军同人当时的心情和态度。不过，郭沫若后来删掉了这番注解，[3] 只寥寥数语说是批评国民党。郭沫若的另一位"孤军派"好友范寿康（字允臧）在《我为孙中山惜》一文中指斥孙中山没有在"民治与法律的轨道上一丝不紊地进行"，"不幸他也有他的致命伤"——"（一）唯我独尊，（二）用人不当"，对孙中山启用叶恭绰十分不满的批评说"老孙老孙！你以友为敌，以敌为友，这种枪法大乱的用人，实在是使你终不能成大事的致命伤。"[4] 足见，尽管有何公敢、林灵光等同盟会员，但《孤军》同人并不听从国民党的号令，对其联俄容共的革命也持批评态度，这使其被"醒狮派"利用进而涂抹上"国家主义"色彩成为可能。

"孤军"在成立之初，或言以陈慎侯为中心的这般书生，是以真心和热情欲在军阀混战的中国行政治之"孤"的，这一"孤"特色是书生气，理论是以马克思的经济主张为基础，初期主张维护中华民国约法和打倒军阀、裁军等，对以梁启超为首的研究系、以孙中山为首的国民党和共产党都表示了怀疑与轻蔑。

引导郭沫若从"纯文艺的象牙塔"走出，以诗人、文学家的身份参与政治的契机和中介，正是"孤军派"。诚如前人研究多次提到，在郭沫若"转向"中起到关键作用的河上肇《社会组织与社会革命》一书，正是林灵光借给郭沫若的。在与一群研究政治经济的中国留学生——孤军社同人的社会交往与思想交流中，郭沫若对政治经济学话语不再陌生，具备了相关的理论知识储备，完成了一种"政治经济学认同"，[5] 从而获得了"转换"的能力。

但随着中国政治局势的不断变化，《孤军》同人之间的分歧日渐加剧乃至无法消弭而共处。郭沫若认为中国是"撑天的长汉子"，[6] 饱受帝国主义的侵略，无法仿效

---

① 郭沫若：《哀时古调九首》，《孤军》第1卷第3期，1922年11月。

② 郭沫若：《创造十年》，现代书局1932年版，第217页。

③ 在《郭沫若全集》中，郭沫若只这样说："这是在讽刺当时的国民党，因为一时在联络曹锟，一时又在联络张作霖。"诗也微作修改为：

孙悟空，齐天圣，

十万八千里，只消一翻身。

才闻专使拜曹公，又见三桂哭清廷。三正，五行，相克还相生。

④ 允臧：《我为孙中山惜》，《孤军》第1卷第10期，1923年6月。

⑤ 李怡：《国家与革命——大文学视野下的郭沫若思想转变》，《学术月刊》2015年第2期。

⑥ 郭沫若：《郭沫若全集·文学编》第12卷，人民文学出版社1992年版，第278页。

日本、土耳其实行个人资本主义，而应效法俄国，施行国家资本主义和“无产者的专擅的政权”，主张暴力革命。这在其他《孤军》同人眼中，是“左的”。用何公敢的话说，《孤军》同人多出身于所谓“缙绅之家”或地主家庭，大多数企图超越阶级，以公正客观自命。具体来说，他们服膺于马克思的经济学说，但主张个人资本主义，坚决反对“专政”和“暴力革命”，[①] 郭沫若在其中自然渐成异类。

四 分裂

论及郭沫若与“孤军派”的分裂，思想上的分歧自然是主要原因，但一些客观因素同样也值得重视，尤其是对郭沫若这样一位“感情家”[②] 而言，触发情感的外在因素可能会激起巨大的思想波澜。“孤军派”内部本就是各种思想主义杂陈共处，《孤军》杂志也“毫不保留地发表左、中、右各派的主张”，[③] 郭沫若与何公敢、林灵光等人意见并不完全一致，这在《孤军》早期就有所表现。《孤军》第4、5期合刊号（1923年1月）上就曾发表郭沫若的诗歌《黄河与扬子江的对话》，但对诗歌中流露出的“革命”情绪，编辑却试图以“同人附注”的形式加以矫正，而强调他们主张修复法制，重建秩序，而不是以暴力革命根本改变现有体制，再造国家与社会。[④] 但这种分歧并未影响到郭沫若与《孤军》同人的友谊，在1924年前后，尤其是在1924年11月郭沫若再次从日本回国之后，郭沫若与《孤军》同人的关系倒是变得更加紧密。前文提到，何公敢为郭沫若在商务印书馆谋求支持以翻译《资本论》即是在郭沫若归国的11月，12月郭沫若又受孤军社的邀请前往江苏宜兴调查。然而，正是在这紧密的背后，分歧激化的诸因素也在酝酿。

众所周知，在1926年3月创造社出版部成立之前，创造社并不能为郭沫若等人提供稳定的生活来源，生存现实击碎了创造诸君的“纯文艺”之梦，前期创造社因此而离散。因此，在郭沫若内心的自我定位中，此次回上海是做“穷文士”，准备靠“卖文生活”。在上海的文化圈谋生存，何公敢等在商务印书馆工作的“大高同学”提供支持就显得十分重要。1924年11月郭沫若归国后参加社会活动较之以往更加积极，如“中华学艺社”、“学艺大学”、“大夏大学”、四川同乡会、孤军社等各种社会文化团体郭沫若都积极参与。然而，郭沫若所活跃的这些社团，都有曾琦的影子。曾琦是郭沫若的“旧友”，四川省高等分设中学丙班的同学，也是留日同学，他与郭

---

① 何公敢：《忆〈孤军〉》，《福建文史资料》（第13辑），中国人民政治协商会议福建省委员会文史资料研究委员会编（内部资料），1986年出版，第143页。

② 语出邓演达，见《郭沫若全集·文学编》第12卷，人民文学出版社1992年版，第278页。

③ 何公敢：《忆〈孤军〉》，《福建文史资料》（第13辑），中国人民政治协商会议福建省委员会文史资料研究委员会编（内部资料），1986年出版，第140页。

④ 李怡：《国家与革命——大文学视野下的郭沫若思想转变》，《学术月刊》2015年第2期。

沫若几乎同时回到上海，共同在学艺大学、大夏大学任教，又成为同事。曾琦此时已是“醒狮派”的主脑，标榜“国家主义”以极端“反共”昭世。与《孤军》同人的书生气不同，曾琦极具政治抱负和政党经验，一方面他拉拢郭沫若，邀请郭在《醒狮》上发表文章，企图为郭涂抹上“国家主义的色彩”，据郭沫若回忆，钱玄同就曾说过“郭沫若、曾琦那一批国家主义者”的话；[①] 另一方面却对郭沫若流露出的革命倾向大加指责，不断压缩郭沫若的生存空间，对郭沫若“卖文为生”的生活造成极大的干扰。在“孤军社”组织的社会调查报告撰写过程中，郭沫若就感受到曾琦的压力，其报告在《孤军》杂志上只是摘录。在组织四川同乡会时，曾琦更对郭沫若草拟的《宣言》横加指责，说“同乡会应该提倡爱国精神，不好为赤党张目，像郭某所做的《宣言》，所说的大抵是赤党的经济理论，尤其有几处‘帝国主义’字眼，太露骨，应该慎重修改。”郭沫若为此“十二分不高兴”。[②] 因此，在郭沫若的回忆中，这段在“环龙路四十四号”的生活充满“屈辱感”，被他视为一条“绝路”，坦承“一九二六年往广东以及其后的事情”若没有这段生活便不会发生。[③]

有研究者在考察由商务印书馆出版的郭沫若翻译著作时曾备感“困惑”，“这批书的选题、翻译、印制质量皆很可观”，然而郭沫若却“似乎持一种刻意的低调”。对此，研究者认为，以郭沫若“在商务印书馆出的这批译作的严肃性，原作的高质量，他似乎没有理由自贬这一块儿翻译成绩，可他竭力把当初的卖稿行为说得不大冠冕，或许他私下对商务印书馆有些成见，但在后人读来，或许令人觉得有点做作。”[④] 郭沫若是一个倾向于主观的人，这段生活不愉快的情绪渗透到回忆的方方面面，其所谓“成见”并非指向商务，而是与那批“国家主义者”不愉快的生存体验。而这也从一个侧面说明，郭沫若对“孤军派”的回忆与批判有着浓厚的个人色彩。

郭沫若何以会对这段生活充满“屈辱感”呢？在当时的情境中，郭沫若的卖文生活实际是一种失败的生存体验，生活穷困潦倒，主义又不见容于同人，不断被边缘化。“孤军”早期坚定的维护“法统”，主张法律的程序正义，反对暴力和革命，但随着社会形势的变化，“孤军”渐“由议会主义而移为革命主义”，[⑤] 这本是符合郭沫若的期待和主张，然而事实却是，“孤军”与“醒狮”之间不断暧昧，放弃“护法”的“孤军”，所寻求的“革命之道”又与郭沫若大相径庭。这不能不令郭沫若神伤。

《孤军》第2卷第8期发表《本社与醒狮周报社对于时局之共同意见》、第3卷第2期发表《本社与社会评论社醒狮周报社爱国青年社为五卅事变敬告全国各界书》，足见，《孤军》社与“醒狮派”之间的紧密关系。然而，是否真如《郭沫若全

① 郭沫若：《郭沫若全集·文学编》第12卷，人民文学出版社1992年版，第274页。
② 同上书，第247页。
③ 同上书，第219—220页。
④ 王友贵：《翻译西方与东方——中国六位翻译家》，四川人民出版社2004年版，第181页。
⑤ 孟武：《孤军已满两岁了》，《孤军》第3卷第1期，1925年6月。

集》注解中所说，“孤军派”成员“后来多数为中国青年党成员”呢？

伴随着思想上“由议会主义而移为革命主义”，《孤军》同人组党的倾向渐趋强烈。一开始，他们的确曾欲选择“中国青年党”。据何公敢回忆，“孤军派”的确与“醒狮派”有过合并的打算，并进展到彼此递交纲领的程度，但最后没有成功。原因是“孤军派”虽然和“醒狮派”均反对“共产专政”，但却不肯标榜“国家主义”，曾琦为了拉拢他们甚至不惜放弃一直鼓吹的“内除国贼，外抗强权”的口号，但仍遭到《孤军》“全体在沪同人一致反对”，最后何公敢与陈启天“在事先约定的跑马场某一酒家小室中交谈。两人边吃西餐边谈话，在共同确认双方无法合作后，便各自把前此所执一张的政治纲领，放在盛面包的瓷碟上点火焚却，握手道别。以后很长一段时期断绝了来往。”①“孤军派”与“醒狮派”谈判破裂后，合作建党的愿望未能得以实现，便决议自行组党，定名为“独立青年党”，《孤军》杂志的名称也改为《独立青年》。

虽然，“孤军派”并未加入中国青年党，但他们在反对“共产专政”这一点上显然是获得过一致的，与以往从经济理论上探讨“共产主义”“社会主义”不同，《孤军》终刊号上大谈《反共产与反革命》，对共产党霸占“革命”表示不满，号召“非共产主义的革命同志大家快点实地的干起来！”② 正是这一共同点，提供了将“孤军派”与“醒狮派”并举列入国家主义派的可能，至于它们二者之间的区别，似乎就不那么重要了，对郭沫若叙述中的缝隙，长久以来亦少有追问。

五 “国家主义”

郭沫若为何说“孤军派”的“国家主义”，“说得更切实一点，是国家社会主义”？《孤军》同人对外与“醒狮派”一致反共，却为何不肯标榜“国家主义”，曾琦等人的口号为何会遭到《孤军》全体在沪同人的一致反对？

有人可能会认为郭沫若说“孤军派”是“国家社会主义”是一种更严厉的指控，因为长久以来，“国家社会主义”被与纳粹联系在一起。其实不然，在二十世纪二三十年代的语境中，“国家社会主义”并不是一个贬义词。③ 有学者也强调洛贝尔图斯和拉萨尔的“Staatssozialismus”和希特勒的“Nationalsozialismus”之间的区别，主张前者译为“国家社会主义”，后者应译为“民族社会主义”，两者词义不同、概念不同、产生的历史条件不同，不应混用。④

---

① 何公敢：《忆〈孤军〉》，《福建文史资料》（第13辑），中国人民政治协商会议福建省委员会文史资料研究委员会编（内部资料），1986年出版，第145页。

② 光晟：《反共产与反革命》，《孤军》第3卷第6期，1925年11月。

③ 魏万磊：《论20世纪30年代国家社会主义的内涵》，《清华大学学报（哲学社会科学版）》2009年第6期。

④ 宋钟璜、方生：《国家社会主义，还是民主社会主义——从〈辞海〉关于国家社会主义的词条谈起》，《人民日报》1982年1月12日第五版。

郭沫若说“孤军派”为“国家社会主义”主要从经济学角度而言，是指洛贝尔图斯和拉萨尔的“Staatssozialismus”，其宣扬“只有国家帮助才可真正改善工人的状况，这是一条不容置疑的规律”，“在国家帮助下建立工人生产合作社”是实现社会主义的“最合理、最和平、最简单的方法”，主张通过争取和运用普选权，把普鲁士国家改变为“自由的人民国家”。[①] 郭沫若对“孤军派”的认识是比较精准的，翻阅《孤军》杂志，无论是“恢复约法”、“推倒军阀”还是“议会政治”都是建立在对国家（state）的强调和推崇之上。因此，在郭沫若眼中，“孤军派”不仅是一个重要的政治派别，而且比号称为中国第三大党的“醒狮派”要更为危险：“同样是主张国家主义，在社会的声名上‘醒狮派’虽然赛过‘孤军派’，更几几乎有独占的形势，但在实质上‘孤军派’的人实比‘醒狮派’的人高明得多。”高明在哪里呢？郭沫若认为“孤军派”不似“醒狮派”那般空喊口号、放烟雾弹，“他们大抵是从日本京都大学研究过经济学回来的人，其中还有好些是河上肇的弟子。他们对于河上肇的初年的学说是实地信奉着的，以为资本主义的扬弃非经过一道个人资本主义的阶段，绝对不能实现。所以要振兴中国，根本是须得厉行个人资本主义”。而且，他们切实进行考察和讨论：“他们就为中国的经济路线曾经举行过长期的讨论，连我都是参加过的。讨论的结果，主张采仿苏联的办法厉行国家资本主义的就只有我和林伯修（当年的杜国庠）两人，其余都是反对派。因而‘孤军派’的经济政策便由周佛海所想出的巧妙的名词来模棱了，那纲领便是什么‘社会的产业化和产业的社会化’。这个半头红萝菔，如把一层皮剥掉，不外是个人资本主义的奖励与保护而已。所以‘孤军派’的国家主义，如说得更切实一点，是国家社会主义。”[②] 郭沫若认为“孤军派”的危险性要远远大于以极端“反共”而著称的“醒狮派”（中国青年党），或言之，在其内心深处，“孤军派”才是真正的“国家主义”。

既然如此强调“国家”，“孤军派”为何自己却又不肯标榜“国家主义”呢？原因可能有二。

其一，曾琦等人鼓吹的“国家主义”，色彩斑斓，在文化界口碑已然不好。何谓“国家主义”？曾琦等人自己其实并不清楚，或者并不打算将其界定清楚。李璜在《释国家主义》一文中罗列不少西方辞典字典中的定义：“国家主义乃是对于其所属的国家而特有的一定的志愿；国家主义乃是被压迫的国民国性的政治上的要求；国家主义乃是疾视一切所有不以国家的旧信仰为根本的学说；国家主义乃是反乎国际主义而言。”[③] 又在《国家主义正名》中否认国家主义是民族主义、帝国主义、军国主义，“希望言论界一致的用这个名称”来称呼他们的主张，[④] 但“国家主义”的核心要义

---

① 金炳华：《马克思主义哲学大辞典》，上海辞书出版社 2003 年版，第 286 页。
② 郭沫若：《郭沫若全集·文学编》第 12 卷，人民文学出版社 1992 年版，第 275 页。
③ 曾琦等：《国家主义论文集》，中华书局 1925 年版，第 5—6 页。
④ 同上书，第 25—28 页。

究竟有哪些？其实还是不知所云。《国家主义论文集》序言说道："吾人感于国内割据之形势已成，外来之侵略方兴未艾，而异说纷起，国民思想久已失其重心，非以国家主义齐一国人之心志，将无以挽此危局。"[①] 显然，曾琦等人刻意保留了"国家主义"的开放性，试图以此来齐整国人思想，达到思想上全国上下的统一性和整体性。

郭沫若在对曾琦的回忆中不断强调其"旧"，是"长于做'之乎也者'的闹墨体的文章家"，其实有所特指，是对其传统"家天下""大一统"思想文学化的描述。曾琦等人的"国家"，是自上而下的，吸取了洛贝尔图斯和拉萨尔帝国色彩，其"国家"与帝国、王朝有着亲近的血脉联系，其代表的是上层社会既得利益者。在郭沫若与国家主义派论战的同时（1925 年），毛泽东在《中国社会各阶级的分析》一文开篇不久就直斥"地主阶级和买办阶级"是"极端的反革命派。其政治代表是国家主义派和国民党右派"[②]。1926 年在《国民党右派分离的原因及其对于革命前途的影响》中又说道："前代英、法、德、美、日本各国资产阶级的革命，乃资产阶级一阶级的革命。其对象是国内的封建贵族；其目的是建设国家主义的国家即资产阶级一阶级统治的国家；其所谓自由、平等、博爱乃当时资产阶级用以笼络欺骗小资产、半无产、无产阶级使为己用的一种策略；其结果是达到了他们的目的建设了国家主义的国家；其终极是发展了全世界的殖民地半殖民地，造成了国际资本帝国主义。"[③] 而小资产、半无产、无产阶级联合的"国民革命""其终极是要消灭全世界的帝国主义，建设一个真正平等自由的世界联盟（即孙先生所主张的人类平等、世界大同）"[④]。毛泽东的这番认定用国家主义者自己的话说是，他们欲用"国家主义"来"排去国际主义世界主义种种浮说，一以国家主义之精神贯彻今后之教育宗旨"，[⑤] 在曾琦所列之"国贼"中就有"假借外力，争夺政权之政党"。[⑥] 因此，曾琦等人的"国家主义"，其自我设定的对立面是"世界主义"，真正的落脚点在"反共产主义"，这自然也包括反对联俄容共的国民党。

其二，"孤军派"大多是河上肇的学生，政治经济学出身，他们并不反对"世界主义"，且对社会主义、共产主义抱有极大的好感，将之视为理想。林灵光在与郭沫若的论战中就坦言："共产主义的确是很好的主义，尤其是无政府的共产主义，在一切社会主义中最为理想……"[⑦] 因此，"孤军派"对"醒狮派"以反共反国际主义为核心的"国家主义"也不能赞同。如果说十九世纪的洛贝尔图斯和拉萨尔企图借"社会主义"的美名来替垄断权贵资本炫惑民众，那么其买办本质实为"醒狮派"所

---

① 曾琦等：《国家主义论文集》，中华书局 1925 年版，第 1 页。

② 毛泽东：《中国社会各阶级的分析》，《毛泽东著作选编》，中共中央党校出版社 2002 年版，第 1 页。

③ 毛泽东：《国民党右派分离的原因及其对于革命前途的影响》，《建党以来重要文献选编（1921—1949）》，中央文献出版社 2011 年版，第 663—664 页。

④ 同上书，第 664 页。

⑤ 曾琦等：《国家主义论文集》，中华书局 1925 年版，第 1 页。

⑥ 同上书，第 97 页。

⑦ 灵光、一卒：《共产党与革命》，《孤军》第 3 卷第 5 期，1925 年 10 月。

继承，而“孤军派”则是真诚地信仰“社会主义”，只不过他们实践的方法是极力避免暴力的改良，即便最终他们放弃改良，其所选择的“革命”之路也试图“独立”，在对“专政”“暴力”方面仍有较大的保留。

在“大革命”的洪流中，在国共两党对“国家主义”的批判中，郭沫若获得了一种自信，而“孤军派”接下来的发展，也促使郭沫若毅然决然的将其放在自己的对立面。1927 年 4 月 26 日，蒋介石在南京另成立国民革命军总政治部，以吴稚晖、陈铭枢为正、副主任，企图以此取代以邓演达、郭沫若等为中心的“国民革命军总司令部总政治部”。在此前后，“孤军派”在为南京总政治部的成立提供理论资源的同时，更身居要职（何公敢任宣传处处长）且与胡汉民、吴稚晖等国民党“右派”打得火热。对郭沫若而言，此时的“孤军派”不是有分歧的友人，而是一种直接的政治对立。不过，“孤军派”并未见容于国民党内的 CC 系，二陈不仅将“国家主义派”的帽子扣在“孤军派”的身上，更将其国民党党员证扣住不发。

综上所述，“孤军派”的丰富性、复杂性和特殊性显然不能用“国家主义”来概括，即便是用在与国家主义者十分接近的林灵光身上也不合适。林是同盟会员、却与反国民党的国家主义者亲近；他是叶挺的秘书、中共特别党员、出色的敌工部部长，但却也曾答应刘健群加入复兴社（俗称“蓝衣社”）；他见过孙中山、宋教仁，与蒋介石也能直接联系，陈果夫、陈立夫亦曾一度将其视为自己人，在被俘的新四军高级将领中，除了叶挺，唯一活着的就是他；他在蒋介石、陈铭枢之间做双面间谍，在对“中共”的态度上也很难窥见真意，作为新四军出色的敌工部长，新中国成立后他去见上级饶漱石，时任华东局书记的饶漱石却不肯和他见面①……

“孤军”之“孤”是印在每一位《孤军》同人身上的知识分子底色，只有在这一语境中，我们才能真正理解郭沫若在《甲申三百年祭》中对李岩的那份深切的同情与悲鸣。

（原载《新文学史料》2016 年第 2 期）

---

① 陈子谷:《怀念林植夫同志》,《革命人物》1985 年第 1 期。

总体战与动员文艺

——抗战初期郭沫若的文化政治实践

刘　奎

在抗日战争所鼓动的民族主义热潮中，“文学何为”成为摆在作家面前的首要问题，茅盾在论及“抗战与文艺”的问题时，便着重强调了文艺“教育民众，组织民众”及动员民众的功能①。与其他文艺家相比，郭沫若要激进得多，在全国文艺界抗敌协会成立仪式上，他表示“文艺是宣传，这是所谓‘实如’（Sein），是事实；而宣传当切于人生，则是所谓‘当然’（Soll），是价值”②。这意味着，在抗战语境中，文学的问题已不再是是否为宣传的性质问题，而是如何宣传的技术问题，和为谁宣传的伦理问题。这正是本文讨论的起点：在抗战总动员的背景下，郭沫若如何思考民众动员问题，文学在其间扮演着何种角色，他的观点又有何建设性或独创性。

考察郭沫若在抗战期间的文艺观也为我们从文学史的角度重审抗战文学提供了可能。学界在考察文艺与抗日战争之间的关系时，多侧重探讨解放区文艺的历史经验，对国统区尤其是国民党的动员文艺则较少关注③。郭沫若虽然向来被视为共产党的“队伍中人”，但就他抗战初期的政治与文艺实践而言，实有重新检讨的必要。尤其是他担任国民政府政治部第三厅厅长期间的文艺活动，与国民政府的抗日政策有着极为复杂的关联，这为我们考察国统区知识分子的动员文艺实践，与国民党战时总动员政策的内在关联提供了可能。

一　战争与文学

在一篇题为《文化与战争》的文章中，郭沫若这样写道：“‘人心惟危，道心惟

---

① 茅盾：《抗战与文艺》，《现代评坛》1939 年 2 月 5 日第 4 卷第 11 期。

② 郭沫若：《文艺与宣传——为庆祝“中华全国文艺界抗敌协会”的成立》，《大公报》1937 年 3 月 27 日。

③ 值得关注的研究如倪伟《“民族”想象与国家统制：1928—1948 年南京政府的文艺政策及文学运动》（上海教育出版社 2003 年版），该书第五章讨论了“抗战建国与文艺政策”，但并未对国民政府的动员文艺作专门讨论。

微，惟精惟一，允执阙中'。在全世界的秩序为少数暴戾恣睢者所扰乱破坏了的目前，令我时常回味到的，是所谓'十六字之薪传'的几句古话。"① 在这里，郭沫若并非是要发思古之幽情，而是欲借此思考文化与战争的问题。他认为如果我们"把那'人心'和'道心'的两个名词翻译成现存哲学家的用语，便是罗素所说的'占有欲望'与'创造欲望'。这样对照着或许更能使我们容易了解吧"②。战争要求知识分子用最简单、最基本的范畴，如敌与我、善与恶、正义与非正义、道心与人心、占有与创造等，来思考人类的根本问题。身处战争的激流，郭沫若的感受也是如此，"目前的中国乃至目前的世界，整个是美与恶、道义与非道义斗争得最剧烈的时代，也就是最须得对于斗争精神加以维护而使其发扬的时代"③。正是在这种激烈斗争中，他看到了文学的脉动：

> 中国目前是最为文学的时代，美恶对立、忠奸对立异常鲜明，人性美发展到了极端，人性恶也有的发展到了极端。这一幕伟大的戏剧，这一篇崇高的史诗，只等有耐心的、谦抑诚虔、明朗健康的笔来把它写出。④

战争就像一个大善与大恶的搏斗场，给文学带来了题材、伦理与高强度的情感。然而，现代战争对文学的要求，不仅要让作家以见证者的姿态来记录这场战争，而且要他们切实地参与进来。

现代战争是一种总体战，郭沫若对此有较为清晰的认识。早在 1937 年 9 月，他便在《申报》上发表了《全面抗战的再认识》一文，将现代战争定义为"立体战争"："这种现代的立体战争已经不是单独的军事上的事体。这儿是把全国的力量集中了起来。全国的学术、产业、政治、经济、教育、训练等等。在平时都要有充分的素养，而且是有系统有计划的素养，然后才能结晶成为现代的立体战争。"⑤ 蒋介石在庐山谈话中也表达了类似的看法："战端一开，则地无分南北，人无分老幼，人人皆有守土抗战之责、皆应抱定牺牲一切之决心。"⑥ 这正是总体战的设想。按霍布斯鲍姆的说法，"第二次世界大战将大规模战争升级发展成总体战"⑦，其特征是"总体的冲突变成了'人民的战争'"⑧。

郭沫若对总体战的认识，或直接来自现代战争理论的奠基人克劳塞维茨。克氏的

---

① 郭沫若：《文化与战争》，《大公报》1939 年 3 月 19 日。
② 同上。
③ 郭沫若：《今天创作的道路》，《创作月刊》1942 年 3 月第 1 卷第 1 期。
④ 同上。
⑤ 郭沫若：《全面抗战的再认识》，《申报》1937 年 9 月 17 日。
⑥ 《蒋在庐山谈话会席上阐明政府外交立场》，《中央日报》1937 年 7 月 20 日。
⑦ 霍布斯鲍姆：《极端的年代》，马凡等译，江苏人民出版社 2011 年版，第 27、35 页。
⑧ 同上。

《战争论》是现代战争理论的开山之作，20 世纪 30 年代便由创造社成员何畏译介过来，而郭沫若在文章中也曾直接提及“克劳塞维兹”及其战争理论[①]。在克劳塞维茨看来，“所谓战争，便是为使敌人屈服、是实现自己意志所用的暴力行为”[②]。他还在拿破仑的军队中看到现代战争的新貌：“我们根据一八一三普鲁士底经验，知道次［此］事：面临突发的危难之时，若用民兵，能将军队普通之兵力增加六倍，而这种民兵，不仅用于国内为适当，而且也能在国外用之。——如以上的诸事实，就显示了国家、战争、战斗等上的威力之诸因素中，国民之精神及意向，占了如何重要的地位。”[③] 从世界范围的战争史来看，战争主体经历了从贵族到平民的变化，民众之于战争胜败的重要性逐步上升。战争广泛地波及普通民众是抗日战争的基本特点。

不过，郭沫若对于现代战争的体验更直接地来自他国民大革命时期的经验。北伐期间，郭沫若逐渐从总政治部宣传科科长升任副主任，乃至南昌行营政治部主任。而国民党之所以设立政治部，虽然是为了以党权制约军权[④]，但它发挥的实际作用则在民众动员方面。在政治部成长起来的郭沫若，经由北伐不仅见识了民众动员的社会与军事效果，也积累了丰富的民众动员经验。因而，当他面对抗日战争这场范围更广、影响更深入的总体战时，首先就是汲取此前的经验，呼吁全方位发动民众。抗战甫一开始，他便利用报纸、演说等方式呼吁动员民众，如南下广州时他便做了以《武装民众之必要》为题的演说，在他看来：

> 我们的抗战虽然经过了四五个月，其实还仅由序幕战而达到主力战的过程，以后我们抗战的时期，应该还是相当长远的，民众运动要和军事运动配搭起来，才能保障军事的胜利，北伐的成功已经告诉了我们，现在我们应该恢复北伐时代的政治纲领，尤其是把民众运动彻底解放出来的时候了。[⑤]

当国民党在抗战时期再度恢复政治部时，郭沫若应陈诚之邀出任第三厅厅长，从而得以接续此前的民众动员工作。而政治部部长陈诚也认为，“现在是我们政治工作的复兴与发展时期”[⑥]，并对动员民众极为重视：“若果我们真能将民众都发动起来，自动的参战，军民真能打成一片，我敢保证不需三年，必能战胜敌人。所以说动员民众自

---

① 郭沫若：《兵不管秀才》，《民主时代》1946 年第 1 期。

② 克劳塞维茨：《战争论》，柳若水译，辛垦书店 1934 年版，第 24、336 页。

③ 同上。

④ 王奇生：《党员、党权与党争：1924—1949 年中国国民党的组织形态》，上海书店出版社 2009 年版，第 25 页。

⑤ 郭沫若：《武装民众之必要》，《羽书集》，（香港）孟夏书店 1941 年版，第 64 页。

⑥ 陈辞修：《关于政治部今后工作之讨论与决议》，《战时文化》1939 年 1 月 10 日第 2 卷第 1 期。

动参战，是执行新战略的重要关键！”[①] 正是在陈诚的支持下，政治部得以恢复，郭沫若也顺利进入该部。

对现代战争性质的把握，使郭沫若认识到民众动员才是决定战争胜败的关键，这也是他思考文学在战争中的位置和作用的出发点。“从文”既然不同于“从武”，那么，文学的用武之地就在于宣传和动员方面：“文化人的地位和责任，在这时和前敌将士是没有两样的……前方的军事行动有军事上的指挥者负责，而后方的民众运动便要靠文化人来多多努力”[②]。虽然以战争思维来看待文艺，但郭沫若也认识到文艺所具有的特殊性，即较之军事，文艺的战场在后方，作用更侧重精神与情感方面。因此，当军事抗战尚处于被动防守的状态，他已开始高呼：“展开全面的文化反攻……我们要以狂风暴雨的姿态，排山倒海的气势，在原有的每一条文化战线上，在原有的每一个文化据点上，卷向每一个角落！每一个能够拿起文化武器的人，都要参加到这一战斗的行列里去，都要参加这一反攻”[③]。在战争思维的作用下，他论述文化问题的话语形态也充满了军事色彩。或许正是意识到文艺在宣传和动员方面的优势，他在《告四川青年》的公开信中为青年指出了两条路：“（一）作战场上的民族英雄，（二）作文化战斗上的战士，两者之间，择一而从，就算是尽了一个青年的最低责任。”[④] 从而将“从文”与“从武”等量齐观。

然而，战争机器所需要的并非是空头呐喊，而是“一切设施的战时机构化”[⑤]。文艺也不例外，它在发挥如茅盾所强调的教育、组织与动员的作用时，自身也要从之前的各自为政走向规范化、组织化和流动化。这就要求文人不仅在口头上参与抗战，还要拿出切实行动。而文化人则早在抗战开始前，便自觉开始了组织化。为了最大范围地团结、组织作家，郭沫若严厉批判左倾关门主义，在他看来，“带［戴］着白色的手套是不能够革命的……前进的主义不是跨在云端里唱出的高调，不是叫人洁身自好地在亭子间里做左派神仙”[⑥]。他还将抗战前夕的国防文学论争称为“蒐苗的检阅”[⑦]，即一次军事演习。进入抗战阶段之后，文化人组织化的需求越来越紧迫，各种组织的成立开展得极为迅速，如上海市文化界于“七七”事变后第三天便成立了上海文化界救亡协会，郭沫若所主持的《救亡日报》便以该组织的名义发行。其后，戏剧、音乐、绘画等各类文艺团体纷纷成立，而影响最显著者为翌年成立的中华全国文艺界抗敌协会，郭沫若是其理事之一。

---

① 陈辞修：《第二期抗战关于政训工作之指示》，国民政府军事委员会政治部编印，出版日期不详，第47页。

② 郭沫若：《对于文化人的希望》，《救亡日报》1938年2月9日。

③ 郭沫若：《展开全面的文化反攻》，《新蜀报》1941年1月1日。

④ 郭沫若：《告四川青年》，《四川月报》1938年7、8月合干刊第13卷第12期。

⑤ 郭沫若：《全面抗战的再认识》，《申报》1937年9月17日。

⑥ 郭沫若：《国防，污池，炼狱》，《文学界》1936年7月第1卷第2号。

⑦ 郭沫若：《蒐苗的检阅》，《文学界》1936年9月第1卷第4号。

较之自发的文艺组织，更为彻底的方式是将文化人纳入军事或政治机关，郭沫若主持的第三厅即是如此。厅长有人事自主权，因而郭沫若邀请大批文化名人加盟，包括胡愈之、郁达夫、田汉、洪深、冼星海、史东山、应云卫、冯乃超等，皆一时名彦，当时有“名流内阁”的美称。因此，第三厅虽是战时的军事、政治机关，但从人员构成来看，更像是文艺社团，只是隶属军事委员会而已。从文艺的民众动员着眼，郭沫若主持第三厅的意义在于，他为文化人参与抗战开辟了现实的途径，而第三厅的独特性也决定了他们的工作方式必然是以文艺进行宣传与动员。事实也是如此，如 1938 年 4 月 7 日至 13 日的“抗战扩大宣传周”，郭沫若就充分发挥第三厅的文化优势，将战时宣传变成了文艺汇演：七天的宣传，每天都有一个主题，分别是戏剧、歌曲、电影、漫画等，既是一次宣传，也是一次战时文艺巡演。因宣传期间正好赶上台儿庄大捷，武汉三镇的民众很容易就被动员起来，郭沫若也极度兴奋，认为“武汉三镇的确是复活了”①，恢复了大革命时期的民气。而接下来的“七七纪念周”，因有蒋介石的支持，整个活动不仅办起来得心应手，影响也更大，此后该厅还成立了全国慰劳总会，成为战时文化人深入前线的主要渠道②。

现代战争的灵活性也要求宣传人员的流动性。第三厅成立了多个流动剧团和宣传队，分遣内地和各大战区担负宣传动员工作。抗战时期，文化人多自动奔赴前线慰劳，但大多类似于战地采风，真正将战地动员作为一项事业的，还是第三厅。他们从一开始就较为关注乡村和内地的民众动员问题，如“扩大宣传周”期间，他们便安排了宣传队下乡，其工作报告中特意强调：“除混合队外，共发动各团体每日出发宣传队八百余队，在武昌汉口汉阳一带宣传，尤侧重附近乡间。至五月九日，并有干部训练团一百队入乡宣传。此外尚有抗战西洋镜宣传队在武昌及乡间表现［演］宣传。”③ 更为重要的，是他们所组织的战地服务处和诸多宣传队。服务处在西安、宜昌、上饶和长沙设立四个总站，以各站为中心又设立若干战地文化服务站。据时任第三厅主任秘书的阳翰笙介绍，“这些‘站’星罗棋布，形成了一个三厅的书报刊物发行网。通过这个渠道，三厅把各个处编写的宣传品输送到前线去，输送到国民党的军队里去，散发到广大的中小县城里去”④。这为文化下乡和入伍提供了有效的渠道。而宣传队则包括抗敌演剧队、抗敌宣传队、电影放映队等组织。具体情况为：抗敌演剧队一共有十队，“主要是把各地流亡到武汉来的救亡团体中演剧队改编成的，其中由上海流亡出来的占多数”⑤，他们在接受训练后被分派到各个战区进行文艺宣传；抗敌宣传队四队，成员大多选自民众团体如蚁社、青年救国会和中华民族解放先锋队

① 郭沫若：《宣传周——〈抗战回忆录〉之五章·二洪钧运转》，《华商报》1948 年 9 月 23 日。
② 郭沫若：《“七七”第一周年在武汉》，《民主周刊》1946 年 7 月第 38 期。
③ 《第三厅工作报告》，《郭沫若研究》1988 年第 4 辑。
④ 阳翰笙：《第三厅——国统区抗日民族统一战线的一个战斗堡垒》三，《新文学史料》1981 年第 2 期。
⑤ 郭沫若：《推进——〈抗战回忆录〉之八章·四抗剧九队》，《华商报》1948 年 10 月 14 日。

等，被分别派往桂林、浙江、鄂西北及陕西等地宣传；电影放映队四队，分别前往衡阳、桂林等地宣传[①]。此外，第三厅还凭借着自身的机构特性，为文化人下乡入伍提供手续上的便利，如提供证明信、介绍信等必要文件[②]。

总体战对于文学的影响，首先是对文学生态和生产方式的改变，作家不再是此前的自由状态，而是被纳入各种组织，集体意识得到凸显。文化人也自觉地从书斋走向十字街头，担负起实际的宣传动员工作。然而，文艺如何动员民众的问题，并不仅仅是文人如何参与宣传、动员的社会实践，更在于文学如何从语言、形式等方面对这一要求作出回应。在战争动员的要求下，郭沫若对文学形式变革的思考，及其在民众动员中所具有的独特性，是需要进一步探讨的问题。

二 “由情以达意”：文学如何动员民众

抗战时期文学的变化，主要是因应现实需要而做出的，一向服膺“时代精神”的郭沫若更是如此。在1937年8月9日出席上海诗人协会为他举行的归国欢迎会时，他便指出中国当时急需的是政治性、煽动性的东西，目的在发动民众[③]。这表明，在恢复政治部之前，郭沫若已经开始思考如何通过文艺发动民众的问题。他首先关注的是文学反映现实的即时性。因而，他除了创作充满激情的诗篇外，也开始创作报告文学，如《前线归来》、《到浦东去来》、《在轰炸中来去》等，将他的所见所感以及前线将士的士气和现实需求及时传达给后方民众。不仅如此，他对报告文学的写作也早有规划，在他看来，“事件的文艺性有时是在文艺作品之上”，而“中国的文艺跟不上现实”，很大程度上就是忽略了报告文学的写作。报告文学的写作，对他来说不仅是作家的写作姿态问题，也是一个方法问题，在他看来“多写‘报告’除于政治上为必要，于文学素材之供给上为必要以外，是锻炼出优秀作家的一个极好的法门”，报告文学的方法论意义，不仅有助于作家的素材积累、写作技巧的提高，还在于它是作家学习认识现实、反映现实的方法。因此，对报告文学，他更为注重“报告”，“而不要责成其必为‘文学’”[④]。

较之文学反映现实的即时性，郭沫若更侧重文学对现实的干预功能，即强调文学的教育性。他认为“从事文化工作的人们，素来是以唤起民众，教育民众为自己的

---

① 《军事委员会政治部第三厅二十七年九、十月份工作概况》，《郭沫若学刊》2011年第3期。

② 阳翰笙回忆，“当时许多作家、戏剧家、作曲家、画家、记者、摄影家通过第三厅获得军委政治部的证明信，奔赴前线，进行慰问宣传、采访、写生、摄影，体验战地生活”（参见阳翰笙《第三厅——国统区抗日民族统一战线的一个战斗堡垒》四，载《新文学史料》1981年第3期）。

③ 参见龚建民、方仁念《郭沫若年谱》上卷，天津人民出版社1992年版，第350页。

④ 郭沫若：《我的自述》，《质文》1936年10月10日第2卷第1期。

任务”[1]，这正是抗战之际的“急务”。然而，该如何教育民众，是郭沫若在思考文艺如何动员民众时遇到的根本问题。这个问题至少包括两方面：一是如何让老百姓看得懂，二是如何让他们看得到。因此，文艺的大众化和文章入伍、下乡就成为必要。这也是大后方作家所面对的带有普遍性的问题，因而文学语言和形式的大众化、通俗化、民族化等问题相继成为文坛讨论的热点。

郭沫若早在1938年初就撰文指出，抗战所导致的文化人的内移，是“我们所得的好处”，因为此前文化人多集中于大都市，“文化宣传的力量便未能十分深入并普及于民间，民众运动和军事行动便未能严密地配合起来”[2]，而文化人的内移，则“俨如几簇地丁花的种子，被抗战的暴风一吹，便向我们全国分播了来”[3]。不过他也看到了新的问题，“文化人因习于安逸的都市生活的结果，每逢一个都市快要沦陷的时候，早就一窝蜂地又飞到后方安全的另一个都市里去了”[4]。这一观察揭示了文化人内迁的限度，虽然是从沿海迁往内陆，选择的却依旧是城市。因而他要求作家第二次迁移——由都市迁往乡村：“为要纠正偏重都市的错误，今后的文化人，应该分散到民间去，尤其是到沦陷区域里去。这可以说是我们的根本原则。”[5] 而且“散播得愈广，受文化宣传的民众便愈多，最后胜利的保障便愈见加强了”[6]。较之强调创作主体的内移，更关键的是主体意识以及文学语言、形式的改变。创作者不仅要下乡、入伍，而且要在思想上下乡、入伍。这首先意味着要改变创作的文学形式，作家要以内地与底层社会的经验改造都市文学的形态，并进而改造自己的思想与情感。因此，郭沫若强调：

> 我们要分散到民间去，先决的问题是我们须得有刻苦耐劳的精神，把向来所过的安逸的都市生活抛掉，要以最下层的农民生活为生活。同时我们的文化工作的水准不用说要切实的放低，所有一切通俗的旧有的表现形式，无论是文字上的演技上的凡是可以利用的东西，都应该尽量的利用。先要去迁就一下才行，能够以农民的生活为生活，在那儿切实地学习些实地的经验，对于农民的疾苦、要求、习俗、思想，有了更深切的了解，在放低文化工作的水准上，也就自然有所

---

① 郭沫若：《文化人当前的急务——十一月五日在长沙广播电台讲演》，《胜利》1938年第3期（1938年11月26日）。

② 郭沫若：《对于文化人的希望》，《救亡日报》1938年2月9日。

③ 同上。

④ 郭沫若：《文化人当前的急务——十一月五日在长沙广播电台讲演》，《胜利》1938年第3期（1938年11月26日）。

⑤ 同上。

⑥ 郭沫若：《对于文化人的希望》，《救亡日报》1938年2月9日。

依据。[1]

如果将郭沫若此说置于大后方的语境，可以说他与此后毛泽东《在延安文艺座谈会上的讲话》构成了某种互文关系。不过，郭沫若与毛泽东之间的分歧很明显，他并未放弃作家的独立性，向农民学习仅仅是“迁就”和暂时的“放低”，是一种权宜之计。这种权变思想不仅是他后来接受毛泽东文艺思想的方法，更是他处理战时文艺的根本思路。这一思路更清晰的表述是在民族形式论争期间。在文坛提倡大众化、反思新文学的欧化现象时，向林冰等人将民间形式视为创造民族形式的唯一源泉，从而否定了受外来形式影响的新文学传统[2]。此说遭到胡风、茅盾等人的反驳，而郭沫若的《“民族形式”商兑》则带有为此次论争定调的意味，而他的解决方式正是一种“经权”思路：“中国的新文艺……一时未能尽夺旧文艺之席而代之，以贡献其应有的教育机能……在目前我们要动员大众，教育大众，为方便计，我们当然是任何旧有的形式都可以利用的……这也是一时的权变，并不是把新文艺的历史和价值完全抹煞了，也并不是认定民族形式应由民间形式再出发，而以之为中心源泉——这是不必要，而且也是不可能的。”[3] 因此，民间形式的采用是立足于动员民众之需的“权”，新文学的发展则是“经”。

学界对郭沫若“经权”思想的讨论，多侧重他与解放区文艺之间的关系，相对忽略的是这种思想对其文艺观的影响。在笔者看来，权变思想使郭沫若形成了一种极为激进的文艺观。权宜的本质是对长远后果的忽略，即便与常规不符也可暂时接受，这正是战争的“例外状态”带来的后果。据此，郭沫若不仅要求作家注重“报告”而非文学，要求他们不要“过于修词”[4]，他同时还批评文坛“与抗战无关”的论调，甚至对“反差不多”论也加以批判。“反差不多”运动由沈从文于战前提出，抗战后罗荪等批评家重拾此调，用来批评当时刊物看起来都差不多的现象[5]。茅盾予以声援，认为这“客观上实等于精神物质的‘浪费’”[6]。然而郭沫若却对“反差不多”进行批评，认为“对于抗敌理论嫌其单纯，嫌其重复的那种‘反差不多’的论调，或故作高深或高尚的理论以渡越流俗的那些文化人，事实上是犯着了资敌的嫌疑”[7]。这种不忌惮“差不多”的立场，与郭沫若此时的动员文艺观一致。由于普通百姓的文化水平不高，因而他认为“在动员大众上用不着好高深的理论，用不着好卓越的

① 郭沫若：《文化人当前的急务——十一月五日在长沙广播电台讲演》，《胜利》1938 年第 3 期（1938 年 11 月 26 日）。

② 向林冰：《论“民族形式”的中心源泉》，《大公报》1940 年 3 月 24 日。

③ 郭沫若：《“民族形式”商兑》，《大公报》1940 年 6 月 9 日。

④ 郭沫若：《对于文化人的希望》，《救亡日报》1938 年 2 月 9 日。

⑤ 罗荪：《关于调整当前刊物的诸问题》，《战斗》1938 年 6 月 18 日第 1 卷第 12 期。

⑥ 茅盾：《广“差不多”说》，《战斗》1938 年 2 月 18 日第 2 卷第 4 期。

⑦ 郭沫若：《抗战与文化》，《自由中国》1938 年 6 月第 1 卷第 3 期。

艺术”，除强调形式的通俗化、大众化以外，他甚至一度提倡口号式的重复：

> 大众既需要简单的理论，而尤需要这种理论的翻来覆去的重述。普及并深入民间的民话和箴言，所含的理论并不怎样高深，有的重述了几千百年，而大众并不加以厌弃，否，反而愈感觉亲切。所谓习惯成自然，也就是条件反射积久而成为无条件反射。故而我们总要把抗敌理论这个简单的条件，刻刻在大众中生出反射，处处在大众中生出反射，使他习惯了便成自然地群趋于抗敌的一途，而毫不踌躇，毫无顾虑。[①]

这种极端功利性的说法，很快引来了左翼内部的批评。胡风的《要普及也要提高》一文就反驳了郭沫若的这种观点。在他看来，郭沫若此说不仅有“愚民”之嫌，简直就是一种“公式主义……它只是反反覆覆地向民众宣说几个概念或结论，希望由这达到‘无条件反射’”[②]。胡风与郭沫若之间的分歧，正是普及与提高之间的差异。在胡风看来，“全人民的战争，那不但需要人民底初步的政治觉醒，而且需要人民底对于政治远景的坚信、从这个坚信来的奔赴政治远景的热情，以及运用而且推动政治机构的智能，用这来通过长期的、广泛的、艰苦的战斗”，而热情、智能的来源便是“文化生活底提高”[③]。

对于胡风的指责，郭沫若曾撰文予以回应。他再次强调自己“是以动员大众为前提，故须得侧重在普及方面，而且是认定普及为提高的手段……因为要把文化的恩惠普及于大众，把大众的文化水准提高了，而后文化本身的提高也才有着落”[④]，而不是否认提高。在他看来，他与胡风的观点“并没有两样”，问题只在“条件反射”与“无条件反射”这两个术语上。

实际上，二人的分歧并非出于术语的误会[⑤]，而是因为他们在文学如何动员民众这一问题上有着完全不同的看法。胡风所说的以提高的方式进行普及，其着眼点在于“改造人民意识”，通过培养其信念和智能，促进其政治上的觉悟，正如胡风明确强调的，这是新文化的启蒙传统[⑥]。郭沫若则不同，他选择的不是智能，而是情感，是“由情以达意”的动员方式。他这种观点是在国民精神总动员的背景下提出的：

---

① 郭沫若：《抗战与文化》，《自由中国》1938 年 6 月第 1 卷第 3 期。

② 胡风：《要普及也要提高》，《国民公论》1938 年 10 月第 1 卷第 3 号。

③ 同上。

④ 郭沫若：《“无条件反射”解》，《文学月报》1940 年 9 月第 2 卷第 1、2 期合刊。

⑤ 针对郭沫若《”无条件反射”解》一文，聂绀弩曾写《胡风的水准》加以讽刺。在他看来，虽然郭沫若认为是术语理解的误会，但他依旧认为，郭沫若只重普及的民众教育观，与胡风的观点其实两样（聂绀弩：《胡风的水准》，《早醒记》，远方书店 1942 年版，第 74 页）。

⑥ 胡风：《要普及也要提高》，《国民公论》1938 年 10 月第 1 卷第 3 号。

> 人的精神活动，不外乎智，情，意三方面，而精神总动员的目标是在最后的意的活动，便是要使全体国民在“国家至上，民族至上”，与“军事第一，胜利第一”的认识之下，使“意志集中，力量集中”。故而发动精神的途径也不外乎由智以达意与由情以达意的两种。但理智有深有浅，而情感则老弱无殊，故由智以达意不如由情以达意之较为捷便，详其理论不如列举事实，以言服人不如以身作则，在这儿正为文艺作家开辟出了极广大的活动疆域。①

郭沫若认为“由情以达意”比诉诸理性更为快捷有效，而“文艺是诉诸情感的最有效的工具……它是要把一切理论形象化，使理论的骨骼，得到血肉，得到色泽，得到呼息，得到生命，得到一切的声音笑貌，具体的，活鲜鲜的，呈现在人们感受的门前，而窜入其堂奥。作者由形象以表现理论的纲领，读者则因感发而生出实践的步骤”②。从情感的途径思考文艺的动员效能是郭沫若一向坚持的方式，诉诸情感的社会和政治功能，与他的战时浪漫主义精神内在一致。

三 国民精神总动员视野下的动员文艺

郭沫若对民众动员的思考与呼吁，主要集中于抗战初期，这些文章后来大多收录在《羽书集》中。正如论者指出的，“《羽书集》的核心主题是‘民众动员’”③。该书收录的基本上是郭沫若任职第三厅期间所写的宣传文章，在重庆版序言中，郭沫若将其戏称为“‘鸣锣奉告’式的宣传文字的总汇……自己并不十分愿意祝福它的出世”④，因而在1941年香港出版的版本被战火焚毁后，并没有及时再版。不过郭沫若也坦诚他对这些文章“不免有些偏爱”⑤。这种暧昧的态度，在1948年有所转变。他的《抗战回忆录》在述及此节时，不仅隐去了诸多历史细节，而且表示当时许多言行是“昧着良心”⑥。如果说郭沫若是以透露隐微心曲的方式为自己正名，那么另一位当事人阳翰笙的回忆则尽力将这段历史洗白。他在回忆录《风雨五十年》中将第三厅抗战期间的工作都置于党的领导之下，并认为：“以郭老为首的第三厅，在长江局和周恩来同志的直接领导下，冲破了国民党反动派所加的种种限制和迫害，在极端困难复杂的环境中，作了大量的工作，进行了艰苦的斗争，在历史上写下了不可磨灭

① 郭沫若：《发挥大无畏的精神——论文艺作家在精神动员中的任务》，《羽书集》，群益出版社1945年版，第158页，第158页，第158页，第161页，第158页。

② 同上。

③ 李斌：《〈羽书集〉考释》，《郭沫若文献史料国际学术研讨会暨IGMA学术年会论文汇编》2010年版，第34页。

④ 郭沫若：《羽书集·序》，群益出版社1945年版，第2页。

⑤ 同上。

⑥ 郭沫若：《撤守前后——〈抗战回忆录〉之十三章·三昧着良心》，《华商报》1948年11月13日。

的一页。”[1] 这类为抗战初期的政治活动洗白的方式，显然表明他们当时的活动超出了党派政治的限度，这也提示我们思考，郭沫若对如何动员民众这一问题的思考与当时政党政治的复杂关系。这包括他的文艺观与国民党文艺政策乃至抗战政策间的关联，他与解放区动员文艺间的异同等方面。对这些问题的探讨，有助于我们更为全面地理解国统区左翼知识分子动员文艺理论与实践的独特性。

从后来郭沫若对自己抗战初期言论的修改，可大致了解他对国民党立场的变化轨迹。就上文引用较多的《文化人当前的急务》和《发挥大无畏的精神》等文章来看，郭沫若在修改时主要删去了这样一些内容：

> 幸好我们的最高领袖，蒋委员长在本月一号《告全国国民书》颁发了出来，把持久抗战和全面抗战的既定国策重新昭示了一遍，要我们从今以后“更哀戚，更坚忍，更踏实，更刻苦，更猛勇奋进，以致力于全面之战争，与抗战根据地之充实，而造成最后之胜利”。就给驱除黑暗的太阳一样，把一切怀疑失望悲观畏怯的妖雾，完全扫荡干净了！[2]
>
> 关于国民精神总动员的纲领和实施办法，政府的功令和部署已经恺切而周密了，剩给我们全体国民的只待如何去实行而推动。文艺作家是国民的一份子，而且是被称为“灵魂的工程师”，当如何虔谨奉行，以为国民全体的表率，并使文艺成为精神总动员中的一个动力，是值得我们切实考虑的。[3]
>
> 一篇博大精辟的《国民精神总动员纲领全文》便是文艺家的具体方案，不必说把这方案的全部，如能够把这方案的局部形象化起来，已经就是足以传之万民而不悖，垂诸万世而不朽的划时代的作品。文艺作家的救国与建国的责任可以由此克尽；国民精神的改进与动员的企图可以由此而完成。[4]

已有论者根据这些删改探讨郭沫若与蒋介石之间的关系[5]，但笔者更想借此探讨郭沫若抗战初期文艺理念的历史归属问题。郭沫若虽然在 1941 年底的“寿郭”运动之后，更为明确地转向了共产党，加上当事人自觉的历史追认，以至于学界多从共产党的文艺政策来理解郭沫若等国统区左翼知识分子的文化实践。而从历史语境来看，郭沫若在抗战初期作为国民政府政治部第三厅厅长，其“鸣锣奉告”只能是奉蒋介石的文告。他在文章中提及的《国民精神总动员纲领》，便是国民政府于 1939 年 3 月

---

① 阳翰笙：《第三厅——国统区抗日民族统一战线的一个战斗堡垒》一，《新文学史料》1980 年第 4 期。

② 郭沫若：《文化人当前的急务——十一月五日在长沙广播电台讲演》，《胜利》1938 年第 3 期（1938 年 11 月 26 日）。

③ 郭沫若：《发挥大无畏的精神——论文艺作家在精神动员中的任务》，《羽书集》，群益出版社 1945 年版，第 158 页，第 158 页，第 158 页，第 161 页，第 158 页。

④ 同上。

⑤ 孟文博：《郭沫若前期文艺论著校勘与发现》，山东师范大学博士论文，2014 年，第 214—221 页。

12 日，即孙中山逝世十四周年纪念日之际，开始大规模实施的国民精神总动员运动的纲领性文件。

该纲领基于总体战的视野提出，旨在全方位动员民众的物质和精神力量。纲领指出："现代战争为全民动员之战争，故不仅应动员国内一切之物质与人力，亦必动员全国国民之精神以充实抗战之国力，不仅在于发动，而尤贵于组织，必具有组织之精神，发挥有组织之人力，利用有组织之物资，方足以适应国家当前之需要。且此次抗战之意义，不仅限于排除暴敌之侵略，而尤在于努力抗战之中，树立战后建国之永久基础，其任务之重，使命之大，在吾国历史上将为空前绝后之无上艰辛的一役。"① 郭沫若在很大程度上正是依据这一纲领思考文艺如何动员民众的。他在 1941 年总结"文化抗战"时就指出，"为着对抗敌寇的文化侵略，第三期抗战开始，我们的文化战线也展开新的阵势，在蒋委员长'政治重于军事'、'宣传重于作战'的伟大的指示之下，前线与敌后展开了剧烈的文化反攻，而大后方的文化战线，则开始走向沉着，深刻，与充实的道路"②。《发挥大无畏的精神》一文，原本也有副标题"论文艺作家在精神动员中的任务"③，只是后来被删除而已。事实上，就郭沫若抗战初期的话语和政治实践来看，将其置于国民党左派的历史余脉中考察也未尝不可。

抗战伊始，郭沫若之所以对恢复政治部极为热心，并非仅仅是为国民政府考虑，也与政治部的政治属性有关，它负载着郭沫若的某种政治理想。政治部是孙中山"联俄、联共、扶助农工"三大政策的产物，一直由国民党左派推动，前期是廖仲恺，之后则是汪精卫。"宁汉合流"之前，汪精卫是武汉政府的首脑，很多左派都对他抱着极高的期待，北伐时期郭沫若对蒋介石的批判，正是立足武汉政府做出的。而在苏联顾问的协助下建立起来的政治部，属于左派的阵地。政治部主任邓演达是左派中的实权人物，郭沫若在政治部实际上是邓演达的智囊。因此，作为"三大政策"的产物，政治部对于郭沫若来说，既是国共合作的平台，也是国民党左派政治理想的象征。这种理想可能既不同于国民党右派，与共产党也有所区别，邓演达后来另立"第三党"便是此意。抗战时期，郭沫若归国后本来就有与国民政府修好之意。甫抵上海他便去拜会沈尹默。在沈尹默处，郭沫若对归国后的打算直言不讳，他列出了两个方案："这里的二条路，是投向中央的怀抱，或是发动青年。"④ 加上此前郁达夫写给他的信中所提及的，"委员长有所借重"⑤ 等信息，投向国民政府无疑是他此时的首选。这种心态在他拜会蒋介石之后就更为清晰了。在接受蒋介石的召见之际，他不

① 国防最高委员会编订《国民精神总动员纲领》，世界书局 1939 年版，第 6 页。

② 郭沫若：《四年来之文化抗战与抗战文化》，军事委员会政治部编印《抗战四年》，青年书店 1941 年版，第 189 页。

③ 郭沫若：《发挥大无畏的精神——论文艺作家在精神动员中的任务》，《羽书集》，群益出版社 1945 年版，第 158 页，第 158 页，第 158 页，第 161 页，第 158 页。

④ 殷尘（金同祖）：《郭沫若归国秘记》，言行社 1945 年版，第 168 页。

⑤ 郁达夫：《致郭沫若》，《郁达夫全集》第 6 卷，浙江大学出版社 2007 年版，第 271 页。

仅拜会了南京的左派政要，如汪精卫、孙科、陈公博等，还详细地记述了这一过程，尤其是“面蒋”的细节：

> 蒋先生的态度素来是有威可畏的，有好些人立在他的面前，不知不觉的手足便要战栗，但他对我总是格外的和蔼。北伐时是这样，十年后的今日第一次见面也依然是这样，这使我特别感着慰适。
>
> “目击而道存”，储蓄在脑里所想说的话顿时已感觉着丝毫没有说的必要。因为蒋先生的眼神充分地表明着钢铁样的抗战决心，蒋先生的健康也充分地保证着钢铁样的抗战持久性。抗战既坚决而能持久，国家民族的幸福还能有更超过于这一点的吗?
>
> 蒋先生是我们最高的领袖，他既有持久抗战的决心，那他对于抗战必如何始能持久的物质条件。(例如孙总理三大政策所暗示)，必已高瞻远瞩，成算在心，不然，他是不会有那样的清明，那样的宁静的。[1]

这篇文章先发表于《申报》，后被多次转载，并收入郭沫若各类文集。当然，郭沫若在该文中对蒋介石也非一味奉承，而是有所讽谏。他认为既然蒋介石有如此抗战决心和精神状态，那么对物质条件也应该有所考虑。在提及物质条件时，郭沫若特意在括号内注明：“例如孙总理的三大政策所暗示。”[2]

“三大政策”正是国民党左派的理论纲领，而此时他追怀的革命前辈也是左派领袖廖仲恺。归国后他曾面对廖仲恺的遗像，写下这样的诗句：

> 呜呼先生，你是忠于革命者的典型，
> 我们要追踪你的血迹前仆而后起。[3]

这里所说的革命，是国民党左派的政策：“你所协定的三大政策：联俄，联共，扶助农工，/这都是中国革命并世界革命的根底。”诗后有跋语：“一九三七年八月一日，余单身由日本回国后之第六日也。深夜独坐，瞻仰廖仲恺先生遗容，不觉泪下，爰草此数语以志感触。”[4] 对于自己的归国，他也描述为：“十年退伍一残兵，今日归来入阵营。”[5] 十年的海外经历，对他来说似乎只是昔日革命的暂时缺席而已。

---

① 郭沫若：《在轰炸中来去》，《申报》1937 年 10 月 19 日。

② 郭沫若：《蒋委员长会见记》，《抗战将领访问记》，战时出版社，出版时间不详（约为 1938 年），第 2 页。

③ 原文无题，以手稿形式载《立报》1937 年 8 月 20 日。

④ 同上。

⑤ 郭沫若：《由“有感”说到气节》，《救亡日报》1937 年 8 月 30 日。

问题的复杂性在于，国民党左派与中共的界限极难把握，这也是当初国民党要清党的原因之一。而郭沫若也并未因追认国民党左派的传统便与中共分道扬镳，共产党内依旧有很多他的朋友，如周恩来、叶挺、朱德及叶剑英等都是他北伐时期的战友，而大多数左翼文化人与他的交往也极为密切。较之文字叙述，社会关系的错杂性或许才是最为复杂的历史现实。

这种含混性在郭沫若就任第三厅厅长之后，曾一度变得清晰起来。就职第三厅在某种程度上意味着立场的选择。虽然政治部是国共合作的产物，但郭沫若履职初期，确实是尽职尽责地为国民政府做宣传动员工作。其政绩除了 1938 年 4 月第三厅成立初期的宣传周外，他最为乐道的是“七七纪念周”的扩大宣传。为筹备这个活动，陈诚特批了三千元经费，后来蒋介石在召见郭沫若时，又亲自批了一万五千元，并且告诉他：“你以后随时都可以到我这里来啦。要钱用，随时告诉我啦，唵?”① 因此，郭沫若不仅有充足的经费，而且还是“奉旨出朝”，所以这次活动格外成功。此后，郭沫若成了蒋介石的座上客，有时会受邀参加“御前会议”。蒋介石对知识分子较为尊重，经常邀约学者谈论时局问题，而郭沫若也常能与他取得一致。如海南岛沦陷之后，蒋介石曾邀请郭沫若、张季鸾、王芃生及陈立夫等人探讨如何进行国际宣传。郭沫若认为应该发动华南民众，发动民众一直是他解决政治问题的首选，但蒋介石的着眼点并不是对内，而是如何对英、法等国做文章。之后郭沫若针对此事作了题为《巩固反侵略的战线》的广播演说，便先引述蒋介石的观点，将海南岛的沦陷看作日本对英、法、美的挑战，并进一步分析了日本占领海南岛对英、法、美的损害。

此外，作为政治宣传和动员的主要负责人，他还写有《战时宣传工作》，这是国民党战时宣传的纲领性文件。该书分“总论：理论与方法”和“分论：应用与实习”，全面阐释了宣传要义和宣传方法，其立论无疑要从国民党的角度出发。如总论对目前宣传工作基本任务的规定中，第一条便是：“随时随地，根据具体的环境，阐扬中央和最高领袖蒋委员长的国策、训令、言论、使全国民众在中央和最高领袖领导之下，一切为国努力。”② 阳翰笙等人的回忆录，往往谈及郭沫若等人如何反对国民政府“一个政府、一个主义、一个领袖”的口号，但事实显然并非如此。或许正因为立场过于清晰，这部长达十余万字的手册既未收入之后的文集，也没有收入全集，学界也少有人提及。而从这些史实来看，郭沫若那些“鸣锣奉告”的文字，并非完全“言不由衷”，而是特定历史环境中的产物。

当然，本文无意将抗战时期的郭沫若重新坐实为国民党左派，而是认为对于缺席 20 世纪 30 年代左翼文化斗争的郭沫若来说，大革命时期的经历是更为切实的革命经验。这种历史意识使他在参与抗日战争中的政党政治时，具备某种综合性视野的特

① 郭沫若：《保卫大武汉——〈抗战回忆录〉之七章 · 二特别召见》，《华商报》1948 年 10 月 5 日。

② 郭沫若：《战时宣传工作》，青年书店 1938 年版，第 5 页。

质。他既主动参与国民政府的抗战政策，其动员文艺理论与实践，显示了左翼知识分子在国民政府“抗战建国”意识形态框架之内，对于文艺如何动员民众这一问题探索的深度及其独特性。现代战争对民众精神与意志的倚重与强调，以及国民政府所发动的国民精神总动员，都为郭沫若的诗人气质提供了用武之地。而其“由情以达意”的动员模式，及其领导的第三厅的文艺动员实践，是总体战视野下独特的动员文艺经验，既为国民政府抗战动员做出了历史贡献，也丰富了国民政府的战时动员文艺。同时，他的动员文艺理论也为解放区动员文艺的发展提供了一定的借鉴，展现了 20 世纪 40 年代文学与政党政治间的复杂关联。

（原载《文艺研究》2016 年第 1 期）

中国现代文学研究与名人博物馆关系初论

——以郭沫若研究为例

张　勇

2015 年 8 月 4 日《中国社会科学报》第八版的争鸣栏目，刊登了童庆炳《两种声音一个结论——兼谈历史真实与艺术真实的区别》一文，这篇文章从郭沫若纪念馆内所展出的有关《蔡文姬》展品的说明条“为曹操翻案”一句入手，展开详尽的论述，最后得出了《蔡文姬》剧本的主题“是表达千千万万进步知识分子的爱国情怀”① 的观点。姑且不论童庆炳最后的结论如何，单就他的研究方法来说就值得我们深思。童庆炳向我们揭示出了目前中国现代文学研究领域中一个非常重要而又未被重视的视角和方法，也就是有关中国现代文学研究与名人博物馆之间关系问题的探讨。

1915 年“五四”新文化运动以来，中国现代文学真正拉开了序幕，白话文的创作如雨后春笋般发展起来，一大批中国现代文学名著应运而生，《狂人日记》《女神》《尝试集》《骆驼祥子》等不胜枚举，与之相对应的是这些名著的创作者们都成为了我们耳熟能详的文学艺术大师。鲁迅、郭沫若、茅盾、老舍等人以不同文学体裁的创作带领阅读者进入到了一片广袤无垠的艺术世界。随着社会和政府对于文化建设和发展的重视，以这些名人居住过、活动过的地方为基础，建成了各类名人故居博物馆。这些现代文化名人故居博物馆尽管规模大小不一，但都引起了社会各界人士的普遍关注。特别是这些现代文化名人故居博物馆里藏有大量的名人本人创作手札、藏书以及手稿，以及他们与其他文化名人之间交往过程中的通信等珍贵文物。这些文物本应该成为学术研究的重要组成部分，而博物馆也可以利用其对外宣传教育的功能，扩展现代文学研究的范畴和影响，但是现实情况却是现代文学的研究和博物馆的发展建设分属于两个不同的学科和领域，几乎很少有交叉和融合。那么，这两者之间究竟应该是怎样的关系？探究两者之间的关联，究竟又有怎样的意义呢？

---

① 童庆炳：《两种声音一个结论——兼谈历史真实与艺术真实的区另》，《中国社会科学报》2015 年 8 月 4 日。

一 现代文学研究与名人故居博物馆分离原因的探析

要阐释现代文学研究与名人故居博物馆之间关系的问题，首先应该明确两者之间的现状。就目前情况来看，两者还几乎处于各自的轨道之中，未能相互影响和促进。造成中国现代文学研究和名人博物馆之间隔离的原因是多方面的，归纳起来主要有以下几个方面：

1. 中国现代文学研究范畴和视野所限

长期以来文学研究者主要分布在高等院校和科研院所，而普通民众能够进行文学鉴赏者少之又少，能够从事所谓研究的人更是凤毛麟角，因此文学研究被深深地打上了学院派的烙印。特别是“五四新文化运动”以后，随着西方新的研究方法的引进和高等教育体制的改革，这种学院派的印记愈发明显。不可否认，遵循“学院派”研究路径和方法，会在很大程度上提升中国现代文学研究的水平，保持与世界先进水平的同步性。但在另一方面也造成了一些突出的问题，如学院派研究成果的现实转换率不高，很多研究成果未能直接给广大民众以现实指导。特别是一些高级别中国现代文学研究的课题，一般最终都是以结题报告或专著出版等作为结题的最终成果，而研究成果的现实应用方面的推广则几乎被研究者忽略掉了。

这就造成了一个突出的问题，那就是研究成果和现实应用的脱节。仅以郭沫若的研究为例，恐怕现在绝大多数人都认为郭沫若的《女神》是典型的浪漫主义诗作，郭沫若也是中国现代文学中浪漫主义的先声，类似于：“郭沫若立足于‘五四’时代现实，面向世界潮流，在《女神》的诗歌中，灌注着冲决封建藩篱、改造社会的强烈要求和追求美好理想的无比热力”① 这样的论述相当普遍，中国现代文学史教材中也基本上是把这种结论教授给学生。但最新的研究却不断地在证实，郭沫若的《女神》不仅仅是一部浪漫主义的代表作，它还有更深层的意蕴。通过研究，我们可以明显地发现，郭沫若的“《女神》只是郭沫若当时诗歌创作的一个选本，是诗人自己辑录的一个选本，即使诗人以为这五十余首诗可以代表自己那时的创作，但对于文学史的阅读和研究来说，无论如何它们是不可能涵括郭沫若早期诗歌创作的全部内容的”②。另外“《女神》却是在另外一个文化环境里诞生的，与国内新文学发生的环境并没有直接的联系。《女神》是一个留学日本的中国青年在九州地区读书期间创作出来的一个诗歌作品集‘中国青年、‘留学生活’、‘日本九州’，这样几组关键词中所包含的文化内涵，才是《女神》创作的真实背景，但它们很少，或几乎没有被注

---

① 黄曼君、朱寿桐：《中国现代文学史》，武汉大学出版社2012年版，第117页。

② 蔡震：《郭沫若著译作品版本研究》，东方出版社2015年版，第65页。

意到”[1]。《女神》其实“是郭沫若从自己留学经历的一段时间内所写作的全部自由体新诗中选录辑成，在这一段时间内他写成的诗作远不止《女神》中那56首”[2]。通过以上的这些研究所得出的结论，肯定会纠正以往我们对这部作品的原初印记，也会为普通读者进一步科学正确认识《女神》提供新的视角。这本应该是一件正常的事情，但目前的现状却是文学研究最新的成果仅仅停留在研究者理论研究的层面上，而很少能够直接影响到普通读者的认知。

2. 博物馆旧有的建设理念使然

中国现代文学研究与博物馆建设两者之间的现状，除了中国现代文学研究自身的历史传统外，其实也与博物馆旧有的建设和存在的理念有很大的关联。随着我国社会文化的不断发展，博物馆的建设越来越受到民众的关注。“博物馆作为对话远古与现代的纽带、联系现在与未来的桥梁，自诞生之日起就以社会发展的需要为导向，结合人类的社会实践经验，积极开展着收集和保护藏品、陈列布展以及科学研究等工作，进而在保存自然与人类社会的记忆、传承文化、教育公众、启迪智慧、陶冶情操、休闲娱乐以及作为国家或城市的文化象征等方面做出了重大的贡献，业已成为人类社会文化生活中不可或缺的重要组成元素。”[3] 因此，博物馆已经成为了文化产业发展的重要组成部分，更为关键的是博物馆已经是公众文化教育的主要承担者之一。

伴随着各类专业博物馆的发展，近些年来以现代文化名人为主体的名人故居博物馆也如雨后春笋般地成立起来。这些现代名人故居博物馆有着自己先天的特征和优势，它们既具备一般博物馆以展览为主的特征，也具有名人自身生活场所的特性。因他们所展示的主体大多为广大民众所熟知的历史文化人物，因此这类博物馆更加具有亲和力和吸引力。以郭沫若纪念馆为例，每年到馆里参观的人数不少于5万人，每年还有主题展和外展，参观这些主题展览的人数更是超过了10万余人。另外，像一些免费开放的博物馆参观的人数更是居高不下。如北京茅盾故居就是免费向观众开放的，它每年接待参观的人数近10万人。这些参观的观众从年龄来讲，大到耄耋老者，小到10岁左右的小学生；从学历层次来讲，既有从事高级专业研究的学者，也有普通的市民群众。因此，博物馆已经成为社会公共教育的最重要的场所，也是普及社会科学知识、传播传统文化的有效阵地。目前，为了更好地加强对公众的教育，各个博物馆纷纷改善陈展设施，增加先进的展览手段和技术手段。不可否认，经过上述方式的提升后观众参观的外在环境有了极大的改观，但仅仅考虑这些是不够的，更重要的问题是如何更新展览的内容，特别是对于展品的说明，如何能够把对该问题最新的认识成果引进到展览中来，这是目前博物馆展览方面应该首先考虑的问题。

---

① 蔡震：《郭沫若著译作品版本研究》，东方出版社2015年版，第66页。

② 同上书，第66—67页。

③ 姜涛、俄军：《博物馆学概论》，兰州大学出版社2014年版，第20页。

文物是博物馆特有藏品的总称，因此文物的保护和展示是博物馆最重要的任务之一。文化名人故居因其基本属于各级文物保护单位，因此馆藏的物品自然而然便被视作文物加以珍藏。而这些文物又与古建类型的博物馆有着很明显的区别，文化名人故居博物馆的文物大多是这些文化名人生前创作作品的底稿、手稿、版本书以及他们所使用过的物品等。对这些文物的保护，多年来，资料保护者都是采用“藏而不见”的方法。他们认为保护就是要束之高阁，就是要秘不示人。但实际上这是一种极其被动的保护方法，它既造成了对这些文物资料难以有效利用的现实，也造成了博物馆与其他领域隔阂的弊端。在这种理念之下，相关的研究者们也只好望而却步，合作更是一件可望而不可及的事了。

正是在以上诸多原因的作用下，中国现代文学研究和相关的文化名人故居博物馆本应该有的联系、沟通与合作便无从谈起了。

二 填充与反哺：两者关系的重新定位

虽然中国现代文学研究和名人故居博物馆分属于两个不同的门类，但是中国现代文学研究的对象和现代名人故居博物馆所展示的对象是一致的。从这个意义上来看，它们之间的关系本不应该是两条平行发展的直线，而应该是互相促进、你中有我、我中有你的存在，具体来讲应该是一种填充和反哺的关系。

所谓填充，主要是指名人博物馆为现代文学研究提供可靠的原始资料，以促进相关研究的深入。这些原始资料既是有形的，也是无形的。有形和无形的历史资料都将对研究对象的研究起到重要的促进作用。

有形资料主要是指报刊、手稿、书信等纸质媒介所承载的现代文化名人创作、生活等方面的信息。近年来文学研究越来越重视史料的发掘和运用，特别是距离当下较近的中国现代文学研究更是由于研究方法、研究氛围等客观原因，长期以来形成了重宏观轻史料、重阐释轻实证的研究方法。但是随着时间的推移，史料的重要性越来越突出，这才出现了现代文学研究中特有的“补课”现象。例如，郭沫若研究便是最明显的事例。20 世纪 80 年代至 21 世纪初有关郭沫若的研究几乎都是理论探讨类型的成果，很少有史料分析的。这种研究所带来的问题是非常明显的，特别是一些结论明显是建立在史实不清、史料错误的基础之上。随着研究的不断深入，研究者们的史料意识不断增强，回到文学发生的现场，回到作家创作的场域成为研究者们的共识。如何回到现场呢？最主要的途径便是借助于“史料”。毫无疑问，图书馆是中国现代文学“史料”最集中的场所，因此到图书馆查阅相关“史料”便成为了常态。但是，现代名人故居博物馆却成了被研究者所遗忘的角落。现代名人故居都是以名人曾经居住过的地方作为基础建立起来的，因其长年在内居住，因此遗留下了很多有形的历史资料。这些历史资料往往是图书馆中难以见到的。比如《郭沫若少年诗稿》《樱花书简》等郭沫若少年时期创作资料汇编，这些“郭沫若出川前的诗文、联语多录写在乐山和成都读书的作业本上，一直留存在乐山沙湾”①。编者正是在郭沫若少年时期曾经生活过的旧居留存资料的基础上整理而成。再如对郭沫若题画诗研究、郭沫若书法作品研究、郭沫若书信研究等方面的资料大多数都留存在其纪念馆或旧居之中。因此，现代名人故居中留存着大量的可供开发的研究资源。

相对于有形资料来讲，无形资料对于中国现代文学研究的深化作用更是其他任何机构都无法替代的。无形资料包括居住和生活的环境、居所的陈设等方面。生活的环境是影响作家创作的最直接因素。环境变化，作家创作的风格以及由此反映的创作心态必然会随之发生变化。如在郭沫若研究中有关其后期的研究一直是个薄弱的环节，这其中既有社会认识的原因，也有资料缺乏的因素，另外还有研究方法的问题。研究者们多将关注的视角集中在建国后郭沫若的行为阐述、作品解读等方面，而对于导致其心态行为产生重要作用的居所变更因素几乎无人提及。对于郭沫若后期的研究，如果我们能够从其晚年的居所，也就是现在辟为郭沫若纪念馆的北京市西城区前海西街18号入手进行考察，是不是能有新的收获呢？郭沫若的晚年特别是在1963年以后创作锐减，仅仅只是完成了《李白与杜甫》《出土文物二三事》等考古学论著，《兰亭序》真伪的论辩等文章，而《东风第一枝》和平生最后一部译作《英诗译稿》，则都是在其去世之后才得以问世的。回顾他这一时期的作品，可以发现无论数量还是质量，显然无法与之前任何一个阶段相比。而且，1963年以后郭沫若的作品更集中于历史与考古研究领域，需要激情与灵感的文学创作略显单薄，且作品社会反响褒贬不一，那个作为诗人的郭沫若不复存在了。为什么会出现这种状况呢？对于自己这一时期的写作状态，郭沫若是有清醒认知的。他在1962年7月3日致徐迟的信中写道：“旅行是很好的事，我一在外旅行，便可以有些创作，一停顿在京里，就像化了石一样……”在此，郭沫若的话并不是自谦，而是陈述了某种现实。走进郭沫若纪念馆你就会发现，这所院落虽然宽敞精致，但是真正属于郭沫若个人，可以进行思考和活动的空间却寥寥无几，甚至有些小得可怜。现在按照郭沫若生前的原貌保存下来的原状展厅，便清晰地印证了这一点。透过展厅的玻璃窗，你会发现会客室、办公室兼书房、卧室被分隔得清晰明确。在这明晰的分隔中，郭沫若个人的空间其实已经被压缩得所剩无几了。从空间的维度上来看，从会客室到办公室兼书房再到卧室的面积空间是逐步缩小的。单就完全属于个人空间的卧室来讲，这里的布置相对于前两者来讲已经十分简朴，甚至朴素得不能再朴素了。一张棕床、一张单人沙发、一套衣柜，一整套带木盒的《二十四史》，仅这几件简单的物品就已经让本来狭小的卧室显得更加局促了。在这里唯一能够体现出郭沫若个人性情的便是那套《二十四史》。我们可以想象到，每当处理完各种繁杂的政务和公文后，一天归于平静的时候，郭沫若自己一人

① 郭平英、秦川：《敝帚集与游学家书》，中国社会科学出版社2012年版，第361页。

安静躺在床上顺手拿起《二十四史》中的一本认真研读的场景，再无喧嚣的吵闹，再无无绪的争斗，更多地恢复到了自我沉思的空间，但这属于自我的空间又是那么狭小和局促。

相对于个人空间的狭小，作为会客室和办公室的公共空间却是非常宽大。这个会客厅是郭沫若用来会见重要客人的场所，面积大约有卧室面积的三倍还要大些。因为郭沫若建国后担任了国务院副总理、人大常委会副委员长、中国科学院院长等重要职务，所以他要经常会见来自各方的不同客人。马蹄型摆设的沙发占据了这间会客厅绝大多数的空间，靠墙角摆放着钢琴。前面的单人沙发是郭沫若接待友人时习惯的坐椅，最尊贵的客人在他左手的位置上。沙发后面的墙壁上，悬挂的是傅抱石专为郭沫若“量墙定作”的巨幅山水画《拟九龙渊诗意》，描绘的是郭沫若笔下朝鲜金刚山九龙渊美景。总之，会客厅中摆设的物品都追求着“大”的原则。细看一下，这里所有的摆设和陈列其实与其他人的会客厅别无二致，更多的是为了待客之道，属于自己的空间几乎没有。

在客厅和卧室之间，略显奢侈的大房间就是郭沫若的书房了，更确切地说是他的办公室。屋内西侧一排高大的书柜倚墙而立，满满排列其上的中外文书籍暗示了他贯通古今中西的学识。书房窗台上满布的一堆堆科学院科学考察报告、国情社会调查资料、待批阅的各类文件，诉说着他公务的繁忙。在这里，一切都被程式化和凝固化了。就是像书房这样一个私人创作的领域，也是向客人们敞开的，已经部分公众化了，在这种情况下私人的话语如何出现呢？所以，我们在他人生最后所创作的文学作品中看到，占很大比重的反而是伴随旅行而生的纪游诗作。可以说，只有当他走出这程式化的办公室时才能获得往昔泉涌般的写作灵感。

由此可见，名人故居博物馆不仅可以为现代文学提供有形的文物史料，还可以展示创作者们的生存环境和空间，为研究者们打开一扇新的研究之门。

所谓反哺，就是指中国现代文学研究可以为名人故居博物馆的建设输送学理性的成果，以提升广大受众的认知。中国现代文学研究的目的究竟何在呢？要回答这个问题，我们必须首先明确“文学充当人际交往的特殊话语，必将有助于一个社会或语言共同体的成员达到对客观事物的共同理解，建立大家认同一致的伦理规范，保持和谐的人际关系，强化情感与审美的交流”① 的理念。文学研究除了要对所研究的对象进行正本清源的学理阐释，寻找到研究对象最科学合理的存在意义之外，如何利用研究所得到的成果服务现实也应该是其中的一个重要方面，况且文学研究一直也在践行着这一功能。比如中国现代文学史的修订、再版与重印的现象，便是中国现代文学研究推动的结果。从 20 世纪 80 年代在高校中普遍授课所采用的唐弢的《中国现代文学史》，到现在每个大学里基本上都有自己所编写的中国现当代文学史，这些文学史教

---

① 童庆炳：《文学概论》，北京大学出版社 2007 年版，第 438 页。

材不断丰富的内容、修订的结论、变化的体例，基本都是源于相关研究的深化。

但是，中国现代文学研究成果的现实服务功能，除了在高校中作为授课的教材之外，其余的方面表现甚微，这其中重要的一个方面就是对名人故居博物馆建设和发展的理论提升和现实指导不足。首先从博物馆的功能定位来讲，名人故居博物馆具有辅助教育功能，已经成为学校教育之外的第二课堂。另外，参观观众广泛，有普通民众，有专业人士，甚至还有外国友人等，而名人故居博物馆就是利用其馆藏物品，向来参观的观众全面介绍该名人的人生经历、主要成就，甚至是历史价值。那么，如何向观众进行说明进而达到教育的目的呢？展品的说明条就是主要的形式。这看似简单的说明条的写作却并非简单，因为它不仅要求用最凝练的字句概括出所要说明事物的特征、价值等方面的内容，而且还要具有科学性和准确性。一些基本的史实，如名人出生的时间、地点等方面的内容是固定不变的，这些可以延续下来，但是对于这个人的历史评价、这个人创作作品的意义和美学价值等方面的内容则要随着研究的不断深入而有所变化，这就需要及时进行更新。如本文前面所引述的童庆炳对于郭沫若纪念馆中有关《蔡文姬》展品说明条问题的质疑，其实就是中国现代文学研究与名人博物馆建设之间隔离的例证。如果中国现代文学研究能够把最新的研究成果运用到名人博物馆的建设中来，必将会对引领观众的认知、扩展中国现代文学研究的影响力起到重要作用。

其次从名人故居博物馆的信息功能定位来讲，名人故居博物馆具有信息聚集中心的功能。比如，在中国大陆境内一共有三个有关郭沫若的纪念馆，分别是北京郭沫若纪念馆、乐山沙湾郭沫若旧居、重庆沙坪坝郭沫若纪念馆。这些纪念馆的存在，主要的原因就是它们都承载了有关郭沫若的重要的文化信息。但是，如何将这些文化信息科学地展现给观众呢？这就需要一个去伪存真的筛选过程，而这个筛选的过程就是要利用已有的研究成果，对现存的物品和信息进行真伪辨别，并在此基础上进行保存和归类。北京郭沫若纪念馆这些年来一直致力于郭沫若各种资料的收集和整理工作，努力打造成为全国乃至世界郭沫若研究资料的中心。这些资料的收集和整理工作，就是建立在科学研究的基础之上，如郭沫若翻译作品版本书的收集和整理，就需要大量有关版本书的研究成果资料。在20世纪30年代曾经有本署名为郭沫若译的《黄金似的童年》的翻译作品，经过最新的研究成果确认，此书为假托郭沫若译的伪书。对于这本书，我们当然不能作为郭沫若翻译作品的版本收集起来。由此可见，中国现代文学研究对于名人故居博物馆的反哺和建设作用是非常重要的。

中国现代文学研究与名人博物馆建设之间所谓的填充与反哺的关系，其实也是一体两面的事物，两者应是你中有我、我中有你的存在。通过名人故居博物馆对现代文学研究资料的“填充”，以及中国现代文学利用自己的研究成果对名人故居博物馆发展的“反哺”作用，它们能相得益彰，互相促进。

三　研究这个问题的学理和现实意义

研究中国现代文学研究与名人故居博物馆建设之间关系的意义，应该从学理和现实两个层面上加以说明。

首先，从学理层面上来讲，加强中国现代文学研究和名人故居博物馆之间的关联，可以弥补两者在各自领域发展中的不足，同时也可以促进两者文化内涵的深化和提升。

其次，就文学研究来讲，我们不缺乏利用西方各种理论知识对所研究对象进行学理分析，但是缺乏研究对象的丰富资料。作为研究对象生存过的住所，包括由此住所开辟出的名人博物馆中所收藏的大量创作的手稿、出版的各类版本书、作家藏书，以及对这些博物馆环境的考察和梳理，都应该成为中国现代文学研究必不可少的部分。这些对外开放的名人故居博物馆承担着对社会公众教育的重要职责，对此进行文学作品传播学方面的研究，也是实践大众教育功能的一种非常有效的途径。比如，目前有关郭沫若的文学研究中，有关文学创作方法、创作理论以及作品特色等方面已经有了很丰富的成果，但是，有关生存环境对郭沫若创作特色的影响以及创作道路的选择等方面的研究却比较缺乏。而北京郭沫若纪念馆便会帮助解决这一问题，因为经过博物馆工作人员的辛苦工作，郭沫若生前所居住过的环境，甚至是物品的陈列都被非常好地保存下来了，这为相关的研究提供了第一手实物资料，同时也为郭沫若的研究开辟了新的道路。

就名人故居博物馆的建设来讲，应充分利用研究界的最新成果更新展览的内容和说明，以最快的速度反哺给公众，会使公众教育能够最大限度地与相关研究成果保持同步性。由于历史和现实的原因，名人故居博物馆在研究方面的力量比较薄弱。但是，名人故居博物馆有其存在的特殊性，相较于一般古建类或综合类的博物馆来讲，它主要通过对人物的史事和贡献进行展览和介绍，以达到观众认识和了解的目的。这对于此类博物馆的文化内涵要求更高，特别是对于史事的介绍更要做到清晰准确。但是，名人故居类型的博物馆因受隶属关系和编制体系的影响，造成了科研力量的相对薄弱，这便迫切需要引入外来的科研成果为其服务。比如，北京郭沫若纪念馆中，有关郭沫若相关生平和创作的介绍大多是简单文字的概述，少学理性的解析，很难满足不同层次观众对展览内容的了解需要。如果能够从多层面全方位对其进行解读，应该会收到更好的效果；也可以邀请相关的郭沫若研究专家定期进行专题讲座或是普及教育，这应该是中国现代文学研究推助名人故居博物馆发展的有效途径。

最后，从现实意义层面上来讲，明确中国现代文学研究与名人故居博物馆之间的关系，可以进一步完善两者服务社会的功能。

教育功能是文学研究的一个非常重要的方面，也是名人故居作为博物馆的基本特性之一，还是它们两者的交汇点。文学研究绝不仅仅只是学院派的事情，更多的还是要服务于大众，“净化人的心灵，提高人的艺术感受力和审美判断力，激发人的想象力，增强人的创造性和创造欲望”①。就所关注的本体来看，中国现代文学研究关注作家作品的方向和名人故居博物馆的建构目标指向是基本一致的，只不过是所呈现的方式不同而已。中国现代文学研究更多的是通过文字的分析和论述去阐释所关注的对象，而名人故居博物馆更多的则是通过图片和实物的方式去展现某一对象。由此可见，两者关注主体的方式不同，但是目的却基本上是相同的。中国现代文学研究是为了通过对所研究对象的理论阐释，从更高意义上概括出其意义和价值，而名人故居博物馆则是通过展览展示的手段去总结其业绩和贡献。两者最终的目的都是通过各自的方式去引导受众认识历史，提升自我，从而完善社会服务的功能。

中国现代文学研究和名人故居博物馆虽然分属于两个不同的学科范畴，但是二者之间却有着千丝万缕的关联，如果能够将两者更好地结合起来，那么必将会迎来彼此更为广阔的发展前景，实现殊途同归的目的。

（原载《山东师范大学学报》2016 年第 3 期）

① 王长华、闫福玲：《从文学教育的功能与特点看文学课教学改革》，《河北师范大学学报·教育科学版》2012 年第 10 期。

郭沫若给中国马克思主义史学带来了什么?

——以民国时期对郭沫若史学的评价为中心

张　越

郭沫若是中国马克思主义史学的开创者之一，是中国马克思主义史学在其发展壮大的过程中起到过重要的，甚至可以说是决定性作用的人，是当之无愧的中国马克思主义史学的领军人物。虽然中国马克思主义史学阵营是一个群体，是经过如范文澜、吕振羽、翦伯赞、侯外庐等一大批马克思主义史家共同努力的结果，是在1949年之后又聚集了更大范围的史学家致力于唯物史观研究历史的学术现象，但是，郭沫若是中国马克思主义史学中的代表性人物是不争的事实。一直以来，对郭沫若史学成就和影响的评价多种多样，其中，实事求是的评价有之，沿袭旧说、与事实不甚相符、过分夸大的评价也时有出现，还有许多是那些带有先入为主的成见而蓄意负评郭沫若的，以及那些不了解事实、不明就里、人云亦云的批评、指责甚至诋毁和谩骂。在一定程度上说，对郭沫若史学的评价关乎于对中国马克思主义史学的评价，对郭沫若史学评价出现的问题，一定程度地也反映了对中国马克思主义史学评价中出现的问题。尽管对郭沫若史学的评价不能完全等同于对中国马克思主义史学的评价，但是其中的关系是不言而喻的。

郭沫若带给中国马克思主义史学的内容极其丰富，本文不可能面面俱到，只是在前人研究的基础上，在一些比较重要的方面，试以民国时期郭沫若史学受到的各种评价为主要材料，意在重现郭沫若史学建树在当时学术界所引起的各种反响，借以说明郭沫若史学给中国马克思主义史学所带来的贡献及其他，希望有助于更为客观地评价郭沫若史学和马克思主义史学。

一　“例示研究古代的一条大道”:《中国古代社会研究》

1930年3月，郭沫若的《中国古代社会研究》在上海出版，“这是中国学者运用马克思主义社会经济形态理论划分中国历史发展阶段的最初的尝试”①。《中国古代社

① 林甘泉:《20世纪的中国历史学》,《历史研究》1996年第2期。

会研究》成为中国马克思主义史学建立的标志，是一部中国马克思主义史学的经典著作，此说已成学界公论。

《中国古代社会研究》出版时，国内正值中国社会史论战的高潮时期，言及郭沫若此著，一般都会联系到社会史论战，而且《中国古代社会研究》的出版也确实影响到了社会史论战：正是1929年出版的陶希圣《中国社会之史的分析》和《中国封建社会史》、1930出版的郭沫若的《中国古代社会研究》，将问题引入中国社会史领域，论战也从中国社会性质问题转入了中国社会史问题，影响到了论战的走向。郭沫若《中国古代社会研究》的主要观点，受到动力派的激烈批评，也成为《读书杂志》中的论战的核心内容之一。

然而，郭沫若著述《中国古代社会研究》与社会史论战有没有直接的关系？郭沫若是不是专为论战而著此书，还是出于别的原因撰著此书并出版后与论战不期而遇？对此，学术界也存在争议①。从实际情形看，首先，《中国古代社会研究》是郭沫若在日本期间完成的，因为远离国内论战中心，对论战的了解并不全面；其次，《中国古代社会研究》全书对于正在开展的社会史论战只字未提，书中将商周史置于唯物史观社会经济形态理论的框架中、提出的西周为奴隶社会等，都成为社会史论战中被重点批评或攻击的内容，却也未见郭沫若直接回应（仅对陶希圣有过简单批评）。这都使我们对于该书与社会史论战的关系产生疑问，这至少可以提示我们，将《中国古代社会研究》和社会史论战完全绑定在一起解读是不够全面的。

说到底，《中国古代社会研究》是一部历史著作。作为近代中国史学史上的一部经典的历史著作，其著述动因必然与当时的史学状况有着直接关系。20世纪初，梁启超倡导建立中国的“新史学”，其主旨之一，就是希望对旧史学进行一番彻底的清算，参照西方史学，融入史学“求真”“科学”的历史学等现代因素，建立适应中国社会现实需求的“新史学”。到了“五四”前后，不同于古代史学的近代中国史学，无论是在历史观点、研究理念、研究方法、研究机制、人才培养、历史教学等方面已经有了相当规模，王国维、梁启超、胡适、陈垣、顾颉刚、傅斯年、陈寅恪等人，都为此做出了不同的贡献。当时的情况大致是，王国维、罗振玉等人通过对甲骨文的释读，使上古史的研究获得了明显进展，亦因“二重证据法”而凸显了新史料在历史研究中的价值；胡适借乾嘉考据的研究方式阐发历史研究中的“科学方法”也受到了广泛关注。顾颉刚通过对史料的考辨，提出了“层累地造成的中国古史”说；陈垣的“古教四考”、《元西域人华化考》（上）等名著也已完成问世。重视史料和考证，成为当时历史研究的前沿动态。大约同一时期，在新文化运动日渐高涨的过程

① 如谢保成认为：“《中国古代社会研究》虽然有意‘认清楚过往的来程’以‘决定我们未来的去向’，却无心社会性质问题的论战。”见谢保成《学术视野下的社会史论战》，《学术研究》2010年第1期。乔治忠则认为：“中共干部派早期参加者以郭沫若为主，《中国古代社会研究》一书、《读〈中国封建社会史〉》一文，都是有组织的行为。”见乔治忠《20世纪30年代中国社会史论战问题探实》，《天津社会科学》2014年第5期。

中，胡适提出“研究问题，输入学理，整理国故，再造文明”[①] 的文化纲领，主张“用历史的眼光来扩大国学研究的范围”“用系统的整理来部勒国学研究的资料”“用比较的研究来帮助国学的材料的整理与解释”。[②]“整理国故”运动随之兴起，后果之一，便是将学术研究趋势引入了对“国故”的“部勒”、“理董”、整理和考证中。事实上，民国时期以历史考证为主流史学趋势，即与新史料的运用、“科学方法”的提倡以及“整理国故”运动的开展有着直接关系。

郭沫若对“整理国故”运动并不赞成，郭沫若在1924年就说：“大凡一种提倡，成为了群众意识之后，每每有石玉杂糅，珠目淆混的倾向。整理国故的流风，近来也几乎成为了一个时代的共同色彩了。”[③]《中国古代社会研究》的撰写出版，是在“向搞旧学问的人挑战，特别是向标榜‘整理国故’的胡适之流挑战”[④]，是郭沫若采取的对“整理国故”运动的否定行为，也是他努力开拓中国史学发展新途径的尝试。此为撰述《中国古代社会研究》的直接原因之一。

值得注意的是，在《中国古代社会研究》的“自序”中，郭沫若表达了他对于当时中国史学发展特点的判断。第一，肯定王国维、罗振玉“研究学问的方法是近代式的”，有着“近代的科学内容”，“大抵在目前欲论中国的古学，欲清算中国的古代社会，我们是不能不以罗、王二家之业绩为其出发点了。”第二，质疑胡适的《中国哲学史大纲》“在中国的新学界上也支配了几年，但那对于中国古代的实际情形，几曾摸着了一些儿边际？社会的来源既未认清，思想的发生自无从说起。”可见，郭沫若高度评价王国维等人的研究是“近代式的”，中国“新史学”的发展，当“以罗、王二家之业绩为其出发点”，而继续发展的途径，并非是胡适所提倡的“整理国故”，《中国哲学史大纲》也不是典范。在郭沫若看来，须用“批判”来取代胡适的“整理”，理由是：“‘整理’的究极目标是在‘实事求是’，我们的‘批判’精神是要在‘实事之中求其所以是’”，“‘整理’的方法所能做到的是‘知其然’，我们的‘批判’精神是要‘知其所以然’”，“‘整理’自是‘批判’过程中必经的一步然而它不能成为我们所应该局限的一步。”这里，郭沫若非常清楚地阐明了“批判”式的史学意向，而要达到“清算中国的古代社会”“认清所谓国学的真相”的目标，“整理国故”是难以胜任的。《中国古代社会研究》的著述意图，正是要“跳出了‘国学’的范围”，超越“整理国故”。[⑤]

再从《中国古代社会研究》的成书过程来看，郭沫若在日本完成了《〈周易〉时代的社会生活》后，在接下来的《〈诗〉〈书〉时代的社会变革与其思想上之反映》

① 胡适：《新思潮的意义》，《胡适文集》（第三册），人民文学出版社1998年版，第343页。

② 胡适：《国学季刊发刊宣言》，《国学季刊》1923年1月第1卷第1号。

③ 郭沫若：《整理国故的评价》，《创造周刊》1924年1月13日第36号。

④ 郭沫若：《金文丛考・重印弁言》，人民出版社1954年版，第4页。

⑤ 郭沫若：《中国古代社会研究・自序》，河北教育出版社2000年版，第7—8页。

文中，将该时代定为“由原始公社制向奴隶制的推移”和“由奴隶制向封建制的推移”，初步尝试将商周史置于马克思主义社会经济形态理论的框架中，同时也深感材料上的欠缺以及因此而导致的研究方法上的错误：“对我所研究的资料开始怀疑起来了”，“我的初期的研究方法，毫无讳言，是犯了公式主义的毛病。我是差不多死死地把唯物史观的公式，往古代的资料上套。而我所根据的资料，又是那么有问题的东西。我这样所得出的结论，不仅不能够赢得自信，而且……还影响到方法。”① 这样，他开始将精力放到研读甲骨文和金文上来，据此写出了《卜辞中的古代社会》和《周代彝铭中的社会史观》（该篇原题为《周金文中的社会史观》）两篇。在此期间，根据对古文字的研究心得和前面将唯物史观结合于商周史的思考，他又写就了《中国社会之历史的发展阶段》，成为使用唯物史观系统阐述中国历史阶段性发展的最早的篇章，发表于1928年上海《思想》杂志第四期，在有意将这些文章结集成书时，该篇文章“作时的目的原无心作为本书之导论，以其性质相近，故收于此”②，成为《中国古代社会研究》的“导论”部分。

从上文郭沫若本人正面阐明的《中国古代社会研究》著述动机和该书成书过程来看，我们可以得到几点认识：首先，撰写《中国古代社会研究》是否有与社会史论战相关的或其他“难写出的”（见原书“解题’）原因，因材料不充分而难有定论，然而作者在“自序”中充分表达的著述意图却十分明确，就是要在王国维等开辟的“近代式的”中国史学的“出发点”基础上，抵制胡适倡导的“整理国故”运动，用唯物史观对历史的“批判”取代胡适对“国故”的“整理”，揭橥用唯物史观“清算过往社会”的历史研究新路径。这一著述意图的直接后果便是中国马克思主义史学的创立。其次，《中国古代社会研究》各篇的完成，展现出了从具体研究到一般研究（从“社会生活”到“古代社会”、从“社会变革”到“社会史观”、从商周时代的社会到“中国社会之历史的发展阶段”）并且不断有意识地克服“公式化”的逻辑过程（从对资料的怀疑到研读甲骨和铭文、从自省“犯了公式主义的毛病”到不断修正书中的观点），这些特征对于一个新出现的史学思潮的继续发展，是有着非常积极的学术意义的。

《中国古代社会研究》出版伊始，除了在社会史论战中引发对书中观点的争论外，就有人从该书学术价值的角度作了评论。如嵇文甫在1931年10月12日的《大公报》上发表的书评说：“郭沫若先生的《中国古代社会研究》，要算是震动一时的名著。就大体看，他那独创的精神，崭新的见解，扫除旧史学界的乌烟瘴气，而为新史学开其先路的功绩，自值得我们的敬仰。”③ 次年的1月4日，《大公报》再发张荫

① 郭沫若：《海涛》，上海新文艺出版社1954年版，第118页。

② 郭沫若：《中国古代社会研究·解题》，河北教育出版社2000年版，第11页。

③ 文甫：《评郭沫若〈中国古代社会研究〉》，《大公报》1931年10月12日。

麟的书评："它的贡献不仅在若干重要的发现和有力量的假说……尤在它例示研究古代的一条大道。"[①] 二文不约而同地评价《中国古代社会研究》"为新史学开其先路"、"例示研究古代的一条大道"，可谓一语中的。社会史论战结束后，《中国古代社会研究》的学术影响持续发酵。1937 年何干之说《中国古代社会研究》"确为中国古史的研究，开了一个新纪元"。《中国古代社会研究·自序》中郭沫若批评胡适《中国哲学史大纲》"对于中国古代的实际情形，几层摸着了一些儿边际"，而顾颉刚在 1947 年出版的《当代中国史学》中则评价《中国古代社会研究》对于"中国古代社会的真相，自有此书后，我们才摸着一些边际"[②]。1949 年齐思和撰文认为："中国社会史的研究到了郭沫若先生才真正的走上了学术的路上。"[③] 同时，中国马克思主义史学由此很快发展起来。

郭沫若《中国古代社会研究》对于近代中国史学最重要意义当是"例示研究古代的一条大道"，这条"大道"开辟了中国马克思主义史学的"新纪元"。

二 "创通知例开拓阃奥之功"：郭沫若的古文字研究

近年来批评郭沫若史学的声音，大都指责郭沫若是把"五种生产方式"的教条硬套在中国历史上的代表，是中国马克思主义史学不顾历史学的"求真"属性而刻意追求历史学"致用"特点的始作俑者，是只重理论不重史料和史实的典型。限于篇幅，本文对此暂不一一辨析，只是想说明，郭沫若史学真的是只重理论、不重史料的"空中楼阁"吗？一个现象是，一些批评郭沫若史学的观点，大都抓住并刻意放大马克思主义史学中教条化、公式化的不足，却少有提及郭沫若在释读古文字方面的杰出成就以及运用古文字材料对上古史的研究成绩、对先秦社会性质的基本判断。与此形成鲜明对照的是，被一些人所"憧憬"的民国时期学术氛围中的一些著名学者，却对郭沫若古文字研究的贡献极为重视并予以高度评价。

郭沫若先后完成出版了《甲骨文字研究》2 卷（1931 年），《卜辞通纂》1 卷、考释 3 卷、索引 1 卷（1933 年），《殷契余论》（1933 年），《古代铭刻汇考》（1933 年），《古代铭刻汇考续编》（1934 年），《殷契粹编》2 册、考释 3 册（1937 年）等专门著作。在金文研究方面，他完成出版了《殷周青铜器铭文研究》（1931 年）、《两周金文辞大系》2 卷（1932 年出版，该书在 1934—1935 年间增订为《两周金文辞大系图录》、《两周金文辞大系考释》二书）、《金文丛考》（1932 年）等书。这些著作，在对卜辞和殷周青铜器的研究方法、对甲骨文字和青铜器铭文的解读、对甲骨

---

① 素痴：《评郭沫若〈中国古代社会研究〉》，《大公报》1932 年 1 月 4 日。

② 顾颉刚：《当代中国史学》，《顾颉刚全集·顾颉刚古史论文集》（卷十二），中华书局 2010 年版，第 407 页。

③ 齐思和：《近百年来中国史学的发展》，《燕京社会科学》1949 年第 2 卷第 12 期。

和青铜器的分期断代研究等方面都作出了创造性的贡献。

郭沫若在古文字研究方面的成就获得了民国时期史家广泛肯定，如唐兰总结甲骨学研究的状况说："卜辞研究，自雪堂导夫先路，观堂继以考史，彦堂区其时代，鼎堂发其辞例，固已极一时之盛。"[①] 顾颉刚等著《当代中国史学》称："王（国维）氏死后，在甲骨文字研究上，能继承他的，是郭沫若先生。""全盘整理存世铜器铭文而为之总结的，有郭沫若先生及吴其昌先生二人。"[②] 李亚农在其1941年出版的《金文研究》一书的"跋"中写道："本书所徵引的学说，差不多都出自郭鼎堂先生。鼎堂是著者的同乡前辈。他的《两周金文辞大系》的规模之宏伟，在中国金文学史上，诚所谓迈古迢今。一千年来，金文学家辛勤研究的成果，不消说是摄取在大系之中的，而鼎堂自身创获之丰，又有远迈前人者在。"[③]

在民国时期，即使是那些对郭沫若在唯物史观史学方面的成就持异议的人，或者是那些不赞同唯物史观派史学的人，也都对郭沫若在甲骨文、金文方面的研究成绩表示由衷的钦佩。比较典型的就是在政治立场和学术理念上与唯物史观史学完全对立的傅斯年。1930年，对新史料研究极为重视的傅斯年，看到郭沫若在日本完成的《甲骨文字研究》后，希望在《历史语言研究所集刊》上分期发表，然后再以《历史语言研究所专刊》中的一种单独出版，而且稿酬从优。此事虽因种种原因未能做成，却可见傅斯年对郭沫若的古文字研究的充分重视。1947年，时在美国养病的傅斯年，特意以通讯方式提名推举郭沫若为中央研究院院士候选人，在"被提名人资格之说明"中，傅斯年评价郭沫若对两周金文研究有"创通知例开拓阃奥之功"，对甲骨卜辞的研究"分别排比、尤能自成体系"。院士候选人的推荐者需要列出被推荐者的三部代表性著作并作评价，傅斯年列出郭沫若《两周金文辞大系图录》，评价"此书集两周青铜器铭文有年代及国别可征者三百余器，详加考释，附以图录，创为南北二系之说，为研究古金文者一大进程"；列出《金文丛考》，评价"此为大系之姊妹篇，以青铜器铭文为资料，释其文字并讨论其含义与经史纪录比较互证，尤多卓见，为研究古代思想及社会史最注意原始资料之作"；列出《卜辞通纂》，评价"此书选传世卜辞之菁粹者凡八百片，分类排列，比珈释词，创见极多，为研究殷墟卜辞一最有系统之作"。[④] 1948年4月1日，中央研究院正式公布了中国第一届81名院士的名单，郭沫若当选为中央研究院（人文组）院士。

由于不同的政治和意识形态立场以及不同的学术理念，傅斯年不可能认同郭沫若在马克思主义史学中的成就，当然也就不可能从《中国古代社会研究》等方面的成

① 唐兰:《天壤阁甲骨文存·自序》，辅仁大学1939年版。

② 顾颉刚:《当代中国史学》，《顾颉刚全集·顾颉刚古史论文集》（卷十二），中华书局2010年版，第412，415页。

③ 李亚农:《金文研究·跋》（孔德研究所丛刊之四），来薰阁书店1941年版。

④ 王戎笙:《傅斯年与郭沫若》，《文史哲》2005年第3期。

就上提名他为中央研究院院士；然而也恰因如此，傅斯年却能抛开政治和意识形态立场不同的因素，专从学术角度给予郭沫若在古文字学方面的成就以实事求是地高度评价，并提名他为中央研究院院士，这不仅说明郭沫若在该领域的成就得到公认，也说明了傅斯年评价郭沫若所表现出的学术态度和学者品格，近几十年来，愈来愈多的人关注并从事于对傅斯年学术的研究，那么，对于傅斯年推荐郭沫若为院士的所作所为，似乎也应该予以关注并有所借鉴。

需要明确的是，郭沫若并非仅仅是为了研究古文字而研究古文字，他的目的是通过释读古文字史料，去证实他的古代社会研究，在“实事之中求其所以是”、“知其所以然”。郭沫若说：“余之研究卜辞，志在探讨中国社会之起源，本非拘于文字史地之学。然识字乃一切探讨之一步，故于此亦不能不有所注意。且文字乃社会文化之一要征，与社会生产状况与组织关系略有所得，欲进而追求其文化之大凡，尤舍此而莫由。”① 这层意思，民国时期的学者也看到了。如郭湛波《近五十年中国思想史》中说：“郭沫若是代表社会思想的人物，要解决中国社会的问题，不得不清算中国以往的中国社会史，要明了中国社会史的全部，不得不先明了中国社会的起源——古代，要明了中国古代社会的真相，不得不研究甲骨文字，走到了罗振玉、王国维的路上。”“这是郭先生继罗王研究甲骨文字道路，是一个矛盾，是一个辩证的发展。总之，郭先生是用唯物史观研究中国社会史最有成绩的人，也是研究甲骨文字最有成绩的人。不止开中国史学界的新纪元，在中国近五十年思想史上也有莫大的贡献。”② 王森然在《近代名家评传》中也说，郭沫若研究殷周古文“乃藉以考证古代社会史，而作中国古代社会研究之基础也。”他进一步认为，郭沫若的《甲骨文字研究》和《殷周青铜器铭文研究》“虽承罗王二家之后，无大精萃；然其治此学之目的，在以证古代社会，其著《中国古代社会研究》一书，实足为中国古史开一新纪元也。”③ 齐思和指出：《中国古代社会研究》“所研究的仅限于殷周，而每篇又依据极明确的史料。而且他不但依据书本上的资料，又因为研究中国社会而研究甲骨金文，将卜辞金文用到社会史研究”。④ 从对古代社会研究的角度而言，正因为郭沫若在甲骨文金文和文献史料的研究整理上下了功夫，使他的《中国古代社会研究》显得罕有其匹；从古文字研究领域而言，则是将新材料有效运用于具体的历史研究中去的范例。

对于20世纪以来的中国史学发展，许多研究者愿意将其分为史料派和史观派两大趋向来认识。此说若以粗线条观之并无不妥，毕竟近代中国史学存在将史学中的“史料”与“史观”分别“演绎”至极致的表现，言及“史料”，即有“史学便是史料学”口号，论及“史观”，也有“差不多死死地把唯物史观的公式，往古代的公式

---

① 郭沫若：《甲骨文字研究·序》，大东书局1931年版。

② 郭湛波：《近五十年中国思想史》，人文书店1936年版，第237—239页。

③ 王森然：《近代名家评传（初集）》，生活·读书·新书三联书店1998年版，第365，366页。

④ 齐思和：《近百年来中国史学的发展》，《燕京社会科学》1949年第2卷第12期。

上套”[1] 的现象。但是，若将二者视为泾渭分明、此消彼长的关系，却也未必尽然。仅从马克思主义史学看，作为“史观派”大宗，其开创之作《中国古代社会研究》就是在研读了甲骨文金文等史料的基础上写成的，其开创者郭沫若位列“甲骨四堂”之一，凭藉在古文字方面的史料建树，郭沫若忝列中央研究院院士之列。因此，仅把中国马克思主义史学认定为绝对意义上的“史观派”并不准确[2]，评价郭沫若也要从他在“史观”与“史料”的多重建树中客观为之。

郭沫若在《十批判书》中，曾引用王国维在为罗振玉《殷墟书契考释》写的“序”中所发“于创通知例、开拓阃奥，慨乎其未有闻”的感慨[3]，来说明古文字对于古史研究的意义；傅斯年在推荐郭沫若为中央研究院院士的“说明书”中亦用“创通知例开拓阃奥之功”来评价郭沫若在两周金文研究的成绩。这里，同样用“创通知例开拓阃奥之功”来概括郭沫若在甲骨及金文等古文字方面的建树，也是恰如其分的。因为，郭沫若在古文字研究方面的“创通知例、开拓阃奥”，为中国马克思主义史学带来了重视史料的传统，史料和考证同样也是马克思主义史学的特点之一。

三　郭沫若的先秦诸子研究

思想史是抗战时期重庆地区马克思主义史家开辟的一个马克思主义史学研究的新领域。侯外庐说：“早期马克思主义者的研究焦点集中于政治与经济，集中于社会形态分析，尚无暇顾及思想学术史方面。”[4] 马克思主义史学研究的发展需求以及抗战时期重庆当时的状况，使马克思主义史学研究扩展到思想学术史领域有了可能。郭沫若的《青铜时代》和《十批判书》“把古代社会的机构和它的转变，以及转变过程在意识形态上的反映，可算整理出了一个比较完整的轮廓”。[5] 民国时期郭沫若在先秦诸子方面的研究亦有重要贡献，成果主要集中在《青铜时代》和《十批判书》两部著作中。1945 年二书分别结集出版后，很快便引起学术界的关注，介绍与评论文章纷纷见诸报刊。1946 年，《图书季刊》新第 7 卷第 1、2 期合刊中将《十批判书》置该期推介的 42 部学术著作的首部进行介绍：“郭君是书之价值，在对先秦诸子作一种新试探，以求对诸子有比较真确之认识。又重新估定诸子价值，如对墨子之估价，与梁启超胡适诸氏所见异趣。其谓荀子可谓杂家，谓韩非之思想以现代眼光看，不能谓为真正之法治思想，皆与晚近一般推论不同。吕不韦秦王政一文抉出战国末期思想

---

① 郭沫若：《沫若文集》（第 8 册），人民文学出版社 1958 年版，第 339 页。

② 张越：《试析 20 世纪 40 年代中国马克思主义史学家对史料和历史考证方法的重视》，《史学集刊》2006 年第 2 期。

③ 郭沫若：《十批判书》，上海群益出版社 1947 年版，第 6 页。

④ 侯外庐：《韧的追求》，生活・读书・新书三联书店 1985 年版，第 266 页。

⑤ 郭沫若：《十批判书・后记》，人民出版社 1954 年版，第 484 页。

及政治上之隐微，是为书中最精辟之一篇。”①

1947年1月4日《大公报》的《图书周刊》第1期发表朱自清的评介《十批判书》的文章（文章署名佩弦）说：“十篇批判，差不多都是对于古代文化的新解释和新评价，差不多都是郭先生的独见。”“我推荐给关心中国文化的人们，请他们都读一读这一部《十批判书》”。朱自清还结合当时古史研究的发展趋向来评价《十批判书》，在对冯友兰曾经提出的“信古”“疑古”“释古”说中的“释古”之意作了一番阐发后，认为“释古”就是“客观的解释古代”，然而“无论怎样客观，总不能脱离现代人的立场”。朱自清强调并肯定了《十批判书》中“人民本位”的评价标准和以“辩证唯物论”为理论指导这两大特色，遂凸显了当时中国马克思主义史学研究的独到之处，朱自清的观点也与上述郭沫若的自我评价多相吻合。②

1947年4月5日的《大公报》上又发表有对《十批判书》的“侧重于批评”的评论文章，不过该文仍然认为“通观全书，创辟的见解甚多，虽也不少证据不足，近于武断之处，然而证据凿确，精审不移之见解更多。著者本是文学家，所以文笔极其流畅，虽是考据文字，而生动活泼，引人入胜，尤属不可多得。”③

与上述评论观点相左的是齐思和的评论。齐思和在他任主编的《燕京学报》第30期（1946年6月出版）“书评”栏目中写道：“郭氏本为天才文人，其治文字学与史学，亦颇表现文学家之色彩。故其所论，创获固多，偏宕处亦不少，盖其天才超迈，想象力如天马行空，绝非真理与逻辑之所能控制也。”齐思和的结论是：“此书专为研究古代思想而作，若以哲学眼光观之，则远不如冯友兰《中国哲学史》创获之丰，思想之密。”“是书于先秦诸子之考证，远不及钱穆《先秦诸子系年》之精，论思想则更不及冯友兰氏之细，二氏书之价值，世已有定评，而郭氏对之皆甚轻蔑，亦足见郭氏个性之强与文人气味之重矣。”

在马克思主义史学阵营中，对《十批判书》的看法也有争议。譬如，华岗在1945年写就的《中国历史的翻案》一书认为：“郭沫若先生最近在《十批判书》中，又大做翻案文章，特别攻击墨家，而赞扬儒家，因此有人说郭沫若成了抑墨扬儒论者。其论据既甚牵强，而历史意义也多被颠倒。郭先生是中国数一数二的历史家，又是我所景仰的革命战士，但是他在历史翻案工作中，常常以出奇制胜，而不以正确致胜，我却期期以为不可。”④ 而吕振羽在其《殷周时代的中国社会》修订版（1946年）则说：“郭沫若先生的大著《古代研究的自我批判》出版后，其中并有不少牵涉到拙著《中国原始社会史》和本书即《殷周时代的中国社会》及《中国政治思想史》的许多主要论点。我一面衷心钦佩郭先生的自我批判精神，一面感谢他给了我

---

① 《图书季刊》1946年6月新第7卷第1、2期合刊。

② 佩弦：《评〈十批判书〉》，《大公报·图书周刊（第1期）》1947年1月4日。

③ 《大公报》1947年4月5日。

④ 华岗：《中国历史的翻案》，人民出版社1981年版，第29页。

不少启发。我把郭先生这部大著细读了三遍，细心考虑了郭先生的高见后，便更决心要把自己过去的全部见解，深入的去检讨一遍。”①

此外，《燕京学报》第32期（1947年6月）还发表了容媛写的《青铜时代》的书评，文章介绍了《青铜时代》的主要内容后说：“以上所举为其荦荦大者，可见郭先生想像力之强，时作推陈出新的见解，更兼文笔流畅，一气呵成，大有引人入胜之感。”②

以上的评论，以肯定性意见为主，表现在对郭沫若在两书中的新见解和流畅的文笔等的赞誉。批评意见以齐思和为代表，主要质疑其在书中表现出的文学家式的想象力有悖于史学研究所必须遵循的、严谨的逻辑论证的原则。华岗则对书中过多的翻案文章、论据牵强而以出奇制胜的做法不满。容媛评《青铜时代》“可见郭先生想象力之强”也暗含此意。

对先秦诸子的研究，属思想史研究范畴，除了细心考索材料外，研究者的史学观念、基本立场、著述动机等主观因素有着更多的发挥余地，成就“翻案文章”的机会或许也更大些。不消说，郭沫若在40年代转而对先秦诸子进行研究，其主观意图十分明显。即如他所说“我也正是想就中国的思想，中国的社会，中国的历史，来考验辩证唯物论”在中国的“适应度”③，这样明显的主观愿望当会或多或少地影响到研究者的客观立场。郭沫若对先秦学术思想及有关人物的评价有着自己的标准，“我的好恶的标准是什么呢？一句话归宗：人民本位！”④ 然而过分地强调“人民本位”的标准去判断历史人物的“善”与“恶”，并仅以善恶、好坏来代替对历史发展所起的作用，都有着绝对化的偏颇。如果再联系到当时的时代背景，而对先秦诸子的思想及相关历史人物的评价涉及于现实中，难免就会与专从学术视角进行考察评估的结果发生矛盾。

综上，通过时人对郭沫若史学的各种评论，在帮助我们了解和考察郭沫若给中国马克思主义史学带来了什么之外，还能够让人们更清楚地明了郭沫若史学在中国马克思主义史学发展中所起到的作用。既要明确郭沫若带给中国马克思主义史学的直接的或潜在的各种影响，也不应将中国马克思主义史学的成就和教训全部归结于郭沫若一身，从而在对郭沫若史学的评价中做到有的放矢、实事求是，亦有助于达到客观评价中国马克思主义史学的目的。

（原载《郭沫若学刊》2016年第1期）

---

① 吕振羽：《殷周时代的中国社会》，生活·读书·新书三联书店1962年版，第1—2页。
② 容媛：《评〈青铜时代〉》，《燕京学报》1947年6月第32期。
③ 郭沫若：《海涛集·跨着东海》，《沫若文集》（第8册），人民文学出版社1958年版，第312页。
④ 郭沫若：《历史人物·序》，《郭沫若全集·历史编》第四卷，人民出版社1982年版，第3页。

马克思主义史家与中国古典文学研究新范式的建立

郭士礼

“迄今为止的一切历史观不是完全忽视了历史的这一现实基础，就是把它仅仅看成与历史过程没有任何联系的附带因素。”① 传统学术研究姑且不论，仅就近代以来的中国学术界进行考察就会发现，恩格斯的论断很好的概括了马克思主义唯物史观没有被引介到中国之前中国思想学术界的现状。

传统中国文学批评的特色乃是印象的而不是思辨的；是重点式的而不是整体式的。近代以来随着西方文化思想的输入，传统文学研究格局从整体上得以改变。陈寅恪在谈及当时中国学术界现状时认为：“吾国近年之学术，如考古历史文艺及思想史等，以世局激荡及外缘熏习之故，咸有显著之变迁。”② 而在清末民初，唯物史观还没有被引入到中国之前，王国维的文学研究率先走向了具有现代意义的文学研究之路。他在一系列开创性研究工作中赋予了文学独立的品格，初步摆脱了“文以载道”的传统诗教束缚，将文学的独立价值提高到前所未有的高度，一改过去文人咏叹赏析的传统品评方式，而以有纲目、逻辑严密、结构完整之学术文章出之，具有较高的方法论价值。但如我们以唯物史观进行分析就会发现，王国维的此一研究取向忽视了中西文学产生和发展的环境与土壤的重大差别，将西方相关理论套用在中国文学文本的解读上，虽其方法与视角有可取之处，但终究有削足适履之感。

五四以后，胡适以倡导所谓“科学方法”开启了影响广泛的“整理国故”的研究局面。其整理国故最大的成绩就是以历史演变的观点为指导对几部古典小说进行了系统的考察。用胡本人的话说就是“要从没有系统的文学、哲学、政治等等里边去寻出系统来。”③ 客观而言，胡适开创的此种注重考察文学变迁的历史，讲究实证方法的运用，以所谓科学的方法去分析与解读文学作品，逐步地使传统的辞章之学具备

---

① 马克思、恩格斯：《德意志意识形态》，《马克思恩格斯选集》第 1 卷，人民出版社 1995 年版，第 93 页。

② 陈寅恪：《邓广铭宋史职官志考证序》，《金明馆丛稿二编》，生活·读书·新书三联书店 2001 年版，第 277 页。

③ 胡适：《国学季刊发刊宣言》，《胡适文集》第 3 卷，上海亚东图书馆 1924 年版，第 12 页。

了现代学术品格，促进了文学史研究这一学科演进与生成。然在马克思主义史家看来，胡适对文史的研究仍然只是知其然而不知其所以然。因为胡适的科学方法也只是方法，而真正能够知其所以然的是马克思主义的唯物史观。

一

在当时最早且较为系统地向国人介绍马克思主义唯物史观的是李大钊，他于1919年发表了《我的马克思主义观》一文，在该文中他详细考察了马克思主义的主要内涵，对包括唯物史观在内的相关理论进行阐释与发挥。虽然李大钊较早地将唯物史观系统引入，并将其初步运用于历史与文学的分析之中，但真正的将唯物史观作为文史研究工作的指南，“重新研究全部历史，详细研究各种社会形态存在的条件，然后设法从这些条件中找出相应的政治、私法、美学、哲学、宗教等等的观点，”① 郭沫若是第一人。郭氏在其《中国古代社会研究》中，以唯物史观作指导对《诗经》进行了全新的阐释与解读，将《诗经》的研究推向了一个新的高度，第一次向学界展示了唯物史观在学术研究，尤其是在传统文史领域的巨大的理论价值与指导实践的意义，在当时的学界产生了广泛和深远的影响。

在当时，郭沫若撰写《中国古代社会研究》一书，有着极为自觉的将唯物史观应用于中国古代社会文化的意识，“世界文化史的关于中国方面的纪载，正还是一片白纸。恩格斯的《家庭、私有制和国家的起源》上没有一句说到中国社会的范围”。有感于马克思主义经典作家的论述中很少提及中国社会，郭沫若便“用科学的历史观点研究和解释历史”，向恩格斯“提供出来了他未曾提及一字的中国的古代”②。运用唯物史观，郭沫若通过考察相关史料得出一个初步的结论，他认为殷商时代中国还处在原始社会的末期，其佐证便是当时经济形态还停留在畜牧业的时代，“商代的产业是以牧畜为本位，商代和商代以前都是原始公社会，”③ 铁质生产工具还没有大规模使用。而所有这一切到了周代便开始全新的变化，“周初是一个由畜牧业向农业过渡的时代，农业轰轰烈烈地发达了起来，文明也就一天一天地灿烂了起来。农业的发达就是奴隶制度的完成”，而促使这一变革出现的便是生产工具的改进，铁器的广泛使用，“就因为有这铁器的发现，所以在周初便急剧地把农业发达了起来”。《诗经》关于农业的诗便有《豳风》《豳雅》《豳颂》，从牧畜社会的经济组织一变而为农业的黄金时代。周室的乃至中国的所谓“文明”“文物”，也“骤然地焕发起来了”④。通过考察文学作品时代的背景进而对其作深入的考察，是郭沫若研究《诗经》的最

① 恩格斯:《致保尔·恩斯特》,《马克思恩格斯选集》第4卷，人民出版社1995年版，第692页。
② 郭沫若:《中国古代社会研究》,《郭沫若全集·历史编》第1卷，人民出版社1982年版，第9页。
③ 同上书，第21页。
④ 同上书，第44页。

大特色。根据他的考察，《诗经》产生就是原始社会向奴隶制社会、奴隶制社会向封建制社会两大变革时代的产物，它是中国两大社会变革在思想上的反映。

以唯物史观为指导，郭沫若重点从社会时代的演变角度对《诗经》中的相关篇章作纵向的考察。如他从文王百子、父死子继制度尚未确立的角度分析认为，《诗经》中的《大雅·绵》《大雅·思齐》等篇章所描绘的时代是氏族社会向奴隶制社会转变的殷周之际。《大雅·生民篇》《大雅·绵篇》《大雅·公刘篇》等篇章反映了周初时代周民族生活境况，同时也是周代农业渐次发展的最好说明。而到了后来的《豳风》《豳雅》《豳颂》等篇章里，专咏农事的诗作也多了起来，这就是周代农业发达的最好例证。而在变风变雅诸作中，郭沫若认为这是时代发生变化的体现，他从阶级意识的觉醒、旧贵族的破产及新兴有产者的勃兴等三个方面并结合《诗经》中的相关篇章进行证明。[①] 郭沫若在《中国古代社会研究》一书中把《诗经》所反映的时代内容作了全面而又系统的诠释，体现出了唯物主义在文学研究中的巨大的指导作用。

如果我们将胡适的《诗经》研究与郭沫若的研究作一对比，不难发现唯物史观的价值。胡适曾著有《谈谈〈诗经〉》一文，在文章开始部分，胡适一如既往地宣称："我今天讲诗经，也是贡献一点我个人研究古书的方法。"他认为《诗经》研究不外乎两种途径：首先是训诂，"用小心的精密的科学的方法，来做一种新的训诂工夫，对于《诗经》的文字和文法上都重新下注解。"其次是"解题"，大胆地推翻二千年来积下来的附会的见解；完全用社会学的、历史、文学的眼光重新给每一首诗下个解释。[②] 就其第一个层面而言，胡适在《诗三百篇言子解》对"言"字以及在《谈谈诗经》一文对"胥""于""以""维"字的解释，某种程度上做到了用科学"归纳比较"的方法进行全新的解释。[③] 而在第二个"解题"层面，虽然胡适也提出运用民俗学、社会学、文学、史学等方法去考察，但给人的感觉仍然是知其然而不知其所以然。如果我们翻检胡适关于《诗经》研究的大部分著述不难发现，其着力点仍在第一个方面。如他早期所写的《诗三百篇言字解》《尔汝篇》《吾我篇》《论〈诗经〉答刘大白》等大都是对《诗经》中词句的解释训诂而已。至于在第二个层面对《诗经》内涵及意蕴的解读上，虽然也提出了一些不乏深刻见解及方法论的论断，如其在《中国哲学史大纲》第一篇《导言》指出："古代的书，只有一部《诗经》可算得是中国最古的史料"，"《诗经》中所说的国政、民情、风俗、思想，一一都有史料的价值。"且胡适也注重对"那时代政治社会的状态"及"那时代的思想潮流"的考察。但在二者的关系上，胡适认为互为因果的，"有时是先有那时势，才生出那

---

① 郭沫若：《中国古代社会研究》，《郭沫若全集·历史编》第1卷，人民出版社1982年版，第144—150页。

② 胡适：《谈谈〈诗经〉》，《胡适文集》卷5，北京大学出版社1998年版，第472页。

③ 同上书，第475页。

思潮来；有了那种思潮，时势受了思潮的影响，一定有大变动。”① 在该书第二篇第一章《中国哲学结胎的时代》则引用《国风》及《小雅》中众多诗篇，并由此推断出那时代（前八世纪到前六世纪）的大概情形为：“战祸连年，百姓痛苦；社会阶级渐渐消灭；生计现象贫富不均；政治黑暗，百姓愁苦。”胡适认为这四种时代，“大约可以算得那时代的大概情形了”。此外在该书第二章《那时代的思潮》则根据《诗经》所提供的材料，把“那时代的思潮”分为五派：忧时派、厌世、乐天安命派、纵欲自恣派、愤世派（激烈派）。并且说：“这些思潮，没有一派不是消极的。到了《伐檀》和《硕鼠》的诗人，已渐渐的有了一点勃勃的独立精神。你看那《伐檀》的诗人，对于那时的‘君子’，何等冷嘲热讽！又看那《硕鼠》的诗人，气愤极了，把国也不要了，去寻他自己的乐土乐国。到了这时代，思想界已下了革命的种子了。”② 与此前传统注家对《诗经》解读相较，胡适的《诗经》研究是根据《诗经》文本自身对诗作出解释，对于传统牵强附会的解说完全置之不理，开启新时代《诗经》研究的新面貌。其次，胡适能够根据《诗经》的内容来解读当时的社会风貌及思潮，开启了《诗经》研究的历史学视野。最后，不得不指出的是，胡适虽然一直对马克思主义相当排斥，但他在对《诗经》某些篇章的解读中，明显借鉴了马克思主义阶级分析的观点，如其对《伐檀》和《硕鼠》，这也与当时马克思主义在中国广泛传播的思想学术气氛不无关联。胡适对《诗经》所反映的时代特征的概括不可谓不精准，所有这些均体现了胡适学术研究中开风气之先的锐气。但总体而论，胡适并未就《诗经》所处的时代及思潮作出深层次的分析与概括。正如郭沫若所强调的那样，他的工作有异于胡适的整理国故工作，“‘整理’的究极目标是在‘实事求是’，我们的‘批判’精神是要在‘实事之中求其所以是’。‘整理’的方法所能做到的是‘知其然’，我们的‘批判’精神是要‘知其所以然’。‘整理’自是‘批判’过程所必经的一步，然而它不能成为我们所应该局限的一步。”③ 马克思主义史家之所以能够对胡适发出如此尖锐的批评，就是因为他们掌握了马克思主义理论。胡适以所谓的科学的方法对《诗经》所作的考察，当然自有其学术史上的贡献，但如以唯物史观去衡量，我们就会发现，他的效果正如他本人所说的一样“比前人又可圆满一点了”，其实也就圆满“一点”而已。

二

在文学研究的方法上，与胡适等人着重考证文学作品的版本、作者身世以及所谓

① 胡适：《中国古代哲学史》，《胡适文集》第6卷，北京大学出版社1998年版，第185页。

② 同上书，第190页。

③ 郭沫若：《中国古代社会研究》，《郭沫若全集·历史编》第1卷，人民出版社1982年版，第7页。

以“历史的观念”来考察故事、情节的演变不同，马克思主义史家固然注重文学作品与社会环境之间的密切关联，进而深刻揭示文学作品产生的社会根源，但另一方面对文学的审美本质及创作规律也同样高度重视。前者我们称其为历史的真实，后者我们称其为艺术的真实。马克思、恩格斯关于历史真实和艺术真实关系的理论，是马克思主义文艺真实论的重要内容。这两个方面体现在文学研究的方法上，就是历史的观点与审美的观点。① 恩格斯就是运用历史的观点与审美的观点对歌德进行评价：“我们决不是从道德的、党派的观点来责备歌德，而只是从美学和历史的观点来责备他。”② 马克思主义史家正是借鉴马克思主义经典作家历史的观点与审美的观点展开对中国传统文学作品的解读。

首先就历史的观点而论，运用历史的观点考察文学作品的时代性，为马克思主义史家所擅长，翦伯赞对戏曲小说的研究就是此一研究方法的绝佳例证。以元曲为例，自王国维的名著《宋元戏曲考》对宋元戏曲进行了系统深入的考辨之后，戏曲便成为一些学者所瞩目的领域，与前人相比，翦伯赞对戏曲的研究仍然有其鲜明的特色。如翦伯赞在谈及元代文化的繁荣原因时，首先便从经济基础决定上层建筑这一基本理论入手进行分析，他用了更加形象化的语言进行阐释：“文化，本是社会经济生活的‘气化’，只要蒸发社会经济的‘圣火’（生产力）没有熄灭，他必然也会被继续挥发出来。元代的统治者虽然一面封闭了蒸汽的出口，但同时却加大了圣火的燃烧，所以结果中原的文化，就像蒸汽一样，以更集中的力量，从封条的缝隙中放射出来。”至于何以戏剧创作能够独领风骚，翦伯赞则从戏剧文学的特征进行解读认为：“戏剧是比较软性的文化。它可以指桑说柳，可以依鸡骂狗，因而在没有中原文化修养的鞑靼统治者面前，便可以领到文化的通行证。”③ 而王国维则认为元曲之所以发展是因为科举制度在元初的废除，“一旦废之，彼其才力无所用，而一于词曲发之……而又有一二天才出于其间，充气才力，而元剧之作，遂为千古独绝之文字。”④ 对王氏所论，翦伯赞并不认同，他运用马克思主义唯物史观认为，元曲的兴盛发展并非仅仅由于一二天才的迸裂，最主要的还是“城市经济的发展”，即他所言及的所谓“加大了圣火的燃烧”。故而，在翦伯赞看来，元曲之所以兴盛，就其偶然性而言，固然与科举制度的废除、元代统治者对中原文化的破坏有着直接的关联。但决定文化繁荣发展的根本因素仍然是社会经济的发展。这是唯物史观在文学研究中的典型运用。

不同时代的文学样态所呈现出的风格与形式各不相同，这也是自王国维以来，文学研究中一个引人注目的文学现象。其中王国维的文学演进的历史观历来为研究者们

---

① 恩格斯：《致斐·拉萨尔》，《马克思恩格斯选集》第4卷，人民出版社1995年版，第443页。

② 恩格斯：《诗歌和散文中的德国社会主义》，《马克思恩格斯全集》第4卷，人民出版社1960年版，第257页。

③ 翦伯赞：《元曲新论》，《翦伯赞全集》第3卷，河北教育出版社2007年版，第519—520页。

④ 王国维：《宋元戏曲考》，《王国维集》第3册，中国社会科学出版社2008年版，第84页。

所倡导，他于1912年发表的《宋元戏曲史》序言中则明确指出：“凡一代有一代之文学：楚之骚，汉之赋，六代之骈语，唐之诗，宋之词，元之曲，皆所谓一代之文学，而后世莫能继焉者也。”① 由对文学作品的时代性关注，我们可以看出王国维有着极为清晰的文学演进的历史观认识，他不仅认识到了每一个时代都有一个时代的文体代表，更认识到了产生此种现象的原因在于一种新兴文体产生发展成熟后，很容易陷入因袭模仿的套路中，从而也就丧失了一切文学作品原来最需要的创造的精神与能力。然翦伯赞在这个问题的探讨上较王国维有了更深层的探讨。他在解释元明清三代戏剧表现形式不同的原因时，并不仅就文学体裁演变的本身展开论述，而是把思考的焦点放在产生这一变化的社会根源上。如通过对清代戏剧相关史料的解读，翦伯赞得出一个有关戏剧的基本认识：“清初江南一带的戏剧，已从元明杂剧传奇脱出一种新的形式了。”此种新形式便是在乾隆年间出现的所谓“乱弹”。“乱弹者，即清初新兴的各种形式的民间戏剧之总称。”② 翦伯赞对此解释道：“戏剧的这一发展，绝非偶然，而是一定的社会内容之反映。”在元明时代，不论是元杂剧还是明传奇在当时均以通俗文学的面貌出现，“此种新兴的通俗文学，乃系适应于当时新兴的市民层之文化的要求而产生，换言之，杂戏传奇乃系元明时代蓬勃发展的都市经济的产物”。但是到了清代，“当时的中国社会，结束了动荡，农村的富庶，都市的繁荣，已经超越了明代的水准继续向前发展。当时新兴的商人和手工业者，乃至一般的农民，他们在丰衣足食的环境之下，当然进而要求文化的享受。但是他们又没有古典文学的修养，对于那种杂剧传奇一类的古典的歌剧，不感兴趣，所以更为通俗的乱弹，便应运而生”③。相较于王国维的观点，翦伯赞从社会经济发展来考察文学体裁演变的视角及方法似更有说服力。与探讨元曲兴盛与元代统治者的辩证关系的论述一样，在论及清代戏剧发展与当时统治者的关系时，翦伯赞认为：“论者多以清代戏剧发展，归功于乾隆的倡导，殊不知乾隆不过借国家的力量与皇帝的权威，集民间戏剧之大成而已。实际上乱弹之发生与发展，绝非帝王之主观愿望的现实，而是客观环境的产物，亦即适应于当时新兴市民层之文化要求而引起之艺术的变革。”④

翦伯赞运用历史的观点来解读文学作品主要集中在以下几个方面：首先，就文学形式而言，不论是对某一时段某一具体文学形式兴起原因如元曲的探讨，还是对不同历史时段，文学体裁演变形式的阐释，翦伯赞总能运用历史分析的观点，从当时社会文化背景尤其是社会经济发展的角度进行分析，从而得出较前人更能令人信服的结论；其次，就文学作品所反映出的内容题材而论，也能结合具体的历史环境对某一时段的具体作品作出解读；最后，尤为难能可贵的是，在翦伯赞的文学研究实践中，用

---

① 王国维：《宋元戏曲考》，《王国维集》第3册，中国社会科学出版社2008年版，第1页。

② 翦伯赞：《清代宫廷戏剧考》，《翦伯赞全集》第3卷，河北教育出版社2007年版，第236页。

③ 同上书，第238页。

④ 同上书，第244页。

历史的观点去分析文学作品的内容、形式及人物并无早期马克思主义史家的那种生搬硬套的缺陷，他能够将唯物史观与对文学作品的解读恰到好处地结合在一起，这是翦伯赞的贡献。

三

从历史的层面对文学作品产生的历史时代及其文体演变的时代性进行勾勒显示出了唯物史观较强的理论说服力，而从审美的观点对文学作品进行评析则更显示出唯物史观的理论张力。因为从审美的层面对文学作品进行关注显然要比历史的层面进行考察要复杂的多，对此马克思曾指出："困难处不在能了解希腊的艺术与叙事诗与某种社会的发展形态有密切的关系。困难处是在'能了解'希腊的艺术与叙事诗何以尚能给我们以艺术玩赏，而且在某种关系上尚认为典型，认为不可企及的模范。"[①] 马克思主义史家在注重对文学作品所蕴含的历史真实进行挖掘与梳理方面取得了很大成绩，但他们通过思想、情感与技巧等方面对文学作品进行审美把握，亦是精彩纷呈、创见迭出。

如在对元曲的审美特质的判断上，马克思主义史家与其他人的研究迥然不同。王国维认为："元曲剧最佳之处不在其思想结构，而在其文章。其文章之妙，亦一言以蔽之曰：有意境而已。何以谓之有意境？曰写情则沁人心脾，写景则在人耳目，述事则如其口出是也。"[②] 王国维所谓"意境"说虽然众说纷纭，莫衷一是，但究其实质而言，无非是在强调体情模物的真实以及由此而产生的一种感发的效果。这种对文学审美的把握与传统的格调说、韵味说虽侧重不一，但其批评的模式则是一脉相承。即对那种只可意会不可言传的审美特征的模糊性描述。而在翦伯赞看来："元曲之妙，尚不仅在其文章，而尤其在与其思想结构……假如元曲只是具有优美的形式，而没有丰富的内容，则这样的剧曲，不论在文学上或艺术上，都是没有价值的东西。"[③] 从中我们可以看出，在马克思主义者评价体系中，作品把握现实、反映现实、批判现实的力度与深度及由此带给读者的强烈的感染效果是评价文学作品审美价值的核心标准。我们从马克思主义经典作家的相关文学批评中不难得出此一认识。例如马克思在《政治经济学批判序言》中提到了文学创作的莎士比亚化的问题，所谓莎士比亚化就是现实主义的创作风格，其核心内涵就是要求文艺创作广泛而深刻地描写社会生活，正确处理人物和环境的关系，通过对特定环境中的现实人物的真实描写，揭示现实生活的某些本质方面。马克思主义史家尤其是翦伯赞对文学作品的批评就是在马克思主

① 马克思：《政治经济学批判》，《马克思恩格斯选集》第2卷，人民出版社1995年版，第32—33页。
② 王国维：《宋元戏曲考》，《王国维集》第3册，中国社会科学出版社2008年版，第81页。
③ 翦伯赞：《元曲新论》，《翦伯赞全集》第3卷，河北教育出版社2007年版，第526页。

义文艺理论的现实主义创作方法的思路下展开的。翦伯赞认为杜甫的“诗完全是纪录他的时段，纪录他的身世，而且丝毫不走样地纪录出来。从他的作品中，我们可以看出他的时代，他的身世。换言之，杜甫的诗歌，简直就是天宝前后的一部历史”。作为马克思主义文艺理论核心内容的现实主义就要求创作者严格地从客观的现实生活出发，严格地按现实的本来面貌再现现实。故而翦伯赞对杜甫的最高评价就是其创作的现实主义风格：“杜诗的真正价值……还是由于杜甫作品具有丰富的内容、深刻的含义和真实的情感。易言之，杜甫作品的价值，不仅在于他的美辞，而是在于他的现实主义。”①

创造者反映现实、把握现实的能力是现实主义创作风格能否实现的关键，故而，马克思主义史家对古典文学作家的创作能力格外看重。如郭沫若对陈端生及其《再生缘》评价甚高，他称许陈端生“的确是一位天才作家”，甚至将其与清代另外一部伟大名著《红楼梦》相提并论，共称其为“南缘北梦”，“两者都善于描写人物，都具有反封建的精神”。尤其是对陈端生在作品中流露出的反抗封建礼教束缚的思想更是引起了郭沫若的注意：“陈端生的思想，毕竟在某种程度上超越了她的时代，这倒是一件希奇的现象。”郭沫若结合时代及作品对陈端生的反抗思想作了分析：“其实作者的反封建是有条件的……她的以封建而反封建，正如她自己所说‘定要真龙夺假龙’。”② 郭沫若对陈端生的反抗思想的解读非常精准。按照历史唯物主义的观点，任何人的社会活动都不能脱离其具体的历史环境，人决定环境，环境也能决定人。正如恩格斯对歌德的经典评论中所描述的那样：“在他心中经常进行着天才诗人和法兰克福市议员的谨慎的儿子、可敬的魏玛的枢密顾问之间的斗争；前者厌恶周围环境的鄙俗气，而后者却不得不对这种鄙俗气妥协，迁就……他的生活环境是他应该鄙视的，但是他又始终被困在这个他所能活动的唯一的生活环境里。”③ 每个人都受困于自己的时代，但对作家而言，不论其主观倾向如何，只要在作品中能够展现时代发展特性、顺应时代发展规律，在马克思主义经典作家看来都是足取的。正如恩格斯赞扬哈克奈斯时所说：“您的小说，除了它的现实主义的真实性以外，给我的印象最深的是它表现了真正艺术家的勇气。”④ 这种“真正艺术家的勇气”，对于一个现实主义的作家艺术家来说，是最可宝贵的品格。从这个层面来讲，像陈端生这样一位生活在旧时代有着自觉反封建思想的年轻女性及其创作的《再生缘》尤其难能可贵。陈端生在她那个时代只能采取这样一种方式来释放自己压抑的精神世界。正如曹雪芹以“大旨谈情”来概括其《红楼梦》创作主旨都是受限于时代的条件。

---

① 翦伯赞：《杜甫研究》，《翦伯赞全集》第3卷，河北教育出版社2007年版，第479页。

② 郭沫若：《谈再生缘和它的作者陈端生》，《光明日报》1961年5月4日。

③ 恩格斯：《诗歌和散文中的德国社会主义》，《马克思恩格斯全集》第4卷，人民出版社1960年版，第256页。

④ 恩格斯：《致玛·哈克奈斯》，《马克思恩格斯选集》第4卷，人民出版社1995年版，第682—685页。

典型环境中典型人物的塑造是马克思主义现实主义创作方法的重要内容。恩格斯在其《致敏娜·考茨基》一文中对艺术典型的塑造进行了详细的阐释与解读："现实主义的意思是，除细节的真实外，还要真实地再现典型环境中的典型人物。"[①] 在恩格斯看来，艺术典型的塑造要重点把握好以下几个方面的问题：塑造典型必须从生活出发；要用鲜明的个性描写手法塑造艺术典型、艺术典型应是"有代表性的性格"；要描写好典型人物生活的环境。这四个方面完整地阐述了艺术塑造各个环节中应该注意的问题。翦伯赞在对元代戏剧的研究中，自觉运用马克思主义关于艺术典型的相关理论进行分析把握，他认为元代戏剧创作中，有五种典型的人物塑造：才子佳人、神仙道人、清官、有气节的文人、苍莽英雄。从艺术典型来源于生活的角度去分析，翦伯赞认为："这些典型人物之出现于当时的舞台，决不是元代戏剧作家的幻想，而正是当时现实社会之深刻的反映，因为当时确实有这五种类型的人物之存在。"[②] 翦伯赞逐一对五种典型人物的性格及当时的社会环境进行了准确的概括。

四

对审美情感的把握是马克思主义史家文学研究的又一重要内容。审美情感中，悲剧的价值历来是文学评论者探究的焦点问题，马克思经典作家也不例外。就某个层面而言，所谓悲剧就是"历史的必然要求和这个要求的实际上不可能实现之间的冲突"[③]。而且在马克思、恩格斯看来，悲剧并非来源于观念，而是历史地具体地存在于现实生活当中的。马克思、恩格斯这段关于悲剧的论断深刻阐释了悲剧产生的根源，就是社会现实生活矛盾与冲突的集中呈现。运用唯物史观揭示屈原悲剧精神的内涵，作出准确把握的是马克思主义思想史家侯外庐。侯外庐从屈原所生活的时代出发进行考察，进而论述屈原的悲剧精神内涵及与时代之关联。"我研究屈原，着重在他的时代悲剧的政治文件，他的和人民相为联系的精神影响与艺术价值，但也并没有因此忘记他首尾一贯的引向统一体系的政治见解与政治表白。"在侯外庐看来，屈原所生活的时代是"失了旧时代魂的时段，氏族组织已成死壳，魂魄离散，屈原招魂，是穷极而入梦幻的宗教意境"。处在这样一个变革时代的屈原，"他的忠贞节操可以代表人民而怨忧，反之在新兴的人类不能独立地走上历史舞台的时候，又可以产生他的历史长诗，恋忆于古旧的王制。这是具体的历史矛盾，屈原的诗歌，正是战国时代的一面镜子"。屈原的悲剧就是历史矛盾在历史人物身上具体的显现，"作为人民家的屈原，因为他的艺术价值，天才和下贱间的内部斗争；他的精神的原动力，和人民

---

① 恩格斯：《致玛·哈克奈斯》，《马克思恩格斯选集》第4卷，人民出版社1995年版，第682页。

② 翦伯赞：《元曲新论》，《翦伯赞全集》第3卷，河北教育出版社2007年版，第527页。

③ 恩格斯：《致斐·拉萨尔》，《马克思恩格斯选集》第4卷，人民出版社1995年版，第456页。

联系的以及和贵族背离的纯洁的思想；他的求真的防范，不畏惧现实的无所顾虑推断，是他的生活内容的本体”[①]。虽然如此，在侯外庐看来，屈原“流芳百世活在人间心灵中的艺术价值，不在于他的体系与方法的矛盾，而在于他的活的生命力”，尤其是其中蕴含着的“适应于历史的悲剧艺术价值，他的悲剧艺术超越过正统儒家的思想。”[②]

由此我们可以看出，侯外庐的屈原研究，并没有像此前史家“游离了社会背景而专谈逻辑”[③] 那样，把屈原思想当成一个抽象的观念体系来加以研究，也与侯外庐所批评的历来学人把屈原进行“神秘化”的解读不同，[④] 而是把它看作特定的生产方式之上产生的特定的思想形态来进行研究，没有脱离当时的社会实际物质条件。这种研究方法，正像马克思和恩格斯所说的：“这个历史观不像观念论的历史一样，要在各个时代中去追求一种范畴，宁是始终立定在实际的历史之基地上，非由观念去说明现实，而是由物质的现实去说明观念构成。”[⑤] 与从唯物史观的角度考察屈原所生活的时代，并进而揭示屈原悲剧精神的内涵及其进步意义不同。胡适以大胆的怀疑的精神、疑古的态度，直接将屈原的悲剧精神及其内涵与屈原本身隔离开来。他认为“屈原不过是一个文学的箭垛。后来汉朝的老学究把那时代的君臣大义读到楚辞里去，就把屈原用作忠臣的代表，从此屈原就又变成了一个伦理的箭垛”[⑥]。既然屈原的精神是后人附会的，那么真实再现屈原悲剧精神的作品的真实性就大打折扣了。胡适极其草率地下了有一个非常著名的论断：“屈原的传说不推翻，则《楚辞》只是一部忠臣教科书，但不是文学。”[⑦] 如果文学作品与其所产生的时代相脱节，那么能否真正地称其为文学也还是要存疑的。

此外，马克思主义史家对文学创作家的创作技巧也给予了足够的重视。如翦伯赞指出，元代戏剧家运用“艺术的手腕，旁敲侧击，假设反衬，委婉曲折，尽情极致，从各个侧面，各个角度，暴露出当时社会的阴暗面，用生动而鲜明的线条划出活动于黑暗时代中的形形色色的鬼影”[⑧]。郭沫若对陈端生创作的《再生缘》所展现出的杰出才华赞叹不已，郭沫若对陈端生及其作品《再生缘》的评价主要集中在以下几个方面：首先，郭沫若对作者陈端生再三致意，称陈端生有着“惊人的才华”，作为才

---

① 侯外庐：《论屈原思想》，《侯外庐史学论文选集》（上），人民出版社 1987 年版，第 356 页。

② 同上书，第 361—362 页。

③ 郭沫若：《我怎样写青铜时代和十批判书》，《郭沫若全集·历史编》第 2 卷，人民出版社 1982 年版，第 484 页。

④ 侯外庐：《论屈原思想》，《侯外庐史学论文选集》（上），人民出版社 1987 年版，第 340 页。

⑤ 马克思、恩格斯：《德意志意识形态》，《马克思恩格斯选集》第 1 卷，人民出版社 1995 年版，第 93 页。

⑥ 胡适：《读楚辞》，《胡适文集》第 3 卷，北京大学出版社 1998 年版，第 75 页。

⑦ 同上书，第 77—78 页。

⑧ 翦伯赞：《元曲新论》，《翦伯赞全集》第 3 卷，河北教育出版社 2007 年版，第 527 页。

华的体现之一便是，陈端生文学创作的手法及技巧相当高明。就《再生缘》一书的形式而言，该书60万字的规模，通篇运用七言排律的体裁完成。“除掉有时用三字句的衬词或用两个三字句来代替七言句外，基本上是一部长篇的七言排律。通篇的平仄和规律都很严（正因为这样，所以有素养的人容易发现书中有错落字句），转韵很自然，对仗很工整，只是韵脚每每是用杭州方言押韵而已。中间间插的一些叙述文字和说白也很简洁，雅俗共赏。别的弹词作家，很少见到具有她这样的功力。”这就是创作者深厚文学素养的体现。此外郭沫若还从“叙事的生动严密、波浪层出，从人物性格塑造、心理描写上”对《再生缘》进行解读，并将其与同时代西方作家进行比较，认为：“陈端生的本领比之十八、九世纪英、法的大作家们，如英国的司考特、法国的斯汤达和巴尔塞克，实际上也未遑多让。他们三位都比她要稍晚一些，都是在成熟的年龄以散文的形式来从事创作的，而陈端生则不然，她用的是诗歌形式，而开始创作时只有十八、九岁。这应该说是更加难能可贵的。”①

需要明确指出的是，按照马克思主义文艺理论，不论是对文学作品所反映的内容及文体演变的原因进行历史的考察，还是从深刻的思想、真挚的情感及高超的文学技巧等方面对文学的审美特质进行把握，均是文学研究的核心组成部分。在马克思主义经典作家看来，在艺术作品中，历史因素和美学因素本来是而且应当是水乳交融地结合在一起的。任何只关注其中一点而忽视其余的研究或批评都是与马克思主义文艺理论相违背的。

虽然研究领域不同、研究特色各异，但从整体而论，马克思主义史家凭借其深厚的文史素养，运用马克思主义文艺理论对古代文学作品作出的全方位考察，呈现出与以胡适为代表的运用所谓“科学方法”进行文学研究截然不同的风貌，充分显示出马克思主义这一科学理论所蕴含的巨大的理论价值及实践意义，为古典文学研究注入了新的生机与活力，开启了古典文学研究全新的风貌，标志着马克思主义文学研究范式的建立。虽然就某些细节而论，马克思主义史家对文学作品的考察不无商榷之处，但如果将他们的关注置于马克思主义在中国传播的历程中去考察的话，这种将马克思主义理论与文学实践相结合的勇于开拓、积极进取的创新精神是最值得后来者学习与借鉴之处。

（原载《中华文化论坛》2016年第2期）

① 郭沫若：《序再生缘前十七卷校订本》，《光明日报》1961年8月7日。

关于郭沫若评价儒家的几个问题

杨胜宽

郭沫若因为在上世纪20年代至40年代对孔子的与众不同评价态度而既受关注又受质疑。其实，在郭沫若一生的学术和政治生涯中，其对孔子的态度呈现为基本肯定而又随着时代要求与自身认识改变不断变化的发展状态，大致可以概括为早期崇拜、中期袒护、晚年违心否定的演变历程（具体分析见于笔者《郭沫若对孔子的态度辨析》[①] 一文）。与这一问题相关联，郭沫若对于儒家的态度与评价究竟怎样？从已见的一些研究成果看，比较普遍地把郭沫若对孔子和儒家的评价混为一谈，好像在郭沫若眼中，孔子全权代表了儒家，其对孔子的评价就是对儒家的评价。比如持郭沫若"尊孔崇儒"观点的文章，是比较具有代表性的思维方式和分析方法。而事实上，在中国数千年的思想政治史上，孔子虽然是儒家的开创者，其基本思想观念的确对后世产生了深远影响，但儒家本身的发展分化极其复杂而巨大，其社会作用也因时代需要而不同。郭沫若作为一位自幼饱受儒家文化熏陶的20世纪知识分子代表之一，不可能对此视而不见，简单地将孔子与儒家画上等号。首先，郭沫若处身于发生社会巨大变局的特殊时代，他作为一个终身致力于破坏旧世界、建立新世界的理想寻梦者与革命实践者，其研究服务于现实需要是其一贯做法和显著特征，不同时期的现实需求不同，必然导致其思想的变化和观点的改变。其对孔子的态度是如此，对儒家更是如此。其看待作为春秋战国时代诸子百家之一的孔子学术思想，和其后在漫长封建时代被统治阶级利用为官方意识形态的儒家思想，理所当然会有极大不同。因此，郭沫若对儒家究竟秉持什么样的评价态度，数十年间遵循何种思想逻辑在改变，这种变化背后的原因是什么，这些问题需要进行具体深入分析。

一　关于孔子与儒家的关系

郭沫若如何看待孔子与儒家的关系，是必须首先弄清的问题。考察这一问题的资料线索，主要集中在郭沫若1921年至1925年所写的《我国思想史上之澎湃城》《中

---

① 杨胜宽：《郭沫若对孔子的态度辨析》，《郭沫若学刊》2015年第2期。

国文化之传统精神》《论中德文化书》《王阳明礼赞》等颇具代表性和影响力的文章中。这些文章所表达的观点，可以视为郭沫若评价儒家的第一阶段所持立场。综观该阶段郭沫若对儒家的态度，可以看出以下数端：

第一，对秦汉以后的儒者激烈批判，持坚决否定态度，认为他们是曲解、湮灭三代自由思想的历史罪人。《我国思想史上之澎湃城》指出："我国古代自由思想之命运……嬴秦焚书等于维苏勿喷火。汉以后君国专制，对于古代思想凡有不合于专制政体者，概加湮灭。学者又无创造之才能，非曲解古籍以谄媚朝政，则撰述伪书以紊乱古学。政学朋比为奸，自由独创之天才遂永无发现之时期；而我自由独创之传统精神，亦遂永遭埋没于后儒训诂伪托之下而泯其真相。由是我国思想史上之澎湃城，其埋没于熔岩灰质之下，亦已二千余年于兹矣！"① 在这篇旅居海外所作关于中国古代思想史宏观考察的专论中，郭沫若首次把汉代以后儒者的学术行为概括为"曲解古籍""撰述伪书""训诂伪托""无创造之才能"等特征，其性质是"政学朋比为奸"，目的是服务于专制政体统治需要。如此激烈的言辞，全盘的否定态度，当然是比较偏激和片面的，但可以看出受五四新文化思潮影响的郭沫若，对中国封建时代儒家历史作用与地位的基本态度。

第二，当其将儒家思想作为中国传统文化精神的一部分进行肯定时，主要指的是以孔子为代表的先秦儒家文化遗产中的精华部分，即传统文化的根本精神。《中国文化之传统精神》认为："中国古代的思想大抵被秦以后的学者误解了。他们把老子的'无为说'完全解做出世间的，如佛教思想一般；孔子所教却被他们看做入世间的了。从来的学者有把《论语》来谈孔子的全部之倾向。专靠《论语》，我们不会知道孔子。……固然，他自己没有象老子一样建设了新的宇宙观，他只解明了古代的诸说，使他们调和，为自己的伦理思想就满足了。他晚年好《易》，又曾受教于老子。他把三代思想的人格神之观念改造一下，使泛神的宇宙观复活了。他与老子一样，认形而上的实在为'道'，而使与'易'之观念相等了。"② 不难发现，郭沫若一方面高度肯定以老子、孔子为代表的先秦思想家的进步观念，即反对宗教迷信的泛神宇宙观，形而上的"道"本体观等；另一方面仍然坚持其在《我国思想史上之澎湃城》中申述的重要观点，即秦以后儒者对三代自由思想的蓄意"误解"，如把老子思想和孔子思想分别误解成"出世间"与"入世间"，似乎二者水火不容。但此时的郭沫若认为，老子与孔子的思想都是否定宗教迷信、提倡自由创造的进步思潮的代表，只是老子更多原创，孔子更多调和：老子具有更加鲜明的形而上思辨色彩，而孔子主要致力于将调和以后的各家思想融合起来，构造了自己的社会伦理思想体系。显然，郭沫

① 郭沫若：《我国思想史上之澎湃城》，王锦厚、武加伦、萧斌如：《郭沫若佚文集》（上），四川大学出版社 1988 年版，第 67 页。

② 郭沫若：《中国文化之传统精神》，《郭沫若全集・历史编》第 3 卷，人民出版社 1984 年版，第 257—258 页。

若在谈及孔子与儒家思想时，只肯定孔子的进步思想成分，其宣称“崇拜孔子”，也主要基于这层意义；而其对于儒家的肯定，主要是先秦儒家思想。《论中德文化书》云：“我国儒家思想是以个性为中心，而发展自我之全圆于国于世界，所谓‘修身、齐家、治国、平天下’，这不待言是动的，是进取的”①。对于秦以后的儒者，则依然坚持负面评价。所谓“秦以后的学者”“从来的学者”，均主要指秦汉以后的儒者。

第三，秦汉以后的儒者，郭沫若特别推崇王阳明，认为他与“拘迂小儒”的根本不同，在于领悟并体验了先秦儒家精神的精髓与真义。《王阳明礼赞》云：“佛氏出而不入，老氏入而不仁。孔氏所以异于二氏的是出而能入，入而大仁。孔氏认出天地万物之一体，而本此一体之观念，努力于自我扩充，由近而远，由下而上。横则齐家、治国、平天下，纵则赞化育、参天地、配天。四通八达，圆之又圆。这是儒家伦理的极致，要这样才能内外不悖而出入自由，要这样才真能安心立命，人才能创造出人生之意义，人才不虚此一行而与大道同寿。”② 这里虽然是论述“儒家伦理”，但主要指先秦儒家，重点放在了阐述儒家创始者孔子的伦理思想上。接着特意对后世儒者提出尖锐批评：

> 儒家的现实主义精神被埋没于后人的章句，而拘迂小儒复凝滞于小节小目而遗其大体。自汉以后，名虽尊儒，然以帝王之利便为本位以解释儒书，以官家解释为楷模而禁人自由思索。后人所研读的儒家经典不是经典本身，只是经典的疏注。后人眼中的儒家，也只是不识太阳的盲人意识中的铜盘了。儒家的精神，孔子的精神，透过后代注疏的凸凹镜后是已经歪变了的。要把这反射率不一致的凸凹镜撤去，另用一面平明的镜面来照它，然后才能见得他的正体。……天空的真相要待能够拨开云雾的好手才能显现。王阳明便是这样一位好手了。王阳明解释的儒家精神，乃至所体验的儒家精神，实即孔门哲学的真义。③

郭沫若同样采取以秦汉为分界将两千多年儒家思想发展演变划为两段的方法，批判后世儒者沉迷于经典注疏而不能自拔，皓首穷经之所得，并不是先秦儒家精神的真义，而是被歪曲失真、有利于封建专制政治的那套学说；只有王阳明能够超越注疏，直接从孔子思想中去领悟万物一体的宇宙观，知行合一的人伦理论。

自然，此时的郭沫若高度推崇王阳明，直至把他与孔子相提并论，有其特殊的思想背景与个人身心原因。他此时在思想上信奉泛神论，王阳明的万物一体宇宙观，正与泛神论精神相契合。同时，他旅居日本，罹患严重神经衰弱疾病，王阳明的唯心主

① 郭沫若：《论中德文化书》，《沫若文集》第10卷，人民文学出版社1959年版，第6页。
② 郭沫若：《王阳明礼赞》，《郭沫若全集·历史编》第3卷，人民出版社1984年版，第233页。
③ 同上书，第293—294页。

义理论和打坐工夫，正是他解决心理问题的良药。他后来对此有过反思与纠正：“王阳明是一位唯心论者，是有定评的。我对于他曾经礼赞过。……在我看来，他的思想是没有想通。我现在仍然保留下来《王阳明礼赞》这一篇文章，以表明我三十多年前在唯心与唯物之间摇摆的思想历程。我当时的思想也是没有想通的。”①

以上分析足以表明，思想转换之前的早期郭沫若，对于孔子与儒家的关系，严格把握了评价分寸。他肯定儒家的最大理由，是认为先秦儒家的开创者孔子综合吸收了包括老子思想观念在内的三代以来各种进步思想文化成分，融合而成自己“变”“动”的宇宙观，张扬自我的人生观，以及修身、齐家、治国、平天下的社会伦理哲学。孔子思想的精髓，就是先秦儒家文化的精髓；孔子思想所体现的时代进步性，就是先秦儒家文化的时代进步性。秦汉以后儒者一旦丢失以孔子为代表的先秦儒家根本精神，就完全丧失了其在中国思想史上的价值与进步意义，反而成为阻碍思想进步、为封建专制政治御用帮闲的文化糟粕，所以被郭沫若一再激烈批判，并予以坚决否定。特别是在他信奉了马克思主义，运用历史唯物主义观点方法审视古代社会发展及思想文化价值时，这种立场更加坚定。他在《中国古代社会研究》中分析了儒家重要经典《大学》《中庸》的思想体系，认为其中包含了关于神、性、阶级的三个理论骗局，在作结论时指出：“儒家理论的系统，全体就是这样的一个骗局。它是封建制度的极完整的支配理论。我们中国人受它的支配两千多年，把中国的国民性差不多完全养成了一个折衷改良的机会主义的国民性，一直到现在都还有人改头换面地表彰着儒家的理想，想来革新中国的社会，有意识地执行着它的‘絜矩之道’，有意识地在‘执其两端而用其中于民。’……本来是奴隶社会的中行之道，一变而为封建思想的儒家中庸，再变而为现行资产阶级革命的所谓‘中正主义’了。”② 在此书中，他不仅把先儒与后儒的时间分界线前移到了战国末，而且对封建时代儒家思想的否定性批判，已经上升到“理论系统”的层面，还明显带有批判现实的针对性指向。

二 关于儒家的发生与发展

郭沫若早期对先秦儒家精神的认识与解读，主要基于《易经》的思想观念及文献依据，比如“变”“动”的宇宙观、“道”本体论、辩证思想等泛神论思想观念。即使在上个世纪20年代后期写《中国古代社会研究》运用马克思主义观点观察分析古代社会形态与思想流变时，对这一问题的态度也未产生明显改变。但随着30年代中期《〈周易〉之制作年代》一文专门考察《周易》一书形成年代的研究结论出来，他认定《周易》一书乃出于战国时人馯臂子弓之手，并不是很古的东西，这导致必

① 郭沫若：《文艺论集·前记》，《沫若文集》第10卷，人民文学出版社1959年版，第1页。
② 郭沫若：《中国古代社会研究》第一篇第二章第四节，人民出版社1977年版，第72页。

须重新审视早期关于先秦儒家的一些认识和评价。恰在此时，郭沫若看到胡适作于1934年5月的《说儒》一文，专门写了《责问胡适——由当前的文化动态说到儒家》展开学术争鸣，此文后来改名《驳〈说儒〉》。据王锦厚主编的《郭沫若作品词典》考察："《驳〈说儒〉》……作于1937年5月19—24日。初发于同年7月《中华公论》2月刊1卷1期。……原文第一节《替鲁迅说几句话》，第二节《论胡适的态度》抽出单独成文。"① 现在看到的分别收入《郭沫若全集·历史编》第一卷《青铜时代·驳〈说儒〉》和第三卷《史学论集·论儒家的发生》，均与该文最初的结构不同。从胡适、郭沫若两人的文章看，有些观点虽然彼此有相似处，比如儒家主柔，孔子在塑造儒家风格与形象方面起了重要作用等；但两人观点又存在根本分歧。胡适从《周易》"需"卦卦象、卦辞来论证儒的起源及其属性，"儒是殷民族的教士，靠他们的礼教知识为衣食之端"，认为儒家是殷代的宗教，儒者就是那个时代的教士；孔子把充满奴隶根性的儒家柔顺宗教改造为刚毅的宗教，"他做了那中兴的'儒'的不祧的宗主"。郭沫若则认为，胡适的观点是唯心的，其依据《周易》"需"卦来论证儒家的起源及宗教属性，没有社会发展的基础条件支撑，儒家是奴隶制崩溃的社会产物；孔子的作用，在于把过去由贵族阶级所垄断的读书、习礼，通过推广教育，普及到了下层阶级，其在中国文化史的改革功绩，主要体现于此。

探讨关于儒家的发生，表面看是因与胡适的论争而起，其实是郭沫若思想认识到达新阶段以后必然要追寻的古代思想史发展的重大理论问题。胡适名为《说儒》的文章首先从儒家的起源说起，郭沫若反驳胡适的观点，当然必须回答儒家的真正起源问题。在《〈周易〉之制作年代》中关于《周易》的作者已经有了明确结论之后，郭沫若自然不能认同胡适所谓《周易》需卦之"需"，即为"儒"字的简写、儒家肇源于此的看法。他在《驳〈说儒〉·论〈周易〉的制作年代》部分指出："胡适似乎很相信《周易》，《说儒》里面屡屡引到它。最有趣的是他根据章太炎把《需》卦的那些卦爻辞来讲儒，他说那儿所刻画的是孔子以前的柔懦而图口腹的儒者，孔子的出现是把这种儒道改革了的。"② 郭沫若提出："我的见解，《易》的作者是馯臂子弓，作的时期是在战国前期。"③ 既然《周易》反映的思想并非殷代的孑遗，其作者乃战国时代之人，故从需卦去探求儒家的发生就"牵强得太不近情理"了。《驳〈说儒〉》专列一部分讨论"儒家的发生与孔子的地位"，其中比较全面地阐述了儒家的产生与时代背景的关系："儒应当本来是'邹鲁之士缙绅先生'们的专号，那在孔子以前已经是有的，但是是春秋时代的历史的产物，是两周的奴隶制逐渐崩溃中所产生出来的成果。"④ 郭沫若又根据司马迁《报任安书》所谓"文史星历，近乎卜祝之

① 王锦厚主编：《郭沫若作品词典》，河南教育出版社1991年版，第55页。

② 郭沫若：《驳〈说儒〉》，《郭沫若全集·历史编》第1卷，人民出版社1984年版，第441页。

③ 同上书，第442页。

④ 同上书，第456—457页。

间，固主上所戏弄，倡优畜之，流俗之所轻也”的话，认为祝宗卜史之类的没落贵族，就是“儒”的来源：“儒之本意诚然是柔，但不是由于他们本是奴隶而习于服从的精神的柔，而是由于本是贵族而不事生产的筋骨的柔。古之人称儒，大约犹今之人称文绉绉、酸溜溜，起初当是俗语而兼有轻蔑意的称呼。”① “儒在初当然是一种高等游民，无拳无勇，不稼不穑，只晓得翘个臭架子而为社会时代寄生虫。”②

关于儒家在春秋时期的发展，郭沫若认为是社会陵替动荡导致阶级分化的必然结果。他指出：“在社会陵替之际，有由贵族阶级没落下来的儒，也有由庶民阶级腾达上去的暴发户。……暴发户需要儒者以装门面，儒者需要暴发户以图口腹。故儒者虽不事生产（实不能事生产），也可以维持其潦倒生涯。相习既久，儒的本身生活也就不成其为问题了。因为既腾达的暴发户可以豢养儒者以为食客或者陪臣，而未腾达的暴发户也可以豢养儒者以为西宾以教导其子若弟，期望其腾达。到这样，儒便由不生产的变为生产的。这大约也就是孔子所说的‘君子儒’了。这是儒的职业化。”③ 在郭沫若看来，春秋时期儒者的职业特征，就是做暴发户的食客或陪臣，发挥其为主子出谋划策、教育子弟的智力优势和独特作用，不仅由此获得赖以生存的生活资源，而且因其适应了当时特殊的社会需要而取得了合法的身份与地位。所以郭沫若进一步分析说：“儒既化为职业，也就和农工商之化为了职业的一样，同成为下层的人选择职业的一个目标。因此世间上也就生出了学习儒业的要求来。本是由上层贵族零落下来的儒，现在才成了由下层的庶民规摩上去的儒了。孔子是在这个阶级上产生出来的一位大师。”“儒的职业化或行帮化，同时也就是知识的普及化。从前为少数贵族所占有的知识，现在却浸润到一般的民间来了。这与其说是某一位伟大的天才之所为，无宁说是历史的趋势使之不得不然的结果。”④ 通过这些分析，郭沫若不仅阐明了儒家是在什么历史背景下产生出来的，论证了其何以形成一个供下层人士选择的职业，同时也清楚表明，这个时代出现孔子这样的教育者和知识大师，是历史发展趋势的必然结果，并非因为他的超人天赋或者先知先觉。据此，郭沫若得出他与胡适不同的研究结论：“所以‘儒’并不是原来就已经有了，因为孔子而复兴，而是春秋末叶，社会大转变产生出来的历史成果，孔子为其代表。过去贵族垄断知识，就是读书、习礼为贵族的专有权，到春秋时代，乃普及到下层阶级。这是中国文化史上一个很大的变革，也是孔子的一个很大的功绩。”⑤

由考察“儒”的产生到分析儒者的职业化，当郭沫若将其放在历史背景下去观察其产生与发展的社会环境和文化土壤时，我们不难注意到，郭沫若早年主要依据

---

① 郭沫若：《驳〈说儒〉》，《郭沫若全集·历史编》第1卷，人民出版社1984年版，第458页。
② 同上书，第459页。
③ 同上书，第459—460页。
④ 同上书，第460页。
⑤ 郭沫若：《论儒的发生》，《郭沫若全集·历史编》第3卷，人民出版社1984年版，第397页。

《易经》《易传》而形成的对儒家思想观念及其历史作用的认识和评价，在逐步趋于学理化和实证化，改变了当时多出于感性印象而作结论的评价方式：其对先秦儒家及其代表孔子，不再是一味肯定和拔高式地赞美，而是既肯定其产生与发展的历史合理性与积极作用，也比较客观地注意到这个阶层的先天性局限，比如不事生产、依附于人、筋骨之“柔”等。这样，郭沫若由早期区分秦汉前后之儒来衡量其好坏，已经发展到对先秦之儒作一分为二的客观评价。由此以进，观察和分析儒家的演变分化，及其与同时代其他思想流派的关联性，就成为郭沫若以后的必然研究走向了。

40 年代前期，在郭沫若的学术生涯中出现了一个成果集中的黄金时段，以先秦诸子百家思想及流派的研究为重点，产生了《屈原研究》《十批判书》《青铜时代》《先秦学说述林》《历史人物》等一批质量高、影响大的学术成果。在这些研究成果中，儒家自然还是其关注的重点之一。但仔细分析郭沫若这方面的论著不难发现，他这一时期把更多注意力放在了儒家流派的研究分析上去了，而对于孔子的研究，似乎没有更多创见。《孔墨的批判》一文，用“人民本位”的评价观评判两位先秦思想巨子，其基本观点与所持立场没有新的变化，用孔子支持“乱党”来肯定其革命性与进步性，现在看来并不完全科学严谨；阐述其以“仁”为核心的思想体系，既肯定其符合时代进步要求的积极一面，也指出其承认“命”的思想矛盾。[①] 而其关于儒家的研究，则有《论儒的发生》《秦汉之际的儒者》《儒家八派的批判》《荀子的批判》诸文，从不同侧面研究儒家学派的分化与演变。在《十批判书·后记——我怎样写〈青铜时代〉和〈十批判书〉》中，郭沫若专门就自己对儒家的态度问题有一段表白：

> 杜老曾经说过我‘有点袒护儒家’，其实，话不能那样笼统地说。‘儒家’那样一个名词，便是非科学的东西。秦汉以后的儒者和秦汉以前的已经大不相同，而秦汉以前的儒者也各有派别。不加分析而笼统地反对或赞扬，那就是所谓主观主义或公式主义。因为在你的脑筋里面先存了一个既成的观念，而你加以反对或赞扬，你所如何的只是那个观念而已。假如要说我有点袒护孔子，我倒可以承认。我所见到的孔子，是由奴隶社会变为封建社会的那个上行阶段中的前驱者。我是在这样的意义上‘袒护’他。[②]

从这段话可以清楚看出，首先，郭沫若不承认杜国庠对他“袒护儒家”的批评，认为儒家不仅有秦汉前后的不同，还有先秦儒家的派别分化差别，不能笼统地否定或者肯定；其次，他把孔子和儒家作了明确划分，认为孔子虽然创立了儒家，其思想对

---

① 郭沫若：《孔墨的批判》，《郭沫若全集·历史编》第 2 卷，人民出版社 1982 年版，第 105—106 页。

② 郭沫若：《十批判书·后记——我怎样写〈青铜时代〉和〈十批判书〉》，《郭沫若全集·历史编》第 2 卷，人民出版社 1982 年版，第 478 页。

后来儒家各派产生了影响，但影响的程度和作用是不一样的，不能简单地把孔子与儒家混为一谈；最后，他承认“袒护”孔子，但这种袒护是有特定内涵的，即在孔子作为“由奴隶社会变为封建社会的那个上行阶段中的前驱者”意义上而受到郭沫若“袒护”。如果说郭沫若以前还存在某些时候用孔子代言先秦儒家的情形，那么，他作这番表白，就力图把两者的关系与区别界定清楚，分别进行定位与评价。其《十批判书》把关于孔子与儒家的研究课题分列，即是基于这一目的考虑。

三 关于儒家的分化与合流

孔子死后，儒家分为了不同的派别，出现了明显分化。较早注意及此的，当是号称先秦儒家思想集大成者的荀子。他在《非十二子》中，分述了孔门子思、子弓的学术主张，严厉批判子思、孟子一派，而认为子弓（郭说乃孔门再传弟子馯臂子弓）得孔子思想正传，将其尊为同孔子一样的圣人，主张用这种思想理念统一百家之说。[①] 而《韩非子·显学》则将儒家分为八派。他批评说：“故孔、墨之后，儒分为八，墨离为三，取舍相反不同，皆自谓真孔、墨；孔、墨不可复生，将谁使定后世之学乎?”[②] 似乎到荀子的学生韩非时代，儒家的派系分化进一步加快，并且各家均自诩为孔门真传，其实各自的取舍有着很大不同。

郭沫若《儒家八派的批判》，虽然对各派的划分大致依据《韩非子》，但他自己认为在此基础上所做的深入、拓展分析，较之前人已经前进了很大一步。其在《十批判书·后记——我怎样写〈青铜时代〉和〈十批判书〉》中就此特别说明：

> 儒家八派的追踪，在我认为是尽了自己的能事。资料多被秦汉以后的儒者所湮没或粉饰了，所有的孔门弟子及其门徒都被涂上了正统派的色彩；然而，仔细分析起来，他们内部的派别性实在是相当可观的。而他们对于儒家以外的各派也是在相互影响之下，并不是那么互为水火般的存在。[③]

儒家八派因为均出自孔门，所以皆标榜自已是正统派，这是毫不奇怪的，韩非子早就指出了这点。郭沫若的研究分析，最突出的新意是注意到儒家各派的思想主张，与儒家以外的各家思想学术发生着越来越广泛的相互影响，并非表面上看起来那样水火不容。事实上，在《儒家八派的批判》的分派评述中，郭沫若不仅注意把八派之间的相似性与关联性揭示出来，而且还努力探讨儒家各派与其它学派学术思想的相互

---

① 《荀子·非十二子》，梁启雄：《荀子简释》，中华书局1983年版，第64页。

② 《韩非子·显学》，梁启雄：《韩非子浅释》（下册），中华书局1980年版，第492页。

③ 郭沫若：《十批判书·后记——我怎样写〈青铜时代〉和〈十批判书〉》，《郭沫若全集·历史编》第2卷，人民出版社1982年版，第480页。

作用和影响，证明在春秋战国百家争鸣、学术交流频繁的时代背景下，各家思想交锋碰撞、互摄互鉴、你中有我、我中有你的态势日益明显。郭沫若一直心仪这个思想自由、学术创新的思想史黄金时代，于此得到进一步印证。

关于“子张之儒”，郭沫若以《论语·子张》等篇子张与孔子的问答内容为依据，分析认为子张具有尚武精神，且比较看重民众的利益。《论语·尧曰》：“子张问于孔子曰：‘何如斯可以从政矣？’子曰：‘尊五美、屏四恶，斯可以从政矣。’子张曰：‘何谓五美？’子曰：‘君子惠而不费，劳而不怨，欲而不贪，泰而不骄，威而不猛。’子张曰：‘何谓惠而不费？’子曰：‘因民之所利而利之，斯不亦惠而不费乎？择可劳而劳之，又谁怨？欲仁而得仁，又焉贪？君子无众寡，无小大，无敢慢，斯不亦泰而不骄乎？君子正其衣冠，尊其瞻视，俨然人望而畏之，斯不亦威而不猛乎？’子张曰：‘何谓四恶？’子曰：‘不教而杀谓之虐，不戒视成谓之暴，慢令致期谓之贼，犹之与人也，出纳之吝，谓之有司。’”① 朱熹注引尹氏云：“告问政者多矣，未有如此之备也。故记之以继帝王之治，则夫子之为政可知也。”② 郭沫若对于子张问政，孔子何以作如此详尽的阐发，也有他自己的解释，认为这是子张一派润色傅益的结果。③ 当然，也不排除另外一种可能。按照孔子因材施教原则，其对子张如此深入地谈论为政之道，似乎表明在孔子心目中，子张是最有从政倾向的，故不厌其烦地教育启发之。郭沫若对上述资料作出如下分析总结：“子张这一派是特别把民众看得很重要的。仁爱的范围很广，无论对于多数的人也好，少数的人也好，小事也好，大事也好，都不敢怠慢。严于己而宽于人，敏于事而惠于费。这在表面上看来和墨家有点相似。大约就因为有这点相似的原故，子张氏的后学们似乎更加和墨家接近了。”④ 施仁政是孔子为政思想的核心，子张之儒特别重视仁爱惠泽于民，为政严己宽人，敏于行事不怠，看来受到孔子的赏识。至于其与墨家思想相接近，郭沫若从《庄子·盗跖篇》中找到子张与满苟得的一番对话以为佐证：“子张曰：……仲尼、墨翟穷为匹夫，今谓宰相曰：‘子行如仲尼、墨翟’，则变容易色称不足者，士诚贵也。故势为天子，未必贵也；穷为匹夫，未必贱也。贵贱之分，在行之美恶。”⑤ 郭沫若并由此推断说：“墨翟应该比子张迟，他在初本来是学过儒术的人，照时代上来看，倒应该说墨翟受了子张的影响。不过他们尽管有些相似，在精神上必然有绝对不能混同的地方，不然他们应该早就合流了。……子张氏在儒家中是站在民众的立场的极左翼的，而墨子则是站在王公大人的立场，这应该是他们的极严峻的区别。”⑥ 郭沫若在

① 朱熹：《四书集注·论语集注》卷十，中华书局 1983 年版。
② 同上书，第 194—195 页。
③ 郭沫若：《儒家八派的批判》，《郭沫若全集·历史编》第 2 卷，人民出版社 1982 年版，第 129 页。
④ 同上。
⑤ 郭庆藩：《庄子集释》第四册，中华书局 1982 年版，第 1003 页。
⑥ 郭沫若：《儒家八派的批判》，《郭沫若全集·历史编》第 2 卷，人民出版社 1982 年版，第 132 页。

《孔墨的批判》中只大体说“墨子在孔子稍后”[①]，这里更说墨子生年比子张迟，还专门学过儒术，受到子张思想的影响，把当时的孔、墨两大显学思想流变及彼此关系，作了更明确的定位。

在分析“子思之儒”时，郭沫若指出，这一派和“孟氏之儒”“乐正氏之儒”只是一系，因为孟轲本是子思的私淑弟子，而乐正克又是孟子弟子，他们之间的思想传承，是一传再传的关系；而在子思之上，则源出孔子几大著名弟子之一的子游。子游与子夏在孔门以“文学”著称。这里的“文学”观念与今天大不一样，按照宋人邢昺的解释，意为“文章博学”[②]。根据郭沫若的研究分析，思、孟一派的确是儒家八派中学术色彩最浓厚的，后来受到广泛推崇并产生深远影响的重要儒家典籍，多出于此派。比如《礼记·礼运》，郭沫若就认定是此派的主要经典。其中提出的著名“大同”“小康”社会模式，至今还被赋予时代内涵在使用。但郭沫若对此基本给予否定性评价，认为“它把原始公社太理想化了。这是一种人类退化观”[③]。其实，儒家所描述的“小康”“大同”社会，主要是一种社会理想憧憬，作为其构建人伦道德秩序的理想目标，即使是祖述尧舜，也赋予了道德理想内涵和未来设想色彩，并不一定是要退化到所谓原始公社去。又比如《中庸》提出“尽性”，《孟子》提出“性善”，《洪范》关于“五行”的阐述，《大学》关于修身、齐家、治国、平天下的人伦社会学说等，无一不对后世儒学流变产生重大影响。

关于“颜氏之儒”，郭沫若重点论述了其“心斋”“坐忘”观念及其与庄子一派“超现实”倾向之间的关联性。“心斋”“坐忘”分别见于《庄子》《人间世》和《大宗师》两篇，而未见于常见的儒家典籍。郭沫若对此作了如下解释：“这些应该都是‘颜氏之儒’的传习录而在庄子是作为‘重言’把它采用了的。孔、颜当时不一定便真正说过这样的话，但有过这样的倾向，而被颜氏之儒把它夸大了。孔子本人原来就是有些超现实倾向的人……这和颜回的‘一箪食，一瓢饮，在陋巷，……不改其乐’的态度确有一脉相通的地方，有像这样的师弟，又何故不能流衍出一批更超现实的后学呢?”[④] 显然，郭沫若的论证逻辑是要力图说明，从孔子到颜回及其后学，一直保留着一股超现实的出世倾向，甚至连曾参、子思、孟子也是有这种倾向的。庄子作为孔、颜晚辈，将颜氏“心斋”“坐忘”观念作为“重言”加以采用，是受到此派一定影响的结果。

“漆雕氏之儒”则是孔门的任侠派。此派除代表人物漆雕开之外，郭沫若根据王充《论衡·本性篇》内容分析，与之思想及风格相近者，还有宓子贱、公孙尼子，其主要特征为矜气尚廉、藐视权威，故“漆雕刑残”，“宓子不斗而死人手”，均未能

---

① 郭沫若:《孔墨的批判》,《郭沫若全集·历史编》第2卷，人民出版社1982年版，第107页。

② 邢昺:《论语注疏》卷十一,《十三经注疏》下册，中华书局1980年版，第2498页。

③ 郭沫若:《儒家八派的批判》,《郭沫若全集·历史编》第2卷，人民出版社1982年版，第135页。

④ 同上书，第145页。

善终。王充上述文章有云："周人世硕，以为'人性有善有恶，举人之善性养而致之则善长，恶性养而致之则恶长。'如此，则性各有阴阳善恶，在所养焉。故世子作《养书》一篇。宓子贱、漆雕开、公孙尼子之徒亦论情性，与世子相出入，皆言性有善有恶。"人们知道，在孔门后学中，孟子主性善，荀子主性恶，而漆雕氏主性善恶混，强调后天养性的极端重要性，这与儒家开创者孔子的人性思想最为接近。

郭沫若推测"仲良氏之儒"即是楚国陈良北学于中国而传播于南方的一派，其传人中有陈相、陈辛，且认为著名诗人屈原应该出于其门下，因为屈原的思想具有纯粹儒家色彩。只可惜没有列举出可信的史料根据，理清其传承演变情况。但郭沫若在《秦汉之际的儒者》一文中，列举了数位跟随楚王项羽逐鹿天下的人物，其中如陆贾、朱建、楚元王刘交等人，皆为楚人，似乎与儒家学说南传具有某种思想渊源关系。①

"孙氏之儒"即荀子一派。郭沫若根据《荀子》一书《非十二子》《儒效》《非相》等篇均把子弓与孔子并列，尊为圣人，认定荀子当是子弓的门徒。据《史记·仲尼弟子列传》，孔子传《易》于鲁人商瞿，商瞿传楚人馯臂子弓。但郭沫若认为孔子、商瞿并没有见到过《易》，《易》乃馯臂子弓所创作。这一观点在他所著的《周易之制作年代》中已经确立，在此文中又加以重申。郭沫若还发现，荀子是先秦学者中唯一在著作中提到《易》的人，并且提出："《易传》强半是出于他的门徒之手。因而《易传》中的许多'子曰'，应该就是荀子在说。"② 但这种大胆推论并无可靠证据作支持，学术界也未见得认同。尽管如此，但荀子是先秦诸子中最后一位学术大师的地位，却是得到比较普遍接受的。郭沫若对此评价说："他不仅集了儒家的大成，而且可以说是集了百家的大成的。……或者是正面的接受与发展，或者是反面的攻击与对立，或者是综合的统一与衍变。"③ 郭沫若在《荀子的批判》中，全面对其宇宙观、人性论、社会理论、政治理论进行了分析评价。笔者已有专文评述④，在此不再赘述。

看来，儒家在孔子死后分化成不同流派，构成各自的传承体系和独立门户。但到荀子那里，又致力于对儒家各派学术思想进行综合融会，并且尽量吸纳诸子百家思想中的有用成分，以构建其集先秦思想之大成的理论体系。故郭沫若对荀子思想及其在汉武帝以后的影响作出这样的总结："他并不纯其为儒，而是吸取了百家的精华，确是无可否认的事实。因此我觉得他倒很像是一位杂家。杂家代表《吕氏春秋》一书，事实上是以荀子思想为其中心思想。……但这种杂家的面貌也正是秦以后的儒家的面貌。汉以后学术思想虽统于一尊，儒家成为了百家的总汇，而荀子实开其先河。"⑤ 对于秦前后儒家学术思想的分化与合流，郭沫若在《秦楚之际的儒者》中也有类似

① 郭沫若：《秦汉之际的儒者》，《郭沫若全集·历史编》第1卷，人民出版社1984年版，第591—592页。
② 郭沫若：《儒家八派的批判》，《郭沫若全集·历史编》第2卷，人民出版社1982年版，第152页。
③ 郭沫若：《荀子的批判》，《郭沫若全集·历史编》第2卷，人民出版社1982年版，第215页。
④ 杨胜宽：《关于郭沫若评价荀子的几个问题》，《郭沫若学刊》2011年第3期。
⑤ 郭沫若：《荀子的批判》，《郭沫若全集·历史编》第2卷，人民出版社1982年版，第250—251页。

看法："秦以前的所谓'儒'和秦以后的所谓'儒'，虽然在其本身也有传统上的关系，但那传统是完全混淆了的。所有先秦以前的诸子百家，差不多全部都汇合到秦以后的所谓儒家里面去了。"①

四　余论

二十多年前的1993年，为参加在山东曲阜召开的"郭沫若与儒家文化"学术研讨会，笔者撰写了《一针见血捉到根本精神》一文参与会议学术交流，随后收入会议论文集《郭沫若与儒家文化》一书。在文章中，重点分析了郭沫若从上世纪20年代到40年代对儒家传统文化精神的弘扬、阐释与提炼升华，并且认为其目的主要在于回应中西文化的对撞和交流，立足于为中国革命的现实问题寻找精神动力与文化支撑。② 现在看来，那只是郭沫若关于孔子与儒家思想研究的一方面。而从另一方面看，其数十年盯住不放的儒家研究，还有一些值得梳理和审视的内容。本文专就其儒家研究的相关问题进行细致分析，无论是其注重划分孔子与孔门传人的联系和区别，还是深入考察儒家的产生、发展、分化与合流，都呈现出相当复杂的曲折变化。

首先，郭沫若不仅从一开始就注意区分秦以前和秦以后儒家的不同，而且始终注意把孔子与儒家作清晰划分。关于郭沫若区分秦汉前后的儒家，谢保成认为，这是郭沫若三十年代以前对儒家学说认识上最杰出的贡献。③ 而郭沫若清晰界定孔子与儒家的关系及其功过，笔者以为其意义和贡献丝毫不亚于此。郭沫若曾言：

> 关于儒家最难理论。事实上汉人分家的办法已经过于笼统，而后人言儒家者尤集笼统之大成。粗略言之，所谓儒家之在秦前秦后已大有不同。秦以后的儒家是百家的总汇，在思想成分上不仅有儒有墨，有道有法，有阴阳，有刑名，而且还有外来的释。总而称之曰儒，因统而归之于孔。实则论功论罪，孔家店均不能专其成。
>
> 就是先秦儒家，也有系统上的进展和个人思想上的分歧。孔子和孟、荀不尽同，孟、荀亦各有特点或偏见。孔子门下所谓七十子之徒，他们的言论，更不能让仲尼来负责。但先秦邹鲁之士，既被总而称之为儒，彼辈功过亦统而归之于孔。孔子因而成了超人，也因而成了盗魁。这是断断乎不合逻辑的。④

明白于此，我们就不难明白郭沫若为何始终崇拜和袒护孔子，而对秦汉以后的儒家一直作负面评价的原因了：不仅因为其离孔子的基本思想甚远，成为各家思想的大

① 郭沫若：《秦汉之际的儒者》，《郭沫若全集·历史编》第1卷，人民出版社1984年版，第596—597页。
② 中国郭沫若研究会编：《郭沫若与儒家文化》，山东人民出版社1994年版，第50—65页。
③ 谢保成：《对儒家两重性的认识》，《郭沫若与儒家文化》，山东人民出版社1994年版，第39页。
④ 郭沫若：《青铜时代·后记》，《郭沫若全集·历史编》第1卷，人民出版社1984年版，第612—613页。

杂烩，而且其总是作为封建时代的统治意识形态，发挥着御用文化的关键作用。郭沫若明确表示，孔子不应该对此负责；封建时代的儒者把他捧为超人，五四以后的新文化人把他骂成盗魁，都是一个被歪曲了的形象。

其次，郭沫若对儒家发生、发展、分化、合流的深入研究，是在其接受马克思主义观点与历史唯物主义方法之后进行的，所得的结论既比他本人早期的印象式评价更为周密科学，也比胡适等人的观点更有说服力。章太炎、胡适依据《周易》需卦推测“儒”的起源，并且由该卦卦辞得出儒者“柔顺”的评价结论，被郭沫若斥为唯心之论，不能不说是其研究方法的局限所致。郭沫若从春秋时代社会变动、阶级分化的历史背景，考察拥有知识的贵族怎样没落变身成为社会新贵的食客与陪臣，发挥其独特优势传授知识、普及教育，并因此成为一个新兴的士人阶层，这一职业也成为下层庶民改变自身命运、提高社会地位的人生追求目标。由此否定儒者“本是奴隶而习于服从的精神的柔”的观点，认定其特征为“由于本是贵族而不事生产的筋骨的柔”。这样的研究思路与论证方法，无疑显得更富学理性和说服力。

最后，郭沫若对于秦汉以后儒家的评价，从早期开始就带有某种全盘否定的偏见，可惜这种偏见在后来的学术生涯中没有很好得到克服。他自己曾有过这样的反思：“关于历史的研究，秦以前的一段我比较用过一些苦功，秦以后的我就不敢夸口了。中国的历史实在太长，史料也实在太浩瀚，以一个人有限的生命，要想把全部都要弄精通，恐怕是不可能的事吧。”“不过关于秦以后的一些历史人物，我倒作过一些零星的研究，主要是凭自己的好恶，更简单地说，主要是凭自己的好。因为出于恶，而加以研究的人物，在我的工作里面究竟比较少。”① 这些话跟他在《十批判书·后记——我怎样写〈青铜时代〉和〈十批判书〉》里所说“批评古人，我想一定要同法官断狱一样，须得十分周详，然后才不致有所冤屈”②，难免显得相互矛盾。假如说他在先秦诸子研究中做到了如法官断狱般的无所好恶，但对秦汉以后儒家的态度，却因自身的好恶，而影响了其一分为二的全面公正评价态度。对明代王阳明的偏爱及评价，就是一个典型的例证。王阳明固然有其值得推崇的过人之处，但如果在漫长的两千多年封建社会思想史上，唯独推崇一个王阳明，对整个儒家思想发展合理性视而不见，就显然不够科学客观了。究其原因，除了郭沫若当时的特殊情况，还有他自己所承认的，对秦汉以后的儒家，未作系统而精通的研究，这与其说是时间精力的限制，无宁说其主观好恶有以致之。

（原载《广东技术师范学院学报（社会科学版）》2016 年第 7 期）

① 郭沫若：《历史人物·序》，《郭沫若全集·历史编》第 4 卷，人民出版社 1982 年版，第 3 页。

② 郭沫若：《十批判书·后记——我怎样写〈青铜时代〉和〈十批判书〉》，《郭沫若全集·历史编》第 2 卷，人民出版社 1982 年版，第 432 页。

历史想象的分歧：郭沫若与墨学论争

刘　奎

抗战后期，知识分子所面对的问题，已经逐渐从抗战转变为建国。较之抗战的被动防御，建国这一面向未来的问题，无疑调动起了知识分子的积极性和创造性，历史因而也呈现出空前的开放性，抗战初期的战争乌托邦转化为了对建国蓝图的设计。这除了毛泽东的“新民主主义”[①] 与蒋介石的“中国之命运”[②] 外，知识分子和各政党也开启各自的历史想象力，提出了不同的建国方略。处身这个开放的历史空间，郭沫若也以他的方式对建国问题作出了回应。除了直接写作政论文章之外，他更是发表了大量历史研究论文，试图从历史的角度解决这一问题。

一　墨学复兴的文化政治

郭沫若重新回到学术研究，带有一点偶然性，缘起是乔冠华约请郭沫若为其主编的杂志《群众》写文章。但郭沫若在写就《墨子的思想》一文之后，便一发不可收拾，随之又写了《述吴起》《秦汉之际的儒者》《公孙尼子及其音乐理论》等，在不到两年的时间内共写了近二十篇学术文章。郭沫若的墨学研究之所以值得关注，不仅在于这是他回到学术的起点，更重要的是他随后的学术文章如《述吴起》等都是由相同的历史问题生发出来的，而要考察郭沫若为何选择墨子作为批判对象，以及他的论述所涉及的对话对象，有必要先回顾现代墨学兴起的文化政治背景。

墨学在近现代的复兴是文化政治转向的产物。墨学为先秦显学，孟子有“不归杨则归墨”的说法，韩非子则儒墨并称：“世之显学，儒墨也。”[③] 杨子学派很快归于消亡，然儒墨在战国时期却互相攻伐，孟子因墨学提倡兼爱而称其为“禽兽”，墨子也有“非儒篇”。儒墨的这种对立，是郭沫若非墨的一大关钮。自汉以降，墨学衰，直到有清一代朴学兴，经毕沅作注、苏时学校勘，墨学始重受关注，后有高邮王氏父子、俞樾等人编修，到孙诒让的《墨子间诂》，墨学已具规模。孙诒让集众家之长，

---

① 毛泽东：《新民主主义的政治与新民主主义的文化》，《中国文化》1940 年 2 月 15 日创刊号。

② 蒋中正：《中国之命运》，正中书局 1943 年版。

③ 韩非子：《显学篇》，《韩非子集解》，中华书局 1998 年版，第 456 页。

仍以汉儒治经的方式理墨学，因此，他虽强调墨家“用心笃厚，勇于振世救弊”的现实意义，但繁琐的注疏难免让墨学流于艰深，因而他的著述流传不广，按他自己所说，定稿后曾以聚珍版印成三百部，“质之通学”，虽无诟病，但“多苦其奥衍，浏览率不能终卷”[①]。通人尚且如此，就更不必说普通读者了。

乾嘉诸人为墨学奠定了坚实的基础，但墨学再次成为显学，却系于维新派与革命党人，尤其是梁启超与章太炎等人，后又有新文化运动主将胡适的参与，墨学替代儒学，遂成一代之盛，这可以从现代墨学大家方授楚的阅读经历看出：

> 予自弱冠读章太炎梁任公谭复生（嗣同）诸人著作，见其时时称道墨义，窃私心好之，而未暇钻研也。后得曹竟初《墨子笺》，于其评论墨家学说，虽所心折，而《墨子》原文，诠释甚略，颇难索解。迨读孙仲容《墨子间诂》，见其于奥晦讹夺之文，详为校释，昭若发蒙，最为快适。其时胡适之《中国哲学史》及梁氏《墨子学案》《墨经校释》诸书，先后刊布。一时风会所趋，讨论墨学，笺释墨学之作，时见于出版界。倘汇而集之，则其所有，不难充栋梁，汗牛马也。[②]

方授楚的阅读经历，不仅涵盖了近代以来主要的墨学著述，更为重要的是，也显示了不同著述的不同功能。曹竟初和孙诒让等人的著作适于解读文句经义，而章太炎梁启超等人的著述则更侧重宣传的社会鼓动效应，是其革命理念与政治想象的载体。如梁启超就认为孙诒让等人虽在校勘方面用力甚多，而其不足之处是“所阐仍寡”，他更欣赏的是在“西学东注”潮流下，章太炎和胡适之等人“凭借新知以商量旧学”的方法[③]。梁自己就不仅从科学的视野阐释《墨子》，而且还用西方政治学和伦理学概念重新阐释墨子。如他从公德的角度强调“墨经之根本义”，“在肯牺牲自己”；从西方民主政治的角度，将《尚同篇》中相关的语句——“是故选择天下贤良圣知辨慧之人，立以为天子，使从事乎一同天下之义”，与欧洲“民约论”相提并论，认为“墨子的见解，正和他们一样”[④]。胡适则从逻辑学和实用主义（他称为“应用主义”）解墨子，除这些不同的角度外，墨子清教徒式的节俭、实践与热情则是他们共同强调的。

可见，墨学的复兴除了晚清朴学的积累外，更为重要的是西学东渐视野下的重新

---

① 孙诒让：《墨子间诂》，中华书局版，第5页。

② 方授楚：《墨学源流》，中华书局1934年版，第1页。

③ 梁启超：《墨经校释》，《饮冰室专集》之三十八，中华书局1936年版，第2页。

④ 梁启超：《墨子学案》，《饮冰室专集》之三十九，中华书局1936年版，第28页。

发现。如果说胡适从方法论的角度对先秦诸子所作的解释，还只是知识范式的转换的话[①]，梁启超、章太炎等对墨子的重新发明，则带有更多的政治功能，其对民众行动能力的强调，与传统儒家的文化政治并不一致。这表明现代墨学的复兴是与现代政治文化的转向相联系的，墨学的理论为新的文化政治提供了资源，而新的政治文化则是发现这种资源的知识结构。

方授楚所说的“一时风会所趋”的墨学复兴，郭沫若不仅得以与闻，而且也是一个参与者。早在创造社时期，他就撰文反驳梁启超以“民约论”解墨子，他认为墨子的主张是“天生民而立之君”的“神权起源说”，与西方民约论并不相干，而且墨子崇鬼神，如果“以希伯来的眼光批评”，可以肯定墨子在宗教革命方面的影响，说他是“中国的马丁·路德，乃至耶稣”，但“如以希腊的眼光来批评他”，“他不过是一位顽梗的守旧派，反抗时代精神的复辟派罢了”[②]。同时，他也从训诂学的角度对梁启超的《墨经校释》提出怀疑，尤其是对“君，臣萌通约也”与“君，以若民者也”两句，梁启超训萌为氓，训若为约，作为墨子民约论的注脚，而郭沫若则训“通”为“统”，“若”为“顺”，意义便与民约论完全相反。

郭沫若对希腊精神的强调，表明他正是从启蒙理性的角度来读《墨子》，虽然他与梁启超、胡适等人在《墨子》释义方面见解不同，但他是从训诂准确与否的角度，而不是针对以西学解墨子的方法本身与梁启超辩论，这正说明他也分享了梁启超的文化政治思维，即从启蒙理性和民主政治的角度来重新阐释先秦诸子，目的都是尝试从文化的角度，推动中国的现代化进程，他们的区别仅仅在于对象选择的不同，方法、视野和目的在本质上是一致的。

二　“犯了众怒”

在梁启超等人以民本、民约等思想解释墨子的前提下，左派学者重视墨学研究是顺理成章的事。到40年代初，左翼墨学已有一定规模，如杜国庠、陈伯达、杨荣国、胡绳、侯外庐、翦伯赞等，还有周恩来的秘书陈家康也深谙墨学，还可以包括舒芜和被批为“托派”的叶青。左派学者不仅引入了唯物史观的方法，也将墨子逐渐塑造为一个革命家形象，尤其是在胡适、钱穆等破除诸子为王官之学的成见的前提下，左派根据墨子的出身，更容易从阶级视野将他确立为本土无产者的理论代表。

总体来看，左派墨学主要注重两个方面，一是从哲学角度出发，强调墨子认识论与方法论的唯物色彩；二是从社会学和政治的角度，分析墨子的阶级属性及其历史意

---

① 余英时：《中国近代思想史上的胡适》，《重寻胡适历程：胡适生平与思想再认识》，广西师范大学出版社2004年版，第172页。

② 郭沫若：《读梁任公〈墨子新社会之组织法〉》，《创造周报》1923年第7号。

义。如陈伯达就既宗述钱穆之说，认为墨子起于“刑徒”“贱民”，并进一步具体化为“当时下层的被奴役的庶民”[①]，因陈伯达主张周代封建说，后来他在《墨子新论》一书中，进一步将墨子定性为“封建社会战国时代‘农与公肆之人’的代表”[②]，从而确立了墨子工农革命代表的身份；同时，他也从名实、知行等概念出发，强调墨学的认识论和方法论为“名为实的反映”，“行是知的基础”，并进而将之归于经验主义[③]。

左派对墨子方法论和认识论意义的强调，也是基于思想斗争的现实需要。这主要是针对牟宗三、冯友兰、贺麟等人的因明学（即逻辑学）、新理学等。缘起则是30年代中期张东荪主编了一本《唯物辩证法论战》的册子，收入了张君劢、牟宗三、李长之、罗素及杜威等人的文章，他们对辩证唯物论作了系统的批判[④]。对此，陈伯达写了长文《腐败哲学的没落》予以回应，但他批驳的主要对象是牟宗三[⑤]；抗战之后，贺麟有《近代唯心论简释》，冯友兰则写出了包括《新理学》在内的“贞元三书”，这进一步被左派视为“唯心主义”而加以批判。如胡绳就批评贺麟的唯心论是“超历史的范畴”，是脱离历史规定性而“任意搬弄一切文化历史的现象”[⑥]；针对冯友兰的就更多，在冯友兰写出《新理学》之后，陈家康曾连续撰写《真际与实际——冯友兰先生〈新理学〉商兑之一》[⑦]《物与理——冯友兰先生〈新理学〉商兑之二》[⑧]《物与气——冯友兰先生〈新理学〉商兑之三》[⑨] 等三篇文章与之商榷。事实上，当时重庆的左翼学者还曾成立读书小组，这包括杜国庠、翦伯赞、胡绳、侯外庐、王寅生、许涤新等人。据侯外庐回忆，他们大都“把唯心主义哲学家冯友兰、贺麟视为对立面”，“每次聚会，一碰头就谈冯友兰、贺麟，分析他们的政治动向，研究他们的每一篇新文章”[⑩]。可见当时学术研究的左右分野。

冯友兰虽在西南联大任教，但经常去重庆为蒋介石的“中央训练团”授课，因此自1943年之后每年有半年时间在重庆[⑪]，期间除了授课，也作演讲。《新华日报》就曾发表多篇文章对冯友兰的演讲提出讨论，如对于其“命运论”的演讲，《新华日报》上前后就有四五篇文章讨论，首先是何炬对冯友兰“命运是人生的一种遭遇，

---

① 陈伯达：《墨子的哲学思想》，《解放》周刊1939年8月第82期。

② 陈伯达：《墨子新论》，《一个伟大的原始唯物论者和原始辨证家》，作者出版社1943年版，第4页。

③ 陈伯达：《墨子的哲学思想》，《解放》周刊1939年8月第82期。

④ 张东荪：《唯物辩证法论战》，民友书局1934年版。

⑤ 陈伯达：《腐败哲学的没落》，《读书生活》1936年5月第4卷第1期。

⑥ 沈友谷：《一个唯心论者的文化观》，《新华日报》1942年9月21日第4版。

⑦ 陈家康：《真际与实际——冯友兰先生〈新理学〉商兑之一》，《群众》1943年2月第8卷第3期。

⑧ 陈家康：《物与理——冯友兰先生〈新理学〉商兑之二》，《群众》1943年3月第8卷第5期。

⑨ 陈家康：《物与气——冯友兰先生〈新理学〉商兑之三》，《群众》1943年4月第8卷第6、7期。

⑩ 侯外庐：《韧的追求》，三联书店1985年版，第122页。（按，后来在周恩来的统战指导下，这些左派学者又成立了“新史学会”，并吸纳了顾颉刚、张志让、周谷城等学者。）

⑪ 冯友兰：《三松堂自序》，人民出版社2008年版，第95页。

这种遭遇是不能用人力改变、或避免的”这一说法提出异议，他认为当人了解了社会发展的法则后便可改变命运[①]；同期还有夏迪蒙对冯友兰《新原人》中《论才命》[②] 的批评，他既批判了冯友兰的才为“天资”说，同时又以主观能动性反驳其“命运”说[③]。从何炬与夏迪蒙对冯友兰宿命论的批判来看，他们主要是以主观能动性为支援的，这与陈家康、胡风等强调的生命力和主观战斗精神有相通处。

郭沫若也在一周后发表了一篇题为《才·力·命》的短文，该文写得极为委婉，而且以一种调和的态度出现，但从讨论话题和发表情况来看，都容易辨识出他是针对冯友兰的。郭沫若首先承认天才现象是存在的，同时他也强调“天才靠人力而完成”，但对于人力的作用，他并不像前两位批评者那样直接抬出唯物论的观点，而只提及了科学的成就，从医学和优生学的角度表明人有能力左右才智[④]。虽然郭沫若态度暧昧，但在左右分野的情况下，也算是作了表态，正是在这种政治立场与学术分歧看似较为明显的情况下，乔冠华向郭沫若约稿，也算是进一步壮大左翼学术的声势。但出乎乔冠华意料的是，郭沫若所写的《论墨子的思想》一文，开篇却是对左翼墨学的激烈批判：

> 像他（墨子——引者按）那样满嘴的王公大人，一脑袋的鬼神上帝，极端专制，极端保守的宗教思想家，我真不知道何以竟能成为了“工农革命的代表”![⑤]

否定墨子的阶级立场还只是与延安的陈伯达不同，陈伯达在上海时期就强调哲学研究的“党性”[⑥]，并将墨子树立为“工农革命的代表”。但陈伯达的这个观点其实早已受到国统区左翼学者的批评，如侯外庐、杨荣国等人都曾提出异议，因此，郭沫若开篇提出这个问题，只是让左翼内部的分歧浮出水面而已，他真正引起学界不满的是他对墨子的具体阐释。

在郭沫若看来，“墨子始终是一位宗教家。他的思想充分地带有反动性——不科学，不民主，反进化，反人性，名虽兼爱而实偏爱，名虽非攻而实美攻，名虽非命而实皈命”[⑦]。如果联系近现代以来的墨学研究，郭沫若的这种判断几乎将墨学复兴以来的成就一笔勾销，因此，他不仅受到左翼学者的批判，也引起了其它阵营学者的不

---

① 何炬：《听“命运论”讲演后》，《新华日报》1943 年 5 月 3 日第 4 版。

② 《论才命》一章先后发表于《思想与时代》（1942 年 9 月 1 日第 14 期）、《改进》（1943 年 1 月 1 日 6 卷第 11 期），夏迪蒙所本为《改进》杂志。

③ 夏迪蒙：《努力·天才·命运》，《新华日报》1943 年 5 月 3 日第 4 版。

④ 郭沫若：《才·力·命》，《新华日报》1943 年 5 月 13 日第 4 版。

⑤ 郭沫若：《墨子的思想》，《群众》1943 年 9 月第 8 卷第 15 期。

⑥ 陈伯达：《腐败哲学的没落（下）》，《读书生活》1936 年 5 月 25 日第 4 卷第 2 期。

⑦ 郭沫若：《墨子的思想》，《群众》1943 年 9 月第 8 卷第 15 期。

满，让郭沫若感觉颇似犯了众怒，正如他自己所说："当我的《墨子思想》一文发表了之后，差不多普遍地受着非难，颇类似于我是犯了众怒。"①

从郭沫若研究墨学的学术概念来看，他所提及的科学、民主与进化是五四启蒙时期的核心话题，人性问题则是四十年代初讨论较多，后期被左翼否定的话题。但郭沫若显然给这些概念增加了新意：与五四一代从墨子的机械用具中寻找科学萌芽的方式相反，郭沫若将科学作为否定墨子宗教性的资源；对于民主，他除继续反对民约论的解释外，也增加了阶级论的视野，认为墨子的立场是"王公大人"；进化论也增加了扩大社会生产的意义；对于人性问题，郭沫若则泛指墨子"不近人情"，认为墨子鼓励早婚是纯粹将人当生产工具对待②，这与左翼反对谈论抽象的人性、强调人性的阶级性也有差异。而科学、民主等概念在郭沫若这里既带有启蒙的意味，也带有40年代的时代性，显示了郭沫若思想形态的驳杂性，这也是为什么左右两派对他的墨学都不满的原因，而这种驳杂性本身，显示了郭沫若作为一个个体，其思想上的内在延续性。

当前学界在从学术与政治的角度分析40年代郭沫若的学术时，往往将政治直接坐实为具体政党，而忽略了学术与政治之间的空隙。郭沫若的墨子研究的征候性在于，他让原本似乎很容易辨识的政治立场与学术观点之间的界线，变得更加模糊。而这种模糊性其实为我们探讨国统区的学术与政治提供了新的空间，这就是在强调学术的党性之外，可以从文化政治的角度，看到学界的某些共通性；而如果我们进一步引入政党内部的分歧，政治立场的模糊性和文化政治的一致性都会显得更为突出。

三　左翼内部的分歧

郭沫若的墨子研究，引起了各个阵营知识分子的不满。如《大公报》上就有书评称"墨子思想之全系统，尚须从新检讨"③，而持中的齐思和对其学术价值的评价也不高④。学界甚至有不少与他截然相左的观点，如贺麟从民族精神的角度强调墨子的宗教与道德意义，并且认为墨子的思想是随着"西洋的宗教思想、人道主义以及社会主义思想的输入而复兴"⑤，从而肯定了墨子的宗教色彩。郭沫若的墨学与自由主义知识分子固然不同，但更大的分歧则是左翼知识分子内部的差异，而这也是对郭沫若刺激最深的："假如是不同道的人，要受他的攻击，那是很平常的事；在同道的

① 郭沫若：《我怎样写〈青铜时代〉与〈十批判书〉》，《民主与科学》1945年第5、6期。
② 郭沫若：《墨子的思想》，《群众》1943年9月第8卷第15期。
③ 《评〈十批判书〉》，《大公报》1947年4月5日。
④ 齐思和：《评〈十批判书〉》，《燕京学报》1946年6月第30期。
⑤ 贺麟：《杨墨的新评价》，《建国导报》1944年12月第1卷第14期。

人中得不到谅解，甚至遭受敌视，那确实很令我不安。”①

对于左翼知识分子来说，墨学主节约、重实践，且与“小人儒”密切相连，这些因素本来就是阶级革命所具有的要素。所以，要将墨学阶级革命化并不难，但他们要面对的一些难题，也是墨学本身难以回避的，如墨子的宗教性和政权形式的问题，这就为郭沫若批判墨学提供了根据。对于墨子的宗教性，梁启超早就指出墨子的“天”是“人格神”，与孔老的“自然法”不同，在西方理性思潮的压力下，梁任公也不得不将墨子的宗教信仰作工具化的理解，认为墨子强调“天志”是为他的兼爱主义寻找后援，是其思想走向实践的方式，“是劝人实行兼爱的一种手段罢了”②。而章太炎、鲁迅一脉则从佛教看到了宗教的积极性，墨子的宗教思想反而成为“撄人心”的有效方式。

左翼学者在这方面也是大做文章，如侯外庐就将墨子的“明鬼”解释为倡导平等的方式，因为先秦时期鬼神以姓氏为基础，为君子贵族所专有，而墨子所提倡的鬼神则是抽象的，从而消除了阶级差别。因此，侯外庐认为：“他的明鬼论与其说为迷信，不如说为迷信的‘古典平等’。”③ 这些都在承认墨子宗教性的同时，又对宗教作了意识形态的处理，从而将其转化为社会实践、尤其是阶级斗争的动力。而在郭沫若看来，侯外庐所谓的鬼神平等说是“自我作故”，因为“古者人死为鬼，是自有文字以来的通例”④；同时郭沫若还辩驳了翦伯赞的观点，翦伯赞认为鬼神说是知识分子用以制约诸侯的力量，郭沫若则从春秋战国时代的社会性质着手，认为诸侯的动乱反而是时代的需要。连与郭沫若交好的杜国庠也持不同观点。杜国庠当时有“墨者杜老”之称，盖他不仅对墨学有独到研究，同时也身体力行。在他看来，“墨子虽然承认有意志的天”，但并非信仰，而是工具化的承认，“就是拿天来作衡量言论的尺度，批评政治的标准”⑤。杜国庠虽然多次撰文批判冯友兰的贞元三书，但这并不妨碍他持与郭沫若相左的学术观点。

左翼墨学的内部分歧不仅是思想史研究的问题，与当时的社会历史研究也密切相关，尤其是历史分期问题，是左翼史学家关注的重点。郭沫若此时主张西周奴隶制，春秋战国是转向封建制的过渡时代；而陈伯达、侯外庐与翦伯赞等史学家则主西周封建说，正是历史分期的不同，导致了他们对诸子历史作用的看法不同。郭沫若的历史分期，凸显了春秋战国的转折意义，转折的历史意义不仅指向历史深处，也是指向现时代的，是现时代的寓言，在“五四”时他就将春秋战国时代称为中国的文艺复兴，

---

① 郭沫若：《我怎样写〈青铜时代〉与〈十批判书〉》，《民主与科学》1945 年第 5、6 期。

② 梁启超：《墨子学案》，《饮冰室专集》之三十九，中华书局 1936 年版，第 22 页。（梁启超其实也倡导佛教，但他的墨学研究受到了胡适的影响）

③ 侯外庐：《中国古典社会史论》，五十年代出版社 1943 年版，第 167 页。

④ 郭沫若：《墨子的思想》，《群众》1943 年 9 月第 8 卷第 15 期。

⑤ 杜守素：《墨子思想——先秦诸子思想之一章》，《读书与出版》1946 年 8 月 15 日第 5 期。（按，该期也刊载了郭沫若的文章《陶行知先生最值得学习的地方》。）

从而将诸子的时代与自己的时代对应起来。而郭沫若的历史分期标准，也确实不仅仅是马克思主义式的，也受到了文艺复兴历史观的影响。中国现代提倡历史分期的史学家，并非始于马克思主义学者，而是始于梁启超，后来由傅斯年等人进一步倡导。梁启超在1901年发表于《清议报》上的《中国史叙论》一文中批判了传统史学以朝代划分的弊端："只见君主，不见有国民也"，因而效法西方以时代为序，将中国史重新划分为上世、中世和近世三部分①；傅斯年在1918年再次提倡历史分期研究，并对日本学者桑原骘藏对中国史的分期作了修正②。历史分期是启蒙运动以来的历史研究方法，带有明显的历史目的论色彩，马克思历史学本来就是对这种历史分期的改造，而对于郭沫若来说，他虽然从马克思理论作出了历史阶段划分，但他对于历史的评判又羼杂着启蒙史观的影响，这也是为何他研究墨学时所用的民主、科学等概念，带有启蒙与阶级论的双重意义。这种双重性，使他不同于自由主义学者，同时也与强调党性与阶级性的左翼学者存在分歧。

然而，翦伯赞与侯外庐算不上一味强调党性的学者。侯外庐当时在中苏文化协会工作，属于孙科的智囊团，翦伯赞也是公开活动的左翼学者，与中共南方局并无隶属关系，而且他们二人对陈伯达的某些历史研究结论也有所批驳。因此，郭沫若与侯外庐、翦伯赞之间的争论还只涉及学术，而且在墨学研究之前，侯外庐就曾与郭沫若就屈原问题展开过争论。值得一提的是，最初二人的论争是在《新华日报》上展开，后来乔冠华提醒侯外庐，这会让国民党看笑话③，因而侯外庐的文章《屈原思想渊源底先决问题》一文在《新华日报》只刊载了一半便中断了。侯外庐却未因乔冠华的干预而放弃与郭沫若的讨论，而是将论争转移到他所编辑的《中苏文化》上，还把之前的论争文章加以重新刊布。这也可以看出，在抗战时期的多元政治格局中，国统区左翼学术与学人所具有的相对独立性。乔冠华意识到了屈原论争是对左翼内部力量的耗损，但他又将如何对待郭沫若的墨学研究呢？而且这还是他约来的稿件。

四 一次夭折的批判

郭沫若《墨子的思想》发表于《群众》周刊，这是中共南方局的党刊，在国统区发行，以理论研究和宣传为主，由潘梓年任社长，许涤新任主编，乔冠华为副主编。乔冠华30年代留学德国，获哲学博士学位，后任周恩来外文秘书，有人称其与陈家康、胡绳等为"才子集团"④。40年代他们有感于左翼马克思主义的教条化，曾试图借整风运动的契机，酝酿新启蒙运动，这包括对马克思教条主义的批判，强调主

① 梁启超：《中国历史研究法》，中华书局2009年版，第73—174页。
② 傅斯年：《中国历史分期研究》，《新潮》1919年2月1日第1卷第2号。
③ 侯外庐：《韧的追求》，生活·读书·新知三联书店1985年版，第133页。
④ 舒芜：《舒芜口述自传》，中国社会科学出版社2002年版，第125页。

观能动性，注重生活的态度[①]，强调生命和生命力，反对唯“唯物的思想”论等[②]，这与胡风等人所说的主观战斗精神有相通处，而他们也确实经常来往，引为同调[③]。

左派的新启蒙运动，早在1936年就由陈伯达提出，他在《哲学的国防动员——新哲学者的自己批判和关于新启蒙运动的建议》一文中，针对唯物论有脱离实际流于教条化的弊端，提倡与中国实际相结合的新启蒙运动，他对新启蒙运动的设想是“继续并扩大戊戌、辛亥和五四的新启蒙运动，反对异民族的奴役，反对礼教，反对独断，反对盲从，破除迷信，唤起广大人民之抗敌和民主的觉醒”[④]。虽然没有直接的证据表明陈家康等人提倡的新启蒙运动与此有关，但他们的问题意识有相通处，而同为“才子集团”的胡绳，在上海期间与陈伯达同为左翼青年，而且都是《读书生活》的主要作者，如他批判朱光潜的《给青年的十二封信》的文章就发表于此。

新一代左翼青年大多是科班出身，与后期创造社成员相似，他们对马克思主义有更为深入的研究；同时，陈家康等人又将延安的整风运动看作左翼自我批判的机会，因而才大展手脚，提倡新启蒙运动。郭沫若的文章恰好此时刊出，青年一代本来就对郭沫若有所不满[⑤]，但往往鉴于党的统战政策而无可奈何，这次正好以学术的名义对他加以批判。因此，《群众》的编者在刊出郭沫若的《墨子的思想》时，附加了编者按，提议读者就墨子思想问题进行讨论：

> 这是郭先生最近写成的一篇研究墨子思想的文章，目的在使大家就此来“平心静气的研究研究”。关于中国古代社会的一些基本问题目前还没有达到做最后结论的时候，因此对于中国古代学术思想上的一些问题，也就很难得出一个最后的定论：特别是对于墨子的思想问题，诸家不同的意见很多。郭先生这篇文章提出一个观点，我们希望今后在我们篇幅许可的范围之内，能够继续发表一些对于这一个问题抱有不同见解的文章，因为我们相信只有在实事求是的讨论中，真理才能显现出来。[⑥]

话虽说得含蓄，但鼓励读者参与讨论的意味却很明显。果然，不久之后，《群众》就发表了两篇反驳郭沫若的文章：杨天锡的《〈墨子思想〉商兑》，筱芷的《关

---

① 于潮：《论生活态度与现实主义》，《中原》1943年创刊号。

② 陈家康：《唯物论与唯“唯物的思想”论》，《群众》1943年9月30日第8卷第16期。

③ 参考胡风、舒芜的回忆录，对“才子集团”即胡风等人新启蒙运动的研究可参考黄晓武《马克思主义与主体性：抗战时期胡风的“主观论”研究》，中央编译出版社2012年版。

④ 陈伯达：《哲学的国防动员——新哲学者的自己批判和关于新启蒙运动的建议》，《读书生活》1946年9月10日第4卷第9期。

⑤ 胡风等人七月派同仁尤其如此，聂绀弩所写《胡风的水准》一文，对郭沫若就不无讽刺。

⑥ 《〈墨子的思想〉编者按》，《群众》1943年9月16日第8卷第15期。

于墨子的思想的讨论——就正于郭沫若先生》。杨天锡之前也曾为《群众》供稿，发表过长文《王船山思想述评》，肯定了王船山论道器的进步性，但对他依旧身处儒家传统又颇为失望①。对郭沫若的研究，杨天锡针锋相对地强调了墨子的科学性和民主性②。筱芷名殷筱芷，他认同郭沫若对墨子阶级身份的判定，也同意郭沫若对于侠并非起于墨子之徒的判断，但却否认郭沫若关于墨子是宗教家和反进化论者的论断③。杨天锡、殷筱芷二人与郭沫若的分歧大多源于对文义的不同理解，而难以对郭沫若构成真正的威胁，更何况，殷筱芷在1941年的一篇文章中也曾对陈伯达将墨子作为工农代表提出异议④。因此，编者对此显然并不满足，还想将问题进一步深化，为此，编者再次加了按语：

> 郭先生的文章发表后，我们就陆续收到了一些商兑的文章。现在，我们发表了杨天锡先生与筱芷先生的二文，一则就正于郭先生，二则把这一个问题向读者诸君提出公开讨论。天锡先生和筱芷先生的论点虽不同于郭先生，但在求真理的基本立场上三位先生是一致的。凡严格的遵守这一基本立场，有真知灼见，论点不重覆；言之有物，理论有根据的，本刊无不乐予发表。在这里我们唯一要提出大家注意的是：一、为了把问题的讨论深刻化，势不得不涉及春秋战国时代中国社会性质的问题，就思想论思想，就墨子论墨子，是得不出科学的结论来的；因此我们希望参与讨论诸君能把问题向这一方面发展。⑤

将哲学问题的讨论引向社会问题的讨论，这本就是郭沫若20年代末研究先秦社会的方法，而郭沫若与其他左翼学者的最大分歧就是他主张西周奴隶说，编者或希望就此彻底解决左翼内部在该问题上的分歧。然而这次批判却到此为止，再也没有了下文。联系到中共在国统区的统战政策，批判的夭折可能是出于中共南方局领导的阻止，但也可能是其它原因，或与中共内部的派系斗争有关。

如果没有其他原因，陈家康、乔冠华和胡风等人是不会这样草草收场的，这从他们支持舒芜写批郭的文章可以发现。舒芜也是一个左翼青年，因路翎的介绍而认识胡风，第一次见面时，舒芜便带了几篇文章给胡风看，其中有一篇研究《墨子》的文章《释无久》。他们第一次见面时恰好路遇郭沫若，舒芜的观感是："那时我们对郭沫若印象不太好，都不喜欢他。为什么不喜欢他呢？在路翎来说，大概因为胡风与郭

---

① 杨天锡：《王船山思想书评（下）》，《群众》1942年9月15日第7卷第17期。

② 杨天锡：《〈墨子思想〉商兑》，《群众》1943年12月1日第8卷第20、21期。

③ 筱芷：《关于墨子的思想的讨论——就正于郭沫若先生》，《群众》1943年12月1日第8卷第20、21期。

④ 殷筱芷：《中国哲学史研究中实验主义的歪曲》，《理论与现实》1941年1月15日第2卷第3期。

⑤ 《编者的话》，《群众》1943年12月1日第8卷第20、21期。

沫若之间一向意见不合；而我，对郭沫若那套浪漫主义的东西始终不感兴趣，又忘不了他攻击鲁迅的事。”① 舒芜在胡风的介绍下，了解了郭沫若的墨学研究情况②，并写出了反驳郭沫若的长文。对此学界已有论者从左翼内部宗派斗争的视角，详细考论了胡风在舒芜写“反郭文”的过程中，起着关键的引导作用③。这表明郭沫若的墨学研究，确实引起了较多左翼知识分子的不满。而还需补充的是，舒芜之所以写出批郭的文章，除了胡风的鼓动外，也与陈家康和乔冠华等党内才子派的支持密切相关。

舒芜曾回忆胡风带他去见陈家康等人的情形，当时因为胡绳临时有事缺席，故只有胡风、舒芜、陈家康与乔冠华四人在乔冠华的住所纯阳洞见面。陈家康本来就喜欢墨子，而胡风也乐得找机会批判郭沫若，因此，他们四人的立场较为一致：“都对郭沫若崇儒贬墨的文章非常不满”，因此，他们交谈之后的结论便是“要反驳郭沫若”，并决定由舒芜写一篇“与郭沫若论墨子的文章”，“在乔冠华主编的《群众》杂志上发表”④。可见，真正促成舒芜写批判郭沫若文章的，不仅是来自胡风的引导，也来自陈家康和乔冠华等党内人士的支持。而将落脚点具体到墨学研究，则是以学术的名义对郭沫若进行批评。

然而，舒芜的文章并未面世，从胡风写给舒芜的信来看，应该是中共高层的干预。胡风在信中写道：“那一篇，他们决定不发表。前几天见到陈君，他听说自己方面已经‘通过’了，所以我没有急于打听，而又无时间，但今天见到乔君，原来又翻了案（?）。他们当然又说了理由，但不必问，因为那是不成其为理由的。”⑤ 既然是“翻案”肯定就是自己方面出了问题，而非国民政府审查的原因。周恩来本来是南方局的主持者，且经常干预新闻工作，考虑到到统战的需要，压下舒芜的稿子在情理之中，但周恩来 1943 年 6 月底即返回延安参加整风运动，直到 1944 年 11 月才与赫尔利一道返渝⑥。在此期间内南方局的负责人为董必武，这就很可能是出于董必武的干预，《群众》才终止发表批判郭沫若论墨学的文章。然而，胡风并没有放弃，他曾多次向别的杂志推荐，甚至想到出单行本，这也可见他是不遗余力地想利用舒芜批判郭沫若，后来终于有《文风》杂志愿发表批郭文，最终却被国民党图书杂志审查打了回去⑦，这确实不能不说是国民政府的“失职”。

---

① 舒芜：《舒芜口述自传》，中国社会科学出版社 2002 年版，第 123 页。

② 胡风：《致舒芜：1943 年 9 月 11 日自重庆》，《胡风全集》第 9 卷，湖北人民出版社 1999 年版，第 473 页。

③ 蒙雨：《胡风与舒芜的“反郭文”考论》，《中国现代文学研究丛刊》2013 年第 8 期。

④ 舒芜：《舒芜口述自传》，中国社会科学出版社 2002 年版，第 127 页。

⑤ 胡风：《致舒芜：1943 年 9 月 11 日自重庆》，《胡风全集》第 9 卷，湖北人民出版社 1999 年版，第 474 页。

⑥ 中共中央文献研究室编：《周恩来年谱》，中央文献出版社 1998 年版，第 601 页。

⑦ 舒芜：《舒芜口述自传》，中国社会科学出版社 2002 年版，第 127 页。

五 学术与政党政治

对于批郭的文章，中共南方局先是“通过”然后又“翻案”，这也并非负责人的一时好恶，而是与中共高层的意见有关，不过这不是针对郭沫若，而是针对南方局。南方局及其前身长江局，因负责人多为中共高层人物，如王明、周恩来与董必武等，素有“第二中央”之称，又因王明秉承莫斯科旨意，极力主张与国民党合作，所以南方局的统战工作相对灵活。但延安经过针对留苏派的整风运动之后，毛泽东基本上确立了以自己为中心的权力格局，并及时地开展对新闻出版的整顿工作[①]。陈家康、乔冠华与胡绳等南方局的文化工作者，本来将整风运动误认为是批判党内的教条主义，因而开始提倡知识分子的自主性，积极提倡“生命力”“生活的三度”“主观性”等，对郭沫若这位元老的批判，也是题中之意。然而，在延安完成对解放区的《解放日报》等报刊的整顿后，便开始整顿南方局下辖的《新华日报》和《群众》等报刊。在1943年11月中宣部致董必武的电文中就说，《新华日报》《群众》等对蒋介石、国民党等人事“经常头条大题”，失去了立场，并对陈家康、乔冠华等人提出批评。认为：“现在《新华》、《群众》未认真研究宣传毛泽东同志思想，而发表许多自作聪明错误百出的东西，如××论民族形式，×××论生命力、×××论深刻等，是应该纠正的。”[②] 针对延安要求整顿新闻出版，统一宣传毛泽东思想的指示，董必武马上做出反应，不仅对当事人进行批评教育，而且召开编辑工作会议，完善编辑的组织，尤其是加强《新华日报》第四版和《群众》稿件的党内审查工作。董必武在回电中提道：“编辑上的组织不周密，阅稿与检查皆有漏洞，如四版之稿，事前没有经汉夫过目，《群众》之稿亦只由乔木注意审阅决定。”[③]

此乔木是“南乔木”，指乔冠华，从董必武的回电中可看出此时由他全权审理《群众》稿件，那么，该刊所组织的批判郭沫若墨学的文章，以及两次出现的“编者按”，也应是乔冠华负责期间的产物。而联系到董必武发电文的时间（1943年12月16日）与胡风写信给舒芜提及“翻案”的时间（1944年1月4日）之间的前后关系，也就不难得出，这次批判的夭折，其根源是延安统一舆论口径的政策。这虽然看起来于郭沫若有利，实际上却让左翼知识分子失去了一次自我检验与理论论争的机会，而胡风所坚持的主观战斗精神，则成为左翼知识分子文化实践的艰难延续，后来

① 高华：《红太阳是怎样升起的：延安整风运动的来龙去脉》，香港中文大学出版社2000年版。

② 《中宣部关于〈新华日报〉、〈群众〉杂志的工作问题致董必武电（一九四三年十一月二十二日）》，中国社会科学院新闻研究所编：《中国共产党新闻工作文件汇编（上）》，新华出版社1980年版，第138页。

③ 《董必武关于检查〈新华日报〉、〈群众〉、〈中原〉刊物错误的问题致周恩来和中宣部电（一九四三年十二月十六日）》，中国社会科学院新闻研究所编：《中国共产党新闻工作文件汇编（上）》，新华出版社1980年版，第140页。

周恩来对胡风《论主观》的批评，也正是从延安的整风标准出发的[①]。

同时，对这次整风运动，郭沫若似乎也未能完全置身事外，董必武的电文中所提到的《中原》就是郭沫若主办的刊物，此时才仅出两期，因创刊号上刊登了乔冠华的《论生活态度与现实主义》、项黎的《感性生活与理性生活》也遭到批评；延安甚至有人主张将整风运动扩展到大后方的党外文化人，但周恩来从统战的角度表示反对[②]。南方局凭借其国统区的地理位置，加上王明、周恩来等人相对"右倾"的主张，使南方局的文化政策与延安有颇多差异，这种相对宽松的文化政策，在统战策略下将众多文化人吸引到了中共一边，同时也为左翼知识分子的文化实践提供了相对自由的环境。随着毛主义的崛起，整风运动开始波及重庆，如果说陈家康等人对郭沫若的批判还是反对马克思主义教条化的话，那么，延安对《新华日报》《群众》等报刊的批评，以及董必武等人加强党内审查的措施，则是中共全面整顿舆论，甚至干预学术的开始。

但延安政策的限度在于，他主要是针对中共系统内部的人员，郭沫若的无党派身份还具有一定的免疫作用，甚至具有一定的对抗性。因此，虽然郭沫若崇儒贬墨的观点与中共口径不一，他以人性为标准研究墨子，也未受到进一步的批判，陈家康等人的批判看起来有组织，从"编者按"来看还是将批判限制在学术范围内。但无论是"才子集团"及胡风等七月派对郭沫若的批判，还是延安整风运动对陈家康、乔冠华等人的批判，以及后来的胡风案，都表明郭沫若及大后方的文化人，尤其是学者，与政党政治之间都存在着较大的出入；这也表明，作为学者的郭沫若与延安政治之间的隔膜。而郭沫若重返学术的动因，也并不完全是要以学术的方式干政，而是为了捍卫他的学术观点。

作为马克思主义史学的开创者，他的历史分期和西周奴隶说对中国古史研究影响甚深。但到了40年代，他发现自己的学术观点正日渐被抛弃："在这个期间之内有好几部新史学阵营里面的关于古史的著作出现，而见解却和我的不尽相同。主张周代是封建制度的朋友，依然照旧主张，而对于我的见解采取着一种类似抹杀的态度。这使我有些不平。"[③] 他的研究成就逐渐被限制到对先秦材料的发掘，尤其是他对甲骨卜辞和金文的释读上，左翼学者往往利用他的材料，却得出了与他相反的观点。侯外庐就是其中的代表，他既承认郭沫若研究金文、甲骨文成果的重要："进入40年代，运用甲骨文、金文资料而不读郭沫若的著作，简直是不能想象的事情。"但同时，他又拿郭沫若的材料作为反对郭沫若历史观点的证据，他曾提到他向郭沫若借《卜辞通纂》和《两周金辞大系图录考释》时的情形："郭老完全了解，我对中国古代生产

---

① 胡风：《再返重庆（之四）——抗战回忆录之十八》，《新文学史料》1989年第3期。

② 周恩来：《关于大后方文化人整风问题的意见》，南方局党史资料编辑小组编：《南方局党史资料：文化工作》，重庆出版社1990年版，第25页。

③ 郭沫若：《我怎样写〈青铜时代〉与〈十批判书〉》，《民主与科学》1945年第5、6期。

方式的认识和他很不相同，因此对一些共同注意的材料的理解和处理，和他也很不一样。可以说，他明知我会用了他提供的材料来佐证我自己的观点，对他提出异议，他却还是把他亲手搜集的丰富材料全盘端给了我。"[①] 除了侯外庐，翦伯赞和杜守素等人在古史分期方面与他都不一致，如翦伯赞就直接批评郭沫若以马克思主义历史形态为标准的分期，"陷入公式主义的泥淖"[②]。然而，郭沫若又始终认为他的观点是正确的[③]。因此，面对影响的焦虑，他才起而申述，也正是在这次申述中，他重新定义了封建，将封建的意义从传统的"分封建国"的政治制度，转向生产和生产关系等社会层面，这对建国后的史学研究影响更为深远。

郭沫若的学术与政党之间的空间，不仅表现在对延安学术党化的茫然上，也表现在对国民党意识形态的批判上。郭沫若论文中所充斥的政治词汇，如他除了从反科学、反民主等角度批判墨子，还以美攻、独裁等责难墨子，这也是对国民政府政治政策的隐射和批判，这在他后来写的答辩文章《儒墨的批判》中表现得更为突出。抗战时期不仅左翼学人好谈政治，在国难危机中以学术干预国事，也是一种较为普遍的现象，甚至可以说，学术的独立性和尊严在国难中得到了重建和凸显。可见40年代的学术与政治，并不像韦伯所说的那样，因专业化而导致政治与学术截然二分，而依旧是一种相互倚借的姿态。其意义在于学术保持了对政治的批评和回应能力，这与学术的独立性是不矛盾的。

学术的相对独立性，以及学术救国的时代要求，使重塑学统，进而重塑道统成为可能。但追求何种道统，不同知识分子则往往有不同的选择。这种差别不仅见于郭沫若与冯友兰、钱穆等人之间，也见于他与左翼知识分子之间。郭沫若的墨学研究，其呈现出来的与左翼墨学的分歧，实际上正是他们关于如何重塑革命道统之间的分歧。而郭沫若治诸子学的这种相对独立性，与他对中国现代革命道路的思考又有何内在的关联，他如何经由学统而干预政教则是需要进一步讨论的问题。

（原载《郭沫若学刊》2016年第2期）

---

① 侯外庐：《韧的追求》，生活·读书·新知三联书店1985年版，第129页。

② 翦伯赞：《历史哲学教程》，生活书店1938年版，第294页。

③ 在1950年的《十批判书》修改版《改版书后》中，郭沫若认为："在今天看来，殷周是奴隶社会的说法，就我所已曾接触过的资料看来，的确是铁案难易。因此，我对于本书的内容，整个地说来，依然感觉着是正确的。"（郭沫若：《十批判书》，群益出版社1950年版，第507页）这种说法未免武断，也表明郭沫若对自己学术观点的坚持。

《甲申三百年祭》与郭沫若的隐微心曲

李　斌

一　政界与史学界对《甲申三百年祭》的理解

《甲申三百年祭》最初发表于1944年3月19—22日，连续四天在重庆《新华日报》第4版《新华副刊》连载。这一次国民党方面反应十分快，3月24日，国民党机关报《中央日报》发表陶希圣执笔的社论《纠正一种思想》，4月1日，亲国民党的《商务日报》发表社论《论赫尔的名言》，4月13日，《中央日报》发表社论《论责任心》，三篇文章都激烈批评了《甲申三百年祭》。但仔细考察，他们所加于郭著的罪名却并不成立。

《纠正一种思想》等文章认为《甲申三百年祭》"散播败战思想，把不正确的毒素，渗进社会内层，这种文章是时代错误的结晶，放任这种文章在社会散播，对于整个社会，是一种极不道德的事情"①，"然而郭沫若是徒劳的。一个最主要的理由就是全中国人民今天在三民主义的党和政府领导之下，对敌作战，而且决心作战到底。并且在抗战之中，实行建国，解决我们的困难和弱点，外忧外患可以颠覆明朝，却不能摇动三民主义的革命党和革命政府。败战主义和亡国思想可以颠覆明朝，却不能动摇三民主义的革命党和政府。昧于这个事实的人，必受到历史的嘲笑"②。显然，这些文章十分敏感地认为对手方将"明朝"比拟于国民政府，所以要坚决将本体和喻体进行拆除隔离，并反噬对手方散布"败战主义和亡国思想"。

但《甲申三百年祭》将明政权比拟于国民政府的意图并不明显，也很难看出有散布"败战主义和亡国思想"的意愿。《纠正一种思想》为何要如此上纲上线？这要谈到《甲申三百年祭》发表的背景。

《甲申三百年祭》连载的同时，《新华日报》于19日刊发宗顾《三百年前》，20日刊发《甲申事变——明末亡国的历史》。后两文以明末史事影射当下的意图十分明显。宗文认为不能仅仅看到明朝灭于异族入侵，更应该看到它对人民大众的压迫。文章高度赞扬"当时的农民大众是表现了极英勇高贵的品质的"，但对其被统治阶级残

---

① 《论赫尔的名言》，重庆《商务日报》1944年4月1日。

② 《纠正一种思想》，重庆《中央日报》1944年3月24日。

酷镇压的悲剧结局深致惋惜："起先在北方是封建统治者（以洪承畴、吴三桂为代表）勾结外族兵力，对农民大众实行残酷的镇压，后来在南方，农民起义的力量虽在实际上帮助了偏安的南明政府对抗外族与汉奸，却得不到南明政府的信任。最后农民起义完全失败了，而明朝也完全消灭了。"《甲申事变——明末亡国的历史》亦认为明朝面对内忧外患无法调和，其灭亡在于"明政权本身腐败"，后来吴三桂引清兵入关，"其实是实现了明代要做而不敢做的一个政策——联合满清剿灭'流寇'的政策"。鉴于当时语境，两文以农民起义比附中共，以明政府或南明政府比附迁都于重庆的国民政府，以满清入关比附于日军侵略的意图十分明显。

《新华日报》三篇文章联合发力，造成声势。时处国共两党宣传攻势正烈之际，面对这组文章，国民党方面如鲠在喉，不得不吐。但在抗战大局下，鉴于国际形象和国内舆论，国民党对于中共事实上虽有摩擦，表面上却要团结，当然不好直接指斥中共机关报《新华日报》，故不方便评述未署名的《甲申事变——明末亡国的历史》，笔名"宗顾"者，也没有驳难的价值，其对手自然只有以无党派人士的身份活跃于文化界的郭沫若。所以，国民党的反击，事实上是对《新华日报》的怨念一股脑儿算在了《甲申三百年祭》之上。

《中央日报》的这种做法，延安方面看得十分清楚，并进行了针锋相对的反击。4 月 18 日、19 日，延安《解放日报》全文转载《甲申三百年祭》，"编者按"十分敏锐地指出："引起满清侵入的却不是李自成而是明朝的那些昏君、暴君、宦官、佞臣、不抵抗的将军，以及无耻地投降了民族敌人引狼入室的吴三桂之流（吴三桂在后来又'变卦'了，而且真的变卦了，不像现在有些吴三桂们，表面上'反正'了，实际上还在替日本主子服务）。"针对的显然是《纠正一种思想》中的"内忧外患互为策应以致亡国"，"蔓延于黄河流域及黄河以北的流寇，以李自成为首领，于外患方亟之时，颠覆了明朝"等观点。这其实也透露出，延安方面高度重视《甲申三百年祭》，也未尝没有利用国民党方面已经出击的机会，来一次舆论争夺战的意思，至于是否面对和理解《甲》文的真实意图，倒在其次。

有意味的是，当国民党方面将自己与明政权对号入座时，以毛泽东为首的中共领袖，却并不忌讳农民军长期被污蔑为"流寇"的成见，乐于将中共政权比拟于李自成领导的农民起义军，并从这一角度高度评价《甲申三百年祭》的警示作用。《甲》文发表之后，延安可能迅速翻印出版。5 月 20 日，毛泽东在《学习与时局》中指出："近日我们印了郭沫若论李自成的文章，也是叫同志们引为鉴戒，不要重犯胜利时骄傲的错误。"[①] 6 月 7 日，中共中央宣传部，总政治部联合发出通知，要求将《甲》文与刚被翻译的苏联《前线》剧本作为全党整风文件："这两篇作品对我们的重大意义，就是我们全党，首先是高级领导同志无论遇到何种有利形势与实际胜利，无论自

① 毛泽东：《时局与学习》，《毛泽东选集》（第 3 卷），人民出版社 1991 年版，第 948 页。

己如何功在党国、德高望重，必须永远保持清醒与学习的态度，万万不可冲昏头脑，忘其所以，重蹈李自成与戈尔洛夫的覆辙。”① 半年之后，毛泽东给郭沫若写信，提到《甲》文时，仍是如何避免骄傲的问题：“你的《甲申三百年祭》，我们把它当作整风文件看待。小胜即骄傲，大胜更骄傲，一次又一次吃亏，如何避免此种毛病，实在值得注意。”②

毛泽东等中共领导人看重《甲申三百年祭》，主要在于《甲》文用了相当的篇幅批评李自成农民军进北京后的骄傲情绪：“在过短的时期之内获得了过大的成功，这却使自成以下如牛金星、刘宗敏之流，似乎都沉沦进了过分的陶醉里去了。进了北京以后，自成便进了皇宫。丞相牛金星所忙的是筹备登基大典，招揽门生，开课选举。将军刘宗敏所忙的是拶挟降官，搜刮赃款，严刑杀人。纷纷然，昏昏然，大家都像以为天下就已经太平无事了的一样。近在肘腋的关外大敌，他们似乎全不在意。”但在《甲申三百年祭》中，这种现象并没有引申开来仔细探讨。《甲申三百年祭》的主要篇幅和文章主旨，并非在于揭示胜利后即骄傲所带来的失败。

不可讳言的是《甲申三百年祭》确有现实指涉。国民党方面自觉与明政权对号入座，延安方面自觉与李自成农民军对号入座。这说明两个政党都看出了此文的现实寓意。此文突出了三个主要人物，如果说崇祯代表明政权，李自成代表农民军，而最为浓墨重彩的李岩则代表了易代之际如何安身立命的知识分子。国共两党急于对号入座，各自从切身利益或指斥其“败战亡国”，或从中吸取不要腐败的经验教训。而对于郭沫若最为关心的李岩，却有意无意地忽略了。难怪 1947 年郭沫若在谈到据《甲申》改编之剧本时感叹：“我还有一种希望，我们应该把注意力的焦点，多放在李岩的悲剧上。”③

对于《甲申三百年祭》，史学界长期以来或毁或赞，绝大多数学者将其作为严肃的史学论著看待。但我认为，与其将这篇文章看成严肃的史学论著，不如看成一种介于散文和学术论文之间的文体，或者名其为文化散文似乎较为合理。

赞扬《甲申三百年祭》者认为，此文在农民起义研究方面具有开创性贡献，是一篇具有重要贡献的马克思主义史学研究论文。黄烈认为“作为学术著作的《甲申三百年祭》为中国农民战争史的研究做了奠基和示范，它本身的历史价值和学术地位是不可磨灭的。这一著作并不是一挥而就的应世之作，而是有长期的思想准备和深厚的思想基础。”④ 王守稼、缪振鹏认为该文在“马克思主义史学史上占有不可抹杀

---

① 《关于学习〈甲申三百年祭〉的通知》，郭沫若纪念馆等编：《〈甲申三百年祭〉风雨六十年》，人民出版社 2005 年版，第 93 页。

② 毛泽东：《致郭沫若（1944 年 11 月 21 日）》，《毛泽东书信选集》，人民出版社 1983 年版，第 241 页。

③ 郭沫若：《历史人物·序》，《郭沫若全集·历史编》（第四卷），人民出版社 1982 年版，第 6 页。

④ 黄烈：《米脂话〈甲申〉》，《郭沫若研究》（第十二辑），文化艺术出版社 1998 年版，第 4 页。

的地位”，“标志着中国马克思主义史学的形成和发展，有了新的突破，日趋成熟。”①著名史学家顾诚认为“尽管存在一些不足之处，《甲申三百年祭》在学术上依然是一篇史学名文，它的开创之功是不可磨灭的。作者根据马克思主义的基本观点对史籍中被斥为‘盗’、‘贼’、‘寇’的农民起义充满着同情，对当时的反动统治者作了无情的鞭挞，这和四十年代中期史学领域里的同类著作相比，无疑要高出一筹。可以毫不夸大地说，它为后来进行农民战争史的研究开了先河，许多史学界的同志都或多或少地从这篇名文中获得了教益。”②

从史学角度出发，对《甲申三百年祭》质疑的声音也很多。著名史学家金毓黻在1957年1月7日日记中评论此文“所引资料”“雅俗并传，真伪杂揉”。③ 80年代初，姚雪垠酷评此文“不是严肃的历史科学”，作者“对翻阅的极少史料也没有认真研究、辨别真伪，轻于相信，随手引用，然后在此基础上抒发主观意见，草率论断。”④ 就连推崇此文的学者，在论述的时候也不得不声明：“《甲申》不可避免地会有这样或那样的缺点、不足”，“至于具体史料上的失误，则可列举的更多”。⑤

从今天的眼光来看，批评者所指缺点在《甲申三百年祭》中的确都或多或少存在着，正如蔡震所说：“它在郭沫若的史学论著中算不上一篇多么有分量的论文。”⑥我们不必曲为郭沫若辨，刻意拔高这篇文章在史学史上的位置。但在史学价值上不必拔高，并不意味着解读空间有限。

二　作为“祭文”的《甲申三百年祭》

在相关批评中，有些观点值得我们重视。潘光哲认为“与那些广参文献，在详瞻史料基础上排比、考订材料叙述之同异、探求史实之真相的严谨史著相校，《甲申》不过是文人稍涉史籍后驰骋想象力的笔墨游戏。”⑦ 所谓“驰骋想象力的笔墨游戏”，所指涉的正是文学的本质，也就是说在潘光哲看来《甲申三百年祭》与其说是史学论著，不如说是文学作品。只是潘光哲没有就此进行深究。另外，从潘文语气来看，似乎“笔墨游戏”较“史学论著”更为下品。其实，正如有研究者认为的“在

---

① 王守稼、缪振鹏：《〈甲申三百年祭〉及其在现代史学史上的地位》，《郭沫若研究》（第一辑），文化艺术出版社1985年版。

② 顾诚：《如何正确评价〈甲申三百年祭〉》，《中国史研究》1981年第4期。

③ 金毓黻：《静晤室日记》，辽沈书店1993年版。

④ 姚雪垠：《评〈甲申三百年祭〉》，《文汇月刊》1981年，第1—3期。

⑤ 王守稼、缪振鹏：《〈甲申三百年祭〉及其在现代史学史上的地位》，《郭沫若研究》（第一辑），文化艺术出版社1985年版。

⑥ 蔡震：《〈甲申三百年祭〉出版的政治缘》，《〈甲申三百年祭〉70周年展览纪实》，当代中国出版社2014年版，第43页。

⑦ 潘光哲：《郭沫若与〈甲申三百年祭〉》，《中央研究院近代史研究所集刊》1998年12月第30期。

史学的透视装置下，糅合诗与真实或纯虚构的文本，可爱而不可信，几乎没有利用价值。而基于修辞的立场形成的‘文本视界’，看重的不是文本关涉的史实，而是文本修辞中包裹的、难以言明的心事”[①]。对于郭沫若研究来说，将《甲申三百年祭》定位为文学作品，从文学研究的方法入手，探究其塑造的人物形象及作者心态，似乎比从史学史角度出发的研究更有意味。

尽管郭沫若本人也曾将《甲申三百年祭》当成“研究性质的史学上的文字”[②]，但一方面，“祭”是中国传统文类中的重要一类，侧重于表达悲哀的感情，跟侧重于叙述事实与考证求信的史部著述有根本区别；另一方面，从这篇文章的产生过程来看，郭沫若的创作灵感来自于对李岩的倾心，并欲将他以文学作品的体裁塑造出来，而并非出于考史著史的冲动。

儒家传统注重慎终追远，缅怀先人，多哀祭文类，如颂、铭、碑志等。祭文属于哀祭文类中重要一体。明代徐师曾对祭文定义为“祭文者，祭奠亲友之辞也。古之祭祀，止于告飨而已。中世以还，兼赞言行，以寓哀伤之意，盖祝文之变也。”[③] 在姚鼐、曾国藩等清代古文家的文体分类中，哀祭亦为重要一类。[④] 现代学者许嘉璐论述哀祭文体时说：“本来祭文都是用之于祭奠亲友，意在使死者魂魄前来享用祭供，六朝以后使用的范围扩大了，内容也有所不同，既可祭人，也可祭山川诸神。告享之外，又兼叙死者生前的言行、祭者的哀伤之情、祭告之意。”[⑤] 章必功认为“祭文以抒情为主。刘勰所谓‘祭奠之情，宜恭且哀’，就是要求祭文饱含恭敬虔诚的心意和哀伤思念的感情。”除祭祀神灵亲友外“古代还有以‘祭’名篇追悼前代古人的，如晋人周颖文《祭梁鸿文》，梁鸿是东汉名士。南朝卞伯玉的《祭孙叔敖文》，孙叔敖是先秦楚臣”[⑥]。综上所述，祭文须有确切的致祭对象，叙述致祭对象的生平行谊，抒发作者对所祭对象的深切情感。

虽然《甲申三百年祭》既没有用骈体或押韵，也没有“维某年某月某日呜呼尚飨”一类的惯用格式，但它确实是祭文。首先，从标题上看，它跟传统祭文一样，均在标题里出现了“祭”字。其次，祭文可以追悼古人，《甲申三百年祭》亦为追悼300年前明清之际的政治人物，从这一角度来看，它延续了追悼古人之祭文传统。最后，《甲申三百年祭》与典型的考证著史不同，作者多推测抒情、感慨议论之处，情

---

① 袁一丹：《隐微修辞：北平沦陷时期文人学者的表达策略》，《中国现代文学研究丛刊》2014年第1期。

② 郭沫若：《答费正清博士》，《郭沫若全集·文学编》（第19卷），人民文学出版社1992年版，第440页。

③ 吴纳、徐师曾：《文章辨体·文体明辨》，人民文学出版社1962年版，第154页。

④ 姚鼐在《古文辞类纂》中把古文体裁依次分为论辨、序跋、奏议、书说、赠序、诏令、传状、碑志、杂记、箴铭、辞赋、哀祭等十三类《经史百家丛钞》将文体分为如下三大门类：著述门：论著类、词赋类、序跋类；告语门：召令类、奏议类、书牍类、哀祭类；记载门：传志类、叙记类、典志类、杂记类。

⑤ 许嘉璐：《古代文体常识》，中华书局2013年版，第79页。

⑥ 章必功：《文体史话》，同济大学出版社2006年版，第184、186—187页。

感外露。最后，郭沫若写过祭文：1911 年，他用四言诗体写了《祭三叔祖文》；1939 年，他用文言文写了《家祭文》；1946 年，他为李公朴、闻一多追悼会写过《祭李闻》等。我认为《甲申三百年祭》当纳入郭沫若的祭文系列，有着传统祭文的文体规范和情感记忆之支撑。

郭沫若创作《甲申三百年祭》，源于对李岩这一人物的特殊感情，并欲将其用文学体裁塑造出来的冲动。

抗战时期，郭沫若历史研究的兴奋点在先秦社会和思想，相关著作《青铜时代》和《十批判书》得到学术界高度评价，是先秦史研究的经典著作。而对明史，郭沫若则素无研究。1944 年初，重庆文化界准备纪念明亡三百年。1 月 15 日，郭沫若与乔冠华等人商量此事，一致认为，柳亚子是明史泰斗，纪念明亡，非他开炮不可。① 不久，郭沫若“以偶然的机会得以读到清初的禁书《剿闯小史》的古抄本。明末农民革命的史实以莫大的力量引起了我的注意。适逢这一年又是甲申年，是明朝灭亡的三百周年纪念。我的史剧创作欲又有些蠢动了。我想把李岩与红娘子搬上舞台。”② 这些史实清楚表明：郭沫若高度重视甲申三百年的纪念活动，但就性之所长，他认为适合写纪念文章的是柳亚子，适合以话剧这种重庆文化界广受欢迎的形式来纪念的，是他本人。

按照郭沫若的习惯，他常在写作剧本的前后，将相关史实梳理成文。比如，创作《南冠草》之前，郭沫若围绕主人公写了《由葛录亚想到夏完淳》《少年殉国诗人夏完淳》等；创作《孔雀胆》之后，他写作了《孔雀胆的故事》《〈孔雀胆〉故事补遗》等。正如《少年殉国诗人夏完淳》为剧本《南冠草》之副产品《孔雀胆的故事》为《孔雀胆》之副产品一样，相比于反腐败的学习文献或严谨的历史著作，1944 年 3 月 10 日脱稿的《甲申三百年祭》，更应该被看成郭沫若构思李岩剧本过程中的副产品。

三 《甲申三百年祭》主要是为了塑造李岩形象

从史学家的立场出发《甲申三百年祭》最引人争议的无过于李岩，殊不知，从文学角度出发，李岩正是作者雄心勃勃想要塑造的文学形象。在文章写作前，郭沫若曾致信历史学家翦伯赞：“近于友人处得见一乾隆年间之抄本《剿闯小史》写李自成事颇详，甚引起趣味。有李信一名李岩者，乃河南举人，参加当时活动，此人尤有意思。关于此时期之史料，兄谅知之甚悉。除《明亡述略》曾略见李信外，它尚有所

① 廖永祥、林兰乎：《隆重纪念郭沫若诞辰一百周年——中共延安整风运动与郭沫若》，《郭沫若学刊》1992 年第 3 期。

② 郭沫若：《十批判书·后记》，《郭沫若全集·历史编》（第 4 卷），人民文学出版社 1982 年版，第 475 页。

见否？乞示知一二，为感。”有学者敏锐地注意到：“《甲申》全文共27页（《历史人物》，页91—117），述及李岩的篇幅合计约19页（比例占70.37%）；再扣除篇首以5页半左右的篇幅批评崇祯帝之失策，关于各地灾荒情况之叙述（《历史人物》，页91［［最后1行］至页97［第1段］），可见李岩史迹之论述实为《甲申》之主体。”① 还有学者谈到：“整篇文章差不多有一半是论述李岩其人、其事，并兼而对照牛金星、宋献策，征引史籍也最多。”② 郭沫若如此大篇幅写作李岩，有敏锐的学者一针见血地指出：“在郭沫若笔下，三百年前《甲申》之际的历史，仿佛值得回味省思意义，与其说是纪念明室倾覆、检讨李自成的失败原因，倒不如说是对李岩悲剧命运的低吟。”③ 这些都说明，对于波澜壮阔的明朝亡国史，郭沫若最感兴趣的是李岩这位人物。

《甲申三百年祭》正是围绕李岩这个人物展开的。文章开始用相当多的笔墨描述明末乱象，说明“无论是饥荒还是盗贼，事实上都是政治所促成的”，为李岩的出场做铺垫。接着写李自成农民军的壮大，李自成农民军“作风的转变在各种史籍上是认为由于一位‘杞县举人李信’的参加”，关键人物正是李岩。对于李岩，郭沫若从如下方面展开。一是官逼民反，李岩由于对灾民的同情，引起地方官的嫉恨下狱，被逼加入李自成农民军。二是李岩的加入，成为李自成农民军壮大的转折点。“在李岩入伙之后，接着便有牛金星、宋献策、刘宗敏、顾君恩等的参加，这几位都是闯王部下的要角。从此设官分治，守土不流，气象便迥然不同了。全部策划自不会都出于李岩，但李岩总不失为一个触媒，一个引线，一个黄金台上的郭隗吧”。三是李岩劝李自成行仁义，收民心，在宣传上取得大成功。“他对于宣传工作做得特别高妙，把军事与人民打成一片”，“李岩收揽民意，瓦解官兵宣传，千真万确地是收了很大的效果”。四是进北京后李岩保持了清醒的头脑，劝李自成严肃军纪，用政略解决吴三桂问题，保护懿安太后，护卫明朝官员等等。五是李岩因牛金星谮言被杀。对于李岩被杀，郭沫若认为：这直接导致大顺军“真正是呈现了‘解体’的形势”，“李自成自然是一位悲剧的主人，而从李岩方面来看，悲剧的意义尤其深刻”，“个人的悲剧扩大而成为了种族的悲剧，这意义不能说是不够深刻的”，“李岩的悲剧是永远值得回味的”。可见，萦绕在作者心头的，始终是李岩这个人物形象及其悲剧命运。

《甲申三百年祭》发表后，《中央日报》进行了“无理取闹的攻击”，使郭沫若的“剧本计划遭了打击”。④ 所以仅仅拿出了副产品，正品反而胎死腹中。尽管如此，

① 潘光哲：《郭沫若与〈甲申三百年祭〉》，《中央研究院近代史研究所集刊》1998年12月第30期。

② 谢保成：《还其本来面目——重读〈甲申三百年祭〉》，郭沫若纪念馆等编：《〈甲申三百年祭〉风雨六十年》，人民出版社2005年版，第180页。

③ 潘光哲：《郭沫若与〈甲申三百年祭〉》，《中央研究院近代史研究所集刊》1998年12月第30期。

④ 郭沫若：《答费正清博士》，《郭沫若全集·文学编》（第19卷），人民文学出版社1992年版，第440页。

郭沫若对于李岩和这部未着手的剧本，长期念念不忘，并进一步思考李岩形象，提炼其精神主旨。

1946年2月，郭沫若追述说“前年（一九四四）我曾写《甲申三百年祭》一文，关于李岩与红娘子的逸事有所叙述，颇引起读者的注意，但因参考书籍缺乏，所述亦未能详尽”，“特别关于李岩，我对他有一定的同情”，“我自己本来也想把李岩和红娘子的故事写成剧本的，酝酿了已经两年，至今还未着笔。在处理上也颇感觉困难。假使要写到李岩和牛金星的对立而卒遭谗杀，那怕是非写成上下两部不可的”。①这说明经过两年的思考，郭沫若对这个剧本的构思其实已经比较成形了，但他本人却并不满意。

郭沫若迟迟不动笔，是因为他觉得用话剧这种体裁来表现李岩形象难于尽善尽美。所以当他遇上田汉时，不禁向田汉“盛称李岩之伟大”，“劝自成以均田免赋之说更有社会意义。而求之当时士大夫阶层真奇峰突起。倘使吴三桂不借清兵消灭革命，其足标炳千古”，并认为李岩“与绳妓红娘子之关系尤富戏剧意味”。故要求田汉“写一平剧，一直写到李岩被杀，农民革命的失败”。第二天，郭沫若再次跟田汉谈起此事，说自己“曾试写话剧，但因场子限制无论如何要丢掉许多宝贵材料。不如用平剧较易处理”②。郭沫若从未尝试过京剧剧本写作，故他寄希望于田汉。遗憾的是，田汉也未能写出关于李岩的剧本。

虽然放弃了关于李岩剧本的写作计划，但郭沫若对李岩这个人物仍然不能释怀，并将李岩的精神主旨提炼为“人民思想”。1947年底，郭沫若再次礼赞李岩：“特别是以仕宦子弟的举人而参加并组织了革命的李岩，这明明是帝王思想与人民思想的斗阵，而这斗争我们还没有十分普遍而彻底地展开”，“关于李岩，我们对于他的重要性实在还叙述得不够”，“他一定是一位怀抱着人民思想的人”，“他的参加农民革命是有他自己的在思想上的必然性，并不是单纯的‘官激民变’”。③不久，他又在给蔡楚生的题字中说：“近人颇推崇王船山，然张献忠入长沙时聘之不就，后擒其父以迫之，至毁身而不从。而同时人如李岩者，则欣然随李自成而参加农民革命，且唱道均田拒粮之说以号召，其相去岂可以道里计耶？惜自成失败，李岩遗著竟堙没失传耳。”

这些都说明《甲申三百年祭》问世后，郭沫若没有进一步塑造出丰满的李岩形象，但他对李岩一直念念不忘，对他的思想学说及其历史意义的思考还在不断深入。

四 李岩之死与郭沫若对独立知识分子命运的隐忧

郭沫若意图塑造李岩这一人物形象，是为了表达他对易代之际独立知识分子命运

---

① 郭沫若：《关于李岩》，《郭沫若全集·历史编》（第4卷），人民出版社1982年版，第205—206页。

② 田汉：《雾中散记》，《田汉全集》（第20卷），花山文艺出版社2000年版，第296、297页。

③ 郭沫若：《历史人物·序》，《郭沫若全集·历史编》（第4卷），人民出版社1982年版，第5页。

的隐忧。

1944 年初，二战局势已经明朗，国际反法西斯阵营看见了胜利的曙光，国共两党都做好了迎接胜利的准备。1943 年 3 月，陶希圣执笔，以蒋介石名义发表了《中国之命运》，对未来中国政治构架以“一个党、一个主义、一个领袖”进行统摄。10 月，毛泽东发表《评国民党十一中全会和三届二次国民参政会》，批评《中国之命运》，督促国民党在战后走向“民主和合作”。

在两大决定中国命运的政党纷纷规划战后政治时，郭沫若——以无党派人士的身份活跃于文化界的独立知识分子——在《甲申三百年祭》这篇作品中，对独立知识分子在战争胜利后的处境和位置充满了隐忧。

这一隐忧，主要通过李岩之死来表现。李自成大军进入北京之后，刘宗敏忙着拷掠降官，严刑杀人，牛金星忙着招揽门生、开科选举，以为天下已定，全然忽略关外大敌。这之中只有李岩少数人等保持了清醒头脑。这自然要引起刘牛等人的忌恨。李自成自山海关败归，李岩要求带兵往河南，牛金星借机进谗言，于席间将其杀害。对于李岩之死，郭沫若再三叹息：“这无论怎么说都是一场大悲剧。李自成自然是一位悲剧的主人，而从李岩方面来看，悲剧的意义尤其深刻。假使初进北京时，自成听了李岩的话，使士卒不要懈怠而败了军纪，对于吴三桂等及早采取了牢笼政策，清人断不至于那样快的便入了关。又假使李岩收复河南之议得到实现，以李岩的深得人心，必能独当一面，把农民解放的战斗转化而为种族之间的战争。假使形成了那样的局势，清兵在第二年决不敢轻易冒险去攻潼关，而在潼关失守之后也决不敢那样劳师穷追，使自成陷于绝地。假使免掉了这些错误，在种族方面岂不也就可以免掉了二百六十年间为清朝所宰治的命运了吗？就这样，个人的悲剧扩大而成为了种族的悲剧，这意义不能说是不够深刻的。”在郭沫若笔下，李岩俨然成了负责此后 260 余年间中国命运的关键人物，李岩之死成为影响此后 260 余年间中国命运的关键事件。

郭沫若由李岩之死联想到历代开国之君屠杀功臣：“大凡一位开国的雄略之主，在统治一固定了之后，便要屠戮功臣，这差不多是自汉以来每次改朝换代的公例。自成的大顺朝即使成功了（假使没有外患，他必然是成功了的），他的代表农民利益的运动早迟也会变质，而他必然也会做到汉高祖、明太祖的藏弓烹狗的‘德政’，可以说是断无例外。”

如果从历史事实的角度来看，郭沫若上述两处的论述都站不住脚。且不论李岩这人是否存在，即便存在，也不可能有如此大的能量。李自成的失败是复杂的局势所决定了的，李岩带兵 2 万去河南何能济事？针对郭沫若由李岩之死发出开国之君杀功臣的感慨，近来有学者认为，李自成杀李岩“只是属于起义军首领内部因各种利益冲突或主张不一而时有发生的自相残杀或设计谋杀之类的性质，而不是‘开国的雄略之主，在统治一固定了之后，便要屠戮功臣’的性质”①。郭沫若论述李岩之死并由此发开国之君杀功臣的感慨，与其是说属于考史，不如说是抒发其隐忧之情。从这一角度来看，后世论者倒不必在乎郭沫若是否夸大李岩的作用以及李自成杀功臣是否符合历史事实，而应追究郭沫若通过李岩之死，抒发何种幽情。

这一点，其实早在40年代就已经有人指出来了，但从反面角度谴责郭沫若的知识分子情结过于浓厚：“我个人的感觉，则作者对于李岩的悲剧，认为永远值得回味，毋宁是对知识分子在时代中的作用，看得太独立了，李岩是代表中国知识分子的另一方面，历史上尽多李岩这种类型，现代的李岩，当然是应该理解的是农民运动的本质是什么，在超么出历史循环圈外（如太平天国失败所昭示的）农民运动应该是什么?”② 最近有学者指出：“这位作者读出了郭沫若在书写中对李岩‘悲剧’的用心，尽管他可能并不认同郭沫若就李岩在整个明末农民运动中的作用和地位的分析，认为这‘对知识分子在时代的作用，看的太独立了’。但是，他的解读可能是与郭沫若的写作意图心境最为接近的。”③

李岩悲剧体现了郭沫若对知识分子的作用看得太独立了，这是从反面立论，从正面来说，是郭沫若对于知识分子在鼎革之际命运遭际的担忧。

李岩加入李自成农民军，并非投机博取名位，而有着自己明确的思想基础：“这个人在《李自成传》和其他文献差不多都是以同情的态度被叙述着的，想来不必一定是因为他是读书人吧。同样的读书人跟着自成的很不少，然后却没有受到同样的同情。”李岩跟普通读书人的区别，就在于他是有独立人格和独特思想的独立知识分子。在《甲申三百年祭》中，郭沫若歌颂李岩在入伙之前，“责骂豪家，要求县令暂停征比，开仓赈饥”，进京后要求闯王“宽恤民力，以收人心”。后来并进一步将其思想主旨定位于“人民思想”，还不断强调，李岩加入农民军，是“合伙”，“有他自己的在思想上的必然性”④，“思想上一定是有相当的准备的”⑤。这事实上是突出了李岩作为知识分子在思想与人格上的独立性。但正是这种不随意附和，不同流合污，始终保持自己操守的知识分子，才有了被杀的悲剧。令人深思的是，杀掉这位坚持“人民立场”知识分子的，并非作为国民党比附对象的明政权。所以，郭沫若对于坚持独立立场的知识分子群体未来命运的隐忧，其实是相当深广的。但我们长期以来只强调《甲申三百年祭》中对贪污腐化一面的警惕，而忽略了《甲申》之文对政权与独立知识分子命运之关系的关注。这多少是令人遗憾的。

作为一名有着自己独立思想、见解、立场的知识分子，郭沫若通过李岩之死，忧

---

① 秦伯益：《〈甲申三百年祭〉的一点警示》，《同舟共济》2004年第9期。

② 陈鉴：《读〈甲申三百年祭〉》，《新文学》1946年1月第1卷第2期。

③ 何刚：《学术视野下的〈甲申三百年祭〉研究》，《郭沫若学刊》2014年第4期。

④ 郭沫若：《历史人物·序》，《郭沫若全集·历史编》（第4卷），人民出版社1982年版。

⑤ 郭沫若：《关于李岩》，《郭沫若全集·历史编》（第4卷），人民出版社1982年版，第205—206页。

虑的不仅仅是这个群体的命运，更是他个人未来的命运。

论者在论述《甲申三百年祭》时，已经注意到郭沫若以李岩自比。[①] 其实，郭沫若早在北伐失败之际，已然体会过李岩的悲剧。郭沫若作为有坚定立场的知识分子，投笔从戎，并在蒋介石叛变革命之后，毅然写下《请看今日之蒋介石》，将其面目大白于天下。当此之时，郭沫若赖以合作的，是以国民党左派主导下的武汉国民政府。但不久他就听到宁汉合流的消息。也就是说，他先是被蒋介石国民党政权抛弃了，然后为武汉国民政府在“讨蒋”上出了大力气，本是武汉国民政府的功臣，如今却无形又被武汉国民政府抛弃了。在1927年4月4日的日记之中，郭沫若写道“革命的悲剧，大概是要发生了。总觉得有种螳臂当车的感觉。此次的结果或许是使我永远成为文学家的机缘，但我要反抗到底。革命的职业可以罢免，革命的精神是不能罢免的。我的路径已经是明了了，只有出于辞职的一途。始终是一个工具，但好在是被用在正途上的工具。我当然没有悲愤，结果是我太幼稚了。别的同志们都还幼稚，多视我为转移，而我自己也太幼稚了。种种的凑巧与不凑巧凑成了现在的局面。我好象从革命的怒潮中已被抛撇到一个无人的荒岛上。”[②] 17年后，郭沫若通过李岩形象再次表达了这种似乎要被革命抛弃的担忧。作为富家公子，李岩本是明政权统治下的一员，由于思想观念跟明朝的基层官员有冲突，被逼加入农民军，从而被明政权抛弃了。农民军在李岩的帮助下，步步壮大，夺取政权。在危急关头，李岩却又被农民军抛弃了。

抗战即将胜利结束，延安的左派政权是否会重演10多年前的历史，跟极右的重庆国民党政权妥协？作为有坚定信仰和立场的知识分子，是否会成为双方妥协的牺牲品？这也许正是郭沫若通过李岩之死表达的深层隐忧。

（原载《首都师范大学学报（社会科学版）》2016年第1期）

---

① 陶希圣后来指出：“最无耻的是他以‘李公子’自命，说李闯王如能听从李公子的话，必能保有江山。不致败亡。”

② 郭沫若：《郭沫若全集·文学编》（第13卷），人民文学出版社1992年版，第174—175页。

郭沫若甲骨文字考释遗珠一则

方晓垠

作为甲骨文研究领域的“四堂”之一，郭沫若在甲骨学方面做出了很多突出的贡献。所著《卜辞通纂》和《殷契萃编》无疑是其在这领域的代表之作，即使到了今天，二书仍然是甲骨文研究的入门必修之书，其功劳之巨大，影响之深远自不待言。而初编于1944年的《商周古文字类纂》一书，郭老生前一直未发表，直到家人在整理遗物时才发现，由文物出版社于1991年影印出版。所以，该书影响力与上述二书当有一定差距。加之该书为集甲骨文、金文、玺印文字、石鼓文等为一体的字编性著作，一些释字观点隐于其中，不便展开，精妙之处难以一时被学界所接受。事实上，该书中的一些观点有胜于前著者，李学勤先生在《论郭沫若先生〈商周古文字类纂〉》一文中申述过①。笔者在研读该作时，亦有所发现，此摘录一例，复加论述，更明郭老卓识。

《甲骨文合集》（以下简称《合》）10405、10406是两版非常著名的甲骨，文字雄伟精美，内容丰富重要，其上记录的一段商王田猎遭遇车祸的卜辞（见文后附图一）曾被众多研究者反复征引讨论。卜辞中的一些文字释读和理解，各家存在一些差异，但卜辞最后讲到“子央亦颠②”，大家都认为是“子央”跌落下车的记录，为方便指称，本文暂将其称为“子央坠车”卜辞。

该条卜辞内容如下（需要讨论的验辞部分暂不加标点）：

癸巳卜殻贞：旬亡囚（忧）。王（占）曰：“乃兹亦㞢（有）求（咎）”。若称，甲午王往逐兕小臣甾马硪咢王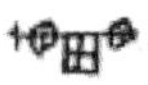子央亦颠。

卜辞中两个“车”字（A：、B：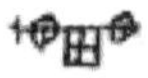）的含义存在着多种不同认识，这种对文字的不同认识又导致了断句的不同，进而影响对卜辞意义的理解。所以，处理好这两个字的含义，是正确理解这条重要卜辞的关键。

郭老是最早释读这条卜辞的学者。在《卜辞通纂》735片的考释他中将两个字都释为“车”，认为卜辞“‘往逐兕’以下乃灾祸，与‘㞢求’为应，故、二字均

① 李学勤：《略论〈商周古文字类纂〉》，《郭沫若百年诞辰纪念文集》，社会科学文献出版社1994年版。

② 唐兰：《怀铅随录·释》，《考古》1936年第5期，第148页。

当含坏意之动词。从阜，从倒人，盖古堕字。言‘亦’，则必与之同意，盖倾覆字也。当是小臣之名。硪殆读为俄，突然也。言小臣古之车马，突然颠覆王车，使子央亦堕”①。后来的《甲骨文合集释文》②、《殷墟甲骨刻辞摹释总集》③、《甲骨文校释总集》④、《殷墟甲骨文摹释全编》⑤ 等释文类著作也都遵从这一意见，直接将字释为“车”字。《甲骨文编》⑥、《新甲骨文编》（增订本）⑦ 等多种工具书也都将这两个字直接收在了“车”字条下，且无特别说明。按照这种理解，前面一个车对后面一个车产生了动作，从而导致了子央坠车。断句应为：小臣甾 A 马硪𢍉王 B，子央亦䟡。李学勤先生的理解是一种影响比较大的说法：“‘硪’读为‘俄’，义为斜；‘𢍉’读为‘孜’，义为击。辞义是小臣由乘车的马斜出撞击了王的乘车，子央也从车上堕下了。”⑧

但在《商周古文字类纂》中，郭老其实对自己的观点进行了修订，认为 A 是车轴折断的意思。他在《商周古文字类纂》的“车”字条下的附记中，认为该字象“折轴”之形（见文后附图二）⑨。这一见解解决了过去的认识没法解释的一些问题，极富启发性。但是郭文的观点属于随文注释的形式，加之文首提到的出版原因，因此一直未能引起学界的注意。甲骨文字考释综汇性的图书《甲骨文字诂林》⑩ 也都没有将这一意见采纳进来。

直到多年以后，另一位学者萧良琼又著文，提出了相似的一观点，并进行了更为详细的申述（此时《商周古文字类纂》还未出版，萧女士的认识应当未受郭文的影响，为独立研究所得）。她指出“在这条卜辞（指“子央坠车”卜辞——引者注）中，也有两个车形的字，过去也是当作车的异体字。细读上下文，则知两种写法，分别表示车的不同部位和状况。和前节谈到的和一样，不同的写法，意思也不同。这条卜辞中，没有一个有关车的字是一辆完整的车形。同文的两版，一律都是一个写作，一个写作。前者象征着车轴的那一横分作两部分，表示车轴断裂了。和字是表示车轴断裂了同样是会意兼形字。这两个字都是表示车辆有一

① 郭沫若：《卜辞通纂》，科学出版社 1983 年版，第 531 页。

② 胡厚宣主编，王宇信、杨升南总审校：《甲骨文合集释文》，中国社会科学出版社 1999 年版。

③ 姚孝遂主编，肖丁副主编：《殷墟甲骨刻辞摹释总集》，中华书局 1998 年版。

④ 曹锦炎、沈建华编著：《甲骨文校释总集》，上海辞书出版社 2006 年版。

⑤ 陈年福撰：《殷墟甲骨文摹释全编》，线装书局 2010 年版。

⑥ 孙海波：《甲骨文编》，中华书局 2004 年版。

⑦ 刘钊：《新甲骨文编》，福建人民出版社 2014 年版。

⑧ 李学勤：《论“妇好”墓的年代及有关问题》，《文物》1977 年第 11 期，第 34 页。

⑨ 郭沫若：《商周古文字类纂》，文物出版社 1991 年版，第 207 页。

⑩ 于省吾主编：《甲骨文字诂林》，中华书局 1996 年版。

个部位断裂，从意义上讲都可释为‘辍’字，《说文》：‘辍，车小缺复合者也。从车，叕声。”① 现在这一意见已经有较多学者赞同，如近年新出的《甲骨文字编》就在该字形下注明“象车断軏”②。按照这种理解，前面部分断句应为：小臣甾 A，马硪。黄天树③、单育辰④等多位学者在自己的文中采纳了这一观点。

但是，前述萧良琼文曾提到过“子央坠车”卜辞中的两个“车”字都表示车出了状况，A 字“表示车轴断裂”，但对 B 字却没有详细论述。其实，早在 1984 年的古文字研究会第五届年会上，另一位学者詹鄞鑫已经提出了 B 亦为覆车之义的意见。詹文为油印论文集，名为《研契论丛》，其中有《释（兼论卜辞中一字代表二词的现象、释）》一文，提出该字“车厢向下而车轮朝天，应包含动词意义在内，其意必指王车颠覆而无疑。……它兼表‘车’和‘颠覆’两个意义。”最后认为“字很可能应读为‘车覆’。当然，也可能古人本来就有一个专门用来表示车覆的词，只是我们不知道而已。如果这样，字只代表一个词的可能性也是存在的。不过这种可能性更小些”。但是詹文并没有将 A 字也按照相同的思路理解为包含有动词义，这源于他对于“”字的理解，认为该字为“葡”字读为“备”，表示“预备”之义，因此 A 必须理解为普通的“车”字，作为“预备”的对象。按照他对 B 字的认识，认为夸后要点断，“王 B”表示一个完整的意义。詹文由于只是散发的材料，在发表后没有什么太大的影响，后来詹先生将自己主要的语言文字论文收集为《华夏考——詹鄞鑫文字训诂论集》⑤，其中也没有这篇文章，所以这一观点同样不为大家所熟知。

综合以上这些观点来看，越来越多的学者趋向于同意郭老后出的意见，认为 A 形表示车“折轴”这样的意思，即使有些学者认为该字仍释为“车”字，也认为应将其理解为“车轴断了”这样的意思⑥。而对于两个“车”字中的 B 字释读还有一定争议，可能还需要进一步补论。在此，我们沿着詹鄞鑫先生将 B 字解释为车覆的思路，从两个方面做一补论，以彻底解决这一遗留问题，并藉此对郭老的点滴思想进行全面的申论，读通读透该条卜辞：

① 萧良琼：《卜辞文例与卜辞的整理和研究》，《甲骨文与殷商史（2）》，上海古籍出版社 1986 年版，第 46 页。

② 李宗焜：《甲骨文字编》，中华书局 2012 年版，第 1224 页。

③ 黄天树：《甲骨文中所见的一些原生态文字现象》，《汉藏语学报》（4），商务印书馆 2010 年版。

④ 单育臣：《甲骨文中的动物之三》，《出土文献与古文字研究》（6），上海古籍出版社 2015 年版，第 80 页注 5。

⑤ 詹鄞鑫：《华夏考——詹鄞鑫文字训诂论集》，中华书局 2006 年版。

⑥ 方稚松：《甲骨文字考释四则》，复旦大学出土文献与古文字研究中心网站（www. gwz. fudan. edu. cr），2009 年 5 月 1 日。

首先，B字与A字的构形理据是一致的。以某部位出问题的车形来表示一个动作，除了上述这两个外，还有一些同样的例子，如：

（《合》584）、（《合》11446）、

（《合》11446）、（《合》8074＋11450）

这些类同的文字说明这种构形方式较普遍的存在着。而这种构形方式背后是商代交通文明发展状况的一种写照，商代的马车实际上也确实是很容易出问题的。由殷墟考古发现“木质结构的马车还不坚固耐用，在车速较快和道路不好的情况下，辕、轴易损坏，但由于制造一辆车不容易，人们对已坏了又难于修理的车子也不轻易扔掉，而是把它保存下来作为殉葬之物而埋入坑中”①。由此可见，这一类文字的构形理据来源于当时的实际生活中。

B字的构形与A字又有一点不同，A字是上部的俯视之象，而B字则是一种后部的侧视之象。《合》11458中还有一个“车”字作形，正是车厢在车轴上方之形，车厢位置与B字刚好相倒，也是一种侧视之象。商代的马车过去曾有出土，从后部来看可以看到车厢在车轴上方（见图1）。而只有车厢倾覆才会呈现B这样的形状（见图2）

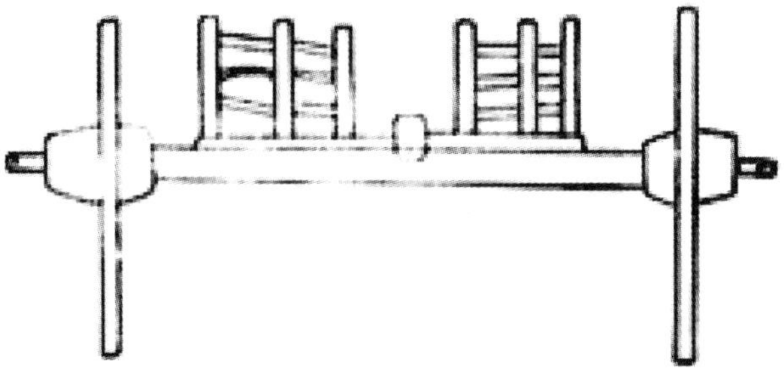

图1

然而，以上对车厢形象的理解与其他甲骨文“车”字的认识是有一定差别的。表示车厢的构件“”中交叉笔画“”在其他甲骨文字中实际上是表示车轴与车辕的交叉，如：

① 刘一曼：《考古学与甲骨文研究》，《考古》1999年第10期。

图 2

（《合》21778）、（《合》8074＋11450）、（《花东》416）、（为“辇”字，含构件“车”，《合》29693）

所以 B 字中的交叉笔画“”显然不适合做上述的理解，B 字似乎亦可以理解为车厢向后侧翻之形——由于描摹角度的问题，向后侧翻之马车如果直接描摹的话应为形，那么与正常的马车之形就毫无区别了。为了表明向后侧翻，必然需要对字形进行一定的处理，所以变成了 B 形。当然，文字形象的理解不能完全等同于看图说话，倾覆和侧翻这两种看法同样都是表明车厢出现了问题，在这一点上能够认同，便不影响对卜辞意义的理解了。

其次，商代处于文字的初创阶段，这种构形方式正是这一阶段的文字特点体现。黄天树曾将上述情况称为“‘文字画’记录语段”，并且还列举了三个同类的例子（《合》6528、《合》8074＋11450、《洹宝斋所藏甲骨》238）来说明“一种文字体系在草创之初，记录语言的功能一定是不完善的，即文字符号与语言单位的关系不是一一对应的。甲骨文保留了一些原始汉字的面貌。有一些例子可以证明原始汉字体系曾经经历过既采用表意和假借方法记录汉语，又沿用‘文字画’记录‘语段’的阶段。早期汉字的某个图画符号所记录的有时不是一个一个的词，而是代表一个‘语段’”①。由此可见，像 A、B 这样的构形方式是与文字的发展阶段相联系的，实际上代表了当时文字创制的一种模式。

如果将 B 字理解为田车翻覆这样的意思，那么整个卜辞的断句就需要重新考虑了。“王 B”已经可以表示一个完整的意义的，那么之前的甹字就需要从上而读，而不能与后面的部分发生联系了，“马硪甹”是一个独立的意义单位。我们赞同郭沫若

---

① 黄天树：《甲骨文中所见的一些原生态文字现象》，《汉藏语学报》第 4 期，商务印书馆 2010 年版。

过去的意见，硪读为俄，表示突然的意思。𩨃字从兔从丂，应该表示马受惊这样的意义。我们认为𩨃从丂得声，或可以读为“骇”。“骇”字为匣母之部字，“丂”为溪母幽部字，二者声韵接近。按照这样的理解，“马硪𩨃”表示“马突然惊骇”。动物都具有群体性，小臣甾的马出现受惊的状况，从而导致整个马队的马匹都发生跟随反应，这才导致了王的田车发生了翻覆，进而致使与王同车的子央也坠车。

因此，我们综合过去各家学者的意见，将这段卜辞释读如下：

癸巳卜㱿贞：旬亡𡆥（忧）。王（占）曰：“乃兹亦（有）求（咎）”。若称，甲午王往逐兕，小臣甾（车轴折断），马硪（俄）𩨃（骇），王（车体翻覆），子央亦䟆。

整条卜辞是讲：癸巳这天㱿贞问，这一旬会不会有灾殃。商王察看了卜兆后说：“这一一旬还有灾祸发生。”就像占卜预示的那样，甲午这天王前往追逐兕牛，小臣甾乘坐的车车轴断裂了，马突然受惊，导致王的车也翻覆了，王和子央都跌落下车。

如此，郭老当年提出的一项释读意见，在曲折走过了许多年以后，现在终于被学界所知晓，也在慢慢地被大家所接受。而基于此，我们终于将这条重要卜辞的剩义全面理解了。

附图一

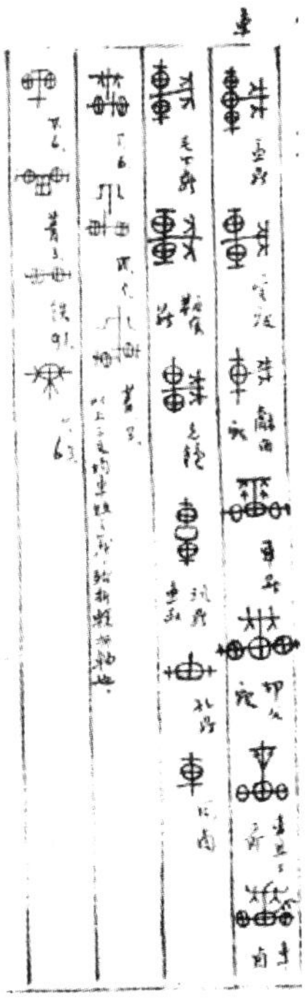

附图二

（原载《郭沫若学刊》2016 年第 1 期）

第六篇

学术争鸣

郭沫若《谒见蒋委员长记》版本流变问题补正

凌孟华

郭沫若1937年9月20日傍晚离上海，9月21日傍晚抵苏州，9月22日清晨到南京，24日下午4点后到张群公馆，回到居停处又被蒋介石叫去谈话，然后“晚饭应了×××的邀约，有淳如在座”。“×××”应为周至柔，《郭沫若年谱》有“应邀至周至柔处晚餐。从周处听到平型关胜利的消息”的记载（江苏人民出版社1983年4月版，第336页）。这是郭沫若流亡日本十年后回国第一次见到蒋介石。此次谈话相关情况在郭沫若此后写下的文字中有比较详细记录。由于当年蒋介石的地位非常特殊，郭沫若的影响也不可小视，所以此次谈话及郭沫若的记录文字自然就具有相当重要的价值，不仅在多种报刊上广为传播，而且先后收入不同的出版物。更复杂的是，这则谈话记录在传播过程中不仅文本时有细节出入，甚至标题都在发生变化。相关情况，已有的郭沫若研究资料当然都有涉及，但其实并未搞清楚。中国郭沫若研究会执行会长蔡震先生就直言“实际上，无论《郭沫若著译系年》《郭沫若年谱》的编写者，还是《郭沫若全集·文学编》第13卷（《在轰炸中来去》收入该卷）的编辑，都没有对原始文献资料进行查考”，他撰有《〈谒见蒋委员长〉子虚乌有?》一文进行专门的梳理和厘清，收入新著《郭沫若生平文献史料考辩》。（社会科学文献出版社2014年版，第205页）。此文主要内容又见蔡先生刊《郭沫若学刊》2014年第2期的《〈在轰炸中来去〉一文的误传》。

读先生此著，每每于发现的愉悦与逻辑的力量之中深受教益。无论是“史迹篇”的考辨，还是“著述篇”的考释，都让人耳目一新；无论“交往篇”的钩沉，还是“书信篇”的厘正，都令人心悦诚服。尤其是《主政政治部第三厅始末》《〈樱花书简〉厘正补遗》与《〈郭沫若致文求堂书简〉的疏误》等篇，条分缕析，鞭辟入里，足见积淀之丰赡与学养之深厚。但读《〈谒见蒋委员长〉子虚乌有?》之时，一方面惊异先生披露的20世纪80年代郭沫若研究者对待这篇文章的态度，感觉到在“比较引人注意”与“不曾见诸文字”之间有着过来人的遗憾和深刻；感叹作者梳理“《在轰炸中来去》最初连载发表于《申报》的史实”之细致，连同前两日的预告文字都纳入眼底；另一方面在看到“但是从这一天起的整个9月下旬，直至10月10日（《在轰炸中来去》开始刊载），上海《申报》上并未刊载过一篇题为《谒见蒋委员长》的文章，也就是说《郭沫若著译系年》的这条记载恐怕是子虚乌有了，或者是对于《蒋委员长会见记》一文的误传”（第205页），看到“那么有无可能郭沫若当时将《在轰炸中来去》第十节单独成文在其他报刊又发表过呢？从《申报》的预告可以看到不会有这样的情况，因为《申报》得到的是‘发表权’。所以《在轰炸中来去》连载于《申报》后再面世，就是抗战出版部出版的单行本”（第206页）时心生疑惑。在之前的《郭沫若学刊》文字中，蔡先生的表述其实更加明确，认为“其实是子虚乌有的”。因为月前准备“中国现代文学”课程PPT之时曾查阅《请看今日之蒋介石》原文，并附带搜寻《谒见蒋委员长》匆匆一读，于是感到有必要做一些补正，并就教于蔡先生及方家时贤。

一 《谒见蒋委员长》并非“子虚乌有”

依据个人阅读经验，《谒见蒋委员长》应当不是“子虚乌有”，但当时是在哪里读到《谒见蒋委员长》的呢？赶紧“动手动脚找东西”。这个时候，单位购买的“民国时期期刊全文数据库（1911～1949）”“大成老旧刊全文数据库”“超星读秀学术搜索数据库”等电子资源就显示出其方便和强大了。很快，就再度在上海图书馆“民国时期期刊全文数据库（1911～1949）”查到了一篇《谒见蒋委员长记》。展读之后，发现此文与1937年10月19日《申报》发表的《在轰炸中来去》第十节的段落、文字、标点都大体一致，仅有几处细微的差别。文字差别如：此文没有“有好些人立在他的面前不知不觉地手足便要战栗”的“便”字、没有“知道有好些从事宣传工作的人”的“好”字、没有“例如孙总理三大政策所暗示”的“所”字、也没有“关于到日本去了十年的一层”的“的”字等；标点差异如：此文“汽车夫是用不着关照的”后面标句号、“目系而道存”后面没有逗号、“抗战既坚决而能持久”后面有逗号、“将来如有机会时很想把它们收集起来”后面为逗号等。此文应当就是1982年12月上海图书馆编《郭沫若著译系年》之《谒见蒋委员长》，只是不知为何漏掉了“记”字，为何没有注明此出处。

也就是说，蔡先生发现《郭沫若著译系年》之《谒见蒋委员长》的著录问题，梳理《在轰炸中来去》最初连载发表于《申报》的史实，固然功不可没，但仅以“上海《申报》上并未刊载过一篇题为《谒见蒋委员长》的文章”判断“《郭沫若著译系年》的这条记载恐怕是子虚乌有了”或是“其实是子虚乌有的”，可能值得商榷。《谒见蒋委员长》虽然还没有发现，但《谒见蒋委员长记》毕竟是存在的，只是一字之差，似乎也有理由认为不是子虚乌有。即便是在严格意义上认为《谒见蒋委员长记》不是《谒见蒋委员长》，《谒见蒋委员长记》的现身也说明仅凭《申报》就断言“恐怕是子虚乌有”是相当危险的。而“郭沫若当时将《在轰炸中来去》第十节单独成文在其他报刊又发表过”已是不争的事实，在“《在轰炸中来去》连载于

《申报》后”，在“抗战出版部出版的单行本”前，至少有《谒见蒋委员长记》面世。1937 年 10 月 24 日《申报》刊出的《在轰炸中来去》第十四节末尾，除标有“（完）”之外，还注有“（本文未得作者同意，不得转载）”。战时出版社刊行的《抗战将领访问记》在诸篇末尾均注明了出处，如《救亡日报》《大公报》《辛报》《民族呼声》《抵抗》等，其中《蒋委员长会见记》末尾标注的正是“申报”，表明其转载自《申报》的事实。也就是说，上海图书馆的《郭沫若著译系年》编者在注明《谒见蒋委员长》“系《在轰炸中来去》之第十节，收入《抗战将领访问记》题名《蒋委员长会见记》”时，完全有机会或者应当看到此文是源自《申报》，只是没有进一步去查考出自《申报》的具体哪一天，离准确标注在《申报》发表的事实只有一步之遥。当时的一步之遥，或者说一念之差，就让这一史实在沉睡 30 多年后而才经由蔡先生发掘出来，真是令人唏嘘！而《谒见蒋委员长记》是不是转载自《申报》，有没有“得作者同意”，暂时还难以考证。上述文字、标点歧异产生的原因，也只能暂付阙如。

《谒见蒋委员长记》刊《战斗周报》1937 年第 4 期。遗憾的是“民国时期期刊全文数据库（1911～1949）”收录的此期刊物封面页之下半段残缺，整本浏览也看不到其出版时间。参看其后第 5 期、第 6 期刊物，可知残缺的部分正是标注“要目”，期号与出版时间的位置。鉴于此阶段《战斗周报》刊期稳定，能每周五按时出刊，如第 5 期署“二十六年十一月五日”，第 6 期署“二十六年十一月十二日”，我们可以推知第 4 期当是 1937 年 10 月 29 日出版。《战斗周报》1937 年 10 月 8 日出版创刊号，封面上端刊名“战斗周报”四字横排，其下横排“创刊号”与出版时间，然后是竖排的“本期要目”与“战斗周报社编辑”及地址；版权页编辑兼发行者署“战斗周报社”，地址再署“南京湖南路五〇五号”，印刷者署“开元印刷所”，代售处署“国内各大书局”，标明“本刊已依法呈请登记。”第 4 期封面上刊名“战斗周报”已换了一种手写体且是左侧竖排，右上竖列“内政部登记证警字第一号中华邮政特准挂号认为新闻类“；版权页显示编辑兼发行者署“战斗周报社”的地址已变为“南京金银街十七号”，印刷者改署“南京拔提书店印刷所”，代售处仍是“国内各大书局”。诸期《战斗周报》均未见具体的编辑人员信息。查武汉地方志编纂委员会主编的《武汉市志·新闻志》（武汉大学出版社 1991 年 3 月版），第 119 页有“战斗周报 1937 年 12 月 5 日由南京迁汉出版，主编方秋苇等”的记载。方秋苇从《战斗周报》创刊号起就刊发有《倭寇侵我之战略》等多篇署名文章，他是不是南京时期的主编人员之一，待考。从创刊号起的《本报征稿简则》之第一条就标明“本报以宣传抗敌为宗旨，欢迎社外人士投稿”，第二条则宣称“反关于政治、经济、军事、文化、教育、国际外交，文艺及漫画等，有关抗敌之作品见惠者，本社无不欢迎”，可见刊物的综合性与宣传性。就寓目的数期内容看，的确是宣传抗战的综合性刊物。至于终刊的情况，伍杰等主编的北京大学出版社 2000 年 3 月版《中文期刊大词典》（下）

第2074页“战斗周报”条显示此刊出至1938年2月第17期，“大成老旧刊全文数据库”收录的最晚一期《战斗周报》也是第17期；武汉市武昌区地方志编纂委员会编的武汉出版社2008年6月版《武昌区志》下卷第923页“抗战初外地迁来武昌出版发行的报刊”之第一种就是《战斗周报》，称“1938年7月终刊，省馆有藏”，从其“1937年11月创刊”就出现失误看，恐怕有待查证。

二 《谒见蒋委员长记》之《申报》版与《文集》版比较补正

较之《战斗周报》刊发的《谒见蒋委员长记》与《申报》版《在轰炸中来去》第十节的几处文字、标点不同，更为重要的版本差别其实是30年代的《谒见蒋委员长记》与50年代《沫若文集》、80年代《郭沫若全集》的《在轰炸中来去》第十节的差别。对此，蔡先生已作了梳理，但需要稍作补正。

首先，也许是因为篇幅原因吧，《〈谒见蒋委员长〉子虚乌有?》在所列5处“括弧内的部分为删削部分”之外，仅一句“此外还有个别词字，以及有些将‘蒋先生’改作‘蒋’，将原称呼人物的表字，改作姓名或官衔等文字易动”，还是有些笼统，读者难以从中理解到差别的程度。具体而言，据笔者统计，这段1500余字的文章，差异其实多达68处。其中“将原称呼人物的表字，改作姓名”2处，“岳军”改作张群，“淳如”改作“赵”（严格说来这只是姓，而不是姓名），指又名赵志垚的赵淳如；未见将原称呼人物的表字，改作官衔的情况；“将‘蒋先生’改作‘蒋’”的13处，“蒋先生”改称“蒋介石”1处、改称“他”1处、保留1处，5处“括弧内的部分为删削部分”含“蒋先生”3处。也就是说，更多的是其它文字易动。其中删除19处（不含前述13次删除“蒋先生”之“先生”，为表述方便，以30年代版为底本），如“到了一处很朴素的住处”之“很”，“国家民族的幸福还能有更超过这一点的吗”的“国家”与“更”，“必然地是进求物质的充实”的“是”，“但我于咄嗟之间”之“但”，“此外还承问了些我个人的私事”的“承”等，有的还不仅是个别词字，而是好几个乃至上十个词字组成的分句，如“一面和我握手”后的“手是分外的暖和”，“没有可能参加任何的机构”后面的“因为很明显地是不能参加任何的集会的”等；增加9处（为表述方便，以80年代版为底本），如“开着车在走”之“车”，“蒋的精神似乎比从前更好”的“似乎”、“储蓄在脑子里所想说的话”的“子”，“我们最高尚的精神力活动了起来”的“尚”，“别人的议论我既不能听取”的“我既”等；替换的9处（指字数相同的词语更替或标点替换，以80年代版为底本），如“我的听觉不灵敏”之“听觉”与“听管”，“一个沙发椅上坐下了”之“沙发”与“梭发”，“一切物质上的储备只是死物”的“储备”与“储集”，“以维持活动力的持久”的“持久”与“久持”，“我对于这个问题却答应得很含糊”的“问题”与“下问”，“终没有可能提出任何人来”之“终”与“竟”，“自己的意见也就无从交流”之“意见”与“议论”及“交流”与“接洽”等；改写的8处（以80年代版为底本），如“是号称有威可畏的”的“是号称”与“素来”，“他对我照例是格外的和蔼”的“照例”与“总”，“这使我感到轻松”的“感到轻松”与“特别感觉着慰适”，“觉得憔悴不堪”之“憔悴不堪”与“很有憔悴的神情”，“眼神表示了抗战的决心”之“表示了”与“充分地表明着钢铁样的”，“是仍然可以研究下去的”的“可以”与“想继续”，“蒋接连问了两次”的“接连问了两次”与“两次问到”等。

这60余处删、增、换、改的主要目的无疑是淡化蒋介石的光辉、弱化蒋介石的形象。这不仅集中表现在30年代版19处“蒋先生”在80年代仅剩1处的处理中，而且体现在对“承问”、“下问”等敬语谦词的取消中，表露在从“很朴素”到“朴素”的弱化、从“比从前”到“似乎比从前”的模糊化与从“最高的精神力”到“最高尚的精神力”的泛化中，隐含在从“很有憔悴的神情”到“憔悴不堪”的负面强化、从“素来有威可畏”到“是号称有威可畏”的虚张声势、从“总是格外的和蔼”到“照例是格外的和蔼”的例行公事中。至于其它的差异，则应当是出于语言的规范、简练、优化等方面的考虑。历史地看，1937年9月下旬的蒋介石是又一次转变后的蒋介石，是领导军民奋起抗战的蒋介石，是举国上下寄予厚望的最高领袖，不仅郭沫若《在轰炸中来去》就留下了苏州拜访的李根源老人“在十三号以前，他也不甚佩服，但自十三号以后，他可以向他叩头了”的直白话语，毛泽东同志《论联合政府》也有“从一九三七年七月七日卢沟桥事变到一九三八年十月武汉失守这一个时期内，国民党政府的对日作战是比较努力的。在这个时期内，日本侵略者的大举进攻和全国人民民族义愤的高涨，使得国民党政府政策的重点还放在反对日本侵略者身上，这样就比较顺利地形成了全国军民抗日战争的高潮，一时出现了生气蓬勃的新气象。当时全国人民，我们共产党人，其他民主党派，都对国民党政府寄予了极大的希望……可是，这个希望是落空了”的历史论断（《毛泽东选集》第3卷，人民出版社1991年版，第1037页）。在这样的语境下，郭沫若的敬语谦词、细节刻画乃至曾经受人诟病的三次眼睛描写，其实都是非常正常的，都是可以理解的。还是蔡先生说得好，是“那一时期的时势使然，说不上是多么恭维、甚至阿谀蒋介石（如有些人所谓）”（第207页）。同样，在1958年走下你死我活两军对垒的战场才几年的历史语境下，郭沫若小心翼翼、不厌其烦的修改也是可以理解的举动，岂能美化对手，长他人志气！在1982年的历史背景中，在当年的抗战史认识水平下，编辑者的沿用和处理也是自然而然的。而今，在习近平总书记《在纪念中国人民抗日战争暨世界反法西斯战争胜利69周年座谈会上的讲话》精神指引下，“中国共产党领导开辟的敌后战场和国民党指挥的正面战场协力合作，形成了共同抗击日本侵略者的战略局面”等理念已成为党和人民的历史共识，历史地、唯物地发掘、还原、品鉴30年代报刊上白纸黑字的郭沫若作品，也应是理直气壮的、很有必要的。其实，只有还原，才能回到历史文献的文本和现场，重温当年的姿态、语气与风采，体现郭沫若文字的历史价值；也只有还原，才能感知历史表达的情绪和体温，重返当时的修辞、结构与技巧，彰显郭沫若语言的文学价值。进而言之，还原到历史现场中的《谒见蒋委员长》，是郭沫若20年代的《请看今日之蒋介石》与40年代的《抗战回忆录》之间的重要历史链条，只有联系起来对读这些文字，才能全面把握郭沫若对蒋介石的认识变化，从一个侧面透视现代史上的郭沫若、蒋介石乃至国共关系的复杂性。

其次，也许是由于排版原因吧，《〈谒见蒋委员长〉子虚乌有?》所列5处“括弧内的部分为删削部分”也有一些微瑕。具体而言，第1处括弧内的“抗战以来的局面不用说是异常繁剧的，念到蒋先生的健康，我自己是暗暗地怀着几分的忧虑。但这忧虑，完全是杞忧，由我自己的眼睛已经证明了”之“抗战以来的局面”在50年代和80年代的版本中其实并未删削，而是和增补的“的确是使所有的人都年青了”组成新的句子；第2处括弧内的“蒋先生的健康也充分地保证着钢铁样的抗战的持久性”也不是完全删削，而是保留了“保证”“抗战”“持久性”三个关键词，并增补改写成了“只要有这一决心就好，就能保证着钢铁样的抗战的持久性”；第3处和第4处括弧内的文字都很准确，第3处“例如孙总理三大政策所暗示”原文是用圆括号括起来的，现在因为整句都在括弧内，为避免圆括号的重复而改用方括号，也是自然的；但第5处括弧内的文字“又是一次暖和的握手，依然是满面的喜色，分外发着光彩的眼睛。”值得高度重视，因为此段话在1958年《沫若文集》中并没有删除。也就是说，删除了这段话的是1982年《郭沫若全集》，而不是1958年《沫若文集》。而蔡先生文中比较的一直是“《申报》发表的文本”与“收入《沫若文集》的文本”，这就出现了不应有的版本错位。也许是先生忽略了此处《沫若文集》与《郭沫若全集》的差别，也许是混淆了两个不同的版本，这是有些意外和遗憾的。

此外，蔡先生注意到《在轰炸中来去》“收入《归去来》集（上海北新书局1946年5月出版）”，也显示了先生对郭沫若著译的熟稔和开阔的视野。但此版并不是《归去来》集的最早版本，卢正言先生的《郭沫若年谱简编》1946年5月之“《归去来》由上海北新书局初版”不准确（王训昭、卢正言、邵华等编著：《郭沫若研究资料》(上)，知识产权出版社2010年1月版，第62页)；1982年9月上海图书馆的《郭沫若著译分类书目》之“著作部分”收录的1937年著作也存在遗漏。笔者所见上海北新书局1937年12月初版《归去来》集，系“文艺新刊”之一种，是不该被遗忘的郭沫若的散文集之重要版本。其具体情况及意义影响，且容另文详述。

还值得指出的是，《申报》1937年10月9日刊发的《在轰炸中来去》广告未加标点，在《〈谒见蒋委员长〉子虚乌有?》中引用时的标点应为蔡先生所加。以先生学识，断句标点自然非常精准。只是其中“淞沪的前线苏州，及其张（一麐）李（根源）二老”句，有些费解。从战事看，1937年9月下旬的苏州虽在郭沫若笔下“时有飞机来袭的警报”，但还说不上是“淞沪的前线”；且关于“张（一麐）李

（根源）二老”，正是《在轰炸中来去》第二节途经苏州时拜访的两位老人，将“苏州”二字属下句，作“苏州及其张（一麐）李（根源）二老”可能更合理。核查前一日（10 月 8 日）《申报》刊发的《郭沫若近著〈在轰炸中来去〉即于本报连续发表》（文字只是略有不同，但断句加了点号），也是在“前线”后断句，将“苏州”属下句。同时，还可以发现另一处断句差异，即“……往来京沪途中的纪行。作为归国后第一长文”之“作”字属上句，为“……往来京沪途中的纪行作、为归国后第一长文”。把“纪行作”视为一个词语，用“为”作判断，也是合理的。当然，由于时代使然，《申报》此则广告从头至尾加的全都是“、”，是不利于语气和层次表达的。蔡先生加的其它顿号、逗号及句号，均恰到好处。

三 《谒见蒋委员长记》之其它版本

在前述几个版本之外，《谒见蒋委员长记》还有几个值得注意的版本。有研究资料显示“事后他写了《蒋委员长会见记》一文，最初发表在《中央日报》上，后收入战时出版社出版的《抗战将领访问记》一书中，文字内容与郭沫若《在轰炸中来去》中记蒋介石会见自己的部分略同”（李路、艾玉：《试谈郭沫若抗战时期对蒋介石的评论》，乐山师专郭沫若研究室编：《郭沫若研究丛刊》（第一辑），1984 年 12 月“内部交流”版，第 78 页。后收入杨胜宽、蔡震总主编，廖久明卷主编：《郭沫若研究文献汇要》卷二史实卷，上海书店出版社 2012 年 7 月版，第 379 页），有回忆文字宣称“9 月 26 日，郭先生离南京回上海。出发前，《救亡日报》刊登了蒋召见先生的电报；郭先生回来后，《救亡日报》又刊登了《蒋委员长会见记》”（林林著：《八八流金》，北京十月文艺出版社 2002 年 10 月版，第 51 页）。笔者还未曾找到这两种报纸，不知是否真的刊载过《蒋委员长会见记》，文字与《谒见蒋委员长》到底有怎样的偏差，录以待考。倒是署名“禾金”编的《民族英雄剪影》（战时文化社 1938 年）所录第一篇文章就是《蒋委员长会见记》，与《谒见蒋委员长》仅有几处细节差别。

此外，资料还显示，包含了《谒见蒋委员长记》的《在轰炸中来去》除了蔡先生提及的“单行本（上海抗战出版部 1937 年 11 月出版）”外，还有汉口新人书店 1938 年 1 月初版的单行本；而《在轰炸中来去》在“收入《归去来》集”之余，还曾收入 1938 年 2 月 15 日汉口星星出版社初版的《前线归来》第 1—49 页，第十节在第 26—31 页，文本与《申报》版与《战斗周报》版在“进求”与“祈求”、“接洽”与“接搭”等细节上略有差异。

蔡先生在《〈中国古代社会研究〉的写作与版本》文末指出：“《中国古代社会研究》完稿出版已经八十余年了，以上所述种种关于郭沫若写作情况、完稿时间以及该书出版过程等历史记忆的失实、失误之处，从未被考订修正过，或许因为它们并不影响到对该书内容的研究。但作为郭沫若学术活动最基本的历史信息，它们应该有一个完整的、准确的记录，故有必要予以厘正”。这无疑是资深学者不无痛惜的卓见与呼吁。我们试图补正《谒见蒋委员长记》的版本流变情况，既得益于蔡先生的启发，也是对先生呼吁的回应。祈请先生及大雅教正。

（原载《现代中国文化与文学》2016 年第 1 期）

附录

谒见蒋委员长记

郭沫若

从岳军①那里刚好回到居停处，淳如②处长有电话来了，说蒋先生叫我去谈话，立刻就去，有汽车派来接我。不一会汽车也果然来了。

天在下雨，一个人坐在很宏大的一架汽车里面，觉得有点兴奋。汽车夫是用不着关照的。③ 他只是开着④在走。

走了一些转折⑤到了一个地方，又被人引导着步行了一段路，到了一处很⑥朴素的住处。

刚进厅堂门，穿着深灰色的中国袍子的蒋先生⑦远远由左首走出，呈着满脸的笑容，眼睛分外的亮。

——你来了。你的精神比从前更好。蒋先生⑧一面和蔼地说着，一面和我握手，手是分外的暖和⑨。

---

① 文集版、全集版“岳军”作“张群”。
② 文集版、全集版“淳如”作“赵”。
③ 申报版、文集版、全集版“。”均作“，”。
④ 文集版、全集版增宾语“车”。
⑤ 文集版、全集版增“，”。
⑥ 文集版、全集版删除“很”。
⑦ 文集版、全集版“蒋先生”作“蒋介石”。
⑧ 文集版、全集版删除“先生”。
⑨ 文集版、全集版删除“手是分外的暖和”。

厅堂相当宽敞。当门不远处，横放着一张条桌，蒋先生[1]背着门在正中的一把大椅上坐着，叫我到桌对面的正首就座。我说，我的听管[2]不灵敏，希望能够坐近得一点。于是我便在左侧的一个梭发[3]椅上坐下了。

——你的神采比从前更好，蒋先生[4]又这样向我说了一遍。看来比从前更年青了，贵庚是？

——是壬辰年生的，今年四十六岁。

蒋先生[5]的态度素来[6]有威可畏的，有好些人立在他的面前不知不觉地手足[7]要战栗，但他对我总[8]是格外的和蔼。北伐时是这样，十年来的今日第一次见面也依然是这样。这使我特别感觉着慰适[9]。

我也同样[10]感觉着[11]蒋先生[12]的精神[13]比从前更好了[14]，眼睛分外的[15]有神，脸色异常红润而焕发着光彩，这神彩就是在北伐当时都是没有见过的。我见过些西安事变后的蒋先生[16]的像，觉得很有憔悴的神情[17]。抗战以来的局面不用说是异常繁剧的，念到蒋先生的健康，我自己是暗暗地怀着几分的忧虑。但这忧虑，完全是杞忧，由我自己的眼睛已经证明了[18]。

“目系而道存”[19] 储蓄在脑子里所想说的话顿时也[20]感觉着丝毫也没有说的必要[21]。因为蒋先生[22]的眼神充分地表明着钢铁样的[23]抗战的决心。蒋先生的健康也充分

---

① 文集版、全集版删除“先生”。
② 文集版、全集版“听管”作“听觉”。
③ 文集版、全集版“梭发”作“沙发”。
④ 文集版、全集版删除“先生”。
⑤ 文集版、全集版删除“先生”。
⑥ 文集版、全集版“素来”作“是号称”。
⑦ 申报版、文集版、全集版此处均有“便”字。
⑧ 文集版、全集版“总”作“照例”。
⑨ 文集版、全集版“特别感觉着慰适”作“感到轻松”。
⑩ 文集版、全集版删除“同样”。
⑪ 文集版、全集版“着”作“到”。
⑫ 文集版、全集版删除“先生”。
⑬ 文集版、全集版此处增加“似乎”。
⑭ 文集版、全集版删除“了”。
⑮ 文集版、全集版删除“的”。
⑯ 文集版、全集版删除“先生”。
⑰ 文集版、全集版“很有憔悴的神情”作“憔悴不堪”。
⑱ 文集版、全集版“抗战以来的局面”后作“的确是使所有的人都年青了”。
⑲ 申报版、文集版、全集版此处均有“，”。
⑳ 文集版、全集版删除“也”。
㉑ 文集版、全集版此处增加“了”。
㉒ 文集版、全集版“蒋先生”作“我感觉着蒋”。
㉓ 文集版、全集版“充分地表明着钢铁样的”作“表示了”。

地[①]保证着钢铁样的[②]抗战[③]持久性。抗战既坚决而能持久,[④] 国家[⑤]民族的幸福还能有更[⑥]超过这一点的吗？自然，我并不是素朴的唯心论者，以为精神超过一切。但我们目前的中国是当以精神奋励为前提的，因为物质的供应虽然不周到，但已相当有了一些准备，如果大无畏的精神力毫不发动，则一切物质上的储集[⑦]只是死物，而且会成为自己的累赘。现在，我们最高[⑧]的精神力活动了起来，一切物质上的工具都赋予了新鲜的生命。生命是联绵继续的不断的流。生命诞生生命，要保持着它的不断的永续，那是物理的必然的趋势。所以我们精神力一发动了，必然地是[⑨]进求物质的充实，以维持活动力的久持[⑩]。蒋先生是我们最高的领袖，他既有持久抗战的决心，那他对于抗战必如何始能持久的物质条件（例如孙总理三大政策[⑪]暗示），必已高瞻远瞩，成算在心，不然，他是不会有那样的清明，那样的宁静的[⑫]。

他[⑬]问到了我关于甲骨和金文的研究上来，问我今后是否尚有继续研究下去的兴趣。我说，只要有材料和时间，是仍然想继续[⑭]研究下去的,[⑮] 关于那类古器物学的材料，散在欧美各国的很多，将来如有机会时很想把它们收集起来,[⑯] 蒋先生允许我,[⑰] 说[⑱]将来可以设法。

又问到我有没有朋友可以做宣传工作的人[⑲]。我对于这个下问[⑳]却答应[㉑]得很含糊：因为我以前的朋友大抵分散了，有的也改变了兴趣，回国以来虽然知道有[㉒]些长

---

① 文集版、全集版“蒋先生的健康也充分地”作“只要有这一决心就好，就能”。
② 文集版、全集版删除“着钢铁样的”。
③ 文集版、全集版此处增加“的”。
④ 申报版无“,”。
⑤ 文集版、全集版删除“国家”。
⑥ 文集版、全集版删除“更”。
⑦ 文集版、全集版“储集”作“储备”。
⑧ 文集版、全集版此处增加“尚”。
⑨ 文集版、全集版删除“是”。
⑩ 文集版、全集版“持久”作“久持”。
⑪ 申报版此处有“所”字。
⑫ 文集版、全集版删除“蒋先生是我们最高的领袖……那样的宁静的”。
⑬ 文集版、全集版“他”作“蒋”。
⑭ 文集版、全集版“想继续”作“可以”。
⑮ 文集版、全集版“,”作“;”。
⑯ 申报版、文集版、全集版此处均为“。”。
⑰ 文集版、全集版此处均删除“先生允许我,”。
⑱ 文集版、全集版此处均有“,”。
⑲ 文集版、全集版均删除“人”。
⑳ 文集版、全集版“下问”均作“问题”。
㉑ 文集版、全集版均删除“应”。
㉒ 申报版“有”作“有些”、文集版、全集版“有”均为“一”。

于[1]宣传工作[2]的人，但不必是我的朋友。因为虽然承蒋先生两次问到[3]，但[4]我于咄嗟之间，竟[5]没有可能提出任何人来。

蒋先生[6]又说，希望我留在南京，希望我多多做些文章，要给我一个相当的职务。

我自己也感觉着，我的工作是以做文章为最适宜的，但[7]我因为耳朵聋，没有可能参加任何的机构。因为很明显地是不能参加任何的集会的，[8] 别人的议论我[9]不能听取，自己的议论[10]也就无从接洽[11]。我把这个情形，[12] 直率地说出了，我说，文章我一定做，但名义我不敢接受。

蒋先生[13]说，一切会议你都不必出席，你只消一面做文章，一面研究你的学问好了。

这样的恳切实在是使我感激。而且在这简单的几句话里面还给予了我一个今后工作的途径：学行兼顾。我看，在凡百方面这个途径恐怕都是必要的。[14]

我没有再多说话了。

蒋先生[15]又问了我的家眷，又问到了我为什么到了日本。

关于到日本去了十年[16]一层，我也回答得很直率。我说：我没有钱，在国内不能生活，又不能到欧美去，所以只好朝日本跑。

此外还承[17]问了些我个人的私事，最后是说，我们改天再来详细的谈。于是我便告辞起身，蒋先生[18]一直把我送到大门口。

又是一次暖和的握手，依然是满面的喜色，分外发着光彩的眼睛。[19]

---

① 文集版、全集版“长于”均作“从事”。
② 文集版、全集版均删除“工作”。
③ 文集版、全集版“因为虽然承蒋先生两次问到”均作“因此，蒋接连问了两次”。
④ 文集版、全集版均删除“但”。
⑤ 文集版、全集版“竟”均作“终”。
⑥ 文集版、全集版均删除“先生”。
⑦ 文集版、全集版均删除“但”。
⑧ 文集版、全集版均删除“因为很明显地是不能参加任何的集会的，”。
⑨ 文集版、全集版此处增加“既”字。
⑩ 文集版、全集版“议论”均作“意见”。
⑪ 文集版、全集版“接洽”均作“交流”。
⑫ 文集版、全集版均删除“，”。
⑬ 文集版、全集版均删除“先生”。
⑭ 文集版、全集版均删除此段。
⑮ 文集版、全集版均删除“先生”。
⑯ 申报版、文集版、全集版此处均有“的”字。
⑰ 文集版、全集版均删除“承”。
⑱ 文集版、全集版均删除“先生”。
⑲ 全集版删除此段。

《在轰炸中来去》一文的误传

蔡　震

1937 年 7 月底，流亡海外十年的郭沫若秘密从日本归国，投身到民族解放战争的滚滚洪波之中。在回到上海之初的两个月内，他陆续撰写了几篇散文记述在这期间的活动：往淞沪战事的前线寻访，拜会北伐时期的老朋友等，应召到南京去见了蒋介石。其中，《在轰炸中来去》是篇幅最长的一篇散文，共有 14 节，详细记述了他从上海到南京去见蒋介石又返回上海的经过。《在轰炸中来去》列入阿英主编的《抗战文艺小丛书》，1937 年由《救亡日报》社以单行本形式，又由上海抗战出版部 1937 年 11 月 1 日初版发行（阿英为编辑者），次年 1 月，又再版印行。1937 年上海文艺社、1938 年汉口新人书店出版单行本。

《在轰炸中来去》未见有其他版本。该篇作品后来曾先后收入汉口星星出版社 1938 年 2 月出版的《前线归来》、上海北新书局 1946 年 5 月出版的《归去来》。1958 年编订《沫若文集》时，该篇辑入第 8 卷，现收《郭沫若全集・文学编》第 13 卷。所有这些关于《在轰炸中来去》出版情况的记录文字都表明：《在轰炸中来去》是以单行本的出版面世的，所以《郭沫若全集》为其所作的篇注道："本篇最初收入一九三七年十一月上海抗战出版部出版的《在轰炸中来去》。"

然而史实并非如此，《在轰炸中来去》是发表过的，先在《申报》连载发表，之后才结集为单行本出版。

为什么这一最基本，当然也是关于该文很重要的信息，至今未被厘清，甚至根本没有被注意到呢？

首先，大概由于该文写成后，郭沫若并没有署写作时间。以后《在轰炸中来去》的发表，出版单行本，收入《前线归来》集，收入《归去来》集时，都没有署写作时间，直至 1958 年，郭沫若自己编订《沫若文集》第 8 卷，才在文末署写作时间为"1937 年 9 月下旬"。《沫若文集》仅注有写作时间，没有关于该文发表的说明，后来的《郭沫若全集》和其他有关郭沫若著作撰写、发表、出版的文献资料，便都循此记录该文而未再注意其是否发表的情况。

其次，应该说这是在郭沫若文献资料整理中时有出现疏漏所导致的问题。

实际上，从一篇所谓与《在轰炸中来去》相关联的文章的信息，原本是早就可以理清此事的。那是在《郭沫若著译系年》（上海图书馆编）的1937年内，所记载的郭沫若的一篇散文作品，题为《谒见蒋委员长》。其相关信息记录为：

载1937年9月下旬上海《申报》；

收入广州战时出版社版《抗战将领访问记》；

注：此篇系《在轰炸中来去》之第十节，收入《抗战将领访问记》题名《蒋委员长会见记》。

从这些文字可知，这应该是一篇无写作时间，而依据发表时间系年的文章（按照《郭沫若著译系年》的编写体例）。但是最关键的发表时间不详，遂使其实际上成为一条无出处、无根据的资料。

《郭沫若年谱》（龚济民、方仁念编）也作了相似的记载。其在1937年9月24日条目中，于郭沫若见蒋介石一事的记述后写道："接见后曾作《蒋委员长会见记》，内容与《在轰炸中来去》第十节大致相同，收战时出版社版《抗战将领访问记》。"

事实上，在1980年代的时候，曾在郭沫若研究者之间有过打问寻看这篇文章的事情，因为据说最初在《申报》发表出来的文字，与后来录入《在轰炸中来去》的文字有异（指关于对待蒋介石的态度）。之所以如此，一是因当时查找资料不及如今方便，二是在那时的郭沫若研究中，凡涉及带有负面涵义的文献资料会比较引人注意。但这样的事情不曾见诸在文字中，也就一直没有人对于所谓的《谒见蒋委员长》一文说出个所以然。

《郭沫若著译系年》会记到"1937年9月下旬"这个时间信息，显然是因为郭沫若后来将《在轰炸中来去》的撰写署为这个时间，而郭沫若应召去南京见蒋介石是在1937年的9月24日。但是从这一天起的整个9月下旬，直至10月10日（《在轰炸中来去》开始刊载），上海《申报》上并未刊载过一篇题为《谒见蒋委员长》的文章，也即是说《郭沫若著译系年》的这一条记载其实是子虚乌有的，又或者是对于《蒋委员长会见记》一文的误传（战时出版社出版的《抗战将领访问记》确实收录有《蒋委员长会见记》一文）。

出现一篇子虚乌有的文章，只能说明《郭沫若著译系年》，以及《郭沫若年谱》的编写者，还有《郭沫若全集·文学编》第13卷的编辑，都没有对于有无该文进行查考，没有对于《在轰炸中来去》原始文献资料进行查考。郭沫若自己编订《沫若文集》第8卷时于文末署作于"1937年9月下旬"，其实已经提供了一个大致的时间线索，惜未被注意。这里就便把《在轰炸中来去》发表的情况作一记述：

《在轰炸中来去》自1937年10月10日起开始在上海《申报》连载发表。连载按文中小节，每日一节（其中只有23日停载一次），至10月24日连载完毕。

《申报》为连载发表《在轰炸中来去》，还特别提前作了宣传介绍，于10月8

日、9日两天连续刊发了预告，可谓隆重推出。其中10月9日的预告采用了郭沫若手书的篇题、作者署名（后连载时一直使用这一手迹）。预告中写道：

郭沫若先生在淞沪战事爆发前夜返国，于上月十九日应蒋委员长电召往京，本篇即郭先生在敌机轰炸中往来京沪途中的纪行。作为归国后第一长文，书中对敌机轰炸的暴行、抗战期间的京市、首都军政的当局、淞沪的前线苏州，及其张（一麐）李（根源）二老，皆以极酣畅生动之笔，一一加以描写。我国抗战胜利的前途，从所叙的各方面，亦可获得充分的保证。发表权现为本报获得，即将开始在本报刊载，尚希关心抗战及爱好郭先生作品者注意及之。

《在轰炸中来去》的第十节是写郭沫若面见蒋介石，两人谈话的情形，被单独抽出来，以《蒋委员长会见记》为题收入《抗战将领访问记》一书，那么《郭沫若著译系年》中所谓《谒见蒋委员长》一文，有没有可能也是将《在轰炸中来去》第十节单独成文而在其他报刊又发表过呢？从《申报》的预告可以看到不会有这样的情况，因为《申报》得到的是“发表权”。所以《在轰炸中来去》连载于《申报》后再面世，就是抗战出版部出版的单行本。

《在轰炸中来去》发表情况的信息理清了，其文本，主要是在第十节的文字，在初刊本和初版本（《申报》发表的文本与抗战出版部出版的单行本文本相同）与作者编订《沫若文集》第8卷时勘定的文本之间，是有所不同的，作了一些文字的删改。以下将该节删削到句子和段落部分的初刊文本节录出来，可与收入《沫若文集》的文本有个比较，其中括弧内的文字为删削部分。

我也同样地感觉蒋先生的精神比从前更好了，眼睛分外的有神，脸色异常红润而焕发着光彩，这神彩就是在北伐的当时都是没有见过的。我见过些西安事变后的蒋先生的像，觉得很有憔悴的神情。[抗战以来的局面不用说是异常繁剧的，念到蒋先生的健康，我自己是暗暗地怀着几分的忧虑。但这忧虑，完全是杞忧。由我自己的眼睛已经证明了。]

“目系而道存”，储蓄在脑里所想说的话顿时也感觉着丝毫也没有说的必要。因为蒋先生的眼神充分地表明着钢铁样的抗战决心，[蒋先生的健康也充分地保证着钢铁样的抗战持久性。]……[蒋先生是我们最高的领袖，他既有持久抗战的决心，那他对于抗战必如何能持久的物质条件。（例如孙总理三大政策所暗示），必已高瞻远瞩，成算在心。不然，他是不会有那样的清明，那样的宁静的。]

在蒋说到郭不必出席会议，只消做文章，研究学问一段后：

［这样的恳切实在是使我感激。而且在这简单的几句话里面还给予了我一个今后工作的途径：学行兼顾。我看，在凡百方面这个途径恐怕都是必要的。］

本节最后一段文字：

［又是一次暖和的握手，依然是满面的喜色，分外发着光彩的眼睛。］

此外还有个别词字，以及有些将“蒋先生”改作“蒋”，将原称呼人物的表字，改作姓名或官衔等文字易动。

两相对比而言，初刊文本那样的文字，在抗战期间其实是很寻常的，那一时期的时势使然，说不上是多么恭维，甚至阿谀蒋介石（如有些人所谓）。而到了 1958 年，当编订《沫若文集》时，作者删改这些文字，也是势在必然的。

在记述《在轰炸中来去》发表于《申报》的情况之外，还须顺带说一下郭沫若两篇与《申报》有关的文章：《全面抗战的再认识》和《惰力与革命》。

《全面抗战的再认识》发表于 1937 年 9 月 17 日《申报》，《惰力与革命》发表于同年 10 月 10 日《申报》。《惰力与革命》是郭沫若应约为《申报》撰写的专论。《申报》在抗战爆发之初的那一阶段，特别延请了郭沫若、邹韬奋、章乃器、胡愈之、郑振铎、金仲华、张志让、陈望道、沈志远等一批文化界著名人士为该报写专论，所论涉及抗战期间社会政治、军事、经济、文化等各个方面。郭沫若的两篇文章即是在这种情况下撰写的。所有这些情况，在《郭沫若著译系年》《郭沫若年谱》《郭沫若全集》等有关郭沫若创作活动的文献资料中，都是尚未被记载下来的。

（原载《郭沫若学刊》2014 年第 2 期）

第七篇

观点摘编

【文艺转向与“革命文学”的生成——郭沫若赴广州大学考】

周　文

郭沫若赴广东大学担任文科学长是1920—1930年代“革命文学”生成、建构、扩张过程中的关键事件，但长期以来相关史实细节却并不清晰。追问郭沫若南下的邀请人及其动机，以及相关的人事纠葛和思想交锋，有助于呈现现代中国文学与政治的特殊关系。同时，在民国社会历史情态和“大文学”视野下重新梳理这一文艺事件，可以探讨文学参与社会的路径和方式，亦能揭示现代文人精神面貌的深刻变化。

（原载《四川大学学报》2016年第4期）

【危机与救赎：一个新文化人的“南渡”】

刘　奎

抗日战争时期，国都内迁、民众流亡及知识分子南下的家国危机，唤醒了传统的南渡意识。此文试图从郭沫若的视角，考察新文化人的南渡历史与经验。在作者看来，郭沫若与其他知识分子一样，将南渡的文化心理结构和叙事行为模式，作为因应危机的救赎方式。但他在进入政府机构之后，在重建以南方为中心的抗战建国的历史叙事时，又遭遇了南渡“夷夏之辨”与战时大一统叙事间的矛盾。经由历史研究，郭沫若最终从美学救赎走向了历史救赎，从而克服了南渡内涵的历史循环论隐忧。

（原载《中国现代文学研究丛刊》2016年第1期）

【郭沫若思想中尼采资源新探】

李　斌

郭沫若曾受尼采学说的深刻影响。新文化运动时期郭沫若对古代中国尤其是儒家思想的想象打上了深刻的尼采烙印。作为尼采学说核心的“超人”，既超越了现实中的善恶观念，自己制定规则；也超越了现代社会对人的专业限制，具有多方面的才能；还不断自我超越，其未来超越现在，其后代超越他本人。尼采强调生命/本能，但认为生命/本能需通过文学艺术等形式得到表现，而不能泛滥无边；他不反对科学/理性，但反对以其名义压抑生命，驱逐本能。尼采关于超人和生命的学说对郭沫若具有长期而深远的影响，是其思想发展的重要底色。

（原载《中国现代文学研究丛刊》2016年第4期）

【张狂与造化的身体：自我模塑与中国现代性：郭沫若诗歌《天狗》再解读】

米家路　赵　凡

自我在现代性话语中异常重要，尤其关涉催生现代中国主体性与民族性的宏大叙事。郭沫若那部诞生于1922年中国现代性启蒙始初的诗集《女神》值得我们重新细读、研究，进而重塑其诗的特异性、文本性与多重性。我们有必要对其中那首众所周知的作品《天狗》进行文本细读，欲求厘清郭沫若在《女神》中如何通过对身体的唤醒从而创造自我主体性。通过对《天狗》一诗中“身体的双重运动”的文本细读，可揭示郭沫若在《女神》中如何通过对身体的唤醒而创造自我，从而重构郭沫若诗歌中的身体诗学与中国启蒙大业中的现代性修辞。并且，我们还可以窥察在进步自我中涌现出一条历时的轨迹，即身体的扩张生成使得面向现代性的进步自我之诞生成为可能。

（原载《江汉学术》2016 年第 1 期）

【别样的“新解”：谈郭沫若、闻一多先生对几首国风诗的不同理解】

曾绍义

在郭沫若的题画诗中，有四首国风诗特别值得一提。作者不仅将原诗抄录，又以跋文作出新解，且皆书写于画幅之中，构成了集诗、书、画于一体的崭新艺术形式；而新解又是由谈论闻一多先生诗经研究相关内容引出，或赞同或异议，或补充或匡正，都有益于读者对原诗作出更全面更准确的理解与欣赏，也是郭沫若先生对诗经研究做出的新贡献。

（原载《郭沫若学刊》2016 年第 2 期）

【论郭沫若《女神》的审美特色】

吴　辰

在宏观文学史的书写中，郭沫若的诗集《女神》常常被认为是“五四”时期文学创作的重要收获，代表了“五四”新文学的精神。但就《女神》本身来说，其内部却有着很多与“五四”时代精神不相符的地方，这集中体现在《女神》所构建的审美空间中。郭沫若在《女神》中努力构建一种开放的审美观，并不断地与周围一切（包括自身）对话，以寻找自身存在的价值和维度。《女神》的这种审美特色奠定了它在郭沫若创作中的独特地位，而郭沫若的《女神》的创作思路也成为研究郭沫若生平的一个切入点。

（原载《山东师范大学学报》（人文社会科学版）2016 年第 4 期）

【试析创造社同人自传文本中复杂的对日情结：以郭沫若、郁达夫和张资平为中心】

刘海霞

作为创作社的重要代表人物郭沫若、郁达夫和张资平自留学时代起便与日本结下了不解之缘，他们在亲近日本自然风物、物质文明与社会文化思潮的同时，也背负着弱国子民不得不承受的异族屈辱与欺凌，因此在道德情感与文学创作上他们几乎时时处于对日本既憎恶又眷爱的矛盾情感中。此文试图以自传文本为媒介分析创造社同人复杂而微妙的对日情结，进而阐述其对同人文学创作的深远影响。

（原载《南京晓庄学院学报》2016 年第 1 期）

【郭沫若的公孙尼子及其“乐”论研究】

杨胜宽

郭沫若是20世纪开启公孙尼子及其“乐”论研究的引领者，他把公孙尼子的“乐”论思想置于先秦诸子百家思想体系研究比较的平台之上，通过全面分析其关于“乐”的性质、功能与作用、意义与价值内涵，来阐释这些思想主张与儒家社会政治学说的联系及其与墨家、道家立场的差异，并由此确立公孙尼子“乐”论思想在先秦思想史上的贡献与地位。后世许多研究者只把公孙尼子的“乐”论视为音乐理论，是狭隘和不够确切的。

（原载《郭沫若学刊》2016年第3期）

【庄子本颜氏之儒：郭沫若“自注”的思想史真相】

杨海文

“庄子本颜氏之儒”是《庄子的批判》的核心论点，郭沫若自注它出自《章太炎先生白话文》。考察自注从无到有、又一字之改的演变史，可知郭沫若把书名记错了，但确实深受章太炎的影响，其中《国学概论》的可能性最大。由此可知，彰显“庄子即儒家”议题独特的思想史价值，期盼它如其所是地敞开自身，是这一自注所要朗现的最真切的思想史真相。

（原载《江苏行政学院学报》2016年第3期）

【从反骄傲到反腐败——《甲申三百年祭》的印行史】

齐　雪

由于《甲申三百年祭》特殊的历史地位，从发表至今，六十余年间，共经历了五次大规模的印行。此文运用史料，分析“两种命运”选择中的印行、国共内战时期的印行，以及1954年、1972年和2004年印行的原因及产生的历史效应。

（原载《郭沫若学刊》2016年第1期）

【郭沫若《释支干》与泛巴比伦主义】

王献华

《释支干》一文，堪称中国现代学者研究中国早期天文传统的一篇奇文。但将中国十二支与巴比伦十二宫对应，研究者颇有不同判断。此文并不试图解决中国十二辰名字及相关传说与巴比伦天文学传统之间可能的关联问题——无论是真问题还是假问题。不过作者注意到，《释支干》一文的出现，可能与当时影响巨大的“泛巴比伦主义”学术潮流有一定的关系。近年来学术界对“泛巴比伦主义”颇有新的兴趣，或者借此机会对《释支干》的认识可以有所增进，更有助于将此文放回到其本有的国际学术史语境之中。

（原载《郭沫若学刊》2016年第1期）

【再论卜辞“土方”与夏人的相关问题】

王　宁

郭沫若认为殷墟卜辞中的“土方”

就是夏民族，为在卜辞中寻找夏人的踪迹和证明夏代的历史提供了有力的线索，后来胡厚宣进一步证明了土方就是夏人，而此说多不为学界所认可。实者夏朝之“夏”乃“下”之假借，其国本称“下土方”，其国人自我简称“下”，其国君自号“下后氏”；殷人则简称之为“土方”，实亦“下土方”之简称；周人亦称之为“下”而写作“夏”，周人得天下之后亦用以自号，故卜辞中的“土方”乃夏朝灭亡后的夏人方国可无疑义。夏亡后夏人逃到西北的晋地立国，仍用其旧国名不改，殷周之际称山西晋地为“夏虚”，即源于此。

（原载《郭沫若学刊》2016 年第 1 期）

中　　编

资讯·动态

第八篇

历史钩沉

郭沫若

内山完造著　赵艺真译　潘世圣校译

我们到达北京车站，是去年一月三十一日晚上十一时。从广州出发已经过了六十五个小时，一路上我看到很多显著的变化。但是当我看到以前只在画中才看过的紫禁城实景时，还是情不自禁发出了感叹。它就像新建的龙宫城一样。在北京逗留的三十五天，我见到不少老朋友，他们见到我都拍着我的肩膀说“怎么样，老板，北京变了吧!”那充满自信的脸上散发着无以言喻的光彩，我的心情也随之愉快起来。真的变了，一切都变了。不记得是哪一天了，我收到了一份宴会邀请函。宴会主办者是郭沫若，地方在台基厂和平大楼。当天，郭沫若派人来，跟我说“内山先生，郭先生想请您提前半个小时来一下”。于是，我提早半小时到达。到了之后，有人带我到了和平大楼里的另一个房间，翻译对我说“请在这里等一下”，便去了隔壁的房间。很快，郭先生和翻译一起出现了。他对我说：“好久不见了!”我们的手便紧紧握在一起。按中国的习惯，我们之间所有的对话都应该由翻译来传达，但我们还是用日语交谈起来。交谈之中我才忽然意识到这一点。不知何时，郭先生握住了我的手。

我已经完全忘记那半个小时里都说了些什么，好像是告诉了郭先生一些事情。时间到了，郭先生再次握着我的手，说“不能再继续聊了，大家都已经在隔壁等我们了”。他一直握着我的手，叹息道“已经不能聊了啊”。我们走进隔壁房间，大家已经到了，正在相互交谈着。

于是，我们又变身为公务人员闲谈起来。他为我一一介绍了那些我不认识的人，我加入到了他们之中。宴会准备完毕，我们被带到另一个房间。郭先生是主人，我坐在他的左边。宴席上配有翻译人员，但我们还是使用日语交谈。有人问我会不会说中文，郭先生小声替我回答道“能听懂，但不会说”，实际上我听也不行，但他如此看得起我的耳朵，我很感谢。他为我斟酒，但在我看起来像是橙汁。郭先生站起来，“咚咚咚”敲了三下杯子，宴会开始了。已经端上来了四个凉菜，郭先生一一为我夹菜并为我介绍：“这是火腿，这是鸽子蛋”。甜的汤端上来后，他首先为我盛了一碗，并说“这是甜的”。从始到终，他一直热情地招待着我。用餐结束后，作为日方的答谢，举行了电影《一个女矿工》的试映会，郭先生搭着我的肩带我去放映厅。我们并排坐下，他看还有点时间，便起身对我说，“去趟卫生间吧”。刚好我也要起身，于是郭先生在前面带路，甚至为我开门，告诉我“这里是卫生间”。我出来时，他已经在门口等着我。“在这里”，他说着并为我准备了热水洗手。之后他又搭着我的肩回到了放映厅。晚上的电影虽然很吸引人，但是我却不禁想到许多其他事情。如今的中国发生了翻天覆地的变化，我在《访问北京》一文结尾处写了很多“解放”、“革命”等等。但我知道，在诸多变化之中有一点是不变的，那就是温暖的友情。我顾不上电影，流下了泪水。三月五日，声明签字仪式结束。今天晚上七点，中国红十字会代表团为我们准备了送别宴会。翻译人员为我带路，我在宴会前一个小时拜访了郭先生的府邸向他告别，我们又聊了一会儿，至于内容我还是想不起来了，不过我记得我跟他说“我们成立了日中友好协会，请在中国也成立一个中日友好协会”，听了这话，郭先生拍着我的肩膀说“不要着急，你也知道革命用了三十年啊。该来的时候总会来的，等着这个时机到来吧”。我恍然大悟，我居然忘了“时间是最后的决定者”这个道理，我为自己说了和年龄不符的话感到难为情。郭先生赠给我他亲笔签名的《青铜时代》一书，让我留作纪念。

他又签了一本并让我带给岛津先生。一个小时转眼即逝。我们双手相扣，郭先生将我送到车旁，说“再见再见，再会再会”。我在车上想，什么时候才能再见呢。我想起一九四七年十一月十四日，郭先生带着家人逃离上海前往香港时给我写的信。那封信十二月五日到了我的手上。信上写着“在上海承蒙您的关照，我已安全到达香港，请放心。我们只要活着，两三年后，一定会有微笑着共进晚餐的时刻”。十二月八日，我因“颠覆国民政府阴谋团团长（?）”之名被强制遣返回国。我曾多次不分场合地大胆说过“半年一年不行的话，两三年后中国革命定会成功”，根据之一就是郭先生那封信。两年后的一九四九年，中华人民共和国成立。又过了四年，我再次访问熟悉的首都北京，看到了伟大的脱贫致富革命的风貌。中国的五亿人民，多亏了郭副总理才获得了幸福，他们从心底想要维护这种幸福，但是如果没有和平的环境是不行的。我看到了郭副总理怀着为了和平之愿景，在日本呼吁东洋和平，为建立世界和平而废寝忘食为之奋斗的姿态。

（原载《世界100》1954年4月，转载《郭沫若学刊》2016年第3期）

回忆郭沫若先生

杉原庄介著　赵艺真[①]译　潘世圣[②]校译

编者按： 日本作为郭沫若（中国科学院院长）的第二故乡，他的诗碑（《别须和田》一诗）将在千叶县市川市建造。郭氏1914年赴日留学，先后在一高特设预科、六高、九州帝国大学学习，和日本女子佐藤富子结婚，有四男一女。他于1928年到1937年期间逃亡日本，住在市川，期间完成了《中国古代社会研究》、《殷周青铜器铭文研究》、《甲骨文字研究》等著作，给日本学界带来不小的影响。本文是在今年（1964年）6月28日召开的“郭沫若诗碑建设发起人会总会”上，明治大学杉原教授（考古学专家）的演讲稿。

一　初次与郭先生见面

建立郭沫若诗碑一事，我很高兴也很赞成。郭沫若先生一生命途多舛，可以写成一篇传奇小说。

关于这一点，有很多书中都有涉及，应该有很多人了解。就我个人来说，对郭沫若先生有着自己的印象。接下来，我想谈谈我对他的印象。

如果有不对的地方，还请指正。无论如何，我认为，我作为一个日本人，对郭沫若先生的印象多少是有参考价值的。

初次和郭先生见面是昭和8年（1933年）。我在中学时代，跟着有名的考古学家古井久义先生考察了很多古迹。古井先生的弟子们成立了一个学会，叫做武藏野会。此学会虽形式有变动，但至今仍存在，聚集了各行各业的人。我在学会上聊天时，有人跟我说“既然你也住在市川，跟郭沫若先生见一面如何”，因此我拜访了郭沫若的

---

① 作者简介：杉原庄介，生于1913年12月6日，东京人。1943年毕业于明治大学，历任该校副教授、教授，1977年获得文学博士学位。杉原庄介曾主持日本静同市登吕弥生时代遗址和群马县岩宿旧石器时代遗址等重要考古发掘工作。主要著作有《原史学序论》《弥生式土器文化の生成》《群马县岩宿发现の石器文化》《日本青铜器の研究》《日本先土器时代の研究》《日本农耕文化の形成》等。

译者简介：赵艺真，华东师范大学日语系硕士研究生。

② 校译者简介：潘世圣，华东师范大学外国语学院日语系主任、教授，日本九州大学博士。

府邸，那是我第一次见到郭先生。

那是昭和8年的事情，距今已有31年了。那时我刚从中学毕业，在东京外国语学校学习法语，还没有进入明治大学，还没学会观察和认识他人。那时郭先生应该已经写完《中国古代社会研究》了。这本书几乎没有涉及郭先生自己的事情，但从日本或中国的历史研究史来看，无疑是举足轻重的著作。日本有《古事记》《日本书记》等成文史书，日本历史研究不能脱离于此。因此，无需研究日本古代，已经有定本了。中国也是如此，有很多古代神话记叙了中国古代的事情，在很长一段时间发挥作用。历史这一学问是不断进步的，恩格斯的著作站在马克思主义立场，以摩尔根的古代社会研究为基础并加以利用，将历史置于唯物史观历史的一角，翻开了历史研究史重要的一页。然而，日本处在尚未接受此批判式历史研究方法的时期。

中国亦是如此。因为中国是传统国家，历史多从汉代开始，这是东洋史已经形成的倾向。当时郭沫若正处于日本流亡时期，他的著作是将恩格斯历史观巧妙融入到中国历史研究中去的第一本书。可以说，郭先生关于中国古代社会的著作，使中国历史学研究步入了近代。这本在逃亡期间完成的《中国古代社会研究》意义重大。

当时我还是个少年，经常拜访郭先生，从郭先生那里学到了很多定论。那时，在现在的须和田公园那里，有最初传入须和田的原始农业的部落遗址。考古学家们认为，关东地区原始农业最初由须和田传入，这里是标准遗迹之一。我决定去须和田的丘陵挖掘遗迹。郭先生知道后说“我去帮你吧”。有一天郭先生身着和服，蹲着帮我挖掘。我至今还记得郭先生拿着容器，我们两人一起测量一处遗址。因为郭先生家离得不远，他的孩子们，看起来还在上幼儿园或小学，也过来围着我们，很是热闹。

如今再回想起那个时候，郭先生大概没有考虑过再次回到中国，担任重要职位参加革命吧。这次刻在诗碑上的诗中，他也写到自己有可能埋葬于市川，我觉得那是他的真实想法。革命发生之际，他作为革命家很活跃，但应该没有能够预想到革命何时发生的历史学家吧。因此，郭先生应该有隐居市川，在此度过余生的觉悟。

在这期间，郭先生的研究大有进展。他完成《中国古代社会研究》后，对中国古代产生了浓厚兴趣。日本人学习中国古代史，需要学习汉字、中文。而郭先生因为具备本国的学识，所以了解得比我们更深入。而且，理解中国古代社会也需要考古学知识。这一点先生可谓颇有研究。此外，在中国，形成了甲骨文中的殷前古史，有关于在牛骨或乌龟壳上刻字占卜的记载，这些字发展成为现在的汉字。幸运的是，那时甲骨文字的阅读已经相当发达了。因此，具有科学历史素养的郭先生，利用这些科学的资料，开展了因循守旧之人无法进行的研究。

中国在殷商时期形成国家后进入周朝。殷商时期还处于石器时代之前的青铜器时期，周朝中期中国首次使用铁器。中国发生了诸多变化，特别是刻在青铜器上兴盛一时的文字作为铭文流传下来。

郭先生在古代文化中尤其擅长解读青铜器上的铭文。这些文字多是直接记载了当时的社会构成、社会样貌，但到现在为止，古典的历史学者还读不懂。郭先生擅长解读这些文字，在市川的时候，也写了关于青铜器文字阅读方法的书，这无疑对科学研究中国古代史非常有用。总之，他是科学研究中国历史的开拓者。郭先生在研究上文提到的这些研究期间，我与他有来往，这对我的学习非常有益。如今我仍然珍藏着他的《中国古代史研究》初版。

此后，日中关系日益恶化，我拜访他的机会也越来越少，郭先生最终回到了中国。那时他的儿子们刚从小学毕业进入中学，很巧的是他们几乎都进入了我的母校。我曾拜访校长，并请求校长说，他的孩子们处境可怜，如果发生什么请保护他们。不久，我自己也应召在华北和华中呆了两年。战争结束时我留在上海，从事新闻相关的工作。我想着和郭先生见一面，但没有实现。

二　再会科学院院长郭先生

革命结束后，随着新中国的建设，开展了很多工程，且多以城市为中心。中国很多地方都埋藏着重要的文化财产，因此，新中国建设开始后，考古学上的发现也比战前进步显著。那时，郭先生是中国科学院院长，在科学院开设了考古学研究，非常活跃。

我从心底感觉郭先生是非常称职的科学院院长。在中国科学院，各学科学者分配在各个研究所，共同组成了科学院。

科学院与大学也有关联。中国科学院所属的各个研究所培养的学者，来到各个大学的研究室成为教授，说各个大学隶属于中国科学院也并不夸张。因此，中国科学院汇集了中国的所有学问。我很高兴郭先生任中国科学院院长一职。之后我去中国时听说，郭先生常说“学问非常重要”，并竭尽全力为科学院筹集资金。只有像郭先生那样的人才能切身体会到学问的重要性。

1955 年，日本学术会议邀请并接待了访日视察团的中国学者。我为郭先生担任视察团团长感到高兴。

郭先生安排了考古学方面的学者（？先生）参加视察团。他说要来市川视察一天，这个计划得以实现，我在市川见到了先生。他将重访市川旧居之感慨寄托于诗歌之中。在诗中他也写到，他对须和田山川的所有角落都很熟悉，了解它周围的墓地、古坟。他的诗歌也常常描写这一带的景色。这该是何等感慨之情啊。

之后，日本考古专家组成访华团前往中国，在与周恩来总理见面时，周总理多次提到，是郭先生邀请你们来的。我以为郭先生真是性情中人。

我们被当作国宾得到款待。在五一劳动节前天晚上，我们和中国考古学者们充分交换意见。郭先生非常激动，跟我握着手热烈讨论了一晚上。他为我们安排了最好的行程，我们在中国呆了两个多月，几乎走遍了所有遗址。我们详细了解了战后迅速发展的中国考古领域，对我们回到日本开展新的考古研究大有裨益。也因此，日中两国考古研究所现在仍有交流，形成了世界上前所未有的模式，这离不开郭先生的努力，我深表感谢。

我相信将来，日本考古学者和中国考古学者也会持续这种在其他学科领域没有的密切关系。这当然也是郭先生努力的功绩。

译自《亚洲经济旬报》第585期（1964年8月），转载《郭沫若学刊》2016年第4期）

与郭沫若副总理的谈话

中村翫右卫门著　赵艺真译　潘世圣校译

一　外面的雪

一睁眼，外面银装素裹。

昨晚，去车站迎接在华日本同胞归国问题代表团时，寒气浸彻全身，果然今天下起了雪。

当岛津团长一行走下火车，岛津团长以及同行的西园寺先生、铃木先生等和我一一握手、互道辛苦时，大家都不期而然地露出了安心而愉快的神情。

日本国民的努力、中国的宽大处理，促成了代表团此次访京的实现。这种喜悦无以言表。在远离祖国的异国和同胞相见，无论如何都是很欣喜的事情，这次尤其令人激动。

今天是和郭沫若副总理见面的日子。对我而言，昨天和今天，都会成为我生命中难忘的美好日子。

在纷纷扬扬的细雪中，载着和平委员会的贺先生、林方翻译员和我的汽车缓缓停在郭先生家门口。工作人员引领我们来到会客厅。

郭副总理和往常一样，身着黑色中山装，面带和蔼笑容，招呼我们就坐。

二　话剧《屈原》

桌子上摆放着水果、点心和玻璃杯。

作为堂堂的国家副总理，郭先生的住所略显朴素，但非常整洁，令人感到亲近。

“我从维也纳世界和平大会回国的途中，在莫斯科和苏联的诸位商谈了《屈原》的事。作为今年世界和平评议会的文化交流活动，我们计划搞一个世界历史人物纪念节，其中包括在中国上演话剧《屈原》，以纪念屈原逝世2230年。五月份苏联也将上演这部话剧，现在正在磋商之中。中国目前也在进行有关准备。

“在日本，前进座也在上演《屈原》，听说获得了很大的成功。可以的话，很想拜读一下你们的资料，除了中国，让苏联的同行们也看看，他们一定会很开心。能搞到这些资料?”

郭沫若先生沉静地讲着这番话，使我备感欣喜。

好像是1951年，郭先生特意给我们寄来了话剧《屈原》剧本等资料，前进座于去年上演了这部话剧，据说在全国得到一致好评。昨天，和同胞归国问题日本代表团的代表们用餐时，也说起《屈原》得到好评这一话题。我还没有看过《屈原》的彩排，当然更没看过《屈原》的正式演出。但我偶然看到《朝日画报》用了整整两版刊登了《屈原》剧照和有关票房佳绩的评论，便想带给郭先生看看。这部话剧作为世界性文化交流的先驱之作，虽然是由于一个偶然的机会得以在日本上演，而但却得到人们的好评，这是多么值得高兴的事情啊。

屈原是一位爱国诗人。话剧一开始，讲屈原挚爱自己的国家和人民，受到楚怀王的敬重，人们把他视作师长般爱戴。楚国太子、弟子宋玉、令人怜爱的少女婵娟，都从心底敬佩屈原，个个兢兢业业。然而太子学术不精，又钟情于婵娟。宋玉原本拜屈原为师，后来却变得傲慢自大。

秦国的张仪是个能言善辩的谋士，他通过南后接近楚王，游说楚国与秦国结盟。南后是楚国王后，聪明美貌，贪图金银，和张仪串通一气劝说楚王。楚王询问屈原的想法，屈原看穿张仪的诡计，向楚王谏言：若与秦国结盟，便是与其他诸国为敌，秦国不止会把楚国变成自己的所属，还会使用苦肉计，如今势力正旺的楚国用不了多久就会衰败，民不聊生，万不可与秦国结盟。楚王同意屈原的主张而拒绝了张仪的提案。张仪心生一计，与南后串通，策划了一个阴谋。南后以抚慰楚王为由，跳起舞来。她与一个家臣事先商量好，当舞中的众神开始跳舞时，便把屈原叫来。屈原入席后，南后突然按住胸口作痛苦状召唤屈原。屈原很吃惊，忙服侍南后，南后就势倒入屈原怀中，屈原因事起仓促急将南后扶抱，恰在这时灯火熄灭，南后越发往屈原身上依偎，此时灯火复亮，楚王和张仪正好进来，看到屈原抱着南后，众人还未反应过来，南后突然大叫“快来人呀，大夫心怀不轨”。楚王暴怒，屈原不知所措呆然而立。当他反应过来这是一个阴谋时，便高声为自己申辩，楚王不听，下令惩处屈原。事态发展至此，屈原彻底陷入困境，但他丝毫没有屈服。婵娟从一个舞者口中得知真相后，公诸于众以帮助屈原，百姓都为屈原鸣不平。屈原一气之下濒临崩溃，他渐渐恢复理智，却再次被关进监狱。后来，屈原被婵娟和因封建压迫而燃起正义之心的卫士救了出来。

剧情越来越动人心弦，最终结局的部分发展为高潮。登场演员根据各自人物所处环境，将人物性格表现得淋漓尽致。最后，少女婵娟误饮原本用来毒死屈原的毒酒而死。屈原抱着婵娟悲愤疾呼，这是整个话剧的一个高潮。这段独白无论是在中国初演时，还是如今在日本的上演，都获得很大反响。根据史实，此时楚王惨败，顿悟屈原的谏言是正确的，于是再次召唤屈原，但终因太子的阴谋而陷于绝境，楚国灭亡。屈原不愿屈服于敌，投汨罗江而死。人们景仰屈原的崇高品德，往江里投粽子为屈原祈福，那天正是农历五月五日。这个传统一直保留至今。

我把《朝日画报》拿给郭先生看，先生目不转睛地看了起来。

“因为剧本很长，你们是完整演出，还是做了一些改动?”

“我不清楚，不过我相信土方先生一定会充分展现原作的精彩。”

“请务必把资料给我们，这将会是非常宝贵的参考资料。”

先生这样说着，又把目光投向了《朝日画报》。

“我正和苏联的各位共同研究，动手修改完善《屈原》剧本，就快完成了，届时请您过目，还望多多指正。”

“谢谢。我会立即寄到日本，请他们好好研究并演出该话剧。我会发电报叮嘱他们，资料一旦到了立刻送过去。”

随后，我给他看了去维也纳前，从前进座寄来的信件的部分内容。信上说，长十郎君、静江君、千代子君、田中君等都对《屈原》给予高度评价。信中还写到了观众沉醉其中，大骂剧中恶角这一情景。郭先生很有兴致地读了起来。

“屈原这个角色很难演，南后这个角色也是。婵娟这个角色是大众喜爱的正面角色。”

“不知您对画报上的内容有什么想法，比如衣服、化妆等。”

“屈原是公元前三、四世纪的人物，因为没有明确的资料，所以凭想象即可。我们也是凭想象来演的。”

“来！——”先生说着拿起斟好红酒的玻璃醒酒壶请我们喝酒。

“您能说说对话剧初演时的印象吗?”

先生继续回答我的问题。

“《屈原》1943年在重庆初演，距今已经有16年。初演当时受到了好评，甚至有很多人从成都坐飞机来看戏，场场爆满。当时蒋介石掌权，人们对没有真正的自由而心怀不满。观看《屈原》的观众，把舞台上的人物看作是真实存在，支持屈原，痛斥恶徒。就和在日本前进座上演时老妇人们痛骂南后和不义男子一样，当时重庆上演时也是如此。这表达了人们对深受压迫的现实的不满。

“蒋介石因此而大为恼怒。这部话剧得到好评，其中有一点很难得，就是几乎聚集了所有知名演员。自古以来，名角一般不出演反面人物，但《屈原》这部话剧，名家自己打破了这一规矩，即使是出演配角也很积极。比如，知名演员周锋饰配角卫士一角。这是前所未有的。也因此，这部话剧整体呈现了很好的演技。金山饰屈原，顶尖女演员白杨饰南后。石羽饰宋玉，张瑞芳饰婵娟，顾而已饰楚王，张逸生饰钓者，施超饰靳尚，可谓明星云集。第五幕有屈原吐露愤懑的独白需要音乐，所以特意为此创作了音乐。前进座是如何处理音乐的呢?”

“好像是以日本音乐为基础，创作的有中国味道的音乐，并融入了西洋元素。”

“正因为在表演、音乐、背景、效果方面都精益求精才取得了好成绩。用历史批判现实，《屈原》在这方面可以说是取得了很大成功。

刚刚也提到了，舞台服装也是凭着自由而出色的想象力制作出来的。就在不久前，江南省（湖南省之误——译者）长沙出土的画着妇女的丝绸，正好是屈原那个时代的妇女，腰身很细。在古书里有记载说，楚王喜欢细腰，他让侍女忍受饥饿甚至营养失调，以达到瘦腰的目的。现在我正在北京研究这个。”

“有种说法称屈原其实是钟馗。比如到了五月五日端午要过节，吃粽子，戴高帽，穿高鞋，持长剑，都像钟馗。”

“屈原五月五日投河自尽。景仰他高尚品德的人们向龙神（当时的传说）贡奉粽子，并把粽子投入河里，以此为屈原祈福。从此以后，便形成了五月五日吃粽子的习惯。钟馗是唐代的落榜人，与屈原不同。现在《屈原》的演出问题还在准备和研究中。”

“我很想看看你们的研究和彩排。”

“好的，我提前跟他们说一声。”

“您不考虑把它拍成电影吗，用天然色拍摄的话会很不错。”

“现在还没有这个打算。如果在苏联尝试成功的话，可能会考虑。”

我换了一个话题，说想请教先生两个问题，先生欣然同意。

三 艺术之路

其一，关于日本艺术的方向。

其二，关于中国古典艺术的方向。

“关于日本艺术的方向，我离开日本已经二十年了，不好多说。不过，前些日子看了《箱根风云录》，我很认可这部电影的教育意义。电影展示了民族和人民的力量，农民们为提高生产力而努力，团结一致，绝不屈服于幕府的镇压，最终实现了他们的目标。这部电影指明了一条正确的方向。如今日本的状况，和其他未获得解放的国家一样，在美国奴役下的日本人民很是痛苦，他们心怀不满。因此文学艺术家必须重视和培养守民族的自我捍卫意识。日本人民很爱国，不过之前这种爱国主义发展的方向是错误的。发扬爱国主义固然重要，若方向错了就会陷入民族主义国家主义的狭隘陷阱，因此需要十分注意，坚持阶级立场。如今有很多意见，但最重要的是坚持站在人民的立场、阶级的立场。若是从人民立场出发，坚持为了民族独立的爱国主义的话，日本人民定会明辨孰是孰非。站在全体人民的立场，使日本艺术正确发展至关重要。关于原则，具体来说即日本艺术家应该努力融入到群众中去学习。另外，推动历史小说发展也是很重要的工作之一。”

关于第二个问题，“新中国刚成立三年，有很多紧迫的事情需要做。但是，论及如何复兴，最重要的是将中国这一农业国家转变为工业国家。但是，努力致力于工业化，绝不意味着将传统全部丢掉。但尊重传统也不是毫无原则的尊重，而是有选择的尊重，即发扬、发展包含民族性人民性的传统。这是很重要且不能一蹴而就的事情。我们应该批判的、十分用心的慎重发展传统。这方面的工作很重要，比如，修改教科书、历史、国文。不能告诉人民被歪曲的历史，应该传达给人民正确的历史、国文，这对于发展传统文化非常重要。在完成革命的过程中，对于传统有时会过于严苛，不得不批判旧的东西……不过如今革命已经成功，应恢复正常，重视传统。比如，想要使弯曲的棍子变直需要力气，不过用力也有可能做不到。有时，本想让弯曲的棍子恢复原状，可是用力过猛反而会矫枉过正。慢慢用力便会恢复原状。这个例子正好可以说明这件事。”

郭先生饱含激情地说着，两手作弯曲物体状。林翻译也模仿着，两手像是弯东西的样子，热情地给我翻译。我也不由自主的跟着模仿起来，表示我明白了郭先生的意思。

“如今，中国在很多方面都在研究中，以使古典文化正确发展。”

先生又充满激情地讲了起来。“比如，去年年末有个戏曲大会。从全国各地来了很多剧团，很多作品，其中有很多优秀作品。周恩来总理还亲自为九十三岁的著名画家齐白石先生祝寿。不过，所谓发展传统文化，并非指采用传统的文学形式，而是挖掘民间艺术。在旧传统中，宫廷艺术大体已失去了生命力。现在我们重点研究民间的宝贵艺术，但支配阶级也有很优秀的文化，同样应尊重并发展它们。比如，博物馆建设。和之前相比，博物馆的发展十分显著。以前，博物馆只限于参观学习，如今博物馆受到科学的保护，成为人们最能学到知识的地方。当下正在举办古代绘画、书法展览会。我曾经参观过，其中有两件最有名的书法。即王献之、王珣的书法。这是清朝保留下来的晋代王献之、王珣、王羲之三人书法作品中的一部分。王羲之的书法好像被卖到了台湾，而王献之、王珣的书法是花几十（万）港币从香港买回来的。这是对传统文化的尊重，同时也想向人们传达这一点。如前所述，我们不是盲目地尊重，而是批判地尊重，使之随着国家复兴而进一步发展。另一点需要说明的是，有很多相当不错的作品，解放前被日本大资本家低价买走了。蒋介石统治时期，这些东西流向美国。如今已经解放，绝不能容许这种不合理的事情再次出现。不允许日本资本家、美国资本家买走这样的艺术品。像梅兰芳、程砚秋这样的优秀艺术家，也已成为政治协议会委员，相当于日本的国会议员，梅兰芳又是艺术院院长。还有很多这样的例子。老实说，止是因为人民当家作主，中国才能够开始正确尊重传统文化。”

郭先生这样为上面的一席话结了尾。看看表已经过了十二点，转眼间我们已经聊了两个多小时。先生又亲切地让贺先生带我去参观展览会。我衷心向郭先生道谢，同时也很感谢林翻译的出色翻译。郭先生似乎也有同感，向林翻译表达了谢意。林先生愉快地笑了，这种时候翻译员的努力真的十分重要。

四 书画展览会

我坐汽车回到酒店。用完餐，有车接我去看展览会。展览会场在人民文化部管理部内，现在这个时期，只有特殊人员才能参观。

王献之的《中秋帖》只有三行，但连我这样不懂书法的人也不禁为之驻足。王珣的《伯袁帖》也很优美。此外还有三四种书画，都各俱特色。从中可见中国对古典文化的尊重。

在众多作品中，最让我感动的是吴镇的水墨画《芦花寒雁图》，芦苇、南飞雁、漂浮的小船让人顿感寂寥。洋洋洒洒的笔法苍劲有力，蕴含着凄凉的余韵与哀愁。我向馆长问起这幅画来。

郑振铎馆长是有名的历史大家，他非常亲切地为我介绍起来。

吴镇是元朝的地主，后来家境渐衰，最终靠卖画为生。晚年出家，去世时他的墓碑上写的是法号。那时，有钱人、地主剥削人民，死后常常被盗墓。吴镇的墓没有被盗，因为上面写的是法号，没有人知道是他的墓。他是元代四大画家之首，后来的画家也深受其影响。他的笔法在四大画家中属于锐利而有气势的类型。

雪停了，暮色变浓，我为今天的书画参观感到满足，离开了展览会场。

五 文化交流

从车窗向外望去，下班回家的行人步履匆匆、精力充沛，丝毫没受严寒的影响。

在回去的路上，我回想起馆长亲切地对我说这只是展览会的一部分，想起在参观时偶然说起屈原，馆长带着欣喜的表情介绍说“这就是屈原那个时代的妇女，现在正上演话剧《屈原》，我们也在研究他”。历史家、艺术家等分别从各自的角度，承担各自的职责，合作研究同一课题《屈原》，毛泽东主席的“为人民服务”的宗旨全都体现在了一部作品之中。

我不禁思绪万千。

郭沫若先生提到的评选大会，是指 1952 年 11 月 14 日召开的汇集了全国众多剧团的第一届全国戏曲观摩演出大会，按日本的说法，它具有国家主办的全国戏剧竞赛的性质。全国各地共 23 个人民喜闻乐见的剧团参加了此次竞演，展现了各自的风格。上演剧目达一百多个，可谓是大规模民族戏曲的集中展览会，非常壮观，可惜我没有看到。中国艺术最高理论杂志《文艺报》上刊登了周扬先生的大会总结。他总结道，这是中国戏曲史上第一次历史性会演，借此机会我们重新认识了全国民族戏曲遗产的丰富性。我们在了解民族戏曲在新的基础上进一步发展的可能性的同时，也感受到这是一个真正的艺术海洋。从中也可以看出，全国各剧种在发展过程中是相互影响的。

不过迄今为止总体上反而是同一地域中的戏曲艺术长期处于相互隔离、闭关自守的状态。此次大会打破了这一状态，开始在全国各剧团间建立起一种新的关系，即在新的友好而自由的竞演中，建立起相互借鉴发展的关系。毛泽东同志提出了“百花齐放、推陈出新”的方针，即百花争香斗艳，在旧土壤上开出新芽。以“百花齐放”为正确目标，使各剧种相互作用、共同奋斗，通过相互观赏、竞演，为各剧团创造了一个极好的学习机会。这为今后全国范围的戏曲艺术发展起到极大极好的作用。而且，集中观赏各剧团的演出，能够使我们更好地认识到戏曲是几百年来的优秀遗产。这次大会的举办，成功地在以人为本的政治基础下改革了戏曲艺术，使其以全新面貌站在了人民的立场上。此次大会是对优秀艺术改革的评价，其主要目的是反对单一保守立场，反对粗枝大叶的改革。现在新中国需要的是人民所要求的正确改革。民族戏曲艺术是使人民得到发展的艺术，因而改革需毅然舍弃戏曲遗产中一切反动毒素和对人民不利的部分，保存发展一切进步、健康、对人民有益的部分。尊重爱护与此相符的民族传统，舍弃与此不符的部分，鼓舞激励发展艺术创作上的优秀技艺。优秀技艺对于真正表现人民生活至关重要，它是长时间刻苦钻研，凝聚众多心血的成果，是开花结果的过程，绝不是一朝一夕形成的。我们不赞成形式主义的作品以及没有生命力的所谓的“技艺”。这次观摩演出的主旨和任务是学习优秀的戏曲遗产、技艺，交流戏曲改革的正确经验。

为此，毛主席、周总理及中央相关责任部门的同志对此次大会非常关心，观看了各剧团演出。这意味着政府、人民和艺术家同心协力，对艺术家是一种激励。此次大会的成功举办，为推进戏剧艺术发展提供了一个很好的方法，即每年或隔年举办竞演。不过这次大会也存在缺陷。因为是全国各地巡回公演，一些重要的剧目、优秀的艺术家未能全部参加，演出的剧目也良莠不齐。今后，应适当创造这样的机会，严把戏剧质量关，提供条件方便参演者参与地方巡演。虽然存在不足，但大会还是获得了巨大成功，这是参加大会全体同志共同努力的结果。同时这次大会也再次强调了戏剧活动家最光荣的任务——为国家和人民服务。

观摩大会的成功举办，表明了人民和国家非常重视戏剧艺术。在解放前的旧社会，戏剧艺术家们长期受到迫害和侮辱，舞台艺术遭到蔑视，他们被轻视为卑贱的人，很多艺术家一生都在充满血与泪的痛苦生活中坚持着演艺活动。革命胜利后，艺术家被解放，他们不再受到侮辱迫害，不再继续苦难生活。取而代之的是共产党和人民政府爱护艺术家，充分理解他们的情感，从心底重视尊重艺术家。

受此影响，戏剧家在很多方面取得了显著进步。人民和国家越是强烈地爱护艺术活动家，艺术活动家对人民和国家所肩负的责任就越重大。戏剧是一种与人民密切相关的艺术，相对于大规模的经济建设文化建设，它在人民教育方面发挥作用，即为全社会提供有助于社会改造、国家发展的人民教育，提供爱国、民主、社会主义的民本思想教育，戏剧活动家处于新的崇高而光荣的地位，他们展现了崇高的道德品质，丰富了人民生活的精神粮食。以上是《文艺报》关于此次大会的报道。

我拜见了享有盛名的程砚秋大师。他邀请西园寺先生和我到他的府邸。他和梅兰芳大师一样，既是著名的旦角演员，也参与政治活动。他是政治协商委员会委员，也是优秀的京剧艺术家。如果把梅兰芳大师比作已故的中村歌右卫门大师，那么程砚秋大师就相当于已故的尾上梅幸大师。如果比作电影女演员的话，他们就相当于山田五十铃和原节子。程砚秋大师十三岁开始演戏，如今他应该年过五十了。我说，我五岁便开始了演员生活，一开始非常讨厌当演员，原因之一是小时候被别人嘲笑为“河源乞丐”。我问他中国以前是什么样的，他说在中国演员曾经也遭到鄙视，女演员被迫招待客人等等。但解放后完全变了，人们开始尊重演员。以前演出时一直穿一套衣服，现在则可以自己挑选制作衣服了。如今，演员的任务很明确，即为人民服务，这是非常光荣的。我曾在报纸上看到过你以及前进座的事迹，一直把你们的斗争当作榜样。今天能见到你我非常激动，他兴奋地说。我说，是我从中国学到了很多东西。通过与大师的对话我看到了解放前后的变化。我知道了，知名旦角袁雪芬大师出身越剧团，不过剧团都是女性，她也是政治协商会委员，受到军国主义者和蒋介石一伙的压迫。但她没有屈服，在她坐车经过的地方，曾有人将装满马粪的桶仍将过来，但她依然坚持反抗到底。还有梅兰芳大师，曾被军国主义者逼迫他出来演戏，他为此不惜蓄须明志，拒绝演出。对男旦来说，蓄须是件极其痛苦的事情。他最终也没有登台演出，这位京剧名家的意志坚如磐石，他完美的表演艺术正体现了他的优秀人格。类似的对艺术家的迫害在解放后一扫而光。这些都是事实。

周扬先生作了以下总结。

戏剧工作者还面临一些困难。戏剧产生于旧社会，所以自然很难避免封建性的糟粕。而且有的戏剧工作者在旧社会甚至被剥夺了接受教育的权利，因此，他们在提高文化知识水平、接受表演训练的同时，也沾染了旧社会的习性和社会意识。想要去除这些，必须进行自我改造，需要付出艰辛的努力才能具备新地思想作风、新的文化和艺术修养、成为新的人民艺术家。

共产党和人民政府应主动肩负使命，帮助戏剧工作者克服旧思想作风，树立新思想作风。帮助他们顺应政治潮流、提高文化艺术水平，使他们理解国家基本情况和政策，贴近人民生活，了解人民要求，与新文艺活动家密切合作，共同推进戏剧改革。各地的党和政府，文化运动的干部们，应帮助戏剧工作者对戏剧改革摆正心态，在戏剧改革运动中，同艺术家建立亲密的同志关系。那些盛气凌人的、不尊重艺术家艺术水平，轻视他们等官僚主义态度，是堕落的态度。旧社会的影响妨碍着艺术家们的进步，需要与他们携手从这种影响中走出来，需要从戏曲改革运动中激发出他们的积极性、创造性，推动改革进行。

干部与戏剧工作者的关系要克服旧封建统治者和艺人的那种关系，要克服一切轻视民族艺术遗产、民间传统的错误态度，要更广泛深入地帮助戏剧活动家为人民和国家服务。把为人民服务放在首位，明确戏剧活动家与文化活动干部共同合作的方针，强调为人民服务的光荣性。其次，反对保守的、观念上的潦草野蛮作风，使优秀的民族戏剧传统正确发展。周先生如是说。

中国戏剧文化遗产的历史源远流长。其丰富的内容，始终保持着与广大人民思想上的紧密联系。人民的一喜一忧，历代的勤劳人民，或人民的文学家、艺术家所创作的东西，都具有强烈的人民性和现实主义精神。但是封建统治者却歪曲事实，站在自己的立场对此加以利用。不过与封建统治者意志相反，人民通过观察自己周围的现实生活，同时以自己的生活经验为依据，思考、判断历史和传说。他们虽被压迫却爱憎分明，我们的艺术应该深切地同情他们，同时，对于压迫在人民头上的人从心底感到愤怒、轻蔑，反对暴力与压迫。尊重那些为了大家的幸福而奋斗的正义英雄人物，那些牺牲自我，成全大家的悲剧性勇敢人物，那些具有爱国主义精神的祖国英雄，厌恶胆小的、惟利是图的卑鄙小人，和背叛祖国民族之辈。比如，梁山好汉（《水浒传》）属于前者，高俅（《水浒传》里的阴险政治家）西门庆等属于后者。（以日本来说，左仓宗五郎属于前者，德川将军、堀田上野介属于后者），应像这些作品一样去除掺杂在戏曲艺术中的糟粕，生动描绘人民性与现实主义的光彩。

总之，戏曲应表现人民的生活、思想、感情、心理、意志和要求。这种表现形式重点在于反映出人民的风格，即大众喜爱的、强有力的真实性，强大的人民道德力量和民族性格。戏曲应否定民族性格中的消极面，即奴隶性、屈服等，即使在封建制度下，也应追求、表现自由意志和要求。应承认、发展人民的勇敢、勤劳、智慧、善良性格，暴露封建制度下人民和统治者间无法调和的复杂矛盾，寻找各种矛盾的出路，如找到正确解决矛盾的方法，或者无法解决的原因，或者妥协的办法等，站在人民的立场生动创作戏剧。他对这次竞演的几个剧种的优秀作品进行了理论评价。

关于其中优秀的戏曲《梁山伯与祝英台》，我看过一次越剧、两次京剧，而且第二次观看的京剧，饰演祝英台的是程砚秋大师。简单来说，这是一个中国的罗密欧与朱丽叶式的美丽爱情故事。我热切希望这部戏剧能在日本上演，所以打算要来相关资料寄到日本。如果歌右卫门先生、海老藏先生出演歌舞伎版的话定会取得极大成功。花柳氏、水谷氏这一组合也很好。电影版的话，由长谷川一夫先生和山田五十铃来演会很好。

中国的戏剧艺术至今已有七百年的历史。在其发展过程中，不断涌现出了人民的创作、补充及多种形式的修正。他继续总结道。

（由于我要在在华同胞归国问题代表团回国前完成这篇文章，所以大会总结的后半部分，请允许我在下一篇记述我与老舍先生谈话的文章中记叙，希望大家谅解。）

目前为止，我们对戏剧艺术给予了关注，而对于京剧以外的古典艺术，同样要去其糟粕，讨论、改良它们，使其拥有民族性和积极的人民性。

日本的歌舞伎也是前辈们一直以来钻研改良而发展至今的。前进座也在相当程度上站在国民和劳动者的角度对歌舞伎作了改良且取得了成功。这让我想到从国民立场出发的国民戏剧，国民戏剧问题在战争中时常出现，那时的国民戏剧是从统治者的立场出发，强加以军国主义观念，带有封建性，并非真正的国民戏剧。

即使不主动改造国民戏剧，它也会自然地发展成顺应国民要求的戏剧。比如，莎士比亚作品，就是英国国民要求解放的诉求同伟大作家莎士比亚相结合而诞生的优秀国民戏剧，至今仍大放光彩。正因为它是民族的，所以才能在国际上产生同感，这是大家对莎士比亚作品及其他优秀作品的一般性思考。

如今，日本正处于被殖民状态，国民处于痛苦之中，他们渴望民族自主性、和平和独立，国民团结一致的时代到来了。因此国民戏剧具备了从国民的诉求中产生这一基础。国民戏剧不再是支配者主导、少数派创造的戏剧，国民成为了创作根基。比如莎士比亚的作品，就是以人民要求解放的诉求为根基而创作的。不过在莎士比亚时代，新兴阶级资本家发挥了很大作用，是力量基础。如今众所周知，劳动者作为新的阶级，是未来的力量基础。以国民为中心，站在劳动者立场而创作的国民戏剧日益发展。这不是说戏剧只创作给劳动者看，而是指用劳动者的眼光来创作。这正是老舍（《龙须沟》的作者）先生所说的，不是观察人民，而是与人民共同生活。把人民的要求当做自己的要求而奋斗，不是先确定写作题材，而是在与人民共同生活的过程中挖掘题材，把劳动者的生活当做自己的生活，用劳动者的眼睛观察世界。

如此思考的话，国民戏剧必然能够体现国民的要求，即使任其发展也能被创作出来。如今日本正饱受民族压迫，国民团结一致保卫民族自主性值得期待，国民戏剧创作的基础条件成熟。优秀的民族作品才是真正的国民戏剧，才能在国际舞台上发展。而且国民戏剧是站在劳动者立场创作的，改良古典戏剧也必须站在这个立场。举例来说，前进座就大大改良了歌舞伎。之前创作得《五大力恋缄》、《国姓爷合战》等作品并非是站在国民立场。《鸣神》、《白石落语》、《佐仓宗五郎》、《俊宽》等话剧在艺术上可能存在缺陷，但确实是从劳动者立场改良创作的。因此这些话剧在全国获得一致好评，其背后有群众的支持。这种改革应慢慢来，不能急于求成，否则就会失败。而且应该借鉴传统歌舞伎艺术家身上的优点，与他们共同完成该事业。现在的社会状况很难百花齐放、百家争鸣，不过这些种子深深扎根、蓄势待发，在未来定能开出争奇斗艳的花。我这样想着，夜已深了。

两天后，我收到郭沫若先生对前进座多有激励的信。这封信是2月1日写于北京的。我前天拜访他，他昨天便在百忙之中写了这封信。前进座的朋友们看到这封信一定会非常高兴，我几乎能想象到土木先生、长十郎等演员的笑容。这封信我反复读了很多遍。

前进座的各位朋友

听说你们的《屈原》巡回演出，每到一处都取得极大成功，我怀着十分愉快的心情向你们表示祝贺。屈原死于公元前二七一年，今年是他逝世2230周年纪念，世界和平理事会将向各国发出公报，于今年五月举行有关纪念活动，苏联和中国都将上演「屈原」。屈原这位爱祖国爱人民的诗人是值得纪念的。你们的努力走在了前面，为文化交流做出了很大贡献。同时也唤起日本人民反对侵略、尊重独立自由的愿望，我相信你们必将取得更大的收获。祝你们不断前进！

郭沫若 1953.2.1 于北京

这不仅是与前进座的文化交流，也是国际间的文化交流，是非常激动人心的事情。

提到文化交流，我上个月看了梅兰芳先生演出的《贵妃醉酒》，先生完美的演技让我大为感叹。京剧将歌舞伎、能、神乐等艺术形式融为一体。我想，让以中村吉右卫门大师为代表的歌舞伎演员们到中国，为中国观众表演与京剧相似的歌舞伎，这对于文化交流和日本古典艺术发展都是一件大事，而且这并不难。中日两国通过和平解决日本同胞归国问题以及贸易问题而加深了友谊，国民的力量，中国政府的支持，都将会为此项和平事业创造条件。这不仅仅是一个梦想，而是通过努力能够实现的事情。因为中国人民对日本人民怀有同情和信赖，而且期待着民族性古典艺术能够正确发展。从郭沫若先生的话中便可得知，这也是我亲眼所见，因此我对此深信不疑并传达给大家。

一九五三年二月于北京

译自《剧场》第16卷第1期（1954年1月）

（转载《郭沫若学刊》2016年第3期）

回到中国的郭沫若

佐藤富子（郭沫若夫人）著　赵艺真[①]译　潘世圣[②]校译

这是中国具有代表性的作家郭沫若的悲剧，遭到多年的盟友蒋介石的背叛，为逃避他的通缉，而亡命妻子的祖国日本，在此生活十年。如今他舍弃妻儿回到故国，以国民党大本营政治训练部秘书长的身份向妻子的祖国日本亮剑，这不是时代的悲剧是什么呢？

在我度过的漫漫岁月中，因为自己的丈夫是外国人，我经历了旁人无法想象的痛苦和快乐。如今，就像被石头绊倒的路人，一条街尚未走完，便把事情全都忘了，无论痛苦还是喜悦，所有记忆都已离我远去，心中仅留下美好的星星点点。唯有那痛苦的挫败，会时时涌上我的心头，令我背脊发凉。

我在比任何一个人都倾注全心、日夜祈祷盼望战争结束的同时，漫无边际地回忆着痛苦不迭的过去。

我和郭沫若结婚那会儿，他还只是个留学生，在九州大学医学部学习。虽然我们周围不时会有人责难我居然和中国人结婚，但彼此的理解和纯洁的爱情将我们紧紧连在一起，不论别人在背后如何指指点点，我们也全不在意。

虽然生活绝然谈不上富裕，但对于早已习惯于清贫的我们来说，丝毫也不觉得痛苦。郭沫若时而激情畅谈未来，让我觉得，此刻的磨难是为了更好的明天，我们一定能够迎来那心灵充实的幸福生活。

临近毕业的一日，他突然跟我说想要放弃医学，进入京都帝国大学文科学习文学。因为过于突然，我一时不知所措，待反应过来便立即强烈反对。我知道他非常想从事文学，但考虑到将来的生计和其它事情，无论如何我也不能同意。我反复劝解他，无论你做任何职业，都可以从事文学，但目前还是认真学些技术为好。

听了我的话，他面露凄色地说：

“耳朵越来越背，听不清听诊器，很痛苦。”

他的这番话使我惊愕，更令我内心沉重，便不再勉力相劝了。此后他再未与我提

---

① 译者简介：赵艺真，华东师范大学日语系硕士研究生。

② 校译者简介：潘世圣，华东师范大学外国语学院日语系主任、教授，日本九州大学博士。

及此事，反倒更加刻苦地学习医学。一天深夜，我并不经意地朝他房间里看去，看到他将听诊器的一端放在胸前，用重听的耳朵拼命听，大概是因为听不到的缘故，而显出痛苦不已的样子。看到此情此景，不知是因内疚还是感激，我顿时潸然泪下。从那时起，对文学难以抑制的热爱便一直让他倍感痛苦。

尽管如此，他还是顺利地从九大医学院毕业了。因为长子的顽皮，我为庆祝他毕业而用心准备的晚餐也付诸东流。但我们心里清楚，我们的生活日益充实，不论别人如何责难，我们都能义无反顾地走下去，这使我们感到欣慰。唯有我们自己知道，我们曾是如何期待这个清贫但却只属于我们自己的欢庆之夜。

不久，重庆的一家由英国人经营的医院邀请他去工作。想到即将身处异国他乡的孤独，我不禁心情沉重。但是对于我来说，有他和孩子在的地方便是故乡；无论日本还是中国，一家人共同生活、精心经营的地方便是家。因而我没有感伤，只有那里，才是让我安住使我快乐的归宿。

重庆的医院寄来三百元路费。我怀着一种近乎回归故乡的别情，离开了日本。

可是刚到上海，郭沫若的想法就变了，目睹中国文化的落后现状，看到同志们热情洋溢地投身文学运动，那长期以来一直令他纠结的文学之火燃烧升腾。

“医学固然有用，但相比之下，当务之急是提高中国人的文化水平，帮助他们认识中国的现代文学，这是我们的义务。”

他怀着烈焰般的激情说到。感受到他必将追求到底的决心后，我也无计可施了。

在他看来，中国需要的不是那些只关注个人生活的人，而是关心多数人乃至全体中国人的生活的人。他想要为此奉献自己的力量，作为他的妻子，我为此深感自豪。

❇❇❇❇❇❇

我们在英租界静安寺路美丽宁静的一隅安顿下来。把（他）姐姐汇来的三百元钱还给医院，郭沫若便开始了他最初的文学生活，那确乎是在大正十二年（1923年——译者注）。

但他的文学创作并不顺利，无人引领提携，没有堪可为师的前辈，没有作品的推介和评论者。他就这样孤独地进行文学创作，虽然没写出一部畅销作品，但仍旧苦苦坚持。至于生活琐事和作品是否畅销，他全不在意。

虽然生活依旧贫困，但竭力费心生活的每一天，对我而言却是无以言表的快乐。

没过多久，创造社成立，在全国青年人中产生了影响。那是个以文学为主旨的青年运动，印发五元的小额股票，很快就筹集了一千五百元资本。郭沫若直到今天依然得到全国各地青年的喜爱，也正是缘于这一运动。

不久，创造社创办发行了机关刊物，郭沫若全身心投入于此，写下热情洋溢的文字。无论何时，这些文字似乎都能感召青年人的心。我尽量不读他的作品，但中国的青年男女把他的作品当作青春的圣经般追捧，就像给予了他们青春的热情、纯情和理想的精神食粮般赞不绝口。

仿佛有一双无形的巨掌，紧紧抓住了青年人，开始推动年轻的中国。但我们的生活依旧贫寒，特别是他毫无金钱观念，从不考虑家里的生活。

他就是这样一个男人，你给他一百元，他可以过一辈子；你给他一千元，他也可以一个月花得光光。

有这样的丈夫，我自然必须承担起守护家庭、照顾孩子的职责。从那时起，我便有了身为人母的精神准备——当丈夫无暇顾及家庭时，我得凭一己之力将孩子抚养成人。

这样的日子持续了一年多，我对上海的生活始终难以适应，这并非仅仅因为我是日本人的缘故。上海的生活我再也无法忍耐下去，和郭沫若商量后，我便带着孩子回到了九州的福冈，两个月以后他也回来了。此后的一年里，我们无所事事。换个角度看，或许会觉得这样的浪费时间很可怕，然而在我这一生里，就家庭生活而言，再没有比这段时光更加幸福的了。那时的郭沫若还是一个具有中国式大男子主义的男人，但在那一年，他更是个温情脉脉、对孩子疼爱有加的父亲。

作为一个母亲，看到他深爱孩子，比他爱我更让我欣慰。

但这样的生活并没有持续太久。郭沫若的激情躁动使他无法安于这平静的生活，他又急切地携妻带子回到上海。于是，我们又过起了艰难的卖文为生的困窘日子。就在那个时期，我的内心发生了种种变化。那原因就在于中国人民那无法言喻的空前的贫困生活。不论中国人民的苦难生活的原因在哪里，我首先为生活在水深火热之中、连最基本的生活需求都无法得到满足的人们而心情烦闷。虽然我是日本人，但看到对穷苦同胞置之不顾、像对待外国人般冷漠的中国人，心中更加无法平静。有机会的时候，我会带郭沫若去体察民间疾苦，希望他为这些同胞竭尽全力。从那时起，他的思想发生了变化，以往对底层民间生活并不留意的中国官僚郭沫若，也开始关心起中国民众的生存状态了。

也许不单单是由于这个原因，郭沫若开始进行创办私立大学的运动。青年人早已熟知郭沫若，故而很快学艺大学便顺利诞生，学生们也争先恐后地入学学习。但一年多后，因经费不足学校被迫停办。

我切身感受到在中国从事文化运动的艰难。

✻✻✻✻✻✻

可郭沫若从不灰心，我也下定决心，不管生活如何动荡，我都要照看好三个孩子。看到孩子们对我的依赖，看到他们的笑颜，再多的孤苦艰难，也消失得无影无踪，而身为人母的力量重新复苏。不论谁如何诽谤，作为母亲这一事实，让我不计代价，为孩子们竭尽所能，而除此以外，我的心已无余力。我为孩子们而活，所有苦难皆可抛之脑后。孩子们在知悉父亲是中国人而母亲是日本人的情况下，不曾因此感到忧虑或者陷入忧郁，而是不负所望懂事明朗地成长，这是对我作为一个母亲的最好慰藉。

学艺大学停办后不久，广东省一所大学的校长聘请他去任教。

没过多久我们离开上海，来到日本人更少的广东省，在一个名叫东山的安静街区住了下来。

那时，蒋介石的军阶还不过是师长级，担任位于广东省要塞之地的陆军军官学校的校长。虽然他和郭沫若交情很深，我也见过他，但他的思想在根本上是右翼的。这一时期，他与共产党联手，邀请来几位苏联顾问，发动了民族革命，广东省的共产党热使得党的势力飞速发展。有时街上会有还未上学的孩子，边跑边喊“打倒帝国主义，打倒日本”。我们也有几次走在路上，被人咒骂，被扔石头。但因一家人在一起，我们并未感到不安。郭沫若投身于中国文化运动所带给他的充实的幸福感，使他顾不上去理会那些诽谤者的攻击。

但作为母亲，我无法忍受孩子们遭人诽谤议论，我把门锁上不让他们出去，在宽敞的家中日夜陪他们玩耍。作为母亲，我最忧心的是，这种无情的诽谤会扭曲孩子们那自然的心灵。

在郭沫若担任文学院长之职半年后的一天，盛夏酷热无处躲藏，他突然告诉我他要参加革命军并随军北伐。

我知道他有种自我主义，一旦要做一件事便可不顾家人；但我同时相信，即使分别，两人间那因纯粹爱情而结合、心心相印的情愫也不会消失；更为他并非因为政治上的左翼或右翼的关系，而是对中国民众悲惨生活的自觉关切而感到欣慰。于是我怀着平静的心情接受了他要从军的事实，并送他启程。

郭沫若担任了政治部主任邓演达的秘书长，和苏联顾问铁罗尼①等人离开广东。

他踏上了随时随地都有可能战死的征途，我则孤身一人在少有日本人且反日情绪高涨的广东守护着孩子们。生活绝不轻松，但对于从未奢望过富裕生活的我而言，贫困算不上什么。有时他会在行军途中寄信来，我为他还活着而放下心来。有几次不安掠过我的心头，这时我就在心底呼喊：“我有孩子们！孩子们还在!”，于是顿时便迸发出与苦难抗争的勇气。

大约过了半年，北伐军攻克武昌，蒋介石紧接着拿下南昌和九江，最后攻陷南京，他的势力范围迅速扩大到全国。郭沫若在政治部任要职，时刻跟随蒋介石身边左右效力工作。但也就是从那时起，蒋介石开始镇压左翼势力。郭对于蒋介石的右倾非常气愤，立即返回汉口后掀起打倒蒋介石的运动。这并不是一种思想性的行动，而是出于对蒋介石忘恩负义行为的愤恨。他居然可以心安理得地背叛自己曾经的支持者合作者，把中国交给这样的人，只会让中国更加不幸。郭沫若在良心上对此无法原谅。

---

① 译者注：铁罗尼，男，别名铁尔·塔伊罗夫。黄埔军校苏联顾问。参加过第一次世界大战和俄国国内战争。历任苏联红军团长、师及军参谋长。1924 年奉派中国，任黄埔军校总顾问加伦的政治助手，参与创建黄埔军校。任黄埔军校苏联顾问团军事顾问。先后参加两次东征及统一广东诸役。北伐战争时任国民革命军总政治部顾问，参加攻打武昌城的战斗谋划和指挥。1927 年武汉“七·一五”事变后，离开武汉返回苏联。

出于憎恶之情，一回到汉口他便怀着从未有过的激情写下了打倒蒋介石的文章。文章印刷成传单传遍全国，无论多小的村庄多简陋的小店，墙壁上都能看到郭沫若那充满激情的文字。

汉口成立了反蒋新政府。于是，蒋介石在中国南部发动了清洗共产党的血腥政变。没过几天，他便下达了逮捕令，通缉曾经帮助过自己的郭沫若。

自那以后，便再无郭沫若的消息。我们的几十位素养极高的熟人，也死于血腥的政变。在政变的风口浪尖中，我守护着家和四个孩子，过着无法言表的恐怖日子。

✻✻✻✻✻✻

每天，枪声、特别是机关枪那令人毛骨悚然的声音不绝于耳，城市的每个角落都有蒋介石那武装森严的军队穿梭闪动。数百名学生和平民百姓被抓，绳索将所有人连在一起，被带到一座巨大的建筑物里枪杀了。

我被莫名的气氛所驱使，有一次竟身着和服、赤足穿着木屐带着孩子们去看政变。看到士兵血红的双眼和遍地让人无法落脚的横尸，觉得不知何时我们也会落入这可怕的境地，不禁感到背脊发凉。从这时起，我是母亲这一信念宛如一道光掠过心头。

无论如何我都要保护我的孩子们。即使刺刀架在脖子上，哪怕百箭穿心，我终究是母亲。我要将孩子们从这惨酷的状况中解救出来，守护他们，直到他们长大成人。

（我是母亲！我是母亲！）

身处惨绝人寰的政变之中，面对敌人的枪口，我顾不上流泪，我在心中不停地这样呼唤，这竟然赋予我一种神奇的力量。我将门紧紧关上，就像母鸡护雏一般拥护着四个孩子生活。如果敌人临近，我就会像母鸡那样奋力竖起全身的羽毛，以殊死搏斗来保护我的孩子，

（即使杀死我，也无法杀光世上的母亲。活着的母亲定会为守护孩子坚持到底。）

我一直在等待郭沫若的消息，他是否被捕？还是平安无事？我一概无从得知。

广东暂时恢复了平静。但是，第二次政变会比这次规模更大的传言粉碎了人们心中仅存的希望，越来越多的人悄悄离开广东。我们若不在下次政变爆发前逃走，不知会遭遇怎样的灾祸。我想只要到汉口，总能够打听到郭沫若的消息，所以竭尽一切想要离开广东，无奈身上分文皆无，虽危险紧逼，却无能为力。这时，蒋介石的陆军头目孙氏来访，孙与郭是老乡，他委婉地表示想帮我们离开广东，虽然现在机会来了，但因他携带二十多万元巨款，一起离开广东的话会非常危险。他详细告知了他在香港等候我们的计划后，便动身离去。但是我没有去香港的旅费，孙又无法一直等我们，就化装去了上海，结果刚上岸就被逮捕枪杀了。假如我们和孙同行，也会遭遇一样的命运，这真是不幸中的万幸。

这之后，广东的气氛日益沉重，两个月后，我在日本领事馆拿到日本人身份证明书，便逃往上海。我们离开广东不久，就爆发了第二次政变，广州街头横尸遍地，堆积如山。

然而到了上海也一直没有郭沫若的消息。孩子们不知道父亲的生死，这是件多么痛苦的事情。我竭力打探，然而一切努力全都白费。于是只剩下亲自前往汉口探听消息这最后一条路了。听说那里还有两三个日本人留在当地，我决定立即动身赶赴汉口。

失去家园的痛苦在全中国弥漫。我如同流浪者一般，带着四个孩子，登上上溯扬子江的轮船。

盯着川流不息的黄浊江水，从未哭过的我，莫名地流下了泪水。虽然只是一时，我觉得在离开陆地的船上应该没有危险，于是精神松懈下来，抱着最小的孩子偷偷哽咽起来。

正值初秋时节，天光湖色和一望无际的平原，皆蕴含着自然之大静谧，颇有凄凉之感。晌午，面对这近乎澄澈的明亮景象，漂泊的哀愁直逼胸口。到了夜晚，望着将星影揉碎的水波，对前途的担忧沉重地笼罩着我的全身。

船没有停靠南京，我只能远远眺望。离开上海一周后，我们终于在汉口日本租界栈桥上了岸。我们在那位热情的三井物产支店长家里安顿下来。几个月来终于得到了郭沫若尚未被捕并且活在人世的消息，我如释重负地舒了一口气。他那时正赴河南省进行讨伐，所以不在汉口。比起九月下旬他平安无事地出现在我和孩子们面前，他还活着的消息更让我兴奋不已。

✻✻✻✻✻✻

但是，暂时的安顿所得到的快慰没能持续多久。汉口政府面临的危机比传闻的更加严重，已经到了随时可能崩溃的状态，郭沫若出行都需要好几个武装士兵进行保护。这里比广州更加危险，我们随时可能暴露在交叉炮火之下，所以不得不再次放弃来之不易的家。两个月后，我带着孩子们再次回到上海。

汉口政府不久便垮台了。郭沫若和鲍罗金[①]、铁罗尼、加仑[②]一起，也不知走的哪条路，越过国境逃到了苏联，他还遭到了部下接连不断的背叛。汉口政府倒台，部下众叛亲离，而郭沫若对蒋介石的憎恨日益强烈。他带领残存的长官卫队来到汉口，

---

① 译者注：鲍罗金，国民革命军首席炮兵顾问、黄埔军校炮兵教官。

② 译者注：本名瓦西里·康斯坦丁诺维奇·布留赫尔，在中国化名加伦。1890 年生于俄罗斯雅罗斯拉夫省一个贫苦农家。1910 年因参加工人运动入狱，1914 年被强征参加第一次世界大战，翌年因伤残退伍，1916 年参加布尔什维克党，1917 年组织赤卫队，翌年组建红军时任师长，1921 年任远东共和国人民革命军总司令，翌年任军长。1924 年化名加伦来华到广州，三年间一直是首席军事顾问。1927 年夏回苏，曾任乌克兰军区司令员助理、远东特别集团军司令员，指挥过 1929 年中东铁路之战。后任远东军区司令员。1935 年授元帅军衔。1938 年 8 月指挥哈桑湖（张鼓峰）对日作战，同年 10 月在“大清洗”中以“反苏阴谋”罪名被捕遇害。他是苏联元帅被害三人中（1935 年授衔五人）第二个被处死的。1956 年获平反昭雪。

一直向南行进，越过山谷，持续战斗，以水充饥，终于抵达汕头。攻陷汕头后，便打出反蒋旗帜。蒋军从广东蜂拥而至，郭沫若随即战败，他自身难保，逃到海边，乘坐一艘渔船到了香港。当他化装回到我这里时，已是身无分文，衣裳破烂，他是强忍痛苦从生死线上挣扎回来的。

第二年三月，在上海的隐秘住处藏身的我们，决定亡命日本。

如今，整整十年过去了。我们的一切都回归于日本的生活，我们打算在这市川的一隅，安度余生，我们忘记那过去了的跌宕起伏的日子。尽管在这里的生活依然贫寒，但我能够活下去已足以让我心生感激，我为每一天的和平的日子而欣喜。我注视着孩子们茁壮成长，何等幸福地度过了这一段岁月。

郭沫若在研究中国古典文学之余，还为中国的报纸杂志撰写没有稿费的文章，但我们的生活是平静的。

是卢沟桥事变打破了我们这平静的生活。南京政府一直劝说他回国，但每次都被我们坚决的拒绝。

丈夫的国家和妻子的国家成为战争的敌手，这是多么残酷的命运啊。姑且不说我们，可我们两人的孩子们，他们那幼小的心灵将受到怎样的伤害，想到这一点我不禁心潮起伏，觉得自己像要发疯一样。尽管如此，我愿奉献一切，祈祷、渴求并为之努力，只要孩子们健康快乐地成长。

那是七月二十四日夜里的事。孩子们入睡后，我和郭沫若终究还是因为这痛苦的立场发生了争执。黎明时分，他亲吻了我的额头，趿拉上木屐便离家出去了。

从此他再也没有回来。

大点儿的孩子似乎懵懂地感到父亲是去了什么地方，小些的孩子醒来发现父亲不在，便一个劲儿地追问我。一天，两天，他还是没有回来，孩子便哭闹着要爸爸。但是我自己也在找他，我又能做什么呢，只能背着他们每日以泪洗面。

不知不觉的，他们习惯了父亲不在的日子，可当他们压根儿不再提起爸爸时，我又格外觉得孩子们可怜。

我实在不忍心告诉他们“你们的父亲正全力以赴投身于和你们母亲的国家之间的战争”。

他也许是因着卢沟桥事变的爆发，回国去追求那搁置许久的事业。可即便如此，抛妻弃子竟是如此轻而易举的事情吗？一起在生死之间苦苦挣扎同甘苦共患难的亲人，竟能如此简单地割舍吗？

有传言说，他现在担任中国大本营政治训练部秘书长，面向我国横枪立刀。我思前想后坐立不安，但作为母亲的使命感，把我从痛苦中解救了出来。

我想，孩子不是他的而是我的，是我这个母亲的！以往数次把我从痛苦中解救出来的，正是这种母亲的使命感。

面对袭来的痛苦，我像母鸡保护幼雏一样，迎上前去同无比残酷的命运搏斗，并在心里热切企盼着和平早日到来。

——原载东京《新女苑》2 卷 4 号（1938 年 4 月 1 日）。《编辑后记》中有这样的文字："在国际爱之悲剧中力图坚守母亲使命的郭沫若夫人的手记，其所体现的那种对自己的行为抱有强烈责任感的坚强，早已超越了对境遇的悲叹。"

编者按： 署名"郭沫若夫人佐藤富子"的《支那へ帰った郭沫若》一文发表于 1938 年 4 月 1 日出版的《新女苑》第 2 卷第 4 号。此文面世后，立即在中国引起了广泛关注。首先，4 家报刊发表了译文：1、《新语周刊》第 1 卷第 1、2 期（1938 年 4 月 22、29 日）发表时题为《我的丈夫郭沫若》；2、《文会周报》第 1 卷第 1 期（1938 年 4 月）发表时题为《归国的郭沫若》；3、《众生》半月刊第 1 号（1938 年 5 月 1 日）发表时题为《怀外子郭沫若先生》；4、《中国日报》发表时的译名及时间待查。其次，《文摘·战时旬刊》第 20 号（1938 年 5 月 8 日）以《我的丈夫郭沫若》为题合并转载了《新语周刊》第 1 卷第 1 期上的全部内容和《文会周报》结尾部分约 400 字的内容。其三、很快出版的 4 本书籍收录了相关译文：1、（汉口）战时文化出版社 1938 年 5 月 14 日初版、5 月 20 日再版的《我的丈夫郭沫若》收录了在《新语周刊》发表的译文；2、（上海）日新社 1938 年 5 月版《我的丈夫郭沫若》、（上海）战时出版社 1938 年版《抗战中的郭沫若》收录了在《众生》半月刊发表的译文；3、（广州）民力书局 1938 年版《我的丈夫郭沫若》收录的译文情况待查。一方面，由于受国共合作抗日这一时代背景的影响，当时人们在翻译和收录时都对与第一次国共合作破裂有关的内容进行了删减；另一方面，由于时间和水平原因，当时的翻译不同程度地存在着问题。为了让中国读者知道这篇轰动一时的文章的真实内容，有必要重新译载。

（转载《郭沫若学刊》2016 年第 2 期）

回忆郭沫若先生

松枝茂夫著　陈婷婷译　潘世圣校译

我的书斋里悬挂着一幅略旧的匾额。上书：

> 不用九畹滋，无须百亩树。有此一茎香，诗心自清素。
> 辛未春日观兰口占二绝之一。郭沫若

辛未年指的是一九三一（昭和六）年。这横匾大概是那之后的两三年，文求堂主人田中庆太郎送给我的。当时田中堂主告诉我："郭先生很少给人写字的。"所以在当时，这幅字肯定是很珍贵的。

我上大学的时候，大约是昭和三—五年间。那时我很热衷于中国新文学。当时正是创造社的鼎盛时期，很自然的，我也喜读郭沫若和郁达夫的作品。尤其是郭先生的文章，热情澎湃又率直易懂，颇令我欢喜。即便是我这般语言能力薄弱之人，读其文章时甚而会有读日文的感觉。如今想来，那时乃是昭和三年（一九二八年），正值郭先生流亡日本，当然当时我并不知晓这些。

我因读中国新文学而过于感奋，做了一件如今想来颇为汗颜的事儿。我写了一篇类似中国现代文学概观之类的文章，发表在东大支那哲学系学生创办的杂志上。因文求堂主人田中先生偶然看到那篇文章，从此以后我从田中先生那里得到太多的恩惠。

我和郭先生在文求堂有过数次照面。初次见面时，我眼中的郭先生是位非常温厚寡言的绅士，和我之前读他文章时所想象的完全不同。

我与郭先生在文求堂巧遇几次，有过几次短暂的交谈。如今我能够记得的郭先生的话也不过是如下几句断片而已：

"你就是书读得太多了，那样是写不出自己的东西的。我在读歌德诗的时候，也就是大致浏览开头几行，马上捕捉那一闪而过的灵感迅速写下来。"

"像郑振铎的中国文学史之类，也就是初中三年级的水平。"

有一回，田中堂主说恰好郭先生来了，就带我上了二楼。郭先生正在给田中夫人的山水画题诗，我们上去的时候他刚好写完。据说田中夫人的画是连内藤湖南都赞不绝口的。在我和郭先生并肩走下楼梯的时候，他说了这么一句话：

“我和你一样，都是靠田中先生养活的无产阶级啊！”

我听闻此言，不由面红耳赤。郭先生在文求堂出版了甲骨文和金文研究的大作，与他相比，我却只不过写了点中文教参之流的东西出来。

还有一回，田中堂主带着我，和郭先生一同前去浅草看榎本健一的演出。那是榎本健一来新宿发展之前的事儿。台上台下一片喧嚣，扮作矮个儿资本家的健一声音嘶哑地唱着词，被两个看上去像是工人者的大汉从两边压着头。之后又有一个涂了白脸、表情呆板的男人抑扬顿挫地唱起来。田中堂主一脸感慨地说：“哦，很难得啊，二村定一！怎么会在这里呢，真是好久不见了。”（是不是叫二村？我这没见识的人别说当时了，就连现在也记不住歌手和演员的名字，所以不大确定。）郭先生默不作声地看着，看不出他是有兴味还是没兴味。听说郭先生打小时候开始就耳背，不大能听得清楚唱词。但是，我记得他当时说了这么一句：

“莎士比亚的戏剧，在当时也就是像这样演的吧。如今却成了世界的经典啊什么的，真是不简单啊。”

我觉得这是句至理名言。不过话说回来，也不知道榎本健一的剧本有没有留到今天。

我曾经去郭先生在千叶县市川的寓所访问过一次。那是和吉村荣吉两人一同去的。玄关的拉门是破的，木屐胡乱堆放着；客厅中央摆放着著名雕刻家（大概是叫林谦三[①]，这个我也老是记不住。后赴美国，在大洋彼岸的名声比日本更大）雕塑的郭先生的青铜胸像。郭先生送了我们胸像铭文的拓本。郭先生身着和服，棉袄的下摆已然破烂，但先生对此毫不介意，只是沉稳简洁地和我们交谈，那堂堂风度令我钦佩不已。

我当时身上带着初版的《反正前后》，向郭先生来请教书中一些觉得疑惑的地方，大概是我登门拜访的理由。于是郭先生唰唰翻起了书，然后跟我说，书先放在他那里一阵子。数日之后，我收到了郭先生寄回来的书，全书大概有三分之一的部分都被红笔删除了。在《反正前后》这本书里，似乎能够读出些当时在日本也很流行的德国表现主义的影子（创造社一派中，王独清的诗集里这一点尤其明显）。郭先生自己大概也已经对此感到不满意了吧。

在《月报》出版之前，我在中国文学研究会时，曾拜请郭先生来做演讲。郭先生没用演讲稿，讲的是关于“易”的内容，他熟练地在黑板上写出《左传》《礼记》中的句子。十三经的内容郭先生已经全部记住了啊，我不禁瞠目结舌。在他演讲的中

---

① 译注：林谦三（1899—1976），日本大正·昭和时期的雕刻家和音乐研究家。大阪人，毕业于东京美术学校雕刻科。1924 年第五届日本美术展览会以作品“老人”获奖。1927 年赴朝鲜考察古迹和古代美术，后倾倒于古典音乐，开始自学研究。1928 年结识郭沫若，为其制作“郭沫若像”，其著作《隋唐燕乐调研究》由郭沫若翻译在上海出版。在雕刻雕塑创作的同时，致力敦煌琵琶普及五线谱研究。1948 年开始进行正仓院乐器的调查和复原研究，后在大学任教。著有《东亚乐器考》《正仓院乐器研究》和《雅乐——古乐谱的解读》等。

途，有人大模大样地走上前去，递给他一张写着待办事项之类的纸条。郭先生接过纸条看了一眼，倏地吐了吐舌。中国人在惊讶的时候就会做这个动作。这个我曾在书里读到过，但那时我却是头一回见到。

在中日战争开始前一年的年末，郁达夫来到了日本。中国文学研究会为他设宴，也请来了郭先生同席，大家还一起合了影。当时的情况已经有其他人写过了，我就不再赘言。在此之前，改造社也邀请了郁郭两位，在赤坂还是哪里的酒楼设宴，我也被喊去敬陪末座。佐藤春夫和前改造社成员增田涉当时也在。余兴表演的时候，胜太郎（也许是市丸）唱了小原良调还是什么的歌，也包括一些低俗的歌曲。山本实彦社长酒醉之后（许是装醉也未可知），在坐席的正中央，把胜太郎（市丸?）夹在自己两腿中间躺下睡了。郭先生和郁先生看着这一幕的时候是什么样的表情呢？郁先生后来因为为中国留学生做了一场充满激情带有鼓动性的演说，被赶出日本而回到中国，半年以后郭先生也逃离了日本。

听说创造社的同仁们用日语称呼郭沫若为“郭先生（郭さん）”，而称呼郁达夫为“小郁（郁ちゃん）”。这是郭先生在某一天说的。我觉得这两个称呼很自然地体现出了大家对这两位的敬畏与怜爱，颇感意趣深长。

（一九七七年）

——译自《松枝茂夫文集》第2卷，研文出版，1999年4月初版

转载《郭沫若学刊》2016年第2期

与郭沫若的谈话

大内隆雄[①]著　赵艺真[②]译　潘世圣[③]校译

窗外春光明媚，河中载着肥料的小船渐渐远去。在这样静谧的气氛中，我和郭沫若相对而坐。

如今每当听到郭沫若这个名字，或是翻开他的著作，我的脑海里总会浮现出上面的一幕。前不久，他的《中国古代社会研究》增订版第三版从上海寄来，6 月 10 日《泰东日报》文艺周刊上刊登了有关他的《反正前后》的文章。

那天，我首先就他的学术著作向他请教。从他的回答中，我分明感受到，先生既是一位成熟的学究，也是一位充满锐气和朝气的学生。在这个缺少自由的环境里，他完成了自己大著。他还一直关心并致力于中国新的文化运动。现在在这流亡的日本，他在过往的日子里所体现出来的革命家所具有的气魄和意志依然在跃动着。

"南京那帮家伙的所做所为，简直就是在演戏"，这句话至今仍在我耳边回响。

曾几何时，人们风传郭沫若死于中国政府之手。于是，那些敬爱郭沫若的中国青年用写诗等方式寄托对他的哀思。其实郭沫若还健在，但曾经大病一场确是事实，郭夫人也的确说过他耳朵重听了。然而他那稳重的体态、炯炯有神的目光，无疑正是"年轻中国"的体现。

郭夫人给我斟了汽水，我的面前预备了包着锡纸的巧克力。公子跑了过来，我拿起巧克力给他，公子用日语清脆地说了声"谢谢!"就跑开了。从院子那边传来孩子们的嬉笑声。

我跟郭沫若解释我在杂志《日支》和《新天地》上翻译发表他的《炼狱》和《歧路》一事的缘由，告诉他当时没有联系方式，非常失礼地擅自决定翻译发表。郭

---

① 作者简介：大内隆雄（1907—1980），原名山口慎一，系居住并活动于"满洲国"的日本翻译家、文艺评论家，除"大内隆雄"外，尚有矢间恒耀、徐晃阳、大藤巍等笔名。山口慎一是近代中日文艺关系研究、"满洲国"文学研究的重要人物。其人出身日本九州的福冈县，1921 年赴"满洲"，1925 年毕业于"长春商业学校"，同年入上海东亚同文学院商务科，1929 年毕业后入"满铁"本社，1932 年任《满洲评论》主编，后因左倾嫌疑退职，1933 年回国。翌年重返"满洲"，1935 年任职"新京实业新闻社"，1940 年任"新京日日新闻社"论说部长，此后陆续在其他有关杂志和文艺机关任职。1946 年回国，在宫崎县任公务员，1968 年退职后在私立学校教授英文（潘世圣注）。

② 译者简介：赵艺真，华东师范大学日语系硕士研究生。

③ 校译者简介：潘世圣，华东师范人学外国语学院日语系主任、教授，日本九大学文学博士。

先生说他知道《新天地》那篇文章，是在藤森成吉先生那里看到的。

我又说起关于1927年那不平常的记忆，也就是郭先生所说的“脱离了蒋介石以后”的事情。对他而言，或许那已经成为遥远的追忆了吧。从那时起，整个中国发生了怎样的转变啊！

这次会面虽然时间不长，但对我而言却是意味深长。在那春日里的乡下，我渡过了愉快难忘的半天时光。

今后我们也将常常看到郭先生在“年轻的中国”的活跃。读着《中国古代社会研究》，读着《反正前后》，我深深地祈祷远在他方的郭沫若身体健康。(7月10日)

原载东京《书香》第17号，昭和5年（1930）8月1日发行，第160页，转载《郭沫若学刊》2016年第1期

第九篇

年度访谈

郭沫若:跨越时空的青春

——李怡教授访谈

彭冠龙（下文简称“彭”）：李老师，您好！

李怡教授（下文简称“李”）：您好！

彭：本次访谈主要围绕郭沫若研究展开，您在这一领域造诣颇深，希望能聆听您的真知灼见，望不吝赐教。

李：不敢当，我们相互交流。

彭：李老师，您最初主要从事新诗研究，对穆旦、李金发等诗人有比较深入的探讨，后来是什么原因让您在郭沫若研究方面着力最深？

李：最初的时候，我是在做一个课题——“中国现代新诗与古典诗歌传统”，当时我有一个新的发现，即郭沫若虽然是中国新诗的创立者之一，但是其创作跟我们印象当中的中国新诗西方化道路不一样，他对传统文化和古典诗歌传统的滋养从来不回避，而是公开的宣传，在他的关于诗的谈论中，常常把他所承受的西方传统和中国古代的资源并列在一块儿，他曾谈到过惠特曼、泰戈尔、歌德，也常说王维、陶渊明以及其他很多中国古代知识分子，这就构成了我的课题非常恰当的组成部分，于是就形成了《中国诗文化的自由形态与自觉形态——郭沫若诗歌的传统文化阐释》和《论屈骚与“女神”的文化意义》两篇论文，当时是1992年，北京和乐山都举行了关于“郭沫若诞辰100周年”的大型纪念活动，我以这两篇论文分别参加了两次纪念活动，从此以后就走向了郭沫若研究道路，这是个源起，这个源起符合郭沫若的实际情况。

彭：在郭沫若研究现状中，存在一个非常有意思的现象，即对郭沫若的两极评价，一部分人对他和他的文学成就持肯定态度，并认真的加以研究，而另一部分人则相反，贬低和抨击之声不断，并且后者的观点较深的影响了现在的大学生。请问，您怎么看待这一现象？

李：这是一个非常正常的现象，我觉得不必大惊小怪。当前的时代是一个去经典化的时代，不仅仅是郭沫若及其文学创作，鲁迅、胡适以及很多现代文学名家和名作都在一个后现代的语境中遭遇解构，这是一个当代文化发展进入中国式后现代时期的结果，因为今天这一代人的生活经验和趣味，与经典化时代发生了很大的变化，因此，对这个问题不必恐慌。另一方面，我觉得，像郭沫若这种的文学巨匠，也不需要我们这些平庸之辈来保卫他，一个作家的价值是靠他自身来实现的，我们的保卫固然是一种态度，但能否被保卫住是个问题，郭沫若能够确立文学史地位，是靠他自己，这是第一方面。第二方面，我们也不是对这些后现代式的解构无能为力、听之任之、不作为，我觉得作为一个学者最重要的是沟通，不断的沟通，不断的阐释，为什么呢？因为今天郭沫若被人误解，被人低俗化甚至妖魔化，绝大多数信息是建立在道听途说、毫无根据的基础上的，是当代世俗文化比较糟糕的一面的反映，缺乏考证、以讹传讹是其基本特点，我相信，郭沫若其实是离每个时代的青年并不遥远的，因为这个人在所有现代作家中是最富有青春气质的，我过去写过一篇文章专门论述郭沫若的青春气质以及他那一代巴蜀文化人的青春气象，他其实是一个极具青年心的人，如青年般坦诚、真诚，这种青春气象和青春气质是每个时代都离不开的，充满了魅力和价值。但是，我们过去在一种传说中，总是从一个成熟的政治家、革命家、思想家的角度来渲染郭沫若，这是不够准确的，我相信，把一个青春的、真诚的郭沫若形象很坦诚的给大家讲述出来，是会呈现他的自身魅力的。今天关于郭沫若的很多批评，比如传说他小时候如何如何，其实都是他自传里自己写的，你把一个人非常坦诚的状态下的讲述，像卢梭写忏悔录一样非常真诚的解剖自己内心的言论，拿来当作指责他的理由，这本身就存在很严重的问题，现在最重要的问题是让新一代年轻人真正认识郭沫若，认识到他真诚可爱的一面，这样，郭沫若的形象自然就会屹立下来。

彭：自从2009年开始，您逐渐提出“民国文学”机制，最近，您又进一步提出了“大文学”视野，这二者之间有何内在联系？

李：这两个概念是一脉相承的，提出“民国文学”机制是为了让现代文学研究更加尊重历史事实，回到中国自晚清结束封建专制到寻找建立现代国家形态的历史进程，这一段历史被我们称为“民国”，“民国”有两重含义，一个是实体性的国家，同时还有一个精神性的概念，指的是结束封建专制、建立人民之国的理想，这个人民之国就是“民国”，这个理想不仅是国民党先驱的理想，也是共产党的理想，所以说是全民族共同的理想。提出“民国文学”机制，首先就是为了更加真实丰富的呈现历史景观，这是一个主要目的，在研究“民国文学”的过程中就会发现，我们过去讨论的文学研究方法，都显得比较简单和粗糙，比如我们特别强调“文学性”，但是这个“文学性”是建立在对西方纯文学概念引进的基础上的，中国自己不完全是一个纯文学传统，而是大文学或者叫“杂文学”的传统，我们用西方纯文学和四大文体的概念无法涵盖中国古典文学，当然，进入现代社会，西方纯文学的追求对现代文学产生了很大影响，但是，反过来说，中国固有的大文学或“杂文学”的传统就不存在了吗？当然不是，有很多作家继续在四大文体之外用很多丰富的艺术形式来表达自己，就郭沫若来说，他的历史研究不被我们列为文学作品，而其中渗透了他的当代意识、当代感受，比如传诵一时的《甲申三百年祭》，这是一篇历史研究作品，但郭沫若也同时借助这一著作，表达了知识分子在历史发展中的作用的问题，所以说，郭沫若的创作在某种程度上超出了纯文学的意义，是在一个“大文学”的范围内表达自己，从这一角度来说，提出“大文学”，也是为了更丰富的呈现民国时期作家的心态和文学景观。

彭：“民国文学”机制和“大文学”视野将对郭沫若研究带来怎样的推动呢？

李：提出“民国文学”机制和“大文学”视野，是在一个更大的范围内解决中国现代文学研究的问题，对于郭沫若研究，必然会起到一定的推动作用，就目前我的思考来说，我觉得至少可以启示我们更好地认识一位球形天才，他是一位少有的

“百科全书”式的通才，他的领域跨越了界限，进入了一个多问题、多范围交叉对话的追求之中，这个追求正好是可以被我们的“大文学”研究所认识的，正好可以借助“大文学”的框架阐释郭沫若作为一个球形天才，跨文类、跨领域的精神面貌和心态，同时，我觉得我们可以进一步探讨，现代文学史上像郭沫若这样一种知识分子，该怎样被估价，标准是什么。如果用“纯文学”的标准去估价他们，就会将他们很多“不纯”的创作视为有瑕疵的、有问题的，我们会把注意力集中在“五四”时期非常富有文学性的作品里面，但是，离开这些文学性的作品，郭沫若的贡献同样存在，而且这些贡献值得我们挖掘，这就启示我们，到底应该用什么框架才能把郭沫若那些看似不纯粹、但是富有价值的贡献也呈现出来，我觉得“大文学”框架不失为一种选择。

彭：现在中国郭沫若研究会每年都会举办一次青年论坛，成为一批青年学者展示自己学术成果、与学术界深入对话的良好平台，这在目前很多现代文学领域的研究会里都暂时还比较少见，您作为该学会的副会长，能否谈一谈关于设立这一青年论坛的看法？

李：这是一个非常有意义的尝试，最早办青年论坛是2011年，在南充，后来，李斌担任秘书长后，就把这一青年论坛更加规范化、更加序列化，2016年12月份的青年论坛，在新的序列中是第二届。首先，这一形式刚好契合了郭沫若作为现代文化人和作家的精神气质和基本文化追求，他是一个非常具有青春气质的人，从青春和青年的角度可以给他的思维方式和精神状态以很好的阐释，诸如黄侯兴等很多前辈学者早就注意到了这一问题，并做了很多研究，这一研究在当前可以继续开展下去。我认为，郭沫若是可以在青年之中找到知音的，因此，办成一个青年论坛，符合郭沫若自身特点，也在某种意义上可以与青年人的精神需要之间发生一次很契合的联系。其次，目前所谓“青椒”阶层，都面临各种生存压力和学术体制内的压力，他们需要走入学术界展示自己的成果，中国郭沫若研究会有一个非常好的传统，就是发现青年，从我1992年参加中国郭沫若研究会和四川郭沫若研究会的活动开始，就处在一个被他们发现的过程中，我当然也研究区域文学、现代新诗等等，为什么能在郭沫若研究中坚持下来呢？其实很大程度上是得益于这个研究会对我的推动、扶持和鼓励，我觉得这已经成为郭沫若研究会的很好的传统。在青年中不断发现人才、充实自己的队伍，同时给青年一个展示自己才华的机会，只有这样，我们的学术研究才能够有效的推进下去。

彭：郭沫若研究走向青年是一个重要的发展方向，同时，我觉得还有另一个重要的发展方向，即走向世界。最近几年，不仅成立了国际郭沫若学会，还在俄罗斯、奥地利、日本等几个国家相继举办了高质量的学术研讨会，受到学界的关注。

李：是的。走向世界是中国文化和中国文学的必然趋势，随着中国国力的增强，中国文化自身的魅力将能够在越来越大的范围内引起世界关注，这是一个大的趋势，国家也很重视，并以各种措施推进这一趋势。在这一方面，郭沫若研究可能先行一步，这得益于日本的藤田梨那教授的积极倡导和推动，也得益于国内的魏建教授的积极促进和组织。在中外双方的作用下，郭沫若研究将在未来得到一个很大发展，而以郭沫若这样一个研究对象走向世界，我觉得大概算是一个最有理由的行为，他本身就是一个世界性的学者，具有世界性的目光和全球性的胸怀，他的研究对象、话题对象、写作对象都是跨国别的，他从多种文化中汲取养分，他的影响也在世界范围内传播，因此，郭沫若研究走向世界可以成为中国文化走向世界的一个缩影。当然，仅仅在国外开会还是不够的，我们应该考虑怎样利用国际化平台，将这一研究走向深入，争取将国际上的重要命题、世界学术思维方法与郭沫若研究结合起来，这是我们的最终目的。

彭：您觉得目前郭沫若研究还存在哪些不足之处呢?

李：不足之处在于很多文献史料有待发掘整理。这方面其实很欠缺，过去有种种原因，导致郭沫若全集不全。这基本成为一个不争的事实。目前中国社会科学院郭沫若纪念馆正在努力做这一工作，我们希望各方面能够为这一工作的展开创造良好条件，打破各种禁忌，最大程度的呈现我们现在已经知道的和有线索的郭沫若研究文史材料，因为他这一生跨过了晚清、民国和共和国，他接触到社会生活的方方面面，其自身具有的丰富性决定了他留下来的点点滴滴的文字材料都可以成为我们这一时代的宝贵财富，所以，如何尊重这些历史材料，尽快让这些材料成为郭沫若研究界的可利用的资源，成为目前急需做的工作。另一方面，可以加强世界范围内的学术对话，不仅让郭沫若研究能在国外开会，而且让国外的学者参与进来。比如，还没有在台湾开过会，但是台湾学者已经做了许多重要的学术探索，两岸学者之间还没有很好的展开对话。第三，还要进一步培养一批青年人才，最近几年已经涌现了一些优秀人才，但是还不够，还需要加强青年学者间的学术对话，在建设好研究队伍的基础上，把郭沫若研究不断推向深入。

彭：在这些不足之处的基础上，您觉得郭沫若研究的生长点有哪些？希望您能做出展望。

李：郭沫若研究的生长点是很难用三两句话说清的，就目前我的看法，可以加强跨学科研究，因为他的知识背景是综合性的，不是单纯的文学家，另外，他参与的社会活动成为其精神建构的重要因素，这反过来对他的文学创作又起了巨大推进作用，我想这些方面都有待多学科互动交流，共同探索。在此基础上，可以进一步探讨郭沫若的文体学，他的写作是一种无拘无束的、打破了很多界限的综合性写作，很多文体都曾尝试过，同时，在同一文章中，他也呈现出了跨文体的广泛视野，如何能展现出郭沫若文体学的独特价值，成为一个非常重要的研究方向。

彭：非常感谢！您的高论让我们对目前郭沫若研究领域的很多重要问题有了更加清晰的认识，并对将来的研究具有很大的启发意义。

李：祝愿郭沫若研究不断取得新的进展、涌现出更多青年才俊。

学者简介：

李怡：1966 年 6 月生于重庆，1984 年就读于北京师范大学中文系，1989 年获得文学学士学位，同年任教于西南师范大学中文系，先后担任助教、副教授（破格，1992）、教授（1997），2000 年考入北京师范大学中文系中国现当代文学专业，2003 年获得文学博士学位。现任四川大学文学与新闻学院教授、博士生导师，北京师范大学文学院教授、博士生导师，《现代中国文化与文学》学术集刊主编。兼任中国现代文学研究会副会长、中国郭沫若研究会副会长、中国闻一多研究会副会长、海峡两岸梁实秋研究会副会长、中国当代文学研究会理事、四川鲁迅研究会会长。出版学术专著《日本体验与中国现代文学的发生》《中国现代新诗与古典诗歌传统》《现代四川文学的巴蜀文化阐释》等 10 余部，发表论文 200 余篇。先后成为教育部新世纪人才支持计划人选、全国百篇优秀博士论文获奖者，享受国务院特殊津贴。

第十篇

学人回忆

甘于清贫，甘于寂寞，甘于枯坐冷板凳

——我的学术之路

黄侯兴

大概是因为年龄的缘故吧，现在轮到我来写自己极其平凡的学术之路了。

那是1956年夏秋之交，在“向科学进军”口号的感召下，我报考北京大学中文系，并荣幸地被录取了。开学后，系主任杨晦先生在介绍各专业培养目标与课程设置时，说“中文系不培养作家”，这对许多正在做作家梦的新生来说，无疑是莫大的打击，但对我反倒是一种鼓舞，它使我意识到加强理论修养的重要性。我很想当一名像周扬、茅盾那样的文学评论家，大学一年级，我广泛阅读了中外文艺理论、批评的书，包括《文心雕龙》《随园诗话》也都找来读了，但对这门学科依然很茫然。

1958年春，北大奉旨开展了“红专辩论”——“拔白旗，插红旗”的学术批判运动。我所在的56级3班成立了“鲁迅文学社”，错误地将王瑶先生作为批判对象。然而预想不到的是，这场粗暴的批判，却迫使一些同学认真地研读他的具有开创性质的《中国新文学史稿》。这部《史稿》像磁石一般地把他们吸引住了，启发和引导他们后来去从事中国现代文学史的教学与研究工作，我便是其中的一个。二十多年后，王瑶师风趣地说，“这也是那场批判的一大收获呀！”

专业方向明确了，从此，我便利用课外时间和节假日，学习中国现代文学史，打好这门学科的基础。那迈出的第一步，是充分利用北大图书馆和旧期刊阅览室的优越条件，广泛浏览《新青年》《新潮》《晨报副刊》《小说月报》《创造季刊》，以及一些清末民初罕见的报刊，从中学会把握社会思潮之变迁与现代文学三十年之演进。后来研究生三年生涯，我仍然喜欢沉潜在这块深藏瑰宝的海洋深处探密。

与此同步的是阅读现代文学作品。首先是读作品的初版本，若有修订，则将初版本与修订本作比较研究。如《呐喊》的初版本收《不周山》，再版时被抽去了，我们从比较中可以了解鲁迅如此处理的原因。《雷雨》初版本有“序幕”“尾声”，后被作者删去了，而我们正可以通过比较去探究底里。其次是举一反三、触类旁通的读书方法。如研读郭沫若的历史剧《王昭君》，我们不停留于文本分析，而是学会“举一反三”，进一步去读《汉书·匈奴传》《后汉书·南匈奴传》，乃至自西晋石崇的《王昭君辞》以来，包括马致远的《汉宫秋》等历代关于王昭君的戏文，甚至还可以读英国作家王尔德的《莎乐美》。这些引申的读物，有助于我们在更加深广的范围内去剖析郭沫若《王昭君》的成败得失。

再如我们读《新青年》的“易卜生专号”，读胡适的独幕剧《终身大事》，可以把易卜生的《玩偶之家》等戏剧的中文译本找来一读，这不仅有助于我们了解《终身大事》染上了哪些易卜生色彩，也有助于我们了解“五四”时期“易卜生热”的历史缘由。

作为本科学生，我阅读现代文学作品，只能选读重点作家的重点作品，鲁迅则是重中之重。我从王瑶先生的许多论著中意识到，鲁迅是我步入中国现代文学大门并深入其堂奥的一把钥匙。那时大学本科学制五年，进入四年级时，我几乎利用了所有课余时间去读鲁迅，走近他，理解他，构筑我心目中的鲁迅形象。

进入五年级毕业论文写作阶段，我很自然地选择了鲁迅，题目是《鲁迅思想初探——兼论鲁迅小说里的知识分子形象》，指导教师是杨晦教授。从开题、列提纲到论文初稿，我都得到了杨先生认真、耐心的指导；末了，我的论文被杨先生推荐到《北京大学学报》（哲学社会科学版），并于1961年第5期发表。《学报》是教授们的学术阵地，作为一名区区的本科生，我的论文能占据其中一角，使我兴奋了一些日子。但在偷着乐的同时，杨先生及时地告诫我，如若有志于治学，走在这条治学的道路上，将是漫长而艰辛的，他叫我要有充分的思想准备。

上个世纪80年代中期，王瑶先生也对我说，做学问要做到甘于清贫，甘于寂寞，甘于枯坐冷板凳。这三个“甘于”，与杨晦先生的告诫是同义反复，它是北大那些满腹经纶的教授们真实的生活写照。我们正是沿着前辈学者走过的路继续走下去。

在我被选留为中文系中国现代文学史研究生后，第一次辅导课，导师王瑶先生便开宗明义地指出：“你的社会工作、政治活动，不能影响专业学习。”我是中共党员，在那个“以阶级斗争为纲”的年代里，“政治是统帅”，不间断地政治运动和繁重的社会工作，往往把专业学习挤到非常边缘的位置，党员的专业学习时间尤其得不到保证。王先生大概担心我这个中文系研究生党支部书记，热衷于社会工作和政治活动而放松了专业学习。王先生这番忠言逆耳，及时地提醒我，我正在走学术之路，切不可把自己变成吃政治饭的行政干部。我要像鲁迅那样，学会“钻网法”，在严密的政治罗网中钻出哪怕是一时一刻的读书时间。

正因为如此，我才可能在紧绷阶级斗争之弦的日子里，写出至今在学术界仍有影响的论文《试论茅盾的短篇小说创作》（刊于《北京大学学报》哲学社会科学版1964年第1期），写出《沙汀的创作道路》（遗憾的是，“文化大革命”初期，因慑于“红卫兵”抄家，约20万字的书稿及采访沙汀的两本笔记，全被我付之一炬）。

不过，最高权势者掀起的政治风暴，毕竟不是我们一介书生所能抵挡得住的。1964年春天，我正撰写《论胡风文艺思想》的毕业论文，忽然校党委传达“最高指示”：文科高年级学生、研究生，统统到农村去，参加农村社会主义教育活动。毕业论文被取消了。中文系本届九名研究生随大批人马于夏初奔赴湖北省江陵县血吸虫病疫区，参加为时一年的农村阶级斗争，接受贫下中农的“教育”，于 1965 年 6 月返校。同年 8 月，我被分配到北京广播学院任教。

二

一些好学的年轻人常常问我，为什么不继续研究鲁迅而改为郭沫若？《郭沫若的文学道路》一书是怎样写出来的？

当时，毁灭文化的十年浩劫过去了。北京广播学院恢复了正常的教学秩序。但是当我重新捡起已经荒疏了的中国现代文学的时候，不免有“朝花夕拾”的慨叹。打开尘封多年的纸箱，过去那股孜孜以求的探索热情，似乎已经褪去了不少，我不知道自己是否还有毅力把学问继续做下去。

记得是 1978 年秋冬之际，我去北大镜春园王瑶先生家，闲谈中，王先生建议我抓紧写出一两篇研究郭沫若的论文。他说，“郭沫若刚去世（1978 年 6 月 12 日去世），已经盖棺论定，而郭沫若研究还是一块没有很好开垦的处女地，你在研究生阶段积累了不少资料，也写了一些读书笔记，抓紧整理写出来发表。”他打了一个比喻，如百米赛跑，你比别人快了一步，半步，便取得了领先的成绩。他勉励我在此学科领域去争取领先的优势。导师的这番话，实际上是给我在新时期指明研究方向，同时也给我增加一点学术的压力。

我用了几个月的时间，奋笔写出了长篇论文《试论郭沫若的历史剧》，在当时学术刊物寥若晨星的情况下，论文发表在颇具权威性的《社会科学战线》1978 年第 4 期。此后还写了论《阿 Q 正传》、论《子夜》、论张天翼、论沙汀等文章。

1980 年初春的某日傍晚，我拜访王瑶师，在陪先生喝汾酒的饭桌上，他一面称赞那篇论郭沫若历史剧的文章写得好，一面批评我近来发表的文章“东一枪西一炮”，“模糊了自己的主攻方向”。他甚至用十分肯定的语气说：“轻气球（指文章）放过之后，你可以写书了——写郭沫若研究的书。”

王先生的批评，一语中的，促使我迅速端正方向，明确目标，写书成了我此时惟一的任务，而选题妥否是关键。我拟了两个选题，一是《郭沫若评传》，二是《郭沫若的文学道路》。我带着选题再次去北大向王先生请教。王先生略加思索后认为，我适合于研究郭沫若的文学道路，而不适合于写第一选题。“郭沫若除文学家之外，还是历史家、考古学家。你不懂得历史学和古文字学，既无法为他立传，更无资格评论。再说，郭沫若还是一个政治人物，解放后许多政治事件，如批《武训传》，批胡适，反胡风，包括批林批孔时批郭沫若尊孔等，中央至今（1980 年）并无定论，你如何传又如何评呢？”这些真知灼见，使我看到了第一个选题存在的难于逾越的主观与客观的障碍。我放弃了第一个选题，从而避免了走弯路。

《郭沫若的文学道路》于1981年9月由天津人民出版社出版，王瑶先生为之作《序》。我在书中探讨了郭沫若的艺术个性问题，但理论阐述欠系统与欠深刻。王先生在《序》中先肯定了探讨郭沫若的艺术个性，并从中总结经验与规律，是一个“很有现实意义的问题”、“发人深思的问题”，同时又委婉地指出，“如果能够提到理论的高度作进一步深入的探讨，对于今天的创作当会有更大的启示作用”。王瑶先生的意见，启发我在这方面再下些功夫，力求在这方面论述得更充分些、深刻些。

1982年11月11日，中国文联与中国社会科学院文学研究所为纪念郭沫若诞生90周年，在北京联合举行了学术报告会，我在会上作了题为《论郭沫若的艺术个性》的发言（该文发表于《中国社会科学》1983年第5期）。我认为，研究郭沫若一生的文学道路，有一个不容否认的事实，即郭沫若无论是在新诗创作领域，还是在戏剧创作领域，既有成功的经验，也有失败的教训。如果我们乐于承认这一事实，就应该在对郭沫若的文学道路进行全面考察的基础上，探讨其创作上的得失，并从中总结出符合郭沫若创作实际的某些规律性的东西。为此，我在发言中着重探讨了郭沫若的艺术个性，论证了郭沫若创作上的得失同他认识与把握自己的艺术个性的密切关系。后来，这篇论文的基本内容，我收入进了《郭沫若的文学道路》（修订本）第九章，该书由天津人民出版社1983年9月出版。

我的郭沫若研究在学术界产生过影响的，还有《郭沫若文艺思想论稿》（天津人民出版社1985年6月出版）和《郭沫若文学研究管窥》（天津教育出版社1987年11月出版）。

就在我探讨郭沫若的艺术个性，考察他在创作上的成败得失时，就注意到了其艺术个性之形成，以及改变与放弃这种适应于主观诗人气质的艺术个性，同他在不同的社会思潮的文艺思想与主张有着密切关系。首先是了解郭沫若所接受的中国古代文化的影响，特别是留学日本期间所接受的西方文艺理论与受泛神论哲学思想的影响而形成的主观抒情的浪漫主义的文学倾向。我认为，郭沫若正是充分汲取了这些中外文化的营养，他的新诗集《女神》，才可能卓然独步，开一代诗风，给新诗铺就了一条健康发展的道路。其次，我注意到了郭沫若的性格特点是对于政治的敏感性，对于社会思潮的适应性，或者说是他的思想与主张的变易性。留日期间，郭沫若受日本文化思潮的影响，主张文学要表现自我，反映作家“内心的要求”，鼓吹“艺术独立”，反对把文学当作“留声机器”。但是马克思主义宣传在中国取得初步发展而出现“左”的机械论的倾向时，郭沫若的文艺思想与主张也发生了一百八十度的转变。他把主观诗人的自我表现说成了“唯心的偏重主观的个人主义”，把浪漫主义文学说成是“反革命的文学”，提倡“唯物辩证法的创作方法”；他从文学不当“留声机器”转变为要当“留声机器”，他甚至表示自己宁愿当一个“标语人”、“口号人”而不必一定要当“诗人”。他的《恢复》《战声集》以及写于人民共和国成立后的《新华颂》等诗集，都是混淆了诗与政治的界限，把诗捆绑在政治的战车上。第三，抗战时期，郭沫若在重庆创作了《屈原》等具有浓郁的浪漫主义色彩的历史剧，这是否意味着郭沫若的文艺思想与主张又回归到了“五四”时期提倡“表现自我”、反观主观的“内心的要求”的立场上来呢？不是。此时郭沫若仍坚持反映客观的社会现实的现实主义立场，但在言论不自由的环境下，以历史为题材的文学创作，作为一种新的曲折的斗争武器，却得到了蓬勃的开展。对于主观抒情气质的郭沫若来说，这恰是他的艺术才能得以充分发挥的时候。正如他自己所言，“我不过只借些历史上的影子来驰骋我创造的手腕罢了。”历史给他提供了广阔的想像的空间，使他的历史剧创作获得成功，所以我要说它是郭沫若浪漫主义文学创作的第二个高峰。但是，从郭沫若的创作动机考察，他是想用古代志士仁人的鲜血去“灌溉现实的蟠桃”，因此不难看出他的历史剧存在着“戏剧政治化”的倾向，那种主张团结、反对分裂，主张抗秦、反对投降的政治氛围，明显地影射了“皖南事件”后国民党统治区的社会现实；屈原怒斥张仪，高渐离抨击秦始皇，也是借历史人物的嘴来传达现代人的愤怒的声音，有的甚至把现代人呼喊的政治口号生硬地搬到了舞台上。怎样看待创作动机与创作效果所出现的这种矛盾现象呢？如果按照郭沫若所说的，他“爱驰骋空想而局限在自己的生活里面”，“爱写历史的东西和爱写自己”，以他熟练的艺术手法容易取得成功；那末，即使是受到他的文艺思想的制约，即使是流露出“政治化”的倾向，也仍然掩盖不住他的历史剧闪耀的光辉。这是我在《论稿》一书中所要探讨的几个要点。

《郭沫若文学研究管窥》一书，后来我把它写成长篇文章《郭沫若文学研究的昨天和今天》（《新文学史料》1993 年第 3 期）和《郭沫若文学研究的历史和现状》（韩国中国学会《国际中国学研究》1999 年第 2 期）。

这些论著，大致勾勒了郭沫若文学研究的历史与现状，特别是郭沫若逝世后，自 1979 年以来该学科研究领域所呈现的全面发展的形势：研究队伍迅速扩大，设立了专门的研究机构与团体，出现了一批研究成果，某些课题取得了重要的突破，某些课题还存在争议，并约略指出有待于开凿的或深化的领域。这些历史的钩沉，为年轻的研究者提供了一幅比较明晰的郭沫若研究的“鸟瞰图”。

此外，我还写了《〈女神〉时期的郭沫若》《郭沫若历史剧研究》《郭沫若的女性世界》等，就不一一赘述了。

三

上个世纪 90 年代初，应山东人民出版社之约，我承担了“中国现代三大文豪研究丛书”的撰写工作，即《鲁迅——“民族魂”的象征》《郭沫若——“青春型”的诗人》《茅盾——“人生派”的大师》三部书。

60 年代初，我曾研究过茅盾的短篇小说创作，为何如今还要较系统地研究茅盾的生活、思想与创作呢？原因有二：一，通过茅盾，我试图深入研究“文学与政治交错的现代文人现象”；二，如何理解与评论茅盾小说的“政治化”倾向。

茅盾自1916年夏到上海商务印书馆编译所工作以后，便逐渐投入文学界与政治界，强烈的参政意识，使他成为第一批中共党员，并参与译介一些宣传马克思主义基本知识的文章，同时从事文学评论工作，但评论也是向政治倾斜。直到大革命失败后，他和共产党没有了组织联系，才把文学作为自己的终身职业。但在《蚀》三部曲中，我们依然可以看到茅盾那种难以改变的审美原则，即那种侧重从政治的——党派的活动方向去把握社会生活的审美原则，这就使得他的小说在反映社会生活时具有浓重的政治色彩。所以，我认为，茅盾虽然离开了如火如荼的政治斗争而从事文学，但小说仍然是他的“政治主张和社会批判的传声筒。”

二，如何理解与评论茅盾小说的“政治化”倾向？这是我写这本书的兴趣之所在。我试图回答读者普遍关心的这个问题。众所周知，关于1930年中国社会性质的论争——中国是半殖民地半封建的社会还是资本主义的社会，这本应该是由政治学家、经济学家去讨论和解决的问题，茅盾却要用艺术的手段，通过长篇小说《子夜》给予回答，使抽象的政治学、经济学的理论问题具象化。虽然由于作者高超的艺术修养和熟练驾驭长篇创作的技能，《子夜》成功地描写了证券交易所的投机活动和塑造了吴荪甫等几个主要人物的典型形象，并以其在规模、结构和人物、环境描写上所取得的成就，成了标志现代中国长篇小说创作走向成熟的代表作。但是，这种将“文艺与政治一体化”的模式，无论如何都是小说难于负载的使命，在创作界是不宜提倡的。事实证明，《子夜》问世后，瑕瑜互见，成为迄今仍有争议的一部小说。

我在书中批评《子夜》的缺点时认为：“这不只是由于作者对工农群众的革命斗争没有足够的生活体验的缘故，更重要的是‘文学政治化’的倾向在作者的思想意识中起了支配作用的结果。所以，主要的是思想意识问题，至于生活经验不足只是一种层面现象而已。”

我对于茅盾文艺思想与创作实践的批评，在上个世纪90年代的学术界，多少说出了属于自己的声音。

在我的学术生涯中还发生过重大影响的，是一篇我不经意写出的批评中学语文课本的长文章，即《批评与质疑——漫话中学语文课本（现代文学部分）》，载于《中华读书报》1997年12月17日。该文发表后，全国许多报刊加以转载或摘登，在社会上产生了较大的轰动效应；中央电视台“实话实说”栏目甚至拟就此议题进行评说，请我作为“嘉宾”出席，并已发出节目预告，后被上级禁止而取消，改为讨论中学语文教学法，我谢绝参加。

该文批评了中学语文课本编者对一些名篇、名著大加修改与删削而不作任何说明。如郭沫若的诗《天上的市街》，篇名被改为《天上的街市》，沿袭了几十年未被纠正。又如朱自清的散文《荷塘月色》，被删去了有关梁元帝《采莲赋》的一段文字而未作任何说明。至于选用曹禺《雷雨》第二幕，也被删去了该幕首尾的许多重要的情节，共54页、640行的文字，以突出周朴园与鲁大海、周萍与鲁大海的阶级矛盾和斗争，改变了《雷雨》的主旨，把原本丰富多彩的观照社会人生的鲜活话剧，砍杀成了单调贫乏的政治教科书。

此外，文章还批评了课本编者将一些时过境迁、与政府现行的政策法令相违背的作品选入，并保留至今。如秦牧的散文《土地》，歌倾“总路线，大跃进，人民公社”（俗称“三面红旗”）的“灿烂的现实”，而实践已证明是给中国人民带来破坏与饥荒的错误路线。又如吴伯箫的散文《猎户》，歌倾了打金钱豹的英雄，更是与我国现行法律相抵触，而至今仍向中学生宣传这种“英雄”行为，更是原则性的错误了。

中学语文课本联系着千家万户，因此，我的准确而及时的批评，在中学师生、师范院校师生，乃至广大市民读者中，引起了强烈的反响，这是我所始料不及的。

从上个世纪末以来，除了偶尔给学生授课外，我不再从事中国现代文学研究，而转向散文写作，如《残破的世界》《北京大学九年》《爱的解析》等。我并没有搁笔，只是调整了写作的内容。原因：一，也许是年龄的缘故，自以为在学术研究领域已经难于有所突破，包括突破自我。二，兴之所致，不计时日，从容地写点回忆性散文，把我们这一代人在阶级斗争风雨中所度过的荒诞不经的岁月，告诉给在和谐社会成长的年轻人，我以为这也是一笔宝贵的精神财富，让后人知道人民共和国是怎样从自己的带着伤痕的阴影中走出来的，以史为鉴，铭记历史的教训。

在结束这篇长文之前，我想重复王瑶先生的教诲，即治学者，要苦于清贫，甘于寂寞，甘于枯坐冷板凳。补充一句，对待年轻学人，我们还要像鲁迅那样，甘做“人梯”。

（原载《东方论坛》2006年第1期）

附

黄侯兴主要学术成果

1. 论文：《试论郭沫若的历史剧》，《社会科学战线》（季刊），1978年第4辑。
2. 专著：《郭沫若的文学之路》，天津人民出版社1981年版。
3. 专著：《郭沫若历史剧研究》，长江文艺出版社1983年版。

4. 论文:《论郭沫若的艺术个性》,《文学评论》1983 年第 5 期。
5. 专著:《祖国丛书:郭沫若》,人民出版社 1985 年版。
6. 专著:《名人简传:郭沫若》,中国华侨出版社 1992 年版。
7. 专著:《女神时期的郭沫若》,陕西人民出版社 1992 年版。
8. 论文:《论郭沫若“青春型”的文化品格》,《中国社会科学》1992 年第 5 期。
9. 专著:《郭沫若文艺思想论稿》,天津人民出版社 1985 年版。
10. 专著:《郭沫若文学研究管窥》,天津古籍出版社 1987 年版。
11. 专著:《郭沫若——“青春型”的诗人》,山东人民出版社 1994 年版。
12. 专著:《郭沫若的女性世界》,河南人民出版社 2000 年版。
13. 专著:《郭沫若正传》,江苏文艺出版社 2010 年版。
14. 专著:《鲁迅与郭沫若》,河北人民出版社 2012 年版。
15. 专著:《郭沫若与孔孟之道》,中国社会科学出版社 2016 年版。

学会工作三十年（三）

蔡 震

对外学术（文化）交流

2009年，在日本冈山，曾由冈山美术馆联合北京郭沫若纪念馆举办过一个以郭沫若展为主的文化交流活动。在联系办展的过程中，冈山美术馆提出希望中国郭沫若研究会也作为主办单位参与活动。这在我们其实没有问题，因为我（后来是我带团赴日参加活动）既是郭沫若纪念馆的一个负责人，也是中国郭沫若研究会的一个负责人。所以，我们当即同意了冈山美术馆的意见。当然我有点好奇日方为什么会主动有这样一个提议。私下问过后才知道，在日方看来，郭沫若纪念馆属于官方（文化）机构，而中国郭沫若研究会作为民间学术团体（即NGO，非政府组织）具有更纯粹的学术文化背景。这是他们更看重的。

事实上，学会在对外学术（文化）交流方面，也确实发挥了其独有的作用：能够把全国各地各个单位，以及不同学术领域（历史的、文学的、文化的）的学者们聚合起来，能够在海内外郭沫若研究之间建立起联系的渠道和联系的方式。

上世纪80年代曾有过两次中国学者为郭沫若研究组团前往日本进行学术访问的活动，活动经费是由日本学术振兴会与中国社会科学院的协议项目提供。参团访问的是当时各个学科领域著名的学者：张政烺、黄烈、马良春、黄侯兴等人，组团的名义都用了“中国郭沫若研究学会学者代表团”（那时还称研究学会）。这两次学术访问，收集了许多郭沫若流亡日本时期的文献史料，两国学者通过讨论会、报告会进行交流，这对日本学界的郭沫若研究也是一个有力的推动。

郭沫若研究曾经是许多日本学者关注的研究领域，但在60—70年代的“文革”期间，几乎完全中断，一些学者甚至放弃了在研的课题。中国学者的这两次学术走访，对于一些日本学者重回“故地”应该是一个促进。我记得在访问期间参加交流的日本学者有丸山昇、秋吉久纪夫、伊藤虎丸等，他们都是日本研究中国现代文学的著名学者。由伊藤虎丸和马良春主持的《郭沫若致文秋堂书简》的整理，就是在那之后开始的。也是在这两次学术访问之后，经由学会，我们的郭沫若研究与日本从事郭沫若研究的学者们建立了经常性的学术交往关系。我们举办的每次国际学术研讨会，日本学者都是热情的参会者。

上世纪80年代、90年代，对外学术交流，主要是“请进来”，因为缺乏外事活动、科研的经费，我们多只能请海外学者来参加我们的学术活动，如学术访问、参加学术讨论会等。1992年，郭沫若诞辰100周年的国际学术讨论会，我们广泛邀请了来自日本、俄罗斯、美国、韩国、德国、意大利、斯洛伐克、越南、尼泊尔等国家，以及我国台湾地区的专家学者参会，可谓盛况空前。这样的国际学术研讨会，学会参与举办过多次，但是，我们的学者们“走出去”的机会还是很少的。进入新世纪以后，情况有了很大变化，各个单位、高校用于对外学术交流的经费、课题经费大大增加了，我们的学者有了出访的条件，当然还需要机会。在郭沫若研究领域，学会起到了一个桥梁的作用，乃至搭建了一个国内外学术交流的平台。

2006年，我以学会副会长兼秘书长的身份应邀到日本东京、福冈进行学术访问，期间，日本郭沫若研究会会长岩佐昌暲教授给我说起他们研究会准备在郭沫若留学九州大学（原九州帝国大学）90周年之际，举办一次国际学术讨论会的计划，他问我有没有可能邀请多位中国学者参会（参会者的经费是要全部自己负担的）。我告诉他应该可以。于是当时便与岩佐先生商定，由我负责以中国郭沫若研究会名义组织十位（后来实际成行14位）中国学者赴日本参会。

2008年9月，来自多家高校和科研机构的14位中国学者（他们都是学会会员）赴日本福冈，参加了由日本郭沫若研究学会主办的“郭沫若九大留学90周年纪念郭沫若研究国际学术研讨会”。（插图一）我在研讨会上应邀以“郭沫若与日本在郭沫若研究中”为题作“基调报告”。这次研讨会在日本的中国现代文学研究界、在日本关西地区都引起很大关注。十余位中国学者共同参会，在日本的中国文学研究学术活动中是空前的。关西的大报、关西电视台都对会议有专门报道，直到我都回国了，还有当地报刊电话追着联系要采访参会情况的。这次学术交流活动获得了很好的实效。（插图二）

自此以后，学会和中国学者经常会参加这样的学术会议：2009年8月，学会组团赴美国约翰·霍普金斯大学，参加以“郭沫若在世界文化与世界文学中”为主议题的国际学术研讨会。2010年6月，学会与郭沫若纪念馆共同组织中国学者赴日本冈山，参加冈山第六高等学校创立110周年纪念“郭沫若研究学术讨论会”。2012年6月，十余位会员学者赴俄罗斯，参加了由圣彼得堡大学等为纪念郭沫若诞辰120周年举办的“远东文学论坛”。该论坛本年度的一个专题论坛为“郭沫若的成就与对世界文化的贡献”。2014年，十余位中国学者在维也纳参加了由维也纳大学东亚研究所、维也纳大学孔子学院联合举办的以“医学·文学·身体”为主议题的郭沫若研究学术研讨会。

这些日益活跃的国际性学术活动、学术会议的举行，与两个海外郭沫若研究学会的成立密切相关。一个是日本郭沫若研究学会，一个是国际郭沫若研究学会。而对于

日本九州大学校园内的郭沫若诗碑

这两个研究会的成立，中国郭沫若研究会都是大力促成者。日本郭沫若研究学会的酝酿成立，是缘起于2002年我们在北京举办的一个国际学术研讨会期间一次喝咖啡时的聊天。这次讨论会有岩佐昌暲教授、藤田梨那教授、旅日学者武继平以及另外几位日本学者参会，他们都与我们有着多年的学术交往，是很好的朋友。会议休息时大家在一起喝咖啡，就聊起了在日本成立郭沫若研究学会的事情。几位日本学者热情很高，我们也从旁极力推动此事。当时他们虽没有讨论到具体的事宜，但会议结束不久，他们就正式成立了日本郭沫若研究学会，岩佐昌暲任会长。之后，两个学会之间一直保持着密切的学术联系，聚集了更多的学者们开展郭沫若研究。

国际郭沫若研究学会的成立也与一次学术讨论会相关，那就是于2009年在美国霍普金斯大学召开的那次郭沫若研究国际学术讨论会。我与魏建教授、李怡教授等多

2008 年笔者在日本九州大学举行的“郭沫若九大留学 90 周年纪念郭沫若研究国际学术研讨会”做主题发言

位中国学者参加了研讨会。在会上，藤田梨那教授提出成立国际郭沫若研究会，但是她没有一个具体周密的实行方案。我与魏建、李怡两位教授（他们都是学会的副会长）商议后决定，中国郭沫若研究会支持成立国际郭沫若研究会，并且与日本郭沫若研究学会会长岩佐昌暲，以及韩国的中国现代文学研究会副会长朴宰予教授进行了讨论、沟通，达成了共识。于是，在讨论确定了研究会宗旨，拟定了章程、组织机构，推举了负责人之后，国际郭沫若研究学会正式成立。藤田梨那任会长，岩佐昌暲、蔡震、朴宰予任顾问，魏建、李怡等任副会长。国际郭沫若研究学会成立后每两年召开一次学术年会，邀请各国学者围绕一个研究郭沫若的主议题进行学术讨论、交流。中国学者，也就是中国郭沫若研究会的会员，一直是这些学术活动的中坚力量。（插图三）

让学术走进社会

中国郭沫若研究会成立以后，先是挂靠在中国社会科学院，后来挂靠在郭沫若纪念馆，其实挂靠社科院时也是落实在郭沫若纪念馆。学会没有专职工作人员，从主要负责人到秘书，都是由纪念馆的人员担任，所以学会和纪念馆在组织机构和人员设置上其实是两位一体。但是，尽管都与郭沫若相关，作为学术团体的学会和作为文博单

参加在美国约翰·霍普金斯大学举办的“郭沫若在世界文化与世界文学中”国际学术研讨会的中国学者

位的纪念馆，两者的工作其实是有很大不同的。所以，自黄侯兴先生、雷仲平副馆长起，尽管我们都以纪念馆负责人身份而兼任学会负责人，但在很多时候，并没有把两方面的工作刻意地结合起来，尽管许多活动是以两者共同名义举办的。学会注重的是学术活动，或者说是活动的学术性，纪念馆注重的是展陈活动和文物的收集馆藏。

事实上学术和文博，尤其是作为郭沫若研究的学术和作为郭沫若纪念馆的文博工作，完全是可以而且应该密切关联，相互促进的。譬如：一个专题展的主题和大纲，有了学术的支撑，会更有深度。纪念馆许多馆藏文物的收集整理，需要借助学术研究进行考证、考订。从另一方面看，纪念馆作为一个直接面向大众的文化平台，可以使得学术普及于大众，而馆藏文物亦能为学术研究提供珍贵的文献史料。所以近十余年来，学会的工作有了更多与纪念馆工作的结合。

以学术讲座配合一个专题展览就是一个很好的方式。2005 年，北京的几家文化名人纪念馆在韩国釜山举办了一个文化活动：“中华名人展暨学术讲座”，郭沫若纪念馆带去郭沫若生平展，我做了关于郭沫若与鲁迅的讲座，是普及性的。这既有助于韩国的观众深入了解展览内容，又能够让他们更多地了解郭沫若。2009 年在日本冈山美术馆举办的郭沫若展，主要内容是关于郭沫若留学及与冈山的关系，展品大部分由日方提供，但日本观众对于其中的历史并不了解。我针对展览的内容准备了一个简要的讲座，这样就可以帮助日本观众对展览涉及的历史和人物有比较清楚的了解与认知。

与此相似的另一种方式是，学术讨论会附带一个展览，或者学术讨论会与专题展在一个共同的主题下举办。郭沫若纪念馆为2012年在俄罗斯圣彼得堡召开的郭沫若研究国际学术讨论会安排了一个郭沫若生平展，就布展在会场上。与会者尤其是国外的许多学者，尽管可以讨论到郭沫若研究的某个问题，但他们对于郭沫若的生平可能还并不完全了解，所以这样一个生平展得到了与会者的欢迎。2015年，在浙江乌镇举办了以“笔剑无分同敌忾，胆肝相对共筹量——郭沫若与茅盾展”和“抗战中的郭沫若与茅盾学术研讨会”为内容的一次文化活动。活动的主题是同一个，分成展览和学术研讨会两部分。展览置放在乌镇的一处公共广场上面向大众，学术研讨会同步于展览召开，学者们围绕展览的内容进行了深入的学术思考。两者可谓相得益彰。这样的活动，既有学术的内容和深度，又能够以大众文化的方式来为一般观众展示郭沫若的生平活动，大大丰富了这一活动的文化内涵。这实际上也是一个让学术走进社会的过程。

学术不应该仅仅是存在于象牙塔里的东西，尤其是像郭沫若研究这样的学问。它可以，也应该走进社会，走进大众的文化生活。

郭沫若作为20世纪中国文化史、文学史、学术史上的著名人物、代表人物，其实一直是具有历史和社会关注度的。但是在大众中存在许多对于郭沫若的误解、错误认知，当然也有有意对于他的污名化、妖魔化。这原本是需要从事郭沫若研究的学者或文化工作者来给予订正和正面引导的，以告诉人们真实的历史。但是面对社会上流传的种种所谓关于郭沫若的史事、史料，对于他随意的评说，学者们却总会有些无能为力的感觉。譬如，许多网上所谓的史实明明很容易被辨识，甚至根本就是胡编乱造，可你要想针对这样的文字乱象发声，却发现无处发力，使不上劲。因为通过诸如网络这样大众媒介方式获取文化信息的读者，是不会去阅读学者们的文章著述的。两者不是活动在同一层面的文化空间之中。所以就要用大众传播的方式，将学术普及为大众容易阅读和接受的文化信息。

举办讲座是一种非常方便的形式。记得曾在首都图书馆做过一次面向社会公众的讲座。讲座的题目是《负笈东瀛——郭沫若的留学之路》，讲述郭沫若留学日本前后的一段生平。这是郭沫若纪念馆与北京史研究会、首都图书馆合作，借助《北京大讲堂》推出的“寻找北京文明的足迹——人文精神与文化名人”的系列主题讲座之一“郭沫若讲座”。那是一个周末的早晨，我到首都图书馆时，看到门口有不少等着领取入场券入场的听众。当时给我的感觉就是，人们其实还是希望能真实地了解郭沫若这个历史人物的。（插图四）

讲座的组织者做了很好的工作，所以现场讲座之后，把我的讲稿全文发表在报纸和网络上。《北京青年报》用一个整版刊登，《北京晚报》分三次，每次用半个版面连载。这是当时在北京社会大众中最有影响力的两种报纸。在网上发表的有“光明网”“人民网”“中国新闻网”“北青网”“中国文学网”等多家网站，多年之后这次讲座的内容还挂在网上。唯一有点遗憾的是，讲稿发表时编辑们都多多少少搞了点有

首图作郭沫若讲座

“标题党”味道的大小标题。

这次讲座让我充分感受到这种传播方式的力量，所以后来一直力推学者们举办关于郭沫若的讲座。当然，讲座需要不同类型、针对不同受众的，在内容的选择，讲述的方式上就要有针对性。譬如，在校园里举办讲座，会注重内容的学术性，或者历史内涵。给研究生、大学生、中学生们讲，也要考虑他们文化水平的不同而有相应的选择。面对社会公众的讲座，会注重内容的故事性和大众兴趣，可更多地使用图片资料。与博物馆专题展关联的讲座，则让讲座内容与展览内容相互映衬，使听众对于展览的主题有深入的了解和认知。

郭沫若是书法家，而且是书法大家，所以一直以来都有郭沫若的书法艺术展不断举办。学会多次参与办展。如，2010 年在成都举办的“纪念郭沫若诞辰 118 周年全国首届诗书画大赛”，2012 年在北京劳动人民文化宫举办的”纪念郭沫若诞辰 120 周年全国书画邀请展“，在北京、乐山两地展出的“沫若风采人文乐山”美术书法作品展等。这些展览让观众了解的不只是郭沫若的书法，而且是从书法艺术作为一个切入点，让观众进一步去认识了郭沫若。

电视节目，是当今最有力，受众面最广的大众文化传播方式。郭沫若研究应该利用电视传播的手段。虽然这不能由我们决定，但是郭沫若既然一直保有社会和历史的关注，就必然会为电视节目所关注。事实也正是如此，以郭沫若为讲述对象，或是部分内容的电视节目，一直都有在制作，播放。电视台有这方面节目制作的需要时，就需要郭沫若研究的学者参与，我们当然会很好利用这样的机会。我就曾以学会负责人或学者名义多次参加过制作关于郭沫若的电视节目，如中央电视台新闻联播的“丰碑”、央视人物节目“大家”、北京电视台“神州纪事”、上海广播电视台“另一个战场”、乐山电视台专题节目“让沫若文化成为乐山响亮亮的名片”等。记得在抗战胜利六十周年之际新闻联播播出“丰碑■郭沫若”时，一分多钟的节目播放过程中，我就即时收到了两个外地朋友打来的电话谈节目的内容。足见电视这一传播媒介覆盖范围之广，影响力之大。

学术走进社会实际上还包含另一层意义，那就是我们在以各种大众传播手段去给人们讲述郭沫若，帮助人们阅读郭沫若的时候，我们是用学术的实事求是去讲故事，是用学术的科学态度告诉人们真实的历史。这其实正是学术在大众文化传播中义不容辞的责任。应该说，学会在这方面已经做了很多工作，当然，今后还有做出更大努力的空间。

我在中国郭沫若研究会工作的三十年，可以说是伴随了学会成立以后三十年前行的历史。我从一个参与者的角度所记述下的学会活动的点点滴滴，或者并不能成为完整的“史”记，但留下这些有关学会的历史文化信息，应该是很有意义的。

2017 年夏，京郊后沙峪

第十一篇

学术会议

“戏里戏外：郭沫若与老舍戏剧艺术创作及交往展”暨学术研讨会综述

张　勇　赵笑洁

为深化郭沫若与老舍戏剧创作的比较研究，并缅怀郭沫若与老舍的深厚友谊，由老舍纪念馆、郭沫若纪念馆、中国老舍研究会、中国郭沫若研究会承办的“戏里戏外：郭沫若与老舍戏剧艺术创作及交往展”暨学术研讨会，于2016年7月27日至29日在内蒙古自治区呼伦贝尔市海拉尔举行。来自中国社会科学院、北京师范大学、华东师范大学、北京语言大学、华南师范大学、青岛海洋大学、安徽师范大学、山东师范大学、四川郭沫若研究中心、河北大学、河北师范大学、聊城大学、海南师范大学等20余家科研院所、高等院校以及文化名人博物馆的近三十余位老舍和郭沫若研究的学者专家参加了此次展览和学术研讨活动。

此次文化活动由主题为“交游肝胆露，富贵牛马风——郭沫若与老舍的创作人生展”拉开序幕。该展览主要按照时间的顺序，全面展示了郭沫若和老舍创作的生涯和交往的岁月，应邀参加本次文化活动的专家学者以及博物馆界的各位同仁共同参观了展览。

第二部分是主题为“郭沫若与老舍戏剧艺术创作及交往”学术研讨会，老舍纪念馆名誉馆长、老舍之女舒济先生做了“郭沫若与老舍交往回顾”的主体发言，她用翔实的史料、珍贵的照片，全面梳理了郭沫若与老舍交往的峥嵘岁月，并对两位历史人物交往时间进行了新的考证，她认为1936年在同一期《宇宙风》杂志刊登了郭沫若与老舍文章的广告，就已经拉开了郭沫若与老舍精神交往的序幕，这种结论不仅弥补了郭沫若与老舍交往的研究的不足，更提升了郭沫若与老舍交往的文化内涵。根据与会学者向会议提交的论文以及研讨会发言的情况，本次会议主要可以分为“郭沫若与老舍戏剧艺术创作比较研究”“郭沫若与老舍戏剧人生交往及相关资料考证”“郭沫若与老舍戏剧创作及思想研究”等三个方面的主要议题。

郭沫若和老舍虽然登上现代中国文坛的方式不同，老舍主创小说，郭沫若力推诗歌，但是在戏剧艺术创作上他们却殊途同归，分别创作完成了《茶馆》、《屈原》等不朽的名篇，特别是解放后他们共同研讨戏剧创作的理论和方法，力推戏剧剧本的舞台表演艺术，为人民艺术剧院的成立和发展奠定了基调和基础，《茶馆》、《蔡文姬》等更是人艺的经典保留剧目。因此对两人戏剧艺术创作的比较研究是本次会议研讨的重点。谢昭新教授（安徽师范大学）认为《屈原》和《茶馆》是中国现代戏剧史最重要的作品，它们在戏剧的题材、主题、人物、语言等方面都为以后戏剧创作提供了重要的范式，特别是二者在有关历史与现实、情感与人物、结构与冲突等戏剧因素的创作方面更是达到了极高的艺术价值。石兴泽教授（聊城大学）则是选取了郭沫若和老舍二十世纪五十年代所创作的《蔡文姬》和《茶馆》进行比较分析，并由点及面地指出了两位剧作家在坚持历史剧创作“真实性”原则的基础上，所创作的人物形象以及作品的艺术风格都存在着巨大的差异，也为今后历史剧创作提供了不同的类型。魏建教授（山东师范大学）则从戏剧艺术创作理论出发，阐释了郭沫若和老舍戏剧创作中戏剧性的不足，郭沫若的戏剧创作是诗的戏剧，老舍的戏剧是小说的戏剧，严格地说他们二者戏剧创作的戏剧性都有待商榷和探讨，也因此形成了两个不太懂“戏”的戏剧创作者。关纪新研究员（中国社会科学院少数民族文学研究所）也同样选取了《茶馆》和《蔡文姬》作为阐释的文本，他就这两部戏剧中有关民族性的问题进行了全面的阐释，并对当下民族文学的创作进行了反思。马云教授（河北大学）将叙事学的理论引入了郭沫若和老舍戏剧分析，分别从叙事焦点、叙述位置和叙事视点等角度阐释了这两位剧作家不同的艺术风格和个性。邵宁宁教授（海南师范大学）在分别分析了郭沫若和老舍剧作中生命情调的特点后，认为两者在戏剧创作中的对人生体验方式和回应方式都有明显的不同。

郭沫若和老舍在抗战中相识，并很快结成了深厚的友谊，在以后的岁月中他们相互提携、互相切磋，在很大程度上也代表了新中国知识分子和文艺发展的方向，因此有关郭沫若和老舍交往，同样是本次研讨会的另外一个主要选题。蔡震研究员（中国社会科学院郭沫若纪念馆）收集和整理了郭沫若与老舍在抗战时期交往的史料，在此基础上阐述了郭沫若与老舍在抗战时期的文化活动的价值和意义，提出了抗战文化对于二者研究的重要意义，特别是透过他们两人在抗战时期的交往关系的考察，可以更加全面的了解抗战文化的诸多方面，这对于整个中国抗战文化史都会具有非常重要的价值和意义。李斌副研究员（中国社会科学院郭沫若纪念馆）从海外老舍研究文献、老舍自述以及老舍抗战初期京剧剧本创作特色等角度考证了1938年第1卷第6期《东方画刊》上署名为“老舍”的《忠贤会（平剧）》为老舍的佚作。凤媛副教授（华东师范大学）则在分析宝广林20年代发表的一系列有关宗教文章的基础上，认为宝广林和老舍之间的关系，既有相互认同，也有观点相左，这也促使了此后老舍创作中基督教色彩逐渐减弱。廖久明教授（四川郭沫若研究中心）通过翔实的资料考证，认为郭沫若不是第一个批评崇祯皇帝的人，从而驳斥了网络中相关的不实观点。

对郭沫若和老舍戏剧作品的解读是两者研究领域中的热点，是一个常说常新的话题，有关这方面的研究同样也是本次研讨会的重要议题之一。咸立强教授（华南师范大学）从郭沫若新诗与诗剧创作的关系着手，着重阐释了郭沫若戏剧创作的文体融会的特性，进一步深入分析了诗性在郭沫若历史剧创作中不仅仅只是外在的表征，更主要的起到了推动情节发展的功能，使得郭沫若的历史剧更具有了“戏”的特色。张勇副研究员（中国社会科学院郭沫若纪念馆）则从郭沫若诗剧翻译的角度入手，特别是在戏剧艺术手法上群众角色的应用、戏剧情调的构建以及戏剧生命价值意识的强化等方面揭示出了郭沫若历史剧创作的异质特色，进而对郭沫若早期创作如《女神》等作品进行了新的综合考量。何刚副教授（四川郭沫若研究中心）对郭沫若历史剧《三个叛逆的女性》问世之初观点相异的不同评价入手，对20世纪中国史剧创作及理论建构进行了重新的梳理和阐释。王小强副教授（青岛海洋大学）以时间为线索将郭沫若的历史剧创作概括为“单声宣泄——合声抗争——多声犹疑”三个历史轨迹，这条创作的轨迹也显示了郭沫若个体文化与身份焦灼的灵魂挣扎与救赎。沈庆利教授（北京师范大学）对郭沫若历史剧中所出现的“英雄叙事”进行了重新的评价，并认为在这些有关历史创作中，也隐藏着郭沫若特有的现代理性和人文关怀。刘东方教授（聊城大学）从歌诗的角度对郭沫若和老舍抗战时期的诗歌创作的观念和作品进行了重新解读，并且从诗歌“歌性”的角度赋予了二者抗战诗歌创作全新的价值。邓招华副教授（河北师范大学）借助于对《三叶集》中郭沫若有关诗歌理论的解析，阐释了《三叶集》对于新诗观念建构的意义。熊权副教授（河北师范大学）则借助于“回心”理论，阐释了郭沫若通过翻译河上肇的《社会组织与社会革命》，对话社会思潮、介入政党分化的历史过程。李玲教授（北京语言大学）则阐释了北京乡情对于老舍创作的独特意义和价值。

另外，与会的专家和学者们也就“生命情调”、“民族性”以及“歌诗”等方面的问题进行了答疑和争鸣，经过会议的充分研讨，郭沫若和老舍在戏剧创作中的理论观念、时代特征和相互交往等问题更加具有了学理性的内涵。

本次展览与研讨具有着鲜明的特色，首先本次展览和学术活动具有较强的现实性和学理性。郭沫若和老舍虽然都不是专职的戏剧家，但戏剧的创作也是他们文艺创作的重要组成部分，而且他们的戏剧创作无论在时间上，还是在美学特色上都有所交集，特别是在建国后他们一起共同推动了戏剧艺术的舞台化，为新中国戏剧艺术的发展起到了重要推动作用。目前，有关二者个体的戏剧研究都取得了丰富成果，但是对于两者戏剧创作的比较研究鲜有突破，因此本次会议的议题看似细入毫芒，但是从郭沫若和老舍戏剧创作的比较研究，以及中国现代戏剧史的角度来讲将具有深远的意义。

再者本次会议实现了学术的融合和交流，正如舒济先生和蔡震先生等学者在本次会议上不断强调的一样，本次会议是一次“跨界”的学术会议，既跨越两个不同的研究对象，也跨越两个不同的研究领域，更是跨越了两个不同的研究实体。

现代文学的创作本来是丰富一体的，作家们的创作都是你中有我，我中有你，他们都是在相互的交往、切磋，甚至是争鸣、争论之中创作出了如此丰富多样的经典之作。而我们的研究却恰恰把他们割裂为一个又一个单一的个体，即便有比较研究也更多是简单二者比对而已，缺乏这样正式的学术对话和争鸣。另外，现代作家们的现实生活也是密切相关的，他们在中国特殊的时代历史背景下，相识、相交，直至最后的相知，这其中郭沫若和老舍的交往更具有典型性，这同样是现代文学研究的重要课题，此次学术会议既可以拓展二者研究的外延，更能全面把控现代作家创作的独特社会心理。此次活动和会议的举办方，既有博物馆也有研究会，从而也改变了过去单一学术团体进行学术研讨活动的惯例，这同样也会从新的角度深化对研究对象的探究。（插图）

通过此次展览活动和学术研讨会议，我们更加全面和深刻地认识了郭沫若和老舍历史剧创作的美学价值和时代内涵，也对二者之间的社会关系进行了详尽的梳理，更是对他们所留下的成千累万的作品对中国现代社会发展、文化建设等方面的深刻影响有了全面的认知，同时更呈现了他们“交游肝胆露，富贵牛马风”的可贵人生情谊。

（张勇　中国社会科学院郭沫若纪念馆副研究员
赵笑洁　中国社会科学院郭沫若纪念馆馆长）

海拉尔会议合影

海拉尔会议会场

2016 第五届国际郭沫若学会日本东京学术会议纪略

周　文

2016 年 8 月 25 日第五届国际郭沫若学会学术会议——“百年来越境的现代中国文学——纪念郭沫若、田汉留日一百周年国际学术研讨会”在日本东京法政大学召开。国际郭沫若学会自 2009 年在美国约翰·霍普金斯大学召开第一届国际郭沫若学术研讨会以来，定期邀请国际知名的汉学家、郭沫若研究专家及部分青年学者围绕相关话题展开对话与交流，在中国现代文学研究界产生了极大的影响，在国际汉学界也渐具声誉。此次会议共设七大主题：留学与异文化认识、郭沫若及田汉留学时期的文学创作、《女神》研究等、郭沫若文学中古典与西方文学、日本文学的接纳与发挥、创造社的文学活动、日本留学生与现代中国文学的关系等，来自中国社科院、北京师范大学、四川大学、南京大学、华东师范大学、山东师范大学等大陆高校学者与日本法政大学、九州大学、国士馆大学以及法国巴黎第七大学、美国布兰代斯大学等国际学术同人围绕上述主题展开讨论。郭沫若外孙女藤田梨那女士与田汉孙女田伟女士也提交论文参与讨论，为这次学术会增添了更加浓厚的历史感和当下的时代关怀。

国际郭沫若学会执行会长、山东师范大学魏建教授与田伟女士的基调演讲在带来学术冲击的同时，也完成了一次难得的时空转换。魏建教授以《女神》创作 100 周年为契机，重返历史现场，在“大我”与“小我”的思辨中还原已被遮蔽或扭曲的《女神》，进而再一次揭示《女神》对中国诗歌的真正贡献；田伟女士以“曲艺”为视角，并用自己在日本生活多年的切身感受来阐释和还原田汉在日本 7 年间的文化体验和对民族命运的深刻思考。尽兴处，田伟女士以“曲”代论，用传统戏曲向众人展示了田汉特有的艺术气质和文化思考。与此相契的是，四川大学周维东教授即是从“剧曲”的角度来考察《女神》在文学史上的特殊意义。

青岛大学周海波教授对郭沫若早期作品《我国思想史上的澎湃城》的考论细致缜密，与日本郭沫若学会会长岩佐昌暲先生《关于 1920 年 3 月田汉博多访问》一文综合日本气象记录等资料，来考辨郭沫若、田汉等人记忆的偏差一样，显示了近些年来，郭沫若研究界对史料考辨的重视和扎实严谨的学风。同样，乐山师范学院郭沫若研究中心的廖久明教授《〈我的丈夫郭沫若〉相关问题梳考》、南京大学沈卫威教授《郭沫若是如何当选院士的?》、华南师范大学咸立强教授《田汉参加和脱离创造社时间问题的考辨》等文更是如诸位以往的考证，都是文献史料研究上的佳作。

中国社科院李斌副研究员、河北师范大学熊权副教授及美国周海林教授围绕郭沫若与河上肇关系展开的讨论令人印象深刻。在清理郭沫若与河上肇关系的相关史实后，三位青年学者对郭沫若是否接受马克思主义、接受的是何种马克思主义以及对列宁主义的态度等问题展开讨论。虽然各位学者观点各不相同，但以史料文献为依据，较真精神与坦荡胸襟展现了青年学者的锐气和郭沫若研究美好的未来。

宇文乐（Victor Vuilleumier）以论文《郭沫若 20 年代〈分类白话诗选〉里的歌德译诗：论翻译与陌异性，新诗与跨文化的现代性》从翻译的角度，揭示郭沫若译诗的独特性——在地道的德语分析和诗歌拆解之后，郭沫若在汉语现代改造上的种种尝试被呈现出来。美国布兰代斯大学青年学者王璞同样以跨文化的视野，从翻译与语言的角度考察郭沫若早期新诗——王璞特别注意到郭沫若新诗中的“呼语”，郭沫若早期新诗中直抒胸臆乃至呼喊的抒情方式并不为大多数人所理解，这种抒情方式究竟具有怎样的时代特殊性与召唤力，王璞在文学与文化的比较中，用细致的文本分析和语言拆解，还原了这种“呼语”所代表的“时代精神”。

国际郭沫若学会会长藤田梨那《郭沫若的汉诗创作》，以日本体验为视角比较了郭沫若留学日本前后的古体诗歌的变化，对其接受西方文学的影响和在此影响下重新审视古典诗歌后在旧体与新诗、古典与现代精神上的尝试与突破。中国郭沫若研究会会长蔡震先生也关注到郭沫若在日本期间的文学创作，即郭沫若对传统文学经典现代改编——《郭沫若“改窜”〈西厢〉的考察》，通过细致的文本比读，重新思考郭沫若戏剧创作的源头和契机。最后，蔡震先生对会议进行了精彩的点评和总结，并对学会的未来发展和学术走向作出了展望。会议结束后，在主办方的邀请下，与会人员参访了郭沫若故居以及三鹰市亚非图书馆中的“沫若文库”，更直观的了解了郭沫若在日本期间的藏书、阅读习惯乃至书中的札记，是一次十分难得的学术之旅。

时隔一年之后，遵编委会所嘱，时间仓促写此纪略，难免挂一漏万，限于篇幅，很多佳作未被提及，望见谅。

（四川大学文学与新闻学院讲师）

郭沫若与中国马克思主义史学学术研讨会综述

贾怡萍

2016年10月15日至16日，由华中师范大学历史文化学院与中国郭沫若研究会联合举办的郭沫若与中国马克思主义史学学术研讨会在华中师范大学隆重举行。来自北京师范大学、中国社会科学院、华中师范大学、华东师范大学、苏州大学、四川大学、四川省社会科学院、复旦大学、兰州大学、首都师范大学、扬州大学、乐山师范学院、河南师范大学、山东理工大学、淮北师范大学、四川师范大学等高等院校、科研单位的50多位专家学者，围绕郭沫若史学、郭沫若与中国马克思主义史学、中国马克思主义史学等议题进行了深入的讨论，取得了丰硕的成果。兹分别从以下几个方面，对会议研讨内容综述如下：

一　郭沫若史学

郭沫若是我国一代史学巨匠、其特殊的时代背景与人生经历，使得其史学研究带有明显的时代性、与时俱进性。郭沫若史学研究，是这次研讨会的重要议题之一。

苏州大学社会学院周书灿《改革开放初期学术界对郭沫若古史分期理论的论辩》一文论述了改革开放初期非“战国封建论者”对郭沫若“战国封建论”的质疑、商榷与批判以及“战国封建论”者的回击、对郭沫若古史分期理论的补充和订正，认为“无奴学派”或多或少影响到改革开放以后中国古代社会形态与古史分期理论讨论的学术走向。同时指出学术界对郭沫若“战国封建论”的辩难，暴露出理论上的公式主义和史料运用上的实用主义等突出问题，意气争胜倾向明显，在一定程度上影响学术界批判的公平公正。北京师范大学瞿林东《学习郭沫若观察历史的观点和方法——读〈历史与人生〉的一点启示》一文指出郭沫若《历史与人生》这篇文章对史学工作者的深刻启示，即把社会同自然联系起来、把中国同世界联系起来、把历史同现实联系起来观察历史的观点和方法，值得思考、学习和借鉴。北京师范大学张越《“例示研究古代的一条大道”——再论郭沫若〈中国古代社会研究〉》一文认为郭沫若此书以罗振玉、王国维二家之业绩为出发点研究中国古史，其创新点在于为研究中国社会而研究甲骨金文，将卜辞金文用到社会史研究，引发了长时间批评与讨论，其学术价值逐渐得到承认。华中师范大学历史文化学院尤学工《郭沫若与新中国初期的历史教育》一文从郭沫若对新中国历史教育目标、史学研究机构、历史教育原则、历史观念塑造等方面分析其对新中国初期历史教育的巨大贡献。兰州大学历史文化学院朱慈恩《郭沫若与“史学革命”的拨乱反正》一文论述“史学革命”初起时，郭沫若并未盲目鼓吹推动，而是有所保留。后来他对“史学革命”中的错误做法进行全面纠正，带动了大批史学家进行拨乱反正的工作，发挥了重大作用和影响。扬州大学社会发展学院朱春龙《试论新中国初期史坛中的郭沫若》一文从引导政治话语转变中的郭沫若、创设学术机制中的郭沫若、激活史学研究氛围中的郭沫若三个方面展示了郭沫若在新中国初期史坛中的重要作用。乐山师范学院四川郭沫若研究中心廖久明《郭沫若归国问题与庐山谈话会筹备工作关系考》一文将郭沫若归国问题与庐山谈话会的筹备工作结合考察，不但能换一个角度证明郭沫若归国“共产党功不可没”的说法站不住脚，并且能够增加对庐山谈话会筹备工作的了解。

二　郭沫若与中国马克思主义史学

郭沫若是较早自觉运用唯物史观系统研究中国历史的学人，是中国马克思主义史学的创立者，他开创了中国马克思主义史学的先河，激励着一代代学者。时至今日，研究郭沫若与中国马克思主义史学依然有着重要的历史意义与现实意义。湖北大学历史文化学院何晓明《郭沫若与中国马克思主义史学的成败得失》一文指出郭沫若是中国马克思主义史学的创立者，最具影响力的学人，史学工作者的楷模，其研究成果可继承、超越、质疑、批判，但不可被漠视、遗忘、歪曲、践踏。四川省社会科学院谭继和《从否定传统到把马克思请进文庙——简论郭沫若〈马克思进文庙〉》一文认为郭沫若《马克思进文庙》这篇文章不仅是郭沫若个人的思想，也是五四运动以后知识分子回归传统潮流中一种清醒的认识，而且现在也应继续进行将马克思主义同中国国情结合起的工作。山东理工大学齐文化研究院卜祥伟《郭沫若史学思想再认识》一文指出郭沫若史学成就显著，其思想来源不仅有马克思主义文化和中国传统文化，还有西方文化，带有多元色彩，值得我们不断学习。中南民族大学民族学与社会学学院唐梦琦《二十世纪二十年代郭沫若思想的转变》一文认为从“女神时期”到“马克思主义史学时期”，郭沫若经历了积累、爆发、缓冲以及到最终接受，开创运用马克思主义史学解决中国革命具体问题这一新历史研究方向之风。

三　郭沫若文学与文字学

郭沫若不仅是著名的史学家，还是享有盛名的文学家、古文字学家。他创作了大量诗歌、戏剧以及自传，甲骨文字研究后来居上，与王国维、罗振玉、董作宾齐名，其科学的治学方法、严谨的治学态度以及大胆创新的治学精神，深深地感染后世学人。中国社会科学院郭沫若纪念馆蔡震《郭沫若在历史研究语境中的文学写作》一文指出郭沫若在创作生涯的高峰期就开始并大量创作了自传作品，在其全部文学作品中占有相当大的量，用文学书写的方式叙写了中国现代史的一隅。中国社会科学院郭沫若纪念馆李斌《郭沫若对屈原资源的现代转换》一文将郭沫若有关屈原的言说综合起来，考察郭沫若通过屈原言说对五四新文学的贡献和态度转变以及有关传统文化资源的现代转换、新型民族关系的建构、人民大众在建构新型民族国家中的位置等问题。淮北师范大学历史与社会学院李勇《郭沫若咏中国古代史诗及其史学价值》一文将郭沫若咏中国古史所涉内容进行分类，指出其歌咏次数较多的历史人物及聚焦点，认为郭沫若咏中国古史的诗歌，用典堂皇，别有见地，是其历史认识、史学观念的诗话表达，是认识郭沫若文学和史学的有力佐证。太原师范学院历史系李凤英《甲骨文“”字考论——两版〈甲骨文字研究〉的研究系列之一》一文指出郭沫若在第一版《甲骨文字研究》中把“”字释为“羊”，第二版中释为“”字，后于省吾释为“羌”，于说结论被大多数学者所接受，但提出可以不局限于“羌”和“狗”二选一，认为古文字中原本分别有字表示这两个字，因形体相近易混，后来分别孳乳分化成形声结构的“羌”与“狗”。中南民族大学民族学与社会学学院冯雷《郭沫若何以跻身“甲骨四堂”》一文认为郭沫若甲骨文研究起步虽晚，但他以前人研究为基础，把握治学规律与方法，才识卓绝，成就斐然，顺利跻身甲骨四堂。

四　中国马克思主义史学

中国马克思主义史学是以马克思主义为理论指导的中国史学，是马克思主义在中国史学领域的具体运用。研究中国马克思主义史学，对于深入探讨20世纪的中国史学，深切认识中国马克思主义和马克思主义中国化问题，都具有重要的学术意义，也对当代马克思主义史学有一定的指导价值。中国社会科学院世界历史研究所吴英《马克思揭示的是什么样的规律》一文指出马克思唯物史观揭示的是内含因果关系的条件式的规律。北京师范大学历史学院向燕南《中国社会科学家联盟与中国马克思主义史学的发展》一文论述了“社联”的成立及其政治文化背景，认为其对30年代中国马克思主义的形成与发展做出了不可磨灭的贡献。中国人民大学马克思主义学院中共党史系宋学勤《个案实证与理论抽象：马克思主义史学方法论的双重维度》一文认为问题意识的自觉生成是开展实证研究的基本前提与最终目标，实证研究在任何时候都离不开理论指导和思想引领，要寻求个案实证与理论抽象之间的良性互动。华中师范大学历史文化学院赵国华《中国马克思主义史学论纲》一文分析了中国马克思主义史学的基本内涵、发展阶段、主要特征、研究状况、撰著方法，指出马克思主义史学对中国史学的深刻影响。重庆师范大学历史与社会学院刘俊男《也谈“国家形成标志”与“早期国家”》一文指出经典作家首先用“文明”一词表达国家，文明社会的构成要素指构成国家社会的元素，进一步讨论了马克思主义“文明”、“早期国家”的概念以及国家形成标志等。黄淮学院天中历史文化研究所郭超《文化自信与当代中国马克思主义史学》一文认为文化自信是当代马克思主义史学的新课题，当代中国马克思主义史学肩负着重要的文化使命，需要高度的文化自信。

五　其他学者对中国马克思主义史学的研究

马克思主义史学传入中国至今已有近百年，学者们展开了热烈的讨论，著书立说，涌现了一批又一批的马克思主义史学家，关于他们对于中国马克思主义史学的研究历程、特点、成果等，也十分值得探究。中国社会科学院历史研究所廉敏《中国马克思主义史学理论研究年度观察》一文指出对唯物史观的研究多出自非史学领域，对马克思主义史学理论的研究多在于史学史，对马克思主义史学理论的实践多集中于思想领域。中国社会科学院历史研究所高希中《改革开放以来马克思主义社会形态理论与中国史研究述评》一文从社会形态理论文献概述及特点、社会形态主要理论问题概述、中国史中的社会形态研究及特点、中国史社会形态理论研究的生长点四个方面分析，认为改革开放后“五种社会形态说”一统天下的局面被打破，社会形态理论初步繁荣，但统一的成说尚未构建起来，需要有新的拓展。四川大学历史文化学院何平《中国早期学者对马克思历史理论的解读及其问题》一文探讨了对马克思思想架构的再认识、马克思理论旅行到中国时的场景、郭沫若对五种生产方式理论的解读、奴隶制以及亚细亚生产方式，认为对马克思主义理论的解读，需要具备一种跨文化和比较思想史的批判意识。兰州大学历史文化学院赵梅春《试论20世纪前期马克思主义史学家对中国社会论战的总结》一文论述20世纪30年代末至40年代马克思主义史学家对社会史论战在理论上、史料上以及如何运用唯物史观研究中国历史所存在的问题进行了全面系统的总结，指出这一阶段马克思主义史学的发展是建立在反思与总结论战的基础上的。首都师范大学历史学院邹兆辰《马克思主义史学研究之路越走越宽——评张剑平的中国马克思主义史学研究》一文追忆了张剑平生前研究马克思主义史学家、探讨马克思主义史学发展中的重大理论问题的史学道路及史学研究特点。温州医科大学城市文化与社会发展研究所叶建《近代日本史学与李大钊的史学理论话语构建》一文认为李大钊唯物史观的话语塑造借鉴吸收了日本的历史哲学论著，其理论体系框架构建是对日本史学理论著述的直译润色。湖北科技学院人文与传媒学院赵骞《论白寿彝先生建国后前17年回族史研究》一文论述了白寿彝对中国回回民族史的重视及对回回民族在建国时期状况的研究与认识，通过精确的文献解读，有利于理解马克思主义史学，理解当时学术风气和社会风气。乐山师范学院四川郭沫若研究中心何刚《学术批评的另一种面相——民国学人日记中的唯物史观史学》一文以民国学人日记为主要凭借材料，指出占据学界主流的考证学家虽在公开的学术场域对唯物史观的批判和挑战置之不理，但私下却留意关注，同时更多的青年学子表露出对考证史学的不满和批判，暗含着对唯物史观史学的认可和期待。

六 中国近现代史学史与学术史

此次研讨会还有数篇文章研究中国近现代史学史与学术史，关注中国史学史学科的发展方向和发展方式，主张突破既有的研究范式，注意史学史与社会史、文化史研究的结合。复旦大学历史学系何爱国与上海大学历史学系颜英《略论章太炎对疑古史学的批判》一文论述章太炎对疑古史学的源流、历史观、方法论三大方面进行批判，认为其批判有犀利深刻之处，亦有一些失误，主要是苛责太深。华中师范大学历史文化学院董恩强《专精和考据：新考据学派的治学取向——兼与史观学派比较》一文认为20世纪上半叶，新考据学派占据当时学界主流地位，贡献尤大。此派治学重视材料，注重考据，提倡专精研究，其治学取向与史观学派有较大差异，以致二者交集不多，并互有批评。华中师范大学历史文化学院承红磊《从“宗法社会”到“军国社会”——中国近代思想史上的严译社会阶段论》一文认为严复对社会进化次序的介绍及依此对中国社会性质的判定影响深远，直到20世纪20、30年代才逐渐被社会进化五段论所取代，不过试图运用公理公例来分析中国社会的模式是前后一致的。华东师范大学历史系李孝迁《革命与历史：中国左派历史读物》一文选取范文澜《中国通史简编》、许立群《中国史话》、胡绳《二千年间》为例，分析左派运用阶段斗争角度、讴歌农民起义、展示社会发展五阶段论、通俗生动的叙事策略，来达到吸引广大青年、改造青年意识之目的。中国社会科学院当代中国研究所曹守亮《全球史视野下的资本主义萌芽研究》一文论述了台湾学者及日本对中国资本主义萌芽问题的探索，指出资本主义萌芽研究是对全球化时代主题的因应。首都师范大学历史学院曹小文《民族性与世界性的交融——建设中国特色世界通史编纂学的几点思考》一文指出建设中国特色世界通史编纂学的意义和价值、内涵与特征，是当代中国历史学的重要发展趋势。四川师范大学历史文化学院刘开军《新旧之争：清季史学话语体系的变迁与启示》一文指出传统史学话语的回响虽余音犹在，而在1902年前后，新旧史学之争达到高峰，最终旧话语淡出人们的视野，取而代之的是“科学”的观念、进化论和文明史。认为新史学话语拉开了近百余年史学变革的序幕，但也存在缺乏沉淀等过程。

成都市社会科学院历史文化研究所冯婵《王书珉的学术道路与治史风范》一文探讨了王书珉在傅斯年的教诲下洗掉才子气，在学术研究中笃实明义、治学用功，不求闻达、率真性情。

总之，此次学术研讨会是一场高水平、高质量的学术盛会。学者们利用新史料，采用新方法，提出新问题，得出了一系列新观点，进一步推进了郭沫若与中国马克思主义史学研究。相信以此次学术研讨会的成功举办为新起点，在当前史学繁荣发展的时代背景下，郭沫若与中国马克思主义史学研究将会取得更大成绩。

（原载《高教社科动态》2017 年第 1 期）

国际郭沫若会议

中国郭沫若研究会第二届青年论坛开幕

曾　江　何　刚

中国社会科学网讯（记者曾江　通讯员何刚）12 月 2 日，中国郭沫若研究会第二届青年论坛在四川乐山开幕。本次会议主题为“郭沫若研究的回顾与展望”，由中国郭沫若研究会、《历史研究》编辑部、乐山师范学院和四川省郭沫若研究会主办，四川郭沫若研究中心承办，来自中国社会科学院、北京师范大学、四川郭沫若研究中心、四川省社会科学院、四川大学、山东师范大学等学术单位的专家和青年学者参加论坛，围绕会议主题展开深入研讨。

在开幕式上，乐山师范学院党委书记杨胜宽、四川省历史学会会长谭继和、四川省郭沫若研究会会长彭邦本、郭沫若纪念馆馆长赵笑洁、中国郭沫若研究会副会长李怡先后致辞。郭沫若纪念馆副研究员、中国郭沫若研究会秘书长李斌主持开幕式。中国郭沫若研究会执行会长蔡震、《郭沫若学刊》主编王锦厚、西南民族大学祁和晖教授等学者出席论坛。

本次会议为期三天，分为七场讨论，30 位青年学者将围绕会议主题展开深入研讨，议题涉及郭沫若研究相关的评价、翻译文学研究、史料梳理、诗歌戏剧创作研究、国外的郭沫若研究等。

中国郭沫若研究会秘书长李斌对新时期以来的“非郭沫若”现象及相关思潮展开学理分析。他认为，新时期以来，“在“现代化范式”“重写文学史”等思潮下，郭沫若被“割裂”，即便是专门从事郭沫若研究的学者，也大多受到这些思潮的影响。借用柄谷行人的词语，我们可以说文史研究中已经形成了一种“非郭沫若”认识装置。作为与中国革命和社会主义中国紧密联系在一起的郭沫若，是我们重新思考二十世纪中国时需要面对的一个巨大存在，如果长期处于“非郭沫若”认识装置中而不持有一种反省的立场，我们不仅可能遗憾地错过这一存在，也可能根本就深入不到二十世纪中国的肌理之中。他表示，对“非郭沫若”认识装置进行认真反思，是要在已有的郭沫若研究基础上，质疑有关郭沫若的文学和学术的本质化理解，取消作为衡量郭沫若的“纯文学”“学术独立”等标准，将郭沫若放置到现代中国社会、政治、革命、学术、文学等流动的关系中去解读。而其中最重要的，是召唤回郭沫若革命者这一身份。这既符合历史事实，也符合我们的现实需要。应将郭沫若放置在现代中国的流动性的关系之中，对整体性郭沫若展开更为深入的研究。商丘师范学院刘海洲分析了郭沫若研究中的非议与批评话语的演变，认为批评话语各具特色，也带有明显的时代缺陷，都无法真正对郭沫若做出一个客观公正的评价。

四川郭沫若研究中心主任廖久明目前承担国家社会科学基金 2015 年度重点项目“回忆郭沫若作品收集整理与研究”。在此次会议上，他讨论了郭沫若抗战归国与庐山谈话筹备会的关系，增加了学界对相关问题的认识。山东师范大学文学院彭冠龙、山东大学威海分校孟文博、中国科学院大学人文学院向明、四川郭沫若研究中心何刚等学者则围绕郭沫若生平历史事件展开研究，分享了研究新成果，引起与会学者讨论。

中国政法大学人文学院卢燕娟对郭沫若抗战时期的“先秦”叙事进行了研究，她认为，抗战时期，整理、反思中国自身的传统，以此为基础创造新的现代中国，成为当时思想文化界的一个重要趋势。在这一潮流中，先秦历史成为郭沫若在历史研究和历史剧创作中主要关注的焦点。从战乱频仍的天下中创造出崭新的未来，是他在历史研究与历史剧创作中关注先秦历史问题的一个基本问题视野，通过用辩证唯物史观重新阐释先秦历史、用时代精神重新激活先秦历史、用人民立场重新创造先秦历史，郭沫若的先秦叙事完成了从传统历史中创造新世界的文化想象，从而成为现代中国思想文化关于新世界想象的一个重要组成部分。

对作为诗人、作家、学者的郭沫若，学界已有较多研究，近年来对于作为翻译家的郭沫若的研究正不断深入。随着译介学和翻译研究的发展和深入，郭沫若翻译研究近年来日益受到关注。华南师范大学文学院咸立强对郭沫若翻译文学研究进行了回顾与展望。他认为，郭沫若文学翻译研究，需要对复杂的关系网络进行全面细腻的探究。这不仅仅是指翻译的全过程，还指郭沫若翻译中真正的跨语际实践。郭沫若掌握德、英、日三种外语并且对这三种语言的文学著作皆做过翻译，这种真正跨语际的翻译实践对于译者郭沫若有着怎样的影响，又在怎样的意义上建构起郭沫若独具特色的译文本，对于这类问题尚有待进一步深入探究。在他看来，郭沫若的翻译文学不应该被视为原语文本的副文本，应该将其视为一个经由郭沫若之手重新创造出来的独立自足的文学世界，和郭沫若的新诗创作、历史剧创作一样，表现出来的是文学郭沫若对于现代文学语言的处理技巧和能力，将一种思想用一种语言恰到好处地传达出来的高超的文学技巧和能力。郭沫若翻译文学研究一旦摆脱传统“翻译”研究的束缚，必将拥有更为广阔的发展空间和可能。

西南大学中国新诗研究所熊辉对新时期以来郭沫若翻译研究进行了梳理和评述。他认为，纵观新时期以来的郭沫若翻译研究成果，不管是从整体上打量郭氏的翻译实践和翻译成就，还是从微观上分文体把握郭氏的翻译文本；不管是从抽象的层面去辨析郭氏的翻译思想和理论，还是从具体的层面上去甄别郭氏翻译作品的优劣，无可否认的是郭氏翻译研究发展至今已呈现出繁盛的景象，这是值得每一位关注郭沫若翻译活动和翻译作品的人深感欣慰之处。但与此同时，郭沫若的翻译作为一个丰富的存在，伴随着学术研究方法的改进和史料的发掘，无论是从文化交流、文学译介还是从民族文学建构的角度来讲，郭沫若翻译研究都还有很多可供发掘和深化的内容，未来的郭沫若翻译研究也一定会在广阔天地里大有作为。

与会学者对郭沫若译作进行了案例分析，如郭沫若纪念馆副研究员张勇介绍了对《英诗译稿》的相关研究，福建师范大学文学院彭建华介绍了对郭沫若译介的《德国诗选》的分析，乐山师范学院外国语学院张慧介绍了对郭沫若译介辛克莱小说的探析。张勇认为，郭沫若翻译文学研究目前还没有建立起一套完整的体系，还停留在单篇作品的语言翻译的研究上，从整体来看，有些篇目基本上还没有涉及。在郭沫若研究领域中，是不能缺少翻译文学研究的。翻译文学是郭沫若文学活动的重要组成部分，和其它文学活动有着密切的关联，甚至可以说牵一发而动全身。学界应该收集、整理、出版相关的原始资料，构建系统完整的郭沫若翻译研究体系。他认为，可以说郭沫若正如一个投掷“炸弹”的健儿一样，他用自己丰富的翻译成果，睿智的翻译理念，建构了完整了翻译体系，具备了世界的眼光和发展的思路，从而引领了中国新文化的发展航向。我们只有建构起一套系统完整的翻译研究体系，才能真正探究郭沫若翻译的丰富内涵。

国外的郭沫若研究是此次会议关注和研讨的议题之一。探究中国现当代文学在国外的传播是当前重要的研究话题，西南交通大学何俊介绍了德语世界的郭沫若译介与研究，试图通过梳理郭沫若其人其作在德语世界的传播轨迹，勾勒和刻画德语区的郭沫若形象。他认为，作为中国现代文学的重要代表人物，郭沫若与德国文化之间存在着不可分割的紧密联系，具体表现在留日期间的德语习得、卓越的德语文学翻译贡献及其在《三叶集》等作品中对德国文化的推崇。郭沫若与德语文学和文化之间的关系并非单轨而是双向的，早从上个世纪五十年代开始，德语世界就有学者致力于郭沫若的研究，并在八九十年代达到相对较热状态。翻译作品主要集中于郭沫若的诗歌及历史小说，对其作品的研究则多半置于中国现代文学史的宏观视阈下进行，其中对郭沫若的德语文学译作尤为关注。但总的来说，德语世界的郭沫若译介与研究还落后于英语和日语世界的平行研究。

乐山师范学院外国语学院杨玉英介绍了美国学者莫妮卡的郭沫若研究。四川财经职业学院胡娴则运用比较文学译介学的理论和方法去分析法国汉学家米歇尔·鲁阿的《郭沫若诗选》法译本，从中发现该译本所承载的跨文化信息。她认为，翻译也就不仅仅是语言的跨越、词句的转换和文本的旅行了，而是成为一种媒介。《郭沫若诗选》的法译本作为一种媒介，所构建的是当时法国对中国文化的一种新尝试。

郭沫若的诗歌创作研究是此次会议关注的议题之一。几位青年学者都将研究目光聚焦于郭沫若的第一部诗集《女神》。四川大学文学与新闻学院周维研究认为，《女神》不单纯是一部诗集，而是包含“剧曲”和“诗歌”两种文体的合集。《女神》

中的“剧曲”虽采用现代戏剧的体式，但戏剧精神属于中国戏曲，在此基础上，郭沫若通过“多声部”“极端美学”等技巧，强化了戏剧的仪式化特征。“剧曲”在《女神》当中有将“个人情感神圣化”的功能，是新诗萌生期不可或缺的“导言”。四川师范大学文学院刘永丽对《女神》中的《凤凰涅槃》展开研究，对反传统话题进行了探源分析。四川大学文学与新闻学院袁昊认为，郭沫若《女神》中的自然书写，既改变了新诗自然书写的“小”格局路径，也改变了中国古典诗歌自然书写传统，他把旧有的由“风景”而“心景”的“以物观物”、“由我观物”的观景模式，提升到“任我造物”的新高度，甚而开辟诗歌观照万物的新方向。自然景物既不是“物”，也不是“象”，而是“意”，是现代人现代体验与主体建构的“象征体”。自然书写在《女神》中呈现出了中国诗歌史上前所未有的新景象，这种新景象撑开了中华文化审美新领域。正是在此角度上，我们或许才能获得对《女神》自然书写的理解与把握，也才能阐释出《女神》自然书写的文学意义与美学贡献。

聊城大学文学院杨玉霞考订了郭沫若诗集《新华颂》辑选删改，她认为考察诗集《新华颂》在进入其他选集时候的篇目、具体篇目中的文本删改等问题，尽力探究其背后的深层原因，有助于我们深入历史的细部，更加全面了解当时社会的政治经济文化状况，以时代的审美趣味和标准，更加客观、理性地认识、评价郭沫若的后期诗歌创作。

《三叶集》为郭沫若、宗白华、田汉三人的通信集，初版于1920年5月，收入三人1920年的通信20封。河北大学文学院邓招华探讨了《三叶集》对新诗观念的建构，他认为，《三叶集》蕴含着丰富的诗学信息。郭沫若等在《三叶集》中对新诗的体认从技术层面提升到诗学本体论的层面，将情感的抒发指认为诗之本质、生命，一种抒情主义的诗学观念得以建构。《三叶集》的另一个显著的特征是，抒情主义诗学背后的诗人主体性建构话题得到了充分的阐释，以“真诚性”现代人格的探讨为抒情主义诗学奠定心理层面的基础。《三叶集》在早期诗学观念的建构中占据着举足轻重的地位与价值。

史料是拓展和深化研究的基础。西北民族大学文学院张向东、四川大学文学与新闻学院周文、中山大学中文系刘卫国、重庆师范大学文学院凌孟华等围绕郭沫若的作品、评论、相关杂志展开发掘和分析，推进了相关研究。

廖平和郭沫若是近现代四川的两个学术巨人，四川省社会科学院刘平中研究了郭沫若对廖平经学的改造与发挥，他认为，廖平与郭沫若都是推动民族传统文化近代转型的正能量，在尊重民族传统精神、文化上具有高度的一致性。廖平尊孔尊经，郭沫若尊重孔子重视儒家经典，分别从近代化转型的时代角度对孔子做了正面评价，对“孔子改制”和《六经》的历史价值做了评判。“廖平治今文经学的思维对郭沫若思想学术产生了深刻影响，郭沫若对廖平经学则做了创新性的改造与发挥，二者在文化传承上具有一定的延续性，在学理上存在一定的关联度。”

与会青年学者还探讨了其他问题，山东师范大学文学院陈夫龙介绍了对郭沫若与侠文化研究的回顾与反思，太原师范学院文学院李凤英谈了郭沫若的古文字研究，西南大学文学院梅琳探讨了郭沫若话剧创作的分野，乐山师范学院杨兴玉分析了《蔡文姬》主题宗旨，西南大学文学院李永东介绍了郭沫若创作有关问题，浙江省社会科学院郑绩介绍了新文学视域下的性/别意识，北京师范大学张国龙研究了郭沫若的儿童文学观和儿童文学创作，北京语言大学刘嵘解读了郭沫若 20 世纪 20 年代的日记，乐山师范学院邓帮云考订了郭沫若文学作品的"鞞神"并论及四川相关民俗心理文化，绵阳师范学院杨华丽分析了郭沫若早期小说的家庭伦理，乐山师范学院马文美比较研究了《狂人日记》和《牧羊哀话》的叙述模式，提供了新知，展开学术交流，深化了学界对相关问题的认识。

据悉，2015 年 11 月 27 日，由中国郭沫若研究会和《历史研究》编辑部共同主办的中国郭沫若研究会首届青年论坛"郭沫若与新文化运动"在北京召开。两届青年论坛的成功举办，团结队伍，蓄积力量，聚焦前沿，展现了青年学者的研究成果和学术风采，反映了近年来郭沫若研究的新进展新成果，推动和深化了我国的郭沫若研究。

（原载 2016 年 12 月 3 日中国社会科学院网）

中国郭沫若研究会第二届青年论坛

第十二篇

展览展示

传承与创新

——名人·名拓与郭沫若碑拓精选展

一　主办单位

北京市文物局图书资料中心　郭沫若纪念馆

二　展览时间和地点

2016 年 5 月 18 日—6 月 18 日　郭沫若纪念馆西院展厅

三　展览内容

此次展览展出了 23 件书法碑拓精品，北京市文物局提供 15 种名碑名帖，包括李阳冰、蔡襄、苏轼、黄庭坚、米芾等名家法书，涉及篆、隶、草、行、楷等书体，部分碑帖经清人载滢、近人周肇祥等名人收藏，具有较高的艺术价值和版本价值，是书法研习者的重要范本。展览还展出了郭沫若纪念馆馆藏《东汉秦君石阙题额拓片》、

《郭沫若题泰山诗六首碑拓》等8件碑拓精品。《东汉秦君石阙题额拓片》尤值一提，1964年6月两座东汉石阙及若干石柱出土于北京西郊，现藏于首都博物馆。石阙造于东汉和帝元兴元年（公元105年），二阙上端以阳文刻隶书“汉故幽州书佐秦君之神道”，刻文下方有二只虎形浮雕，生动活泼。郭沫若于1965年在2张石阙拓片上做了长文题跋，解释石阙由来及历史背景，使得拓片之价值弥足珍贵。

“郭沫若展”在哈萨克斯坦成功举办

赵欣悦

2016年10月31日至11月5日，应哈萨克斯坦共和国欧亚库纳耶夫法律大学校长吾买尔力邀请，郭沫若纪念馆副馆长刘曦光、文物与陈列工作室梁雪松、赵欣悦，赴哈萨克斯坦共和国阿拉木图市欧亚库纳耶夫法律大学举办“郭沫若展”及文化座谈等活动。在哈萨克斯坦共和国欧亚库纳耶夫法律大学的鼎力支持下，圆满完成了展览与交流任务。

这次在哈萨克斯坦共和国欧亚库纳耶夫法律大学举办的“郭沫若展”非常成功。展览是以郭沫若先生的生平为主线，用图片和书画、文稿实物的方式集中展示，共展出300余幅的珍贵历史图片，以图文并茂，中、英、哈三语的形式展现郭沫若先生辉煌的一生。郭沫若曾任中国保卫世界和平大会委员会主席，也是中国民间外交的创始人，被海外誉为“中国的外交形象大使”，为世界文化、世界和平以及在国际社会上宣传新中国、宣传中国共产党做出了特殊的贡献。他的外交思想和独特的外交风格为世界所公认。

代表团此行哈萨克斯坦举办“郭沫若展”并与当地专家学者进行学术与业务交流，收获颇丰。通过座谈和交流，双方同行都热切希望今后能够加强对话与互访交流，举办各式的展览。我们感到在哈萨克斯坦，尤其年轻人中，渴望了解中国历史文化，了解中国文化名人，特别像郭沫若这样的具有代表性的百科全书式的文化巨匠。

中哈两国互为友好邻邦，地缘相近、人缘相亲、文缘相通。当前，中哈关系呈现加速发展势头，高层互访频繁，各领域合作全面推进，亮点纷呈。习近平主席与纳扎尔巴耶夫总统会谈时指出，中哈双方要全面推进“一带一路”建设，共同落实好《中哈关于“丝绸之路经济带”建设与“光明之路”新经济政策对接合作规划》，其中特别提出要扩大双方人文合作。这次共同举办展览也正是贯彻落实两国元首这一指示的一个具体举措，这次活动加强了双方在文化领域的合作，加深了与哈萨克斯坦人民的友谊。

两千多年前，中哈人民通过伟大的丝绸之路友好交往，互通有无，推动了东西方文明的交融，促进了沿线各国的发展。中哈建交25年来，不断增进政治互信，全面深化务实合作，大力开展人文交流，建立全面战略伙伴关系。中哈关系的持续健康发展，不仅有力促进了两国的共同发展，也巩固了两国人民之间的传统友谊，更为维护地区乃至世界的和平与稳定作出了重要贡献。

当前，在两国领导人的共同关心和推动下，中哈双方正在全面推进“丝绸之路经济带”和“光明之路”新经济政策对接，积极开展产能与投资合作。中哈关系发展的前景更加广阔。在哈萨克斯坦，代表团感受到了哈萨克斯坦人民对中国的友好情谊，以及对中国文化的浓厚兴趣。在这里学习中国汉语的人有很多，很多人都留学过中国，对中国有深厚的感情，让我们感到非常欣慰，看到了两国年青人友好交流的未来。

代表团举办“郭沫若展”，宣传了中国文化与精神，也宣传了我院哲学社会科学的发展成就。参观展览与参加座谈的哈萨克斯坦人士给予了我们积极的反馈。他们希望多与我方联系交流，哈萨克斯坦共和国欧亚库纳耶夫法律大学校长吾买尔力承诺在郭沫若诞辰日及去世日举办“郭沫若展”。

在这里，古丝绸之路绽放光彩，东西方文明碰撞交融，古丝绸之路、传播东西方文明、促进不同民族交往、加强不同文化互鉴、推动人类文明进步作出了重要的贡献。也正是得益于伟大的古丝绸之路，加深了哈萨克草原游牧民族和东方农耕民族之间政治、经济、文化联系，促进了哈萨克斯坦草原的发展繁荣。百年以来一直在为实现中华民族伟大复兴的中国梦而奋斗，并将继续为国家富强、文化昌盛贡献力量。

文化名人主题巡展之
文化名人与文化景观——名人·名居·名树
文化名人与民族精神

一　展览主旨

文化名人与文化景观——名人·名居·名树

北京八家名人故居的建筑具有鲜明的中国传统文化特色，体现了老北京“天人合一”的人居理念。这其中既有清代王府花园，也有北京的大宅门，还有北京普通的传统民居，体现了不同的的建筑风格和居住习俗的历史沿革，同时是对北京古典建筑进行深度鉴赏和体味的最佳样本。在每个名人故居中都栽种有具有历史意义和观赏价值的古树名木，如鲁迅故居鲁迅亲手栽植的丁香、宋庆龄故居的凤凰国槐和清代古海棠、郭沫若纪念馆的银杏树、茅盾故居的白杨树、老舍故居的柿子树、梅兰芳纪念馆的椿树等等，这些树木和花草有些进入到了他们创作的视野，成为了他们艺术表现的对象，有些融入到了他们的生命，成为了他们一生的精神守望。“文化名人与文化景观——名人·名居·名树”展览展示了北京八家名人故居的传统建筑以及古木名树，正契合了2016年国际博物馆日的主题“博物馆与文化景观”。

文化名人与民族精神

中华民族是历史最为悠久的民族之一，中华民族的伟大精神几千年来绵延不断，但其现代嬗变开始于19世纪中叶。鸦片战争以后，中国屡遭西方列强的侵略，特别是在甲午战争以后，中华民族的危难更是达到了空前的境地。在民族生与死的关键时刻，许多先进知识分子开始思考和讨论中国国民性的问题，把改造国民精神和救亡图存相结合。新文化运动开始后，在西方民主、科学观念的参照下，他们把希望寄托在新一代青年人身上，希望青年人为了民族更生，以“回天再造之精神”，实现民族精神的现代转化和“凤凰涅磐”，创造“青春之中华”。“文化名人与民族精神”展示出，以宋庆龄、李大钊、鲁迅、郭沫若、茅盾、老舍、徐悲鸿和梅兰芳为代表的中国文化名人，不断求知和思考，努力探索如何培育和弘扬中华民族精神之道路，力求团结全民族的力量，实现民族精神的现代转化和中华民族的伟大复兴。

二 主办、承办单位

主办单位：北京市文物局、北京博物馆学会、中共北京市西城区委宣传部

承办单位：宋庆龄故居、李大钊故居、鲁迅博物馆、郭沫若纪念馆、茅盾故居、老舍纪念馆、徐悲鸿纪念馆、梅兰芳纪念馆等

三 展览时间和地点

2016 年 4 月 15 日 重庆西南大学

2016 年 5 月 17 日 北京郭沫若纪念馆

2016 年 5 月 18 日 北京平谷区北京实验学校附属小学

2016 年 6 月 22 日 广西贺州市图书馆、贺州市博物馆

四 各站巡展及文化活动

1. 重庆西南大学

2016 年 4 月 15 日“文化名人与民族精神”主题展在重庆西南大学开幕，也为西南大学组建 10 周年暨办学 110 周年献上了一份贺礼。

2. 北京郭沫若纪念馆

2016 年 5 月 17 日，“5 · 18 国际博物馆日”系列文化活动在郭沫若纪念馆举行。八家名人故居纪念馆的主题展览巡展于当日启动，巡展单位代表接受了巡展旗帜。其

中“文化名人与文化景观——名人·名居·名树”在郭沫若纪念馆展出，“文化名人与文化景观”是2016年国际博物馆日的主题，围绕这一主题，在郭沫若纪念馆举行了一场“行走式”的文化景观体验活动。

八家名人故居纪念馆向柳荫街小学赠送了《北京八家名人纪念馆文化读本：时代之音——读名家名言 听文物故事》《文化名人与民族精神——2015年北京八家名人故居纪念馆活动纪实》以及《抗战中的郭沫若与茅盾》三部书籍。文化活动还包括“名家名言”和诗歌朗诵，以及“银杏树下”系列文化活动之“国乐表演”等。

3. 北京平谷区北京实验学校附属小学

2016年5月18日，八家名人故居纪念馆的主题展览“文化名人与文化景观——名人·名居·名树》在上宅文化陈列馆的大力支持下，在北京平谷区北京实验学校附属小学举办。当日，八家名人故居纪念馆和上宅陈列文化馆还向北京实验学校附属小学的同学们赠送了书籍。

4. 广西贺州

2016年6月22日“20世纪中国文化名人与民族精神”展览在广西贺州市博物馆、贺州市图书馆开幕。八家名人故居纪念馆向贺州市博物馆、贺州市图书馆赠送了书籍和书画复制品，贺州市向八家名人故居纪念馆赠送“麒麟尊”复制品。6月21日，郭沫若纪念馆副研究员张勇为300余名贺州市干部和学生作了题为“抗战时期郭沫若的文化情怀及启示”的讲座。6月23日，贺州市政协举行“中国文化名人民族精神与贺州建设文化强市座谈会”。

第十三篇

海外研究中心

郭沫若中国研究中心在埃及成立

王　静

2016年8月9日，郭沫若纪念馆、北京语言大学中东学院、埃及苏伊士运河大学三方决定并宣布，在苏伊士运河大学建立首个“郭沫若中国研究中心”。这是“一带一路”倡议框架下，在沿线国家设立的第一个以中国现当代名人命名的海外研究中心。

一　设立意义

2016年5月17日，习近平主席在哲学社会科学工作座谈会上指出，要“支持和鼓励建立海外中国学术研究中心”，“推动海外中国学研究”。

郭沫若是中国著名的文学家、历史学家、社会活动家，是一位多元人物，其学术成就涉及到哲学社会科学几乎所有领域和学科，特别在翻译等领域极有建树，并曾任中国保卫世界和平大会委员会主席，被海外誉为“中国的外交形象大使”，为世界和平做出了特殊的贡献。

郭沫若曾两度出访埃及，1957年12月，他率团参加在开罗举行的亚非团结大会；1970年10月，他作为中国特使，参加了纳赛尔总统的葬礼。郭沫若还曾多次写下诗歌，声援埃及人民接管苏伊士运河的正义斗争、赞美埃及的人民与风物，他是中埃友谊的推动者与见证人。

埃及是“一带一路”沿线的重要国家，新中国成立后，埃及是第一个与新中国建交的阿拉伯和非洲国家，两国之间的经贸与文化交往不断深化。近年来，中埃两国建立了全面战略伙伴关系，高层往来频繁。在埃及建立海外研究中心，能够以此为基点辐射到整个“一带一路”的国家和地区。

郭沫若纪念馆积极响应习主席号召，2016年8月决定在埃及建立第一个郭沫若中国研究中心，扩大海外影响力，宣传郭沫若与中国社会科学院，宣传中华民族精神和命脉。

二　研究中心模式

郭沫若中国研究中心秉持郭沫若维护世界和平、以文化为交流纽带的理念，以推进中国学术研究、郭沫若研究在海外的影响与传播为目标，遵循习近平主席提出的“真诚对话、互学互鉴、合作共赢”原则，把研究中心作为文化合作的平台和文化交流的桥梁，为推动和发展中国与世界其他国家的文化交往而贡献力量。

郭沫若中国研究中心以中国社会科学院、郭沫若纪念馆为主体，依托苏伊士运河大学与北京语言大学共建的孔子学院为平台，三方共同合作。在合作分工上，中国社会科学院、郭沫若纪念馆负责提供相关学术资源、学术展览、联络组织中国学者，苏伊士运河大学负责在埃及的联络协调工作，联络埃及学者，组织在埃及的各项活动，提供场地、人员、师生资源；北京语言大学负责提供提阿拉伯语的语言支持和涉外工作的事务性协调工作。

苏伊士运河大学创建于1976年，位于埃及伊斯梅利亚省，是一所公立综合性大学，亦是埃及国内的知名高校之一。该校所处的苏伊士运河特区，是塞西总统指定的经济发展特区，实施新苏伊士运河计划，是“埃及的未来”。学校现有学生5万多人，教师3000余人，并在不同学院开设了3个汉语系。该校成立了孔子学院，开办了多期汉语培训班，并积极开展各种中国文化专题活动，极大推动了中埃之间的文化交流。

三 工作成果

2016年8月至年底，郭沫若中国研究中心已开展多项工作：

2016年10月27—31日，郭沫若纪念馆馆长赵笑洁率团访问埃及。

访问期间，赵笑洁馆长、北京语言大学中东学院院长罗林与苏伊士运河大学校长马木杜哈·古拉布、常务副校长阿提夫·阿布努尔分别进行了会谈，沟通了决定设立“郭沫若中国研究中心”以来中埃双方各项工作的进展情况，商议了《郭沫若中国研究中心章程（草案）》的内容。双方同意进行下一阶段的系列重要合作，将郭沫若中国研究中心作为平台和窗口，开展相关学术和教学交流活动，宣传中国现代文化，增进中埃两国之间的了解与信任。

双方决定，在苏伊士运河大学设立“郭沫若中国研究中心”办公室和永久性的郭沫若展厅。代表团实地考察了该校正在建设的孔子学院大楼工地，对郭沫若展厅进行了选址。双方还同意，以中华名人命名苏伊士运河大学汉语系的班级，和国内相应的名人纪念馆、研究会对口合作，将中国文化元素嵌入汉语教学之中，与教学密切结合，培养有文化底蕴的汉语人才。

10月30日，代表团在苏伊士运河大学成功举办了“郭沫若生平展”，此次展览是苏伊士运河大学孔子学院“走近现代中国”系列活动的重要组成部分，展出了珍贵的历史图片，以图文并茂、中文与阿拉伯文双语的形式展现了郭沫若伟大的一生。

“郭沫若生平展”开幕式由苏伊士运河大学孔子学院埃方校长哈桑·拉吉布主持，中国驻亚历山大总领事徐南山、各界嘉宾和苏伊士运河大学百余名师生出席了仪

式。郭沫若纪念馆馆长赵笑洁代表中方讲话，她介绍了郭沫若作为“中国外交的形象大使”为世界和平做出的贡献，回顾了郭沫若两度出访埃及，声援埃及人民接管苏伊士运河的正义斗争的历史往事。赵笑洁提出，建立郭沫若中国研究中心的目的，正是秉持郭沫若维护世界和平、以文化为交流纽带的理念，遵循习近平主席提出的“促进不同文明真诚对话、互学互鉴、合作共赢”的原则，搭建中埃文化合作的平台和文化交流的桥梁，为推动和发展中埃传统友谊而贡献力量。

代表团会见了埃及金字塔集团总裁艾哈迈德·纳贾尔，就郭沫若研究阿拉伯文相关学术出版项目等事项进行商谈。金字塔集团是埃及最为权威的综合性出版集团，旗下的《金字塔报》创立于1875年，是阿拉伯国家中创办最早的报纸，如今是埃及发

行量最大的时政类报纸。

2016 年 11 月 28 日，埃及金字塔集团董事长艾哈迈德·纳贾尔回访郭沫若纪念馆。郭沫若纪念馆馆长赵笑洁、社会科学文献出版社社长谢寿光与其进行了具有战略性意义的会谈。双方决定，将合作出版郭沫若纪念馆主编的《郭沫若——来自中国的尼罗诗人》阿拉伯文连续出版物以及夏鼐《古埃及串珠》阿拉伯文版，并通过这两种书刊的出版，建立起更加紧密的出版合作关系。

2016 年 12 月 14 日，“中埃文化年系列活动——中埃书法绘画雕塑艺术展”在郭沫若纪念馆举办。埃及驻华大使馆文化参赞侯赛因、苏伊士运河大学校长马木杜哈教授率

团 9 人参加开幕仪式。中国社会科学院副秘书长韩大川与马木杜哈校长共同启动了展览。郭沫若纪念馆馆长赵笑洁与鲁迅博物馆馆长黄乔生、茅盾故居主任郭丽娜、老舍纪念馆馆长王红英共同把以这 4 位中华名人命名的班级名牌转交给苏伊士运河大学，在该校正式成立“中华名人班”。此次展览共展出了 14 位著名艺术家创作以及埃及驻华大使馆文化处提供的 80 余件书画和雕塑作品，以多样的表现形式体现了“一带一路”和“中埃友谊”的主题。

郭沫若与埃及大事记

1956 年　支持埃及人民接管苏伊士运河的正义斗争

1956 年 9 月 18 日　作诗《埃及，我向你欢呼!》

1956 年 12 月 28 日　埃及驻中国大使拉加卜致信郭沫若，感谢其写诗支援埃及。

1956 年 9 月 20 日　出席全国人民代表大会常务委员会第四十六次会议，在发言中表示支持埃及人民的反殖民主义斗争。

1956 年 11 月 3 日　在天安门主持首都人民支援埃及反抗英法侵略群众大会，并发表讲话。

1956 年 11 月 11 日　出席中国人民支援埃及反抗侵略委员会第一次全体会议，并被推选为该委员会主席。

1956 年 11 月 13 日　与李四光代表中国科学工作者和全体中国人民致电埃及科学理事会及科学协会，声援埃及的反侵略斗争。

1956—1957 年　中埃文化与学术活动

1956 年 5 月 23 日　作为中国科学院院长设宴招待埃及古代史学家阿 · 费克里教授。

1956 年 5 月 31 日　参加周恩来总理与埃及古代史学家阿 · 费克里博士和埃及文化使团的会见。

1956 年 12 月 21 日　设宴招待埃及亚历山大大学教授穆斯塔法 · 埃尔—埃米尔博士。

1957 年 10 月 30 日　会见以亚历山大大学校长爱尔赛德 · 穆斯塔法 · 赛义德博士为首的埃及文化代表团全体人员。

1957 年 12 月—1958 年 1 月　第一次访问埃及，出席亚非团结大会

1957 年 12 月 14 日　出席首都各界人民在政协礼堂举行的支持召开亚非团结大会的集会，并发表讲话，题为《加强亚非人民的团结　促进世界和平运动的发展》。

1957 年 12 月 22 日　率中国代表团到达埃及首都开罗，出席亚非团结大会。

1957 年 12 月 23 日　率中国代表团参观军事检阅后，在为抵抗英法侵略而牺牲的烈士墓前献花圈并讲话。

1957 年 12 月 25 日　出席亚非团结大会各国代表团团长会议。

1957 年 12 月 26 日　率中国代表团往开罗大学礼堂，出席亚非团结大会开幕式。

1957 年 12 月 31 日　在亚非团结大会上讲话，发表于 1958 年 1 月 3 日《人民日报》，题为《朋友们的斗争就是我们的斗争》。讲话支持亚非各国人民根除殖民主义，争取民族独立斗争。

1958 年 1 月 1 日　出席亚非团结大会闭幕式。大会通过了《告世界人民书》，重申亚非人民遵循 1955 年万隆会议通过的十项原则。

1958 年 1 月 2 日　往开罗库巴宫拜会埃及总统纳赛尔，向纳赛尔赠送礼物并转达毛泽东主席和周恩来总理的问候。

1958 年 1 月 7 日　率中国代表团离开埃及回国。在途经布达佩斯时对匈牙利记者发表谈话，称赞"这次会议是成功的"。

1958 年 1 月 27 日　在《人民日报》发表《访埃杂吟十二首》，现收《郭沫若全集·文学编》第 3 卷，题为《游埃及杂吟十二首》。

1970 年　第二次访问埃及，出席纳赛尔总统葬礼

1970 年 10 月 1 日　作为中华人民共和国特使，郭沫若与外交部西亚非洲司司长何英以及中国驻阿联大使柴泽民参加了在埃及开罗举行的纳赛尔总统的葬礼。

（据《郭沫若年谱长编》（未出版）整理）

郭沫若咏埃及诗歌十三首

埃及，我向你欢呼！

郭沫若

埃及，我向你欢呼！
楚唐卡曼①已从金字塔中醒来，
司芬克狮发出了吼声，
古代的“死书”② 启示了
人类解放史的新的篇页。
新生的浪潮
通过苏彝士运河，
荡击着世界的各个角落。③

全世界都有你的友人，
正义是在你的方面，
胜利是在你的方面。
强盗们升堂入室的时代，
让它永远过去吧！
粉碎了的镣铐，
谁敢再拿来
加在主人的手足上？

西方银行家的管事们，
杜勒斯和他的仆从，

---

① 楚唐卡曼，即图坦卡蒙（Tutenkhamon）。

② “死书”，古埃及人放入墓中为死者祈福的祷文和咒语。

③ 苏伊士运河开凿以后，英法等国侵占运河管理权，夺去巨额利润。1956 年 7 月埃及宣布将苏伊士运河收归国有。

要再一次坐在泰晤士[①]的浓雾中
做出一些糊涂的白日梦了——
他们要组织一个“使用国协会”，
管理埃及的苏彝士运河。

真是扑朔迷离的怪梦啦！
使用者就可以有权管理，
岂不是谁使用美钞
就可以管理美国国库？
这就是西方强盗们
使用了几百年的逻辑，
但在今天是行不通了！

怪梦有强盗做的自由，
协会也有强盗组织的自由——
不必客气啦，不仅组织一个，
尽可以组织一千零一个，
但是苏彝士运河
是在埃及境内掘成的，
埃及人民为它牺牲了
十二万人的宝贵生命，
它永远是属于埃及的，
它永远归于埃及管理！

埃及有权把运河收为国有，
它准备赎回运河公司的股权，
它更保证了运河的自由通航，
这已是做到了仁至义尽。
然而强盗们却使用武装威胁，
妄想制造借口，
发动侵略埃及的战争！

试试吧，谁敢侵略埃及，
谁敢以武力侵犯埃及的主权，
埃及人民已经庄严地宣誓：

① 泰晤士，即泰晤士河，流经伦敦市区，这里指伦敦。

“决不让侵略者有一人生还！”
阿拉伯国家都已经庄严地宣誓：
“侵略埃及就是侵略阿拉伯国家！”

是的，为了保卫和平，
我也要向全世界宣誓：
我们中国人民坚决地支持
任何民族的反抗侵略的斗争；
我们组织过志愿军支援朝鲜。
我今天就甘愿作为志愿军的一员，
走到尼罗河边，金字塔的下面，
和埃及的兄弟们并肩作战。

埃及，我向你欢呼！
你决不是孤立无助的，
全世界的进步力量都在关怀着你。
你的胜利是全世界的持久和平，
你的胜利是全人类的共同胜利。
让我们斗争到全人类的解放吧！
不是流尽我们最后一珠血，
而是使冥顽的殖民主义者们
流尽他们的最后一珠血！

1956年9月18日

（本篇最初发表于1956年9月21日《人民日报》，选自《郭沫若全集·文学编》第4卷，1984年8月版。）

游埃及杂吟十二首[①]

郭沫若

初到飞机场受隆重欢迎

兄弟新交谊，欢呼震耳聋。
时闻沙拉姆，但听毛泽东。
绿帜挥头上[②]，鲜花满抱中。
不遑劳步武，被拥出人丛。

离飞机场赴开罗市

夕日红于火，平沙满目黄。
明驼[③]怜瘦削，飞鸟怅苍茫。
古意流风远，新猷岁月长。
何时椰枣树[④]，种遍漠中央？

宿开罗市 Seminamis 旅馆[⑤]

炜炜堡头桥，霓虹夜不消。
雄狮双座镇，神隼一徽标。
新月天心近，喷泉水面高。
春申[⑥]相仿佛，煮茗话良宵。

---

① 本篇后二首最初发表于1958年1月16日《人民日报》，发表时分别题为《月夜度沙漠由亚历山大返开罗途中》、《访问埃及古都洛克沙月夜尼罗河上泛舟》，同年1月27日与前十首一并以《访埃杂吟十二首》为题发表于《人民日报》。1959年收入《骆驼集》时又改作今题。

② 作者原注：埃及国旗为绿色星月旗，星月呈白色。欢迎者人手小旗一，在头上挥动，不断高呼“沙拉姆”（阿拉伯语：和平）和“毛泽东”。

③ 明驼，指骆驼。

④ 作者原注：椰枣树，埃及名 Balakh，树如椰子树，其实类枣。埃及多有之。中国古籍中有海枣、金枣、波斯枣、千年枣、万年枣等名。

⑤ 作者原注：Seminamis，古埃及女王名，旅馆以为号。在堡头桥（Thebridge of castle）西端，俯瞰尼罗河。桥头各有铜狮一对。桥之北侧有一埃及国徽可见，其象为神隼。

⑥ 春申，指上海。

在塞得港参加胜利节①

荡荡苏彝士②，长河大陆通。
埃人百万血，抗敌一年功。
海盗逋逃尽，居民庆典隆。
只今塞得港，火炬看熊熊。

亚非人民团结大会团长会议上

兄弟亚非国，受灾历有年。
求同情不异，反帝志弥坚。
独立期平等，共存重主权。
殖民新主义，幻梦势难圆。

亚非人民团结大会开幕

有色夸吾党，光明自东方。
西风今压倒，南甸此鹰扬。
国家四十六，代表半千强。
种族反歧视，万隆③又一章。

亚非人民团结大会闭幕

批判巴黎会，支援莫斯科④。
和平声势大，团结道途多。
相助还相学，不挠复不磨。
新年元旦日⑤，共唱凯旋歌。

---

① 作者原注：1956年苏彝士事件后，英法侵略军以12月23日由塞得港完全撤退，埃及政府定此日为胜利节。适届一周年，曾举行盛大庆祝。

② 苏彝士，现通称苏伊士，这里指埃及的苏伊士运河。

③ 万隆，印度尼西亚爪哇岛西部的城市。1955年曾在此举行“亚非会议”，即“万隆会议”。

④ 作者原注：“巴黎会”指1957年12月16日北大西洋公约组织会议；“莫斯科”指十月革命四十周年六十四个共产党和工人党代表会议及其和平宣言。

⑤ 作者原注：开罗会议于1958年元旦闭幕。

游 Giza 金字塔①

金字塔三座，威严逼四方。
人狮惊岳岳，王庙忆堂堂。
巨石千钧重，方舟十丈长。
劳工信神圣，奇迹叹无双。

弄舟尼罗河上

双桨掖轻舟，尼罗河上游。
晴光弥六合，天气拟初秋。
泅水人相继，解衣汗尚流。
诚甘三度饮②，万感足和柔。

游亚力山大行宫③

海色青如靛，行宫立岸前。
楼台夸富丽，袍服尚鲜妍。
法老终浮海，人民待有田。
尼罗河畔谷，疆场正无边。

夜由亚力山大港回开罗市

明月照荒漠，黄沙直入天。
驰过金字塔，回忆太阳船。
劳力无今古，经纶有变迁。
会看人定胜，万顷化良田。

---

① 作者原注：Giza 金字塔凡三座，系祖孙三代之王陵，均四千六百年前古物。塔为巨大花岗石所砌成，每石平均重二吨半。最大一座为祖墓，计用石 230 万个云。人狮石像一（Sphinx），甚雄伟，在祖墓前。祖墓前王庙亦用巨石建成，仅存废址。近年在塔旁发现太阳船一艘，木料在一千枚以上。因保藏在密闭石窖中，木质坚固未朽，埃及考古学家正从事复原工作。船甚宏大，系备死者返魂时水路旅行之用。船象在埃及古墓壁画中习见。

② 作者原注：埃及口碑："尼罗河之水，曾饮一次者，必饮至三次。"

③ 作者原注：亚力山大港有行宫二座，在地中海岸上，已成博物馆。革命胜利时埃王法鲁克即由行宫之一乘船去国。埃及古语称国王为"法老"。埃及曾初步进行土地改革，但土地分配尚未及贫雇农。（亚力山大，在尼罗河三角洲西部，滨地中海，是埃及的最大海港。——注释者）

在上埃及洛克沙市夜游尼罗河

市静人初定，天高月正圆。
古祠群柱立，轻舸一帆悬。
袅袅歌声发，琮琮浪语传。
尼罗河上夜，上下六千年。

（选自《郭沫若全集·文学编》第3卷，人民文学出版社1983年10月版。）

下　　编

资料集锦

第十四篇

硕博论文

【硕士论文：《天上的街市》文学解读和教学价值意义】

著者：宋丽佳

导师：郑桂华

学校：上海师范大学

专业：学科教学（语文）

在中国二十世纪新诗发展史上，郭沫若占有特殊而重要的地位。他是新诗理论发展史上重要的诗学理论家，写下了许多著名的诗篇，取得了令人瞩目的成就。《天上的街市》就是他当时的创作之一。诗歌在1921年3月发表于《创造季刊》上，是一首充满着浓浓的浪漫主义气息的现代格律诗。作为五四以后新诗的代表作品，20年代就选入了课本，过程中虽经历了一些删改，但仍有许多教材沿用至今。而笔者认为作品之所以成为“经典”，除了它所存在的时代意义之外，也有一定的普世价值，故笔者对《天上的街市》一诗作了文学解读综述，并对其教学价值做了分析。

论文由四章组成。第一章通过对《天上的街市》相关的文学解读研究，对《天上的街市》的文本解读研究作综述，主要从诗歌主题、诗歌表达方式、美学思想和相关文本比较这四个方面进行整理。第二章结合教材选编、删改的情况，以及“九年制义务教育试验教材（沿海版）、人教版初中语文、沪教版、苏教版、长春版、湘教版”这六套教材，通过学段、单元编排和课后练习分析教材的编纂情况。第三章以16篇《天上的街市》教学课例或教学研究，以及对洪镇涛老师的《天上的街市》一课作“教学内容”和“教学语言”方面的具体述评，对《天上的街市》一诗的“诗歌主题”和“艺术手法”在教学目标中的体现作全面分析。并且结合以上研究，在第四章对其教学价值进行梳理，由此提出笔者的建议。

研究发现，教材和教师在解读诗歌时都比较关注朗读、《天上的街市》一诗“对理想生活的向往”——主旨的解读以及“想象和联想”艺术手法的运用，教学目标的确立普遍比较单一，而学术界比较丰富的理解却未在教学中看到。对此笔者提出一些建议，可从诗歌的内部语言和意象研究，郭诗的美学思想，诗歌的多义主题，以及诗歌中的传说故事、时代背景着手，进行更为丰富的教学探索。

【硕士论文：郭沫若话剧创作的民族化实践】

著者：赵菲

导师：刘方政

学校：山东大学

专业：中国现当代文学

现代中国戏剧的发展历程，实际上是西方话剧被引入中国后生根、萌芽，不断民族化的历程。郭沫若作为现代剧作大家，其话剧创作同样具有鲜明的民族化特征。然而就目前对郭沫若戏剧的研究来看，很少有研究者对郭沫若话剧创作民族化作一宏观系统的论述。为了弥补这一不足，该文将从话剧民族化的视角，分析郭沫若以历史剧为代表的话剧创作，详细研读文本，并结合郭沫若的思想与理论发展，尝试对此问题作出全面解读。

绪论部分，着重阐述话剧“民族化”的含义及发展历程，并附研究综述。所谓民族化，可从三个层面来理解：在审美趣味与欣赏要求层面，要在学习西方的基础上熔铸民族的风格；在表现内容层面，侧重于展现现实生活与时代风貌；从精神内核层面上看，则主要体现现代性意识。至于民族化发展历程，总的来说则是一个从“破”到“立”的过程。大致可分为三个阶段。从五四期间起至二十年代末，是话剧民族化的起步与摸索阶段。新文化诸人以矫枉必先过正的姿态彻底否定旧剧，扫清了新剧发展道路上的障碍。1926 年，“国剧运动”开展，发起者主张将西方理论与中国民族传统进行融合，创作具有中国民族风貌的现代戏剧。30 年代末，“话剧民族化”便被提上了日程，中国话剧开始向着富有民族特色的方向逐步发展成熟起来。

第一章主要阐述郭沫若的思想基础及对其作品的影响。他的创作大致可分为如下两个时期。第一，五四时期。郭沫若吸收了大量中国传统文化精髓，形成了“泛神论”的世界观和以主观性、抒情性为基本特征的以自我为本位的文艺观，并借鉴了歌德和王尔德等西方剧作家的创作，表现为强烈的个人意识与自由精神，并有一定的唯美主义倾向。第二，四十年代。郭沫若早在 1924 年翻译河上肇的著作时便已接受马克思主义，开始转向革命为本位的文艺观，抗日战争爆发后，他的戏剧进一步强化了为革命服务的特征。直到建国后，史剧创作完全为共产党领导的社会主义建设服务，有明确的政治目的，具有鲜明的时代性和现实性。

第二章主要阐述郭沫若历史剧创作与民族精神和时代精神的关系。郭沫若创作历史剧的主要目的之一，就是将历史的精神转化成时代的精神。他并不强调要按史学研究的方法恢复历史原貌，而是要发展“历史的精神”，将其演绎为与现实生活紧密贴合的时代精神。第二节主要论述郭沫若塑造的人物形象与民族性格和时代精神的关系。这些人物普遍具有民族的传统性格，又融入了时代与作者的理想和期冀。第三节主要论述郭沫若剧作中民族精神的重塑，包括爱国主义的民族传统，以及威武不能屈的正义品格。并结合时代要求，对民族精神进行新的阐发。

第三章着重阐释郭沫若对西方现代思潮进行的民族化改造及对传统美学精神的发扬。一方面，他移植了西方浪漫主义精神，深入挖掘人的自我意识，高扬反叛精神，并在创作中融入了鲜明的民族化特征。另一方面，他继承与发扬了传统美学精神，在传情达意上采取了诗化抒情方式，在戏剧结构上又借鉴了传统戏曲的形式，强化了戏剧的表现力。

【硕士论文：郭沫若历史剧现代性与民族性的双重变奏】

著者：余永春

导师：陈煜斓

学校：闽南师范大学

专业：中国现当代文学

毋庸置疑，郭沫若是一个“伟大”的人物。他那历时八十余载的社会、政治生活不可谓不丰富："创造社"的灵魂、北伐战争的将领、抗战时期的文化领袖、鲁迅先生的继承者、建国后国家领导人。他在诗歌、史剧创作等方面对中国现当代文学影响重大。同时他又是一个巨大的矛盾体，激进、叛逆与保守、顺从合于一身。他在思想观念上的转变、对某些历史人物的评价、对最高领袖的歌颂等等都引起了极大争议。因此可以说，研究郭沫若是解读文学与时代、文学与政治、文学与人民如何互动的一个合适的文化标本。

全文内容共分三章，另有绪论与结语。绪论部分首先阐述了从现代性与民族性两个视角来研究郭沫若史剧活动的合理性与意义。接着梳理了学术界有关郭沫若历史剧的研究现状。最后简述现代性与民族性的理论重点以及两者之间在现当代中国的关系。

第一章介绍郭沫若文艺思想的发展与演变。第一节讨论并比较了浪漫主义与表现主义在郭沫若早期文艺体系中的位置。两者混杂而成的"泛表现"思想可以说是他早期文艺思想的核心。而表现主义"激情批判"的力度与"破旧立新"的理想追求是郭沫若20年代中期文艺思想转变的一个关键因素。第二节从对劳苦大众的认同、文艺思想的自然发展与马列主义思想的影响等三个因素来考察郭沫若文艺思想的转向。他后期文艺思想可分为四个阶段。在这些阶段郭沫若曾先后提出过"文学＝革命"，"人民本位"，"政治第一，文艺第二"等重要文艺观点。这些观点很大程度上影响了中国现当代文学的发展走向。

第二章侧重于内容角度，郭沫若历史剧创作其主题之演变与时代精神的变动是互为映照的。这显现出他自身对政治与文艺看法的转变轨迹：从追求现代游移到强调传统。第二节探究郭沫若如何以"古人之骸骨"喊出不同时代的最强音。"红萧""屈原""蔡文姬"等三人在某种意义上对应着在不同时代的郭沫若。这些人物形象及其功能的嬗变展现出了中国传统知识分子在大时代中的一个侧影。

第三章从艺术形式的角度来分析郭沫若史剧中现代性与民族性两种因素的纠葛。第一节讨论郭沫若历史剧的语言。郭沫若从原则性与审美性两个层次对史剧语言提出要求，认为"古今通用"最为理想。他历史剧的语言既有诗词歌赋的诗性美，也有大众化语言的鲜活性，浓郁的民族风采满溢纸上。第二节结合剧本与演出来考察郭沫若史剧创作与民族戏曲之间的深厚渊源。他的历史剧一方面受到传统文化潜移默化的影响，另一方面又自觉借鉴戏曲艺术的表现形式，从而表现出鲜明的民族风格与民族气派。然而，戏曲艺术中的某些"遗形物"又在一定程度上消融了话剧的现代精神。

最后结语部分总结了郭沫若历史剧中所蕴藏着的现代性与民族性因素，指出他的一生实质上十分自觉地从一个极端走向另一个极端。他在现代性与民族性所构筑的张力空间中并未寻得平衡，而是心甘情愿地作时代的弄潮儿。

【硕士论文：抗战语境下的郭沫若与《屈原》】

著者：张晓鹏

导师：李扬眉

学校：山东大学

专业：中国现当代文学

抗日战争期间，民族危机空前加深，国共两党摒弃前嫌共同抵御日本侵略者。但双方并非相安无事，摩擦冲突伴随抗战形势接连不断，为避免正面冲突，双方常常借历史以言当下，历史剧为双方争夺政治话语的领导权提供了一个重要的场域。1942年3月，郭沫若创作了历史剧《屈原》，围绕《屈原》的发表和搬上舞台，引发了一连串的风波。本文尝试以比较细致的个案研究方式，探讨这场争论的影响及其对郭沫若抗战时期文化领袖形象的塑造，进而显示历史记忆与现实政治的复杂互动关系。

该文首先探讨《屈原》问世的政治背景，分别就抗战初期国共两党对郭沫若的争夺、抗战时期重庆的话剧运动两个主题进行阐释，意在说明郭沫若回国后并非当即投入中共的“怀抱”，其在政治态度上有过犹疑：抗战时期的重庆戏剧成为两党进行意识形态斗争的工具，国共两党通过话剧运动争夺民族话语的领导权。政治背景之外，通过重建郭沫若创作《屈原》的心路历程，体现中共“寿郭事件”对郭沫若政治态度转变的影响，以及郭沫若创作《屈原》的另一个关键因素：郭沫若长久以来对屈原研究的“情有独钟”及意欲将其戏剧化的倾向。之后，通过还原《屈原》的内容与主旨指出《屈原》在创作之初并非全然影射现实之作，其背后有着更为深刻的主题，除了批评现实，民族统一更是郭沫若创作《屈原》的确切旨趣；通过分析《屈原》背后的文化意涵，指出郭沫若的历史观念。相反，《屈原》创作之初并非如此“别有用心”，《屈原》的地位与影响形成于其现实影响之中——《屈原》与国民党文化政策的矛盾和与中共文化政策的契合、历史真实与艺术真实之争、《屈原》与《野玫瑰》之争。最后，抛却政治，从纯粹的学术史业绩层面，对《屈原》及郭沫若进行评价，以还原其本来面目：《屈原》的现有地位更多的是在特殊的历史环境中其政治意义被过度阐释的结果。所以，称《屈原》“超过了历史上所有表现屈原的作品”，确有夸大其词之嫌。围绕《屈原》所产生的学术争论，不同学者对屈原及其思想的理解、认识上的差异，本应为中国现代学术史上重要的内容，而争论所及之处，却掺杂了过多的个人观点和政治旨趣。郭沫若在抗战时期文化领袖地位的形成，一方面，是郭沫若本人选择的结果，另一方面也是中共有意塑造的结果，所谓“时势造英雄”。

【硕士论文：论郭沫若历史剧的戏剧性】

著者：丁薇

导师：李致

学校：河北大学

专业：中国现当代文学

论文对郭沫若历史剧的戏剧性进行考察，基于郭沫若史剧观的分析，阐述其史剧观与戏剧性之间的关系，并从人物、事件、节奏等角度深入阐释郭沫若历史剧的戏剧性及其艺术呈现方式，进而从美学层面评点郭沫若戏剧性的追求对其创作的得失。论文从三个方面展开论述：

首先，郭沫若在历史剧创作过程中逐步形成了自己的史剧观，本文通过梳理郭沫若的史剧观与戏剧性间的关系，发现郭沫若主张以“史”和“剧”来写“诗”，运用“古为今用”和“失事求似”的史剧创作原则进行艺术主情主义创造。郭沫若对戏剧性追求的独特之处在于作家通过对人物内心情感的刻画，使人物在各自意志的指引下迅速行动起来并发生意志冲突，人物的意志冲突作为情节的基础进一步凸显了情绪的感染力。

其次，论文从戏剧手法入手，分别从历史人物、历史事件、戏剧节奏三个方面分析戏剧性在郭沫若历史剧中的艺术呈现。理想化与情感化的人物性格，复杂微妙的人物关系，富有戏剧性的历史事件选择，事件发展中的偶然性和悬念设置等都会激发观众的情感共鸣。戏剧节奏的张弛有度、刻意淡化戏剧人物间的外在冲突、注重刻画人物内心的情感波澜，这些都体现了戏剧性。

最后，论文分别从艺术主情创造和诗性追求两个方面论述郭沫若戏剧性追求对其历史剧创作得失的影响。艺术主情创造使戏剧性与情感性更加融合，诗性追求在一定程度上增强了戏剧的感染力；艺术主情创造受戏剧性的限制影响作者情感的表达，对诗性的过分追求会淡化戏剧的戏剧性。

【硕士论文：在政治与艺术之间：《孔雀胆》接受史研究】

著者：李明

导师：廖久明

学校：西南大学

专业：中国现当代文学

现代作家中郭沫若的地位不可忽视，在文学领域，无论是诗歌、小说、戏剧、散文还是杂文郭沫若都有所涉及，其中诗歌与历史剧成就最大。在郭沫若创作的历史剧中，《孔雀胆》无论是内容还是思想都是独特的。《孔雀胆》是郭沫若1942年创作的历史剧，描绘了元代阿盖公主与段功相爱，但最终遭到丞相与王妃的陷害双双死去的悲剧故事。作品创作初期至今，读者对《孔雀胆》的接受在不同时期呈现不同的特点。本文将运用接受美学的相关理论对其进行梳理与分析，将文本放入文学活动的链条中加以考虑，探究不同读者在不同时代对文本的阐释，更加全面地把握文本涵义与特色。文章按照时间顺序分为三个部分，指出不同时期读者的评价在政治与艺术之间的侧重有所不同，并总结每个时期评价的优缺点，以及对后代及其他文学作品的接受与启发、教训与意义。第一部分，上世纪四五十年代的接受情况：读者在这段时期对《孔雀胆》的演出与文本进行了评价，其中演出的评价侧重舞台效果与感人的情节，文本的阐释由于社会环境的影响侧重于政治评价，尤其是爱国主义与批判妥协主义主题影响最大，而艺术评价却很少，并且分散于政治评价之中，多为主题服务，没有独立地位；第二部分，上世纪六十至八十年代初期的接受情况：此时虽然社会环境有所变化，国外的文学理论陆续传入，但是评价重点仍是政治方面，爱国主义与批判妥协主义主题的阐释仍然占据很大比例，政治评价呈现重复局面，文学价值不大，艺术评价与上一阶段相比有所增多，但仍然没有引起读者足够的重视，总体来说《孔雀胆》仍以政治主题评价为主；第三部分，20 世纪八十年代中期以后的接受情况：这段时期的主题评价的主导地位下降，呈现新旧并存的局面，既有民族团结等旧的主题观点，又有人道主义等新的观点出现，艺术评价明显增多，占据主要地位，并且引入许多西方理论，深入挖掘作品内涵，观点新颖，不过也有读者一味求新导致理论、评论与剧本实际内容不符等问题出现。通读现有的研究成果可以找到，《孔雀胆》研究尚有以下可以完善之处：一、评价总体呈现出艺术与思想截然分开的现象；二、没有充分注意其戏剧的特点；三、没有很好地联系郭沫若的其它作品进行论述；四、文学史未能充分吸收已有的研究成果，并且没有关注读者的接受情况。

【硕士论文：《十批判书》研究】

著者：刘娟

导师：张剑平　申慧青

学校：河北大学

专业：史学理论及史学史

郭沫若是我国著名马克思主义史学家，文学家，考古学家，“甲骨四堂”之一。他深识中国传统文化，代表作有《十批判书》《中国古代社会研究》《青铜时代》《甲骨文字研究》等。《十批判书》是运用马克思主义理论研究先秦诸子思想的著作，侧重于评论，完成于抗战时期。目前学界对郭沫若的研究多集中在史学思想、古史分期、古代社会史等方面。《十批判书》是郭沫若研究先秦诸子思想的代表作，是在特定历史条件下完成的著作。因此，进一步研究《十批判书》是十分有意义的。

该文主要从以下几方面对《十批判书》进行研究：一，从成书的复杂动因和郭沫若的学术素养两方面，叙述《十批判书》的成书背景。二，通过对《十批判书》的版本进行比较，了解郭沫若对诸子认识的变化。三，以《十批判书》的具体内容为中心，探究郭沫若对先秦各家学派的研究。四，在理解《十批判书》的基础上，进一步探究此书的思想特征和学术风格。五，探究郭沫若是否抄袭钱穆《先秦诸子系年》论争的始末。六，探究《十批判书》在现代史学史上的意义和价值。

该文以《十批判书》的各篇文章为考察中心，全面、综合的研究郭沫若对先秦诸子思想的认识，避免孤立研究的片面性，以便全面、客观的认识《十批判书》的价值。此外，笔者也试图通过对“《十批判书》抄袭”之争的梳理，论述民国学者在学术研究、在传承与创新上的贡献与局限性。

【硕士论文：郭沫若对抗日民族文化统一战线的贡献研究】

著者：马玲悦

导师：杨乃坤

学校：沈阳工业大学

专业：中国近现代史

郭沫若是我国著名的诗人、文学家

和剧作家。在抗日战争期间，他积极投身到文化抗战中来，为抗日民族文化统一战线的形成、巩固和发展做出了巨大的贡献，成为了文化抗战中的领袖人物。郭沫若在抗日战争中创作了大量的诗歌、杂文和历史剧，成就了他文学创作的巅峰。他用自己手中的笔如实地记录了抗日战争中的点点滴滴，为今天的我们留下了一笔丰厚的抗日精神财富。与此同时，他所创办的《救亡日报》和组建的“第三厅”为其他爱国文人提供了抒发爱国情怀和记录战争实况的平台，也为联合文化界爱国人士，形成抗日民族文化统一战线打下坚实基础。

郭沫若的抗战活动按照性质可分为政治活动和文学创作两部分。政治活动部分详细描述了郭沫若在创办《救亡日报》和在“第三厅”担任厅长一职时所做的种种工作。文学创作部分从诗歌和歌曲、杂文和历史剧创作三个方面对郭沫若所创作的抗日文学作品进行分析，挖掘其中所包含的抗日情怀和团结意识。通过这样的研究，充分展示郭沫若参与抗战形式的多样性和为联合全国文化界人士共同抗日所作出的努力。着重分析了郭沫若的政治活动和文学创作活动在抗日民族文化统一战线中的贡献。在政治活动中，郭沫若保持了他独有的政治独立性，充分运用了自己在文化界的领袖地位，团结文化人士参与抗战，维护了抗日宣传的合法性，使得抗日民族文化统一战线能够形成和发展。在创作活动中郭沫若所创作的文学作品中运用多种艺术表现手法，对侵略者进行谴责，鼓励民众不要放弃自由和独立，只要团结抗日就一定会战胜敌人。他所创作的作品也成为留给后人的一笔丰厚的抗日文化遗产，更为后来我国诗歌、杂文和历史剧创作开辟了新的道路。

对郭沫若在抗日民族文化统一战线中所做的贡献进行研究，可以让后人看到抗日战争并不只是战场上的抗争，而是全民参与的爱国斗争。文化宣传活动对稳定敌后，坚定民众抗日决心起到了巨大的鼓舞作用，而这样的作用也决定了我军在战场上的胜利。他的抗战活动对当代文化工作者在爱国统一战线中如何开展工作具有不可忽视的现实意义。

【硕士论文：从模因论看诗歌意象翻译——以郭沫若英诗汉译为例】

著者：杨智源

导师：张保红

学校：广东外语外贸大学

专业：翻译学

郭沫若是我国伟大的文学家、历史学家、翻译家、新诗奠基人之一。他一生翻译介绍了大量外国诗歌、小说、戏剧和其他非文学著作，对我国新文化、新文学作出了巨大贡献。其中，数其译诗最为出名，译有《鲁拜集》《德国诗选》《雪莱诗选》《英诗译稿》《新俄诗选》《浮士德》《沫若译诗集》等诗集。由此，郭沫若形成了自己的一套翻译理论，如“创作论”“风韵译”“共鸣说”“生活体验论”“媒婆说”等。虽然其理论根源大多是中国的传统译论，如严复的“信、达、雅”，但郭沫若对传统译论加以总结和提升，通过运用与实践，形成了自己的翻译体系。遗憾的是，尽管学界对郭沫若的译诗进行了大量研究，但大多仅停留在文本分析阶段，而绝大多数的研究是参照其翻译理论对翻译文本的分析，也有一部分是比较翻译研究。总的来说，郭沫若英诗汉译研究缺少系统理论的支持。

该文旨在利用文化传播理论模因论研究郭沫若英诗汉译中的意象传译，从而揭示意象传译的过程和郭沫若英诗汉译的艺术与不足。意象是构成诗歌的基本原件，是主观情意和客观物象的有机融合，是诗人表情达意的最直接有效的手段。意象在诗歌中以三种层面存在，单个意象、意象组合和意象系统。单个意象并不是孤立存在的，而是通过各种不同的方式组合成意象组合，多个意象组合又最终升华成意象系统。郭沫若英诗汉译数量可观，而且有其独特的艺术特色，在意象传译方面也体现了他的翻译原则，适合作为文本的研究对象。模因论能够帮助我们了解模因的特点、传播过程和传播的效果。翻译是一种特殊的模因传播手段，将模因在不同的语言系统中传播，是一个跨文化交际的过程。笔者将模因论与诗歌意象翻译相结合，把海利根的模因传播模型和道金斯的成功模因的三个特点作为理论框架，结合诗歌翻译的实际情况，从同化、记忆、表达、传播四个方面来分析意象模因的传播过程，并分析译文的诗学、审美价值和不足。

笔者通过分析，认为模因论可以诠释诗歌意象翻译的过程，并揭示译文的艺术特色与不足。译者通过翻译将诗歌意象模因传播给读者。与其他模因相同，诗歌模因的复制经历同化、记忆、表达、传播四个阶段。然而，诗歌模因有其独特的复制模式。在同化阶段，诗人诗歌背景、单个意象、意象组合为译者吸收和接受。随后诗歌的全部意象构建的意象系统在译者脑海中得到深化和记忆。译者结合自身的翻译原则和策略，用另外一种语言将诗歌意象模因表达出来。最后通过载体传播译后的诗歌意象模因。同时，本文调整道金斯的三个成功模因的特点（长寿性、多产性和复制忠实度），从诗歌意象长寿性、诗歌意象多产性、复制忠实度三个方面来对郭沫若的译诗进行评价。诗歌意象长寿性揭示了郭沫若译文的审美价值和诗学价值。郭沫若的“创作论”和“风韵译”都在诗歌意象长寿性中有所体现。笔者通过诗歌意象多产性把郭沫若的译文与其他译者的译文进行对比，发现在大多数情况下，郭沫若创造的诗歌意境与原诗相符，但有时因过度创作而与原诗有所偏离。复制忠实度则从忠实带来的得与失两个方面分析郭沫若的译后模因。总体来说，模因论是分析诗歌意象翻译的一种理论视角，它可以直观地展现诗歌意象翻译的过程，并能为译文评价提供标准。学界对郭沫若译诗褒贬不一，本文站在一个中立的角度，立足模因论，审视郭沫若英诗汉译中的意象传译，让读者对郭沫若的翻译原则有更全面的认识，同时能为诗歌翻译的实践提供一点的启示。

【硕士论文：郭沫若早期对谷崎润一郎文学的接受研究】

著者：房琪
导师：张冲
学校：鲁东大学
专业：日本语言文学

谷崎润一郎是日本唯美主义的代表作家，与此同时，他又与中国近代文坛有着密切的联系。郭沫若是中国近代诗人，文学家，对于中国近代文学的发展起到了一定的推动作用。1921 年在东京成立创作社的郭沫若等中国作家主张个性解放，在作品中表现出了浪漫主义和唯美主义的倾向。虽然有研究指出在郭沫若前期文学作品中存在很多谷崎润一郎式的表现手法，但以具体的文学作品为中心全面的比较研究仍然不足。这是郭沫若前期文学与谷崎润一郎文学比较研究的现状。

因此，本论文在探明郭沫若与谷崎润一郎等日本作家和日本文坛的交流之上，选取郭沫若前期文学与谷崎润一郎文学进行对比研究，并明确在郭沫若前期文学中对谷崎润一郎文学的接受情况。

该论文主要分为以下几个部分：

在序章里面首先明确了研究动机和研究对象。其次，总结了先行研究的现状，并提出了先行研究的问题点和本论文的研究意义和研究方法。

在第一章里，基于郭沫若的传记研究，整理出了郭沫若在日本的留学生活和文学活动；着重着眼于与日本文人特别是与谷崎润一郎的个人交流，并从传记研究考察二人的关系。

在第二章里，主要以文本为中心进行比较。以郭沫若前期作品《骷髅》，《残春》，《喀尔美萝姑娘》，《叶罗提之墓》，《王昭君》为中心，通过比较具体的文本来论证郭沫若前期文学受到了谷崎润一郎文学的影响。并列举出了在女性崇拜，官能描写，受虐主义等手法方面受到的影响。

在第三章里，强调了郭沫若前期文学虽然受到了谷崎润一郎文学的影响，但自身的文学特征也很突出。并从个人和社会背景两方面考察了其原因。

在终章里，得出了论文的结论：郭沫若前期文学虽然受到了谷崎润一郎文学的影响，但不是简单的模仿，郭沫若的前期文学反映了当时中国的现状和个人情感，并呈现出了自身文学多样化的特点。就此结论提出了今后的研究课题。

第十五篇

新书推介

【郭沫若与孔孟之道】

著　者：黄侯兴

出版社：中国社会科学出版社 2016 年 3 月第 1 版

《郭沫若与孔孟之道・自序》

郭沫若是一位明确表示尊孔的并有着重要影响的历史学家。不过，他的尊孔，呈现出一种波浪式的起伏，即尊孔，批孔，再尊孔。为什么会出现这种起伏的现象？这是今天仍值得我们研究和讨论的问题。

在“五四”新文化运动低潮期，原在日本留学的郭沫若，发表了“我们崇拜孔子”的见解，并批评国内那些反孔斗士“诬枉古人”。20 世纪 20 年代中期，在同国家主义者的论争中，郭沫若甚至认为，孔子的思想学说与马克思主义有相通之处，发表了《马克斯进文庙》《讨论〈马克斯进文庙〉》等文。

流亡日本十年间，在日本宪警监视下，郭沫若潜心于中国古代历史和古文字的研究，以及中国古史分期研究，成绩斐然。在《中国古代社会研究》一书中，郭沫若证实了中国同西方各国一样经历过奴隶制时代。孔子生活的春秋后期，正是奴隶制向封建制过渡的转型期。郭沫若批评了孔子美化西周、坚持复古的政治倾向，批评了以孔、孟为代表的先秦儒家的折中主义，说“儒家理论的系统，全体就是这样一个骗局，它是封建制度的完整的支配理论”。

但是，到 20 世纪 40 年代中期，郭沫若在重庆，他于《十批判书》一书中，对孔子的态度发生了逆转，重新回到了尊孔的立场上来。他检讨《中国古代社会研究》一书写得“太草率，太性急了，其中有好些未成熟的甚至是错误的裁断”。郭沫若通过自我批判，把古史分期奴隶制的下限，从西周推后到了春秋战国时代，一直到秦统一中国之前。郭沫若以孔子支持乱党等史料为由，论证了孔子是顺应时代潮流的开明儒者，而不是复古倒退的保守主义者，从而为孔子翻案。

对于郭沫若在《十批判书》中的这种“批判”，我实在不敢苟同，斗胆地做了“再批判”；至于再批判是否言之成理，则有待读者“再再批判”了。

毛泽东说：“十批不是好文章。”“十批”即《十批判书》。“十批”是不是好文章，这是可以讨论的学术问题。但是 20 世纪 70 年代中期，在“四人帮”主导的“批林（彪）批孔（子）”的政治运动中，郭沫若及其《十批判书》，却被“批孔”的对象加以讨伐。这是对郭沫若的政治迫害，也是把学术问题政治化了。

我出版过《孔子与〈论语〉》一书，现在又写了《郭沫若与孔孟之道》，试图对郭沫若的先秦儒家文化史观做一番评述。郭沫若对孟子的评论较少，而且基本持批评的态度。因此本书附加了我的《孟子论》，想对孟子思想学说的进步性与局限性进行较系统的论述，以补不足。我同样期待着读者对《孟子论》提出批评意见。

黄侯兴

2014 年 2 月

【前期创作社同人自传文本研究——以郭沫若、郁达夫、张资平为中心】

著　者：刘海霞

出版社：复旦大学出版社 2016 年 9 月第 1 版

内容简介：丹麦著名文学批评家勃兰兑斯曾说过："文学史，就其最深刻的意义来说，是一种心理学，研究人的灵魂，是灵魂的历史。"尽管这是针对文学而言，但对自传而言是再合适不过的描述了。在战乱频仍的 20 世纪初年，中国历经历史风云的艰难曲折和沧桑变幻，如何启蒙、救亡，如何唤醒老大中国的国民于蒙昧落后的状态，促国家的繁荣与强大，是当时包括现代作家在内的一大批知识分子的心头渴念，"人"的发现冲击着先驱者的神经，惯于为他人鼓而呼的中国知识分子渴望首先了解自己，解剖自己，以自身的人生阅历启蒙他人，反观自身。上世纪二三十年代的中国也因此进入了一个发现自我、表现自我的时代，没有任何一种文体能够像自传那样使自我得以最集中最绚烂的体现。而这种个人主义和自我意识的萌发最具代表性地体现在了郭沫若、郁达夫和张资平等前期创造社同人的自传文本中。

当我们将郭沫若、郁达夫和张资平三人的自传放在同一框架内研究时，就会感慨于他们这个群体共通的时代记忆和社团经历：他们有着共时的留学体验、以及他人所没有的同人友谊与人生交集。他们三人年龄相仿，家庭出身相似，经历过相同的历史风潮和青春抉择，在同一年考入日本帝国大学成为同窗挚友，面临着共同的屈辱与压抑。他们在日本深受西方思潮的洗礼而难掩蠢蠢欲动的发表欲望，他们在日本求学阶段就积极筹备创造社，声名远扬因创造社而起，最终也因创造社而心生龃龉，各自离散，并有了完全不同的人生结局：郭沫若慷慨激昂，投笔从戎，最后功成名就；郁达夫与同人心生龃龉，无奈退出，一直与政治若即若离，最后在抗日战争中辗转异地客死他乡；而张资平汲汲于功名利禄，最终堕入失去人生底蕴和生存根性的深渊，无声地死于劳改农场。作为曾经处于人生相似经历中，并从同一社团里出来的同人来说，人生结局反差竟然如此之大，不禁令人唏嘘感慨。这不能不让人产生疑问，他们相似的人生境遇何以会造成如此大的反差，究竟是外在的社会因素、还是其内在的个性使然？这种个性是否已经根植于其幼年家庭的出生及求学之路中，并蔓延于青年时代相似的人生轨迹里，从而形成了不同的人生结局？从文学创作和人格特质的角度来看，他们有的气势恢弘、睥睨一切；有的卑己自牧、感伤飘零；有的则蝇营狗苟、现实功利，可谓是志趣性格完全不同。而如此志趣不同的几个人又是如何走到一起并创立了文学史上特立独行、影响深远的创造社团？他们对曾经的创造社之路是如何解释和描摹的？在其共时性的人生经历背后又有着怎么样复杂而不同的细枝末节？而这些正是本书着力探究的问题。

此书共分六章。采取生平细节与时代背景相结合、个体的成长节点与群体的历史脉络相结合的研究方法，借鉴西方新批评派的文本细读理论和现代结构主义叙事学理论对创造社同人的自传文本进行梳理与人物对比分析。以纵向的历史顺序梳理同人间共通的成长节点，以横向的动机阐释来比较考察创造社群体在性格的养成及思想观念上的异同。

绪论部分首先厘清了前期创造社“同人”的范围及概念。创造社是中国现代文学史上最重要的并且也是影响最为深远的文学社团之一，“同人”这一以“同好或志趣”为基本内涵的概念就创造社而言一直是一个模糊而不确定的词汇。笔者为了研究的便利性和易于捕捉个体间的内在关联的考虑，将本书的研究对象缩小至前期创造社的郭沫若、郁达夫和张资平三人。其二以中国知网为平台，梳理新世纪以来有关郭沫若、郁达夫和张资平三人自传文本的个体研究及群体研究的相关篇目，并在此基础上提出了以前期创造社同人自传文本为题旨的研究价值及意义。

第一章探讨了创造社同人自传写作的发生机制。该章节主要从两个方面展开，第一个方面将创造社同人的自传写作置于上世纪二三十年代中国现代作家自传写作热潮的整体框架下予以观照，从古代的历史渊源与时代的文化背景出发分析了创造社同人自传写作所承受的历史传承、西方文化的涌入及时代风潮的影响。另一方面则从创造社同人的实际境遇，如高压的政治环境、窘迫的现实环境以及自我辨明和自我阐释的需要等角度分析了他们自传写作的特殊缘由。

第二章则对相关的自传概念及创造社同人的自传篇目进行了详细的梳理。就属性来说，我们将自传文本归属于史学范畴。在自传的类别上采取较为宽泛的概念，将正式自传和亚自传作品，如日记、书信、自述诗等一并纳入研究范畴，并在自传真实性原则的考量下界定了本文重点研究的时间跨度与叙事范围。在梳理同人自传篇目的过程中，以经典作品集为依据，对从未收入自传合集的篇目予以界定并有所增补。

第三章的论述主要以童年叙事为主，涵盖了郭沫若等三人自出生至进入省城求学的经历，着重于从相似的事实链出发回溯创造社同人对青少年时期经历的阐述，以期从中寻找出他们未来人生际遇的端倪及行为处世的性格根基。这一章主要分为风土及家族的历史渊源、人生的领路者、私塾及学堂教育、情感的叛逆与哀愁四小节。成年后郭沫若的叛逆与好强、郁达夫的狷介与自怜、张资平的现实与世故的个性都在他们的童年叙事中得以呈现并逐步养成。

第四章分析的是从同人赴日留学至创造社离散为止的一段成年经历，对郁达夫和张资平来说，这些生平的事迹主要是从他们的回忆录、日记、同人间的互相表述中截取的，大多没有完整的过程，叙述驳杂交错。这一章节共分为五节，分别从殊途同归的留学之路、大正时期的文化濡染与创作、新旧文艺的互动共生、复杂的对日情感、创造社同人的集结与离散，成年后的婚恋情况等几个方面加以阐述，分析了他们在人生观、伦理观、文学创作观、家庭婚恋观等诸多方面的异同。

第五章则着重对同人自传文本的艺

术贡献与审美风范对全文做了总结，论述了创造社同人自传文本重要的艺术成就和文风气韵。不同于前人自传写作中不自觉地就回到“谨严的历史叙述的老路”上的史学传统，创造社诸人在自传实践上生动地见证了现代传记的文学价值。

总的来说，郭沫若等早期创造社同人的自传文本，作为一个复杂的存在，早已超越了个人的意义，而成为了一种群体性、历史性的文化和文学现象。无论是其具有典型性的自我形象的展示抑或社团纵深的交互式叙述都为中国现代知识分子的自我认知图景增添了浓墨重彩的一笔。

【**前期创作社同人自传文本研究**——以郭沫若、郁达夫、张资平为中心】

序

朱文华

刘海霞博士日前来电话说，她的学位论文获得了复旦大学出版基金资助，即将由复旦大学出版社出版，由此请我为之作序。对于一名教师来说，看到自己所指导的学生的论文能够及时付梓，感到由衷的高兴，所以对于写序之事也就满口答应。顺便说一下，与社会上曾经出现过的某些“写序专业户”不同，教师为自己的学生所作的序，算得上是一种精神上极其愉快的事。前几年，我已为我的学生魏韶华、朱旭晨、李生滨等博士的学位论文写过序，今天再为刘海霞的博士论文作序，仍然能感到一种油然而生的快意。

早在1996年，刘海霞就考取了复旦大学中文系本科，2000年以优异的成绩获得本系直升资格进入中国现当代文学专业攻读硕士研究生。当时系里指派由我指导。在同刘海霞的接触中，我深深感到她是一位学习刻苦，学风严谨的学生，同时也善于思考，对学术研究充满探索精神，又颇有学术敏感度。在与她讨论确定硕士论文的选题时，她提出以中国当代流行歌曲的歌词为专门研究对象，以深入系统地考察其丰富深刻和复杂的文化内涵，我当即表示认可。事实上，她以个人深入的独立思考终于完成了论文，在硕士答辩会上，颇受答辩委员会诸位专家学者的好评。可惜由于学术文化环境的原因，这样一篇堪称优秀的硕士学位论文至今找不到愿意刊行的出版机构。

刘海霞硕士毕业后，进入复旦大学国际文化交流学院任教，从事对外汉语教学工作。但她仍有志于学术，所以前几年又报考攻读本校的博士学位。作为一位在职的博士生，我曾担心其本职工作、家庭负担与攻博学习三者之间的矛盾，但她居然很好地克服了这一矛盾，在照常承担繁重的本职教学工作的同时，硬是挤出时间认真学习完成了攻博的各门课程。在这期间，她还从事了较多的学术研究工作。从其公开发表的几篇学术论文来看，已经达到了一定的学术水准，表明其已具备了较好的独立科研的能力。正因为如此，她能够按规定完成博士学位论文的写作，并且顺利通过答辩，乃是十分自然的。

眼下这本读者所看到的博士论文，究竟体现了怎样的学术意图，达到了怎样的学术水平，又有多大程度的学术创新，关于这些问题，出于不难理解的原因，显然我是不便在序文中作直接的介绍与回答的。而读者在仔细阅读了文本之后，自然能有所认识与体会，并有所评判。这里，我仅提示两点供读者参考。

一、关于郭沫若在中国现代思想文化史上的地位、作用、影响的整体把握的问题。

应该承认，在以往的一段时间内，学术界对于郭沫若的生平思想，创作活动和文化（文学）成就等问题的研究，出现了一些不同的声音，有的显然是苛求甚严。我曾在平日的教学以及在与刘海霞等诸位学生的课后交流讨论中，多次强调应对郭沫若多作“理解”，而不应该过分夸大他的缺点，因为郭氏整体的文化成就是值得充分肯定的，而其有些缺点则是任何伟人都难以避免的“历史局限”，宋词有云：“欲将心事付瑶琴。知音少，弦断有谁听。”（岳飞《小重山》），原文是以第一人称的口吻感叹知音难觅，如果我们改从第三人称立场，科学地探询“瑶琴弦断有谁听”的问题，大概可以避免在评价郭沫若问题上的那些偏执己见。我感到，刘海霞的书稿很好地体现了这一正确的学术立场，这是值得充分肯定的。

二、关于中国现代传记作品的文学史价值地位问题的具体考察。

我们看到，在中国古代传记因受西洋文化（文学）的影响而转型为现代传记的历史进程中，除了梁启超，胡适等人身体力行地作出了巨大的历史性贡献外，就写作实践这一方面而言，郭沫若及创造社前期同人的成绩是最为显著的，尤其体现在了他们自传文本的叙事手法、内容特点、语言风格等方面。刘海霞的论文，立足这一基本认识，对相关作家的自传文本问题进行了深入细致的考察，其提出的一系列具体的分析意见，诸如自传写作的特殊发生机制、童年叙事与自我建构的关系，情爱观与文学创作的互动、文风气韵及艺术价值的条分缕析等，大都有相当的学理性和较充分的说服力。同时她在考察前期创造社同人自传作品的相关问题时，也触及到了对自传（传记）等理论问题的探讨，尤其是对自传的本质属性及基于真实性原则下的事实筛选等问题提出了新的见解和例证。我想，该本书稿在这方面所体现的学术成果与学术水平，都可资同行以启发，并成为以后同类课题研究的一个新起点。

以上所说，不知妥否，期盼同行学术师友和广大读者的不吝指正。

2016 年 5 月

【前期创造社同人自传研究的开拓之作——读刘海霞《前期创造社同人自传文本研究——以郭沫若、郁达夫、张资平为中心》】

陈　潮

在中国新文学史研究领域，创造社一直备受关注，尤其是对前期创造社同人的研究，几成显学。然而，集中研究前期同人郭沫若、郁达夫、张资平等人的自传文本，却甚为鲜见，尽管在众多的创造社研究中并不乏自传文本的涉猎者。今读复旦大学刘海霞博士的新著《前期创造社同人自传文本研究》（复旦大学出版社 2016 年），颇感欣喜。该书以翔实的文本资料和细致的文理分析，尽可能从自传文本中真实地发现前期创造社同人们“和而不同”的思想心路和艺术主张。该书堪为这一研究领域的开拓之作。

文学表现的是人的心路轨迹，作家学者则通过自传写作来“发现自我，表现自我”，从而像一面镜子一样，折射出那个新旧参杂、人心浮动的时代。作者正是本着这一基本认识，将郭沫若、郁达夫、张资平的自传文本进行了综合比较研究，而不是按个人线索来分而论之，这便使得此类研究更显内涵丰满。另外，将此三人自传文本作综合研究，作者还有特殊的考虑，她解释说：“他们三人年龄相仿，家庭出身相似，经历过相同的历史风潮和青春抉择，在同一年考入日本东京帝国大学成为同窗挚友，面临着共同的屈辱与压抑”，所以无论个人经历，还是思想倾向和艺术主张，他们都既有趋同性，又都表现出明显的差异，因而进行综合研究更具有学术价值。

该书从多个方面进行了探索。作者首先考察了自传写作的动因，并把它看作是一个普遍因素和特殊因素互相联动的“发生机制”。从发生机制的普遍性看，创造社同人的自传写作有着共同的文化传承和时代背景。他们都受到 20 世纪二三十年代中国作家自传写作热潮的时代催动，都受过古代文化传统的熏陶和时代文化浪潮的洗礼，还深受西方文化涌入的冲击和影响，正是这种历史文化的传承和西学东渐的洗礼，才促成了创造社同人的自传写作。从发生机制的特殊性看，创造社同人的各自的实际境遇，如高压的政治环境、窘迫的现实环境、以及自我辨明和自我阐释的需要等因素，都成了他们自传写作的特殊缘由。

在资料搜集归纳、概念区分界定等基础性工作上，作者表现出细致严谨的作风。该书对创造社同人的自传篇目进行了细致的梳理和归类，将自传文本归于史学范畴。鉴于自传写作的缤纷多样，故在体裁和学科归类方面采取较为宽泛的分类处置，将正式自传和亚自传作品，如日记、书信、自述诗等一并纳入研究范畴，并在自传真实性原则下界定本文的时间跨度和叙事范围。对于从未收入自传合集的篇目，则以经典作品集的内容为判断依据，严格予以界定，并且有所增补。这些方面都细致得当。

作者利用了自传较大的时间跨度和文本内容的真实性，探讨了郭沫若、郁达夫、张资平各自的情感和个性的养成问题。该书以“风土及家族的历史渊源、人生的领路者、私塾及学堂教育、情感的叛逆与哀愁”等各节为叙事线索，涵盖郭等三人从出生到入省城求学的所有重要阶段，力图从中探寻他们的为人处世和人生际遇与其情感性格养成之间的关系。后来郭沫若的叛逆与好强，郁达夫的狷介与自怜，张资平的现实与世故，显然可在他们的童年叙事中看出端倪。

从自传内容分析郭等三人在人生和文学等理念上的异同，这是该书的一个重点。作者以三人赴日留学至创造社离散为时间背景，以“殊途同归的留学之路、大正时期的文化濡染与创作、新旧文艺的互动共生、复杂的对日情感、创造社同人的集结与离散，成年后的婚恋情况”为论述题材，分析了他们在人生观、伦理观、文学创作观、家庭婚恋观等方面的异同。其中，郭沫若的自传文本对此提供了较为详实的资料，但郁达夫和张资平在这方面的文本资料比较零碎。他俩的生平事迹主要是从回忆录、日记、同人之间的互相回应表述中截取的，大多没有完整的过程，叙述也显得驳杂交错，不过终究可以从中耙梳出他们对人生、文学等的思考轨迹。

该书最后对郭沫若等人的自传文本进行了艺术上的探讨。作者评价它们没有走在“谨严的历史叙述的老路”上。也就是说，创造社同人的自传文本不同于传统的年谱记载。它摆脱了前人忠实而呆板的传记风格，在“严谨叙述”的基础上，时而发出如歌如泣般的抒怀，散发着昂扬抑或颓然的文人气息，这种独特的文风气韵具有很高的审美风范和艺术价值，因而说它开创了全新一代的传记风格也不为过。

综观全书，作者将前期创造社同人的自传文本视作“一种群体性、历史性的文化和文学现象”，然后进行综合研究，这是很有学术创新意义的。作者基于人物自传的真实性原则，对着手研究的自传文本内容做了严谨的“事实筛选”，这使得研究对象的历史面貌更接近于真实。尤其值得关注的是，该书对创造社重要成员张资平的自传文本进行了拓荒性研究，这无疑是突破了以往着重研究他的情爱小说的狭小格局，扩展和加深了对其人其文的认识。而对张资平自传文本的拓荒性研究，又无疑为综合考察“一种群体性、历史性的文化和文学现象”创造了有利条件。作者正是依据张资平、郁达夫、郭沫若的自传文本，对他们的文学人生作了入木三分的综述和对比：

“对张资平而言，文学只是余技”。留日时的文学创作，“是为了缓解精神与身体的压抑而喷薄出的思想火花”，但当创作成了谋生手段时，作品就“俨然成为了小说工厂的复制品，爱欲不过成为了刺激读者的商标和幌子”，而这“背后无不显现着自小就形成的现实功利的人生观的投射”。功利人生观最终使他身败名裂。对郁达夫而言，“文学是无可代替的精神寄托，是他的灵魂世界，他如国王般，在自己的领地自由驰骋，挥斥方遒。”但当煎熬逼压，他又“逃避嗟叹，饮酒作乐、自暴自弃，凡此种种作为反抗现实的手段”。也许是软弱中尚存着刚毅，当抗日烽起，郁达夫毅然投入到民族抗争的洪流中，理想浪漫的本性使他从愁苦“转向更为开阔、自信、昂扬的人生格局”。对郭沫若而言，浪漫好强叛逆的性格总让他“以敏锐深邃的时代触觉将自己时时置于历史的发展先头”。不论是学潮还是抗婚，抑或参加北伐，他总是走在队列之先。“写作自传之于郭沫若来说，已由最初生命理想的寄托、个人灵魂的集聚地，转而成为事功意识下的表现手段，成为了他凸显自身反叛精神的平台与媒介”，成了他“不断向政治家形象靠拢的明证，字里行间投射出他对政治理想的渴望与追求”。

该书以大量篇幅涉掠郭沫若的文学人生，这是因为郭沫若的自传文本提供了最丰富完备的资料。在中国传统传记向现代传记嬗变转型的历史过程中，梁启超、胡适等人曾有开创之功，郭沫若和创造社前期同人则尽了完善之力。他们在自传内容、语言风格、叙事手法等方面取得了最显著的成绩，其中郭沫若功莫大焉。

未能把创造社另一位齐名的创立者成仿吾纳入本项研究，是为本书的遗憾。对此，作者这样解释道：“这四位元老中，唯独成仿吾没有正式的自传出版，对其出生成长的回顾与阐释也几乎没有。……虽然他在1974撰写了《长征回忆录》，但与创造社其他同人的自传文本题旨不符”，因此没有将他纳入研究视野。

总之，这部研究传记文本的专著为人打开了一扇学术新窗，从这里可以看到中国新文学史上的知识分子具有代表性的思想轨迹，可以观察“一种群体性、历史性的文化和文学现象”；而这些观察都是基于对郭沫若等知识分子的自传文本的研究，因而都是十分接近历史真实的。

（作者系复旦大学国际文化交流学院教授）

【**地域传承与心灵碰撞**——郭沫若苏轼比较论】

著　者：申东城

出版社：中国戏剧出版社 2016 年 4 月版

内容简介：该书稿正文总七章，分别是哲学本原论、性情论自然观、心学纽带论、人生实践观、文学生成和文学性质、审美追求和创作方法、“苏文郭评”，前有导论 2 节，后有小结 2 节，全书总 19 节。文尾附录有苏轼、郭沫若年谱合并简编。

思想解放与文学嬗变关系紧密，前者是基础是灵魂，后者是必然趋势。苏轼黄州之贬是他思想大变的基础和起点，随着惠州、儋州之再贬，苏轼浑化三教、历练人格，最终达到洞察天地、处乱不惊的生命境界。郭沫若五四时期泛神论思想推动了他激情创作，之后随着对人生真理和救国救民道理的追寻，他成为一名坚定的马克思主义战士，其思想从人性本位经由民族本位、人民本位终归革命本位，文学上也完成了由小我到大我、由激情诗潮澎湃向戏剧理性批判、及人民文学等的转换。

苏轼、郭沫若同在思想动态发展中寻找到以道儒为本原的哲学渊薮，二人同在儒道等传统思想中汲取哲根，并在不同思想演变过程中体悟完成。他们皆在思想演变促使下推崇人性自由、性情为本，却又有不同，苏轼主张性无善恶论，郭沫若认为“性可以为善，可以为不善”；苏轼追求“全”“顺”自然、“性命自得”，郭沫若赞扬自然即“我”、“我”为人人。王阳明“其说非出于苏（轼），而血脉则苏也”。王学后经晚明浪漫主义思潮发展变化，进而演变为近代民主思想，可看作郭沫若对苏轼的间接承受，换言之，郭沫若思想有经王阳明心学学习苏轼的成分。

他们皆主真性情流露思想，但又貌同神异。苏轼、郭沫若表面都主情，但苏轼本人性论，以生命本真情感为儒家礼本，视礼为情之形，经生命实践升情为理，郭沫若尚性情自然流露，强调自我情感外在喷发扩张。

人生实践是苏轼、郭沫若转变思想试金石。苏轼入仕前期献言进取，因反对熙宁变法而被排挤外任，“乌台诗案”后贬黄州始反思人生，旋起落于朝官州守间，终贬英、惠、儋州。苏坎壈半生，思想大变，成就了封建士大夫崇敬的典范人格。郭沫若出川后辗转天津后去日本，从“实业救国”到弃医从文，转成为一名共产主义斗士，其思想从人性本位经由民族本位、人民本位终归革命本位，这种从个体走向集体正是其人生不断实践的结果。

苏轼强调创作是融化佛道思想、超功利心灵自由抒写，是解放封建传统文道思想先声，与郭沫若尚个性自由形异神通。苏轼认为作文要“不能不为之”时方可称“为工”。郭沫若主张“诗的创造贵在自然流露”，要“写”出文学，喻之蚕吐丝般“自然流泻”，它是郭沫若前期文艺思想导源。

苏轼倡导诗以“反常合道”为“奇趣”，郭沫若创作经历了一个从“文艺是自我的表现”到“文艺是应该领着时代走的”过程转变。与郭沫若开辟鸿荒大我激情不同，苏轼契合人性情感，主张与理学理趣指向不同的文学奇趣，晚年尤甚，其是超越禁锢而具鲜活生命的诗画共生人生新境界，是冷静内省思悟，影响深远。郭沫若以1924年为转换点，前后期分别以自我表现和革命斗争为文学性质，其经历了从“开一代诗风”《女神》重自我表现的文学革命，到六部抗战历史剧以人民为本位革命文学的实践演变。二人皆重自我，苏轼求内发展，郭沫若向外拓宽，但从以文学自觉反“文以载道”角度看，其神理相通。

苏轼诗美重三境，从“气象峥嵘，采色绚烂”到“渐老渐熟，乃造平淡”再到奇趣；郭沫若文风有三变，从理想呼唤到理性思考再到通俗发露。苏轼自由无心创作观直启明中叶决裂传统的文艺思想。郭沫若前期昂首放号创作方法，经明中晚叶浪漫文艺思潮为纽带，对苏轼文艺创作观有神理和个性等方面的间接继承。

苏轼文郭沫若评，透露出郭沫若对苏轼的追慕景仰和“误读利用”，郭沫若作品中约有40多处谈及苏轼，郭沫若对苏轼的评论或态度，有的地方还存在主观功利，值得商榷。

嘉州、眉山丰厚的地域、历史巴蜀文化底蕴，青少年时代相同的巴蜀乡土价值取向，奠定了郭、苏基本品格，同赋予苏、郭二人重文擅辞、信仰道佛、浪漫多思、实践创新、经世致用、清狂自信、通脱多变等相似一面。不同时代因素和社会环境，又使他们走出了异样的人生轨迹，却同样实现了辉煌灿烂的人生价值，而这正是值得学人们思考深究并汲取精华之处。苏轼、郭沫若作为时代文学的代表人物之一，他们对一代文学乃至文学发展史皆起到过开启、转折、决定的作用，厘清脉络、梳理关系，正是发掘其文学史变的意义所在。

该书稿古今时空跨度大，之前没有专著长篇和较全面论及，挑战和创新并存。笔者力争文、史、哲、美、政治等多学科交融并用，从思想、文学两大纵线比较郭沫若、苏轼，以孔子、老庄、陶渊明、柳宗元、王阳明、李贽等明线交叉之，以儒释道、文学观等暗线辅助之，以“苏文郭评”及他们作品延展例证坐实之，以二人出川前家庭乡土涵养奠基之。

苏轼、郭沫若所处时代横跨近千年，思想、文学及同乡等的承变发展是基础，而二人文学作品繁多，思想意识纷杂，寻找、梳理、厘清比较点和比较线很不容易，限于水平和时间，论述的明晰度和深入度还嫌不够到位。

苏轼、郭沫若比较，尤其文学方面的沿承嬗变及文学史变纵向联系方面，还有进一步拓深拓宽的空间。“苏（轼）文郭（沫若）评”折射出的郭、苏二人学术思想、文学观、自然观、文格、人格、乡土文化等更有进一步深究的价值。

【巨星生成的奥秘探寻——地域传承与心灵碰撞：郭沫若苏轼比较论·序】

张志烈

世界上的科学家们常常把富有魅力的研究课题比喻为生长在高山顶峰上的花朵。她的美丽对真诚的研究者有着强大的吸引力。怀着被她感动的热心，为了想摘到这枝美丽的鲜花，他们立下志愿，坚定信心，不畏崎岖，辛苦攀登，执着而快乐地勇敢前进。郭沫若与苏轼的比较研究，就是属于这种类型的课题。苏东坡到底是怎样成为苏东坡的？郭沫若又是怎样才成其为郭沫若的？在蜀中的嘉眉地区，为什么时隔千年，竟前后出现两位同为中华文化巨星，有着深厚之“同”，又存在巨大之“异”的历史人物？这些问题的科学回答，对于认识郭沫若、认识苏东坡、认识中国文学与中国文化，甚至认识我们这些研究者自身，不也都有深刻的启迪吗？

到目前为止，研究苏东坡和郭沫若的成果不能说不多，方法的创新也正方兴未艾，因此选择采用宏观视野下的比较方法，确算是应运而生的一种尝试。其实，比较是人类认识世界的最原始、最核心、最基础的方法。现在最先进的机器人，最前沿的电子计算机，甚至我们人类这个由自然界亿万斯年进化而成的大脑，对信息的识别、综合、反映，追到底，无不建筑在比较上。什么是不同的光？颜色不同，实质是因其波长不同。钱钟书先生恢宏的学术大厦，就建筑在对古今中外的文学艺术进行比较的基础上。放眼世界，门捷列夫、达尔文、马克思等伟人都是运用比较研究的胜利者。门捷列夫排比当时所掌握到的元素，在比较中发现了元素周期律，开拓了探索自然奥秘的新途。达尔文排列了所见各生物的骨骼，比较中发现了他们之间的进化关系，创立了进化论。马克思排列了人类社会不同阶段的经济构架，发现了社会发展规律，创立了历史唯物主义学说。

方法是视角，是原则，但当其施与用于具体研究的事物时，则又当“一切以时间、地点、条件为转移”了。因为世界是在无限的发展变化之中。苏东坡就说过：“地之美者，同于生物，而不同于所生。”（答《张文潜书》）人不能再次进入同一条河流，世界上也没有两片完全相同的树叶。自其同者而视之，楚越肝胆也；自其异者而视之，肝胆楚越也。歌德在谈到美和环境的关系时，曾经强烈地感叹：“需要多少有利的环境配合在一起，自然才会产生一颗真正美的橡树呀！”郭沫若和苏东坡这两棵“美的橡树”的生成，“需要多少有利的环境配合”？在中华文化生态历史研究中，这确实是个有魅力的课题，但同时也是有着巨大难点的问题。

其一，是顶尖性。苏东坡和郭沫若在中国文化史上都有崇高的地位。自宋元明清至近世，对苏轼研究的各类著作，早已多得惊人。新时期以来的三十多年中，研究文章近四千篇，各体书著多达百余部。为什么会这样呢？因为他是中国历史上少有的文化巨人，对中国文化的贡献和对后世的影响特大。就宋代而言，散文、诗歌、词、书法，苏轼皆为第一。他留下的四千八百多篇文，二千七百多首诗，三百多首词及多种专书、杂著，数量为北宋作家之冠，质量之优为整个宋代文学最高成就的代表。就中国文化而言，如果将文学与艺术两方面成就综合起来考察，苏轼可称千古独步，没有第二人可以与之并驾齐驱。从人格魅力看，生前有建树，身后受到广泛爱戴的杰出文化人物中，如果从雅俗共赏、妇孺皆知的标准衡量，苏轼也堪称古今第一人。郭沫若的诗歌、历史剧、中国古代思想文化研究的众多力作，对他所处的时代而言，其顶尖性也是客观事实。我在1956年读初中三年级时，见到刊物上一幅占了意义一页的大型漫画，内容是当时中国文化界知名作家的工作状况，郭沫若是在画中最高的位置，骑在和平鸽上，飞翔于世界。我和我的同学都笑说："他就像是文坛皇帝！"去年10月15日习近平同志《在文艺工作座谈会上的讲话》中谈到"从五四时期新文化运动、新中国成立到改革开放的今天，产生了灿若星辰的文艺大师，留下了浩如烟海的文艺精品"时，最先举到的就是"鲁、郭、茅、巴、老、曹"，郭沫若是继鲁迅之后的无产阶级革命文化旗手，其创作与学术成就亦都达到了所处时代的领先前沿。

其二，是全面性。无论从文学艺术或是从文化角度看，苏轼和郭沫若都是多能的全才大师。就文学艺术言，苏轼全面的成就和杰出的贡献可谓绝无仅有。他的散文众体兼擅，以政论、史论为主的议论文，以记、传、书序为代表的叙事文，以杂记、题跋、尺牍为代表的随笔小品文，都是真、精、妙、达，美不胜收的。其赋、骈文和韵文，随意挥洒，辞情并茂。他诗歌的题材接近一百类，主要内容包含社会政治、山水田园、风土民情、咏物抒怀、咏史怀古、评书题画、说理谈禅、赠答酬唱等等，而艺术上各体皆工，别开生面。他的词突破藩篱，超越传统，扩大题材，提高意境，拓展功能，创新风格。他的书法艺术与黄庭坚、米芾、蔡襄并称宋代"四大家"，数量众多，精品流播，影响广远。他的绘画，"所作枯木，枝干虬屈无端倪，石皴亦奇怪，如其胸中盘郁也。作墨竹，从地一起到顶。"（邓椿《画继》卷三）画作突出强调写意性和抒情性，对后世文人画有深远影响。他从自己丰富的艺术实践中提出的许多文艺创作理论，如"有道有艺"；"胸有成竹"，"了然于心"后"了然于口与手"；"诗画本一律，天工与清新"；"诗中有画，画中有诗"；"端庄杂流丽，刚健含婀娜"；"发纤秾于简古，寄至味于淡泊"，等等。都热传后世，广大文艺创作与赏评者奉为金科玉律，无穷发挥。从整个文化范围看，苏轼也是全面多能的学者。在哲学方面，他是北宋蜀学代表人物，其解释儒经的《易经》《书传》《论语说》三书和文集中涉及哲学的大量文章，都对天道观、认识论有精深论述，且会通儒释道，呈现深度的思辨精神。在政治学方面，他的策论和奏议，提出一系列治理国家的方略，其关怀民众、合乎"人情"的主张，均很有价值。在史学方面，他的大量史论，史评，都贯穿求真求实、重德重智的基本精神，尤其注重对社会中各种因素综合而的"形势”的分析认识，对后世很有影响。在社会伦理学方面，他继承先秦儒学“以道事君”的原则，即士大夫臣服于天下为公的“大道”，而非屈从君王个人的权威。提出“大道之行，士贵其身。维人求我，匪我求人”（《张文定公墓誌铭》）的处世原则。他高度评价汉代疏广、疏受弃官职如敝屣的态度，推崇孔融的气节，称道陶渊明“不为五斗米折腰”的精神，他自己在仕宦上也正是“信道直前”“独立不惧”，都表露出他尊重个性、反对专制的追求，这对封建社会后期士大夫的人格修养有重大的启发。此外，他在军事学、医药学、水利学、农学、园林、盆景、制墨、酿酒、烹饪等方面，都有可以一提的研究。

郭沫若的全面性，也是很突出的。他六岁入家塾，开始学习中国传统文化。十二岁即接触时代新思潮。十四岁入乐山高小，到十九岁考入四川省高等分设学堂，二十一岁成都中学毕业，考入成都高等学校理科。这段时间中他的国学基础和时代的一般性知识，已经很扎实。二十二岁东渡日本学医学。二十四岁深入研读《王阳明全集》，二十五岁接触歌德、斯宾诺莎、泰戈尔、加皮尔等人作品。文化激荡的力量，推动了探索和创造的欲望。二十七岁翻译《海涅诗选》。二十九岁写出了《凤凰涅槃》《天狗》等名作。三十岁回国，成立创造社，出版诗集《女神》，步入享誉中外的作家行列。三十三岁翻译《社会组织与社会革命》时，识见又产生新变。三十七岁又赴日后，进行《诗经》《尚书》《易经》和甲骨卜辞研究，接下来的十年中，在《中国古代社会研究》《甲骨文研究》《殷周青铜器铭文研究》《两周金文辞大系》《石鼓文研究》《卜辞通纂》《古代铭刻汇考续编》《彝器形象学试探》《老聃关尹环渊》《两周金文辞大系考释》等系列著作中，对中国古代文字、古代社会、古代思想，都有自己独特的认识和掌握。抗日战争时期，系列历史剧（《屈原》《虎符》《高渐离》《孔雀胆》《南冠草》等）和古代思想研究（《孔墨的批判》《庄子的批判》《荀子的批判》《前期法家的批判》等），广泛探讨了中国文化史上许多重要问题。自 1924 年前后接受马克思主义辩证唯物论的哲学观，三十年代后期逐渐成为继鲁迅之后无产阶级文化战线旗手，新中国成立后更是文化界泰斗。他一生的著作，主要部分涉及中国社会生活的广度深度，也当属于时代之最。

其三，是复杂性。这是前两个特点的必然结果。王十朋《集注分类东坡先生诗序》曾说：“东坡先生之英才绝识，卓冠一世，平生斟酌经传，贯穿子史，下至于小说杂记，佛经道书，古诗方言，莫不毕究。故虽天地之造化，古今之兴替，风俗之消长，与夫三、草木、禽兽、鳞介、昆虫之属，亦皆洞其机而贯其妙，积而为胸中之文。”叙说他广泛博杂的阅读，是从苏轼大脑的“前输入”的复杂性来说明其作品的复杂性。苏也好，郭也好，都不是什么“神”而是现实中的人。人的思想意识是从哪里来的？“存在决定意识”！“存在”中主要包含三大要素的影响：他出生之前早已有的所有社会文化的哺育濡染；生命实践中时代风云的激砺玉成；个体基因、习性等决定的性格特点。这三者都是很复杂的，而且又相互作用，于是就更形复杂了。以中国传统文化而论，现在有学者称为“三根柱子”“两层楼”（见《人民日报》2015年11月30日田青《弘扬传统文化，实现中国梦》）。“三根柱子”指儒释道，“两层楼”的上层指以汉字为载体的庞大典籍所传承的文人创造的精英文化，下层是指民间口头语言传承的社会思想文化，如传统戏剧、传统音乐、传统舞蹈、传统美术、手工技艺、风俗、节日等。苏东坡和郭沫若自然是饱受这些文化熏陶的。时代的玉成，指生活实践带给他们的认识、敏感和体悟。郭、苏两人平生比常人复杂得多的实际生活经历，在他们的心灵深处必然积累下深厚的认知与感悟，所谓实践出真知。至于性格，从总体上看，他们的巨大成就与其先天禀赋的许多优长有关，如聪慧、好学、勤奋等。然而个体存在的复杂性，也是客观事实，个体性格的某些特点，有时会影响人的认知和表现。我忽然想起，1966年，我读研究生三年级，见到郭沫若在报上的讲话，大意是说：“我眼泪往肚里流，我写的那些东西都该一把火全部烧掉”云云。我那时也参加了“红卫兵”，也受流行思潮影响，但我当时也为郭沫若先生这样讲感到惋惜。正在这时，四川大学部分理科同学提出要把校图书馆里的线装书全部拿来烧了，而我和绝大多数文科同学是坚决反对的。双方在图书馆门口拒持大半天，最后还是统一在对传统的东西要理性的一分为二、批判继承上，把线装书保护下来了。我现在也觉得郭沫若并不是真要把他的著作全烧了，那个表态，除了环境因素外，跟他自己性格上的某些特点和极容易冲动而自我压抑理知、喜夸大言词以走极端等心理倾向是有一定关系的。总之，苏、郭两人思想意识的复杂性，是由时间、地点、条件的多重因素造成的。既有纵向演变，也有横向制约，这是客观存在的事实。

上述三个特点，正好蕴含着对他们进行比较研究可求探获的认知宝藏。但是，这同时也是难点，因为要在这多重复杂性中准确地理清因果链条，科学地论证明白“是什么”与“为什么”，需要在事实材料、研究能力、研究方法等方面花极大的功夫。花功夫是值得的，因为这项研究预示着至少有下列三方面的价值。

第一，加广加深对郭、苏二人的全面认识。有些单独研究中不显眼的问题，通过比较认识，将其突出特征看得更加明白。这对透彻理解“苏东坡怎样成为苏东坡”，“郭沫若怎样成为郭沫若”，将是很重要的补充。

第二，对中华文化生态的发展演变规律探讨有一定启示。他们的“顶尖性”、“全面性”、“复杂性”，放在历史长河中看就是一种“典型性”。主流文化的影响，外来文化的影响，地域特点的影响，人生遭际与性格禀赋的相互作用，意识形态发展中的历史网络关联等等方面，透过对他们的比较解析，将会带来新鲜的感知和理解。

第三，更加深刻地体味中国历史文化。“顶尖”和“全面”都表明与老传统关联极深，本身又成为新传统的组成部分，对后世的影响特大。民族文化的巨星，某种意义上都体现着对传统的凝聚与浓缩，同时又有时代促成的创新和发展，所以，也是民族文化精彩的截面展示。

任何学术都是从一定角度照见世界。申东城君在郭、苏比较这个领域，投入巨大的功力，克服重重困难，拓展了认识空间，取得了丰硕的收获。我拜阅书稿后，甚为钦佩，有几点粗浅的感受，在此略谈。

第一，发掘广深，材料丰富。

事实材料，是一切科学飞翔的空气。爱因斯坦讲过这样的话：几根针掉在草垛里，有的人找到一根针就不再找了，而我则要把整个草垛翻过来。本书从郭、苏比较的角度，对涉及到的材料全面调查研究。比如导论中关于眉山、乐山的地理沿革，就讲得很详明。“前辈功名的典范感召”与“地域文化的熏陶”两段文中，用非常具体的材料证据，说明“巴蜀乡土价值取向，奠定了郭、苏基本品格”，地区历史文化底蕴，影响他们精神成长的某些特质，都很有说服力。“家庭成员和蜀中学习”一节中，对郭沫若少年时学习环境，尤讲得真切具体，也得力于历史材料的广泛掌握。在全面搜罗基础上，对于一些重点问题，如“王阳明心学如何血脉苏轼的”与“郭沫若思想解放是经王阳明心学间接学苏结果”，则以爱因斯坦“翻草垛”的精神去穷根究底，挖掘实在有力的材料以证成所论。此外，第七章《苏文郭评》，选列了郭沫若直接提到苏轼的作品32篇，并加以简要评释，极有认识价值，可启迪读者进一步思考很多问题。兹举其1942年4月27日所写文字为例：

> 有女子名李绍朴，自称西康人，以二诗见赠。其一云：“诗名非浪得，夙愿遂瞻韩。北伐功勋在，东归气度难。文章尊秉笔，朝野庆弹冠。我愧吟哦久，无由侍杏坛。”又其一云：“神州伤破碎，慷慨记新词。弃妇情非薄，抛雏割爱奇。登龙齐仰首，附骥肯低眉？莫讶黄崇嘏，深惭是女儿。”自注“四月廿七日八时，倥偬中”。倥偬中能成此，殊不易得，因而和之。
>
> 平生多负气，志学藐苏韩。
> 砥柱中流急，梯航蜀道难。
> 呵天悲棘楚，涂炭坐衣冠。
> 烽火连天碧，苍茫旧筑坛。

这短短的文字中，包含着理解郭沫若此时心态的丰富信息。这个李绍朴诗写得很好，敢以蜀中历史上考取过状元的著名才女黄崇嘏自居，气度非凡。她的两首诗，可以说用滚烫的激情表达了对郭沫若的高度崇仰与热爱。她对郭沫若“研究”得很透，对其一生大节抓得很准。“秉笔”言其文“直书”真实，应是有所指的。“弹冠”言郭沫若当时任职，也是有所指的。“新词”说郭沫若反映民族灾难的诗歌，也应有所指。“登龙”言其在当时文坛掌握话语权的崇高地位。“侍杏坛”、“附骥”表示热望拜在门下，深入追随。这些语词都包含有很重要的具体信息，我不搞现代文学，讲不出来，我想研究郭沫若的专家们一定可以探索出其中包含的具体内涵的。郭沫若得诗之后，立即作和，说明此二诗对他的触动颇大。首联说平生自负，立志高远，十五岁时就想到将来一定超过苏东坡与韩愈。这是他激动起来流露的真心话。颔联，本书评说其“展示出冲天豪气，自负之高……肩负中流砥柱之责任”，简要准确。砥柱与急流相搏，航行如蜀道之难，言自己肩负抗日文化工作重任，但随时处在艰苦激烈的斗争中。此诗作于“皖南事变”后一年又三个月，这段时间文坛上肯定有复杂的斗争。颈联“呵天”句，直言世道混乱，暗含创作历史剧《屈原》等的主旨和现实目的。“涂炭”句直指民族民生的灾难是官场一些上层人物的贪恶造成的。“衣冠”二字，此处用杜甫诗“麂”中“衣冠兼盗贼，饕餮用斯须”之词意，言“衣冠”和“盗贼”一样是害物残人的罪魁祸首。尾联末句“苍茫旧筑坛”直用杜诗成句。杜甫《王命》云：“牢落新烧栈，苍茫旧筑坛”。“烧栈”本是指上元二年（761）奴剌党项寇宝鸡烧大散关事。“新烧栈”是杜甫写诗的广德元年（763）四月吐蕃率吐谷浑、党项、氐、羌二十余万人渡渭进攻唐朝烧杀抢掠事，意味敌方又一次新的侵入。朝廷紧急命令赋闲在家的老帅郭子仪领兵抵御，郭子仪只得到二千人马就立刻出发上战场了。“旧筑坛”，言郭子仪是先前曾被朝廷“筑坛拜将”过的老统帅，“苍茫”是形容现在的郭子仪在国家危难时不计个人得失临危受命忠心报国的悲壮心情。杜甫原诗是赞颂郭子仪。郭沫若借用杜句，表达自己在“烽火连天”的抗日时期领导抗日文艺战线一往无前奋斗到底以报效国家民族的激烈情怀。从诗艺看也用得很巧妙。本书中举出的一些材料，大都像这首诗一样，是很有认识价值的。至于其中的有些文章也有不确不准的地方，今人自应引以为戒，此不具论。

第二，找准关键，重点突出，分部严谨，八面受敌。

对人与人怎么进行比较，马克思在《德意志意识形态》中说：“同样的条件，同样的对立，同样的利益，一般说来，也就应当在一切地方产生同样的风俗习惯。”可见事物的环境条件与其生成结果的关系，是比较人类实践的重要方面。列宁在《黑格尔逻辑学一书摘要》中则提出过“水滴比喻”：“一条河和河中的水滴。每一水滴的位置，它同其他水滴的关系，它同其他水滴的联系；它运动的方向；运动的路线——直的、曲的、圆形的等等——向上、向下。运动的总和。概念是运动的各个方面、各个水滴（=‘事物’）、各个‘细流’等等的总计。按照黑格尔的逻辑学，世界的情景大概就是这样的，——当然要除去神和绝对。”每个人都是历史长河中的一个水滴，一切都是可认识的，可知的。关键是要梳理出影响它的各种关系和联系。我觉得本书对材料的部勒，颇类于苏轼提倡的“八面受敌”法。苏轼《与王庠书》云：“卑意欲少年为学者，每一书皆作数过尽之。书富如入海，百货皆有之，人之精力，不能兼收并取，但得其所欲求者耳。故愿学者，每次作一意求之，如欲求古人兴亡之乱圣贤作用，但作此意求之，勿生馀念。又别作一次求事迹故实典章文物之类，亦如之。他皆仿此。此虽迂钝，而他日学成，八面受敌，与涉猎者不可同日而语也。”对于苏、郭二人来说，要从哪些方面去比较他们，本书正文七章的标题就是明白清楚的回答。按次序是：“哲学本原论”、“性情论自然观”、“心学纽带论”、“人生实践观”、“文学生成和文学性质”、“审美追求和创作方法”、“苏文郭评”。这是作者经过通盘考虑、精细琢磨而确定下来的。我觉得这既合于人类意识研究的一般规律，又合于苏、郭二人的精神实际。前三章都是属于作家的“内宇宙”研究，后三章属于在前者制约下的艺术观念和艺术表现。人生实践观放在中间，是因为“接受”、“感悟”、“体验”的进入与认可全部取决于人的现实的生活实践。在人的文化心理结构的“显”层面，哲学观念是最高层次，宗教观次之，然后才是道德意识、艺术、政治、经济等诸认识。西方心理学界有人说：“一个人的全部记忆加起来就是他自己。”这有一定道理，但这些记忆在大脑中随时都在被组合、归纳、抽象、提升而形成金字塔结构，其中心功能就是一个人的世界观。时下生活中常说：“世界观、人生观、价值观就是一个人大脑的总开关”。哲学，就是关于世界观的学问。所以，本书在全面比较苏、郭的精神世界时，是抓准要点、有序布局、层次分明、逻辑严密的。书中把“哲学本原”放在首位，我还颇为感慨。若干年前我在自己的小文小书中冒昧地说苏轼是思想家，深于哲学研究。某次苏学会议上，一位很熟的朋友在大会发言时，忽然声色俱厉地说：“苏轼不是哲学家!”其实我坐在第一排，周围的学者有人拿眼光看我。我既不生气，也不辩驳。我想如果我讲的不对，我改正就是了。但你现在说的也不见得就一定对，还是让研究的历史来作判决吧。现在，我赞同申君的议论，赞同他对苏轼哲学思想体系的解释，如果以后有哪位学者对此有更高深更正确的论断，驳倒了我们现在这些见解，怎么办？那我们就放弃己见，赞同他就得了。因为“吾爱吾友，吾尤爱真理”嘛!

第三，梳理细致，显微烛幽；表述精详，引人入胜。

方向确定，论题板块界定清晰，细部的论证才是真正显现说服力的地方。在这个问题上，郭沫若有段话很具指导意义：“要想知道‘时代背景’和‘意识形态’，须要超越了那个时代和那个意识才行。‘不识庐山真面目，只缘身在此山中’。不能超越那个时代和那个意识，不用说你更不能够批判那个时代和那个意识。”（《论闻一多做学问的态度》）多学科交融并用，从思想与文学两大纵线来比较认识苏东坡和郭沫若，还涉及与他们有关的历史文化人物，研究者自应站在与时俱进的理论思考上，也就是必须坚持用发展了的辩证唯物主义与历史唯物主义体系来认识这一切，才能有实事求是、公正公平、穿透云雾的目光。从小处看，本书叙述中一些点染精义之笔，颇富情味。如讲苏轼小时旁听塾师谈《庆历圣德诗》故事之后，说这是“潜移默化地激励了苏轼日后敢于担当、以天下为己任的士人品格，也燃烧起其内心走出巴蜀，结交‘人杰’，为国效力，强国富民的理想抱负”。在叙述郭沫若东渡日本后，很费思考选择前途的过程后，说：“郭、苏二人有个潜在的共同点，就是蜀人的恃才自信和滚烫的爱国之心。”从大处看，本书论断重大问题，皆遵守“意见——理由——证据”的严谨模式，以理服人。如论郭沫若思想前期为“泛神”哲学论，后期是马克思主义哲学观时，引他《致成仿吾的一封信》，结合分析阐释，证据确凿，非强加于人。关于郭沫若对庄子认识的发展变化，引用大量证据，说清楚“郭沫若对庄子思想有个泛神论向道家领袖的认识过程”。王阳明上接苏下联郭是本书论证中最着重之处。文中首引沈德符《万历野获编》，突出董其昌“其说非出于苏，而血脉则苏也”的认知，然后紧紧追踪下去，详引王学主旨之重要材料，更详引郭沫若解读接受王学之重要论著（如《伟大的精神生活者王阳明》等），叙议并陈，把这件中国文化史上精神影响的脉络理清。从行文结构上看，本书论证部分都是前有总引，提出问题，表明观点；中间详细叙议，广引博证，丰满地展开；后有简严总结，凝缩要旨。如论苏—王—郭关系这节结尾时说：“笔者认为，郭沫若对王阳明思想的接受是复杂的，要之有以下五点：（1）去欲存理，求仁至善，‘一秉大公’。（2）静坐修养，自我扩充，善我善人。（3）怀疑创新，兼受并蓄，自得其全。（4）心胸光明，坚持正义，积极进取。（5）‘格物致知’，追求真理，‘知行合一’。笔者认为王阳明对苏轼思想的营养汲取，也可概括为四点：（1）去蔽存正，全顺至善，‘格物致知’。（2）顺应自然，‘无心’至道，物各自得。（3）说做结合，修身养性，‘内圣外王’。（4）敢于怀疑，独立自主，求是求真。两相比较看出王阳明在苏、郭二人之间的桥梁和纽带作用，三人思想继承新变昭然。”本书的其他章节，也都遵循这种论证原则。

第四，创作继承，着眼启迪，转化求新。

人类几千年的认识史，做了两件事：认识外在客观世界；认识人类自身。文学史上大作家的比较研究，属于后者。一切认知都是为了指导自身的行为实践。苏轼在《上曾丞相书》中就着重强调：“凡学之难者，难于无私，无私之难者，难于通万物之理。故不通乎万物之理，虽欲无私，不可得也。”“通万物之理”，求真求实，是他一生的认识追求。“责实”贯穿他治学处世的一生，《日喻》《石钟山记》《黄荃画雀》《戴嵩画牛》等皆言此理，因为只有正确认识才能有正确行动。郭沫若在《读随园诗话杂记》第三十六有诗云：“蚕食桑而吐丝，蜂采花而酿蜜。牛吃草而出奶，树吸壤而生漆。破其卷而取神，吮其精而去粕。融宇宙之万有，凭呕心之创作。”破卷取神，是学习的深度。融宇宙万有，是学习的广度。在学习以资启迪上，苏、郭二人都有深刻的认识和笃厚的实践。在本书的研究中，此类意义无处不在。

作者在行文中也时现从研究中获取教益的提示。如讲性情观时特别指出："苏轼以外儒内道的人性论为本，视礼为情之形，经生命实践升情为理。苏、郭都没有仅仅局限于形而上的'道'、'性'、'善'的哲思领域，而是将之运用到仁德礼教、积极入世和充实自我、提升境界的社会实践中，这正是二人思想的英雄所同和价值意义所在。"在第三章的末尾，更充满感情加强语调评说："时代不同，尤其郭沫若经历乱世，其五四前后泛神论思想，多导源于王阳明，又颇类苏轼自然观；后来信仰马克思主义，但社会主义一秉大公思想，又与苏轼、王阳明思想精髓多有相同之处。不管怎么说，三人在坚持正义、积极进取、创新求善、穷达超然、崇尚自由、肯定自我、弃私求公、个性解放等方面的一致性、相通性、继承性，是不可被忽视和否定的。"在第四章谈人生实践，于比较苏、郭异同后说："苏轼、郭沫若二人思想精髓是相同的，那就是高洁人格，荣辱不惊，自信坚定，乐观方达，亲近生活，爱国爱民。"在第五章末尾，更重点引出郭沫若1944年所作《如何研究诗歌与文艺》，其中精警的思想意识，对我们今天的文化工作者也有极大的教益。苏东坡、王阳明、郭沫若，都是历史人物。金无足赤，人无完人，他们都不可避免地有自己的局限性。本书作者在第六章第一节中，专就郭沫若的情况说了一段话："强调文艺服务社会，服务大众，服务时代并无错误，但若矫枉过正，会适得其反。郭沫若晚年诗歌不少失去了诗美和诗韵，直白发露，读之味同嚼蜡。时代变迁，年华流逝，郭沫若当年的文学创作激情已一去不复返，他也自己认识到这种变化，感叹晚年再也写不出'五四'时那种诗了。郭沫若在新中国成立后，为配合阶级斗争和政治运动，对李白、杜甫的局限认识，对政治领袖的歌功颂德，对'文化大革命'的误判谬赞等，都为他文学发展的第三期留下了很多遗憾和诸多非议，这也许是政治家的成功和文学家的失败的矛盾体现吧。"这是作者客观地实事求是地讲出自己真诚的"一家之言"。我此时想到的是《论语·里仁》："子曰：见贤思齐焉，见不贤而内自省也"。孔老夫子的教导没有过时。前人的"失误"、"教训"，虽是"白璧之瑕"，也应该正视之，这对我们和我们之后的后人来说，也是宝贵的启迪和警示。

以上是我在断断续续拜读本书时想到的一些话，远不足以说明本书的优长。读者细读本书，见仁见智，定会发现比我这里说的要多得多的东西。我最乐于希望看到的是，广大读者朋友因此书的出现而关注四川嘉眉地区以及其他更多地区的此类文化生态研究，壮阔波澜，拓展开去，为推动新时代文化繁荣而绽放更多的学术之花。

是为序。

张志烈

2015 年 12 月 24 日于成都川大花园，时年七十有八

第十六篇

课题评奖

课题名称：郭沫若翻译作品版本演变研究及语料数据库建设

课题负责人：张勇

课题编号：16BWW018

1. 本课题国内外研究现状述评，选题的意义和价值

至今为止，无论是中外还未有一套涵盖所有郭沫若翻译作品的全集出现，这与郭沫若是现代著名翻译家的论断和称谓极为不符。事实上从1920年代到1970年代的50多年间，郭沫若共翻译出版了以《少年维特之烦恼》《浮士德》等为代表的五百多万字，多达289种的译作。翻译活动贯穿了郭沫若文化活动的全过程，就郭沫若所翻译作品创作者的国籍来讲，涉及欧洲、北美洲、亚洲等9个国家，作品以德国、英国、美国、俄国等欧美国家为主，同时还包括波斯、印度、日本等东方国家，共98位作者的作品；另外就郭沫若翻译作品所涉及体裁来讲，既有文学类作品（含诗歌、戏剧、小说）如歌德的《少年维特之烦恼》、《浮士德》；又有艺术史类的著作：如《美术考古一世纪》；还有科学史著作：如《生命之科学》；另外还有马克思和恩格斯的经典政治类著作《政治经济学批判》。不仅如此，郭沫若通过自己的翻译实践活动，还提出了诸如“译文应同样是一件艺术品”等翻译思想和观点，因此无论从那个角度来讲郭沫若都无愧中国现代文化史上伟大翻译家的称号。

郭沫若的翻译研究与他的翻译活动和译著出版并不同步，直到1978年郭沫若去世后才有相关研究成果出现，截止到目前为止有关郭沫若翻译研究的论文有大约200多篇，这些成果多集中在对郭沫若翻译情况的介绍、翻译方法和技巧阐释、翻译思想和观念阐释等方面，这与对的郭沫若文学研究、史学研究、古文字学研究等方面的成果相比都相距甚远。另外在研究方法基本上采取比较文学研究的方式，按照语种和国别的分类方式，主要分为了郭沫若与德国文学翻译、郭沫若与英国文学翻译、郭沫若与苏俄文学翻译、郭沫若与东方文学翻译等的几个研究方面。统观现有的研究成果不难发现“许多文章停留在表面现象的描述与作家作品的简单比附上，而没有进一步深入地说明，郭沫若文学创作在对外国文学的接受过程中是如何产生变异，从而衍生出新质，而新质的产生又如何对整体的现代文学格局的形成与发展产生影响”。另外，现有郭沫若翻译研究成果多是停留在郭沫若译作的某一部具体作品或某一方面的研究，还缺乏整体性、系统性的梳理。

造成目前郭沫若翻译研究停滞不前的原因主要还是由于郭沫若译作资料的匮乏，目前既没有一套完整的如《郭沫若译文全集》类的作品集，也没有系统的如《郭沫若译作版本资料汇编》类资料集作为研究者研究的基础。其实郭沫若所翻译作品出版和再版的次数差异较大，如《屠场》《查拉图司屈拉钞》等仅仅只出版了两次，但是如《少年维特之烦恼》《鲁拜集》《沫若译诗集》等很多译作都是多家出版社多次出版发行，每一次的出版无论是排版、序跋等方面都有明显的变化，这也就造成了各

个版本的不同。而有些新的译作版本的再版发行郭沫若都进行了不同程度的修订，通过这些版本的变化也可以探究到郭沫若翻译思想的演变。对于郭沫若译文版本的全面收集、整理，以及对这些版本演变的梳理和研究将是对他翻译方法、翻译思想和创作方法等方面研究基础。目前对这一问题的研究在国内外还属于空白领域。因此对这一问题的研究将会对郭沫若研究和翻译文学研究，甚至对于比较文学、外国文学，甚至中国现代文学的研究都具有开创性的理论意义和现实意义。

另外，目前在翻译文学领域对于郭沫若翻译作品的技术化处理也是一个空白领域。郭沫若译作作品总字数大约有近600万字，仅仅只是对这些作品进行简单的收集、分类和整理还不能很好的满足现代读者和研究者的多方面需求。近年来，语料库技术逐渐受到翻译研究领域的重视，尤其是双语平行语料库，将译文和原作进行段落级乃至句子级的对齐，可以更精确地呈现原文和译文的异同，借助相应的标注体系，可以量化分析原文和译文的问题特征，并揭示出单凭人的阅读体验难以察觉的郭沫若独有的翻译规律，在此基础行构建郭沫若翻译作品网络数据库，将会有广泛的应用价值。

因此该课题既在学理价值上拓展了郭沫若翻译作品的研究范畴，又在应用价值上提供了可供查阅使用的检索软件。

2. 本课题研究的研究对象、总体框架、重点难点和主要目标

本课题研究的对象主要是郭沫若译作版本，课题组将在对已经出版过的郭沫若译作版本收集、整理的基础上，总结归纳这些版本演变的情况，并通过这些版本流变过程中所折射出的郭沫若翻译思想、翻译方法、文艺观念等方面的变化情况的梳理，在此基础上建设郭沫若翻译作品的平行双语语料库，从而填补郭沫若翻译研究、中国现代翻译文学、中国现代文化以及翻译技术等方面的空白点。

该课题的总体框架主要从如下两个方面来进行建构：

一是对郭沫若翻译作品进行分类整理。

在中国现代翻译史上绝大多数作家所翻译外国文学的作品都经过了系统的整理，如鲁迅、周作人等人的翻译作品都出版过系统的文集，但是郭沫若的翻译作品自1960年后除了《少年维特之烦恼》《浮士德》《鲁拜集》《新时代》和《生命之科学》等少数作品再版出版外，绝大多数作品都没有再版过，更有甚者如《石炭王》等作品在解放前也仅仅只出版过一次就没有再版过，这些极少出版的作品基本上都被排除在郭沫若研究和翻译文学史研究的视野之外，因此本课题所做的第一项重要工作便是对郭沫若所出版的翻译作品进行系统的整理，既要考证郭沫若翻译作品出版的时间，也要考证这些翻译作品版本的演变；既要考证郭沫若翻译作品的最初所依据的原文，也要考证这些翻译作品语言转译和流变的情况，经过这样全面系统的考察，形成系统性的郭沫若翻译作品全集。

二是对分类整理后的郭沫若翻译作品的研究。

整理郭沫若译文版本流变资料的目的便是促进郭沫若研究更加全面、公正和客观，也为比较文学和翻译文学提供新的视角。郭沫若翻译作品研究主要包括郭沫若翻译思想研究、郭沫若翻译作品语言研究、郭沫若翻译作品版本流变研究、郭沫若翻译作品序跋研究、郭沫若文艺思想研究、郭沫若译文版本辨伪、民国文化市场等方面，通过这样的研究将会深化对于郭沫若的认识，如以往我们认为郭沫若是著名的文学家、历史学家、古文字学家，通过本课题的研究进一步深化对郭沫若也是二十世纪中国文化领域中一个难得的翻译家的认识，另外，通过本课题的研究也可以解答很多现代中国文学史上悬而未解的难题，如郭沫若、鲁迅等关于翻译思想的论争；郭沫若、胡适等关于翻译方法的论争以及郭沫若文艺思想等许多研究的难点。

三是构建郭沫若翻译作品语料库。

借助《郭沫若全集·翻译编》项目所获取的郭沫若译著电子文献资源，搜集整理对应版本的原著，并进行扫描识别等转换，获取原著的电子版（第一阶段主要集中在英语著作的整理上，建设成功并取得一定成果后，再进行德语著作的整理）。对郭沫若译著的英汉双语文本进行句子层级的对齐，形成双语平行语料库。除了对语料库进行词性等方面的自动标注外，设计郭沫若译著研究标注体系，对译著进行逐句审读，进行人工标注，以求更深入揭示郭沫若译著的文体风格特征、翻译思想特征等方面的质素。在建设完成设计郭沫若译著平行语料库的基础上，以郭沫若研究所内部的研究人员和特聘专家等为核心，发表一批相关的研究论文。设计发布该语料库的网络检索版，可以以有偿或免费等形式，提供给国内外郭沫若翻译研究者使用，扩大郭沫若研究所的社会影响力。

该课题研究的重点在于对郭沫若译作版本的收集和梳理，特别是对不同版次版本的流变情况进行细致的对比，找出各个版本的不同，然后在此基础上进行相关研究。难点在于对郭沫若译作版本真伪的考辩。在民国时期，由于出版市场还不规范，出现了一些假用郭沫若之名翻译的作品，也出现了一些小书店盗印郭沫若译作的情况，对这两种情况都要在史料收集和分析的基础上进行真伪的考辩。由于时间久远，特别是一些小书店历史资料的匮乏，这项研究工作的难度较大。另外，对于郭沫若译著平行语料库的建设也是一个难点，这不仅仅需要准确的前期文字准备工作，还需要借助于现代电脑翻译软件，最终建成可供查询的网络检索系统，这也是一项难度较大的工作。

2016 年度四川省教育厅人文社会科学（郭沫若研究）立项课题

编号	单位	部门	负责人	名称	完成时间	成果形式	课题类别
GY2016W01	四川大学	出版社	王锦厚	在郭沫若研究的路途上	2018.05	专著	研究文库
GY2016W02	陕西师范大学	文学院	李继凯	“大现代”文化视域中的郭沫若	2018.05	专著	研究文库
GY2016B01	太原师范学院	文学院	李凤英	郭沫若与唐兰甲骨文研究的对比研究	2018.05	论文	一般项目
GY2016B02	西南交通大学	马克思主义学院	杨子均	郭沫若爱国主义思想当代价值研究	2018.05	论文	一般项目
GY2016B03	玉溪师范学院		邱诗越	郭沫若创作仪式书写研究	2018.05	论文	一般项目
GY2016B04	成都理工大学		郭士礼	郭沫若与马克思主义古典文学研究范式的建立	2018.05	论文	一般项目
GY2016B05	华南师范大学	文学院	侯桂新	郭沫若的女性想像与女性书写	2018.05	论文	一般项目
GY2016B06	成都工业学院	经济与管理学院	罗业恺	郭沫若海外十年文献学成就研究	2018.05	论文	一般项目

续表

编号	单位	部门	负责人	名称	完成时间	成果形式	课题类别
GY2016B07	成都理工大学工程技术学院	基础部	宋雨涵	三化论视角下的郭沫若诗歌翻译意象重构研究	2018.05	论文	一般项目
GY2016B08	成都理工大学工程技术学院	外语系	何明烈	五象美视角下的郭沫若诗歌翻译研究	2018.05	论文	一般项目
GY2016B09	肇庆学院		陈艳玲	郭沫若民国时期文艺散文意象研究	2018.05	论文	一般项目
GY2016B10	中央民族大学系	少数民族语言文学	吉差小明	郭沫若与惠特曼诗歌比较研究	2018.05	论文	一般项目
GY2016B11	乐山师范学院	文学与新闻学院	杨晓宇	郭沫若古文字研究方法述评	2018.05	论文	一般项目
GY2016B12	乐山师范学院	文学与新闻学院	吴胜景	郭沫若手札书法研究	2018.05	论文	一般项目
GY2016B13	乐山师范学院	文学与新闻学院	何刚	郭沫若与“学术中国化”运动研究	2018.05	论文	一般项目
GY2016C01	成都医学院	文学院	李东方	郭沫若浪漫主义诗歌的现代主义特征研究	2018.05	论文	青年项目
GY2016C02	东华理工大学		李斌	郭沫若演讲艺术研究	2018.05	论文	青年项目

续表

编号	单位	部门	负责人	名称	完成时间	成果形式	课题类别
GY2016C03	成都师范学院		韩蕾蕾	郭沫若儿童剧研究	2018.05	论文	青年项目
GY2016C04	天津财经大学珠江学院	人文学院	张强	郭沫若《女神》及佚诗文本精选细读	2018.05	论文	青年项目
GY2016C05	聊城大学	文学院	杨玉霞	新中国成立后郭沫若诗歌文献整理与研究	2018.05	论文	青年项目
GY2016C06	四川传媒学院		唐春梅	郭沫若与江枫汉译《雪莱诗选》比较研究	2018.05	论文	青年项目
GY2016C07	重庆邮电大学	法学院	陶永莉	郭沫若新诗创作与日本大学教育关系研究	2018.05	论文	青年项目
GY2016C08	乐山师范学院	美术学院	祝彬	郭沫若书法字体研究	2018.05	论文	青年项目
GY2016C09	乐山师范学院	外国语学院	陈析西	认知诗学视角下郭沫若英诗翻译策略研究	2018.05	论文	青年项目

四川省教育厅人文社会科学重点研究基地

四川郭沫若研究中心

全国哲学社会科学课题阶段成果展示：回忆郭沫若作品收集整理谈

廖久明　何　刚整理

2016 年 6 月 26 日，2015 年度国家社科基金重点项目“回忆郭沫若作品收集整理与研究”中期研讨会在北京郭沫若纪念馆召开。参会专家包括：回忆作品作者刘德有（郭沫若 1955 年访日时翻译，曾任中国文化部副部长）、郭庶英、郭平英（郭沫若女儿），中国郭沫若研究会执行会长蔡震（原北京郭沫若纪念馆副馆长），副会长魏建（山东师范大学文学院教授）、张越（北京师范大学历史学院教授），中国现代文学研究专家商金林（北京大学中文系教授）、解志熙（清华大学中文系教授），北京郭沫若纪念馆研究人员李晓虹、赵笑洁、李斌、张勇、梁雪松等。与会专家结合项目组提供的《征求意见稿》（包括凡例、分卷方法、错误改正法举例、各卷详细目录等内容）发表了很多精彩的高见。由于专家意见实际上涉及到回忆作品收集、整理的一些原则问题，我们决定将其整理出来发表。会后及拜读了参会专家针对整理稿发表的意见后，我们结合项目实际情况进行了认真思考并有所取舍，现统一以整理者按的形式附录于相关内容后面。在审读整理稿后，张越、蔡震先后针对整理者按发表了自己的看法，现以专家按的形式一并发表。敬请各位专家多提宝贵意见，我们将感激不尽！

一　价值与意义

刘德有：郭沫若是 20 世纪中国文化史上的全能型文化巨人，也是继鲁迅之后中国文化战线上的一面光辉旗帜，在国内外具有广泛影响。对于这样一位才华横溢的奇才，人们敬仰、爱慕、怀念，因而，回忆他的文章自然很多，所涉及的面也非常广泛。作为“国家社会科学基金重点项目”，四川郭沫若研究中心在前期投入了很大力量收集、整理“回忆郭沫若作品”，并编写出多达 11 个方面的《目录》，实在是令人敬佩。我学习后的第一印象，它是“回忆郭沫若作品”的几乎接近完美的集大成。如果没有对郭沫若研究事业的深厚感情，如果没有高度的历史责任感，如果没有很强的事业心，要完成这样一项工作是不可想象的。我认为，这是一项功在当代、利在后人的工作。

解志熙：郭沫若是全能型的文化巨人，在各方面做出了巨大贡献，同行、亲友、后辈等有很多回忆，这些是研究郭沫若的重要文献，将其汇总起来，为郭沫若研究提供了重要的文献，对郭沫若研究有很大的推进，这是很重要的工作。

商金林：前面一定要有高水平的导言来阐释这项工作的意义和价值。回忆录本身价值值得研究，老舍是怎么死的，就有很多说法，所以回忆录不可轻信，要慎重使用，先要质疑、考证，然后才能使用。

魏建：这个项目到底要做什么，我们这次中期研讨会到底要做什么，考虑还不够。现目前是把所有回忆郭沫若的东西收集起来，如果仅仅停留在此，那价值就大打折扣了，这只是第一阶段的工作。怎么提升这个课题的价值？回忆郭沫若是一个重要的现象，在整个文学史上，回忆鲁迅、老舍、茅盾的文章肯定不如郭沫若的多。作为中国现代文化上的回忆现象，回忆郭沫若是值得研究的，因为它跨度长、领域广，要好好阐发这个课题应有的价值，不能停留在收集阶段。同时，回忆录本身作为学术研究依据的真实性价值是有限的，指望用回忆录来推进郭沫若研究是不可靠的。这个课题的重要价值在于它包含着郭沫若的接受现象，可以研究作为一个有机知识分子，研究郭沫若跟中国社会的结合程度、与中国社会的关系等，从这个角度来审视这个课题的价值，要远远比仅仅关注当事人的回忆的价值要大得多。

李斌：传统史学讲求证、求信、求实，新历史主义讲求对文本的分析，回忆作品作为文本，它在历史真实性上或许要打折扣，但我们可以研究回忆录作者撰写回忆录的心态、叙述方式等，这都十分有意味。所以，在收集整理回忆作品时，可以多从这方面去思考其学术意义。

二　收录范围

刘德有：拟议的分卷为 11 卷，基本上反映了郭老生前活动的方方面面。郭老的翻译实践与研究，是他一生中活动的重要方面，不仅译著颇丰，而且曾发表过不少有关翻译理论的文字。据我所知，关于回忆与研究、论述郭老的翻译思想、翻译实践的文章已经有不少问世，但从《目录》来看，似乎没有着重收集并加以整理。是否需要涉及这一方面的内容，请予考虑。

郭庶英：就郭沫若翻译的回忆而言，成仿吾写的《英诗译稿·序》，就是在谈郭沫若的翻译风格，属于回忆郭沫若翻译方面的文章；戈宝权 1979 年在四川大学中文系讲了四天的郭沫若翻译，不知道出没出文章？应该找到。田中庆太郎在通信中说郭沫若的日语比日本人还老道的内容，属不属于回忆翻译的范围？

魏建：《战争与和平》高地的序言也属于回忆录，里面涉及到郭沫若翻译，应该收录。圣彼得堡大学东方系的老主任在 2012 年圣彼得堡大学举行的“第五届远东文学研究国际研讨会暨纪念郭沫若诞辰120周年学术研讨会”上的发言，详细谈到了对郭沫若的回忆，他的讲话和提交论文不一样，要注意一下，应联系到这位老主任，拿到原文。虽然项目时间紧张，但要服从质量。

张越：回忆文章的鉴定很关键，有些文章介于回忆、研究之间，这给选文带来很大的困扰，有些把握不定，作为编者应当有一个明确的标准，要不然收文的性质就乱了。就史学卷、考古卷来说，很意外的是所选文章都是上世纪六七十年代以后的文章，民国时期、新中国五十年代就没有出现回忆郭沫若史学的文章吗？如果是这样的话，就是很大的缺陷，也许是确实没有，总之要提醒课题组关注这个问题。衍生出来的问题是：一些学者回忆录中的相关内容收不收？如侯外庐先生的《韧的追求》，这本书讲了很多抗战时期郭沫若等左派文化人士在重庆的文化学术活动，很丰富；另外，就史学考古研究上对郭沫若一些负面的回忆文章，收不收？如赵俪生先生在文章中对郭沫若的批评，以及比这还过的一些文章，如何处理？作为整理者、研究者，应该站在客观中立的立场，这些问题都不能回避。总之，收入文章的选择确实是很难办的事情，能充分理解编者的考虑，希望能收入各种文章，让读者去判断，如果让我选择的话，还是倾向编者目前的做法，就是涉及有问题的文章还是应该收，只是在技术处理上进行一些考虑，例如用脚注加以说明。如果完全是错误的文章的话，就用存目的方式。如《刘大年全集》，刘大年先生当年就说过：他在五六十年代写的一些文章，确实是自己写的，这不能回避，不能忽略掉，要尊史实，所以在编全集时，就用存目的方式，供读者进一步查阅。

解志熙：在收集作品时，应该注意港台和外文文献。将来出版的时候，建议将书名改成《近人回忆郭沫若文献综录》。

李晓虹：课题组通过网络，收集到了报刊上有关回忆郭沫若的绝大部分文章，但书的部分可能有遗漏。有关中科院建院初期的一些回忆文章，应该做些补充。

李斌：我在阅读阿尔都塞的《来日方长》时，感觉到法国及西方知识分子对世界保卫和平委员会及其活动的重视，作为活跃在保卫世界和平一线的著名知识分子，郭沫若可能会引起他们的注意，有没有注意到这方面的回忆内容呢？苏俄的文章也有一些涉及到对郭沫若的回忆，应该补充。

郭庶英：陈明远的文章许多事实是伪造的，法院已经判定了，就不应该作为文献收，收录等于就认可它了。建议陈明远的其他一些真假相参的文章用小一号文字显示，不要作为正文。

郭平英：我们是汇编有价值的回忆文献，而不是和糟粕笼统地收集，比如回忆于立忱的是不实的，陈明远的是不实的，就完全不应该收录。如果非要收，那就要考虑怎么样不形成大的集中规模和形式。很多人关心郭世英，但很多人写郭世英不是从回忆郭沫若的角度，也不应该收。陈明远的《新潮》，法院判定不能再版，那么，《新潮》的文章就不能收。

刘德有：凡例中应加一条，法院判明的论著，不再收录。

魏建：谢冰莹写于立忱的就完全不能收，谢冰莹是等所有当事人都去世后，才在台湾的《传记文学》发表了，内容一点都不靠谱。

赵笑洁：错误的、负面的文章收录得较为集中，应该打散，以免造成更为负面的影响。凡例中，应注明“网络文章不收”，现在网络上涉及郭沫若的负面文章太多，没有史实依据。现在很多涉及郭沫若的文章属于指桑骂槐，别有用心，隐含着意识形态的问题，拿郭沫若说事，不能收。

商金林：“回忆郭沫若作品收集整理与研究”——这个题目是否要再斟酌一下，如改为“回忆郭沫若文献综录”，就可更好地彰显这个研究课题的学术性。“当事人采访文章也视作回忆文章”这个说法有点牵强。不过，假如题名改为“回忆郭沫若文献综录”就有了更大的包含性，“当事人采访文章”也就名正言顺地入选了。《凡例》的表述要更清晰简练些。既然是“文献”，造假的绝不能收。正经的“回忆文章”，也没有全部都收的必要，一定要有所选择，不是很重要的，留个存目就可以了。

魏建：既然叫整理，就应该去粗取精、去伪存真，如果把所有东西不加分辨地弄在一起，那叫什么整理呢？版本的选择，要尊重当时作者的意愿，并应在凡例中进行说明。

蔡震：错误的回忆不能收了，既然可以肯定是错的，就没有必要收，这不同于一般的部分史实错误。朱其华《一九二七年底回忆》里面有专门涉及郭沫若的回忆，写北伐很详细，故事很多，龚济民等先生编的《郭沫若年谱》是将其作为史料用的，如郭沫若入党的问题等。但是里面叙述的事情其实是没有的，当事人后来也没有说明这个问题。那么，这本书要不要收？黄廷弼《犹自朝朝劝客归——介绍郭老的一首佚诗》是将王国维的一首诗误作郭沫若的诗。这篇文章不该收录吧。我们做了许多考订的工作去辨别史料的真伪、史实或史误，可以认定为错的东西，为什么要收录呢？收集、整理本身就应该包含有学术判断。作品的收入还是应该有一个标准考虑和选择，并不是有文必录。

张勇：对多人的回忆，其中只是谈到一点对郭沫若的回忆，收录是否合适？

李斌：现在提供的目录中，一些文章的作者和郭沫若并没有接触过，直接、间接的都没有，我认为这些文章就不应该收录进来。

整理者按：我们现在的收录原则为：一篇作品中只要有部分内容是回忆就收录；回忆创造社、第三厅、文工会、中国科学院、中国科学技术大学的作品如果涉及到郭沫若，一并收录；其他作品中如果有回忆郭沫若的章节，仅收录该章节，零星回忆文字不收录；完全根据各类材料写作的作品不收录，所有网络作品不收录。

对存在史实错误的作品是否收录问题，我们打算谈谈自己的看法：其一，能够判断存在错误的作品不多，如果只是不收录这些作品，会不会给读者造成收录作品都可信的错觉？其二，很多作品内容真伪杂存，如何处理这类作品？其三，这些存在错误的作品已经发表，将来有无可能被人当做自己的重大发现？其四，同是回忆文章，采取不同方式收录，会不会让人们觉得我们没有采取一视同仁的立场，并且自乱体例？其五，实际上，除记忆错误外，其他类型的错误回忆也是值得研究的，既有可能与个人有关，也有可能与时代有关，从这个角度说，这些作品也是非常重要的史料。在我们看来，作为史料收集、整理者而言，最好少有价值判断得的概念，因为“玉札丹砂，赤箭青芝，牛溲马勃，败鼓之皮，俱并收蓄，待用无遗也，医师之良也”（韩愈：《进学解》），至于判断史实真伪、作品价值等问题，则是研究者的事情。在22本“回望鲁迅丛书”中，有一本专门收录攻击鲁迅的书《围剿集》，看了其中的文章，不但无损鲁迅的伟大，反而显出攻击者的渺小，我们认为这种做法值得借鉴。考虑到“作为文献，造假的也不能收”，出版时我们打算给这套书命名为《回忆郭沫若作品汇编》。

张越按：赞成编者的上述收录原则。原因很简单，本课题不以鉴别真伪、评判是非为主要目的，而是以保存史料为主。看到上面诸位先生的发言，多数人强调不收“问题”材料，其心情完全可以理解，但是与本课题的基本宗旨是不太相符的。既然“能够判断存在错误的作品不多”，相信即使收录了这些作品也不能够影响本书的总体格局和基本倾向。只是，对于那些确实属于充斥造谣污蔑之词的少数文章，仍建议做“存目”处理。

蔡震按：这一部分，我们在讨论的时候涉及的情况是两种：一是真伪问题（包括不是有意作伪），一是史误的问题（这之中又有史实全部有误和部分有误的区别）。那么对于可以判定其为作伪的史料，或者史实全部失实的史料，我们当然不应该收录，且这一点应该在体例上有所规定。“整理者按”所表达的几个收录的理由，我觉得不大合适：

首先，你收录作品的原则，是因为它们是回忆郭沫若的，这里并不涉及对错的问题，你不收的文章是因为可以断定其为作伪或失实。但这并没有与前者形成一个必然的逻辑关系，即，前者就都是可信的。后者只是表示了你在整理工作中能做到的。而且这与数量的多少没关系。

其次，既然知道该文的史料真伪杂存（不知道的当然不论），那么对于明显的史误，就可以考虑以出注的方式做一个提示。这也可以在体例中规定。

再次，这是因噎废食了吧。值得忧虑的倒是，我们对于明知作伪或失实的史料，却都不去予以指明，在这样分量的一部整理文献史料的汇编资料中还要收录，时间长了，反倒会在阅读使用者中造成混乱（不要指望人们都会去阅读相关的考辨的文章，而且我们一拨一拨学者们所作的史料工作都白做了吗?）。

最后，对于文章所述史料，既然能判定其作伪或失实，就是不该一视同仁！在确定体例时可以考虑到这一情况啊。

“作为史料收集、整理者而言，最好少有价值判断得的概念”，这话对。但我们一直在讨论的是真伪判断。《围剿集》不同于回忆史料的整理，且其编选原则，恰恰有一个明确的价值判断。

三　分卷及排序问题

魏建：分类最好按照郭沫若的生平时期，如留日时期，创造社时期，流亡日本时期，抗战时期，十七年时期，一是研究价值大，一是好编。同一篇文章，同时出现不同时期，可以在其他时期中用加注的方式进行提示。

郭平英：编者花了很大力气来考虑分类分卷，实际上，分类越细，越不方便读者查找，倾向于分类大一点，再来讨论每一类的标题。比如，外交怎么能和政治分开呢？外交卷其实也不是讲真正的外交，而是在回忆外交中的交往与友情。日常生活卷其实很多是家事，如果不调整，这一卷还单独存在的话，那就应该叫家庭生活卷。日常生活卷里的内容拉拉杂杂，真真假假的很多，如果分开，冲淡一下，可能会好一点。魏建老师提出的按照传主的生平时间来进行分类方法很好，但是，基于已经完成的工作基础考虑，提一个折中的建议，分三大卷：第一，创作和学术研究卷，第二，社会活动和文化交往卷，第三，家事与生活卷。里面再分小标题。

解志熙：分卷的问题，难得两全，只要把它们收进来就可以了，有些卷可以合并，如科教和出版，否则不平衡，参观考察题字都应该放在社会活动卷。日常活动等卷设计得很好。

赵笑洁：政治卷其实很多不是政治，很多是交往，是从故事出发的，跟我们现在理解的政治、政治事件不一样，交往、友情也在其中。分类应考虑回忆本身，弱化学术的考虑，现有分类还是过细。

蔡震：分卷应该采取合并，戏剧和文学应该在一起。整个的分类可考虑调整，宜粗不宜细。科学、教育、出版、书画可以合并为文化活动卷。分卷可以不拘泥于《郭沫若研究文献汇要》的分类，毕竟回忆与研究不一样，分类分卷也不能拘泥于字数。魏建老师提出的其实是按传主郭沫若的生平进行编年史的分类，但是收集的作品是按作者写作的内容，二者在逻辑上是有矛盾的。而且，回忆内容会涉及郭沫若生平的好几个时段，分起来也很困难。分类也要结合现有分类方法和已经做的工作。

李斌：同意魏建老师的分类建议，按照郭沫若生平的时段划分回忆作品，这可以解决很多问题。有许多回忆文章涉及到文学、学术研究、社会活动等诸多方面，按照目前的分类方法，不容易进入某一类。但这些回忆文章，大多数是以作者跟郭沫若在某一个时期的接触为基础的，所以很容易归类。有些回忆作品，其内容在时段上跨度比较大，这样的作品可以单列一类。

李晓虹：分类的难度很大，郭沫若的作品分类就很难，而回忆性文章大多较为散漫，做分类就更难了。比如“政治卷”，很难定义，目前所收录的文章很多涉及的是文化交往之类的活动，是否考虑不设政治卷。分类不应该过多从读者的角度考虑，因为无论怎么分，读者都不可能完全按照编者预想的分卷去查找，而且，全书之后的索引可以帮助读者解决查找的问题。所以，最重要的考虑应该是逻辑上的合理性，分类越粗就可能越合理些。第九部分是按回忆者身份归类，而其他是按内容归类，这在逻辑上是不一致的。

张勇：分类有点乱，前面文学、戏剧、史学是按照学科分，下面的教育、政治、外交又是另一个逻辑。

整理者按：由于郭沫若是“球型天才”，涉及领域很多，在学科分类很细的今天，不分类确实不方便各领域的人使用。我们在坚持分类的同时，打算结合专家意见对分卷方法和卷名进行如此调整：回忆郭沫若创作、研究及相关交往、影响的作品根据学科分类并命名为《文学一卷》、《文学二卷》、《历史卷》、《考古卷》、《艺术卷》（含戏剧、书画），回忆郭沫若参加其他活动的作品根据内容分类并命名为《政治活动一卷》、《政治活动二卷》、《政治活动三卷》、《外交活动卷》、《社会活动卷》、《文化活动卷》（含科教、出版），回忆郭沫若家人及家庭生活的作品归为一类并命名为《日常生活一卷》，回忆郭沫若其他日常生活的作品归为一类并命名为《日常生活二卷》，涉及几个方面的作品根据回忆郭沫若的主要内容归类。

各卷作品按照发表时间排序确实不妥当，比如：同样回忆孩子剧团的文章，按照之前的排序方法，《政治活动卷》三卷中都会出现。现在打算将郭沫若的一生分为9个时期：少年时期、留学及创造社时期、大革命时期、流亡时期、抗日战争时期、解放战争时期、十七年时期、“文革”时期、“文革”后，每卷中的作品按照以上时期排序，涉及两个及以上时期的作品排在主要回忆内容所在的时期，同一时期的文章按照最初发表时间排序。

张越按：个人认为，以郭沫若涉猎各个领域的广泛程度而言，仅按照时代先后分，确实不便于读者使用。譬如，我想从中找到他人对郭沫若在史学方面的回忆文字，如果按照时代分类，则无异于海里捞针，费时费力不说，还不一定能搜罗得很全。但是分类问题的确存在分得越细，越不方便读者查找、也不方便编者工作的情况，因此改进后的分类更合适。

四 校勘问题

解志熙：编校凡例在涉及到一些校勘的问题时很为读者着想，倾向于在正文里直接改正。但是文献整理的基本原则应是照旧，文献是什么就是什么，有问题用脚注，在里面进行说明，如“新风霞”，还是应该仍旧，将错就错，不要去改。当年通用的文字不能按现在的标准进行修改。颠倒字更麻烦，最好不改，反正不影响理解，疑无字的处理，建议最好不拟补，编校者应少用引导性语言，只给读者以简单提示就够了，读者有自己的理解。

蔡震：疑似错字，尽量保持原貌，编者的改动也可能是错的。真要疑其为错字，可以出注，但不要用“疑似”，可以注“原文如此”。二三十年代郭沫若作品中一些用语，是郭沫若取自日语中的汉语，如“绍介”等。

刘德有：遇到这种情况，建议注明“原文如此”。

商金林：要尊重文献的原始性，文献有错误也不能轻易改。

张勇：颠倒字不要轻易改，编者的改动反而是没有必要的，“简明”，“明简”的问题。

整理者按：会后，我们翻阅了《校雠广义·校勘篇》（程千帆、徐有富，齐鲁书社，1998 年）的相关部分，决定仍然采用“定本附校勘记”的方法。其原因有三：一、一些文章中的同样错误多次出现，每次做注太繁琐，一次做注却无法在错误再次出现时告诉读者此处有误；二、采用此方法，作者在引用文字时引用正文即可，不需要连注释一起引用；三、郭沫若的《盐铁论读本》采用此方法，至少说明该方法为可行的校勘方法之一。实际上，我们最初打算采用的方法是“底本附校勘记”，看见《湖畔散步——谈忏悔》后，发现“新风霞”出现了 7 次，觉得采用“底本附校勘记”的方法确实不妥当，于是决定改为“定本附校勘记”。为了避免出现乱改现象发生，我们会坚持“能不改则不改”的原则。

张越按：这个问题比较麻烦。基本同意解志熙老师的意见。

五 汇校问题

解志熙：文章收录集子里的问题，因为这套书不是作家作品集，不需要汇校，可采取作者生前最后改定的版本，最多在脚注中进行说明，研究者可以去查；从文献史料的角度，单篇文献，最早和最好的版本的选择问题，一般应选择最早的版本，让人知道最早是何时发表的，其他版本可在题注里说明，供读者参考即可。

蔡震：我也认为，对收录集子的文章进行汇校价值不大，并且工作量很大。至于版本问题则比较复杂，因为回忆文章跟学术著述不同，学术著述可能越到后面越成熟，回忆文章则可能最初的写作更接近事实。如果不同版本的文章在叙述的史实上有差异，可以出注。

整理者按：专家们的意见很有道理，对一般字词的汇校不但没有什么意义，反而会干扰读者的阅读，所以决定不对文字差异进行汇校。我们现在打算如此做：本书尽可能收录最早发表的作品，多次写作和发表的作品、收入作者身前编定或出版的别集的作品在题注中说明发表或收录情况（转载文章不注明）；如果不同版本的作品在叙述的史实上存在差异（含增、删、改），在脚注中加以注明。

张越按：最后，建议编者翻阅一下《学者追忆丛书》（包括《追忆梁启超》《追忆王国维》等，应该是中国广播电视出版社上世纪90年代出版的），那里面对于回忆文章的处理、校订方法也可能会对本书有些借鉴。又及，近代学人的回忆录（如侯外庐《韧的追求》）、日记（如《夏鼐日记》）等书籍中或有回忆郭沫若的文字，建议尽量广泛地在这类材料中搜寻，仅从已有相关数据库中选文，似仍不够全面。

以上建议，仅供参考。作为课题组的局外人，虽难以切身体察课题组工作之艰难，却也十分理解，故外人的建议并不一定都可行。

（本整理稿经参会专家审定）

（原载《郭沫若学刊》2016年第3期）

魏建教授入选国家“万人计划”

2016年7月，中共中央组织部公布第二批国家“万人计划”领军人才名单，中国郭沫若研究会副会长、山东师范大学教授魏建入选。

国家“万人计划”是“国家高层次人才特殊支持计划”的简称，是2012年以来我国最高规格的人才工程计划。该计划2012年8月经党中央、国务院批准，在中央人才工作协调小组领导下，由中央组织部、中央宣传部、教育部、科技部、人社部、工信部、财政部、国资委、中国科学院、中国社科院、中国工程院十一个部门联合组织实施。“万人计划”的总体目标是：用十年左右时间，有计划、有重点地遴选支持国内一万名左右自然科学、工程技术、哲学社会科学和高等教育领域的杰出人才、领军人才和青年拔尖人才，形成与国家引进海外高层次人才计划（简称“千人计划”）相互补充、相互衔接的中国高层次人才队伍开发体系。国家“万人计划”包括以下三个层次：

第一层次“杰出人才”100名左右，为具有冲击诺贝尔奖、成长为世界级科学家潜力的杰出人才。从两院院士中遴选。

第二层次“领军人才”8000名左右，分为五种类型：科技创新领军人才、科技创业领军人才、哲学社会科学领军人才、教学名师、百千万工程领军人才。

第三层次“青年拔尖人才”2000名左右，为35岁以下具有较大发展潜力的青年拔尖人才。

“千人计划”面向国外，负责引进；“万人计划”面向国内，负责培养支持。两个计划协同推进。由中央人才工作协调小组统一领导，中组部牵头，各有关部门共同实施。两个计划都具有人才水平的高端性、实施部门的综合性、政策机制的示范性等三个特点。

在遴选标准上，国家“万人计划”注重考察入选者的能力、实绩和品行。能力考察包括创新能力、科研水平和发展潜力；实绩考察不仅看已经取得的成就，还注重对科技进步和经济社会发展的影响力；品行考察方面，学术道德、科技精神和人文素养将被作为重要考察内容。在评价方式上，确保入选者业内公认、同行信服，遴选工作按照同行评议原则进行，最大限度实现评审专家对申报人专业领域全覆盖，确保能把各领域最优秀人才选出来。

国家为“万人计划”入选者提供一定的特殊支持经费，用于自主选题研究、人才培养和团队建设等。截至目前，国家“万人计划”已遴选国内高层次人才两批，共2500余名。（配图：魏建在进行学术研究）

附：中共中央组织部办公厅关于印发第二批国家“万人计划”领军人才入选名单的通知

魏建在做课题研究

第十七篇

郭沫若纪念馆馆藏资料

老舍致郭沫若、于立群信函9封

【图01】

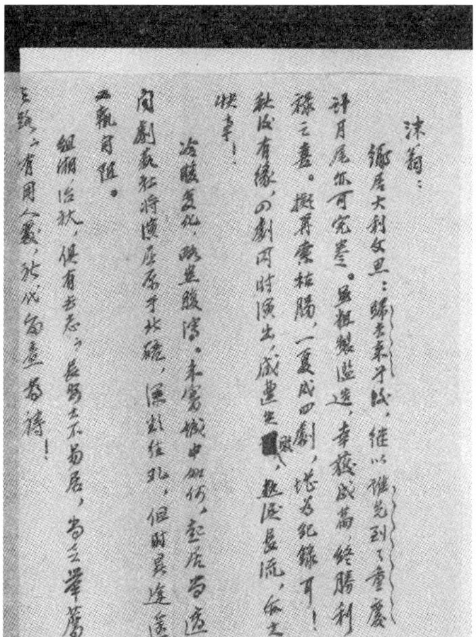

沫若：

乡居大利文思：归来未试，继以[illegible]先到了重庆，计月尾你可完卷。虽极艰涩，幸获成篇。终胜利[illegible]之[illegible]。拟再索枯肠，一夏成四剧，诚为纪录耳！秋后有缘，四剧同时演出，成尽美[illegible]，热[illegible]长流，何之快事！

冷暖变化，欧美愈深。未审城中如何，交庐当遥吾。闻剧艺社将演屈原于北碚，深盼往观，但时见途遥，兴气有阻。

组缃治秋，俱有书志之，长篇亦不留居，当会群荐三头之有用人处，于代为道荐待！

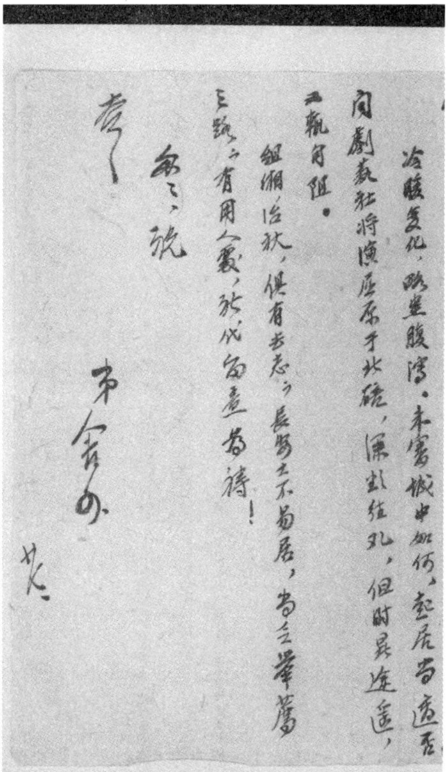

冷暖变化，欧美愈深。未审城中如何，交庐当遥吾。闻剧艺社将演屈原于北碚，深盼往观，但时见途遥，兴气有阻。

组缃治秋，俱有书志之，长篇亦不留居，当会群荐三头之有用人处，于代为道荐待！

专此，敬

祝

弟 舍予

廿[illegible]

（一）1942年5月27日[①]

沫翁：

乡居大利文思：《归去来兮》后，继以《谁先到了重庆》，计月尾亦可完卷。虽粗制滥造，幸或成篇，终胜利禄之喜。拟再索枯肠，一夏成四剧，堪为纪录耳！秋后有缘，四剧同时演出，咸遭失败，热泪长流，亦大快事！

冷暖变化，略患腹泻。未审城中如何，起居当适否？闻剧艺社将演《屈原》于北碚，深欲往观，但时暑途遥，又辄自阻。

组缃、冶秋，俱有去志；长安大不易居，尚乏举荐之路；有用人处，祈代留意为祷！

匆匆，祝

吉

弟舍躬

廿七

【图02】

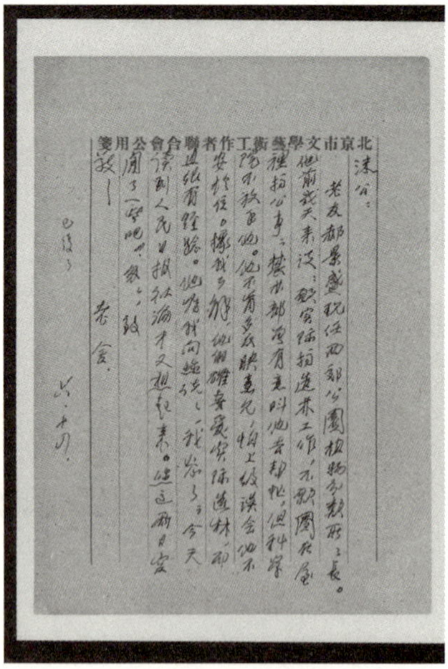

北京市文學藝術工作者聯合會公用箋

沫公：

老舍

① 编者按：除第七封信（1964年10月23日）外，其他八封书信的具体时间皆据张桂兴考证（见张桂兴《最新发现：老舍致郭沫若夫妇的八封信》，《东岳论丛》1998年第6期）。有关这批信件的写作背景，内容解析、注释等，可参考张桂兴文章，以及《老舍全集》第15卷，人民文学出版社1999年版；张勇：《浅论郭沫若与老舍的交往：由老舍给郭沫若的八封佚信谈起》，《郭沫若学刊》2013年第1期。

（二）1952年6月14日

沫公：

老友郝景盛现任西郊公园植物分类所所长。他前几天来说：愿意实际搞造林工作，不愿圈在屋里搞公事；农林部曾有意叫他去帮忙，但科学院不放手他。他不肯多反映意见，怕上级误会他不安于位。据我了解，他的确喜爱实际造林，而且很有经验。他嘱我向您说说，我忘了；今天读到《人民日报》社论才又想起来。您这两日空闲了一些吧？匆匆，致

敬

老舍

六、十四

【图03】

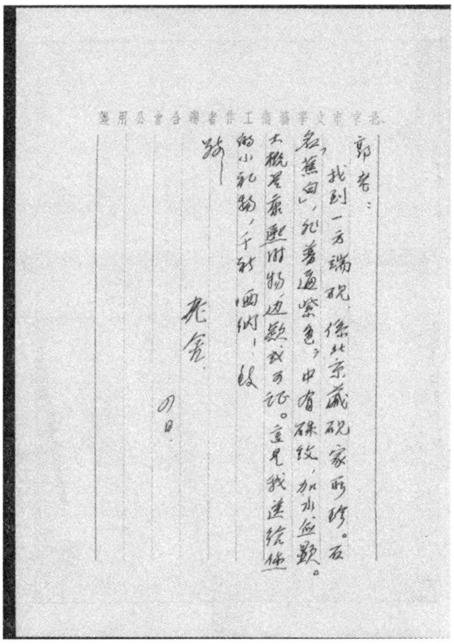
北京市文学艺术工作者联合会公用笺

郭老：

找到一方端砚，系北京藏砚家所珍。石名"蕉白"，非普通紫色；中有砞纹，加水愈显。大概是康熙时物，边款或可证。这是我送给您的小礼物，千祈哂纳！致

敬

老舍

四日

（三）1950年代某月4日

郭老：

找到一方端砚，系北京藏砚家所珍。石名“蕉白”，非普通紫色；中有砞纹，加水愈显。大概是康熙时物，边款或可证。这是我送给您的小礼物，千祈哂纳！致

敬

老舍

四日

【图 04】

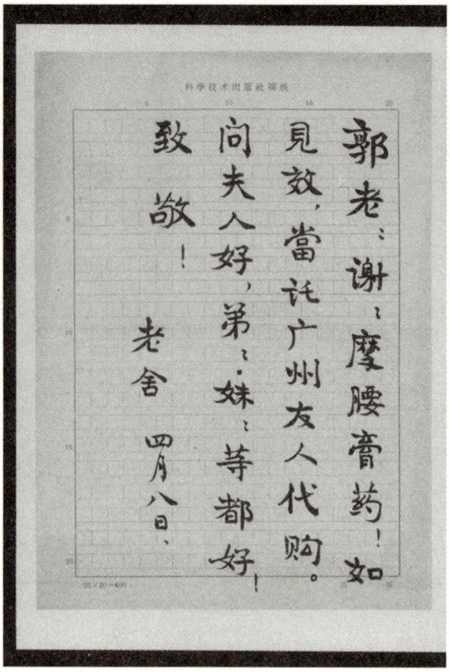

郭老：谢谢摩腰膏药！如見效，當託广州友人代购。问夫人好，弟弟妹妹等都好！致敬！

老舍

四月八日

（四）1960 年 4 月 8 日

郭老：

谢谢摩腰膏药！如见效，当托广州友人代购。

问夫人好，弟弟妹妹等都好！

致敬！

老舍

四月八日

【图 05】

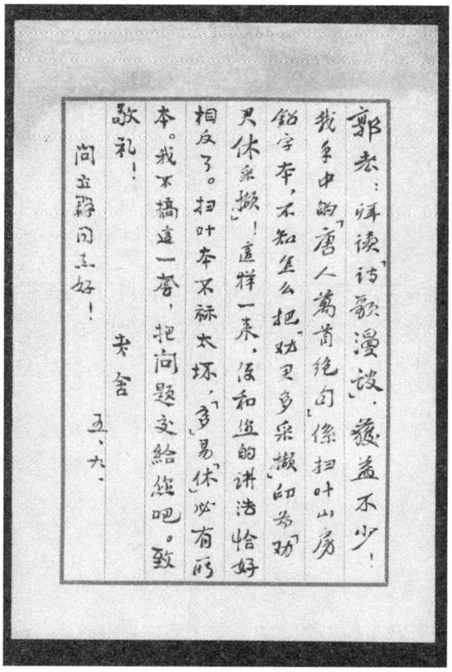
郭老：拜读「诗歌漫谈」，获益不少！我手中的「唐人萬首绝句」係扫叶山房铅字本，不知怎么把「劝君多采撷」印为「劝君休采撷」！適样一来，便和您的讲法恰好相反了。扫叶本不算太坏，「多」易「休」必有所本。我不搞這一套，把问题交给您吧。致
敬礼！
问立群同志好！
老舍
五、九、

（五）1962 年 5 月 9 日

郭老：

拜读《诗歌漫谈》，获益不少！我手中的《唐人万首绝句》系扫叶山房铅字本，不知怎么把“劝君多采撷”印为“劝君休采撷”！这样一来，便和您的讲法恰好相反了。扫叶本不算太坏，“多”易“休”必有所本。我不搞这一套，把问题交给您吧。致

敬礼！

问立群同志好！

老舍

五、九

【图 06】

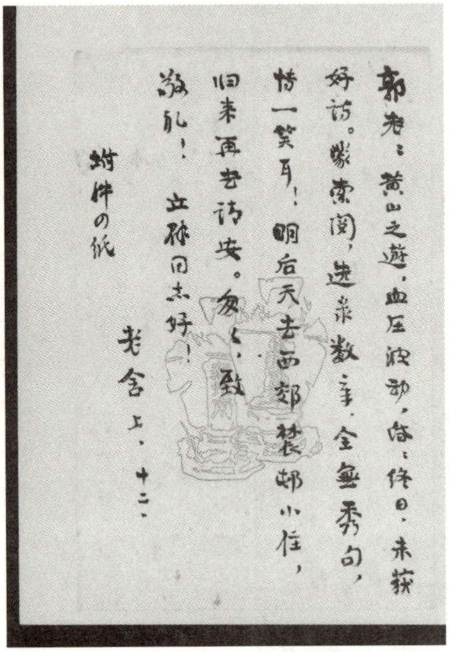

郭老：黄山之遊，血压波动，俗々终日，未获好访。紫索阅，选录数章，全无秀句，博一笑耳！明后天去西郊装邮小住，归来再去请安。多々，致敬礼！ 立群同志好！

老舍上 十二、

附件の纸

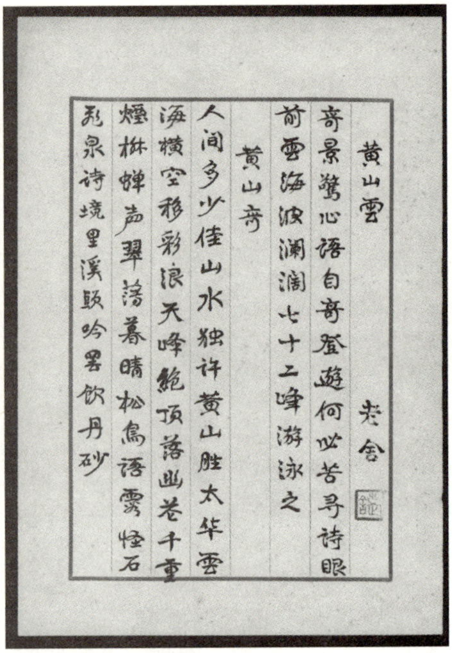

黄山云　老舍

奇景惊心语自奇登游何必苦寻诗眼前云海波澜阔七十二峰游泳之

黄山奇

人间多少佳山水独许黄山胜太华云海横空移彩浪天峰绝顶落幽卷千重烟树蝉声翠落暮晴松鸟语云怪石飞泉诗境里溪头吟罢饮丹砂

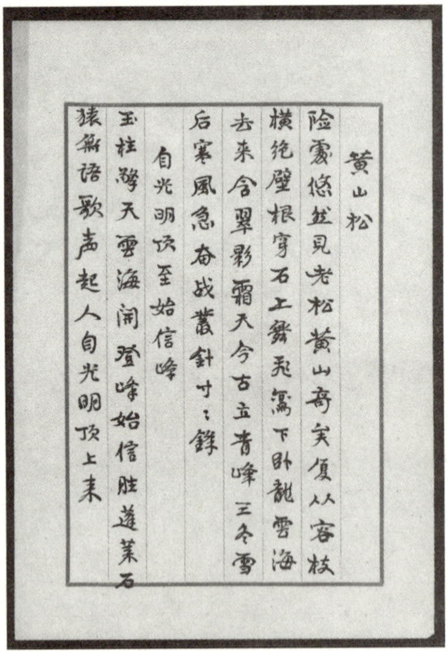

黄山松

险处悠然见老松黄山奇实复从容枝横绝壁根穿石上览飞鸾下卧龙云海去来含翠影霜天今古立青峰三冬雪后寒风急奋战丛针寸寸锋

自光明顶至始信峰

玉柱擎天云海间登峰始信胜蓬莱石猿解语歌声起人自光明顶上来

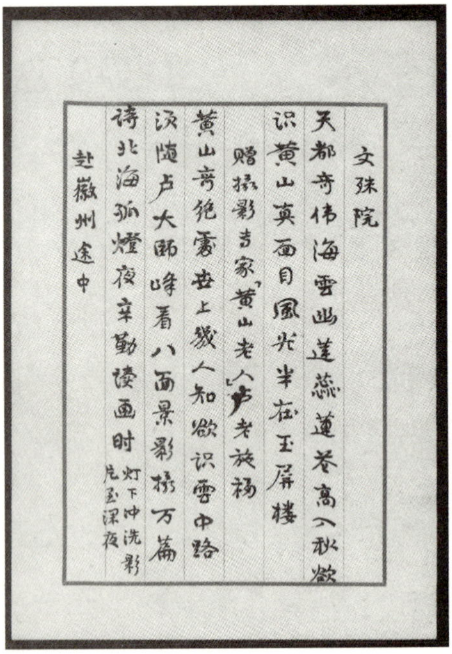

文殊院

天都奇伟海云幽莲蕊莲花卷高入秋欲识黄山真面目风光半在玉屏楼

赠摄影专家"黄山老人"卢老施福

黄山奇绝处世上几人知欲识云中路须随卢大师峰看八面景影摄万篇诗北海孤灯夜辛勤读画时

灯下冲洗影片至深夜

赴徽州途中

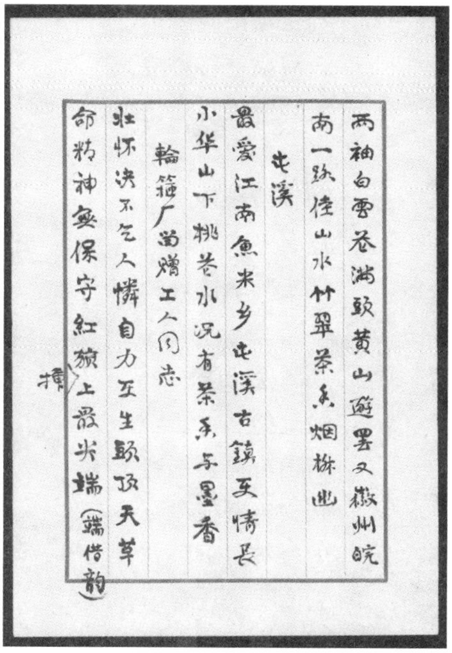
两袖白云苍满头黄山游罢又徽州皖
南一路佳山水竹翠茶香烟树幽
屯溪
最爱江南鱼米乡屯溪古镇更情长
小华山下桃花水况有茶香与墨香
轮箍厂留赠工人同志
壮怀决不乞人怜自力更生跻顶天革
命精神无保守红旗插上最尖端（端借韵）

（六）1964年10月12日

郭老：

黄山之游，血压波动，昏昏终日，未获好诗。蒙索阅，选录数章，全无秀句，博一笑耳！明后天去西郊农村小住，归来再去请安。匆匆，致

敬礼！立群同志好！

老舍上

十二

附件四纸

黄山云

奇景惊心语自奇，
登游何必苦寻诗。
眼前云海波澜阔，
七十二峰游泳之。

黄山奇

人间多少佳山水，

独许黄山胜太华。
云海横空移彩浪，
天峰绝顶落幽花。
千重烟树蝉声翠，
薄暮睛松鸟语霞。
怪石飞泉诗境里，
溪头吟罢饮丹砂。

黄山松

险处悠然见老松，
黄山奇矣复从容，
枝横绝壁根穿石，
上舞飞莺下卧龙，
云海去来含翠影，
霜天今古立青峰，
三冬雪后寒风急，
奋战丛针寸寸锋。

自光明顶至始信峰

玉柱擎天云海开，
登峰始信胜蓬莱，
石猿无语歌声起，
人自光明顶上来。

文殊院

天都奇伟海云幽，
莲蕊莲花高入秋；
欲识黄山真面目，
风华半在玉屏楼。

赠摄影专家“黄山老人”卢老施福

黄山奇绝处，
世上几人知？
欲识云中路，
须随卢大师。

峰看八面景，
影摄万篇诗。
北海孤灯夜，
辛勤读画时。（灯下冲洗影片至深夜）

赴徽州途中

两袖白云花满头，
黄山游罢又徽州，
皖南一路佳山水，
竹翠茶香烟树幽。

屯溪

最爱江南鱼米乡，
屯溪古镇更情长；
小华山下桃花水，
况有茶香与墨香。

轮箍厂留赠工人同志

壮怀决不乞人怜，
自力更生头顶天，
革命精神无保守，
红旗插上最尖端。（端借韵）

（七）1964年10月23日①

郭老：

家中转来佳篇，极谢！我已来门头村，一切都好，祈释念！村中生产大队属于四季青公社，生产青菜与水果。地处香山稍南，晴日可见山上红叶。大队四清运动已至尾声，正加紧学习新颁“双十条”，并结合文件找具体差距。社员们都极忙，还未能多去访问，时时旁听讨论文件而已。四清工作组中不少熟人，可惜已大部分调往东郊打歼灭战。每日三餐到附近部队工程队去吃，结识了不少战士，饭食稍苦，但颇欢快。又诌了一首诗，祈哂正！

① 时间据《老舍全集》第15卷，人民文学出版社1999年版，第645页。

【图 07】

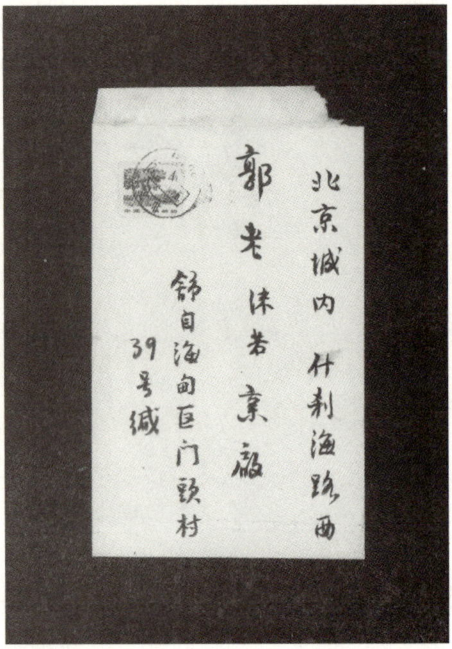

北京城内 什刹海路西

郭老 沫若 亲启

舒自海甸区门头村
39号缄

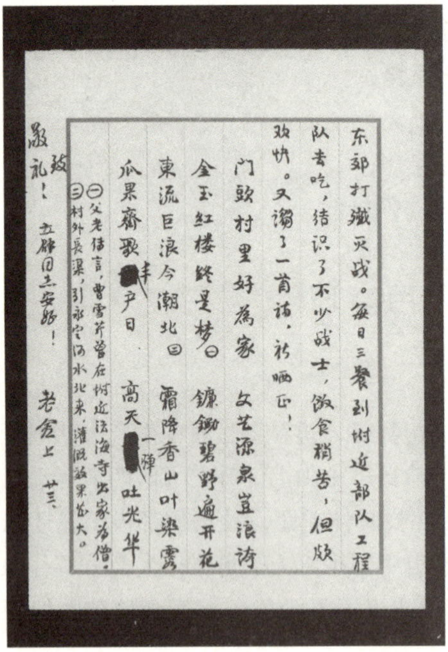

东郊打歼灭战。每日三餐到附近部队工程队去吃，结识了不少战士，饮食稍苦，但很愉快。又诌了一首诗，祈哂正！

门头村里好为家 文艺源泉岂浪夸

金玉红楼终是梦㊀ 镰锄碧野遍开花

東流巨浪今潮北㊁ 霜降香山叶染霞

瓜果齋聚[redacted]户日 高天[redacted]吐光华

㊀父老传言，曹雪芹曾在附近法海寺出家为僧。

㊁村外長渠，引永定河水北来，灌溉效果甚大。

致

敬礼！ 立群同志安好！ 老舍上 廿三

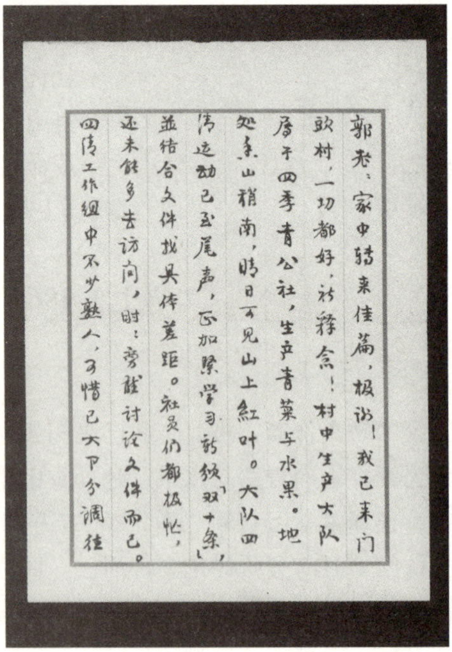

郭老：家中转来佳篇，极谢！我已来门头村，一切都好，祈释念！村中生产大队属于四季青公社，生产青菜与水果。地处香山稍南，晴日可见山上红叶。大队四清运动已至尾声，正加紧学习新颁「双十条」，并结合文件找具体差距。社员们都极忙，还未能多去访问，时时旁听讨论文件而已。四清工作组中不少熟人，可惜已大部分调往

门头村里好为家
文艺源泉岂浪夸
金玉红楼终是梦（一）
镰锄碧野遍开花
东流巨浪今潮北（二）
霜降香山叶染霞
瓜果齐歌丰产日
高天一弹吐光华

（一）父老传言，曹雪芹曾在附近法海寺出家为僧
（二）村外长渠，引永定河水北来，灌溉效果甚大。
致
敬礼！
立群同志安好！

老舍上
廿三

【图 08】

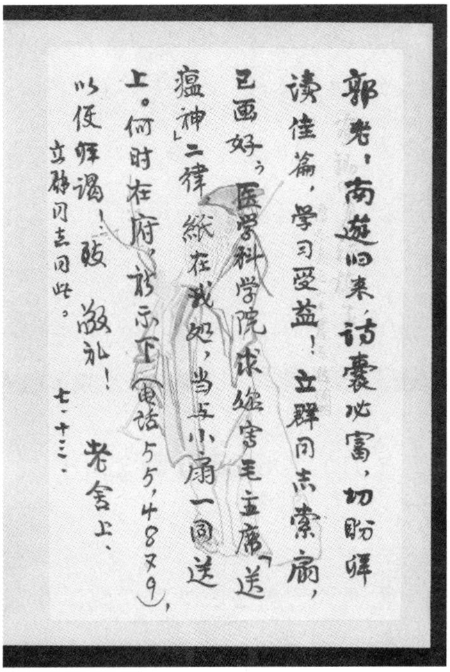
郭老：南游回来，诗囊必富，切盼拜读佳篇，学习受益！立群同志索扇，已画好。医学科学院求您写毛主席「送瘟神」二律，纸在我处，当与小扇一同送上。何时在府，祈示下（电话55,4879），以便拜谒！致
敬礼！
老舍上
七·十三。
立群同志同此。

（八）1965 年 7 月 13 日

郭老：

南游归来，诗囊必富，切盼拜读佳篇，学习受益！立群同志索扇，已画好；医学科学院求您写毛主席《送瘟神》二律，纸在我处，当与小扇一同送上。何时在府，祈示下（电话：55，4879），以便拜谒！致敬礼！

立群同志同此。

老舍上

七、十三

【图 09】

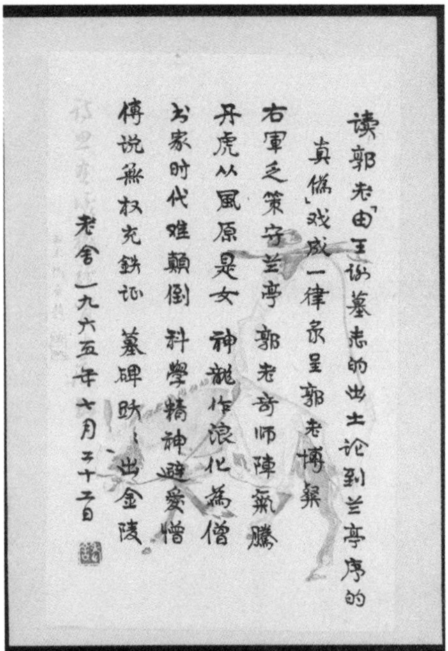

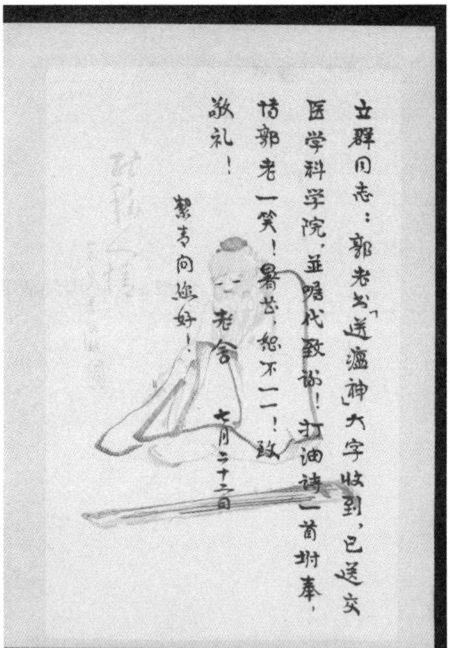

（九）1965 年 7 月 22 日

立群同志：

郭老书《送瘟神》大字收到，已送交医学科学院，并嘱代致谢！打油诗一首附奉，博郭老一笑！暑甚，恕不一一！致

敬礼！

絜青问您好！

老舍
七月二十二日

读郭老《由王谢墓志的出土论到兰亭序的真伪》戏成一律录呈郭老博粲

右军乏策守兰亭
郭老奇师阵气腾
丹虎从风原是女
神龙作浪化为僧
书家时代难颠倒
科学精神避爱憎
传说无权充铁证
墓碑跃跃出金陵

老舍　一九六五年七月二十二日

附 录

成果索引

2016年郭沫若研究资料索引

秦　红　卿玉弢

（一）论著（含其他论著中的郭沫若研究章节）

郭沫若散文集：竹阴读画［M］/郭沫若//北京：高等教育出版社，2016.02

郭沫若与孔孟之道［M］/黄侯兴著//北京：中国社会科学出版社，2016.03

地域传承与心灵碰撞：郭沫若苏轼比较论［M］/申东城著//北京：中国戏剧出版社，2016.04

郭沫若诗文精选：女神·菩提树下［M］/郭沫若著//南京：江苏人民出版社，2016.05

抗战中的郭沫若与茅盾：郭沫若与茅盾展览纪实暨学术研讨论集［M］/赵笑洁//北京：当代中国出版社，2016.05

新文学选集（第2辑）：郭沫若选集［M］/郭沫若//北京：开明出版社，2016.07

民国诗风：中国现代作家旧体诗丛郭沫若集［M］/郭沫若著//太原：北岳文艺出版社，2016.09

前期创造社同人自传文本研究：以郭沫若、郁达夫、张资平为中心［M］/刘海霞著//上海：复旦大学出版社，2016.09

中国现代名家经典：郭沫若诗文经典［M］/郭沫若//南昌：二十一世纪出版社，2016.10

秦川文集3郭沫若新论［M］/秦川著//北京：中国文联出版社，2016.11

秦川文集1郭沫若评传［M］/秦川著//北京：中国文联出版社，2016.11

秦川文集2文化巨人郭沫若［M］/秦川著//北京：中国文联出版社，2016.11

论著析出文献

郭沫若《谒见蒋委员长记》版本流变问题补正［M］//《故纸无言民国文学文献脞谈录》/凌孟华著，北京：人民出版社，2016P.125

郭沫若1943年写作经验演讲［M］//《故纸无言民国文学文献脞谈录》/凌孟华著，北京：人民出版社，2016P.58

我心中的郭沫若先生：记与郭老的几次通信交往［M］//《云深不知处》/杨牧之著，北京：生活·读书·新知三联书店，2016.01P.159

无法远避的政治风尘：郭沫若与沈从文［M］//《文坛亦江湖大师们的相重与相轻》/江兆骞著，北京：现代出版社，2016.01P.231

郭沫若题词［M］//《中国社会科学学院创新工程学术出版资助项目勤俭村遇上哲学》/单继刚，马新晶，周广友著，北京：中国社会科学出版社，2016.01P.30

访乐山郭沫若故居［M］//《风景与文化散文随笔选》/韦定广著，北京：中国文联出版社，2016.01P.87

郭沫若回国［M］//《懒寻旧梦录增订本》/夏衍，北京：中华书局，2016.01P.242

郭沫若循循善诱［M］//《读故事懂感恩》/刘绍华编，南昌：江西人民出版社，2016.01P.138

"大战斗却都为着同一的目标"：鲁迅与郭沫若［M］//《太阳下的鲁迅与左翼文人》/房向东著，上海：上海交通大学出版社，2016.01P.63

深切悼念郭沫若同志［M］//《侯外庐著作与思想研究第28卷》/张岂之主编，长春：长春出版社，2016.01P.111

提高实例：编辑《郭沫若散文集》［M］//《中老年人学电脑从入门到精通》/九州书源编，北京：清华大学出版社，2016.02P.143

郭沫若对陈诚说："你不能往三厅里掺沙子！"［M］//《血战大武汉》/张军著，北京：新华出版社，2016.02P.37

郭沫若与张琼华：一滴七十年的老泪［M］//《西装先生与旗袍太太》/陶方宣著，郑州：河南文艺出版社，2016.02P.265

翩翩少年博学才子：郭沫若［M］//《中外名人成才故事》/刘传德主编，北京：北京师范大学出版社，2016.03P.145

悼郭沫若（五律）［M］//《屠岸诗文集第3卷夜灯红外课儿诗集外诗歌》/屠岸著，北京：人民文学出版社，2016.03P.158

郭沫若致成幼殊的信［M］//《屠岸诗文集第4卷诗爱者的自白集外散文·评论》/屠岸著，北京：人民文学出版社，2016.03P.509

中国代表团团长郭沫若在第一届亚非人民团结大会上的发言（1957年12月31日）［M］//《从万隆到阿尔及尔中国与六次亚非国际会议1955—1965》/李潜虞著，北京：世界知识出版社，2016.03P.263

郭沫若之女郭庶英：父亲的叛逆是与生俱来的［M］//《大国士忧患中国命运的大师们》/《环球人物》杂志社编，北京：现代出版社，2016.03P.223

在春天抢着来播种：政务院文化教育委员会主任郭沫若在［M］//《中国青少年研究中心·青运史研究文库全国少先队工作会议及代表大会概览》/中国青少年研

究中心编；李艳主编，北京：中国青年出版社，2016. 03P. 8

郭沫若：现代中国书法文化的创造者［M］//《墨舞之中见精神李继凯论书法文化》/李继凯著，北京：中国社会科学出版社，2016. 03P. 203

郭沫若与民歌［M］//《中国文联晚霞文库在民间文化摇篮中》/吴超著，北京：中国文联出版社，2016. 03P. 176

郭沫若与屈原［M］//《中国文联晚霞文库在民间文化摇篮中》/吴超著，北京：中国文联出版社，2016. 03P. 365

诗人的剧作：观郭沫若话剧《虎符》有感［M］//《独自闲行》/傅光明著，上海：复旦大学出版社，2016. 03P. 167

郭沫若改联救少女［M］//《中华故事选集》/周锐斌编著，长沙：中南大学出版社，2016. 04P. 142

文化界发表对时局进言要求召开临时紧急会议：吴藻溪、张西曼、徐冰、郭沫若、沈钧儒、茅盾等312 人签名［M］//《中国抗战大后方中间党派文献资料选编下》/杨力主编；王志昆副主编；事忠，刘光磊主任；王庆，王本朝，王济光，刘云艳副主任；丁颖，王煜，刘贵辉，李朝林成员，重庆：重庆出版社，2016. 04P. 1188

重庆各党派领袖和文化界人士慰问郭沫若先生及文工会诸先生［M］//《中国抗战大后方中间党派文献资料选编下》/杨力主编；王志昆副主编；事忠，刘光磊主任；王庆，王本朝，王济光，刘云艳副主任；丁颖，王煜，刘贵辉，李朝林成员，重庆：重庆出版社，2016. 04P. 1191

笔剑无分肝胆相照：郭沫若抗战时期的文化情怀［M］/张勇//《文化名人与民族精神2015 年北京八家名人故居纪念馆活动纪实》/北京八家名人故居纪念馆编，北京：中国社会科学出版社，2016. 05P. 174

填充与反哺：现代文学研究与名人博物馆关系初论：以郭沫若研究为例［M］/张勇//《文化名人与民族精神 2015 年北京八家名人故居纪念馆活动纪实》/北京八家名人故居纪念馆编，北京：中国社会科学出版社，2016. 05P. 33

郭沫若挽张曙词［M］//《梁羽生妙评民国诗词》/梁羽生著，北京：北京大学出版社，2016. 05P. 425

郭沫若挽张曙诗、联［M］//《梁羽生妙评民国诗词》/梁羽生著，北京：北京大学出版社，2016. 05P. 426

田汉给郭沫若的祝寿诗［M］//《梁羽生妙评民国诗词》/梁羽生著，北京：北京大学出版社，2016. 05P. 414

郭沫若对乾嘉考据学的批判继承［M］//《俊义文存上》/王俊义著，北京：中国社会科学出版社，2016. 05P. 512

科学主义视角下的婚姻困境：以郭沫若《残春》为例［M］//《走向革命的浪漫主义创造社小说研究》/朱宏伟著，上海：上海人民出版社，2016. 05P. 178

沈尹默和郭沫若［M］//《沈尹默画传》/乐融著，上海：上海文化出版社，2016. 06P. 130

为郭沫若《石鼓文研究》作序1939年（56岁）［M］//《沈尹默化传》/乐融著，上海：上海文化出版社，2016. 06P. 169

郭沫若：高度肯定和赞赏金圣叹评批小说的成就［M］//《金圣叹文艺美学研究》/周锡山著，上海：上海人民出版社，2016. 07P. 524

郭沫若巧解"？二"［M］//《中华传统语典》/何敏主编，北京：中国纺织出版社，2016. 08P. 344

郭沫若智解怪体诗［M］//《中华传统语典》/何敏主编，北京：中国纺织出版社，2016. 08P. 295

（二）学位论文

《十批判书》研究［D］/刘娟著；指导导师：张剑平，申慧青//河北大学硕士论文，2016

《天上的街市》文学解读和教学价值建议［D］/宋丽佳著；指导导师：郑桂华//上海师范大学硕士论文，2016

创造社传播马克思主义的范式研究［D］/李泽中著；指导导师：陈媛//广西民族大学硕士论文，2016

从模因论看诗歌意象翻译：以郭沫若英诗汉译为例［D］/杨智源著；指导导师：张保红//广东外语外贸大学硕士论文，2016

郭沫若早期文学对谷崎润一郎文学的接受研究［D］/房琪著；指导导师：张冲//鲁东大学硕士论文，2016

郭沫若对抗日民族文化统一战线的贡献研究［D］/马玲悦著；指导导师：杨乃坤//沈阳工业大学硕士论文，2016

郭沫若话剧创作的民族化实践［D］/赵菲著；指导导师：刘方政//山东大学硕士论文，2016

郭沫若历史剧现代性与民族性的双重变奏［D］/余永春著；指导导师：陈煜斓//闽南师范大学硕士论文，2016

抗战语境下的郭沫若与《屈原》［D］/张晓鹏著；指导导师：李扬眉//山东大学硕士论文，2016

林半觉生平交游与其艺术成就研究：林半觉问道郭沫若［D］/郭永旭著；指导导师：唐长兴//广西师范大学硕士论文，2016

论郭沫若历史剧的戏剧性［D］/丁薇著；指导导师：李致//河北大学硕士论文，2016

现代史家对史德的认识与实践：以傅斯年与郭沫若为例［D］/李琛琛著；指导导师：施建雄//陕西师范大学硕士论文，2016

在政治与艺术之间：《孔雀胆》接受史研究［D］/李明著；指导导师：廖久明//西南大学硕士论文，2016

中国现代作家自传研究：第六章成熟之作：郭沫若《沫若自传》［D］/谢子元著；指导导师：罗成琰，赵树勤//湖南师范大学博士论文，2016

（三）期刊论文、资料

郭沫若与四川大学关系的辩证［J］/郑梦//蜀学.2016（0）

“中国郭沫若研究会首届青年论坛”综述［J］/何刚//郭沫若学刊.2016（1）

《甲申三百年祭》与郭沫若的隐微心曲［J］/李斌//首都师范大学学报（社会科学版）.2016（1）

蔡震《郭沫若著译作品版本研究》读后［J］/张勇//郭沫若学刊.2016（1）

蔡震研究郭沫若专著两种［J］//新文学史料.2016（1）

从反骄傲到反腐败：《甲申三百年祭》的印行史［J］/齐雪//郭沫若学刊.2016（1）

从郭沫若早期诗歌创作看浪漫主义文学的情感真实［J］/杨青//新校园（中旬刊）.2016（1）

关于帅平均的《乐山历史》［J］/杨胜宽//郭沫若学刊.2016（1）

郭沫若《释支干》与泛巴比伦主义［J］/王献华//郭沫若学刊.2016（1）

郭沫若《谒见蒋委员长记》版本流变问题补正［J］/凌孟华//现代中国文化与文学.2016（1）

郭沫若的《创造十年》［J］/山口慎一，赵艺真//郭沫若学刊.2016（1）

郭沫若奉和渡边知水［J］/郭沫若//郭沫若学刊.2016（1）

郭沫若给中国马克思主义史学带来了什么?：以民国时期对郭沫若史学的评价为中心［J］/张越//郭沫若学刊.2016（1）

郭沫若甲骨文字考释遗珠一则［J］/方晓垠//郭沫若学刊.2016（1）

郭沫若诗歌在法国述略：兼论中国现代文学在法国的译介［J］/胡娴//郭沫若学刊.2016（1）

郭沫若小说中的日本人物形象［J］/张萍//金田.2016（1）

郭沫若佚诗两首［J］/向纯武//郭沫若学刊.2016（1）

郭沫若与新文化运动：中国郭沫若研究会首届青年论坛在京召开［J］//新文学史料.2016（1）

郭沫若致赵清阁先生的一封信［J］/郭沫若//郭沫若学刊.2016（1）

化繁为简以读促悟：《雷电颂》教学设计之一［J］/徐志耀//中学语文教学参考（中旬刊）.2016（1）

基于人际传播理论的郭沫若书信传播特点和模型分析［J］/刘思文//郭沫若学刊.2016（1）

论郭沫若对儿童文学的理论思考［J］/乔世华//郭沫若学刊.2016（1）

论郭沫若自传写作的现代意义［J］/辜也平//荆楚理工学院学报.2016（1）

论修辞手段对表现《女神》"天人合一"境界的作用［J］/崔莹//郭沫若学刊.2016（1）

三幅《文姬归汉图》［J］/慧绘//文史杂志.2016（1）

沈从文是如何"褒贬"郭沫若的？［J］/王锦厚//郭沫若学刊.2016（1）

诗歌秩序浅议：兼评郭沫若和胡适的白话诗［J］/刘福智，方静杰//焦作大学学报.2016（1）

试析创造社同人自传文本中复杂的对日情结：以郭沫若、郁达夫和张资平为中心［J］/刘海霞//南京晓庄学院学报.2016（1）

危机与救赎：一个新文化人的"南渡"［J］/刘奎//中国现代文学研究丛刊.2016（1）

先父郭勋祺和郭沫若先生的一段友情［J］/郭开慧//郭沫若学刊.2016（1）

香港一月谈：记未见郭沫若之始终［J］/大宅壮一，赵艺真//郭沫若学刊.2016（1）

一部声称"写来真切平实"的回忆录：孙陵著《我熟识的三十年代作家·郭沫若》3 件史实考［J］/廖久明//西北民族大学学报（哲学社会科学版）.2016（1）

一位斯洛伐克汉学家眼中的郭沫若：评杨玉英的《马立安·高利克的汉学研究》［J］/何俊//郭沫若学刊.2016（1）

与郭沫若的谈话［J］/大内隆雄，赵艺真//郭沫若学刊.2016（1）

再论卜辞"土方"与夏人的相关问题［J］/王宁//郭沫若学刊.2016（1）

张狂与造化的身体：自我模塑与中国现代性：郭沫若诗歌《天狗》再解读［J］/米家路，赵凡//江汉学术.2016（1）

张琼华：郭沫若家中"一世的客"［J］/熊辉//中外书摘.2016（1）

众语喧哗杂而有致：郭沫若《女神》的杂语性［J］/程继龙//郭沫若学刊.2016（1）

总体战与动员文艺：抗战初期郭沫若的文化政治实践［J］/刘奎//文艺研究.2016（1）

"郭沫若静坐论"初探［J］/雷业洪//乐山师范学院学报.2016（2）

"五卅运动"与中国现代文学关系新论［J］/张全之//复旦学报（社会科学版）.2016（2）

《论诗三札》细读：兼论郭沫若对于新诗发生的意义［J］/龚云普//现代中国文化与文学.2016（2）

《女神》是“五四时代精神”的“诗化”吗?：从接受史角度重审《女神》的文学史形象［J］/彭冠龙//现代中文学刊.2016（2）

2016年度四川省郭沫若研究会会长扩大会议召开［J］/何刚，张忠林//郭沫若学刊.2016（2）

别样的“新解”：谈郭沫若、闻一多先生对几首国风诗的不同理解［J］/曾绍义//郭沫若学刊.2016（2）

从怀旧到信念：日本体验与郭沫若的“历史癖”［J］/周文//励耘学刊（文学卷）.2016（2）

从献身中得到永生：郭沫若悼念闻一多诗文编目［J］/庆云//郭沫若学刊.2016（2）

读懂沈从文的秘诀：以佚文《读书人对政治的态度》为例［J］/王锦厚//郭沫若学刊.2016（2）

俄文版《郭沫若选集·自序》［J］/郭沫若，刘亚丁//郭沫若学刊.2016（2）

顾佛影剧中的郭沫若及相关史事辨析［J］/左鹏军//学术研究.2016（2）

郭沫若（节选）［J］/小野忍，陈婷婷，潘世圣//郭沫若学刊.2016（2）

郭沫若、闻一多《诗经》研究互证［J］/李斌//郭沫若学刊.2016（2）

郭沫若：进退失据的尴尬灵魂［J］/简圣宇//粤海风.2016（2）

郭沫若《国风》新解四首带画［J］//郭沫若学刊.2016（2）

郭沫若的两篇俄文轶文：兼述郭沫若在20世纪50年代中苏文化交流中的作用［J］/刘亚丁//郭沫若学刊.2016（2）

郭沫若古体诗韵谱［J］/黄毓芸//郭沫若学刊.2016（2）

郭沫若抗战旧体诗述略［J］/唐瑛//郭沫若学刊.2016（2）

郭沫若巧戏特务［J］/陈敬刚//幸福（悦读）.2016（2）

郭沫若英诗翻译原则探析：以彭斯和雪莱诗歌为例［J］/杨君君，李正栓//燕山大学学报（哲学社会科学版）.2016（2）

郭沫若与“孤军派”：兼论其对国家主义的批判［J］/周文//新文学史料.2016（2）

回到中国的郭沫若［J］/佐藤富子，赵艺真，潘世圣//郭沫若学刊.2016（2）

回忆郭沫若先生［J］/松枝茂夫，陈婷婷，潘世圣//郭沫若学刊.2016（2）

建国后郭沫若“职务写作”的复杂性［J］/逯艳//淄博师专学报.2016（2）

觉悟·解脱·超越：试析《凤凰涅槃》中的“涅槃”与全诗的佛教意蕴［J］/萧浩乐//郭沫若学刊.2016（2）

抗战时期卫聚贤与郭沫若的学术交往［J］/杨永康//史志学刊.2016（2）

科学的春天［J］/屠雯//中国有色金属. 2016（2）

历史想象的分歧：郭沫若与墨学论争［J］/刘奎//郭沫若学刊. 2016（2）

论鲁迅与郭沫若的童话观及实践［J］/乔世华//渤海大学学报（哲学社会科学版）. 2016（2）

马克思主义史家与中国古典文学研究新范式的建立［J］/郭士礼//中华文化论坛. 2016（2）

日本九州大学荣誉教授、日本郭沫若研究会会长岩佐昌暲贺信［J］//中外诗歌研究. 2016（2）

日本亚非图书馆：郭沫若文库［J］/成家徹郎，张培华//郭沫若学刊. 2016（2）

外国文学的翻译传播与中国的新文化运动［J］/陆建德//绍兴文理学院学报（哲学社会科学）. 2016（2）

意象整体和思维整体的再现：评沙博理译“满江红·和郭沫若同志”［J］/任东升//外语与翻译. 2016（2）

遇见郭沫若先生［J］/野原四郎，陈婷婷，潘世圣//郭沫若学刊. 2016（2）

《中国作家》第五届郭沫若诗歌奖在京颁奖［J］//中外诗歌研究. 2016（3）

艾芜与郭沫若的君子之交［J］/陈俐//郭沫若学刊. 2016（3）

第五届《中国作家》郭沫若诗歌奖揭晓［J］//中外诗歌研究. 2016（3）

古川直向图书馆寄赠郭沫若诗歌书法［J］/森本宪治，赵艺真，潘世圣//郭沫若学刊. 2016（3）

关于郭沫若的创造精神随想［J］/陈永志//郭沫若学刊. 2016（3）

郭沫若［J］/内山完造，赵艺真，潘世圣//郭沫若学刊. 2016（3）

郭沫若、于立群夫妇朗诵《金火合唱》［J］/小禾//名人传记（上半月）. 2016（3）

郭沫若“孤山去看梅花”考实（外一题）［J］/陶霞//郭沫若学刊. 2016（3）

郭沫若《孤山的梅花》两次虚构［J］//郭沫若学刊. 2016（3）

郭沫若《女神》意象体现的文化精神解析［J］/燕霞//东方教育. 2016（3）

郭沫若的公孙尼子及其“乐”论研究［J］/杨胜宽//郭沫若学刊. 2016（3）

郭沫若集外佚诗三首［J］/冯锡刚//郭沫若学刊. 2016（3）

郭沫若谈《人民中国》［J］/刘德有//郭沫若学刊. 2016（3）

郭沫若与陈独秀：以《实庵字说》为中心的考察［J］/何刚//新文学史料. 2016（3）

郭沫若与古诗今译的革命系谱［J］/王璞//文学评论. 2016（3）

黄侯兴著《郭沫若与孔孟之道》［J］//新文学史料. 2016（3）

回忆郭沫若作品收集整理谈［J］/廖久明，何刚//郭沫若学刊. 2016（3）

基于创造状态的郭沫若评价模式转型论［J］/田富强，刘鸿明//郭沫若学刊.

2016（3）

巨星生成的奥秘探寻：《地域传承与心灵碰撞：郭沫若苏轼比较论》序［J］/张志烈//乐山师范学院学报.2016（3）

鲁迅、郭沫若为什么要呵护巴金［J］/庆云//郭沫若学刊.2016（3）

鲁迅郭沫若点赞巴金手迹［J］//郭沫若学刊.2016（3）

论郭沫若“五四”时期的暴力思想与表现［J］/黎保荣//贵州师范大学学报（社会科学版）.2016（3）

论郭沫若建国后“官员型学者”的身份特质［J］/逯艳//山东青年政治学院学报.2016（3）

论四十年代国统区文学的中国特质：以郭沫若、夏衍的剧本和七月诗派、九叶诗派的诗等为例［J］/赵东祥//新文学评论.2016（3）

浅谈郭沫若《屈原》的声音美和内容美［J］/张瑜//时代报告（学术版）.2016（3）

人际传播视域下的书信传播效果研究：以郭沫若书信为中心［J］/刘思文//齐齐哈尔大学学报（哲学社会科学版）.2016（3）

诗“只是‘写’出来的”：郭沫若“五四”时期诗论之意义［J］/程国君//中国现代文学研究丛刊.2016（3）

天才诗人郭沫若的爱情［J］/自耕堂//阅读时代.2016（3）

叶挺送给郭沫若的特别贺礼［J］/黄文富//炎黄纵横.2016（3）

一部哀悼“天才”“毁灭”的人物传记：读《敬隐渔传奇》［J］/王锦厚//郭沫若学刊.2016（3）

永远向他学习：悼念郭沫若同志［J］/巴金//郭沫若学刊.2016（3）

与郭沫若副总理的谈话［J］/中村翫右卫门，赵艺真，潘世圣//郭沫若学刊.2016（3）

造化的身体：自我形塑与中国现代性：郭沫若《天狗》再解读［J］/米家路，赵凡//文艺争鸣.2016（3）

中国现代文学研究与名人博物馆关系初论：以郭沫若研究为例［J］/张勇//山东师范大学学报（人文社会科学版）.2016（3）

庄子本颜氏之儒：郭沫若“自注”的思想史真相［J］/杨海文//江苏行政学院学报.2016（3）

“戏里戏外：郭沫若与老舍戏剧艺术创作及交往展”暨学术研讨会综述［J］/张勇//郭沫若学刊.2016（4）

“这样的社会生出了这样的一个人”：读郭沫若的传记写作［J］/蔡震//博览群书.2016（4）

《跋莱子侯石刻》考［J］/贺宏亮//郭沫若学刊.2016（4）

《陈君葆日记全集》中的郭沫若［J］/巩佳星//郭沫若学刊.2016（4）

《简明不列颠百科全书》第三卷里确有“凤凰”的词条：与陈福季先生商榷［J］/葛筱宁//郭沫若学刊.2016（4）

《狂人日记》和《牧羊哀话》叙述模式比较［J］/马文美//郭沫若学刊.2016（4）

百年新诗的回望与反思［J］/张炯//群言.2016（4）

从苏轼、郭沫若对杜甫评价的异同看其接受的差异性［J］/杨胜宽//杜甫研究学刊.2016（4）

缝合与裂缝：论郭沫若历史剧创作之得失［J］/傅学敏//戏剧（中央戏剧学院学报）.2016（4）

复兴什么；为什么复兴?：郭沫若的民族复兴思想一瞥［J］/李怡//中国现代文学研究丛刊. 2016（4）

革命时代的激情呐喊：郭沫若与贝歇尔比较研究［J］/陈多智，徐行言//郭沫若学刊.2016（4）

关联视角下侯国金，郭沫若对 The Eagle 译文对比评析［J］/王婉如//金田. 2016（4）

郭沫若、阳翰笙历史剧创作的相异性［J］/李红娟//文史博览（理论）.2016（4）

郭沫若“五四”时期尊孔崇儒的特质［J］/杨华丽//中国现代文学研究丛刊. 2016（4）

郭沫若冰心梁宗岱诗歌导读［J］/吴投文//阴山学刊（社会科学版）.2016（4）

郭沫若历史小说的新历史主义解读［J］/杨另豪//郭沫若学刊.2016（4）

郭沫若史学在“文革”中的跌宕遭际［J］/何刚//博览群书.2016（4）

郭沫若思想中的尼采资源新探［J］/李斌//中国现代文学研究丛刊.2016（4）

郭沫若研究与文献史料工作的反思：以《女神》研究为例［J］/陈晓春//郭沫若学刊.2016（4）

郭沫若与吴芳吉交往史迹补述［J］/王峰//新文学史料.2016（4）

郭沫若早期小说直露式诗性叙事探析［J］/廖高会//郭沫若学刊.2016（4）

郭沫若怎样应对沈从文的“挑战”［J］/王锦厚//郭沫若学刊.2016（4）

郭沫若致冯玉祥书信考释［J］/王兴//郭沫若学刊.2016（4）

回忆郭沫若先生［J］/杉原庄介，赵艺真//郭沫若学刊.2016（4）

留学阵营的分化与中国现代文学流派的形成：以徐志摩与郭沫若的同名诗作《留别日本》为例［J］/赵树莹//南都学坛.2016（4）

论郭沫若《女神》的审美特色［J］/吴辰//山东师范大学学报（人文社会科学版）.2016（4）

论郭沫若政治文化思想的发展历程［J］/刘海洲//商丘师范学院学报.2016（4）

民国时期名人书信传播趋势与舆论引导：以郭沫若的书信为中心［J］/刘思文//郭沫若学刊.2016（4）

你放下的笔，我们要勇敢地拿起来［J］/艾芜//郭沫若学刊.2016（4）

叛逆者的“狂吠”：郭沫若《天狗》与伊斯拉姆《叛逆者》［J］/曹誉峰//郭沫若学刊.2016（4）

前海西街18号中的郭沫若［J］/张勇//博览群书.2016（4）

诗歌翻译郭沫若鲜为人知的成就［J］/熊辉//博览群书.2016（4）

试论郭沫若、吴晗与民族解放、国家建设及学术研究的情缘［J］/陆奇//黑龙江史志.2016（4）

谈郭沫若与鲁迅：给臧小平的信［J］/艾芜//郭沫若学刊.2016（4）

文化视点·郭沫若首篇新诗百年随想［J］//博览群书.2016（4）

文艺转向与“革命文学”生成：郭沫若赴广东大学考［J］/周文//四川大学学报（哲学社会科学版）.2016（4）

夏征农和《甲申三百年祭》［J］/肖斌如//郭沫若学刊.2016（4）

忆中国留学生［J］/濑尾爱三郎，赵艺真//郭沫若学刊.2016（4）

愉快的回忆［J］/内山完造，赵艺真//郭沫若学刊.2016（4）

赞艾芜［J］/郭沫若//郭沫若学刊.2016（4）

致郭沫若［J］/莫嘉//散文诗（上半月）.2016（4）

郭沫若“创作论”对提高译文可接受性的指导作用［J］/莫传霞//钦州学院学报.2016（5）

郭沫若在重庆的题联赏析［J］/兰梦宁//对联（民间对联故事）（上半月）.2016（5）

还原一个真实的屈原：电影《屈原》形象与话剧《屈原》形象的比较［J］/赵然//电影评介.2016（5）

齐白石亲传郭沫若至交濂溪后裔在东北［J］/喂文子//乐活老年.2016（5）

文化巨人和平骄子：郭老诗咏飞鸽［J］/钱邦伦//中华信鸽.2016（5）

郭沫若《念奴娇·忆延安大学》若干词句考辨［J］/袁广斌//延安大学学报（社会科学版）.2016（6）

郭沫若出任中国科学院院长的“科学—政治”背景考察［J］/樊洪业//科学文化评论.2016（6）

郭沫若与《女神》［J］/方长安，黄艳灵//海南师范大学学报（社会科学版）.2016（6）

郭沫若与孩子剧团［J］/周予//党的建设.2016（6）

抗战时期郭沫若的书拓与诗词唱和［J］/刘奎//现代中文学刊.2016（6）

两人诗人之间的“泪浪滔滔”［J］/方习文//博览群书.2016（6）

鲁迅与郭沫若那些事［J］/张贻贝//书屋.2016（6）

论郭沫若学医受挫与接受马克思主义之关系［J］/李斌//鲁迅研究月刊.2016（6）

论于非闇、田世光、俞致贞绘《百花齐放》始末及价值：以荣宝斋木版水印版本为研究对象［J］/董娇//艺苑.2016（6）

确定长征落脚点的功臣/郭沫若与孩子剧团/党的五大产生首位中央监察委员会主席［J］//党的建设.2016（6）

在个人和历史之间：以程光炜《文化的转轨：“鲁郭茅巴老曹”在中国（1949—1981）》新版为例［J］/黄平//文艺争鸣.2016（6）

《凤凰涅槃》在民国选本和共和国选本中的沉浮［J］/方长安，仲雷//福建论坛（人文社会科学版）.2016（7）

刍议郭沫若的浪漫主义色彩［J］/王庆湘//教育.2016（7）

创造社的“创造”［J］/陈子善//书城.2016（7）

关于郭沫若评价儒家的几个问题［J］/杨胜宽//广东技术师范学院学报.2016（7）

郭沫若故居凤凰涅槃百花盛开［J］/本刊编辑部//旅游.2016（7）

郭沫若巧对下联［J］/周柳莺//优秀童话世界.2016（7）

郭沫若之子自杀之谜［J］//时代商家.2016（7）

国民政府军事委员会第三厅在抗日战争中的作用［J］/叶宗恩//重庆科技学院学报（社会科学版）.2016（7）

浅析郭沫若《马克思进文庙》的思想转变［J］/李郭稳//才智.2016（7）

吴宓日记中的郭沫若形象［J］/肖太云，兰友珍//文艺争鸣.2016（7）

“生命的纪念塔”：郭沫若的银杏之寓［J］/张勇//博览群书.2016（8）

出世与入世两种处世态度的沉浮：对郭沫若《星空》、《瓶》等诗集再观照［J］/王琰//速读（上旬）.2016（8）

第五届《中国作家》郭沫若诗歌奖颁奖典礼在京举行［J］//中国作家.2016（8）

第五届《中国作家》郭沫若诗歌奖评奖结果揭晓［J］/本刊编辑部//牡丹.2016（8）

郭沫若美学思想的影响及启示［J］/连娜//当代教育实践与教学研究.2016（8）

郭沫若趣解寿谜［J］/王兰//中华活页文选（小学版）.2016（8）

郭沫若之子身陷“X小组”冤案［J］/本刊编辑部//祝您健康（文摘版）.2016（8）

情真意笃书楹联［J］/汤盛舞//政协天地.2016（8）

山水文化的魅力：郭沫若先生以诗话桂林［J］/曾宪瑞//南方文学.2016（8）
郭沫若的新诗风格［J］/於璐//重庆社会科学.2016（9）
郭沫若历史剧《屈原》在法国的译介［J］/胡娴//安徽文学（下半月）.2016（9）
郭沫若在秦皇岛的趣闻［J］/郑金仔//上海企业.2016（9）
满江红和郭沫若同志［J］/毛泽东//党史博采（理论版）.2016（9）
戏曲之形与话剧之神的纠葛：论郭沫若史剧与戏曲的关系［J］/余永春//广东技术师范学院学报.2016（9）
鲁迅与郭沫若那些事［J］/张贻贝//读书文摘.2016（10）
一曲献给祖国的恋歌：郭沫若新诗《炉中煤》赏析［J］/朱永芳，邵建新//七彩语文（写字与书法）.2016（10）
《恢复》和“革命后”郭沫若心理探微［J］/杨佳韵//宜宾学院学报.2016（11）
对大跃进新民歌与民歌传统、新诗及古典诗歌关系的探究：以《红旗歌谣》为例［J］/席瑞//写作（上旬刊）.2016（11）
郭沫若斥骂董作宾［J］/岳南//书摘.2016（11）
郭沫若与鲁迅失之交臂的“冰释”［J］/潘奕含//党史纵横.2016（11）
郭沫若与佐藤富子的跨国情缘［J］/木易，苏学恕//工会信息.2016（11）
婚姻与革命的叙事调整：郭沫若《黑猫》版本研究［J］/韩诚//文艺争鸣.2016（11）
历史剧创作中艺术真实、历史真实与现实的关系：以郭沫若、阳翰笙历史剧创作为例［J］/李红娟//祖国.2016（11）
鲁迅、郭沫若“笔墨相讥”史实再探［J］/刘卫国//鲁迅研究月刊.2016（11）
新中国成立后郭沫若推动中日科学外交的实践［J］/向明//中华文化论坛.2016（11）
以物喻人催人警醒：郭沫若《杜鹃》鉴赏［J］/林治刚//语文月刊.2016（11）
“堂堂正正做个投炸弹的健儿”：郭沫若翻译世界纵览［J］/张勇//博览群书.2016（12）
郭沫若趣解寿谜［J］/崔子荣//幽默与笑话（成人版）.2016（12）
郭沫若在秦皇岛的趣闻［J］/云杉//文学教育（下）.2016（12）
郭沫若作品中的女性意识与艺术表现力研究［J］/刘子伟//鸭绿江（下半月版）.2016（12）
抗战后郭沫若缘何批评沈从文［J］/李斌//群言.2016（12）
美好的寄予，美好的想象：《天上的街市》超前阅读［J］/胡善恩//小雪花（初中高分作文）.2016（12）

诗情画意两相和：《白鹭》教学实录［J］/林春曹//小学语文教学（人物）. 2016（12）

第五届《中国作家》郭沫若诗歌奖评奖结果揭晓［J］//牡丹. 2016（15）

论楼栖的文学批评态度：以《论郭沫若的诗》为例［J］/周瑞婷//大众文艺. 2016（16）

郭沫若翻译之四维析论［J］/邱少明//新西部（理论版）. 2016（19）

郭沫若为人谦虚［J］/姚秦川//政府法制. 2016（21）

基于历史文化名人的品牌形象识别设计研究：以历史文化名人郭沫若为例［J］/任文举，张仁萍//产业与科技论坛. 2016（21）

力倡风韵，以诗译诗：郭沫若诗歌翻译思想与实践［J］/印晓红//海外英语. 2016（23）

郭沫若"坑"了蒋介石两次［J］/韩毓海//读好书. 2016（24）

郭沫若晚年诗作辨伪［J］/刘竺岩//西江文艺. 2016（24）

郭沫若与惠特曼诗歌比较研究述评［J］/吉差小明//青年文学家. 2016（27）

古人大胆从史论，今杰谨慎勿相轻：看郭沫若《历史人物》所感［J］/谭书馨//大科技. 2016（32）

郭沫若日籍妻子对他至死不渝之谜［J］//新传奇. 2016（38）

（四）报纸论文、资料

郭沫若故居预计五一开放［N］//成都商报，2016.01.03

郭沫若故居预计五一开放［N］//汕头特区晚报，2016.01.05

郭沫若故居预计今年五月重新开放［N］/张家华//乐山日报，2016.01.07

傅抱石画中饱含忧国忧民情怀郭沫若不厌其烦反复题诗［N］/韩帮文//新快报，2016.01.10

民国火车车厢分等级郭沫若坐不起头等车［N］//信阳晚报，2016.01.21

郭沫若故居预计今年五月重新开放［N］//凉山日报，2016.01.22

郭沫若一生中的几个春节［N］//华西都市报，2016.02.20

黄帝陵标识发布郭沫若题字为视觉要素［N］//西安商报，2016.02.26

郭沫若题写"黄帝陵"为主视觉要素［N］//贵阳日报，2016.02.27

陈毅、郭沫若题词，谨祝"如皋"开闸胜利［N］/周丽君//如皋日报，2016.03.01

郭沫若：一通二否法［N］//科学导报，2016.03.18

郭沫若：兄弟睦，家之肥［N］//华西都市报，2016.03.19

郭沫若家世［N］//文摘报，2016.03.22

郭沫若作品的“医学”印记［N］/李一诺//人民政协报，2016.03.24
郭沫若主编的《中原》刊登刘黑枷文章［N］//沈阳日报，2016.03.26
郭沫若与科普［N］/金涛//中国科学报，2016.04.01
郭沫若父母墓分葬两地之谜［N］/年先春//三江都市报，2016.04.05
郭沫若情系千岛湖［N］/方本昌//今日千岛湖，2016.04.23
郭沫若的父母［N］/杨乐生//三江都市报，2016.04.26
郭沫若“拳打”胡适朱东润“冤枉”杨树达［N］/杨君//江海晚报，2016.05.01
郭沫若的父母［N］/杨乐生//三江都市报，2016.05.03
郭沫若的为人谦虚［N］/姚秦川//人民政协报，2016.05.05
郭沫若的父母［N］/杨乐生//三江都市报，2016.05.07
郭沫若的父母［N］/杨乐生//三江都市报，2016.05.14
大文豪郭沫若也曾羡慕别人？［N］//济南时报，2016.05.16
郭沫若的《塔》［N］/沈文冲//今晚报，2016.05.17
郭沫若的为人谦虚［N］//宁夏法治报，2016.05.18
柳学智：郭沫若鼓励我学习甲骨文［N］//长江日报，2016.05.20
郭沫若的家风对联［N］/朱仲祥//三江都市报，2016.05.21
读郭沫若的《太阳礼赞》［N］//兰州日报，2016.05.31
郭沫若的妙喻［N］//揭阳日报，2016.06.05
戴志强：年轻时曾与郭沫若论战［N］/白汀//绍兴晚报，2016.06.06
为人谦虚的郭沫若［N］//辽宁职工报，2016.06.15
郭沫若家世［N］//赤峰日报，2016.06.17
郭沫若：争议背后看“女神”［N］//山东商报，2016.06.23
郭沫若与汪国垣的诗词唱和［N］/刘奎//中国社会科学报，2016.06.27
郭沫若谈读书［N］//南阳日报，2016.07.02
大文豪郭沫若曾写诗盛赞大长山岛［N］//半岛晨报，2016.07.07
郭沫若曾写诗称赞大长山岛山海风光［N］//半岛晨报，2016.07.07
郭沫若故居［N］/董宝秀//习水报，2016.07.08
郭沫若妙释“红专”［N］//快乐老人报，2016.07.11
郭沫若手书“棠棣之花”［N］//柯桥日报，2016.07.24
郭沫若茅盾出席广州“文艺座谈会”［N］/龚明德//今晚报，2016.08.02
从郭沫若“孤山看梅花”引出的文坛旧事［N］/龚明德//中华读书报，2016.08.10
郭沫若先生咏南泉［N］//巴南日报，2016.08.17
《郭沫若故园往事》出版发行［N］/杜媛//乐山日报，2016.08.27

郭沫若两爱子被害身亡他做何事表达悲痛［N］//宿迁晚报，2016.08.27
郭沫若先生题写《长春好》赞扬50年代长春军烈属生产［N］/马威//人民政协报，2016.08.29
郭沫若早期翻译的浪漫主义风格［N］/印晓红//中国社会科学报，2016.08.30
郭沫若题字［N］/梁铭东//广东科技报中小学科教周刊，2016.08.31
郭沫若笔名曾叫“安娜”茅盾用过“四珍”［N］//贺州晚报，2016.09.06
郭沫若回忆不完全可信?［N］/陈福康//中华读书报，2016.09.07
郭沫若题字［N］/梁铭东//广东科技报中小学科教周刊，2016.09.07
郭沫若题字泰安［N］//山东工人报，2016.09.12
郭沫若题字［N］/梁铭东//广东科技报中小学科教周刊，2016.09.14
天官府郭沫若办公地将修复开放［N］//重庆晚报，2016.09.17
郭沫若辦公舊址年內修復開放［N］//香港文汇报，2016.09.18
郭沫若与大海［N］/张斯直//中国海洋报，2016.10.10
郭沫若的水墨小品［N］//中国社会科学报，2016.10.11
郭沫若“汤盘铭”新解质疑［N］/张培锋//今晚报，2016.10.12
傅斯年与郭沫若因乌龟壳“交恶”［N］//淮海商报，2016.10.17
郭沫若的中医缘［N］//医药卫生报，2016.11.01
杨柳书院开讲郭沫若纪念馆［N］//北京晨报，2016.11.03
郑成功纪念馆郭沫若为它题匾［N］//厦门日报，2016.11.13
郭沫若故居散记［N］//太原晚报，2016.11.16
郭沫若普惠脱险记［N］//揭阳日报，2016.11.19
耗尽毕生心血搜集五千件文物捐给广州杨铨曾被郭沫若盛赞：无私精神十分可贵［N］//新快报，2016.11.20
从整体上理解和把握郭沫若［N］/曾江，何刚//中国社会科学报，2016.12.05
前海西街18号中的郭沫若［N］//江南晚报，2016.12.11
李劼人与郭沫若笔下的袍哥形象散论［N］/周文//文艺报，2016.12.12
郭沫若《科学的春天》作者是胡平［N］//快乐老人报，2016.12.29

（整理者为乐山师范学院档案馆）

后　记

沐浴着习近平总书记有关哲学社会科学发展和文艺座谈会讲话等精神的春风，《郭沫若研究年鉴·2016》又到了告竣之际。我们感谢遇到这么美好的时代，我们也备感珍惜这么开放的时代。

由中国社会科学院郭沫若纪念馆发起建立的郭沫若中国研究中心2016年在埃及苏伊士运河大学成立了，由国际郭沫若研究会举办的主题为“百年来越境的现代中国文学——纪念郭沫若、田汉留日一百周年国际学术研讨会”2016年在日本东京法政大学召开了，以上的这些事件无不说明，郭沫若的研究正在逐步走向世界，走向更加广阔的领域，郭沫若研究也深深的打上了国际化的烙印。让更多的人了解郭沫若，让中国的郭沫若走向世界，是我们每一个从事郭沫若研究人的夙愿，今天我们欣喜地看到了即将到来的美好明天。

要让世界了解郭沫若，要使郭沫若研究真正地走向世界，只有以扎实的研究成果，丰硕的研究内涵，才能获得通往世界文化舞台的密钥。史料的辑佚、理论的阐释成为我们编选年鉴时特别关注的方面。另外，为了更加充分的发挥年鉴在研究资料整理和保存的功能和价值，我们也陆续开设了著名学者的访谈、馆藏资料的发布、历史事件的回顾等方面的栏目，今后我们会继续加大这一方面稿件的内容，也恳请各位研究学者能将自己对于郭沫若研究的重要心得、学术体悟以及所参与的重要历史事件以文字的形式记录下来，惠赐于我们，让我们携手共同推进郭沫若研究的新局面。

“潮平两岸阔，风正一帆悬”，郭沫若研究正迎来历史上最好的黄金时期，借助于党中央的构建具有中国特色哲学社会科学的春风，郭沫若研究也正扬起远航的风帆，行驶在宽广的海面，那微微泛起的波澜，不正是众声高歌千古传的回声吗。

感谢社会各界同仁对于《郭沫若研究年鉴》编辑出版的支持和厚爱，

对此我们深表诚挚的谢意！

《郭沫若研究年鉴》编辑部

2017年秋于北京